Herrn Professor Christmann

mit herzlichen Grüßen aus

dem 3. Stock.

Ihr

F. J.

Klemperer nicht einmal

erwähnt!

STUDIA ROMANICA

Herausgegeben von

KURT BALDINGER · KLAUS HEITMANN · ULRICH MÖLK

69. Heft

FRANK BAASNER

Der Begriff 'sensibilité' im 18. Jahrhundert

Aufstieg und Niedergang eines Ideals

HEIDELBERG 1988
CARL WINTER · UNIVERSITÄTSVERLAG

Gedruckt mit Unterstützung der Deutschen Forschungsgemeinschaft

CIP-Titelaufnahme der Deutschen Bibliothek

Baasner, Frank:

Der Begriff „sensibilité“ im 18. Jahrhundert: Aufstieg u. Niedergang e. Ideals / Frank Baasner. - Heidelberg: Winter, 1988

(Studia Romanica; H. 69)
Zugl.: Tübingen, Univ., Diss., 1986

ISBN 3-533-03965-X kart.
ISBN 3-533-03966-8 Gewebe

NE: GT

Rez.: [illegible] Moll, ZFSL 101 (1991), S. 173-179.

ISBN 3-533-03965-X kart.
ISBN 3-533-03966-8 Ln.

Imprimé en Allemagne. Printed in Germany
Photosatz und Druck: Carl Winter Universitätsverlag, Abteilung Druckerei, Heidelberg

Die vorliegende Untersuchung wurde im Sommersemester 1986 von der Neuphilologischen Fakultät der Universität Tübingen als Dissertation angenommen.

Zu danken habe ich den Herren Gutachtern Proff. Leiner, Fietz und Brinkmann; Herrn Prof. Sgard/Grenoble und den wissenschaftlichen Mitarbeitern des Trésor de la langue française/Nancy für die Hilfe bei der Erweiterung der Materialbasis; den Herausgebern der Studia Romanica, die freundlicherweise die Arbeit aufzunehmen bereit waren; und schließlich der Deutschen Forschungsgemeinschaft, die durch einen großzügigen Druckkostenzuschuß das Erscheinen der Arbeit in dieser Form ermöglichte. Besonderer Dank aber gilt meinem akademischen Lehrer, Herrn Prof. Wido Hempel, der die Entstehung der Dissertation auf jede erdenkliche Weise gefördert hat.

Tübingen, im Juni 1987 Frank Baasner

Que les fausses acceptions des mots ont été, sont, seront à jamais la source féconde de nos erreurs et de nos disputes.

Diderot an Falconet, Juli 1767.

INHALTSVERZEICHNIS

Einleitung

1. Die Lage der Forschung

> Le caractère du siècle reçoit (...) son trait final, et „l'homme sensible" apparaît.[1]

Mit diesen Worten wendet sich Hippolyte Taine dem Paragraphen III,2 seiner umfassenden Skizze der „Mœurs et Caractères" des Ancien Régime zu. Dieser Abschnitt beschreibt und analysiert ein soziales und literarisches Phänomen, das, so Taine, ziemlich genau um die Jahrhundertmitte einsetzt und das mit der Formel „l'avènement de la sensibilité" etikettiert wird.[2] In der Geschichte der Historiographie des 19. Jahrhunderts ist dies das erste Mal, daß der Begriff „sensibilité" in solcher Deutlichkeit zur Bezeichnung einer historisch und sozial definierbaren Erscheinung herangezogen wird:

> ... dans tous les détails de la vie privée, la sensibilité étale son emphase. (...) La sensibilité devient une institution.[3]

Wir müssen bei Taines Deutung des sozial-historischen Phänomens „sensibilité" ein wenig verweilen, da seine Sicht und Beurteilung dessen, was er „sensibilité" nennt, für seine Zeit stellvertretend und für die spätere Forschung prägend war.

Taines Anliegen in diesem Teil seiner monumentalen Geschichte des 18. Jahrhunderts ist die Darstellung der Sitten, der gängigen Verhaltensmuster innerhalb der herrschenden Gesellschaftsschicht. Als Hauptcharakteristika der Zeit nennt Taine Galanterie, Egoismus, Genußsucht, Oberflächlichkeit. In dieses Panorama der dekadenten Modeerscheinungen reiht sich nun, als letzte – „final" klingt fast noch definitiver! – Inkarnation des allgemeinen „caractère du siècle", der „homme sensible", die „sensibilité":

> Ce n'est pas que le fond des mœurs devienne différent; elles restent aussi mondaines, aussi dissipées jusqu'au bout. Mais la mode autorise une affectation nouvelle, des effusions, des rêveries, des attendrissements qu'on n'avait point encore connus. Il s'agit de revenir à la nature, (...) d'être humain, d'avoir un cœur...[4]

[1] Hippolyte Taine: *Les Origines de la France contemporaine,* [22]1899, I, S. 249.
[2] Ebenda, I, S. 250 (1).
[3] Ebenda, I, S. 251, 253.
[4] Ebenda, I, S. 249.

Von Anfang an erscheint Taine die auftretende „sensibilité“ als unaufrichtige Mode, als Scheinalternative zur bisherigen mondän-galanten Lebenspraxis. Diese „voie sentimentale“, in der sich nun Literatur, Theater und Malerei bewegen[5], ist in Taines Darstellung auf die adelige Welt der Salons beschränkt. Das ist nicht verwunderlich, da Taine als Hauptquellen Memoiren berühmter adeliger Persönlichkeiten des Ancien Régime benutzt, aber doch insofern bemerkenswert, als die Empfindsamkeit später oft als spezifisch bürgerliches Phänomen eingestuft worden ist. Taines Erklärung des plötzlichen Losbrechens der wellenartigen „sensibilité“-Mode umfaßt drei Elemente, die es festzuhalten gilt: die Reaktion gegen die „froideur“ der Gesellschaftsnormen; die Rolle der Frauen; die Bedeutung Rousseaus.[6]

Die Vorstellung, es habe um die Mitte des Jahrhunderts eine breit angelegte „Reaktion“ gegen das Zeitalter der „kalten Vernunft“ gegeben, stammt wohl aus dem späten 18. Jahrhundert selbst und ist fester Bestandteil vieler Literaturgeschichten vom frühen 19. bis in das 20. Jahrhundert. Jules Michelet etwa, um nur eines der bekannteren Beispiele zu nennen, konstatiert bei Erscheinen des *Père de famille*, vor allem aber der *Nouvelle Héloïse*, einen beachtlichen „essor du sentiment“.[7]

> Une conversion si brusque à la nature, à l'amour, eut plus d'un effet comique. Les femmes devinrent tout à coup extraordinairement sensibles.[8]

Auch Michelet verbindet den Ausbruch des Gefühls mit dem weiblichen Wesen, und zudem mit dem Werk Rousseaus.[9] Die Verbindung dieser drei

[5] A.a.O., I, S. 250. Die sozialen Dekadenzerscheinungen, die mit „sensibilité“ in Verbindung stehen und (S. 250ff) mit amüsanten Details belegt werden, haben also in ästhetischen, ebenfalls negativ zu bewertenden Erscheinungen ihre Entsprechungen.

[6] Ebenda, I, S. 249 und II, S. 52f.

[7] Jules Michelet: *Histoire de France, Le Dix-huitième Siècle,* éd. Claude Mettra, Lausanne 1966, Bd. III, S. 230.

[8] Ebenda, III, S. 255. Weiterhin wären zu nennen: Alexandre Vinet: *Histoire de la littérature française au XVIIIe siècle,* in: *Œuvres,* Lausanne 1911, Bd. 4 (1.2), II, S. 289–290. Etwas differenzierter charakterisiert Emile Faguet: *Le dixhuitième siècle,* Paris 1890 das Verhältnis von „raison“ und „sensibilité“ zu Ende des 18. Jahrhunderts als ein Nebeneinander. (S. XV und XXV). Paul Lacroix, *XVIII. siècle. Lettres, Sciences et Arts, France 1700–1789,* Paris 1878, führt „sensibilité“ ebenfalls auf den Einfluß Rousseaus zurück: „La sensibilité, que Rousseau avait mise à la mode, tournait à la sensiblerie...“ (S. 134).

[9] III, S. 256.

Elemente bei der Erklärung des Phänomens „sensibilité“ findet deutlichen Ausdruck bei den Brüdern Goncourt, an deren Werk *La femme au XVIIIe siècle* (1862) sich Hippolyte Taine entscheidend inspiriert haben dürfte, auch wenn die Darstellung der Brüder Goncourt von der seinen leicht verschieden ist.

> A l'autre extrémité des idées et du monde de la galanterie, en opposition à ces sociétés de cynisme, il se formait, dans un coin de la haute société, une secte qui trouvait de bon air de proscrire jusqu'au désir dans l'amour. Par une réaction naturelle, les excès de l'amour physique (...) rejetaient un petit nombre d'âmes délicates (...) vers l'amour platonique. „Le sentiment“, c'est le nom du nouvel ordre où quelques personnes de marque s'engagent.[10]

Später kommen die Autoren noch einmal, im Zusammenhang mit Rousseaus Werk und Einfluß, auf die neu entstehende „sensibilité“ zu sprechen:

> Par lui (Rousseau, F. B.), se fait le retour universel de la société vers l'ordre de sentiments exprimés par le mot qui semble monter de tous les cœurs à toutes les bouches, la *sensibilité*, la sensibilité à laquelle bientôt l'usage attache l'épithète d'*expansive.*[11]

Dieses Erklärungsmodell also übernimmt Taine, geht aber einen Schritt weiter, wenn er den Begriff „sensibilité“ nicht nur als Modewort der Zeit charakterisiert, sondern zur Bezeichnung der gesamten, umfassenden Erscheinung verwendet.

Das negative Bild der so verstandenen, historischen „sensibilité“, wie es sich in den genannten Werken abzeichnet, bleibt für die letzten Jahrzehnte des 19. Jahrhunderts verbindlich. Sowohl Ferdinand Brunetière als auch der junge Gustave Lanson in seiner Thèse mißbilligen die spezifische Art der „sensibilité“ des 18. Jahrhunderts aus ästhetischer und moralischer Perspektive. Unter dem Titel „La déformation de l'idéal classique“ zieht Brunetière in seinem *Manuel de l'histoire de la littérature française* (1899) gegen all jenes zu Felde, was sich unter dem Namen „sensibilité“ - im Sinne der Abkehr von den Idealen der Klassik - zusammenfassen läßt.[12] Zu den bei Goncourt und Taine hervorgehobenen Elementen der Analyse, die sich hier ausnahmslos

[10] Edmond und Jules de Goncourt: *La femme au XVIIIe siècle,* Paris 1862, I, 183ff.

[11] Ebenda, II, S. 163–66.

[12] Ganz ähnlich in der später erschienenen *Histoire de la littérature française classique* III, *Le 18e siècle,* ^{3}1919. Dort über „sensibilité“ im Zusammenhang mit: Prévost (S. 209), Rousseau (S. 297f, S. 575), Mercier (S. 536), „sensibilité“ vs. „sécheresse“ (S. 520f), etc.

wiederfinden, treten folgende hinzu: Brunetière definiert „sensibilité“ mit Diderot als Zeichen persönlicher, organischer Schwäche[13], und kommt demzufolge zu dem Schluß:

> ... de fait, en tout temps, comme en tout genre, il semble bien que la sensibilité, livrée à l'impétueuse irrégularité de son cours, n'ait rien produit que d'inférieur ou secondaire.[14]

Außerdem weitet Brunetière den historischen Zeitraum der Entfaltung von „sensibilité“ erheblich aus: er setzt den Beginn der „Befreiung“ der „sensibilité“ von „la tutelle étroite et soupçonneuse où l'avaient retenue les maîtres de l'âge précédent“[15] im Jahre 1730 an.

Gustave Lanson, und mit ihm wollen wir dieses knappe Panorama der großen Literaturhistoriker des späten 19. Jahrhunderts beenden, schließt sich sowohl in seiner Thèse über *Nivelle de La Chaussée et la comédie larmoyante* (1887) als auch in seiner *Histoire de la littérature française* (1894) in vielerlei Hinsicht der Meinung seiner Lehrer über “sensibilité“ als historischem Phänomen an. Seine Ausführungen zu Bedeutung und Inhalt des Begriffs „sensibilité“, wie er im 18. Jahrhundert verwendet wurde, werden zwar nur einem Teil der Geschichte des Begriffs gerecht und sind zudem in manchen Details überholt, gehören aber weiterhin zum Klarsten, was über die Bedeutung des Begriffs bisher gesagt wurde.

Ausgehend vom Theater Nivelles, das er ganz im Zeichen der im Anschluß definierten „sensibilité“ des 18. Jahrhunderts sieht, charakterisiert Lanson jene „singulière sensibilité de ce siècle sceptique et corrompu“.[16] Mit diesen Worten sind schon die Vorzeichen gesetzt, unter denen „sensibilité“ gesehen wird: wie bei Taine und vielen anderen gehört „sensibilité“ *per definitionem* zum dekadenten, korrumpierten Charakter des Ancien Régime. Den Beginn des „envahissement de la société et de la littérature par la sensibilité“[17] setzt Lanson, scheinbar unschlüssig, einmal am Ende des ersten Drittels des Jahrhunderts, also im Jahre 1733, dann aber schon zu Ende des 17. Jahrhunderts an:

[13] Brunetière zitiert wörtlich aus dem *Paradoxe sur le comédien,* unterschlägt dabei aber, daß dies eben nur eine, zudem späte Definition der „sensibilité“ ist. Zum Wandel in Diderots „sensibilité“-Konzeption siehe Kap. B. II,2 dieser Arbeit.

[14] *Manuel,* S. 290.

[15] *Manuel,* S. 285f.

[16] *Nivelle de la Chaussée,* a.a.O., S. 225.

[17] Ebenda.

La chose et le mot firent leur apparition dans les dernières années du XVIIe siècle.[18]

Jene „Sache" „sensibilité" ist laut Lanson durch Larmoyanz, Egoismus und ein intellektualistisches Verhältnis zu den Gefühlen geprägt:

... cette sensibilité, qui emploie la sympathie à rassasier l'égoïsme, et qui au fond ne voudrait point supprimer le mal, condition de la pitié, exercice de la vertu.

Lanson differenziert den bei Taine (und anderen) deutlich vorhandenen Vorwurf der modischen Heuchelei, indem er der „sensibilité" gerade das abspricht, worauf ihre Theoretiker und Apologeten solch großen Wert legten: la sincérité[19], und den egoistischen Trieb des „Sich-selbst-fühlens" in den Vordergrund stellt. Interessant, und dies besonders im Hinblick auf die frühe Geschichte des Begriffs im 17. Jahrhundert, ist Lansons Zusammenstellung von verschiedenen Gründen, die seiner Meinung nach zur Herausbildung dieser Form von „sensibilité" geführt haben:

- Das christliche Lob der Gottesliebe, wie es im 17. Jahrhundert vertreten wurde, wird zu Beginn des 18. Jahrhunderts um sein „platonisches" Element verringert. Es bleibt die Überzeugung erhalten, wahre Liebe (auch sinnliche) sei Liebe zum Guten, und damit Quelle von Tugend. „Sensibilité" wäre diesbezüglich also eine (wenn auch pervertierte) Spätform des Neoplatonismus.[20]
- Zweites Element ist die aus England übernommene Lehre des eingeborenen Gefühls von „Gut" und „Böse".[21] Zurecht betont Lanson hier die Verdrängung des christlichen Dogmas von der korrupten Natur des Menschen.

[18] Ebenda, S. 226, auch S. 229. Diese Einschätzung ist, wie zu zeigen sein wird, falsch. Zudem macht Lanson sich die Aufgabe etwas zu leicht, wenn er La Bruyères Feststellung, es werde im Theater nicht geweint, als Beweis dafür heranzieht, 1688 existiere noch keine „sensibilité". Das 17. Jahrhundert hatte übrigens genauso seine rituellen Formen des Weinens wie das 18. Jahrhundert. Siehe hierzu die Dissertation von Sheila Bayne: *Tears and Weeping. An Aspect of Emotional Climate Reflected in 17th-Century French Literature,* Tübingen 1981.

[19] Ebenda, S. 257.

[20] Zu diesem Problem siehe Kap. A.2.2.

[21] Lanson nennt Locke, meint aber wohl allgemein die Vertreter des „moral-sense". Siehe hierzu Kap. B.I,3,1.

- Drittes Element ist für Lanson der naturwissenschaftliche Charakter des Jahrhunderts, der für die abstrakte, nicht konkrete Begeisterung für Worte wie „bienfaisance, humanité, vertu, nature" verantwortlich ist.[22]

Dieses zunächst ein wenig verwirrende Potpourri führt Lanson zu seiner in späteren Arbeiten oft zitierten Definition von „sensibilité", die alle genannten Elemente vereint und die bei genauerem Hinsehen weniger absurd ist, als es bei erster Lektüre den Anschein hat:

> Voilà par quelle combinaison, par quelle action réciproque le christianisme, le cartésianisme, la vieille galanterie française, la philosophie sensualiste, l'esprit d'analyse scientifique, le scepticisme religieux et la corruption des mœurs aboutirent, au commencement du XVIIIe siècle, à ce produit singulier auquel on applique dans un sens très spécial le nom de sensibilité, sorte de mysticisme laïque à l'usage de mathématiciens libertins.[23]

Im Laufe unserer Begriffsgeschichte werden wir auf den einen oder anderen Punkt dieser Definition zurückzukommen haben; hier soll abschließend nur auf einen Widerspruch hingewiesen werden, der sich in Lansons Betrachtung des Themas findet: vom Beginn des 18. Jahrhunderts an ist ihm „sensibilité" eine „unechte" Angelegenheit. Und doch sieht er Rousseau in dieser Tradition, dem er gleichzeitig jene „Echtheit" bescheinigt, die er den frühen Zeugen der „sensibilité" abspricht. So schreckt er auch quasi vor seinen eigenen Formulierungen der voraufgehenden Seiten zurück, wenn er im Résumé des Kapitels über „sensibilité" den eigentlichen Durchbruch doch erst mit Rousseau ansetzt:

> Cette sensibilité se rencontrait-elle dans les mœurs du temps? Etait-ce le ton de la société? La réponse est facile. Tous les romans, toutes les comédies, tous les mémoires nous montrent que, vers 1750, la sécheresse et l'esprit régnaient encore dans le monde. (...) Il appartient à Rousseau de mettre d'accord le goût et les mœurs, l'imagination et la pratique.[24]

[22] Lanson übersieht dabei, daß das 18. Jahrhundert selbst dieses Problem der „Abstraktheit" gesehen hat und deshalb bald *praktisches* Handeln über sentimentales Gefühl gestellt hat.

[23] A.a.O., S. 257.

[24] S. 257/258. Dasselbe Schwanken findet sich in verkürzter Form auch in seiner *Histoire de la littérature française,* [5]1898, S. 651 und S. 832. Hintergrund für diese Haltung dürfte die seit der Romantik bestehende Sicht des 18. Jahrhunderts sein, derzufolge Rousseau lediglich die große Ausnahme in jener trockenen, unlyrischen Welt der Rationalisten ist.

Dies ist das Bild jener literarischen und gesellschaftlichen Erscheinung des 18. Jahrhunderts namens „sensibilité“, wie es sich in der Historiographie des ausgehenden 19. Jahrhunderts darstellt. Sehr früh erkannten die Historiker, daß mit diesem Begriff „sensibilité“ etwas für eine gewisse Epoche Spezifisches verbunden war. Auch wenn aufgrund ihrer ideologisch-ästhetischen Position nur die „negativen“ Aspekte des empfindsamen 18. Jahrhunderts zur Sprache kommen - Taine, Brunetière, Lanson und andere sind darum bemüht, die besonderen Formen der „sensibilité“ im 18. Jahrhundert zu beschreiben. Bei Lanson sind Ansätze zu einer Begriffsbestimmung zu beobachten, die, wenn sie sich auch als zu eng und partiell erweisen werden, im Auge zu behalten sind. Dies gilt um so mehr, als spätere Arbeiten, die mit unserem Thema zusammenhängen, diese Begriffsbestimmungen und damit darstellerische Klarheit vermissen lassen. Lansons Thesen zur französischen Empfindsamkeit fordern zum Widerspruch heraus. Bevor wir uns aber den Aufgaben einer Geschichte des Begriffs „sensibilité“ im 18. Jahrhundert zuwenden, soll der kurze Überblick über diejenigen Arbeiten fortgesetzt werden, die „sensibilité“ unter verschiedenen Gesichtspunkten als Spezifikum des 18. Jahrhunderts zu erklären versucht haben.

Lansons Sicht des „sensiblen“ 18. Jahrhunderts bleibt für die folgende Forschergeneration in weiten Teilen verbindlich. Dies gilt u.a. für die berühmten Arbeiten zum sogenannten „Préromantisme“ von Daniel Mornet, André Monglond und Paul van Tieghem. Die Vorstellung, das 18. Jahrhundert habe in seiner zweiten Hälfte (oder früher) durch eine Reaktion gegen den klassizistischen Intellektualismus des „âge de la raison“ die Romantik vorbereitet, wird bei Lanson selbst ausführlich vertreten[25], findet sich *in nuce* auch bei Brunetière.[26] Lansons Urteil über diesen mit „sensibilité“ eng verbundenen Prozeß ist, wie schon angedeutet, schwankend: neben den oben zitierten Vorwurf des Intellektualismus, der Heuchelei und der Oberflächlichkeit tritt die anerkennende Feststellung, der steigende Einfluß der „sensibilité“ setze ästhetisch positive Kräfte der Imagination frei.[27]

[25] *Histoire,* op. cit. S. 822ff: „Signes de la prochaine transformation“. Hierzu siehe auch: José-Louis Diaz: „Le préromantisme dans le texte: L'exemple de Lanson“, in: *Le Préromantisme, Hypothèque ou Hypothèse?,* Paris 1975, S. 25-38.

[26] Brunetière: *Histoire de la littérature française classique,* III, a.a.O., S. 521. Brunetière allerdings sieht in dieser Vor-Romantik ein Zeichen ästhetischer Dekadenz, während es den Préromantisme-Forschern um die Rehabilitierung der Romantik und ihrer Vorformen geht.

[27] *Histoire,* a.a.O., S. 825.

Daniel Mornet legt mit seinem 1912 erschienenen Buch *Le romantisme au XVIIIe siècle* den Grundstein, auf dem die folgenden Erforscher des „préromantisme" - eingestandenermaßen oder nicht - aufbauen konnten.

In neun thematisch strukturierten Kapiteln versucht Mornet zu zeigen, daß wichtige Charakteristika der Romantik bereits im 18. Jahrhundert ausgeprägt zu finden sind. Seine Dokumentation ist beeindruckend, er erweitert die Lansonsche Materialsammlung erheblich und erschließt zahlreiche unbekannte Texte. Grundschema seines Buches bleibt die Überzeugung, es habe eine Reaktion gegen die kalte Vernunft selbst gegeben.[28] Dies wird besonders im Kapitel „De la philosophie au sentiment" deutlich. Auch wenn Mornet keine Begriffsgeschichte vorlegt, wie Lanson es ansatzweise getan hatte, so äußert er sich doch wiederholt zur Bedeutung von „sensibilité". Er differenziert das rein negative Urteil über jene „sensibilité" - die übrigens genau wie bei Brunetière mit Diderot definiert wird[29] –, indem er innerhalb der Modeformen einen humanitären, authentischen Kern anerkennt. Auch wenn er „sensibilité" und ihre literarischen Folgen abschätzig beurteilt: sein Streben nach objektiver, historischer Darstellung zwingt ihn, die mit der Mode verbundenen Vorstellungen als Ausdruck der Zeit ernst zu nehmen. In einer kritischen Besprechung von Monglonds 1929 erschienenem Buch äußert sich Mornet am deutlichsten zu diesem Problem:

> Fausse sensibilité, rhétorique larmoyante et menteuse où ces mauvais romantiques trouvent moyen d'associer les idylles, les élégies et les boucheries de la guillotine. Sans doute, et la tableau que nous en trace M. Monglond est fait de traits de documents précis qui ne laissent aucun doute sur ces comédies larmoyantes et ridicules ou hideuses. Il y a là une vérité, une vérité partielle. Mais comment croire que, même chez ceux qui sont restés laïques, chez ceux qui ne sont pas allés „du factice au réel" de la foi il n'y ait eu que cette sensibilité pervertie? Ne faut-il pas nous défier du style, et parce que ce style „sensible" a vieilli faut-il croire qu'il n'était pour ceux qui l'employaient, qui l'avaient découvert, qu'une vaine comédie? (...) Leur sensibilité a agi constamment, continûment et créé, sinon pour l'éternité, du moins pour un lointain avenir. Toute notre bienfaisance laïque, toute notre bonté sociale viennent d'elle.[30]

Dieser Ansatz einer Neubewertung und teilweisen Revidierung läßt sich auch bei einem weiteren, berühmten Vertreter der „préromantisme"-Forschung

[28] S. 1/2. Mme de Lambert wird dort als „Raison"-Vertreterin gesehen. Im Gegensatz hierzu siehe unten über die Rolle von Mme de Lambert in der „sensibilité"-Diskussion, B. I, 1.

[29] S. 84.

[30] Rez. von Monglond, in: *RHLF* 1929, S. 603–610, hier S. 607.

beobachten: bei Paul van Tieghem. Bevor dieser sein dreibändiges Werk *Le Préromantisme*[31] veröffentlicht, in dem er vor allem in komparatistischer Perspektive den Einfluß der englischen und nordischen Literaturen auf Frankreich untersucht, erscheinen einige Vorarbeiten, darunter auch ein Aufsatz über „Quelques aspects de la sensibilité préromantique dans le roman européen au XVIIIe siècle".[32]

Auf wenigen Seiten entwickelt hier van Tieghem eine Geschichte der Schlüsselbegriffe „sensible", „sentiment" und „sensibilité", die zwar weiterhin an Lanson und Brunetière orientiert ist[33], aber immerhin zu dem Ergebnis kommt, der Begriff „sensibilité" umfasse im 18. Jahrhundert *verschiedene* Bedeutungen. Und gleichzeitig legt van Tieghem klar, in welchem Sinne die gesamte „Préromantisme"-Forschung das Wort „sensibilité" ihrerseits verwendet: als Ausdruck, der *alle* menschlichen nicht-rationalen Regungen und Gefühle umfaßt.[34] Diese moderne Verwendung, die eben mit der historischen des 18. Jahrhunderts nur partiell übereinstimmt, ergibt sich aus der speziellen Fragestellung der „préromantisme"-These, deren Vertretern es in ihrer schematischen Perspektive gerade auf dieses anti-rationale Moment ankommt, an dem sich, so auch van Tieghem, die Entstehung der Romantik ablesen läßt:

> Quels sont les principaux caractères qui permettent de reconnaître et de définir la sensibilité de cette époque? (...) C'est d'abord une réaction très nette et souvent consciente contre l'empire trop absolu, trop exclusif de la raison.[35]

Aber dieser Aufsatz würde nicht referiert, wenn er nicht noch andere Erkenntnisse formulieren würde, die über das eingefahrene Schema „raison-classicisme" versus „sensibilité-romantisme" hinausgehen. Seit 1751, so van Tieghem, erhalte der Begriff „sensibilité" die allgemeine Bedeutung, auf die

[31] Paris 3 Bde., 1924, 1930, 1947.

[32] *Edda,* 27/1927, S. 146–175.

[33] Beide werden zitiert, Lanson sogar aus einer unveröffentlichten Vorlesung. Der Einfluß ist also nicht nur durch Lektüre der entsprechenden Werke, sondern auch durch persönlichen Kontakt gegeben.

[34] Es wird, wie bei Brunetière und Mornet, wieder Diderot zitiert. Dies ist eines von vielen Zitaten, die immer wieder zur Bekräftigung überlieferter Meinungen herangezogen werden. Es gibt von dieser Art in der „préromantisme"-Forschung eine ganze Menge. Mornet beklagt sich in oben gen. Rezension zurecht über manch ein „Plagiat" Monglonds.

[35] A.a.O., S. 159.

es ihm in Hinblick auf den préromantisme ankomme. Vorher aber, und van Tieghem stellt dies kurz dar, war das Wort durchaus gebräuchlich und zudem ein positiver moralischer Wert. Genau wie Mornet rehabilitiert van Tieghem die „sensibilité“:

> Ne nous moquons pas trop de cette sensibilité volontiers prêcheuse et de ses prétentions moralisantes: c'est elle qui, en généralisant l'horreur de la souffrance, a réformé l'éducation, la justice, la société, même la religion; c'est elle qui a, d'accord avec la „philosophie“ et peut-être plus efficacement, fait du XVIIIe siècle, suivant la belle expression de Lavisse, „un siècle humain, succédant à un siècle dur“.[36]

Und trotz dieser zutreffenden Erkenntnis bleibt van Tieghem bei seiner These des Anti-Rationalismus der „sensibilité“. Völlig richtig erkennt er auch, daß ab der Mitte des Jahrhunderts das Vokabular des Gefühls kritisiert und ridikülisiert wird, er bleibt aber dabei, daß erst von 1751 an die „eigentliche“ Bedeutung von „sensibilité“ sich durchsetze. Diese durch zahlreiche Zitate gestützten, über das alte Schema hinausweisenden Momente bleiben in den späteren Arbeiten van Tieghems, vor allem in dem dreibändigen Werk *Le Préromantisme*[37] ungenutzt und werden der „préromantisme“-Perspektive untergeordnet. Diese Perspektive offenbart damit eine ihrer Schwächen: sie wird den eigenen Erkenntnissen nicht mehr gerecht.

Für eine Begriffsgeschichte am wenigsten ergiebig ist Monglonds 1929 erschienenes zweibändiges Werk *Histoire intérieure du préromantisme français*. Seine Trennung in wahre und falsche Romantik beruht auf einer Romantik-Definition, die im religiös-mystischen Gefühl die Seele der Romantik sieht. Demzufolge ist ihm die weltliche Form der „sensibilité“ eine zu verurteilende Mode und Ausdruck des sterbenden Jahrhunderts.[38] Im Mittelpunkt seiner Untersuchung steht folgerichtig Rousseau und fast gleichbedeutend neben ihm Joubert. Die anderen Autoren sind diejenigen, die seit Lansons Behandlung des Themas – Monglond ist übrigens Lanson-Schüler – immer wieder zitiert werden. Neues zur Bedeutung und Entwicklung des Begriffes „sensibilité“ erfährt man bei Monglond jedenfalls nicht.

[36] A.a.O., S. 164f.

[37] Dies gilt auch für P. v. T. Kurzfassung des Buches in *„L'Ere romantique. Le romantisme dans la littérature européenne.“* Livre premier: Le préromantisme, Paris 1948, bes. S. 49–57.

[38] Senac de Meilhan ist ihm Hauptzeuge für das ausgehende 18. Jahrhundert mit seinen *Considérations sur l'esprit et les mœurs,* 1787. Zur Kritik dieses zu engen Ansatzes siehe die zit. Besprechung von Mornet.

Genau letzteres erhofft man sich dagegen von Pierre Trahards *Maîtres de la sensibilité française au XVIIIe siècle*, dessen Titel eine Klärung unserer Frage nach der geschichtlichen Entwicklung des Begriffs „sensibilité" erwarten läßt. Diese Erwartung wird allerdings bitter enttäuscht.

Trahard stellt sich mit seinem 4-bändigen Werk[39] die Aufgabe, das traditionell negative Urteil über die „sensibilité" des 18. Jahrhunderts zu revidieren. Auch wenn er sich am Ende des letzten Bandes von den Arbeiten zum „préromantisme" abgrenzt[40], baut seine Untersuchung doch auf der Annahme auf, das 18. Jahrhundert habe sich allmählich von der vernunftorientierten Klassik zu einer Welt der „sensibilité" entwickelt. „Sensibilité" bedeutet für Trahard eine anthropologische Konstante, deren Widerpart die Vernunft ist. Damit verliert „sensibilité" jede historische Dimension und jeden greifbaren Inhalt. So ist die größte, ausschlaggebende Schwäche des Buches die begriffliche Unklarheit, ja Verwirrung, die bei der Verwendung von „sensibilité" zutage tritt. Unbekümmert mischt Trahard Zitate, in denen das Wort (zudem noch in verschiedenen Kontexten) verwendet wird, mit der eigenen Verwendung des Begriffs. Das Ergebnis ist bedauerlich:

Que de notions diverses sous le terme commun de sensibilité,[41] ist Trahards eigenes Fazit, und zeitgenössische Rezensenten des Werkes weisen genau auf dieses Problem der mangelnden Ordnung hin:

> Aber die philosophische Klärung der Komponenten des Begriffs, sowie seine Stellung in der Gemütsstruktur und der Erkenntnistheorie des 18. Jahrhunderts steht noch aus. Das Buch von Trahard, „Les maîtres de la sensibilité au XVIIIe siècle", Paris 1931, das nach seinem Thema diese Klärung bringen sollte, hat verschiedene Faktoren des Begriffes reichlich verwirrt; es gelingt dem Verfasser nicht einmal, Empfindungsfähigkeit und Empfindsamkeit voneinander zu trennen.[42]

Dies ist um so bedauerlicher, als Trahard eine wahrhaft beeindruckende Menge neuen Materials erschließt, zudem alle wichtigen Autoren des 18.

39 Der fünfte Band über die Revolutionszeit folgte 1936: *La sensibilité révolutionnaire* (1789–1794), Bd. I–IV: Paris 1931ff.

40 IV, S. 295–296.

41 IV, S. 273.

42 In Herbert Dieckmann: „Zur Interpretation Diderots" *RF* 1939, 47–82. Außerdem siehe: Rez. Hugo Friedrich in *RF* 1939, S. 248–50. Ders.: „Der Epochebegriff im Lichte der französischen préromantisme-Forschung", in: *Neue Jahrbücher für Wissenschaft und Jugendbildung*, 10/1934, S. 124–140; Jean Nokerman: „La sensibilité française et le préromantisme", in: *Les Lettres Romanes* II/1948, S. 199–234.

Jahrhunderts berücksichtigt, Voltaire nicht weniger als Choderlos de Laclos oder Rousseau. Sie alle aber für die *gleiche,* allumfassende „sensibilité" in Anspruch nehmen zu wollen, war ein Unterfangen, das zum Scheitern verurteilt blieb.[43]

So bleibt Trahard für unser Thema einerseits wenig brauchbar, andererseits durch seine verwandte Themenstellung und vor allem seine enorme Materialsammlung eine Art ständiger Bezugspunkt. Zur hier nur mit ihren wichtigsten Vertretern vorgestellte Gruppe der Studien zur Präromantik[44] läßt sich zusammenfassend festhalten, daß keinem der Autoren an einer Begriffsgeschichte im eigentlichen Sinne gelegen war; „sensibilité" wurde stets nur wegen ihrer - vermeintlichen - Eigenschaft als Zeugin für frühe romantische Strömungen nachgespürt.

Im Publikationszeitraum der 4 Bände Trahards erscheinen zwei wesentlich bescheidenere, aber im Hinblick auf unser Thema ungleich wichtigere Arbeiten, die sich bei der Beschäftigung mit „sensibilité" zum ersten Mal von der Problematik des „préromantisme" lösen: eine ist die Dissertation des deutschen Romanisten Hans Sckommodau, die andere ein kurzer Aufsatz des damals noch jungen, später als Diderot-Biograph berühmten Arthur M. Wilson.[45] Beide Arbeiten, die eine Rekonstruktion wichtiger Schlüsselbegriffe des 18. Jahrhunderts mit größtmöglicher Treue gegenüber dem Material anstreben, wurden recht wenig beachtet[46], sind aber für eine Begriffs-

[43] Außerdem berücksichtigt Trahard nicht die vielversprechenden Ansätze van Tieghems, auf die oben schon verwiesen wurde, um von Wilsons Artikel (s. u.) ganz zu schweigen.

[44] Zum Problemkomplex „Préromantisme" siehe die z. T. ausgezeichneten Beiträge im Sammelband *Le Préromantisme. Hypothèque ou Hypothèse?* Colloque de Clermont-Ferrand 1972, Paris 1975. Wichtige zu ergänzende Arbeiten dieser Forschungsrichtung wären André Bellesort: *18e siècle romantique,* Paris 1941, und die jüngere Anthologie *Le 18e siècle romantique,* Paris 1972, von Jacques Bousquet, die allerdings keine neuen Erkenntnisse bringt.

[45] Hans Sckommodau: *Der französische psychologische Wortschatz der 2. Hälfte des 18. Jahrhunderts,* Leipzig 1933.
Arthur M. Wilson: "Sensiblity in France in the 18th Century. A Study in Word History", in: *The French Quarterly* 13/1931, S. 35–46.

[46] Das mag man bei Sckommodaus Buch, das als Dissertation damals wohl nicht leicht zugänglich war, noch verstehen. Wilsons Artikel aber erschien in einer durchaus anerkannten amerikanischen Zeitschrift. Wieso etwa das *FEW* in seinem Artikel „sensibilis" nicht auf Wilsons Aufsatz verweist, ist nicht einzusehen. (Bd. 11, 1964).

geschichte von „sensibilité“ wertvolle Beiträge, auf die an gegebener Stelle eingegangen wird.

Wie sehr Wilsons und Sckommodaus Arbeiten abseits von der Hauptströmung der französischen Forschung stehen, wird deutlich, wenn man Paul Hazards „Origines philosophiques de l'homme de sentiment“ liest.[47] Was im Vorwort des auch heute noch beeindruckend zu lesenden Werks *La pensée européenne au 18e siècle*[48] als parallele, umfassende Studie über jene „autre famille“ (V), eben die der „âmes sensibles“, angekündigt wurde, erschien *in nuce* schon 1937. Hazard übernimmt das Grundschema der „préromantisme“-Forschung: es gibt die Familie der „âmes sèches“, der „rationaux“ (IV), und als *Gegen*strom zu derselben „des cœurs troublés, des volontés incertaines, des âmes nostalgiques“ (V).

Dieses Schema kommt im genannten Aufsatz und vereinzelt auch in *La pensée européenne* zum Ausdruck.[49] Hazards Erklärung für die Entstehung dessen, was er „homme de sentiment“ nennt, ist denn auch nicht neu. Ausgehend von Rousseau als Inkarnation des „homme de sentiment“ spürt Hazard all jenen Elementen nach, die mit Rousseau vergleichbare Phänomene (Aufwertung der Gefühle, „inquiétude“ etc.) erkennen lassen, ein Vorgehen, das an Mornet erinnert, besonders an sein Kapitel über „L'inquiétude romantique“.[50]

Erst in dem Moment, wo „sensibilité“ aus der Perspektive einer Abfolge und Dialektik von „raison“ = „classicisme“ und „sensibilité“ = „romantisme“ herausgelöst wurde, konnten neue Fragen an die Geschichte des

47 In *Romanic Review* XXVIII/1937, S. 318–341.

48 Paul Hazard: *La pensée européenne au 18e siècle,* Paris 1945.

49 Zur Kritik an Hazards Grundkonzeption siehe den Besprechungsaufsatz Herbert Dieckmanns, der Cassirers *Philosophie der Aufklärung* im Vergleich mit Hazards Werk diskutiert: “An Interpretation of the 18th Century“, in: H. D.: *Studien zur europäischen Aufklärung,* München 1974, S. 218ff.
Besonders deutlich wird der „préromantisme“-Ansatz in folgender Passage: „Par quelles nécessités psychologiques, par quelles opérations subtiles, et au début presque invisibles; et non seulement par quels divorces, mais par quelles aides, par quels compromis, par quels malentendus, le Philosophe a-t-il libéré l'Antiphilosophe, a-t-il déchaîné pour sa part l'homme de sentiment?“ (*Pensée* op. cit. S. 278).

50 Ebenfalls in der Tradition des „préromantisme“-Konzepts steht Pierre Barrières kurzes Exposé „La sensibilité en France“, das einen kurzen Überblick über das Thema gibt. *Bulletin du Centre d'études et discussion de littérature générale,* Bordeaux, 1956/57, Fasc. VI: *Sentiment et Sensibilité.*

Begriffs gestellt werden.[51] Dieser Prozeß ist seit den 60er Jahren in Frankreich und in anderen Ländern zu beobachten. In mehreren kurz nacheinander erschienenen Studien ist der Versuch gemacht worden, über die Trennung in „Welt der Vernunft" und „Welt des Gefühls" hinaus und zu einer diese beiden Aspekte vereinenden Sicht des 18. Jahrhunderts zu gelangen. Robert Mauzis *Idée du bonheur dans la littérature et la pensée française au XVIIIe siècle* (Paris 1960, ^{2}1965), Lester G. Crockers *Nature and Culture. Ethical Thought in the French Enlightenment* (Baltimore 1963) und Jean Fabres *Lumières et Romantisme* (Paris 1963) sind nur die wichtigsten Meilensteine in dieser Entwicklung der 18. Jahrhundert-Forschung.[52] In diesem neuen Zusammenhang konnte „sensibilité" den Platz einnehmen, der diesem Begriff historisch zusteht: als eines der Bindeglieder innerhalb der Verbindung von Vernunft und Affekthaushalt.

Roland Mortier betont in seinem wegweisenden Artikel „Unité ou scission du siècle des Lumières" die Notwendigkeit einer Begriffsgeschichte von „sensibilité":

> Une étude sémantique sérieuse et complète du terme „sensibilité" au XVIIIe siècle reste à faire.[53]

Einige Jahre später bedauert Gerhard Sauder ebenfalls das Fehlen einer Begriffsgeschichte von „sensibilité". Sein Buch über Empfindsamkeit, das keineswegs auf die deutsche Literatur beschränkt bleibt, ist eine der wertvollsten Monographien für unser Thema, da Sauder einen Schwerpunkt seiner Untersuchung gerade bei der Einbettung der Empfindsamkeit in die Aufklärungsbewegung setzt.[54]

[51] Der Vollständigkeit halber muß hier auf eine in den historischen Wissenschaften häufig anzutreffende Verwendung von „sensibilité" hingewiesen werden. Diese geht auf Lucien Febvre und seine Annales-Schule zurück; grundlegend hierzu: L. F.: „La sensibilité dans l'histoire: Les courants collectifs de pensée et d'action" in: *Dixième Semaine Internationale de Synthèse.* PUF 1938, S. 77–100. Diese sehr moderne Verwendung von „sensibilité" gehört nicht zum Gegenstand unserer Untersuchung.

[52] Weiterhin wären, ohne Anspruch auf Vollständigkeit, zu nennen: Jean Ehrard: *L'idée de nature dans la première moitié du 18e siècle,* Paris 1963; Roger Mercier: *La réhabilitation de la nature humaine,* Paris 1960; Georges Gusdorf: *Naissance de la conscience romantique au siècle des lumières,* Paris 1976; Peter Gay: *The Enlightenment: An Interpretation. The Rise of Pagan Humanism,* New York 1965.

[53] In: R. Mortier: *Clartés et Ombres du siècle des lumières,* Genf 1969, S. 114–124.

[54] Gerhard Sauder: *Empfindsamkeit.* Bd. I: Voraussetzungen und Elemente, Stuttgart 1974.

In den 60er und 70er Jahren sind Arbeiten erschienen, die Teilaspekte einer Begriffsgeschichte von „sensibilité“ zum Thema haben.[55] Englische, deutsche und französische Romanisten kommen fast gleichzeitig, unter verschiedenen Gesichtspunkten, auf die Entwicklung von „sensibilité“ und verwandten Begriffen zu sprechen. Zunächst wäre hier Jean Sgard und sein „Centre d’étude de la sensibilité“ in Grenoble zu nennen. Im Hinblick auf eine große, semantische Untersuchung des affektiven Wortschatzes des 18. Jahrhunderts haben Sgard und seine Forschergruppe eine beeindruckende Anzahl von literarischen Texten des späten 17. und 18. Jahrhunderts ausgewertet. Ein kurzer Überblick über einen Teil der Ergebnisse wurde auf dem 1972 stattfindenden Colloque über die Präromantik vorgestellt und 1975 veröffentlicht.[56] Unter vielen anderen Wörtern des affektiven Bereichs (insgesamt rund hundert Termini) wurde auch „sensibilité“ statistisch erfaßt. Auf diese rein empirischen Befunde werden wir zurückzukommen haben.

1972 erscheint P. E. Knabes Dissertation über *Schlüsselbegriffe des kunsttheoretischen Denkens in Frankreich.* Wie der Titel deutlich macht, geht es hier in erster Linie um die ästhetischen Implikationen des Begriffs bzw. seine Relevanz in der ästhetischen Diskussion des 18. Jahrhunderts.[57]

Gänzlich neue Quellen erschließt John Stephenson Spink in zwei kurz nacheinander (1977 und 1978) veröffentlichten Arbeiten. Vor allem die Studie über das frühe 18. Jahrhundert, in der Spink zeigen kann, daß wichtige Aspekte der späteren Bedeutung bereits zu Beginn des 18. Jahrhunderts entwickelt waren, ist für eine Begriffsgeschichte eine Bereicherung.[58] Im Mittel-

[55] Rein lexikologischer Natur sind der Artikel des FEW („Sensibilis“ Bd. 11. 1964) und wortgeschichtliche Aufsätze von Hildegard Kruchen: „Sensus“, in: *Europäische Schlüsselwörter.* Hg. vom Sprachwissenschaftlichen Kolloquium (Bonn), Bd., II, München 1964, S. 141-166; und von Renate Rieve: „Sentiment-sentimental“, ebenda S. 167-189.

[56] Jean Sgard/Michel Gilot: „La vie intérieure et les mots“, in: *Le préromantisme. Hypothèque ou hypothèse?,* Paris 1975, S. 509-28.

[57] Ebenfalls auf die ästhetische Komponente des Begriffs, spezieller noch auf die musiktheoretische Diskussion des 18. Jahrhunderts in Europa, bezieht sich ein kürzlich erschienener Aufsatz von Georgia J. Cowart: „Sense and Sensibility in Eighteenth-Century Muscial Thought“, in: *Acta Musicologica 1984,* S. 251-266.

[58] J. S. Spink: „Sentiment, sensible, sensibilité“: les mots, les idées d’après les ‘moralistes’ français et britanniques au début du 18e siècle,“ in: *Zagadnienia Rodzajów Literackich* XX, 1, 1977, S. 33-46; und Ders.: “From ‘Hippolyte est sensible’ to ‘Le fatal présent du ciel’: the position of ‘bienfaisance’“, in: *Festschrift für R. C. Knight,* London 1978, S. 191-202.

punkt des anderen Aufsatzes steht der Begriff „bienfaisance“, der wegen seiner engen Beziehung zu „sensibilité“ zentrale Aspekte derselben zu beleuchten vermag.

Dies sind nur die wichtigsten unter den neueren Arbeiten, die sich mit dem Begriff „sensibilité“ sowie seinem ideologischen und literarischen Umfeld befassen. Auf spezielle Untersuchungen zu einzelnen Autoren oder Aspekte wird an gegebener Stelle hingewiesen.

Das neuerdings erfreulich rege Interesse an „sensibilité“ und an dem mit diesem Schlüsselbegriff verbundenen Teil des 18. Jahrhunderts ändert nichts an der Tatsache, daß eine zusammenhängende Begriffsgeschichte im Gegensatz zu den bestehenden deutschen[59] und englischen[60] Pendants für Frankreich immer noch Desiderat bleibt. Zumindest einen Teil dieser „Lücke“ füllen zu helfen, ist das Ziel der vorliegenden Arbeit. Doch bevor die Darstellung selbst beginnen kann, muß die Aufgabenstellung präzisiert, die Textauswahl begründet und der Aufbau der Arbeit erläutert werden.

2. Aufgabenstellung und Methode

Der kurze Forschungsüberblick, in dem nur die wichtigsten Arbeiten berücksichtigt werden konnten, verdeutlicht bereits in einigen Punkten, was eine Begriffsgeschichte von „sensibilité“ zu leisten hat. Man könnte, wenn man die hierfür notwendige Vereinfachung einen Moment in Kauf zu nehmen bereit ist, die Aufgabe wie folgt skizzieren:

> Aufgabe einer Begriffsgeschichte von „sensibilité“ ist eine auf möglichst breiter Quellenerschließung basierende Darstellung der Entwicklung des Begriffs, seiner zu unterscheidenden Bedeutungsaspekte, der signifikanten, historisch zu definierenden Änderungen und Erweiterungen in Bedeutung und Beurteilung, sowie der Auswirkungen des Begriffs und des mit ihm verbundenen Menschenbildes auf die Entwicklung literarischer Gattungen. Besonderer Wert ist auf die Ordnung des Belegmaterials nach Argumentations- und Sinnzusammenhängen zu legen.

Im folgenden sind die verschiedenen, in solch einer Aufgabenstellung enthaltenen Probleme ausführlicher zu diskutieren.

[59] Hier seien die beiden wichtigsten neueren Arbeiten zur deutschen Empfindsamkeit genannt: Georg Jäger, *Empfindsamkeit und Roman,* Stuttgart 1969 und Gerhard Sauder, *Empfindsamkeit I,* Stuttgart 1974.

[60] Als eine unter vielen sei die wortgeschichtliche Studie von Erik Erämetsä genannt: *A Study of the word "sentimental" and of Other Linguistic Characteristics of Eighteenth Century Sentimentalism in England,* Helsinki 1951.

2.1. Aufgaben einer Begriffsgeschichte

In den letzten Jahren hat die theoretische Diskussion um Sinn und Methode der Begriffsgeschichte durch zwei bedeutende historische Wörterbücher, Ritters *Philosophisches Wörterbuch* und Kosellecks *Geschichtliche Grundbegriffe,* einigen Auftrieb erhalten. In einem von Reinhard Koselleck herausgegebenen Sammelband werden die wichtigsten Beiträge verschiedener, in den 70er Jahren veranstalteter Kongresse über Begriffsgeschichte und Sozialgeschichte veröffentlicht.[61] Auf einige der dort abgedruckten Aufsätze beziehen sich die folgenden Ausführungen zur theoretischen Begründung der Aufgaben einer Begriffsgeschichte.

Nicht nur die klassische, sondern auch die modernen Philologien haben es bei der Interpretation von Texten notgedrungen mit „historischer Semantik“[62] zu tun. Die deutsche Romanistik hat sich dieser Aufgabe sowohl in historischen Wörterbüchern[63] als auch in zahlreichen Untersuchungen zu einzelnen Schlüsselbegriffen angenommen. Für den Bereich des 18. Jahrhunderts wären hier vor allem Fritz Schalks *Exempla romanischer Wortgeschichte* und *Studien zur frz. Aufklärung* zu nennen.[64] Diese philologische Tradition bleibt für eine Begriffsgeschichte verpflichtend. Alle über die philologische hinausgehenden Fragestellungen, etwa sozialgeschichtliche, setzen die philologische Erschließung des sprachlichen Materials voraus, müssen sich ihrer gewissermaßen als Stütze bedienen, wie Koselleck in seinem den zitierten Band einleitenden Aufsatz „Begriffsgeschichte und Sozialgeschichte“ darlegt.

Erstes Ziel bleibt also die Interpretation von Quellen, welche die Frage nach Bedeutung und Bedeutungswandel eines Begriffs zu beantworten in der Lage sind (zur Quellenerschließung und Textauswahl s.u.). Im Unterschied zu einer rein lexikologischen Wortstudie kann sich eine Begriffsgeschichte allerdings nicht auf die Sammlung chronologisch gereihter Belege beschränken. Ein Begriff unterscheidet sich von einem beliebigen Wort gerade durch seine Vielschichtigkeit, seine Komplexität in verschiedenen Sachgebieten

61 Reinhard Koselleck (ed.): *Historische Semantik und Begriffsgeschichte.* Stuttgart 1978.

62 Auf die Gründe der teilweisen Vernachlässigung der hist. Semantik seitens der Linguistik geht K. H. Stierle: „Historische Semantik und Geschichtlichkeit der Bedeutung“, (in Koselleck, S. 154–192) ausführlich ein.

63 Vor allem mit dem *Französischen Etymologischen Wörterbuch,* Bonn/Basel, 1928ff.

64 Außerdem die beiden vom Sprachwissenschaftlichen Colloquium/Bonn herausgegebenen Bände *Europäische Schlüsselwörter,* München 1963 und 1964.

und -zusammenhängen. Was Koselleck für soziale und politische Begriffe definiert, kann auf jedes andere Forschungsgebiet übertragen werden, und gilt somit für Begriffe schlechthin:

> Jeder Begriff hängt an einem Wort, aber nicht jedes Wort ist ein (...) Begriff. Ein Begriff dagegen muß vieldeutig bleiben, um ein Begriff sein zu können. Auch der Begriff haftet zwar am Wort, er ist aber zugleich mehr als ein Wort: Ein Wort wird zum Begriff, wenn die Fülle eines politisch-sozialen Bedeutungs- und Erfahrungszusammenhanges, in dem und für den ein Wort gebraucht wird, insgesamt in das eine Wort eingeht.[65]

Will man die Bedeutung eines Begriffes in einer historisch begrenzten Epoche anhand von ausgewählten Texten rekonstruieren, so ist weiterhin der Tatsache Rechnung zu tragen, daß der Begriff - und dies gilt für unseren Fall - auch vor dem zu untersuchenden Zeitraum existiert und somit eine bestimmte Ausgangsbedeutung besitzt. Weiterhin ist als Voraussetzung einer sinnvollen Begriffsgeschichte festzuhalten, daß der zu untersuchende Begriff im gewählten Zeitraum Bedeutungsveränderungen erfährt, durch die eine historische Darstellung ihren eigentlichen Sinn erhält. Es ist davon auszugehen, daß jeder Begriff - und „sensibilité" ist, das wird sich zeigen, dafür ein beredtes Beispiel - mehrere Bedeutungsaspekte hat, die in zeitlichem Nebeneinander existieren, sich gegenseitig überlagern und beeinflussen können. Stierle führt in diesem Zusammenhang den Begriff „Bedeutungskontinuum" ein, ohne das keine Bedeutungsveränderung denkbar ist. Eine Begriffsgeschichte muß beiden Faktoren bei der historischen Aufbereitung des Materials Rechnung tragen, wird aber den Akzent bei den signifikanten, eindeutig festzumachenden Bedeutungsveränderungen bzw. -erweiterungen setzen.

Die Frage nach Wandel oder Neuheit eines Begriffs kann allerdings nicht allein durch lexikologische Befunde, durch Reihung von gesammelten Belegen adäquat beantwortet werden. Es ist vielmehr davon auszugehen, daß für die Frage, ob einem Begriff neues Bedeutungspotential zugeführt wird, ob also von relativer Neu-Bedeutung gesprochen werden kann, die Berücksichtigung des jeweiligen textuellen und argumentativen Zusammenhangs unverzichtbar ist. „Sensibilité" ist ein Beispiel für die von K. H. Stierle allgemein formulierte Aussage, daß Bedeutungsveränderung (oder -erweiterung) auch durch Übertragung von einem Diskurszusammenhang in einen anderen erfolgen kann, ohne daß deswegen der Begriff expressis verbis neu definiert werden müßte:

[65] Koselleck, a.a.O., S. 28/29.

> Wenn es richtig ist, daß Wörter als Elemente der Sprache nicht eine Bedeutung haben, sondern ein Bedeutungskontinuum bezeichnen, so stellt sich bei der Bedeutungsinnovation die Aufgabe, das Bedeutungskontinuum selbst aufzuweisen, vor dem die neue Bedeutung steht, den Weg vom Bedeutungskontinuum zur neuen Bedeutung zu beschreiben, zugleich aber den Ort der neuen Bedeutung zu bestimmen. Es ist für die bedeutungsgeschichtliche Arbeit grundlegend, daß die neue Bedeutung nicht einfach eine Alternative zu einer alten Bedeutung ist, sondern ein Komplement zu einem vorgängigen Bedeutungskontinuum, das durch die neue Bedeutung nicht negiert, sondern nur modifiziert wird.[66]

Durch die Berücksichtigung des weiteren Kontextes soll einer der entscheidenden Fehler der vorliegenden Literatur zum Thema „sensibilité" vermieden werden, der gerade in der völligen Vernachlässigung des jeweiligen Sinnzusammenhangs zu sehen ist – Trahards Werk ist ein bedauerliches Zeugnis dieses Mangels. Die offensichtliche Notwendigkeit, zur adäquaten Erfüllung der philologischen Aufgabe der Text- und Worterklärung größere Zusammenhänge zu berücksichtigen, hat für Inhalt und Aufbau einer Begriffsgeschichte entscheidende Folgen.

Zunächst erscheint die ausschließliche Begrenzung auf den gewählten Schlüsselbegriff wenig sinnvoll. Es gilt, dem Begriff semantisch oder lexikalisch nahestehende Wörter mit in die Untersuchung einzubeziehen, ohne daß damit der Anspruch bestünde, auch diese „Sekundär"-begriffe in ihrer eigenen Komplexität erschöpfend zu behandeln. Dies heißt für den Fall „sensibilité", daß sowohl Adjektive wie „sensible" als auch Substantive wie „sentiment" und, auf semantischer Ebene, „humanité, tendresse, cœur-esprit, bienfaisance..." zu berücksichtigen sind.[67] Damit ist nicht eine Wortfamilienuntersuchung in dem Sinne intendiert, daß alle aus dem lateinischen Etymon „sensus" hervorgegangenen Wörter in gleichem Maße interessant sind[68]; es kommt vielmehr darauf an, diejenigen Begriffe, die wegen ihrer Verwandtschaft – oder Opposition – zur jeweiligen Klärung des zu untersuchenden Begriffs beitragen können, mit einzubeziehen. Eine weitere Konsequenz die-

[66] Stierle, a.a.O., S. 188.

[67] „Gerade wer inhaltbezogen denkt, wird immer wieder auf das Zusammenwirken ganzer Gruppen von Wörtern geführt, bei denen das Miteinander eine Bedingung für die Funktion des Einzelgliedes ist." Leo Weisgerber: „Hauptgesichtspunkte inhaltbezogener Wortforschung", in: *Europäische Schlüsselwörter* I, S. 13–17, hier S. 16.

[68] Siehe im Gegensatz hierzu einige der Monographien in *Europäische Schlüsselwörter* II, die Wortfamilien, nicht aber semantisch verwandte Begriffe behandeln.

ses Verständnisses von Begriffsgeschichte ist, daß das Textkorpus sich nicht auf die klassischen Genera des Literaturwissenschaftlers beschränken darf, sondern auch nicht den Belles-Lettres zuzuordnende Texte umfassen muß. In diesem Sinne der Textauswahl, nicht der Interpretationsmethode, ist eine Begriffsgeschichte, wie sie hier versucht wird, interdisziplinär. Im Falle von „sensibilité“ heißt dies, daß sich eine Untersuchung auch mit medizinischen, naturwissenschaftlichen und philosophischen Texten befassen muß, da um die Jahrhundertmitte „sensibilité“ gerade in jenen Gebieten Gegenstand vieler Abhandlungen und Überlegungen ist, in Gebieten also, die in der ersten Jahrhunderthälfte von geringerer Bedeutung für die Begriffsgeschichte waren. Dieser „Exkurs“ in fremde Fachgebiete ist nicht nur der Vollständigkeit halber sinnvoll, sondern unerläßlich, da neue Definitionen aus medizinischem oder philosophischem Bereich Auswirkungen auch auf die moralische Definition und literarische Verwendung von „sensibilité“ haben. Dies wird besonders im Fall Diderots zu zeigen sein.

Es wird hiermit klar, daß eine Begriffsgeschichte von „sensibilité“ nicht notwendig identisch ist mit einer Geschichte desjenigen Phänomens der Literatur- und Geistesgeschichte, für das man in Frankreich wohl keine bessere Bezeichnung gefunden hat als „âge de la sensibilité“, und für das es im Deutschen den historisch eindeutigeren Begriff der Empfindsamkeit gibt. Natürlich ist auch die Untersuchung der Empfindsamkeit ein Teil der Begriffsgeschichte von „sensibilité“, da diese nun einmal der wichtigste Schlüsselbegriff der französischen Empfindsamkeit ist. Die Geschichte dieses Schlüsselbegriffs mag späteren Arbeiten bei der umfassenderen Darstellung der französischen Empfindsamkeit oder bei ihrer problematischen Periodisierung nützlich sein - das Gesamtphänomen in allen Aspekten erklären kann sie nicht.[69] Einer der Leitfäden aber, der sich durch die Untersuchung hindurch verfolgen lassen kann, ist die Frage nach dem Verhältnis von „sensibilité“-Empfindsamkeit und der philosophisch-literarischen Aufklärungsbewegung.

Die Notwendigkeit, bei der Nachzeichnung des facettenreichen Begriffs „sensibilité“ viele Einzelprobleme anzuschneiden, führt zu nicht zu unterschätzenden Schwierigkeiten inhaltlicher und quantitativer Art. Um völliges Ausufern und damit Verwirrung in der Darstellung zu vermeiden, mußte hin und wieder, auch auf die Gefahr hin, das nur unzureichend bearbeitete Ein-

[69] Genau dies hat Gerhard Sauder in seiner Habilitationsschrift über *Empfindsamkeit* versucht. Nicht umsonst ist die Untersuchung auch auf drei Bände angelegt, von denen 1 (Voraussetzungen und Elemente, 1974) und 3 (Quellen 1980) bereits erschienen sind.

zelproblem durch die partielle Perspektive zu verfälschen, der Blickwinkel auf die Frage nach Bedeutung und Wandel von „sensibilité" eingeschränkt werden. Oberstes Erkenntnisinteresse bleibt die Entwicklung des untersuchten Begriffs.

2.2. Quellenerschließung und Textauswahl

Grundlage einer jeden Begriffsgeschichte im oben skizzierten Sinn ist eine möglichst breite Belegbasis. Die Auswahl signifikanter, gerade Änderungen im Bedeutungsspektrum illustrierender Texte ist nur möglich, wenn eine ausreichende Menge von Vergleichsmaterial vorliegt. Die Frage nach der Signifikanz eines bestimmten Belegs (oder einer Beleggruppe) kann nur im Vergleich mit den „nicht-signifikanten" Zeugen eines vorliegenden Bedeutungskontinuums beantwortet werden. So ist die Erstellung eines umfassenden Textkorpus nicht nur Ergebnis der Sehnsucht nach Vollständigkeit (die nicht nur ein Traum bleiben muß, sondern bei einem gewissen Grad an Vollständigkeit auch gar keinen Erkenntniszuwachs mehr bedeuten würde), sondern für die Bewältigung der gestellten Aufgabe unverzichtbar.

Natürlich muß und kann in solch einem Fall auf Vorarbeiten zurückgegriffen werden. Glücklicherweise sind die Materialsammlungen der älteren Arbeiten zur Präromantik ungleich gewinnbringender als ihr Wert für eine geordnete Begriffsgeschichte selbst. Auch Trahard verweist auf manch einen entlegenen wichtigen Text. Neben diesen im Forschungsbericht erwähnten Vorarbeiten sind folgende Quellen besonders hilfreich gewesen: das *Centre d'Etude de la sensibilité* in Grenoble, unter der Leitung von Jean Sgard, und der *Trésor général des Langues et Parlers Français* in Nancy. In Grenoble besteht ein Dossier über den affektiven Wortschatz des 18. Jahrhunderts, das Auswertungsbögen von etwa 100 meist fiktionalen Texten umfaßt, in erster Linie Romane. Jean Sgard hat mir großzügig dieses unveröffentlichte Material zur Einsicht zur Verfügung gestellt.

Vor allem für die Zeit nach 1789, aber auch für das 18. Jahrhundert insgesamt, hat der *Trésor* freundlicherweise die in seinem Computerprogramm enthaltenen Informationen zugänglich gemacht, obwohl der Band, in dem „sensibilité" enthalten sein wird, noch lange nicht erscheinen wird. Die gespeicherten Texte für den Zeitraum 1715–1789 sind zum großen Teil dieselben, die auch Jean Sgard hatte auswerten lassen, aber von 1789 ab ist die Textmenge des *Trésor* wesentlich größer (für den Zeitraum 1789–1810 etwa 1130 Belege von „sensibilité"!).

Dank der Großzügigkeit der beiden Forschungsstellen konnte die eigene Lektüre um wichtige Punkte ergänzt, bzw. in die richtige und ergiebige Richtung gelenkt werden.

Nun ist mit der Häufung von Belegstellen erst ein Schritt getan.

> Aus dem Strom der Rede gelassen, zerfällt die Sprache in Wörter, und der Wortschatz eines Wörterbuchs kann in dieser Hinsicht nur die Totenkammer der Sprache enthalten.[70]

Wichtiger als die Sammlung von Texten ist die Ordnung und Auswahl von aussagekräftigen Texten, die einer vertieften Interpretation, die den Sinnzusammenhang zwischen „sensibilité" und anderen Begriffen der Zeit in seiner Komplexität berücksichtigen soll, standhalten. Hierbei kommt literarischen Texten im engeren Sinne eine besondere Bedeutung zu. Sachtexte verschiedener Provenienz mögen zwar manchmal den Vorteil der Klarheit in Definition und Gebrauch von Begriffen haben, und werden deshalb auch gewinnbringend zu interpretieren sein. Ein literarischer, künstlerisch anspruchsvoller Text aber läßt ein oft komplexeres Bezugssystem zwischen dem hier zu untersuchenden Begriff und der Gesamtheit des Sprachkunstwerks erkennen.

In literarischen Texten kommt zudem die fiktionale Stilisierung des sich neu entwickelnden, mit „sensibilité" eng verbundenen Menschenideals besonders deutlich zum Ausdruck. Verschiedene Typen des „homme sensible" können einander vergleichend gegenübergestellt werden. Neben dieses inhaltliche Interesse an fiktionalen Texten (in erster Linie Romane und Theaterstücke) tritt ein Interesse an dem literarischen Formenbestand des französischen 18. Jahrhunderts. Es ist oft auf die Beziehung zwischen Formen des „empfindsamen" Romans und der neuen Theatergattungen „comédie larmoyante", „drame" etc. hingewiesen worden. Diesen Zusammenhängen ist, ausgehend von einer Begriffsbestimmung von „sensibilité", ebenfalls nachzugehen.

Die Auswahl der einzelnen, ausführlicher interpretierten Texte ist nicht immer leicht gefallen. Neben das Kriterium der Repräsentativität für eine bestimmte Bedeutung tritt das der literarischen Qualität und das des Bekanntheitsgrads (sowohl im damaligen Frankreich als auch im heutigen). Wo es um die Problematik der „Verkitschung" geht, mußten allerdings heute völlig unbekannte Texte zur Interpretation herangezogen werden.

[70] Werner Krauss: „Macht und Ohnmacht der Wörterbücher", in: W. K. *Studien und Aufsätze,* Berlin 1959, S. 5–17. Zit. nach Stierle, a.a.O., S. 188.

2.3. Zum Aufbau der Arbeit

Als erste Konsequenz der angestellten Überlegungen ist festzuhalten, daß eine rein chronologische Anordnung der Komplexität des Materials nicht gerecht würde. Es ist vielmehr von einem Nebeneinander verschiedener Bedeutungsaspekte auszugehen, das eine *lineare* Darstellung nur schwer erfassen kann. Trotzdem sind chronologische Etappen im Auge zu behalten, die wichtige Schritte in der Diachronie wiedergeben.

Es entsteht also ein Nebeneinander von chronologischer Grobgliederung und thematisch-aspektueller Feingliederung. Teil A dient zur Skizzierung der Bedeutung von „sensibilité" vor dem eigentlichen Untersuchungszeitraum. Der Akzent wird beim 17. Jahrhundert liegen, da hier die Folie (das Bedeutungskontinuum) zu entwerfen ist, vor der die einschneidenden Veränderungen in Bedeutung und Beurteilung von „sensibilité" erst darstellbar und greifbar werden.

Teil B, der Hauptteil der Untersuchung, zerfällt chronologisch und inhaltlich in zwei Teile. Der chronologische Rahmen für B I ist etwa die erste Hälfte des Jahrhunderts, wobei die Grenze nicht dogmatisch, sondern als Orientierung zu verstehen ist. Belege aus der zweiten Hälfte des Jahrhunderts, die thematisch in die einzelnen Kapitel des Teils I fallen, werden hier auch zur Illustration der Kontinuität in der Bedeutung aufgeführt. Die einzelnen, thematisch geordneten Kapitel von B I versuchen, die stete Aufwertung und inhaltliche Erweiterung von „sensibilité" in ihren wichtigsten Aspekten zu erfassen und zu erklären. Die Trennung in die verschiedenen Teilaspekte (etwa Soziabilität und Zärtlichkeit) mag insofern problematisch sein, als man viele Texte jeweils mehreren dieser Kategorien hätte zuordnen können. Dieses Problem wurde zugunsten inhaltlicher Ordnung und Übersichtlichkeit in Kauf genommen.

Hauptkonvergenzpunkt der meisten Unterkapitel ist die Herausbildung eines neuen Menschenideals, das für die Empfindsamkeit grundlegend wurde, und für das von einem gewissen Zeitpunkt an „sensibilité" oder „homme sensible" als Etikett verwendet wurden. Dieses Ideal ist nachzuzeichnen und seine Verbindung mit der Aufklärungsbewegung im Auge zu behalten.

Die Kapitel 5, 6 und 7 von Teil B I befassen sich mit inhaltlichen und formalen Fragen der literarischen Darstellung der von „sensibilité" geprägten Personen. Der Abschnitt über „Glück und Leid" der „âme sensible" greift eine oft allzu schnell abgetane Frage ausgehend vom Begriff „sensibilité" selbst noch einmal auf, dasselbe gilt für die vor allem in der deutschen Forschung beheimatete These von der Bürgerlichkeit der Empfindsamkeit.[71] Kapitel 7 schließlich versucht den formalen Konsequenzen einer Literatur, die im Namen der neuen Tugend „sensibilité“ verfaßt und konzipiert wird, nachzuspüren, und deutet in gewissem Sinne auf das Kapitel „Mode und Kitsch“ von B II voraus.

B I will den in Kap. 8 knapp resümierten Hintergrund erstellen, vor dem die einschneidenden Veränderungen, Neuansätze und Differenzierungen, die es in B II darzustellen gilt, verständlich werden und ihren Sinn erhalten.

Der Hauptteil B II umfaßt chronologisch die zweite Hälfte des 18. Jahrhunderts. Die Überschrift „Kontinuität und Wandel“ macht deutlich, daß die weitere Entwicklung des moralisch positiv bewerteten Begriffs „sensibilité“ nur als komplexes Neben- und Miteinander verschiedener Prozesse dargestellt werden kann. „Wandel“ bezieht sich hierbei auf eine seit den späten 40er Jahren zu beobachtende Tendenz der materialistischen bzw. medizinisch-physiologischen Definition von „sensibilité“. Der Prozeß der Neudefinition erfolgt also in Bereichen, die mit dem bisher vorwiegend behandelten auf den ersten Blick nichts zu tun haben. Der „Fall Diderot“ zeigt aber, daß die neue Definition eines anderen Diskursbereiches Auswirkungen auch auf die moralische Einschätzung von „sensibilité“ hat. So kommt Diderot zu einer neuen, manchmal widersprüchlich anmutenden Beurteilung von „sensibilité“ in verschiedenen Bereichen seines dichterischen und philosophischen Werkes.

Rousseau stellt einen weiteren, komplexen Sonderfall dar. Anders als man es vielleicht erwarten könnte, setzt er sich kritisch mit der damals bestehenden Definition von „sensibilité“ auseinander und mißt seiner in Abgrenzung davon entwickelten Definition in der zu interpretierenden *Nouvelle Héloïse* große Bedeutung zu. Mit ihm beginnt nicht die Welle der „sensibilité“, er ist vielmehr einer unter den zahlreichen Vertretern verschiedener „sensibilité“-Definitionen.

In den summarischen Abschnitten „Verbreitung“ und „Mode und Trivialisierung“ soll die Herausbildung dessen nachgezeichnet werden, was schon in den Untersuchungen des späten 19. Jahrhunderts als Mode-Empfindsamkeit bezeichnet und dementsprechend negativ beurteilt wurde. In unmittelbarem Zusammenhang mit der großen Verbreitung und allmählichen Verkit-

[71] Zu dieser Frage liegt seit kurzem die Dissertation von Werner Wolf: *Ursprünge und Formen der Empfindsamkeit im französischen Drama des 18. Jahrhunderts* (Marivaux und Beaumarchais), Frankfurt 1984, vor.

schung steht die Herausbildung verschiedener Kritikformen an „sensibilité". Diese Formen umfassen eine provokativ unmoralische Verwendung des Begriffs in anti-empfindsamem Zusammenhang, parodistische Auseinandersetzung sowie semantische Differenzierungs- und Abgrenzungsbemühungen.

Die Verwendung des Begriffs seitens der Revolutionäre zeigt einerseits die unabhängig von den kritischen Äußerungen der Zeitgenossen andauernde Kontinuität des hohen, nun politisch verwertbaren Prestiges, andererseits die Beliebigkeit, mit der „sensibilité" für Philantropie oder Terrorherrschaft vereinnahmt werden konnte. Die politische Realisierung der utopischen, idealen „sensibilité" war nur unter Verlust ihrer bisherigen Bedeutung möglich. Neben der politischen Funktion, die „sensibilité" erhält, dauert die Auseinandersetzung mit dem Konzept seitens der Literaten an. Für die meisten ein nunmehr in den Alltagswortschatz übernommenes Wort, ist „sensibilité" bei einigen Autoren Anlaß, über die ästhetischen Implikationen des Begriffs aufgrund der Erfahrungen des 18. Jahrhunderts nachzudenken und so zu einer neuen Orientierung in den dominanten Bedeutungsaspekten des Begriffs zu kommen.

A. „Sensibilité“ und „sensible“ vor dem 18. Jahrhundert

1. Von den Anfängen bis zum 17. Jahrhundert

Der folgende kurze Rückblick auf die lateinischen Entsprechungen zu „sensibilité“ und „sensible“ sowie die frühen französischen Verwendungen bis zum 16. Jahrhundert will nicht eine lückenlose Herleitung der französischen Termini aus der Wortfamilie „sensus“ sein, sondern lediglich zeigen, wie, vor allem im scholastischen Gebrauch, wichtige und lange gültige Bedeutungsinhalte des späteren Begriffs schon früh nachzuweisen sind.[1]

Im klassischen Latein sind „sensibilitas“ und „sensibilis“ äußerst selten. Bei der Verwendung von „sensibilis“ sind eine passive (was empfunden werden kann) und eine aktive (mit Empfindung begabt) Bedeutung zu unterscheiden. Die passive ist zuerst bei Seneca und Vitruv[2] belegt, die aktive bei Apuleius.[3]

> In der ersten Hälfte des 6. Jahrhunderts endlich taucht das Substantiv *sensibilitas* auf als die *vis sentiendi,* die Fähigkeit zu empfinden, und zwar mit Hilfe der Sinne.[4]

In der christlichen Literatur setzen sich sowohl die passive als auch die aktive Bedeutung von „sensible“ durch, etwa in Ausdrücken wie „mundus sensibilis“ vs. „mundus intelligibilis“ auf der einen Seite, „potentia sensibilis“ auf der anderen. Bei dieser letzten, scholastischen Verwendung, die sich auf das mittlere Seelenvermögen des Menschen (in Anlehnung an Aristoteles) bezieht,

[1] Die nachfolgenden Ausführungen basieren auf Eugen Lerch: „Sinn, Sinne, Sinnlichkeit“, in: *Archiv für die gesamte Psychologie* 103/1939, S. 446–495.
Hildegard Kruchen: „Sensus“, in: *Europäische Schlüsselwörter* Bd. II, hrsg. vom Sprachwissenschaftlichen Colloquium Bonn, München 1964, S. 141–166.
Renate Rieve: „Sentiment - sentimental“, in: *Europäische Schlüsselwörter,* a.a.O., S. 167–189.
FEW, Bd. 11, „Sensibilis“.

[2] Lerch, a.a.O., S. 458.

[3] Ebenda.

[4] Kruchen, a.a.O., S. 142. Belege siehe bei Du Cange: *Glossarium Mediae et Infimae Latinitatis,* Paris 1883–87, und A. Forcellini: *Lexicon totius Latinitatis,* Patavii 1940.

müssen wir ein wenig verweilen, da sie für die spätere Bedeutung prägend wurde.

„Sensibilitas“ und „sensibilis“ beziehen sich in der scholastischen Terminologie auf das mittlere Seelenvermögen des Menschen, das zwischen „anima vegetalis“ und „anima intellectiva“ angesiedelt ist. „Sensibilis“ ist hier weitgehend synonym verwendet mit „sensitivus“.[5] In dieser wertneutralen Bedeutung der „anima sensitiva“ oder „sensibilis“ ist Sensibilität eine Eigenschaft, die sich auf Menschen in gleichem Maße wie auf Tiere beziehen läßt, eine Bedeutung, die noch 1690 in Furetières *Dictionnaire Universel* nachklingt:

> La sensibilité est une qualité propre aux animaux que n'ont point les végétaux.[6]

Das Substantiv „sensibilitas“ ist bei Th. v. Aquin nur wenige Male belegt. Das aufschlußreichste Zitat, das nicht aus der *Summa theologiae* sondern aus den *Sentenciae* stammt, enthält eine interessante Differenzierung zwischen „sensibilitas“ und „sensualitas“:

> Differt sensualitas et sensibilitas; sensibilitas enim omnes vires sensitivae partis comprehendit, tam apprehensivas de foris quam apprehensivas de intus, quam etiam appetitivas, sensualitas autem magis proprie illam tantum partem nominat per quam movetur animal in aliquod appetendum vil fugiendum. 2 Sent. 24.2.1c[7]

„Sensibilitas“ scheint im Gegensatz zur „sensualitas“ dem Wahrnehmungs- und Erkenntnisprozeß zugeordnet, während „sensualitas“ nur für Lust und Unlust des Körperlichen zuständig ist.

Bevor die Übernahme des scholastischen Gebrauchs ins Französische dargestellt wird, soll noch ein kurzer Blick auf das logische Gegenteil von „sensibilitas“, nämlich „insensibilitas“, geworfen werden, da sich auch diese Verwendung im 17. Jahrhundert wiederfinden lassen wird.

„Insensibilitas“ hat bei Thomas von Aquin zwei Bedeutungen[8]: eine sich auf das Erkenntnisvermögen beziehende (A-rationalität) und eine sich auf

[5] Zur Differenzierung von „sensibilis“, „sensualis“ und „sensitivus“ siehe Eugen Lerch, a.a.O.

[6] s.v. „sensibilité“.

[7] Zit. nach Deferrari, Roy: *A Lexicon of St. Thomas Aquinas,* Baltimore 1948. Siehe auch *Index Thomisticus,* ed. Robertus Busa, Stuttgart 1976ff.

[8] Siehe Deferrari, a.a.O.

den Gefühlsbereich beziehende (Fühllosigkeit). Diese letzte Eigenschaft wird im Abschnitt über die „temperantia" in der *Summa theologiae* als Laster und Verstoß gegen das Gebot der „temperantia" angeführt.

sed insensibilitas virtuti temperantiae opponitur.[9]

Ganz ähnlich hatte schon Papst Gregor die „insensibilitas" verurteilt und eine Mittelstellung zwischen zu großer „sensibilitas" (hier: Schmerzempfindlichkeit) und zu großer „indolentia" gefordert:

> On n'approuve ni la trop grande indolence, ni aussi la trop grande sensibilité: car la première n'est pas convenable à la nature de l'homme, ni l'autre à la philosophie d'un chrétien. Nous devons donc nous montrer et plus sages que ceux qui s'abandonnent par excès à la douleur, et plus humains et sensibles que ceux qui suivent une trop dure Philosophie.[10]

Die erste bekannte französische Verwendung von „sensible" stammt aus Brunetto Latinis *Li livres dou trésor,* und zwar in der aktiven auch in der Scholastik anzusiedelnden Bedeutung „mit Empfindsamkeit begabt". „Sensible" kann sich sowohl auf physische als auch auf moralische Empfindungen beziehen:

> vertu est en ii manieres; l'une est apelee moral, ki s'apertient a l'ame sensible, en qui n'est veraie raison; l'autre vertu est intellectuelle, ki s'appertient a l'ame raisonable, en qui est intellec et discretion et raison. Donques l'ame sensible sent et eschive et ensuit ce ke li plaist, sans nule porveance de sens. Et por ce dient que concupiscence ne desire, més intellec conferme, et sans lui ne puet estre aucune election.[11]

Zu den hier angesprochenen „vertus morales" gehören u.a. „chasteté, largesse etc.", während mit „vertu intellectuelle" „sapience" gemeint ist. Diese an das christliche Ritterideal erinnernden „vertus morales" bleiben auch in späteren Jahrhunderten mit der Vorstellung der „âme sensible" verbunden, wie im Kapitel über das 17. Jahrhundert zu zeigen sein wird.

Im frühen 14. Jahrhundert gesellt sich eine neue, rein physisch verstandene medizinische Bedeutung von „sensibilité" zur skizzierten scholastischen Verwendung, die auf das Seelenvermögen abzielte. H. de Mondeville

[9] Zit. nach Deferrari.

[10] Zit. nach einem anonymen Erbauungstraktat: *Les règles de la sagesse ou la maniere de se conduire saintement dans la vie chrétienne,* Paris 1685. Dort wird Papst Gregor unter der Règle X zitiert, die lautet: „Qu'il faut garder le milieu entre la trop grande sensibilité et la trop grande insolence".

[11] Brunetto Latini, *Livres dou Trésor,* ed. F. J. Carmondy, Univ. of California Press, Berkeley, Los Angeles 1948, II, S. 30.

gebraucht sowohl das Adjektiv als auch das Substantiv in einer Abhandlung über das Nervensystem - auch diese medizinische Bedeutung wurde später im 18. Jahrhundert, in einem neuen wissenschaftlichen Zusammenhang, wieder aufgegriffen.[12] Von Anfang der Existenz der französischen Wörter „sensible" und „sensibilité" an stehen also eine physische und eine die Seele betreffende Bedeutung nebeneinander.

Die von der scholastischen Terminologie überlieferte Bedeutung von „sensible" beinhaltet ein gewisses, auf die Sinne gründendes Erkenntnisvermögen des Menschen (man ist an den „sensus comunis" erinnert[13]). Dieser das Erkenntnisvermögen betreffende Bedeutungsaspekt tritt in einigen Texten des späten Mittelalters in den Vordergrund, „sensible" wird bei Godefroy sogar mit „intelligent" gleichgesetzt.[14] Diese Bedeutung ist im englischen „sensible" noch heute vorherrschend - „un homme sensible" ist eben nicht „a sensible man", sondern „a man of feeling".

Im 16. Jahrhundert finden sich alle aufgeführten Bedeutungen, wenn auch nur vereinzelt, wieder. Überhaupt sind weder „sensibilité" noch „sensible" im 16. Jahrhundert häufig verwendete Wörter. Bei Montaigne etwa läßt sich das Substantiv gar nicht nachweisen, während „sensible" immerhin sechsmal belegt ist, davon dreimal in der aktiven und dreimal in der passiven Bedeutung. „Sensible" hat bei Montaigne auch die im späten Mittelalter zum ersten Mal aufgetretene Bedeutung von „intelligent", verstandesmäßig bei Sinnen („Intellectuellement sensibles, sensiblement intellectuels"[15]).

Die Übersetzungen des 16. und frühen 17. Jahrhunderts verbreiten die Termini „sensible/insensible" in der aristotelischen (scholastischen) Tradition.[16] Epikurs Schriften, die durch Diogenes Laertius' X. Buch sowie durch Lukrez einigermaßen bekannt wurden, vertreten die wohl früheste materialistische Theorie, derzufolge das „sensible" Leben, das moralisch-seelische Sein des Menschen, aus der „matière insensible" hervorgeht. Epikur, bzw.

12 Belege in FEW und Tobler Lommatzsch: *Altfranzösisches Wörterbuch.*

13 Helga Pust: „common sense", in: *Europäische Schlüsselwörter* a.a.O. S. 92–140.

14 Siehe Frédéric Godefroy: *Dictionnaire de l'ancienne langue française et de tous ses dialectes du IX au XV siècles,* Tome 7, Paris 1892; s.v. „sensible", „sensiblement".

15 Roy E. Leake: *Concordance des Essais de Montaigne,* Genève 1981.

16 Etwa Plutarch: *Les œuvres meslees,* translatees de Grec en François par Amyot, Paris 1574, IV. livre: Des opinions des philosophes, Chap. VIII, S. 241: „Des sentimens et choses sensibles."

seine Divulgatoren und Übersetzer, verwenden „sensibilité" als Substantiv hingegen nicht.[17]

Fassen wir diese kurzen Ausführungen zusammen, so fällt auf, daß sowohl im lateinischen und französischen Mittelalter als auch im Renaissancejahrhundert „sensible" und „sensibilité" wertneutrale Bedeutung haben. „Sensibilité" im medizinisch-physischen Sinne scheint etwas in den Hintergrund getreten zu sein, es herrscht der Bezug zum Seelenvermögen vor. Weder „sensible" noch „sensibilité" sind häufig verwendete Begriffe. Die ursprünglich mit „sensibilis" synonymen Adjektive „sensitivus/sensitif" und „sensualis/sensuel" werden in der christlichen Morallehre wegen ihrer Verbindung mit der Körperlichkeit des Menschen abgewertet - eine Tatsache, die auch auf die Beurteilung der „sensibilité" seitens der Kirche im 17. Jahrhundert abfärben wird.

2. Die Bedeutungen im 17. Jahrhundert

2.1. Das erweiterte Bedeutungsspektrum

Ein erster Blick in die während des letzten Drittels des 17. Jahrhunderts erschienenen Wörterbücher zeigt, daß „sensible" und „sensibilité" im Laufe der Jahre häufiger auftreten als früher und zudem ein erweitertes Bedeutungsspektrum besitzen. Die aus früheren Jahrhunderten herrührende Trennung in physische und moralische Sensibilität bleibt erhalten (Sensibilité physique: Disposition des sens à recevoir les impressions des objets[18]). Die über-

[17] John S. Spink weist in seinen Artikeln „Sentiment, sensible, sensibilité" und "From 'Hippolyte est sensible'..." auf die doppelte, nämlich scholastisch-epikureische Tradition des Begriffs „sensibilité" hin. Dies gilt besonders für die Adjektive „sensible" und „insensible", auch für das Substantiv „sentiment", weniger aber für das Wort „sensibilité" selber. In seiner seelisch moralischen Bedeutung scheint es Erbe scholastischer Terminologie zu sein. Daß Epikurs materialistische Erklärung sensiblen und insensiblen Lebens später im Jahrhundert, als wiederum materialistische Theorien an Bedeutung gewannen, ihre Fortsetzung findet, steht auf einem anderen Blatt (Siehe B II 1.) Zur Terminologie der Renaissance-Übersetzer von Lukrez und Diogenes sowie deren Tradition bis ins 17. Jahrhundert siehe z. B. *Les œuvres de Lucrece,* trad. par le sieur des Coutures, 2 vols. Paris 1685; und Diogène Laërce: *De la vie des philosophes,* trad. nouv. par M. Gilles Boileau, 2 vols, Paris 1688.

[18] Furetière, *Dictionnaire Universel de la langue française,* 1690.

tragene, sich auf moralische Dinge beziehende Bedeutung umfaßt nun verschiedene Aspekte:

> *Sensibilité:* Ce mot se dit de bonne part et signifie ressentiment de quelque bénéfice reçu. La sensibilité marque qu'un homme est bien né et il faut en avoir.[19]

> Sensible: Se dit figurément en choses morales, et en parlant de l'emotion de l'ame et des passions. Cet homme est fort délicat et *sensible* sur le point d'honneur. On luy a fait un affront, une unjure *sensible.* Cette femme a l'ame tendre et *sensible:* ce qui se dit tant de l'amour, que de la compassion, et de la reconnaissance.[20]

Die Empfänglichkeit, das Gespür für die „gloire" und den „honneur" betreffende Dinge erinnert an Brunetto Latinis „vertus morales", die der „âme sensible" zugeschrieben wurden.[21]

Auf die anderen Bedeutungen, vor allem auf den Bezug zu „amour" und „compassion", wird in den folgenden Abschnitten zurückzukommen sein. Hier ist zunächst festzuhalten, daß „sensible" und „sensibilité" keine wertneutralen Eigenschaften des Menschen mehr sind[22], sondern zumindest in eini-

[19] César Pierre Richelet, *Dictionnaire François,* Genève 1680.

[20] Furetière 1690.

[21] S.o. Seite 40. Ganz ähnlich auch im *Dict. de l'Académie Française* 1694: „Il a de la sensibilité pour tout ce qui regarde la gloire". Als Beleg wäre zu denken an: Perrault, *Contes, Griseldis:* „Mais son cœur tendre et généreux/Fut encor plus sensible à la solide gloire/De rendre ses peuples heureux." Auch Corneille *Attila* II,2: „rien ne m'est sensible à l'égard de ma gloire", *Horace* II,5: „sensible à cet outrage." Oder in den 1713 erschienenen *Illustres Françaises* von Robert Challe (in *Œuvres complètes* Paris 1967): „La princesse (...) va être extrêmement étonnée de la sçavoir si sensible sur le point d'honneur (I,108); de la sçavoir si sensible sur le chapitre de l'honneur (I,109); il est très rare que le sexe soit si sensible sur cet honneur (I,194)". Auch in diesen Kontext gehört: „Il est certain que cette sensibilité qu'elle lui témoignait sur sa réputation la lui fit admirer et qu'il l'en aima et l'en estima davantage" (I,105). Laut FEW ist ironisch La Bruyère: „Il laisse voir en lui quelque peu de sensibilité pour sa fortune" (*Du souverain ou de la République* in *Œuvres* éd. Servois, Paris 1878, I, S. 376).

[22] Im Folgenden konzentrieren wir uns auf jene Bedeutungsinhalte des zu untersuchenden Begriffs, die sich auf menschliche Qualitäten beziehen. So wurden hier auch nicht die natürlich weiterhin existierenden passiven Bedeutungen aufgeführt (z.B. une injure sensible, Furetiére 1690), ebenso diejenigen Bedeutungen, die sich auf Tiere beziehen (z.B. un cheval sensible, qui souffre trop de l'action du mors, Richelet 1680).

gen Teilen ihrer Verwendungsmöglichkeiten positiv konnotiert sind: „La sensibilité marque qu'un homme est bien né."

Diesen Übergang zu einer spezifisch menschlichen Eigenschaft, die wir eben (anders als die „sensibilité physique") nicht mit den Tieren gemeinsam haben, hat Wilson im Blick, wenn er in seiner bereits zitierten Darstellung der Begriffsgeschichte von „sensibilité" schreibt:

> The next step was to give „sensibilité" a meaning which applied only to human beings; it was the transition from a state merely indicating awareness of external objects to one sensitive to moral values.[23]

Der Mangel an „sensibilité" erscheint dementsprechend als moralisch-menschliches Defizit[24]:

> Il y a des gens d'un naturel si dur et si farouche qu'ils n'ont aucune *sensibilité* (Furetière 1690)
>
> Il faudroit avoir plus d'insensibilité que les marbres pour n'estre pas touché d'un tel accident, d'un tel spectacle. (Dict. de l'Ac.F. 1694)

Dieser kurze Überblick über die in den Wörterbüchern des ausgehenden 17. Jahrhunderts zusammengestellten Bedeutungsaspekte zeigt, wie sich „sensibilité", trotz Beibehaltung älterer Bedeutungen[25], weiterentwickelt und in seinen Verwendungsmöglichkeiten ausdifferenziert hat. Was die Häufigkeit der Verwendung angeht, so ist der Bezug zur Liebe („se dit de l'amour") sowohl für das Substantiv als auch für das Adjektiv „sensible" an erster Stelle zu nennen, vor allem in der absoluten Verwendung ohne präpositionale Ergänzung (vom Typ „sensible à, sur…").[26]

23 Wilson, a.a.O., S. 43.

24 Siehe auch FEW, das für Insensible = celui qui manque de sensibilité morale, d'Aubigné 1617 anführt.

25 Pomeys Französisch-Lateinisches Wörterbuch (1676) enthält wenig Neues und deckt sich in wesentlichen Punkten mit dem oben Gesagten. Bei „sensibilité" etwa herrscht der Bezug zu den Verstandeskräften vor, wie wir ihn schon im Spätmittelalter haben nachweisen können (La sensibilité de son esprit). Außerdem „Schmerzempfindlichkeit", eine Bedeutung, die vermutlich aus dem Kirchenlatein bekannt war. Dagegen nennt G. Tacharts *Dictionarium novum latino-gallicum,* ^{2}1693, „sensibilité" überhaupt nicht, und bei „sensibilis" nur die passive Bedeutung.

26 Larousse (1971) nennt die Bedeutung „sensible" = für Liebe empfänglich als „signification classique". Wilson vernachlässigt seltsamerweise diese spezielle, zumindest im 17. Jahrhundert außerordentlich wichtige Bedeutung.

In den beiden folgenden Abschnitten wird nun versucht, unter Heranziehung der dafür relevanten Texte sowohl den Platz von „sensibilité" in der Liebesdiskussion des 17. Jahrhunderts zu klären als auch die moralische Größe „sensibilité" in der Moraldiskussion der Zeit zu situieren. Nur so kann der sich in den Wörterbüchern schon abzeichnende entscheidende Bedeutungswandel, der manche Schritte der späteren Entwicklung des 18. Jahrhunderts vorbereiten hilft, angemessen erfaßt und dargestellt werden.

2.2. „Sensibilité" in der Liebesdiskussion

Laut FEW ist die Verwendung von „sensible" in Bezug auf Liebesgefühle zum ersten Mal bei Malherbe belegt. Dieser Hinweis dürfte sich auf folgenden Vierzeiler beziehen:

> Elle, auparavant invincible,
> Et plus dure qu'un diamant
> S'apercevoit que cet amant
> La faisoit devenir sensible.[27]

Dieser Gebrauch ist das ganze 17. Jahrhundert hindurch häufig zu belegen.

Während der berühmte Roman *Astrée* des stark von den neostoischen Autoren des 16. Jahrhunderts beeinflußten Honoré d'Urfé nur vereinzelt die sensible Liebe seiner Helden ins Thema hebt[28], kennen zahlreiche Romane der ersten Hälfte des Jahrhunderts sensible Helden im obigen Sinne: im *Polexandre* von Gomberville ist es „le sensible Iphidamante"[29], in *Scanderberg* von Chevreau definiert sich ein männlicher Held: „Je suis sensible et je suis amant".[30] Auch die unglückliche Mariane der *Lettres portugaises* bezeichnet ihre einmal verschenkte Liebe als „une sensibilité qu'il (le cœur) ne retrouve plus".[31] Und um abschließend das vielleicht berühmteste Beispiel zu nennen:

[27] François de Malherbe: *Œuvres,* éd. Lalanne, Paris 1869, 1, S. 123, vv 252–254.

[28] Honoré d'Urfé: *L'Astrée,* éd. H. Vaganay, Genève (Reprint) 1966. Häufiger als „sensible" ist das Gegenteil „insensible", auch im Bezug auf Liebesempfänglichkeit: "insensible bergère" (I, 1, S. 29), „le cœur n'est pas insensible aux coups de l'amant" (I, 8, S. 319).

[29] Marin Le Roy de Gomberville: *Polexandre,* Paris 1629–45, IV, S. 77.

[30] Urbain Chevreau: *Scanderberg,* Paris 1644, I, S. 421.

[31] Guilleragues: *Lettres portugaises,* éd. F. Deloffre, Genève 1972, S. 172, S. 163 auch „insensibilité" als Abwesenheit von Liebe.

„Hippolyte est sensible, et ne sent rien pour moi“[32], ruft Phèdre verzweifelt aus, als sie Hippolytes Liebe zu Aricie entdeckt.

Die Fülle der hier nur in wenigen Beispielen dokumentierten Belege zeigt, daß „sensible“ in dieser Bedeutung weit verbreitet und fester Bestandteil der Liebessemantik im 17. Jahrhundert geworden war.[33]

Auch in Mademoiselle de Scudérys umfangreichem Romanwerk ist „sensibilité“ Teil der Liebestheorie. Dank ihrer häufigen Äußerungen zu dieser Eigenschaft und dank ihrer Definitionsversuche können wir, indem wir uns

[32] *Phèdre,* IV, 5, v. 1203.

[33] 1. Weitere Belege:
Racine: Die *Concordance du Théâtre et des Poésies de Jean Racine* (éd. Freeman und Batson, 1968) verzeichnet „sensibilité“ keinmal und „sensible“ 24mal, davon 3mal in absoluter aktiver Verwendung. Ein Vergleich mit anderen Wörtern zeigt (z.B. cœur 571mal, amour 477mal), welch geringe Bedeutung „sensible“ im Werk Racines hat.
P. Corneille: In Corneilles Theaterproduktion spielt „sensibilité“ bzw. „sensible“ keine nennenswerte Rolle (siehe Marty-Laveaux: *Lexique de la langue de P. Corneille,* Reprint Paris 1971); kontextueller Bezug zur Liebe in *Cinna* I,2 (v. 118): „Ah! tu sais me frapper par où je suis sensible.“
Th. Corneille: *L'amour à la mode,* v. 81.
Rotrou: *Cosroès,* éd. crit. Jacques Scherer, Paris 1950, v. 1078 „cœur surveillant, et sensible“ (siehe W. Leiner: *Lexique de Cosroès,* Paris 1960).
Mme de LaFayette: *Zaïde,* in *Romans et Contes* I, Paris 1961, S. 53, 141, 183.
Perrault: *Contes,* éd. G. Rouger, Ricquet à la houppe, Autre moralité, S. 181.
Bussy-Rabutin: *Recueil de pièces en prose* (Recueil Sercy), Bd. II, Paris 1662, S. 306. Zit. nach Margot Kruse: *Die Maxime in der frz. Literatur,* Hamburg 1960, S. 123.
La Présidente Ferrand: *Histoire des amours de Cléante et Bélise* (1691): „Votre cœur est bien inférieur à la sensibilité du mien“, Lettre XLIV, in: *Lettres,* Paris 1880; sensible S. 165, 166, 203, 255.
Mme de Villedieu: *Œuvres complètes,* Paris 1720–21; sensible: X, S. 29, 138, 175, 180, 181, 228, 231, XI S. 289. sensibilité: X S. 202: „Je n'ai point trouvé dans ses sentimens cette sensibilité si tendre...“; XI S. 289.
Weitere Belege bei Raymond Lebègue: „La sensibilité dans les lettres d'amour au XVIIe siècle, in: *Cahiers de l'Association Internationale des études françaises* No. 11, 1959, S. 77–85;
Shirley Jones: „Late 17th Century Feminine Novel“, in: *Mod. Lang. Rev.* LXI, 1966, die folgende Autorinnen behandelt: Mme de Villedieu, Catherine Bernard, Mme d'Aulnoy und Charlotte Rose Caumont de la Force.
2. In seinem Buch mit dem vielversprechenden Titel *Langue et sensibilité au 17e siècle. L'évolution du vocabulaire affectif,* Genève 1975 kommt Pierre Dumonceaux leider weder auf „tendresse“ noch „sensibilité“ zu sprechen. Sein Interesse konzentriert sich auf Wörter wie „charme“, „ravir“, „ennui“, „gêne“ etc.

nun ihrem Roman *Clélie* zuwenden, wesentliche Aspekte des „sensibilité"-Verständnisses um die Mitte des 17. Jahrhunderts genauer erfassen.

Gleich im ersten Band des immerhin zehnbändigen Romans, der ebenso „honnêteté"-Traktat wie Abenteuer- und Liebesgeschichte ist, kommen die Hauptpersonen auf die Beschaffenheit der wahren Liebe und Freundschaft zu sprechen. Es wird bedauert, daß überall von „tendresse" gesprochen würde, ohne daß Übereinkunft darüber bestehe, was *genau* darunter zu verstehen sei. An diese Stelle knüpfen die für Mlle de Scudérys Liebes- und „honnêteté"-Theorie wesentlichen Passagen über die wahre Zärtlichkeit der Liebe und Freundschaft an, innerhalb derer „sensibilité" eine besondere Rolle zukommt. „Tendresse" ist sowohl in der *Amitié* als auch in der *Amour* unabdingbare Eigenschaft des idealen Liebhabers. Aronce führt dies zunächst für *Amitié* aus:

> Mais pour bien définir la tendresse, je pense pouvoir dire, que c'est une certaine sensibilité du cœur, qui ne se trouve presques jamais souverainement, qu'en des personnes qui ont l'ame noble, les indications vertueuses et l'esprit bien tourné; et qui fait que lors qu'elles ont de l'amitié, elles l'ont sincère, et ardente.[34]

„Sensibilité" ist also nicht nur Garant für Aufrichtigkeit und Stärke der affektiven Bindung, sondern auch eine Eigenschaft, die sich nur bei moralisch hochstehenden, ohnehin tugendhaften Menschen findet.

„Tendresse" ist nicht erlernbar:

> Ainsi je soustiens, que pour bien aimer, il faut qu'un Amant ait de la tendresse naturelle, devant que d'avoir de l'amour; et cette precieuse et rare qualité qui est si necessaire à bien aimer, a mesme cet advantage qu'elle ne s'acquiert point, et que c'est véritablement un present des Dieux.[35]

Bemerkenswert ist für uns weniger die Vorstellung des Seelenadels der vollkommenen Liebenden – diese findet sich in Dantes Konzeption des „gentil cuore" genauso wie in der Tradition der neuplatonischen Liebeslehre. Wichtig für uns ist vielmehr die Tatsache, daß „sensibilité" hier wohl zum ersten Mal von einer (adeligen) Autorin als Eigenschaft von wenigen, ausgewählten Personen definiert wird, die durch ihren Seelenadel verbunden sind.

[34] Madeleine de Scudéry: *Clélie, histoire romaine.* Benutzte Ausgabe Paris/Amsterdam 1660/61. Hier T. I. S. 211.

[35] A.a.O., I, S. 219.

Diese Einbindung von „sensibilité“ in eine - sozial und seelisch - adelige Gesellschaft muß gerade im Hinblick auf die spätere, bürgerliche Empfindsamkeit und die Behauptung gewisser Teile der Forschung, „sensibilité“ sei eine genuin bürgerliche Tugend, ausdrücklich betont werden.[36]

Aber auch der folgende Aspekt der zitierten Definiton stört eingefahrene Meinungen der Forschung: „sensibilité“ vervollkommnet lediglich jene Menschen, die sich eines „esprit bien tourné“ erfreuen. Nichts ist also falscher, als vom Lob der „sensibilité“ auf Antirationalismus zu schließen; „esprit“ und „cœur“[37] sind nur zwei sich gegenseitig ergänzende Teile des vollkommenen „ami tendre“. Das wird noch einmal deutlich, als es kurz darauf um die perfekte Liebe geht. Aronce betont, wie gefährlich weit sich die Liebe von der Vernunft zu entfernen vermag. Um so wichtiger ist die „tendresse“ als die natürliche Dämpfung der Leidenschaft, als Garant der Tugend.[38]

> (...) pour l'amour, Madame, qui est presque toujours incomparable avec la raison, et qui du moins ne luy peut jamais estre assujettie; elle a absolument besoin de tendresse pour l'empescher d'estre brutale, grossiere, et inconsidérée. En effet, une amour sans tendresse, n'a que des désirs impetueux, qui n'ont ni bornes ni retenue.[39]

Schließlich macht „sensibilité“, genau wie den idealen Freund, auch den idealen Liebhaber aus:

[36] Zum Problem der Bürgerlichkeitsthese s. Werner Wolf: *Ursprünge und Formen der Empfindsamkeit im frz. Drama des 18. Jahrhunderts* (Marivaux und Beaumarchais), Ffm, 1984, und meine Rez. in RF 97/1985, 2/3. Wolf weist zwar auf die Rolle der sog. Preziosität für die Herausbildung der Empfindsamkeit hin, scheint aber die entsprechenden Texte von Mlle de Scudéry nicht zu kennen.

[37] Zum Widerspruch bzw. zur Harmonie dieser beiden Zentren menschlichen Seins s.u. 2.3.

[38] Wie sehr Mlle de Scudéry um die Vereinbarkeit von wahrer Liebe und Tugend bemüht war, zeigt ein Zitat aus dem 3. Band, S. 1408: „Une parfaite amour ne peut jamais naistre dans le cœur d'une personne sans vertu“.
Kurioserweise wirft St. Evremond den „precieuses“ gerade die Orientierung hin zum Bereich des „esprit“ vor: „L'amour est encore un dieu pour les précieuses. Il n'existe point de passion dans leurs âmes; il y forme une espèce de religion... Elles ont tiré une passion toute sensible du cœur à l'esprit et converti des mouvements en idées.“ zit. nach Paul Bénichou: *Les morales du grand siècles,* Paris 1948, S. 185.

[39] Bd. I, S. 215-216.

> En effet, toutes les paroles, tous les regards, tous les soins, et toutes les actions d'un amant qui n'a point le cœur tendre, sont entièrement différentes de celles d'un amant qui a de la tendresse; car il a quelquefois (...) de l'amour mesme, sans une certaine sensibilité delicate, qui seule fait tous les suplices, et toutes les felicites de ceux qui aiment; et qui est enfin la plus véritable marque d'une amour parfaite.[40]

So liegt dann auch „sensibilité", ihrem hohen Wert gemäß, auf der berühmten "Carte de Tendre" auf privilegiertem Platz vor „tendresse" auf dem Weg nach "Tendre sur Reconnaissance". Mlle de Scudéry ist allerdings die einzige, die „sensibilité" in ihre allegorische Landkarte aufnimmt. Keine der in ihrer Nachfolge entstandenen Karten - es sind ihrer immerhin 15 allein für das 17. Jahrhundert bekannt[41] - räumt „sensibilité" einen Platz in der Liebestopologie ein. Dies mag ein Indiz für die Originalität Mlle de Scudérys auf der einen und für die zögernde Verbreitung des neu geprägten Begriffs auf der anderen Seite sein.

Man wird sich angesichts der hohen moralischen Bewertung von „sensibilité" und „tendresse" fragen müssen, warum Mlle de Scudéry solch großen Wert gerade auf *diese* Eigenschaften legt. Die Antwort auf diese Frage ergibt sich von selbst, wenn man eine der *Conversations sur divers sujets* (1682) von Mlle de Scudéry heranzieht, wo diese wesentliche Punkte ihrer Morallehre noch einmal zusammenfaßt.

Contre l'indifférence[42] wird dort im Namen der „sensibilité" und „tendresse" zu Felde gezogen, und Zielscheibe ist hierbei die sich auf stoische Lehrsätze berufende Cleocrite. Sie verteidigt sich gegen den Vorwurf Thrasyles, ihr einziger Fehler sei die „indifférence":

> Véritablement, si je n'estimois pas mes Amies autant qu'elles méritent de l'estre; que je ne les servisse pas quand elles ont besoin de mon assistance (...) je souffrirois qu'on me condamnast comme on fait. Mais parce que je ne donne pas mon cœur tout entier; que je ne l'ay pas sensible de la derniere sensibilité, et que je ne mesle pas dans tous mes discours les mots de tendresse, d'ardente amitié, et autres semblables, je passe pour indifférente... C'est ce que je ne puis endurer. En effet, poursuivit-elle, en riant; n'est-il pas vray, que ces Sages, dont on parle dans le monde, font consister la sagesse en un détachement de toutes choses?[43]

40 Ebenda, S. 220.

41 E. P. Mayberry Senter: „Les cartes allégoriques romanesques du XVIIe siècle", in: *Gazette des Beaux Arts* 119/1977, S. 133-144.

42 Mlle de Scudéry: *Conversations sur divers sujets,* Amsterdam 1682, T. II, S. 51ff.

43 Ebenda, S. 53-54.

Aronce, der zweifelsohne die Meinung Mlle de Scudérys wiedergibt, verteidigt „tendresse“ und „sensibilité“ in einem kurzen, den Dialog abschließenden Résumé:

> En effet, dit Aronce, toutes les passions peuvent produire de bon effets: mais l'indifférence universelle jamais. Il ne faut donc plus bannir les passions. Il faut seulement les combatre, pour les regler.[44]

Die anti-stoische Ausrichtung Mlle de Scudérys[45] ist der Hintergrund, vor dem ihr Lob der „sensibilité“ und „tendresse“ verstanden werden muß. Tatsächlich ist diese gegen die neo-stoischen Autoren[46] gerichtete Polemik fester Bestandteil in der Verwendung von „sensibilité“ in der zweiten Hälfte des 17. Jahrhunderts. Dies soll an einigen Beispielen gezeigt werden.

Stimmt es, daß Wörterbücher in besonders hohem Maße die gängigen Definitionen der Wörter widerspiegeln, so sind Furetières (1690) Eintragungen unter „insensibilité“ und „insensible“ ein deutlicher Beleg für diese These:

> Cette orgueilleuse secte qui se paroit d'*insensibilité* a été blâmée de toutes les autres, de vouloir metamorphoser tous les hommes en statues.

Und noch deutlicher mit einem St. Evremond-Zitat:

> Que les Stoïciens vantent tant qu'ils voudront l'insensibilité de leur secte.

Und s.v. „insensible“ heißt es:

> se dit figurément, et signifie, dur; qui ne se laisse point toucher; qui n'est émû par aucune passion. Un Stoïque est *insensible* aux injures, aux assauts de la fortune.

Das negative Gegenteil von „sensibilité“ ist also im Denken der Zeit fest mit der „Sekte“ der Stoiker verbunden. Innerhalb der Liebesroman-Produktion ist Mlle de Scudéry keineswegs die einzige, die ihrem Lob der Sensibilität eine

44 Ebenda, S. 64.

45 Siehe auch *Nouvelles conversations morales,* Paris 1688, T. I, S. 123 und *Conversations sur divers sujets,* 1682, I. S. 165: „J'en connois quelques uns (des hommes, F.B.) qui se moquent de la tendresse; et qui croyent que l'indifférence est la véritable qualité des Gens de la cour.“

46 Zur Debatte um „passion“ und „raison“ in der ersten Hälfte des 17. Jahrhunderts und die diesbezügliche Rolle der Neo-Stoiker siehe Anthony Levi: *French Moralists. The Theory of the Passions. 1585 to 1649,* Oxford 1964.

anti-stoische Spitze aufsetzt. Mme de Villedieu, deren bekannteste Romane von 1669 bis 1680 erschienen, und die in manchen Punkten ihrer großen preziösen Vorläuferin verpflichtet ist, läßt den liebenden Theocrite verzweifelt ausrufen:

> C'est vous, ridicule Philosophie, c'est vous qui m'avez forcé à ce combat: vous m'avez persuadé que l'amour et la sagesse sont incompatibles; comme si la sensibilité n'était pas un attribut de l'homme, aussi inséparable de sa nature que l'est sa propre raison.[47]

Die Apologie der Leidenschaften, die man als erstes Aufblühen der Romantik hat interpretieren wollen[48], ist also nichts anderes als eine (sich an christlichen Lehren inspirierende) Reaktion gegen die um die Mitte des Jahrhunderts (nicht zuletzt mit Descartes) ihren Höhepunkt erreichende Vorherrschaft der neo-stoischen Morallehre. In seinem ausgezeichneten Aufsatz „Le classicisme français et l'expression de la sensibilité"[49] setzt Jean Mesnard den Beginn der Kritik am Stoizismus um die Jahrhundertmitte an:

> La mentalité se transforme vers le milieu du siècle. La sévérité du jugement porté sur les passions s'atténue au fur et à mesure que progresse la critique du stoïcisme.[50]

In den Kontext der anti-stoischen Polemik gehört ein weiterer Bedeutungsaspekt von „sensible" und „sensibilité", der im 18. Jahrhundert zu einem der zentralen Bestandteile der sozialen Tugend wurde: nämlich der sich auf „compassion" beziehende. (Furetière: se dit de la compassion). Wir werden weiter unten sehen, daß vor allem klerikale Autoren den positiven Wert des Mitleids als Hauptattribut der „sensibilité" in den Vordergrund stellen. Bei Mlle de Scudéry ihrerseits läßt sich eine interessante Verbindung von Liebes-Sensibilität und Mitleid feststellen. In den *Conversations morales* (Paris 1686) diskutieren Belinde und Alcionide das unerschöpfliche Thema der wahren Liebe:

[47] Mme de Villedieu: *Œuvres complètes,* Paris 1720 (Reprint Genève 1971), T. III, S. 187f. Weitere Belege bei Shirley Jones: „Examples of Sensibility in the late 17th Century Feminine Novel in France", in: *Modern Language Review* LXI, 1966, S. 199–208.

[48] Siehe etwa Antoine Adam: *Histoire de la littérature française au XVIIe siècle,* Paris 1949–51, T. II, S. 139.

[49] Jean Mesnard: „Le classicisme Français et l'Expression de la sensibilité", in: Ronald G. Popperwell (ed): *Expression, Communication and Experience in Literature and Language.* The Modern Humanities Research Association, 1973, S. 28–37.

[50] Ebenda S. 31.

> (...) la bienveillance que j'ai pour Poliante n'est qu'une simple compassion. Ah! ma chère Belinde, reprit Alcionide, la compassion est fort propre à faire naistre la tendresse en peu de temps, elle amolit le cœur et le rend susceptible de tout. Il me semble pourtant, reprit Belinde, qu'à proprement parler la bienveillance, qui fait naistre la compassion, n'est ny amour, ny amitié. J'en conviens, repliqua Alcionide, mais elle peut devenir l'une et l'autre, et cette bienveillance qui nous porte déjà à une sensible compassion pourra bien devenir une amitié tendre.[51]

Auch die Princesse de Clèves, um ein noch interessanteres Beispiel zu nennen, zeigt eine mitleidige, bewegte Anteilnahme, als der Duc de Nemours beim Turnier leicht verletzt wird. „J'ai reçu aujourd'hui des marques de votre pitié, Madame," bedankt sich der Duc wenig später, und die Princesse sieht sich in ihrer Besorgnis, er habe ihre allzu große Anteilnahme bemerkt, bestätigt:

> Mme de Clèves s'était bien doutée que ce prince s'était aperçu de la sensibilité qu'elle avait eue pour lui.

Und einige Seiten später heißt es:

> (...) elle s'était reproché comme un crime (...) de lui avoir donné des marques de sensibilité que la seule compassion pouvait avoir fait naître.[52]

Genau wie in der oben zitierten Passage von Mlle de Scudéry ist auch hier das als „sensibilité" bezeichnete Mitleid gleichzeitig eindeutiges Indiz für ihre ansonsten streng vor sich und der Umwelt geheimgehaltene Liebe.[53]

Der Kontext, in dem die Princesse ihre auf Mitleid und Anteilnahme beruhende „sensibilité" ins Thema hebt, wirft ein aufschlußreiches Licht auf die Bedeutung dieser spontanen Regung in einer auf Dissimulation beruhen-

[51] Mlle de Scudèry: *Conversations morales,* Paris 1686, T. II, 975. Ähnlich auch in *Clélie,* I 402, der Begleittext zur *Carte de Tendre:* „En suite, il faut passer à sensibilité pour faire connoistre qu'il faut sentir jusques aux plus petites douleurs de ceux qu'on aime."

[52] Mme de la Fayette: *La princesse de Cléves et autres romans,* Paris 1972, S. 209 u. 235.

[53] Weitere Belege bei Mme de La Fayette (neben den Stellen aus *Zaïde*, s.o. S. 46); in *Le triomphe de l'indifférence* – auch hier würde übrigens die Frage nach den Bezügen zur stoischen Morallehre lohnen – etwa fragt sich Mlle de la Tremblaye: „Mais pourquoi a-t-il été fait si sensible, s'il ne doit pas aimer?" (S. 31)

den Welt.[54] Ihre Liebe selbst konnte die Princesse lange vor aller Welt geheimhalten, die Etikette der auf Maskenspiel und Verstellung bzw. Unterdrückung der eigenen Gefühle beruhenden Umgangsformen am Hofe konnte von ihr aufrecht erhalten werden. Jede spontane, natürliche und sich damit jeder Kontrolle entziehende Regung muß diese Etikette sprengen. Ihre „sensibilité“ (im Sinne von „compassion“) ist eine solche natürliche Regung. Die unbedingte Aufrichtigkeit der Zärtlichkeit betont auch Mlle de Scudéry:

> On peut sans doute se desguiser quelquesfois; mais ce ne peut estre pour longtemps: et ceux qui se connoissent en tendresse, ne s'y sçauroient jamais tromper“.[55]

Damit kommt „sensibilité“ in Abgrenzung von der höfischen Dissimulation ein unbestreitbarer und kraft der natürlichen Äußerung unbezweifelbarer Wert zu, den auch Mlle de Scudéry hervorgehoben hatte: la sincérité. Diese Aufrichtigkeit sollte im 18. Jahrhundert fester Bestandteil der Vorstellung vom „homme sensible“ werden. Wichtig ist hier vor allem, wenn man an die in der 2. Hälfte des 18. Jahrhunderts auftretenden „hippocrites de la sensibilité“ denkt, daß jene Aufrichtigkeit garantierende „sensibilité“ die spontane Ausnahme, dazu noch eine unabsichtlich, ja gegen den Willen der betroffenen Person auftretende Regung ist, die der Princesse nicht, wie es später sein sollte, als Tugendattribut hoch angerechnet wurde, sondern die sie die Entdeckung ihrer um alles in der Welt geheimgehaltene Liebe befürchten läßt. Im Werke Mlle de Scudérys wird „sensibilité“ zentraler Teil einer an mittelalterliche, ritterliche Minne-Vorstellungen anknüpfenden und zudem in neoplatonischer Tradition stehenden Liebestheorie. Dulong stellt in ihrer Studie über *L'amour au 17e siècle* zurecht eine Beziehung zwischen der preziösen Liebestheorie und der im frühen 17. Jahrhundert in Anlehnung an Augustinus neu entwickelten Lehre des „amour pur“ her:

> Par le fond et par la forme, certains textes précieux font penser à des écrits mystiques; ils nous mettent en mémoire la doctrine du „pur amour“, c'est-à-dire de l'anéantissement du chrétien en Dieu.[56]

[54] Roland Galle hat in einem Aufsatz (*Poetica* 12/1980, 182–204) auf die Bedeutung des „aveu“ der Princesse de Clèves als „Abschied von der höfischen Gesellschaft“ hingewiesen. An diese Analyse kann in diesem Kontext angeknüpft werden. Siehe oben, S. 47 und bei Mlle de Scudéry: *De la dissimulation et de la sincérité*, in: *Conv. sur divers sujets,* 1682, S. 164ff.

[55] *Clélie,* I. S. 220.

[56] Claude Dulong: *L'amour au 17e siècle,* Paris 1969, S. 129.

Man fühlt sich an Lansons oben skizzierte (S. 18) eklektizistische Erklärung der entstehenden Empfindsamkeit erinnert - auch dort wurde als *ein* Traditionsstrang die Säkularisierung des „amour pur" genannt.[57]

Die Bezüge zwischen Scudérys Liebeslehre und dem religiösen Schrifttum der Zeit treten gerade auch in den vom Anti-Stoizismus geprägten Äußerungen zur „sensibilité" zutage, auf die wir im folgenden Abschnitt zurückkommen werden.

Die vorwiegend von Mlle de Scudéry entwickelte Liebeslehre und -metaphorik war für lange Zeit ein verbindliches System „in eroticis" in der zweiten Hälfte des 17. Jahrhunderts. Die große Verbreitung von *Le Grand Cyrus* und *Clélie* spricht eine deutliche Sprache. Pelous' Feststellung, bis zum letzten Drittel des Jahrhunderts sei die der Preziosität verpflichtete Liebeslehre vorherrschend gewesen, ist sicherlich zutreffend.[58] Ob diese literarischen und gesellschaftlichen Ausdrucksformen aber jeder Authentizität entbehren und reinen Spielcharakter hatten, ist schwer zu entscheiden und muß, zumindest was das Selbstverständnis der Theoretiker der „tendresse" und „sensibilité" angeht, bezweifelt werden, da ein wesentliches Element ja gerade in der antihöfischen „sincérité" zu sehen ist.

Die moralische Aufwertung der Sensibilität, das muß hier noch einmal wiederholt werden, hat in dem bisher beschriebenen Kontext nichts mit einer allgemeinen Rehabilitierung der Leidenschaften zu tun, sondern eher mit einer christlichen Sicht der Affekte, die diese nicht *an sich* verurteilt, sondern zwischen guten und schlechten Regungen der Seele unterscheidet:

> C'est que le mot passion n'a pas pour Mlle de Scudéry le même sens que pour les romantiques et que pour nous. Ce n'est pas une fatalité subie et soufferte sans réaction possible. C'est une impulsion de notre nature, qui préexiste sans doute à tout raisonnement, mais dont la raison et la volonté peuvent prendre le contrôle et la direction.[59]

Das folgende Kapitel wird diese Zusammenhänge noch einmal unter Berücksichtigung gerade auch christlicher Texte aufgreifen und so den „moralischen Platz" von „sensibilité" im Denken der Zeit zu bestimmen versuchen.

[57] Siehe hierzu auch Fénelon, Kap. B. I. 2.3.

[58] Jean Michel Pelous: *Amour précieux - amour galant. (1654–1675)* Paris 1980.

[59] Dulong, a.a.O., S. 130.

2.3. Sensibilité" in der Moraldiskussion des 17. Jahrhunderts

Die Romane Mlle de Scudérys, ebenso wie ihre diversen Bände der *Conversations*, sind thematisch in mindestens ebenso großem Maße Traktate zur „honnêteté" wie sie Liebesromane sind. Die Liebestheorie selbst ist in den größeren Kontext der idealen gesellschaftlichen Umgangsformen eingebettet. Es wird also nicht überraschen, daß sich auch die einzelnen Aspekte unseres Begriffs in vergleichbarer Verwendung in Texten zur Theorie des „honnête homme" wiederfinden. Angedeutet wurde ebenfalls die enge Beziehung zwischen Mlle de Scudérys „sensibilité"-Theorie und religiösen Autoren, die „sensibilité" in ihre christlichen Moralvorstellungen integrieren. Auf diesen Zusammenhang wollen wir zuerst eingehen. Die anti-stoische Polemik, die Mesnard um die Mitte des 17. Jahrhunderts konstatiert, erfaßte weite Kreise der klerikalen Denker. Die Bewertung von „sensibilité" bzw. die Verurteilung der stoischen „insensibilité" ist für diesen Prozeß repräsentativ.

Der von Mesnard als Hauptzeuge zitierte Père Sénault, dessen *De l'usage des passions* (1641) schon in der ersten Kapitelüberschrift die anti-stoische Ausrichtung erkennen läßt (Apologie pour les passions contre les stoïques), war Augustinianer. Einer der Hauptvorwürfe, die er gegen die Stoiker formuliert, ist deren Versuch, den Menschen gegenüber Schmerzen und Leidenschaften immun, eben „insensible" zu machen.

> Elle (la philosophie des stoïques, F. B.) défend l'usage des larmes, et rompant la plus sainte des amitiés, elle veut que l'âme soit insensible aux douleurs du corps.[60]

In fast wörtlicher Übereinstimmung mit Mlle de Scudéry, wobei sich diese natürlich bei Sénault oder ähnlichen Autoren inspiriert haben dürfte und nicht umgekehrt, fordert Sénault, Leidenschaften nicht zu bekämpfen, sondern zu kontrollieren. Gegen die Stoiker gewandt:

> Ils disent que le repos ne peut loger avec les passions, qu'il est plus aisé de les détruire que de les régler.[61]

[60] Sec. partie, 6ième traité, 5ième discours.
Zum Stoizismus bzw. Antistoizismus Sénaults siehe Julien Eymard: „Le stoïcisme dans le traité 'De l'usage des passions' de l'oratorien Sénault (1641)" in: *Revue des sciences religieueses* 25/1951, S. 40–68, Uns interessiert hier weniger die Frage, ob Sénault nicht doch auch stoisches Gedankengut positiv rezipiert hat, wie es Eymard zu zeigen versucht, als vielmehr die Tatsache, daß „insensibilité" mit der „Sekte" der Stoiker verbunden war und verurteilt wurde.

[61] Prem. partie, premier traité, premier discours.

Schon der Kardinal Bérulle, dessen Werk für die weitere Entwicklung des Jansenismus von außerordentlicher Wichtigkeit war, verlangt ein rechtes Maß an „sensibilité“[62] und meint hiermit „Schmerzempfindlichkeit“, gerade das Gegenteil jener stoischen „insensibilité“ gegenüber äußeren Reizen bzw. Schmerzen. Ganz ähnlich fordert ein anonymes Erbauungstraktat (1685) in Anlehnung an Papst Gregor “Qu'il faut garder le milieu entre la trop grande sensibilité, et la trop grande indolence.“[63]

Der Jansenist Pierre Nicole verurteilt die „insensibilité“:

> L'indifférence, et l'*insensibilité*, est un état de secheresse, et de froideur, qui fait perdre cette affection humaine qui fait le lien de la société civile.[64]

Und Bourdaloue, einer der bekanntesten Prediger vom Ende des 17. Jahrhunderts, beklagt den Mangel an Barmherzigkeit mit folgenden Worten:

> Quelle image, Mesdames, et quel caractère! Des âmes dures comme des pierres, des âmes insensibles et que rien ne peut émouvoir, des âmes sans pitié, sans humanité?[65]

Derselbe Bourdaloue aber ist in der Einschätzung der „sensibilité“ wegen der korrumpierten menschlichen Natur recht skeptisch:

> Quoi qu'il en soit, la sensibilité du cœur n'est point un crime en elle-même, mais c'est le principe de bien des crimes: car aisément elle se change en sensualité.[66]

Und hier ist der Punkt erreicht, wo ein christliches Weltbild mit dem Lob der Sensibilität notgedrungen kollidiert: sosehr „sensibilité“ als Rührungsfähig-

[62] Pierre de Bérulle: *Œuvres complètes.* Faksimilereprint der Ausgabe von 1644, Montsoult 1959/60, T. II, S. 1059f. Siehe ähnlich auch Honoré d'Urfé in seinen *Epîtres morales.* Als dort von einem im christlichen Sinne vorbildlichen Tod erzählt wird, wo jemand glücklich inmitten seiner Freunde stirbt, heißt es abschließend: „Dy moy, Agathon, qui eust peu tenir les larmes en telles occasions, n'eust-il pas été insensible plustost que constant?“ Und Bossuet: „La fermeté à la vue de la mort ne doit pas aller jusqu'à l'*insensibilité*; autrement c'est une sécurité fatale“. Zit. nach Furetière 1690, s.v. „insensibilité“. Guez de Balzac, 20.4.1641 à Chapelain: „Il y a longtemps que j'ai laissé aux stoïciens leur insensibilité“. J. L. Guez de Balzac, *Œuvres* T. II, S. 849.

[63] Anon.: *Les règles de la sagesse ou la manière de se conduire sainement dans la vie chrétienne,* Paris 1685, Règle X.

[64] Zit. nach Furetière 1690, s.v. „insensibilité“.

[65] Louis Bourdaloue: *Œuvres complètes,* Paris 1890, Bd. IV, S. 13.

[66] Ebenda, S. 451.

keit, als Quell von Nächstenliebe gegenüber den hochmütigen Stoikern verteidigt wird, so kompromißlos muß sie auch wegen ihrer immer möglichen Bindung an die sinnliche Welt verurteilt werden. Lange noch wurden „sensible“ und „sensuel, sensitif“ synonym gebraucht, genau wie im scholastischen Vokabular. Besonders deutlich wird dies bei Malebranche:

> On doit conclure en passant de ces deux manières selon lesquelles nous venons d'expliquer les desordres du péché, qu'il y a deux choses nécessaires pour nous rétablir dans l'ordre.
> La première est, qu'il faut ôter de ce poids qui nous fait pancher, et qui nous entraine vers les biens sensibles, en retranchant continuellement de nos plaisirs, et en mortifiant la sensibilité de nos sens par la pénitence, et par la circoncision du cœur.
> La seconde est, qu'il faut demander à Dieu le poids de sa grace ...[67]

Bei Massillon läßt sich dagegen, wie bei Bourdaloue, ein Schwanken zwischen Lob der „sensibilité“ und Skepsis gegenüber der menschlichen Natur feststellen. „Sensibilité“ erscheint ihm, vor allem in seinen früheren Schriften, als Schwäche:

> Ces sensibilités vulgaires que les faiblesses déshonorent, et où, à force de donner tout à la tendresse, on ne donne rien à la raison et au devoir.[68]

In späteren Jahren wird seine Haltung der „sensibilité“ gegenüber deutlich positiver:

> Oui, mes frères, offrons du moins aux malheureux des cœurs sensibles à leurs misères: adoucissons du moins par notre humanité le joug de l'indigence, si la médiocrité de notre fortune ne nous permet pas d'en soulager tout-à-fait nos

[67] Nicolas Malebranche: *De la recherche de la vérité,* 3 tomes, éd. Rodis-Lewis, P. 1962, I, V, S. 76.
Und ganz ähnlich: „Les hommes sont devenus sensibles, grossiers, charnels“ (Larousse 1971). Auch Fénelon benutzt „sensibilité“ vorwiegend in Bezug auf die körperliche Welt und damit in negativem Sinn. Dies mag ein Grund dafür sein, warum „sensibilité“ trotz der außerordentlich hohen Bewertung verwandter Begriffe wie „humanité, bonté, tendresse etc.“ in Fénelons *Télémaque,* den es weiter unten zu besprechen gilt, keine Verwendung findet. Belege bei Fénelon: *Œuvres complètes,* Paris 1810, IV, S. 177: De la trop grande sensibilité dans les peines; goûts sensibles IV, 206, 207; sensibilité d'amour-propre V, 204, und in wertneutralem Sinn: délectation sensible V, 353ff.

[68] Massillon: *Œuvres,* Paris 1769–1780, T. IX, S. 192. Siehe auch T. IX, S. 25; T. VI, S. 131, 142.

> frères. Hélas! on donne dans un spectacle profane (...) des larmes aux aventures chimériques d'un personnage de théâtre. On honore les malheurs feints d'une véritable sensibilité; on sort d'une représentation le cœur encore tout ému de l'infortune d'un héros fabuleux; et un membre de Jesus-Christ, et un héritier du ciel et votre frère que vous rencontrerez au sortir de là couvert de plaies, et qui veut vous entretenir de l'excès de ses peines vous trouve insensible. Ame inhumaine, avez-vous donc laissé toute votre sensibilité sur un théâtre infame?[69]

Bourdaloue, Massillon und andere Autoren zeigen, daß auf Seiten der Kirche die anti-stoische Polemik gegen „insensibilité" keineswegs eine uneingeschränkte Befürwortung und ein vollständiges Vertrauen auf die menschliche Sensibilität mit sich bringt.[70] Es muß wohl nicht noch einmal betont werden, daß es bei den positiven Äußerungen über „sensibilité" kaum um eine frühromantische Aufwertung der Leidenschaften geht. Bernard Tocanne suggeriert das hin und wieder in seiner Studie über *L'idée de nature dans la deuxième moitié du 17e siècle*.[71] Er geht dabei wohl von einem hundertprozentig stoischen „Normalfall" aus, demgegenüber natürlich auch traditionelle christliche Auffassungen „präromantisch" klingen mögen. In Wirklichkeit handelt es sich bei den Stellungnahmen des 17. Jahrhunderts um die bis zur Scholastik zurückgehende christliche Haltung gegenüber den Affekten, die manchmal recht polemisch gegen die neostoischen Autoren ins Feld geführt wird.[72]

[69] Ebenda, T. III, S. 131. Die Invektive gegen das Theater entspricht der traditionellen Position der Kirche.

[70] Für England ist schon seit langem die Bedeutung der antistoischen Reaktion für die Herausbildung des „Sentimentalism" herausgearbeitet worden. Zu nennen wären: H. W. Sams: „Anti-Stoicism in Seventeenth and Early Eighteenth Century England", in: *Studies in Philology* XLI, 1944, S. 65–78 und R. S. Crane: „Suggestions towards a Genealogy of the 'Man of Feeling'", in: *Journal of English Literary History* I, 1934, S. 205–230. Die Übereinstimmung der Zitate ist zum Teil verblüffend. Auch in England tragen die Kirchenvertreter wesentlich zur anti-stoischen Polemik bei. Die Rolle der liberalen Anglikaner bei der Herausbildung der „moral-sense"-Lehre Shaftesburys, wie sie Crane und in seiner Nachfolge viele Forscher behaupten, muß allerdings nach Greenes Aufsatz „Latitudinarianism and Sensibility. The Genealogy of the 'Man of Feeling' reconsidered", *Mod. Phil.,* 75/1977, S. 159–183, als unbedeutend bezeichnet werden.

[71] Paris 1978.

[72] Teile des voraufgehenden Abschnitts 2.2. sind bereits in meinem Aufsatz „The Changing Meaning of Sensibilité: 1654–1704", in: *Studies in Eighteenth Century Culture* 15, 1985, S. 77–96 erschienen.

Religiöses und mondänes Gedankengut weisen in der Einschätzung von „sensibilité" verwandte Züge auf. Vor allem in der zweiten Hälfte des Jahrhunderts sind in der Diskussion um den „honnête homme" Tendenzen festzustellen, die für unser Thema äußerst interessant sind, zumal da sie zeigen, daß spätere wichtige Assoziationen von „sensibilité" (z.B. Soziabilität, Harmonie von Herz und Geist) zwar noch nicht eindeutig dem Begriff selbst zugeordnet werden, aber gedanklich bereits ausgeprägt sind. Diese Tendenzen sind im Folgenden darzustellen.

Glaubt man mit La Rochefoucauld, daß die Haupttriebfeder des Menschen sein - mehr oder weniger gut verborgener - amour-propre ist, so kann für die altruistische, aufrichtige und jede Maske durchbrechende „sensibilité" nicht viel Platz sein. Nun ist La Rochefoucaulds Analyse so allgemeingültig nicht, daß zumindest in einigen Texten über den idealen honnête homme nicht doch einiges Positive über „sensibilité" zu finden wäre. Oskar Roth hat in einer neueren Studie über La Rochefoucauld und das Denken seiner Zeit deutlich gemacht, daß sich das Postulat des allmächtigen amour-propre, gewissermaßen als theoretische Grundposition, sehr wohl mit einer pragmatischen Orientierung, die auf größtmögliche gesellschaftliche Harmonie und Überspielung des amour-propre abzielt, vereinen läßt.[73] So erscheint La Rochefoucaulds abgrundtiefer Pessimismus in etwas anderem Licht.

In der Tat fordert La Rochefoucauld in einer Maxime genau jene dem anderen Menschen zugewandte Sensibilität, die auch von den Kirchenvertretern positiv bewertet wurde:

> Quand nos amis nous ont trompés, on ne doit que de l'indifférence aux marques de leur amitié, mais on doit toujours de la sensibilité à leurs malheurs.[74]

Und obwohl Mitton, ein später bürgerlicher Vertreter des honnête-homme Ideals, keineswegs den amour-propre als Antriebskraft des Menschen leugnet[75], postuliert er doch spontane, auf Liebe beruhende Handlungen des Menschen, die diesen zu tugendhaftem (und damit auch altruistischem) Verhalten anleiten. So gehört auch „sensibilité" zu den von Mitton geforderten Qualitäten eines honnête homme:

[73] Oskar Roth: *Die Gesellschaft der Honnêtes Gens.* Zur sozialethischen Grundlegung des honnêteté-Ideals bei La Rochefoucauld, Heidelberg 1981.

[74] La Rochefoucauld, Maxime 434. Ganz anders dagegen Maxime 275: „Le bon naturel, qui se vante d'être si sensible, est souvent étouffé par le moindre intérêt".

[75] Mitton, in: St. Evremond, *Œuvres meslées* VI, 3: „L'Honnesteté qui n'est, à le bien prendre, que l'Amour propre bien reglé".

> L'Honneste Homme remplit tous les devoirs; il est bon sujet, bon mary, bon père, bon amy, bon citoyen, bon maistre; il est indulgent, humain, secourable et sensible aux mal-heurs des autres.[76]

In einem kurzen Text „Fragment sur la fausseté des vertus humaines", dessen Autorschaft noch nicht eindeutig geklärt werden konnte, - man schreibt ihn St. Evremond oder Mitton zu, - heißt es zu diesem Problem:

> Ce que la politique nous ordonne avec la rigueur des loix et ce que la morale nous prescrit par l'ordre austere de la raison, s'accomplit infiniment mieux par les tendresses de l'Amour. Il nous porte à secourir ceux à qui la justice humaine se contente de deffendre seulement de faire du mal.[77]

Jene natürliche Zuneigung zum Mitmenschen, die La Rochefoucauld zumindest auf den ersten Blick zu leugnen scheint, war schon im ersten berühmten französischen Traktat über den honnête homme 1630 angesprochen worden:

> Il observera particulièrment de n'attaquer jamais de ses brocards ny les miserables, ny les meschants: Pource que l'inclination naturelle qu'ont presque tous les hommes à se laisser toucher de pitié des pressants calamitez dont ils voyent ces malheureuses gens affligez, empesche que l'on ne puisse rire d'eux.[78]

Der Chevalier de Méré betont gleichfalls den Wert von zwar seltenen aber um so bemerkenswerteren aufrichtigen Verhaltensweisen, die dem „cœur sensible" zugeschrieben werden:

[76] VI, 8.

[77] VI, 46, Siehe Henry A. Grubbs: *Damien Mitton (1618–1690). Bourgeois honnête homme,* New York 1965.

[78] Nicolas Faret: *L'honnête homme ou l'art de plaire à la cour,* éd Magendie, Paris 1925, S. 84.
Diese Vorstellung ist fast ein Gemeinplatz aller Texte zum honnête homme. Auch bei Goussault: *Le portrait d'un honnête homme,* Paris 1692, préface: „pour estre honneste homme, dans mon sens, il faut d'une part craindre Dieu, le servir et l'aimer, et de l'autre estre bien-faisant à tout le monde, autant qu'on le peut." Und bei La Chétardie, *Instruction pour un jeune seigneur, ou l'idée d'un galant homme,* Paris 1683, I, S. 14/15:

> „Il ne suffit pas d'avoir de la valeur pour être honnête Homme, il faut avoir de la probité, être bon Ami, Homme de parole, chercher à obliger tout le monde, plaindre les Malheureux, surtout ceux qui ne méritent pas de l'être, et se faire un plaisir de les soulager (...); en un mot se faire un bon cœur".

D'ailleurs on peut observer des manières tendres, et des manières d'un air élevé qui se pratiquent rarement dans le monde, parce que peu de gens sont capables de s'en servir. Elles valent souvent mieux que la plus agreable plaisanterie; les unes viennent d'un cœur sensible, et les autres de la sublimité de l'esprit.[79]

„Sensibilité" gehört, das läßt sich wohl behaupten, zum Ideal des honnête homme, wie es im Laufe des Jahrhunderts theoretisch entwickelt wurde. Die altruistische Sensibilität steht in offensichtlicher Harmonie neben dem allmächtigen amour-propre. Die unterschwellige, dem Dogma des amour propre scheinbar widersprechende Tendenz zur Postulierung einer natürlichen Soziabilität ist für unser Thema im Hinblick auf die spätere Entwicklung des Begriffs wichtig. Die Diskussion um die natürliche Soziabilität und um das Naturrecht war in der zweiten Hälfte des 17. Jahrhunderts zu neuem Leben erwacht. In Reaktion auf Hobbes provozierende Schriften[80] hatten Cumberland in England[81] und Samuel Pufendorf in Deutschland[82] umfangreiche Werke zu diesem Thema veröffentlicht. Cumberlands Lehre hat in Frankreich zunächst wenig Echo gehabt.[83] Ganz anders erging es dem im gleichen Jahr erschienenen Buch von Pufendorf, das ebenso wie die 1673 erschienene Kurzfassung von Barbeyrac 1706 bzw. 1707 ins Französische übersetzt wurde. J. S. Spink hat auf die große Rolle Ciceros (*De officiis*) für die neuerwachte Diskussion um das Naturrecht und die natürliche Soziabilität hingewiesen.[84]

Diese Ansätze einer Neuorientierung, die im 18. Jahrhundert für die Bedeutung von „sensibilité" grundlegend wurden, dürfen nicht darüber hinwegtäuschen, daß die gängige Sicht der Soziabilität des Menschen den Akzent auf seine egoistischen Bestrebungen setzt. So wird man Bernard Tocannes Fazit zustimmen können:

79 Chevalier de Méré: *Œuvres complètes,* éd. Boudhors, Paris 1930, II, S. 104.
80 Vor allem ist an *Leviathan* (1651) zu denken.
81 *De legibus naturae disquisitio philosophica,* 1672.
82 *De jure naturae et gentium libri octo,* 1672 und *De officio hominis et civis,* 1673.
83 Die einzige nennenswerte Besprechung des Werkes in den Fachzeitschriften der Zeit findet sich in Leclercs *Bibliothèque Universelle et Historique* vom Dez. 1686, III, S. 494. Später werden Cumberland und Pufendorf als Hauptvertreter der Naturrechtslehre angesehen, siehe Art. *Sociabilité,* Encyclopédie.
84 John S. Spink: „Sentiment, sensible, sensibilité..." a.a.O. Ders.: „From Hippolyte est sensible to Le fatal présent du ciel..." a.a..O.

> Les relations sociales manifestent le fond mauvais de l'homme. Le moi n'est pas sociable par nature, s'il est social par amour-propre, et il enferme en lui des puissances d'anarchie qui menacent dans son essence toute la vie en société ...[85]

Vielleicht war auch in diesem Punkt, genau wie in der vorsichtigen Apologie der „passions", die Spitze gegen Hobbes (parallel zur anti-stoischen Spitze) wichtiger als eine tatsächliche Neudefinition des Menschen. Auch Nicole hatte ja, und seine Meinung steht hier in vollem Einklang mit der Lehrmeinung der Kirche, in der weiter oben zitierten Passage die „insensibilité" für mangelnde Soziabilität verantwortlich gemacht, und dabei wie die Kirche allgemein eine natürliche Soziabilität des Menschen angenommen. Hobbes war dagegen bekanntlich in seiner Analyse der menschlichen Gesellschaft kompromißlos:

> Je conclus derechef, que toutes les sociétés sont bâties sur le fondement de la gloire et des commodités de la vie; et qu'ainsi elles sont contractées par l'amour propre, plutôt que par une forte inclination que nous ayons pour nos semblables[86].

Diese Widersprüchlichkeit zwischen Egoismus des Menschen und Ansätzen zur Soziabilität hat Oskar Roth in seinem bereits genannten Buch zu einem Ausgangspunkt seiner Analysen gemacht. Was wir bei der Frage nach dem Platz von „sensibilité" im Denken der Zeit zeigen konnten, konstatiert Roth als allgemeine Tendenz der Zeit, die in Mérés Werk besonders deutlich zutage tritt: ein Bemühen um Harmonisierung und Synthese:

> Es versteht sich, daß Méré ausschließlich an der Synthese interessiert ist und daher den gewiß nicht weniger wichtigen Gedanken Nicoles des prinzipiellen Gegensatzes zwischen der aus der Moderierung des *amour-propre* hervorgegangenen menschlichen *honnêteté* einerseits und dem genuin christlichen, von der *charité* getragenen Ethos andererseits, unter den Tisch fallen läßt. Die ideengeschichtliche Bedeutung der Méré'schen, sicherlich eher der jesuitischen als der jansenistischen Moral verpflichteten Synthese darf nicht unterschätzt werden. Hier wird zum ersten Mal jene Versöhnung von *honnêteté* und christlicher Moral auf der Basis eines beide überwölbenden Glücksstrebens suggeriert.[87]

85 Tocanne, a.a.O., S. 180.

86 Hobbes: *De cive,* übers. Sorbière, in: *Elemens philosophiques,* o.O., 1651. Zit. nach Roth S. 44.

87 Roth, a.a.O., S. 54.

Jene harmonisierenden Bestrebungen, an denen die neue Bewertung von „sensibilité“ teilhat, finden ihren Ausdruck in einem anderen Bereich, der für unser Thema von Interesse ist: in der Bewertung und Einschätzung des traditionell gegensätzlichen Begriffspaars „esprit“ - „cœur“. „Le cœur sensible“ ist ja eine der gängigen Verwendungszusammenhänge von „sensible“.

Unter der Überschrift der La Rochefoucauldschen Maxime „L'esprit est toujours la dupe du cœur“ legt Margot Kruse in einem Kapitel ihres Buches über *Die Maxime in der französischen Literatur*[88] überzeugend dar, daß „esprit“ und „cœur“ im 17. Jahrhundert in erster Linie als antagonistische Kräfte verstanden werden, wobei in christlicher Tradition „cœur“ mit „passion“ (oder „chair“) und „esprit“ mit „raison“ parallelisiert werden, und somit das Herz als Sitz der Leidenschaften für sündiges und unchristliches Verhalten verantwortlich gemacht wird.

> Pour être sage, il faut que l'esprit et la raison soumettent le cœur, et pour être méchant, il faut que le cœur domine la raison et l'esprit.[89]

Was in dieser anonymen Maxime besonders kraß zum Ausdruck kommt, die unbedingte Unvereinbarkeit von „esprit“ und „cœur“, liegt als Konzeption auch La Rochfoucaulds Maxime zugrunde. Aber wie in der Frage von „amour-propre“ und Altruismus ist seine Haltung, wie sie in den *Maximes et Réflexions* zum Ausdruck kommt, nur eine unter vielen, teils sehr unterschiedlichen Äußerungen zu diesem damals immer wieder ins Thema gehobenen Begriffspaar. Kruse erinnert zurecht an Guez de Balzac und vor allem an Blaise Pascal, in deren Vorstellungswelt dem Herzen als Organ bestimmter Erkenntnisse eine wichtige Rolle zukommt.[90]

Am Ende ihres Kapitels setzt M. Kruse die entscheidende Wende in der Beurteilung von „esprit“ und „cœur“ erst mit Rousseau an - wohl in stillschweigender Anerkennung der These, derzufolge mit Rousseau die Vorherrschaft der kalten Vernunft ein Ende hat. Uns muß es hier jedoch auf jene Tendenzen ankommen, die den Bereich des Herzens gegenüber dem Geist aufwerten, da auch die „sensibilité du cœur“ von dieser Neuorientierung und -bewertung profitiert. Für das 18. Jahrhundert haben Robert Mauzi und für Deutschland G. Sauder die Bestrebungen zur Harmonisierung von Geist und

[88] Margot Kruse: *Die Maxime in der französischen Literatur. Studien zum Werk La Rochefoucaulds und seiner Nachfolger,* Hamburg 1960.

[89] Kruse, a.a.O., S. 86. (19)

[90] Kruse, a.a.O., S. 86. (16)

Herz ausführlich dargelegt.[91] Aber schon die letzten Jahrzehnte des 17. Jahrhunderts entwickeln im Zusammenhang mit dem Ideal des „honnête homme" Gedanken, die später wieder anklingen sollten.

Sowohl Mitton als auch Méré fordern die Vereinigung von Herzens- und Geisteseigenschaften für den Honnête homme:

> Pour avoir cette Honnesteté au plus haut degré, il faut avoir l'esprit excellent et le cœur bien fait, et qu'ils soient tous deux de concert ensemble.[92]

Der Chevalier de Méré bezieht sich ganz ähnlich auf „cœur" und „esprit" bei seiner Honnêteté-Definition:

> L'honnêteté, comme j'ai dit, est le comble et le couronnement de toutes les vertus: Car peu s'en faut, que nous ne comprenions sous ce mot, les plus belles qualitez du cœur et de l'esprit.[93]
> Elle (l'honnêteté, F. B.) ne dépend que du cœur et de l'esprit; son principal fonds est dans le cœur, et l'esprit lui donne les agrémens.[94]

Bezeichnenderweise begreift Méré den „esprit" als nicht gleichbedeutend mit der Vernunft schlechthin. Auch dem „sentiment" ist Vernunft eigen, das Herzensvermögen nicht etwa völlig irrational.[95] „Esprit" und „sentiment" bzw. „cœur" stehen also als sich ergänzende Kräfte nebeneinander, ihr Zusammenspiel ist angestrebt und entspricht dem gesellschaftlich-moralischen Ideal.

> Il ne faut pas confondre l'esprit et la raison, comme si c'estoit une mesme chose, et je trouve qu'on peut bien estre fort raisonnable et n'avoir que fort peu d'esprit. Pour entendre ce que je veux dire, on peut considerer la raison comme une puissance de l'ame commune à l'esprit et au sentiment: de sorte que l'action de l'esprit, ou du sentiment, qui vont d'un objet à l'autre, et qui reviennent sur leurs pas. L'esprit fait plus de réflexions que le sentiment, et d'une manière plus pure et plus distincte.[96]

91 Robert Mauzi; *L'idée du bonheur au XVIIIe siècle,* Paris 1960, passim, und G. Sauder: *Empfindsamkeit,* I, 4.1. Gleichgewicht von ‚Kopf' und ‚Herz'-Zufriedenheit.

92 St. Evremond VI, S. 4. (*Pensées sur l'honnesteté,* 4)

93 Méré, *Œuvres complètes,* a.a.O., T. III, S. 77.

94 Ebenda, S. 94. Siehe auch I, 14, 16, 19, 37, 52, 55, 71, 72, 73, 77, etc.

95 Zur „rationalen" Bedeutung von „sentiment" im 17. und 18. Jahrhundert siehe B I, 4.2.

96 Méré, a.a.O., II, S. 69/70.

Voltaire trifft wohl den Nagel auf den Kopf, wenn er in Zadig die offensichtlich weit verbreitete Manie anprangert, zu allen passenden und unpassenden Gelegenheiten von „esprit“ und „cœur“ zu sprechen:

> Que je vous sais bon gré (...) de n'avoir point dit *l'esprit et le cœur!* car on n'entend que ces mots dans les conversations de Babylone; on ne voit que des livres où il est question du cœur et de l'esprit composés par des gens qui n'ont ni de l'un ni de l'autre.[97]

Neben Crébillons *Egarements du cœur et de l'esprit* wäre bei jenen Büchern, die „esprit“ und „cœur“ zum Thema haben, etwa an die periodisch erschienenen *Amusements du cœur et de l'esprit*[98] zu denken, an die *Nouveaux amusements du cœur et de l'esprit* von Philippe de Prétot[99], oder an die *Nouveaux mémoires pour servir à l'histoire de l'esprit et du cœur* des Marquis d'Argens.[100] Diese Liste ließe sich recht lange fortsetzen.

Aber schon Jahrzehnte vor Voltaire hatte Bouhours das Gerede über „esprit“ und „cœur“ als Modeerscheinung bedauert:

> Il faut avoûër (...) que le cœur et l'esprit sont bien à la mode: on ne parle d'autre chose dans les belles conversations; on y met à toute heure l'esprit et le cœur en jeu.[101]

Will man die sich widersprechenden Positionen zum Verhältnis zwischen „cœur“ und „esprit“ deutlich machen, so kann man der oben zitierten La Rochefoucauldschen Maxime folgende Äußerung des materialistisch orientierten Abbé Meslier gegenüberstellen:

> Je sentois naturellement aussi dans moi-même que je ne trouvois rien de si odieux, rien de si detestable et rien de si pernitieux que les troubles de la division et la dépravation du cœur et de l'esprit.[102]

97 Voltaire: *Romans et contes,* éd. René Groos, Paris 1954, S. 69. zit. nach Kruse S. 83.

98 Erscheint ab 1738. Sgard, *Prévost. Pour et contre* S. 29.

99 Philippe de Prétot war Herausgeber der *Nouveaux amusements.*

100 Paris 1744.

101 Dominique Bouhours: *La manière de bien penser dans les ouvrages d'esprit,* Paris 1687, S. 66. Zit. nach Knabe a.a.O., S. 189.

102 Jean Meslier: *Œuvres complètes,* éd. Jean Deprun/R. Desné/A. Souboul, Paris 1970. T. I., S. 6.
Interessant ist in diesem Zusammenhang Barbeyracs Übersetzung von Cumberlands 'De legibus ... ', wo „cultus mentis“ mit „former le cœur et l'esprit“ wiedergegeben wird. Zit. nach Spink, „Lévesque de Pouilly et David Hume“, in: *Revue de litt. comp.* 56/1982, S. 157–175, hier: S. 159.

Die Tendenz zur Harmonisierung der traditionell widersprüchlichen Kräfte von Geist und Herz ist im 18. Jahrhundert nicht mehr zu übersehen. Pesselier stellt sogar spielerisch den „esprit“ unter die Werte des „cœur“, dem er längeren, ja postumen Ruhm zusagt:

> L'esprit fait que l'on brille et le cœur fait qu'on aime,
> L'esprit ne vit qu'un temps, n'est bon que pour lui-même,
> Mais le cœur excellent par un destin plus beau,
> Est bon pour tout le monde, et vit dans le tombeau.[103]

O. Kory erhebt diese Tendenz zum Charakteristikum einer ganzen Epoche:

> Distinguishing between but uniting *le cœur* and *l'esprit* is an essential aspect of the period (1. Drittel des 18. Jahrhunderts, F. B.), for they were supposedly what constituted the ideal man, *le philosophe.*[104]

Und 1748 postuliert Montenault in seiner Abhandlung über die Leidenschaften:

> La sensibilité du cœur, et de l'esprit; est le bien le plus précieux et le plus véritable, dont l'homme jouisse.[105]

Überschaut man das 17. Jahrhundert, so ist die Erweiterung des Bedeutungsspektrums von „sensible“ und „sensibilité“ bemerkenswert. Die alten Bedeutungen bestehen fort, wobei vor allem zwei Traditionen einflußreich sind: die scholastische Tradition und, weniger häufig anzutreffen, die epikureische Tradition.

> The notion of sensibility belongs to the philosophy of the old school and to the Gassendists and other Epicureans, who carried on some of the traditions of the old school.[106]

Die früher meist wertneutral benutzten Wörter treten nun im übertragenen Sinne in neuen Kontexten auf, die ihnen zunehmend positiven moralischen Wert zuweisen. Für die Bedeutung der „sensibilité de l'âme“ ist ausschlaggebend, daß in diesem Begriff eine Dämpfung der natürlichen Triebe mit-

103 *Escope au Parnasse* 1739, Sc. 7, p. 34.

104 Odile A. Kory: *Subjectivity and Sensitivity in the novels of the Abbé Prévost.* Paris 1972, S. 25.

105 Charles Philippe Montenault: *Essai sur les passions et sur leurs caractères,* P. 1748, T. I, S. 337.

106 John S. Spink: *From 'Hippolyte est sensible' to 'le fatal présent'...* a.a.O., S. 193.

gedacht ist. Besonders deutlich wird dies in Mlle de Scudérys Liebestheorie, die Lob der „sensibilité“ mit christlicher Überzeugung zu vereinbaren weiß. Überhaupt hat die christliche Einschätzung der menschlichen Affekte als nicht prinzipiell sondern nur bei falscher Verwendung zu verurteilenden breite Gültigkeit unter den Befürwortern der „sensibilité“. Christliche und weltliche Autoren treffen sich in der Ablehnung der stoischen Morallehre und deren „insensibilité“, auch wenn Kirchenvertreter sich mit der uneingeschränkten Lobpreisung der „sensibilité“, die das Vertrauen auf die natürliche Güte des Menschen einschließt, verständlicherweise etwas schwer tun. Méré formuliert die Haltung seiner Zeit gegenüber den Leidenschaften in einem wohl für die meisten Autoren akzeptablen Kompromiß:

> Ce profond repos me paraît bien triste; et plutôt que d'y demeurer, ne vaut-il pas mieux vivre en toutes les passions que peut avoir une âme sensible et raisonnable.[107]

Die im 17. Jahrhundert nachzuweisenden Äußerungen zur „sensibilité“ erlauben keine spezifische soziale oder geschlechtliche Zuordnung dieser Eigenschaft. Die Vorstellung, „sensibilité“ sei von Anfang an eine typisch bürgerliche Tugend – und hier treffen wir uns mit den Ergebnissen von Werner Wolf[108] – kann gewiß nicht aufrecht erhalten werden. Mlle de Scudéry äußert sich zwar nicht ausdrücklich zu dieser Frage, aber ihre gesamte Lehre ist bekanntlich im Kontext der anti-absolutistischen Bewegung der Fronde zu sehen. Auch die zitierten Texte zum „honnête homme“ zielen eher auf eine Universalisierung der entsprechenden Tugenden und Eigenschaften als auf eine schichtspezifische Festlegung.

Turcaret jedenfalls, der so böse verspottete bürgerliche Financier im gleichnamigen Stück Lesages (1709), ist von „sensibler“ Nächstenliebe noch nicht angekränkelt – das Geschäftsleben zeigt sich in III, 7 von seiner ungeschminkten Seite:

Je ne suis pas plus sensible que vous aux plaintes des sots.

Mit diesen Worten werden dort Bittsteller von Turcaret und seinem Compagnon Rafle abgewiesen.

Und auch was die Zuordnung von „sensibilité“ zu einem bestimmten Geschlecht angeht – denken wir an die Brüder Goncourt –, so muß die Vorstellung, „sensibilité“ sei eine vorwiegend oder gar ausschließlich weibliche

[107] Méré, *Lettres* II, S. 561.

[108] Werner Wolf: *Ursprünge und Formen der Empfindsamkeit,* a.a.O.

Eigenschaft, korrigiert werden. Es ist zwar richtig, daß weibliche Autoren mit zur Herausbildung dieser neu definierten „sensibilité" beigetragen haben – aber als spezifisch weibliche Eigenschaft bezeichnen sie „sensibilité" nicht.[109]

Bevor sich die Tugend „sensibilité" durchsetzen und fester Bestandteil *auch* der bürgerlichen Ideologie werden konnte, sollten noch einige Jahre vergehen. Denn trotz der hier zusammengestellten Zitate darf nicht der Eindruck entstehen, „sensibilité" sei schon im 17. Jahrhundert im gleichen Maße Schlüsselbegriff gewesen, wie das im 18. Jahrhundert der Fall sein sollte. Die Rolle des 17. Jahrhunderts als Vorbereitungszeit der sich entwickelnden Empfindsamkeit darf andererseits nicht unterschätzt werden. Die Entwicklung von „sensibilité" zeigt das deutlich: neue Assoziationen, die später entscheidend zum positiven Image des Begriffs beitragen, werden schon im 17. Jahrhundert geläufig, neue Zusammenhänge werden hergestellt. So ist auch die Entstehungsthese, derzufolge die gesamte französische Empfindsamkeit ein geistig-literarischer Import aus England ist, zumindest in dieser Absolutheit nicht zu halten. Bevor eine Rezeption der entsprechenden englischen Texte überhaupt nachzuweisen ist, hat sich in Frankreich schon ein neues Vokabular entwickelt, das neue Gedanken auszudrücken und den später unbestritten eintretenden Rezeptionsprozeß englischer Quellen zu beschleunigen in der Lage war.[110] Die im 17. Jahrhundert entwickelte Bedeutungsvielfalt ist notwendige Voraussetzung der späteren Geschichte. Mlle de Scudéry scheint diejenige Autorin zu sein, die sich in ihrer Zeit am gründlichsten mit der Eigenschaft „sensibilité" befaßt. Sie verwendet „sensibilité" und „sensible" nicht nur, wie viele ihrer Zeitgenossen, sondern sie *definiert* „sensibilité" im Kontext ihrer moralisch ausgerichteten Liebestheorie.

Die zu Beginn des 18. Jahrhunderts eintretenden Bedeutungserweiterungen bringen neue, entscheidende Elemente zur Definition von „sensibilité" hinzu. Diesen Weg von „sensibilité" zur „sum of the social virtues"[111] in seinen verschiedenen Aspekten nachzuzeichnen, ist Aufgabe der ersten Hälfte des Hauptteiles B unserer Untersuchung.

[109] Eine Ausnahme bildet Mme de Lambert, Kap. B I 1.1.

[110] Interessant wäre es, den umgekehrten Rezeptionsprozeß einmal detailliert zu verfolgen. Mlle de Scudérys Romane etwa wurden übersetzt. Wie wurden sie rezipiert? Frankreich scheint jedenfalls Teile des empfindsamen Vokabulars eher als England besessen zu haben (siehe auch Spink: *„Sentiment, sensible, sensibilité"* a.a.O.), s.u. Kap. 3.1.

[111] Wilson, a.a.O., S. 35.

B I „Sensibilité“ in der ersten Hälfte des 18. Jahrhunderts: Die Entstehung eines Ideals

> Alle Begriffe, in denen sich ein ganzer Prozeß semiotisch zusammenfaßt, entziehen sich der Definition; definierbar ist nur das, was keine Geschichte hat.
>
> Nietzsche, *Genealogie der Moral*[1]

Der Hauptteil B unserer Begriffsgeschichte wendet sich der Entwicklung von „sensibilité“ im 18. Jahrhundert zu. Angesichts der Materialfülle und des komplexen Ineinandergreifens verschiedener Entwicklungsprozesse scheint es angebracht, eine grobe chronologische Zweiteilung vorzunehmen: Teil I widmet sich vorwiegend der ersten Hälfte des Jahrhunderts und damit dem Aufstieg von „sensibilité“ zum Synonym sozialer Tugend, während Teil II das Nebeneinander von Verbreitung und Kontinuität des Begriffs auf der einen, von Neudefinition, Kritik und Verfall auf der anderen Seite zum Thema hat.[2]

Niemand wird bestreiten, daß „sensibilité“ im 18. Jahrhundert zu hohem moralischem Wert kommt, ja daß ein wie auch immer gearteter „Sentimentalismus“ ein Charakteristikum aller europäischer Literaturen der Zeit ist. Weniger Konsens besteht bezüglich der Frage, worin denn die Eigenheiten dieser Gefühlskultur zu sehen seien:

> But scholars and historians of ideas are reluctant to confront directly the question of what is or was *meant* by sentimentalism and sensibility.[3]

Im voraufgehenden Kapitel zum 17. Jahrhundert hatten wir bereits feststellen können, daß „sensibilité“ zu einem positiv bewerteten, moralische und see-

[1] Friedrich Nietzsche: *Werke,* hrsg. von Karl Schlechta, Frankfurt 1969, Bd. 2, S. 820. Zit. nach Koselleck, a.a.O., S. 29.

[2] Wie wir in der Einleitung schon hervorhoben, gilt diese chronologische Zweiteilung mehr zur Orientierung denn als dogmatische Grenze.

[3] Brissenden, R. F.: *Virtue in Distress. Studies in the Novel of Sentiment from Richardson to Sade,* London 1974, S. 11.

lische Qualitäten des Menschen bezeichnenden Begriff wurde. Und doch bleibt der Begriff in seinen Verwendungsmöglichkeiten im 17. Jahrhundert relativ eingeschränkt, er scheint an eine soziale Gruppe (die der Preziosität verpflichtete) und an den Bereich der Liebestheorie gebunden. Dies ändert sich grundlegend im 18. Jahrhundert. Mit der Einbindung von „sensibilité" in den aufklärerischen, philosophischen Diskurs entstehen neue Zusammenhänge, die eine Verallgemeinerung des Begriffs zur Folge haben: „sensibilité" ist nicht nur Zeichen einer Elite, sondern eine natürliche Veranlagung jedes Menschen, die seine soziable Natur sowie seine Gebundenheit an das Naturgesetz dokumentiert.[4] In Verbindung mit dem optimistischen Credo der Aufklärung[5] wird „sensibilité" zum Garanten der menschlichen Güte, wenn nur die Natur zu der ihr gebührenden Entfaltung kommt. Diese Grundüberzeugung, die für die Aufwertung der Sensibilität zur säkularen Kardinaltugend zentral ist, trägt Züge einer spekulativen Annahme, die gesetzt und nicht hergeleitet wird. Dieses spekulative Element in der Bewertung und Definition von „sensibilité" ist wichtig, da in späteren Jahren gerade hier die materialistisch-naturwissenschaftlich denkenden Philosophen das Fundament des Begriffs in seiner seelisch-moralischen Bedeutung erschüttern konnten. In der frühen Phase der Begriffsgeschichte ist „sensibilité" quasi eine metaphysische Größe.

Dieses Ideal des Aufklärungszeitalters in seinen wichtigsten Aspekten aufzuzeigen stellt sich diese erste Hälfte des Hauptteils B zur Aufgabe. Es handelt sich bei „sensibilité" um ein moralisches Konzept, mit dem eine Idealvorstellung vom Menschen und seinen Fähigkeiten bzw. Möglichkeiten verbunden ist.[6] Diese vielschichtige Entwicklung schien am geeignetsten und

[4] Zum Bereich der „loi naturelle" gehört die Überzeugung, „sensibilité" sei eine *aktive* Eigenschaft, die mehr als nur mitempfundenes Leid umfaßt. Die Aktivität von „sensibilité" findet im eng verwandten Begriff der „bienfaisance" Ausdruck.

[5] „Pour doter la sensibilité naturelle et instinctive du nouveau prestige dont elle allait jouir par la suite, et pour en faire le principe de toute perception juste, le mobile des bonnes actions et le critère des bons rapports entre les hommes, il fallait l'adjonction de la conception optimiste de la nature humaine". J. S. Spink, „Sentiment, sensible, sensibilité ...", a.a..O., S. 37.

[6] Die neue Konzeption der Sensibilität betrifft auch den Tugend-Begriff, wie Trahard (Bd. I, S. 149) richtig betont: „Lorsque la sensibilité domine, elle est assez puissante pour changer le sens des mots. Le mot *vertu,* qui symbolisait autrefois la force et le courage militaire, qui, au XVII siècle signifiait l'obéissance au devoir, désigne pour les contemporains de Prévost et de Jean-Jacques la conformité des actes aux émotions naturelles."

übersichtlichsten in thematischer Untergliederung zu präsentieren. Die Kapitel 1–6 stellen die verschiedenen, bei einer Begriffsgeschichte von „sensibilité" zu berücksichtigenden thematischen und kontextuellen Aspekte in den Vordergrund. Dienen literarische Werke hierbei als Quellen für die verschiedenen Vorstellungen und Definitionen von „sensibilité", so wendet sich unser Augenmerk in Kap. 7 den literarischen Werken in ihrer künstlerischen Form selbst zu. Hierbei geht es um die Beeinflussung der Literatur durch ein Konzept „sensibilité", das sowohl für Intention als auch für Gestaltung des Kunstwerks nicht ohne Folgen bleibt.

Die in Kapitel 8 erstellte Zwischenbilanz dient der Synthetisierung des in Teil I Dargestellten, andererseits der Vorbereitung von Teil II, der vor dem Hintergrund der frühen Begriffsgeschichte erst seinen Sinn bekommt.

1. „Sensibilité" und Zärtlichkeit

> Sensibilité du Cœur: Se dit des sentiments de tendresse et d'amour.
>
> Dictionnaire de l'Acad. Franç., 1718

Im 17. Jahrhundert ist „sensibilité" in erster Linie ein Ausdruck des Liebesvokabulars. Dieser Zusammenhang zwischen „sensibilité" und dem Bereich der Liebe bleibt das gesamte 18. Jahrhundert hindurch bestehen, findet sich auch noch in späten Wörterbucheintragungen.[7] Das 17. Jahrhundert, vor allem Mlle de Scudéry, hatte auch schon diejenige Art von Liebesverhältnis beschrieben, für das „sensibilité" die ausschlaggebende Eigenschaft ist: eine tugendsame, platonisch anmutende[8] und mit den Regeln von „raison" und „honneur" durchaus zu vereinbarende Liebe, die nicht zufällig mit Freundschaft oft in einem Atemzug genannt wird. Diese Definition bleibt im Begriff „sensibilité" erhalten. Um den Zusammenhang von Sensibilität und Liebe, um die nähere Charakteristik sensibler Liebesgefühle, um Zärtlichkeit und „sensibilité" geht es in diesem Kapitel.

[7] *Dict. de Trévoux* (1771): „Sensibilité: (...) On le dit de même des sentiments de tendresse et d'amour."
Condillac, *Dict. des synonymes,* „désir": „La *tendresse* renferme le goût qu'on a pour une personne (...) et une grande sensibilité".

[8] Saint-Hyacinthe, *Recueil de divers écrits,* (1736), der einen Abdruck von Mme de Lamberts *Traité de l'amitié* enthält, stellt diese Verbindung zwischen platonischer Liebe und zärtlicher Zuneigung ausdrücklich her.

1.1. Charakteristika der zärtlichen Liebe

Il n'était pas amoureux, il était tendre.
Marivaux, *Vie de Marianne*

Im Vergleich zu den letzten Jahrzehnten des 17. Jahrhunderts ist „sensibilité" in der ersten Hälfte des 18. Jahrhunderts häufig anzutreffen, um von der Verbreitung des Begriffes in der zweiten Hälfte des Jahrhunderts ganz zu schweigen.[9]

[9] Einige Belege von Autoren, die nicht eigens besprochen werden:

1. Challe: *Illustres Françaises,* (Paris 1967), I. S. 188.
2. Crébillon (père): *Electre* (1980) préface.
3. Lesage: *Le diable boiteux* (1970), S. 102, 104; Gil Blas (1973), I, S. 314, II. S. 187.
4. Montesquieu: *Temple de Gnide* (Pléiade) S. 405; *Arsace et Isménie* (Pléiade) S. 466, 486.
5. Ramsay: *Voyages de Cyrus* (1727), T. I, S. 43.
6. Mme de Tencin: *Mémoires du comte de Comminges* (1735), in *Œuvres complètes* T. I (Paris 1812) S. 50, 51; *Le siège de Calais* (1739), *Œuvres complètes* I/II; I. S. 181, II. S. 9; *Les malheurs de l'amour* (1747), in *Œuvres complètes* II/III, II. S. 131, 201, III. S. 23, 43, 69.
7. Boissy: *Les dehors trompeurs* (1740), Akt IV,6. S. 177.
8. Mme de Puisieux: *Les caractères* (1741) IIe partie S. 45.
9. Crébillon (fils): *La nuit et le moment* (1755), *Collection complète des œuvres de Crébillon fils,* I 1779, S. 15, 39, 54, 55, 99. *Le hasard du coin du feu* (1763) Bruxelles 1880, S. 9, 104. *Lettres de la Marquise de M.+++* (1732), *Coll. compl. II,* 362, 401, 476, 573. *Ah, quel conte* (1751), *Coll. compl.* IV, S. 39, 54, 235, 236, 332, 393, 625. *Le Sopha* (1742) Bruxelles 1881, S. 188. *Lettres athéniennes* (Londres/Paris 1771) I, S. 42, 62, 86, 256; II. S. 81, 214, 286; III. S. 188, 280; IV. S. 57.
10. Grafigny: *Lettres péruviennes* (1747) I. S. 302, 304.
11. Duclos: *Mémoires pour servir à l'histoire.* (1751) deux. partie, S. 109, 125. *Confessions du Comte+++* (1741), deux. partie, S. 284.
12. Mme Riccoboni: *Histoire de Miss Jenny* (1764), *Œuv. compl.* 1818, T. I, S. 168, 183, 238, 334, 404: *Lettres de Mylady Catesby* (1759), *Œuvre compl.* 1786, I, S. 257, 280, 316; *Lettres de Miss F. Butlerd* (1757) I, S. 84, 110, 167, 210.
13. Gérard: *Le comte de Valmont ou les Egaremens de la raison* (1774) Paris 1787, T. I, S. 273: „Excessive sensibilité" = „désordre".
14. Baculard d'Arnaud: *Les époux malheureux* (1745) in *Œuvres* 1783, T. IX/X, S. 110, 133, 171, 203, 263, 281; X, S. 45.
15. Voltaire: *Œuvres complètes* éd. Moland T. XXI: *Candide* S. 139 (in leicht ironischem Sinne).

Für unsere Fragestellung ist Mme de Lambert mit ihrem bis zu ihrem Tode im Jahre 1733 äußerst angesehenen Salon sicherlich eine der interessantesten Quellen, da sie sich einerseits bemühte, das Erbe des 17. Jahrhunderts zu bewahren, und andererseits alle führenden Köpfe des angehenden Aufklärungszeitalters bei sich vereinte: Marivaux, Montesquieu, Fontenelle, Le Sage, Sacy, Dubos etc. Die „Erbin" ihres Salons, Mme de Tencin, setzt diese Tradition unter Übernahme der meisten „habitués" fort. Auch ihre Romane zeugen von einer gewissen Kontinuität in der Liebestheorie.

Mme de Lamberts Liebeslehre ist, ganz im Sinne der „klassischen" Autoren, gegen jede Art von ungeregelter leidenschaftlicher Liebe gerichtet[10], während jene Liebe, die mit den Begriffen „tendresse" und „sensibilité" seit Mlle de Scudéry in Verbindung steht, nicht nur gestattet, sondern das Attribut des edlen, aristokratischen Herzens ist. So erklären sich ihre Äußerungen gegen die Macht der „passions"[11], ihre vor allem in den frühen, didaktischen Werken immer wiederkehrenden Aufforderungen, der Vernunft allein die Leitung des Handelns zu überlassen, auf der anderen Seite aber auch Zitate wie das folgende: „La sensibilité secourt l'esprit et sert la vertu".[12] Mme de Lambert setzt in der Liebestheorie das Werk der von ihr über alle Maßen bewunderten Mlle de Scudéry fort.

> The salon of Mme de Lambert faced both the past and the future and formes a link between the 17th and 18th century.[13]

16. Galli da Bibbiena: *La force de l'exemple,* La Haye 1748, I, S. 41, 163, 173, 207, II, S. 45.
17. Réstif de la Bretonne: *La paysanne pervertie,* éd. Didier, Paris 1972, S. 221.
18. Mlle de La Guesnerie: Les Mémoires de Milady B+++, Amsterdam 1760, S. 4.
19. Bastide: Les confessions d'un fat, Paris 1749, I, S. 28, 51, II, S. 103, 114.

Für weitere Beispiele aus der zweiten Hälfte des Jahrhunderts siehe Sckommodau a. a. O., Kap. B I,1 und Mehnert a. a. O. mit Beispielen von Mme Dudeffand und Mlle de Lespinasse.

10 „Sensibilité" ist gleichbedeutend mit „mesure"; etwa in Ramsay: *Voyages de Cyrus,* T. 1, (1727), S. 349: „C'est par défaut de sensibilité que nous ne distinguons pas (. . . .) les nuances fines des pensées, et des passions humaines, et que nous ne connoissons point ces plaisirs doux et tendres qui naissent des sentiments délicats."

11 „Faites réflexion aux funestes suites des passions; vous ne trouverez que trop d'exemples pour vous instruire". (*Avis à sa fille, Œuvres,* Lausanne 1748, S. 81).

12 Mme de Lambert: *Œuvres,* Lausanne 1748, S. 186 (*Réflexions nouvelles sur les femmes*). Diesen Aspekt in Mme de Lamberts Werk übersieht etwa Mornet, der in seinem oben erwähnten Buch über *Le romantisme au 18e siècle* Mme de Lambert unter die kühlen Rationalisten einordnet.

13 Ruth Kirby Jamieson: *Marivaux. A Study in Sensibility,* New York 1941, S. 27.

„Sensibilité" ist Zeichen eines erlesenen Herzens, macht nicht nur, wie bei Mlle de Scudéry, den perfekten Liebhaber, sondern auch den moralisch hochstehenden Menschen im allgemeinen aus:

> La sensibilité est une disposition de l'ame qu'il est avantageux de trouver dans les autres. Vous ne pouvez avoir ni humanité ni générosité sans sensibilité.[14]

Kurioserweise ist Mme de Lambert, soweit ich sehe, die erste und eine der wenigen Autorinnen, die Sensibilität als spezifisch weibliche Eigenschaft und damit für die weibliche Moralität ins Feld führt, sie aus emanzipatorischer Perspektive vereinnahmt:

> J'ai examiné si on ne pouvait pas tirer un meilleur parti des Femmes. J'ai trouvé des Auteurs respectables, qui ont cru qu'elles avoient en elles des qualités qui les pouvait conduire à de grandes choses; comme l'Imagination, la Sensibilité, le Goût: Ce sont des présens qu'elles ont reçus de la Nature.[15]

Dieser Aspekt tritt jedoch bei den meisten Autoren der Zeit, auch wenn sie sich Mme de Lamberts positiver Definition von „sensibilité" anschließen, völlig in den Hintergrund.

Freundschaft und zärtliche Liebe liegen eng beieinander, „sensibilité" hat eine Mittelstellung zwischen un-erotischer Freundschaft und erotischer Beziehung inne, die ihre hohe moralische Wertung ermöglicht und andererseits, erinnern wir uns der Vorbehalte kirchlicher Autoren des 17. Jahrhunderts, doch nie sittliche Gefährdung auszuschließen vermag.

Zu Beginn des 18. Jahrhunderts ist ein stark gewachsenes Interesse an Art und Beschaffenheit wahrer Freundschaft zu erkennen - Mme de Lambert selbst hat 1732 einen *Traité de l'amitié* verfaßt, der Gedanken eines wesentlich früheren, schon 1703 erschienenen Buches gleichen Titels eines ihrer Salonmitglieder, M. de Sacy[16], wieder aufgreift.

Sacy verkörpert für Mme de Lambert, im Gegensatz zum trockenen, unberührbaren Fontenelle, das Ideal des empfindsamen Gelehrten:

[14] Mme de Lambert, *Œuvres* S. 186. Erstaunlich die fast wörtliche Übereinstimmung mit einem weiter unten ausführlich zu besprechenden Text, dem *Système du cœur* des Abbé Gamaches.
Zum Verhältnis von Zärtlichkeit und moralischer Empfindung in der deutschen Literatur siehe Sauder, *Empfindsamkeit,* Kap. 4.5.

[15] *Œuvres,* S. 212.

[16] M. de Sacy: *Traité de l'amitié,* La Haye 1703. Auch Sacy spricht von „tendre amitié", fordert Herzensgemeinschaft als Basis wahrer Freundschaft.

> Il se saisit de nos sentimens: il sait que l'homme est plus sensible que raisonnable; qu'avec de la sensibilité, on réveille des idées dans l'esprit, et qu'on excite des mouvemens dans le cœur.[17]

Die Idealisierung einer trieblosen, edlen und „platonischen" Liebe erlaubt die bedingungslose Aufwertung einer so definierten „sensibilité". Die Konflikte zwischen Vernunft und Leidenschaft, zwischen gesellschaftlicher Norm und natürlicher Regung, die aus christlicher Perspektive zwar zu lindern, nie aber aufzuheben sind, finden so ihre harmonisierende Vermittlung. Mme de Lamberts Moral, und hier trifft sie sich mit Marivaux, ist eine weltliche Moral, die zwar nicht gegen die etablierte, religiöse Lehre ausgerichtet ist, diese aber hinter das Ziel eines weltlichen Lebens und Glückes zurückstellt. Sie ist hierin Kind ihres Zeitalters und Erbin einer aller religiösen Dogmen entkleideten Honnête-homme-Lehre.

Dieser sanfte und ohne Provokation vorgetragene Hedonismus mag in manchen Punkten, etwa in dem bemerkenswerten Lob der Freundschaft, an epikureisches Gedankengut erinnern. Trotzdem wäre es wohl kaum zu halten, wollte man hier von einer „epikureischen" Schule sprechen. Eher geht es um eine eklektizistische Liebes- und Morallehre, deren Attraktivität gerade im Mangel an Dogmatik, an Ausschließlichkeit der Meinungen liegen mag. Wie traditionell christlich Mme de Lamberts Lehre der zarten Empfindungen ist, wird deutlich, wenn man sie mit den Praktiken der Régence-Kultur, vor allem den Sitten des Hofes und des Hochadels, wie sie von Saint-Simon minutiös festgehalten und von Crébillon (fils) meisterhaft in Romangeschehen verwandelt worden sind, vergleicht.[18] Vor dieser Vergleichsfolie erscheint Mme de Lambert mit ihrem Salon als die prüde, preziöse Pedantin, als die sie von Zeitgenossen und Kritikern oft bezeichnet worden ist – der Ausdruck „deuxième préciosité" ist oft abschätzig gemeint. Epikureisch können ihr Salon und ihre Lehre jedenfalls nicht genannt werden.

[17] *Œuvres,* S. 240.

[18] Crébillon mokiert sich sogar über die sensible Liebe, die seinen teils zynischen Helden natürlich fremd ist, so wie die Empfindsamkeit überhaupt zum Gespött vieler libertinistischer Romane wurde: in *La nuit et le moment,* S. 54, heißt es: „cette espèce de sensibilité qui vous amuse tant". Die in der Gesellschaft verbreitete Art von Liebe beschreibt er zu Beginn der *Egarements du cœur et de l'esprit:* „Ce qu'alors les deux sexes nommaient amour, était une sorte de commerce où l'on s'engageait, souvent même sans goût, où la commodité était toujours préférée à la sympathie, l'intérêt au plaisir, et le vice au sentiment." (Paris, 1977, S. 50). Deshalb ist es recht überraschend, daß Stendhal in *De l'Amour* so verschiedene Autoren wie Crébillon und Marmontel für die „amour goût" als Zeugen ins Feld führt.

Sensibilität aber, und auch hier wirkt das 17. Jahrhundert fort, bleibt eine gegen die neostoische Morallehre gerichtete Größe. Im 1704 erschienenen *Système du cœur* des Abbé Gamaches, auf das wir im nächsten Kapitel noch zurückkommen werden, wird „sensibilité" im Zusammenhang mit Liebe als nicht-stoische Eigenschaft definiert, ja es wird gegen die stoische „indifférence" auf über fünf Seiten polemisiert.[19] Dieselbe Verbindung stellt ein Rémond Le Grec zugeschriebener, 1719 erschienener Text her, der in Wahl des Titels zudem epikureisch anmutet: *Dialogue sur la volupté.*

> On peut être philosophe et sacrifier aux grâces, sans qui l'amour même ne saurait plaire: ne peuvent-elles pas s'accorder avec la sagesse? J'ai toujours trouvé que cette inclination pour les choses aimables, adoucit les mœurs, donne de la politesse et de l'honnêteté, et prépare à la vertu, laquelle, ainsi que l'amour, ne saurait être que dans un naturel sensible et tendre.[20]

Und Nivelle de la Chaussés Held D'Arviane, der uns weiter unten noch beschäftigen wird, wirft seiner Geliebten ihre Fühllosigkeit als Mangel an „sensibilité" vor, auch diese Verteidigung klingt antistoisch:

> J'ai tort d'être sensible,
> Et de ne pas avoir cet air toujours paisible
> Qui montre que pour vous tout est indifférent.
> Ah! je n'en connais pas de plus désesperant.
> (...)
> Je ne suis pas jaloux d'un si triste avantage,
> Si pour vous c'en est un; quant à moi, je le fuis.
> Plus je sens vivement plus je sens que je suis.
> L'égalité d'humeur vient de l'indifférence;
> Et, quoique vous puissiez dire pour sa défense,
> L'insensibilité ne saurait être un bien.[21]

„Sensibilité" scheint hier nicht mehr ausschließlich auf zwischengeschlechtliche Liebe beschränkt. Tatsächlich erweitert sich die Bedeutung von „sensibilité" in manchen Texten, zunächst auf einen größeren Bereich zärtlicher Zuneigung, der vor allem Familienmitglieder einschließt.[22] Darüberhinaus

[19] Gamaches, S. 198–204.

[20] In: *Nouveau Mercure,* Sept. 1719, S. 10/11. Dieser anonym erschienene Text wird ab 1776 im Gesamtwerk von Hamilton abgedruckt. Ob diese Zuordnung haltbar ist, konnte ich nicht mit letzter Sicherheit ermitteln.

[21] Truchet (éd.): *Théâtre du XVIIIe siècle,* (Pléiade), T. 1, vv. 225–235.

[22] Beispiele bei Nivelle, *La gouvernante* (1747), V. 4; Voltaire, *Mahomet* (1741), éd. Moland, T. IV, S. 146; *L'écossaise* (1760), Chevalier de Mouhy, *Paysanne parvenue* (1735) T. II, S. 248; Anon.: *Réflexions de T. sur les égarements de la jeunesse* (1729): „une sensibilité vive et généreuse pour tout le genre humain".

kann „sensibilité“ auch die Empfänglichkeit für eine weite Palette von Gefühlen, von verschiedenen „sentiments“ bezeichnen. „Das Gefühl“ ist eine Bedeutung von „sentiment“, die erst zu Beginn des 18. Jahrhunderts in den Vordergrund tritt.[23] „Sentiment“ in dieser neuen Bedeutung ist in den ersten Jahrzehnten des Jahrhunderts häufiger anzutreffen als „sensibilité“.[24] Dieser Befund gilt vor allem für Prévost, auf dessen Romanwerk und sein Verhältnis zu der „sensibilité“-Lehre wir noch eingehen werden.

Während im 17. Jahrhundert der rationale Aspekt in der Bedeutung von „sentiment“ vorherrschend war, tritt dieser in den Hintergrund, und „sentiment“ findet in neuen Zusammenhängen Verwendung.[25] „Sentiment“ bezeichnet, vor allem, wenn es ohne Attribut verwendet wird, genau jenes Liebesgefühl, für das „tendresse“ und „sensibilité“ prägend sind. Zwei Zitate mögen dies verdeutlichen. Zu Beginn seines Werkes *La force de l'exemple* (1748) definiert Bibbiena, was für ihn „sentiment“, in dessen Zeichen die folgende Geschichte stehen soll, bedeutet: Mäßigung und Tugend.

> Quelle comparaison d'une ivresse bouillante et momentanée à un tendre épanchement excité, soutenu, nourri par le sentiment?[26]

Und zwei Jahre später, zu Anfang des 1750 erschienenen Romans *Le triomphe du sentiment* geht er in seinem Enthusiasmus entschieden weiter:

> Lumière divine, guide sûr et éclairé, doux lien des cœurs, sentiment, que n'ai-je connu plûtôt tes charmes! Que d'années écoulées et perdues dans le tumulte et l'ennui des faux plaisirs! Sans toi il n'y en a point de sensibles. Quelle erreur grossière! On croit goûter les plus délicieux en t'étouffant; c'est du bon ton de te proscrire, et tu es la source de la vraie volupté.[27]

In diesen Zusammenhang gehört jene „métaphysique de l'amour“ Mme Lamberts[28], oder die „métaphysique du sentiment“ des Abbé Prévost. Beide

[23] Anders die klassische Bedeutung: „opinion, jugement“ in den Wörterbüchern des späten 17. und frühen 18. Jahrhunderts. Hierzu siehe Kap. 4.2.

[24] Sgard, *La vie intérieure et les mots,* a.a.O., S. 522. Bei Marivaux: 83x sentiment gegen 9x sensibilité in der *Vie de Marianne.*

[25] Die Untersuchung des Wortes „sentiment“ ist gut dokumentiert. Siehe vor allem Renate Rieve: „Sentiment, sentimental“, in: *Europ. Schlüsselwörter* a.a.O.; Eugen Lerch: „Passion und Gefühl“. In: *Archivum Romanicum,* 22/1938, S. 320–349; R. F. Brissenden: *Virtue in Distress,* bes. S. 11–56.

[26] T. I, S. 2.

[27] S. 5f.

[28] Mme de Lambert, S. 213: „J'ai donc imaginé une métaphysique de l'amour“.

Ausdrücke waren in der ersten Hälfte des Jahrhunderts gebräuchlich. „Métaphysique" könnte hier wohl am besten mit „spitzfindiger Psychologie" übersetzt werden, handelt es sich doch um die spekulative Bemühung, die Wirkungsweise des menschlichen Gefühlsbereichs zu ergründen. Sgard definiert die „métaphysique du sentiment" für Prévost folgendermaßen:

> Il (Prévost) se livre à cette étude minutieuse des états sensibles que ses contemporains ont désigné sous le nom de 'métaphysique du sentiment'. Cela désigne à la fois un courant littéraire, presque une école, et une tendance générale de la philosophie et de la religion dans la première moitié du XVIIIe siècle.[29]

Metaphysisch im heutigen Sinne des Wortes könnte diese Wissenschaft vom „sentiment" insofern genannt werden, als sie, im Gegensatz zu den Physiologen späterer Jahrzehnte, die Beschaffenheit der Psyche nicht nur auf physisch-materielle Dispositionen des Menschen zurückführt.

Trotzdem entbehrt die Lehre der sensiblen, zärtlichen Liebe nicht der Empirie, da der Ausgangspunkt spekulativer Betrachtungen stets das Faktum der Handlung oder eines Gefühls ist. Marivaux' Komödien sind Ausdruck genauer Beobachtungen, und auch Prévost bemüht sich in seinen Betrachtungen über den Grund des menschlichen Herzens, auf vorher genau beschriebene Vorkommnisse aufzubauen. Die Konzeption zärtlicher Empfindungen und sensibler Liebe, wie sie hier ausgehend von Mme de Lamberts Werk knapp skizziert wurde, spiegelt sich im Gebrauch der Worte „sensibilité" und „sensible" in zahlreichen Texten der ersten Jahrhunderthälfte. Marivaux ist mit seinem Theater- und Romanwerk Mme de Lambert sehr eng verwandt, sein Werk wird uns daher vor allem beschäftigen. Um 1727, als Mme de Lambert ihre *Réflexions nouvelles sur les femmes* schrieb, war die Lehre der „sensibilité" bereits voll entwickelt, Marivaux' Theaterstücke bereits zum Publikumserfolg geworden. Vergleicht man dieses approximative Datum mit der Periodisierung Sauders für die deutsche Entwicklung, dann fällt die recht beträchtliche Phasenverschiebung ins Auge: Frankreich kennt eine in vielen Punkten parallele Entwicklung in Geistes- und Literaturgeschichte mindestens 20 Jahre vor Deutschland.[30] Diese Verschiebung wird sich auch bei anderen Phasen der Empfindsamkeit, etwa bei der in Frankreich sehr früh einsetzenden Trennung in wahre und falsche Empfindsamkeit, wiederholt feststellen lassen.

[29] Jean Sgard: *Prévost romancier,* Paris 1968, S. 28.
[30] Sauder, a.a.O., S. 194.

1.2. „Sensible" Liebe im Theater

Sentir Madame, c'est le style du cœur.

Marivaux, *La fausse suivante*

Marivaux' dramatisches Werk beherrscht im ersten Drittel des Jahrhunderts den Publikumsgeschmack, bevor Autoren wie Nivelle de La Chaussée ihm den Rang des erfolgreichsten Komödienautors allmählich streitig machen. Aus heutiger Sicht ist Marivaux, abgesehen von Beaumarchais, der einzige spielbare Theaterautor des gesamten Jahrhunderts. Thema seiner berühmtesten Komödien - in der Gattung der Tragödie hat er sich nur einmal (mit *Annibal,* 1720) und recht erfolglos bemüht - ist neben sozial-moralischen Themen (*L'île des esclaves, L'île de la raison, La Colonie*) die Entstehung, Ausformung und glückliche Erfüllung der Liebe zwischen jungen Menschen. Diesen Liebeskomödien verdankt Marivaux bekanntlich den nicht immer schmeichelhaft gemeinten Ruf des Begründers des „marivaudage". Für unser Thema ist die Tatsache interessant, daß sich Marivaux sowohl im Theater als auch in seinen Romanen mit der oben skizzierten Form sensibler Liebe befaßt. Während Jacob im *Paysan Parvenu* eher eine kühl-libertinistische Liebesauffassung praktiziert und nur unter anderen Formen der Liebe auch die sensible Liebe kennenlernt, ist Marianne, Protagonistin des genau wie der *Paysan Parvenu* Fragment gebliebenen Romans *La vie de Marianne,* eine typische Vertreterin sensibler, tugendhafter Liebe.[31] Im folgenden werden wir uns jedoch auf Marivaux' Theater konzentrieren. Marivaux' Verwendung des Begriffes „sensibilité" und des Adjektivs „sensible" zeigt, daß „sensibilité" für ihn zwar nicht ausschließlich[32], aber vorwiegend im Bereich der Liebe angesiedelt ist.[33] Sensible Liebe wird in auserlesenen Herzen spontan geboren, braucht allerdings eine gewisse Zeit, bis sie zur Äußerung gelangt. Die Erweckung und das schließliche Eingeständnis der empfindsamen Liebe ist Ziel der marivauxschen Intrige. Zu Beginn der *Surprise de l'amour* (1722) ste-

[31] *La vie de Marianne* ist unter den verschiedenen Aspekten der „sensibilité" sehr gut bei Jamieson, vor allem Kap. III und IV, analysiert.

[32] Die zweite, wichtige Bedeutung des Begriffes in Marivaux' Werk wird uns in Kap. B. I. 2.2. beschäftigen.

[33] In der *Vie de Marianne* (éd. Deloffre 1963) 9mal, 6mal in Bezug auf Liebe: 119, 262,324, 354, 501, 564. Im *Paysan Parvenu* einmal ironisch, (Paris 1965) S. 215, in der *Suite apocryphe* S. 341. In den *Aventures de* +++ (*Œuvres de jeunesse,* 1972), S. 76, 89, 94, 168, 249.

hen sich Lélio und die Comtesse als in ihrer radikalen Abneigung gegen die Liebe Gleichdenkende gegenüber. Ironisch prophezeit der Baron, ein enger Freund Lélios:

> Je vous demande pardon; mais vous aimerez, s'il vous plaît, Madame. Lélio est mon ami, et je ne veux point lui donner de maîtresse insensible.[34]

„Rendre sensible" ist ein häufig verwendeter Ausdruck, der gerade den Anstoß zur Bewußtwerdung der noch uneingestandenen Liebe meint.[35] Der Gebrauch von „sensibilité", „sensible" und „sentir" im Bereich der Liebe wird in *La fausse suivante* (1724) sogar ausdrücklich thematisiert. Lélio, angeblich in die Comtesse verliebt, spielt ihr gegenüber den Eifersüchtigen:

> La Comtesse: ... mais vous m'avouerez qu'il n'y a pas de mal à sentir suffisamment le mérite d'un homme, quand le mérite est réel; et c'est comme j'en use avec le Chevalier.
>
> Lélio: Tenez, *sentir* est encore une expression qui ne vaut pas mieux; *sentir* est trop, c'est connaître qu'il faudrait dire.
> (...) *Sentir*, Madame, c'est le style du cœur, et ce n'est pas dans ce style-là que vous devez parler du Chevalier.[36]

Zärtliche Liebe ist mit „passion" nicht zu vergleichen. „Sensibilité" garantiert Mäßigung und Zurückhaltung innerhalb der gesellschaftlich gesteckten Normen. Daß für Marivaux die „sensibilité du cœur" eine normalerweise von Natur aus geregelte, sanfte Eigenschaft ist, wird aus folgender Passage aus dem *Spectateur Français* ersichtlich:

> On pleure l'inconstance de son amant ou de sa maîtresse; on la soupire: voilà le plus grand inconvénient d'un amour trahi. Encore ne voit-on passer par ces peines que ceux dont la nature a manqué le cœur; je veux dire que c'est un vice dans son ouvrage que cet excès de sensibilité qu'elle y laisse. Sa règle générale est plus douce.[37]

Jamieson hebt den harmonisierenden Aspekt in Marivaux' Liebesauffassung hervor:

[34] Marivaux, *Théâtre complet*, éd. Arland, Paris (Pléiade) 1955, S. 157.

[35] Etwa in *Le petit maître corrigé* (1734), I, 7; *Jeu de l'amour et du hasard* (1730), S. 702; *La méprise* (1734), I, 4; *Le triomphe de l'amour* (1732), I, 2; I, 8; II, 3.

[36] Marivaux, *Théâtre complet*, a.a.O., S. 352.

[37] *Œuvres complètes*, Paris 1781, T. IX, S. 321. (Pièces détachées écrites dans le goût du spectateur français).

> Marivaux never pictures love as a violent passion, and with him affairs of the heart usually end happily.[38]

Genau wie bei Mme de Lambert ist „sensibilité“ bzw. „tendresse“ nur in einem wohlgeborenen Herzen zu finden - wobei dieser Seelenadel mit ständischem Adel nicht identisch sein muß.

> Sie (d.h. la sensibilité, F. B.) verbürgt den Adel der Seele, mit dem Marianne ihren Anspruch auf adelige Abstammung begründet.[39]

Im *Paysan Parvenu* erkundigt sich Mme de Ferval, die alles andere als empfindsame Blicke auf Jacob geworfen hat: „A propos de cœur, êtes-vous né un peu tendre? C'est la marque d'un bon caractère“.[40] Marianne definiert diese edle, über Laster erhabene Liebe ihres empfindsamen Verehrers Valville:

> Il n'était pas amoureux, il était tendre; façon d'être épris qui, au commencement, rend le cœur honnête, qui lui donne des mœurs, et l'attache au plaisir délicat d'aimer et de respecter timidement ce qu'il aime.[41]

Auch wenn es gewiß richtig ist, Marivaux als Vertreter und Verteidiger der sensiblen Liebe zu bezeichnen, darf doch nicht der Eindruck entstehen, seine Figuren wären ihren spontan entstehenden Gefühlen unterworfen. Vielmehr läßt sich ein interessantes Nebeneinander von „amour-propre“, rationaler Koketterie und empfindsamer Herzenssprache feststellen, das Marivaux wiederholt als „widersprüchlich“ angekreidet wurde. Dieses Nebeneinander von vernunftorientiertem, geplantem Handeln und sensibler „sincérité“ ist, wie schon im 17. Jahrhundert, auch bei Marivaux in der Konzeption der „sensibilité“ angelegt. So sicher der Sieg des Herzens im harmonischen „dénouement“ der Komödien auch voraussehbar ist - der Reiz der marivauxschen Komödien liegt gerade im retardierenden Moment meist weiblicher Liebesstrategie. Diese ist oft ein Schutzmechanismus:

> The more acute the sensibility, the stronger the protection must be. Love in the theatre of Marivaux, though sincere, is nearly always held in check by the sensitive nature of his characters.[42]

[38] Jamieson, a.a.O., S. 35.

[39] Erich Köhler: *Frühaufklärung.* Stuttgart 1983, S. 79.

[40] *Le Paysan Parvenu,* éd. Gilot (Paris 1965), S. 133.

[41] *La vie de Marianne,* éd. Deloffre (Paris 1963) S. 74.

[42] Jamieson, a.a.O., S. 101.

„Sensibilité“ ist kein Zeichen irrationaler Liebe. Vernunft dient sowohl der endgültigen Versicherung des gefühlsmäßig Erkannten, als auch dem Raffinement des Liebesgenusses.[43] Diese Ambivalenz im Verhältnis von Herz und Kopf, die wir bisher als Konstante der Empfindsamkeit überhaupt bezeichnen können, findet ihren Ausdruck auch in den sozialen Konstellationen. Mariannes Geburt ist unbekannt, und doch genügt ihr Herzensadel Valville als Beweis ihrer moralischen und affektiven Integrität. Und Silvia, im *Jeu de l'amour et du hasard,* besteht darauf, von Dorante auch in ihrer Verkleidung als Dienerin geliebt und geheiratet zu werden. Herzensadel steht über ständischem Adel. Und doch sind die Liebeskomödien mit ihrer empfindsamen Thematik nicht gegen die adeligen rationalen Verhaltensnormen gerichtet. Silvia, das hat W. Wolf in seiner bereits zitierten Dissertation gezeigt, entspricht einerseits dem Modell einer Empfindsamen, und verhält sich doch nach den Spielregeln adeliger Gesellschaft. Im Hinblick auf seine Ausgangsfrage, ob „sensibilité“ ein speziell bürgerliches Phänomen ist, faßt Wolf in bezug auf die Liebeskomödien zusammen:

> In der Liebeskomödie fiel (...) besonders die Kombination einer subjektiven und zum Teil deutlich bürgerlichen Liebesauffassung mit aristokratischen, ästhetisch bestimmten Umgangsformen auf, ferner eine Aufwertung des *amour propre,* die aristokratische Egozentrizität in Form von Repräsentations-, Genuß- und Geltungsstreben ebenso in die Empfindsamkeit integrierbar macht wie bürgerliche Egozentrizität in Gestalt von Besitz- und Machtstreben.[44]

Sicherlich hat Marivaux' Liebesauffassung, wie auch diejenige Mme de Lamberts, idealistische Züge.[45] Axiom sensibler Liebe ist die Überzeugung, es gebe auserlesene, edle Menschen, deren spontane sich zögernd Raum verschaffende zärtliche Liebe die Grenzen der gesellschaftlichen „bienséances“ nicht sprengen wird. Erbsünde scheint durch natürliche Güte ersetzt. Diese optimistische Auffassung ist als Gegenpol zur zynisch-realistischen Zeichnung der gesellschaftlichen Zustände der Régence durch Autoren wie Crébillon (fils) zu sehen. Marivaux selbst bedauert den Mangel an empfindsamen Herzen, wie er sie, mit einigen seiner Zeitgenossen, versteht – er wußte also

43 Jamieson, a.a.O., S. 83.
44 Wolf, a.a.O., S. 223.
45 Gerade diese idealistische Auffassung verurteilt Ehrard (*L'idée de la nature dans la première moitié du 18e siècle,* S. 313.) Er spricht von einer „impression agaçante de contre-vérité“ beim modernen Leser.

genauso gut wie seine Kritiker um den „idealistischen" Charakter seiner Liebeslehre:

> Les sentiments n'étaient plus à la mode: il n'y avait plus d'amants, ce n'était plus que libertins qui tâchaient de faire des libertines. On disait bien encore à une femme, je vous aime: mais c'était une manière polie de lui dire, je vous désire.[46]

Crébillon dagegen setzt eine rein höfisch orientierte, auf „dissimulatio" basierende Gesellschaft voraus. Nur hinter der Maske der - noch bestehenden - Umgangsformen kann ein junger Meilcour in die Regeln zügelloser Liebe eingeführt werden. Diese zynische Doppelbödigkeit adeliger Moral wird von einer empfindsam verstandenen Liebe durchbrochen:

> The calculated love-making of the characters of Crébillon *fils* contrasts strikingly with the tender passion of Marivaux.[47]

Daß Marivaux bei allem Optimismus nicht blind gegenüber der Realität der gesellschaftlichen Praxis war, zeigt ein Roman wie der *Paysan Parvenu,* dessen Jacob eine Art Gegenfigur zu Meilcour aus den *Egarements du cœur et de l'esprit* darstellt.

Marivaux ist der gewichtigste Vertreter der empfindsamen Liebeskonzeption auf der französischen Bühne in der ersten Hälfte des 18. Jahrhunderts.

> In Marivaux the importance of *sensibilité,* divided in slightly earlier comedy, was already noticeable. In his plays it meant delicate feeling and could even be an aristocratic quality.[48]

Schon d'Alembert hatte in seinem *Eloge de Marivaux* vor der Académie die besondere „sensibilité" Marivaux' hervorgehoben:

> Marivaux enfin a des momens de sensibilité, et par cela seul, serait très différent de Fontenelle.[49]

Neben Marivaux finden sich natürlich weitere dramatische Autoren, deren Charaktere mit „sensibilité" und der mit ihr verbundenen Liebesauffassung in Verbindung stehen. Für eine Begriffsgeschichte besonders aufschlußreich

46 17e feuille, *Spec. Français.*

47 Jamieson, a.a.O., S. 74.

48 Geoffroy Brereton: *French Comic Drama from the 16th to the 18th century,* London 1977, S. 216.

49 D'Alembert: *Œuvres complètes,* 1821–22, Reprint 1967, T. 3, S. 594.

ist eine Komödie Dufresnys aus dem Jahre 1702 (*Le double veuvage*), da dort eine ausdrückliche Definition von sensibler Liebe gegeben wird: Dorante, der „premier amoureux“ des Stücks, skizziert seine Wunschvorstellung von „sensibilité“, die seine geliebte Thérèse nicht erfüllt:

> Je ne confonds point cette gaieté dissipée avec le plaisir sensible et passionné que doit causer la vue de ce qu'on aime. Moi, par exemple, que son abord a pénétré, je suis resté immobile; un saisissement... une langueur... mon cœur palpite... ma vue se trouble... Ah! C'est ainsi que devroit s'exprimer sa passion; mais elle est incapable de cet amour solide et sensible...

Auf die etwas unbekümmerten Einwände der Dienerin Frosine hin bekräftigt Dorante seine Vorstellung der sensiblen Liebe:

> Je veux de la sensibilité (...) On peut être sensible et avoir de la vertu.[50]

Einen ganz anders gearteten Beleg für die Popularität und begriffliche Veränderung von „sensibilité“ und „sensible“ liefert ein kurioses Mißverständnis zwischen den Protagonisten eines Stückes von Nivelle de la Chaussée, *Mélanide* (1741). Bekanntlich gilt Nivelle seit Lansons Thèse aus dem Jahre 1887 als Hauptvertreter einer von Lanson sehr negativ beurteilten Empfindsamkeit. Seine Theaterstücke, die seit 1733 in der Comédie Française aufgeführt werden, sieht Lanson allesamt unter dem Zeichen der „Sensibilité“:

> Le fait dominant, que tout lecteur de ces comédies ne peut manquer d'apercevoir, c'est qu'elles sont entièrement conçues selon les lois et les conventions spéciales de la *sensibilité,* et entièrement disposées en vue d'exciter les idées et les émotions inhérentes à la *sensibilité.* (...) C'est le centre, d'où tout part, où tout aboutit.[51]

Ohne Lansons Äußerung, „tous les personnages sont sensibles“, im einzelnen widerlegen zu wollen, soll hier nur *Mélanide* berücksichtigt werden[52], da d'Arviane, der männliche Held der Komödie, als ganz im Zeichen seiner Sensibilität stehend dargestellt wird.

Angeblich Neffe, in Wahrheit aber Sohn der unglücklichen Mélanide, liebt er seit zwei Jahren Rosalie, die Tochter Dorisées, der Freundin seiner Mutter. Rosalie erwidert seine Liebe, äußert sie aber nicht so offen wie

[50] *Le double veuvage* I. 1. In: *Œuvres de Dufresny,* Paris 1747, T. II, S. 16–18; zit. nach Garapon: „Sensibilité et sensiblerie dans les comédies de la seconde moitié du XVIIe siècle“, in: *CAIEF* 1959, S. 67–76.

[51] Lanson, a.a.O., S. 233.

[52] „Sensibilité“ = Liebe auch in Nivelle: *Œuvres,*T. 2, *Amour pour Amour* III, 2.

d'Arviane. Dorisée hat, in finanzieller Not, einen alten Adeligen, den Marquis d'Orvigny, als Gatten für ihre Tochter auserwählt. Mélanide macht sich die Interessen ihrer Freundin Dorisée zu eigen (I,2) und verweist d'Arviane des Hauses mit dem Vorwand, die Pflicht rufe ihn zu den Waffen. D'Arviane aber hofft auf eine Verlängerung seines Urlaubs, um bei seiner Geliebten bleiben zu können. In Sz. 4 treffen die beiden zum ersten Mal im Stück aufeinander; auch Rosalie bittet ihn auf Anweisung ihrer Mutter, das Haus zu verlassen. D'Arviane ereifert sich und hält das oben schon zitierte Plädoyer gegen die „indifférence" und für die freie Äußerung der „sensibilité". Ziel seiner Rede ist, Rosalie zum Geständnis ihrer Liebe zu bewegen. Der Konflikt zwischen den beiden Liebenden reduziert sich auf verschiedene Äußerungsformen der empfindsamen Liebe: D'Arviane plädiert für offenes Bekennen, Rosalie bleibt eher dem konventionellen Andeuten, der verklausulierten Rede verhaftet. Diese verschiedenen Auffassungen werden nun, und auf diese Stelle kommt es uns hier an, an einem Mißverständnis bezüglich der Bedeutung des Ausdrucks „être sensible" deutlich.

Am Ende von Szene 4, in der d'Arviane zur Abreise bewegt werden soll, will Rosalie ihm offensichtlich etwas Mut zusprechen, ihm ein wenig Hoffnung geben. Sie sagt:

> De part et d'autre enfin laissons là le reproche.
> Monsieur, en attendant que le temps nous rapproche
> Il faut vous éloigner, il faut nous séparer.
> Votre départ m'importe, allez le préparer.
> Imaginez pourtant que j'y serai sensible
> Autant que je dois l'être.[53]

Diese enigmatischen Worte versetzen D'Arviane in einen Freudentaumel: er will Gewißheit und fragt:

> Ah! serait-il possible?
> Oserais-je expliquer?[54]

Offensichtlich assoziiert er mit „être sensible" unweigerlich eine versteckte Liebeserklärung, jedenfalls versteift er sich, nachdem Rosalie jede Erklärung verweigert, auf seine positive Interpretation. Als d'Arviane später erfährt, daß Rosalie den reichen Marquis heiraten soll, wirft er Rosalie (III,2) ihre Falschheit vor und bezieht sich hier genau auf die eben zitierte Stelle:

[53] *Mélanide* zit. nach Truchet (éd.): *Théâtre du XVIIIe siècle,* T. I. Hier vv. 313–318.
[54] Ebenda, vv. 318–319.

Nos adieux sont trop bien gravés dans mon esprit.
Perfide! en me quittant, vous ne m'avez pas dit:
Imaginez pourtant que j'y serai sensible
Autant que je dois l'être?[55]

Rosalie verteidigt sich daraufhin mit einem Verweis auf die üblichen Umgangsformen:

Ah! rien n'est plus risible
L'interprétation vous égare et vous perd.
Si l'on pressait ainsi les mots dont on se sert
Et les expressions qui sont de cette espèce,
Il faudrait du discours bannier la politesse.[56]

D'Arviane aber insistiert und fragt nach dem tieferen Sinn des Wortes „sensible":

Quoi! le plus tendre aveu, quand on l'approfondit,
N'est plus qu'un compliment?[57]

Rosalie ihrerseits sträubt sich gegen die prinzipielle Gleichsetzung von „être sensible" und „être amoureux". Die verschiedenen Interpretationen der auf Liebe bezogenen „sensibilité", die Nivelle uns hier vorstellt, sind für die offensichtliche Mehrdeutigkeit sehr aufschlußreich.

D'Arviane vertritt die „moderne", mit Wolf als genuin bürgerlich zu bezeichnende Empfindsamkeit, während Rosalie (bei all ihrer Liebe zu d'Arviane) versucht, ihre nur zaghaft geäußerte „sensibilité" in die Grenzen der - adeligen - Höflichkeit zurückzuführen. Bezeichnenderweise setzt sich d'Arviane mit seinem Drang zur Äußerung der Gefühle durch. Lediglich der Exzess seiner „sensibilité" wird gerügt. Als er den Marquis, der sich später als sein Vater und ehemaliger Liebhaber der einst von ihm schmählich verlassenen Mélanide herausstellt, im Eifer seiner Gefühle beleidigt, ruft seine Mutter ihn zur Ordnung.

La sensibilité ne m'est donc pas permise?[58]

protestiert d'Arviane.

[55] Ebenda, vv. 667-670.
[56] Ebenda, vv. 670-674.
[57] Ebenda, vv. 675-676.
[58] Ebenda, v. 1110.

Non, quand elle s'exhale avec trop de chaleur.[59]

Steht d'Arviane damit als Einzelner, als fühlendes Individuum gegen die Normen der Gesellschaft? Auf den ersten Blick mag es so aussehen, aber schließlich steht gerade der Marquis, der auf seine Ehre hält und eine Beleidigung ahnden will, als „barbare“ da, wenn er sich nicht als Vater d'Arvianes zu erkennen geben will. Die Wende zum glücklichen Ende setzt das Bekenntnis des Marquis zu seinen Gefühlen voraus. Die natürlichen, und damit „wahren“ Gefühle setzen sich durch. So erweisen sich die Konflikte zwischen „sensibilité“ und „devoir“ als scheinbare bzw. reduzieren sich auf die Art der Äußerung von Sensibilität. Die natürlichen Gefühle lassen sich mit den gesellschaftlichen Pflichten bestens vereinbaren.

Geradezu programmatisch wird das Recht auf freie Äußerung der Gefühle gegen die Gesetze der aristokratischen „politesse“ in einem späten, erst nach dem Tode des Autors 1756 uraufgeführten Stück Nivelles gefordert - in *Le retour imprévu.*

Comment, morbleu! la mode, ou plutôt la folie
Entre un epoux et sa moitié,
Ne permet ces doux noms d'amour et d'amitié,
Tous ces noms familiers, que dans la Bourgeoisie!
Parbleu, soyons plutôt et demeurons Bourgeois.
Puisque l'amour et la nature,
Avec le sens commun, sont tombés en roture,
J'abjure sans regret la noblesse et les loix
Qui défendent au cœur l'usage de soi-même.
Serviteur à la qualité,
Si, sans se dégrader, on ne peut, quand on aime,
Montrer sa sensibilité.[60]

1.3. Prévost - Romancier der „sensibilité“?

C'est que je l'aime avec une passion si violente qu'elle me rend le plus infortuné de tous les hommes.

Prévost: *Manon Lescaut*

[59] Ebenda, v. 1111.
[60] Nivelle, *Œuvres* T. 4, I,1.

Selbst die Kenntnis des kleinen, wenn auch weltberühmten Bruchstückes aus Prévosts Gesamtwerk, das *L'Histoire du Chevalier des Grieux et de Manon Lescaut* darstellt, ist ausreichend, um erhebliche Unterschiede zwischen der grenzenlosen, zerstörerischen Leidenschaft eines Prévostschen Helden und der versöhnlichen Zärtlichkeit eines Marivaux auf den ersten Blick zu erkennen. Und doch gilt Prévost sowohl mit seinen von 1728 an erschienenen *Aventures d'un homme de qualité qui s'est retiré du monde* (dessen 7. Buch Manon Lescaut enthält), als auch mit *Le Philosophe Anglais, ou Histoire de M. Cleveland* (ab 1731), in der Sekundärliteratur älteren und neueren Datums als Vertreter der Empfindsamkeit.[61] Odile A. Kory sieht in Cleveland sogar den Prototyp des „homme sensible" verkörpert:

> The *Histoire de Cleveland* reveals the prototype of the 18th century „homme sensible", who tries to reconcile the faith of an accepted religion, the power of God-given reason, and his own emotional needs.[62]

Im folgenden wird näher zu bestimmen sein, in welchem Sinne Prévost seine Helden als „sensible" darstellt, inwiefern sein Werk mit dem Begriff „sensibilité", wie er sich im ersten Drittel des Jahrhunderts abzeichnet, in Zusammenhang steht.

Zunächst muß festgehalten werden, daß Prévost das Wort „sensibilité" sehr selten benutzt.[63] Das Adjektiv ist zwar häufiger anzutreffen als das Sub-

[61] Trahard widmet ihm in seinem ersten Band 9 Kapitel; E. Köhler, *Vorlesungen zur Geschichte der französischen Literatur. Frühaufklärung,* 1983, S. 91ff bespricht ihn im Zusammenhang mit dem Problemkreis „sensibilité".

[62] Odile A. Kory: *Subjectivity and Sensitivity in the Novels of the Abbé Prévost,* Paris 1972, S. 15.

[63] Einige Belege:
Cleveland (éd. Sgard, Œuvres Bd. II): S. 56, 198, 541, 609, 615.
Le monde moral (éd. Sgard VI): S. 295, 304, 314, 333, 362, 364, 365, 414, 448, 474.
Histoire d'une grecque moderne (éd. Sgard IV), S. 44.
Mémoires d'un honnête homme (éd. Sgard VI), S. 252.
Clarissa Harlove (übers. aus dem Engl. 1751, *Œuvres choisies* 19–24): I, S. 217, 276, 423, II, S. 16, 230, 234, 250, III. S. 108, 362, 408, IV, S. 131, 357, 441, V. S. 203, 324, 345, 508, 529, 587.
Grandisson (übers. aus dem Engl., 1755, *Œuvres choisies* 25–28): I. S. 371, 391, 398, II. S. 281, 318, 361, III. S. 54, 129, 153, 317, 322, 364, 372, 418, 421, IV. S. 58, 69.
Sehr viel häufiger als „sensibilité" ist „sentiment" in seinen verschiedenen Bedeutungen. In den *Mémoires* steht es 245mal, d.h. an 5. Stelle nach „cœur", „amour", „passion" und „mort". Siehe die unveröffentliche Doktorarbeit von Mlle. Baumann, die mir von Jean Sgard, der sie betreute, freundlicherweise zur Verfügung gestellt wurde.

stantiv, aber keineswegs ein Lieblingswort Prévosts.[64] Der Vergleich mit zentralen Begriffen wie „raison“ oder „passion“ zeigt, daß „sensibilité“ als spezielle Form des zärtlichen Liebesverhältnisses noch keinen festen Platz zwischen den traditionellen Kontrahenten Vernunft und Leidenschaft erreicht hat. Und doch schreibt der „Homme de qualité“ seine Mémoiren ausschließlich für „les cœurs sensibles“ und „esprits raisonnables“[65] – übrigens ein aufschlußreiches Nebeneinander, wenn man an „esprit“ – „cœur“ zurückdenkt –, genauso wie Cleveland sich als „cœur le plus tendre et le plus sensible que la nature ait formé“[66] bezeichnet. Im Gegensatz zu Marivaux' Charakteren und zu Mme de Lamberts Liebeslehre werden Prévosts Helden ohne Ausnahme von heftigen, fatalen Leidenschaften ins Unglück gerissen

> they are ruled by blind forces.[67]

Die Unterschiede zwischen solch einer „fatalistischen“ Sicht der menschlichen Liebe und der tugendhaften Zuneigung liegen auf der Hand.

Des Grieux fühlt sich durch seine Leidenschaft entmachtet und wie in einen Abgrund gestürzt.[68] In Cleveland heißt es kategorisch:

> L'amour est violent; il est injuste, il est cruel.[69]

Diese Brutalität des Liebesgefühls hat Jean Sgard als Charakteristikum Prévostscher Romane bezeichnet[70], gleichzeitig aber darauf hingewiesen, daß dieser Zustand nicht kampflos hingenommen, sondern zum Anlaß unermüdlicher Bemühungen um ein harmonisches, moralisch integres Leben genommen wird. Sgard sieht Prévost in einem steten (ästhetischen und moralischen) Konflikt zwischen der christlichen, klassischen Welt des voraufgehenden

[64] Einige Belege für „sensible“ im Zusammenhang mit Liebesgefühlen: *Mémoires et aventures d'un homme de qualité* (éd. Sgard, I): I. S. 78, 119, 121, 142, 151, 235, 283, 331.
Cleveland (éd. Sgard, II): S. 92, 268, 276, 332, 344, 533, 573.
Manon Lescaut (éd. Sgard I): S. 415. (sensible au malheur: S. 386, 416)
Histoire d'une grecque moderne (éd. Sgard IV): S. 17, 25, 29, 45, 47, 75.
Mémoires d'un honnête homme (éd. Sgard VI): S. 262, 266, 269.

[65] I, S. 119.

[66] II, S. 344.

[67] Kory, a.a.O., S. 101.

[68] *Manon,* I, S. 368.

[69] I. S. 307.

[70] Jean Sgard: *Prévost romancier,* Paris 1968, S. 160.

Jahrhunderts und der zunehmend aufgeklärten und weltorientierten Zeit des beginnenden 18. Jahrhunderts.

> Il a réellement appartenu a deux mondes, à un monde ancien, catholique, hiérarchisé, classique et à un présent libertin, individualiste et sentimental.[71]

Diese „Doppeldeutigkeit" Prévosts und seiner Romane kann uns helfen, sein Verständnis einer „âme sensible", seine Definition der „sensibilité" besser zu verstehen.

Prévost entwirft Charaktere, deren außerordentliche Empfänglichkeit für Liebesgefühle sie zum Spielball der Vorsehung macht. Des Grieux stilisiert sich wegen seiner heftigen Seelenregungen zum besonderen Menschen.

> Le commun des hommes n'est sensible qu'à cinq ou six passions, dans le cercle des quelles leur vie se passe, et où toutes leurs agitations de réduisent. (...) Mais les personnes d'un caractère plus noble peuvent être remuées de mille façons différentes; il semble qu'elles aient plus de cinq sens, et qu'elles puissent recevoir des idées et des sensations qui passent les bornes ordinaires de la nature; et comme elles ont un sentiment de cette grandeur qui les élève au-dessus du vulgaire, il n'y a rien dont elles soient plus jalouses.[72]

Dieser Seelenadel erinnert an Mme de Lamberts und an Mlle de Scudérys Konzept des erhabenen, erlesenen Herzens, dem „sensibilité" als moralische Qualität eigen ist. Noch deutlicher wird dieser Bezug in *Cleveland,* der sich selbst am Krankenbett seiner Tochter Cécile, die ihn, auch nachdem sie ihn als Vater wiedergefunden hat, weiterhin liebt, mit folgenden Worten charakterisiert:

> Enfin, si c'est ma droiture, ma complaisance, ma sensibilité de cœur, et quelques autres avantages dont je ne me défends point, qui vous ont fait souhaiter un amant qui me ressemblât, je m'engage à le découvrir...[73]

„Sensibilité" erscheint in Prévosts Werk, wenn auch vereinzelt, als moralischer Wert, als „sensibilité généreuse, qui fait la gloire d'une belle âme".[74]

[71] Ebenda, S. 16.
[72] *Manon,* I. S. 391f.
[73] II, S. 609.
[74] *Le monde moral, Œuvres complètes* VI, S. 314. Auch *Mémoires,* éd. Sgard I, S. 83. In *Le monde moral,* also im Spätwerk (1760), macht Prévost eine interessante Unterscheidung zwischen „sensibilité" und „passion", die darauf schließen läßt, daß die Trennung in tugendhafte, „sensible" Zuneigung und ungeregelte, leidenschaft-

Und doch scheitern diese äußeren Reizen besonders zugänglichen Seelen auf ihrer Suche nach irdischem Glück, sie scheitern auch bei der Suche nach jenem Ausgleich von „Herz" und „Kopf", den wir für das 17. Jahrhundert als Bestandteil der „sensibilité" herausgestellt hatten.

> Cleveland at first strives toward a careful balance between the mind (reason) and the heart (the passions). (...) But for Cleveland it remains a mere dream.[75]

Dieses notwendige Scheitern ist in Prévost stark christlicher Definition der menschlichen Bestimmung begründet. Ein Ausgleich der widersprüchlichen Kräfte im sündigen Menschen ist nicht auf Erden zu erreichen, am ehesten noch durch Weltflucht und Rückzug ins klösterliche Leben. Fast alle Helden seiner Romane kommen zu diesem Schluß – vor allem für das frühere Werk gilt dieser Befund.

Jusqu'en 1740, Prévost restait fidèle au pessimisme classique.[76] Optimistisches Vertrauen auf die gute Natur, auf die Möglichkeit einer Harmonisierung der feindlichen Kräfte im Menschen ist wesentlicher Bestandteil des Begriffes „sensibilité", wie er in der ersten Hälfte des 18. Jahrhunderts entwickelt wurde. In *diesem* Sinne kann Prévost, zumindest in seinem frühen Werk, nicht als Vertreter der neuen Lehre einer so verstandenen „sensibilité" bezeichnet werden. Und trotzdem tragen seine Helden Züge, die sie mit der Empfindsamkeit verwandt machen, mit einer „sensibilité", die sie sich ja selbst auch immer wieder zuschreiben.

Allen Hauptfiguren etwa ist ihre unbedingte Aufrichtigkeit, ihre „sincérité" gemeinsam, oder besser: ihr ehrliches Bemühen um Aufrichtigkeit. „Sincérité" ist es, die den Autor der *Mémoires* seine Geschichte mit allen Details berichten läßt. Ihre empfindlich-empfindsame Seele läßt die Prévostschen Helden alle ein Liebesverhältnis zu einer ihrer Liebe würdigen, ebenfalls tugendhaften Seele beginnen, das ihnen Glück und Erfüllung verheißt. Immer wieder wird das gute, zärtliche und sensible Naturell der Helden hervorgehoben.[77] Weniger durch eigenes Verschulden als durch den Lauf der Dinge, weniger durch Bosheit als durch Irrtum werden die Helden ins Verderben geführt, aus dem sie nur die Hinwendung zum christlichen Glauben

liche „passion" um diese Zeit weiter verbreitet war als um 1730. *Œuvres complètes,* VI, S. 474: „Ne prenois-je pas la sensibilité d'un cœur paternel, pour une révolte de mes sens!".

[75] Kory, a.a.O., S. 26.

[76] Sgard, a.a.O., S. 536.

[77] Etwa I. S. 283 „bon naturel", II, S. 92 „bonté naturelle".

erlösen kann. Die durchaus empfindsam anmutenden Voraussetzungen (bon naturel, tendre et sensible, sincère) sind die Elemente eines nur undeutlich formulierten Ideals, eines gegen die fatale Realität gerichteten Entwurfs:

> L'amour est injuste, brutal, tous les dénouements de Prévost le montrent; mais il faut sauvegarder l'unique chance de réconciliation de l'amour et de la vertu, et recommencer sans cesse le rêve d'une petite société harmonieuse, fondée sur le sentiment; l'amour alors n'est plus maudit, il s'élargit en générosité, en charité...[78]

In diesem Element sieht Sgard, vor allem, was die späteren Werke und im besonderen die *Mémoires d'un honnête homme* angeht, eine Kritik an den bestehenden, gesellschaftlichen Formen. Die Realität zwingt die empfindsamen Seelen, ihr Glück außerhalb der Gesellschaft zu suchen, auch wenn ihr Scheitern schon vorgezeichnet ist. Der desillusionierende Blick auf die Realität stellt Prévost in eine Reihe mit Autoren wie Crébillon (fils) und Duclos - der entscheidende Unterschied ist, daß Crébillons Helden die bestehenden Verhältnisse zynisch und kühl auszunützen wissen, während Prévosts Helden an der Realität zerbrechen:

> Les aspirations du cœur se heurtent désormais aux préjugés, comme la nature à la société (...) la métaphysique du cœur est devenue critique de la condition sociale.[79]
> Prévost dénonce une société hypocrite et factice, comme le font Crébillon et Duclos, mais il n'a pas assez d'esprit pour mettre les rieurs de son côte.[80]

Anders als Marivaux in seinen Komödien, vor allem in der *Ile des esclaves*[81], verweigert Prévost die utopische Lösung. Die Natur reicht nicht aus, um das Glück des Menschen herbeizuführen, seine „sensibilité" ist nicht Quell besserer Zustände, sondern Ursprung seines Leids. Cleveland wird in einer Höhle erzogen - seine Erfahrung in Rouen zeigt schnell, daß kulturelles Raffinement zum Leben unabdingbar ist. Und die protestantische Insel vor Helena, Heimat der Geliebten und späteren Frau seines Halbbruders Bridge, kann wohl als utopisch angesehen werden, als eine Utopie aber, die bezeichnenderweise scheitert, weil nicht genug männlicher Nachwuchs geboren wird. Prévost vertraut weder der menschlichen noch der universalen Natur. In der Fiktion mag er wohl solch verheißungsvolle Bücher wie *Télémaque* zu seiner

[78] Sgard, a.a.O. S. 160.
[79] Ebenda, S. 510.
[80] Ebenda, S. 526.
[81] Siehe unten, Kap. 2.2.

Lieblingslektüre zählen, ja *Télémaque* als Stellvertreter westlichen Fortschritts gegenüber der türkischen Barbarei preisen[82] – im Leben finden seine Helden kein vergleichbares Schicksal. Prévost ist also, um es noch einmal zu wiederholen, kein Apologet jener „sensibilité", die nicht nur zum idealen moralischen Wert, sondern auch zur realisierbaren sozialen Tugend wird. Sein Gebrauch des Begriffs, auf den wir hier noch einmal zurückkommen wollen, zeigt es: „sensibilité" ist vor allem Quelle des Leids, eine passive Eigenschaft; mehr Empfindlichkeit denn Empfindsamkeit:

> Mais je n'en étais que plus à plaindre avec cette double sensibilité, qui m'exposait aux atteintes les plus redoutables, sans me fournir les moindres armes pour m'en défendre.[83]

Damit tritt bei ihm jener Aspekt der „sensibilité" in den Vordergrund, der vor dem hellen Glanz der neu entdeckten, Glück und Tugend verheißenden Empfindsamkeit eine Weile verblassen sollte. Spink meint diese beiden, nebeneinander auftretenden Bedeutungsaspekte, wenn er schreibt:

> Two aspects of Sensibility were presented throughout the hundred or so years which led to the replacement of *l'honnête homme* by *l'homme sensible* as an ideal: on the one hand the capacity for receiving impressions; on the other the capacity for feeling with, and for, others; the one defensive and a possible source of weakness, vulnerability and suffering; the other expansive, the foundation of all social relations.[84]

Gegenüber der zweiten Bedeutung bleibt Prévost immer skeptisch, auch wenn eine Auseinandersetzung mit der neuen Moral nicht zu übersehen ist. Seine Helden aber leben durch ihre Sensibilität, die sie zum Leiden prädestiniert. Im Vorwort zu *Manon Lescaut* formuliert der Autor der *Mémoires* diesen Widerspruch, die Unsicherheit der sensiblen Seelen:

> Les âmes bien nées sentent que la douceur et l'humanité sont des vertus aimables, et sont portés d'inclination à les pratiquer; mais sont-elles au moment de l'exercice, elles demeurent souvent suspendues. En est-ce réellement l'occasion? Sait-on bien quelle en doit être la mesure? Ne se trompe-t-on point sur l'objet? Cent difficultés arrêtent. On craint de devenir dupe, en voulant être bienfaisant et libéral; de passer pour faible, en paraissant trop tendre et trop sensible.[85]

[82] I, S. 63, 71, 77ff.
[83] II. S. 615.
[84] Spink, „From Hippolyte est sensible", a.a.O., S. 191.
[85] I, S. 364.

Der Autor der *Mémoires,* Cleveland und der Doyen de Killerine sind durch ihre Beeinflußbarkeit, durch ihre passive, sensible Seele gezeichnet. Ihr Verzicht auf eine Beherrschung ihrer Leidenschaft, ihr notwendiges Scheitern hängt mit ihrem Verhältnis zu ihren Gefühlen zusammen. Ihre Individualität, ihr Gefühl der „Einmaligkeit", des Seelenadels basiert auf den - Leiden erweckenden - Gefühlen.

> Ses héros ne sont pas sensibles à ceci ou à cela, ils sont sensibles, avec plus ou moins d'intensité; ces états de mélancolie, de désespoir, de joie, qui nous sont proposés, sont autant de modes d'existence; car être c'est sentir, c'est tout un. *Cleveland* nous montre la mise à l'épreuve lente et méthodique d'une sensibilité particulièrement vive, et son histoire, de l'inertie végétative à la passion, à la folie.[86]

Der Zustand der Liebe, die Seelenruhe erscheint als Tod, „insensibilité" ist ein Mangelzustand, genau wie die stoische Morallehre, die Clevelands Mutter ihrem Sohn mit auf den Weg gibt und die er lange Zeit als Lebensphilosophie zu praktizieren versucht, unzureichend und illusorisch ist. Fühllosigkeit ist „ennui":

> For Prévost, the feeling of boredom in his protagonists is equal to a feeling of non-existence, of insensibilité.[87]

Der Zustand der vom Gefühl angefüllten Seele, wobei die Liebessensibilität nur noch Auslöser ist, bedeutet einem Prévostschen Helden Innewerden seiner selbst, auch wenn Leiden und Verzweiflung unter den Gefühlen sind. In diesem Sinne einer sehr weit definierten „âme sensible", die nicht bestimmte Gefühle meint, sondern sich auf eine die gesamte Seele umfassende Reizbarkeit bezieht, hat Prévost viel mit Julie und St. Preux aus der *Nouvelle Héloïse* gemeinsam. Rousseau bewunderte den älteren Prévost und war ihm auch persönlich sehr verbunden. Sgard hebt diese Verwandtschaft hervor:

> Prévost a dessiné l'univers de rêves qui sera celui de Rousseau; il a remodelé le monde de fictions romanesques qui hantait les songes du petit Genevois; il a donné un sens nouveau aux mots de sensibilité, de vertu, d'amour. A des sentiments distincts et parfois opposés, il a substitué une âme „sensible" et ce que Rousseau appellera une „chaîne de sentiments".[88]

[86] Sgard, a.a.O., S. 171.
[87] Kory, a.a.O., S. 33.
[88] Sgard, a.a.O., S. 534.

„Sensibilité" hat bei Prévost also eine weit allgemeinere Bedeutung als bei seinen Zeitgenossen, die in ihr hauptsächlich eine soziale Tugend und die Voraussetzung für Glück und Harmonie sahen. Wie Rousseau hätte er sich später sicherlich gegen den allzu leichtfertigen Optimismus und die zur Mode gewordene Empfindsamkeit gestellt. Seine Helden sind Beispiel für eine skeptische Beurteilung der Lebensmöglichkeiten empfindsamer Menschen in einer korrupten Gesellschaft und unter einer undurchdringbaren und unberechenbaren Vorsehung. Ihre „âme sensible" bedeutet seinen Charakteren Grund ihres individuellen Seins, auch wenn sie die tragische Variante eines empfindsamen Herzens zu verkörpern verdammt sind.[89] Sie können nur in der Flucht, in der Einsamkeit, allerhöchstens im engsten Kreis ebenfalls nobler Seelen[90] ihrer Individualität gemäß leben und in der Verweigerung menschlicher Gesellschaft ihrem Schicksal zu entrinnen versuchen - um doch ein tragisches Ende zu finden.

> The virtue of sociability is practically unknown to Prévost's heroes.[91]

2. *„Sensibilité" und Soziabilität*

> La nature a voulu mettre en lui (le cœur, F.B.) cette sensibilité si prompte et si soudaine, comme le premier fondement de la societé.
>
> Dubos: *Réflexions critiques...*[92]

Auch wenn LaRochefoucaulds Analyse der menschlichen Selbstliebe für das 18. Jahrhundert sicher nicht weniger Gültigkeit hatte als für das 17., ändert sich doch im Laufe der Jahrzehnte die Einschätzung der menschlichen Natur

89 Auf das wichtige Verhältnis von „sensibilité" und Individualismus werden wir im Zusammenhang mit Rousseaus Gebrauch des Begriffs noch einmal zurückkommen.

90 Dies gilt etwa für die 1745 erschienenen *Mémoires d'un honnête homme,* der in Paris neben libertinistischen Zirkeln aller Schattierungen auch eine wenn auch begrenzte Anzahl moralisch integrer und seiner eigenen Seelenlage angemessener Menschen kennenlernt.

91 Kory, a.a.O., S. 85.

92 Dubos: *Réflexions sur la poésie et la peinture,* Paris 1719, Reprint der Ausgabe von 1755, Genève 1970, S. 39–40.

grundlegend. „Amour-propre" wird als anthropologische Gegebenheit nicht geleugnet - selbst Rousseau gesteht ja mit dem natürlichen „amour de soi" eine gewisse Art von Selbstliebe zu -, sondern mit anderen Augen gesehen und in eine optimistische Ethik und Gesellschaftslehre integriert. Auf die Rolle der Naturrechtsdiskussion in diesem Prozeß wurde schon kurz hingewiesen. Der Gedanke natürlicher Soziabilität des Menschen ist selbstverständlich nicht neu - Cicero und Seneca sind die Hauptquellen von Pufendorf und Cumberland.[93] Interessant ist aber, daß der religiöse Bezug, wie er etwa in der scholastischen Naturrechtslehre existierte, bei den genannten Autoren keine entscheidende Rolle mehr spielt. In einem Artikel aus der vom Protestanten Leclerc herausgegebenen *Bibliothèque universelle* (1686), in dem Pufendorf gegen seine Kritiker verteidigt wird, wird deutlich, daß man damals gerade auf die Frage der Beziehung zur religiösen Lehre achtete:

> Un théologien Anglois (Cumberland, F. B.) entreprit de refuter Hobbes, et d'établir des Principes de Morale approchans de ceux des Stoïciens. La même année et dans le même temps, M. Puffendorf publia son Livre dont les fondemens sont assez semblables à ceux de l'Antagoniste de Hobbes, l'un et l'autre tirant les maximes du Droit Universel de la lumière naturelle considérée sans aucun rapport à la Théologie.[94]

Schon die Zeitgenossen also sahen die angeregte Diskussion um das Naturrecht als Reaktion auf Hobbes' provozierende Thesen. Die Tatsache, daß stoische Autoren Grundlage der meisten Texte des 18. Jahrhunderts zum Naturrecht sind und gleichzeitig „sensibilité" in denselben Theorien eine wichtige Rolle spielt, spricht nicht gegen unsere voraufgehende Analyse der anti-stoischen Elemente in der Aufwertung von „sensibilité". Sie zeigt vielmehr, daß stoische Autoren und neo-stoische Morallehre nicht gleichgesetzt werden dürfen.[95]

[93] Die Auflagenzahl der neuen Cicero-(*De officiis*) Übersetzung von Dubois-Gorbaud (1691) zeugt vom regen Interesse an Cicero: ^{2}1692, 1692, ^{3}1698, 1704, 1708, 1714, 1725, 1729, 1748. 1758 erschien eine neue Übersetzung. Cicero und Seneca sind auch später noch Hauptquellen, etwa Burlamaqui: *Elémens du Droit Naturel,* 1747.

[94] B.U. 1686, III, 494.

[95] Mlle de Scudéry, *Nouvelles Conversations,* P. 1688, S. 123, lobt Cicero sogar ausdrücklich: „... sa Morale dans ses admirables ouvrages montre assez qu'il n'a loûé que ce que les Stoïciens avoient de bon sans approuver ce qu'ils avoient de mauvais."

Die Liste derjenigen Werke, die im Anschluß an Grotius, Cumberland und Pufendorf im Laufe des 18. Jahrhunderts die Frage des Naturrechts und damit der Soziabilität des Menschen diskutiert haben, ist sehr lang.[96] Für uns ist entscheidend festzuhalten, daß sich in der (nicht nur französischen) Literatur und Philosophie die Überzeugung durchsetzt, der Mensch sei von Natur aus dem Zusammenleben mit seinesgleichen bestimmt, ob dies nun mit dem „amour-propre" allein oder mit einer Kombination von „amour-propre" und natürlicher „bienveillance" (benevolence) begründet wird.[97] Die Philosophie des 18. Jahrhunderts erhebt die natürliche Soziabilität des Menschen zum Axiom:

> La sociabilité devient l'unique et providentielle dimension de l'homme.[98]

Durch die Diskussion des Naturrechts wurde die Zeit also mit jenen Schlüsselbegriffen vertraut, die später integrativer Bestandteil der mit „sensibilité" zu verbindenden Morallehre wurden: „societas, benevolentia, beneficentia"[99] und „humanité". „Sociabilité" selbst scheint im Französischen übrigens zum ersten Mal 1706 in Barbeyracs Übersetzung von Pufendorfs *De jure naturae et gentium* belegt.[100]

Was hat nun unser Begriff „sensibilité" mit dieser hier nur knapp skizzierten Diskussion, die das gesamte 18. Jahrhundert in anthropologischer, ethischer und politischer Hinsicht beschäftigte, zu tun? Erinnern wir uns an die wichtigsten Bedeutungen des 17. Jahrhunderts: eine der gängigsten und, neben dem Bezug zur Liebe, wichtigsten war diejenige, die „sensibilité" mit „compassion" in Verbindung bringt. Das 18. Jahrhundert hindurch bleibt

[96] Die wichtigsten werden bei Paul Hazard, *La crise,* Kap. „Le Droit naturel" und *Pensée européenne,* Kap. „Le Droit" genannt. Siehe auch das ausführliche Kapitel „Natural Law" in Lester G. Crocker: *Nature und Culture.*

[97] Zu den englischen Theoretikern der „benevolence" siehe aus neuerer Zeit W. Schrader: *Ethik und Anthropologie in der engl. Aufklärung,* Hamburg 1984. Der Art. „sociabilité" der Encyclopédie stellt beide Elemente nebeneinander: „Si d'un côté le Créateur y (dans le cœur, F. B.) a mis l'amour de nous-mêmes, de l'autre la même main y a imprimé un sentiment de bienveillance pour nos semblables; ces deux penchans, quoique distincts l'un de l'autre, n'ont rien d'opposé".

[98] Mauzi, *L'idée du bonheur,* S. 140.

[99] Spink, "From Hippolyte est sensible to Le fatal présent", S. 191.

[100] Spink, „Lévesque de Pouilly and David Hume", S. 166.

diese Bedeutung erhalten, ja Mitleid wird zum Hauptmerkmal des empfindsamen Menschen.[101]

„Compassion“ wurde im 18. Jahrhundert nicht nur als ideologischer Wert wichtig, sondern hatte zahlreiche reformatorische Bestrebungen zur Folge, im Strafrecht nicht weniger als in anderen Bereichen der Politik.[102] In dieser spontanen Regung des Menschen, in dieser angeborenen Fähigkeit, den Anderen nicht nur wahrzunehmen, sondern seine bemitleidenswerte Situation auf sich selbst zu beziehen und dementsprechend zu handeln, sehen zahlreiche Autoren das feste Bindeglied jeder natürlichen Gesellschaft.

> Mais la philosophie propre au XVIIIe siècle consiste (...) à tirer toutes les conséquences d'un fait fondamental: la sociabilité naturelle de l'homme. Or la sensibilité n'est que l'expression immédiate de cette sociabilité.[103]

Diese Verbindung zwischen natürlicher Soziabilität und mitleidensfähiger „sensibilité“ des Menschen soll im folgenden eingehender dargestellt werden,

[101] Einige Belege:
Mme de Tencin: *Œuvres de Mme de la Fayette, de Tencin et de Fontaines,* T. 3, 1820: *Conte de Comminges* S. 62, *Malheurs de l'amour* S. 334.
Lesage: *Gil Blas* II, 47, 168.
Marquis d'Argens: *Lettres juives* T. 1, S. 148, 241, T. 2, 237.
Baculard d'Arnaud: *Les époux malheureux, Œuvres 1783* IX/X: IX, S. 93, 103, 109, 119, 154, 157, 194, 203, 209, 211, 287; X, S. 59.
Duclos: *Confessions du Comte de* +++ partie 2, S. 269.
Prévost: *Le monde moral,* S. 295, 304, 314, 362, 365; *Histoire d'une grecque moderne* 159, 181.
Mme Riccoboni: *Histoire de Miss Jenny,* partie 1, S. 107; partie 2, S. 197, 214; partie 3, S. 294; *Suite de la vie de Marianne* (éd. Deloffre) S. 586, *Lettres de Miss F. Butlerd, Œuvres compl.* 1786, I, 128.
Gérard: *Comte de Valmont* T. I, S. 286, 372.
Chevalier de Mouhy: *Les délices du sentiment,* Paris 1753, I, 10.
Die enge Verwandtschaft von „pitié“ und „sensibilité“ betont auch Spink in seinem neuesten Aufsatz „Diderot et la réhabilitation de la pitié“ (Denis Diderot 1713-1784. Colloque international, juillet 1984. Actes recueilles par A. M. Chouillet, Paris 1985, S. 51-59). Dort heißt es auf S. 52: „A côté du mot *pitié,* on peut placer deux autres mots, *commisération* et *compassion,* dont l'emploi ne se distingue de celui du mot *pitié* que par des considérations de style, et encore plus le mot *sensibilité* lui-même, mot très envahissant, qui a tendance à remplacer les trois autres.“

[102] Siehe hierzu die Darstellung von Shelby Thomas McCloy: *The Humanitarian Movement in 18th Century France.* Lexington 1957, und Atkinson: *The sentimental Revolution,* Kap. IV.

[103] Mauzi, a.a.O., S. 267-68.

wobei theoretische Äußerungen und literarische Verarbeitungen dieser Zusammenhänge gleichermaßen Beachtung finden. Wir wenden uns damit dem zweiten der beiden wichtigsten Aspekte von „sensibilité“ im 18. Jahrhundert zu, die J. S. Spink in der bereits zitierten Passage definiert hat:

> Two aspects of Sensibility were presented throughout the hundred or so years which led to the replacement of *l'honnête homme* by *l'homme sensible* as an ideal: on the one hand the capacity for receiving impressions, on the other the capacity for feeling with, and for, others; the one defensive and a possible source of weakness, vulnerability and suffering; the other expansive, the foundation of all social relations; the one 'wild', other 'civilised'; the one as lively in the solitude of nature as elsewhere; the other essentially civil.[104]

2.1. Theoretische Äußerungen zum Verhältnis „sensibilité“-Soziabilität

> Cette qualité de l'âme, que nous nommons la sensibilité est un des plus puissans ressorts de l'être social.
>
> Bonnet, *Palingénésie* II, 124.

Der erste der hier vorzustellenden Texte ist kein Traktat über das Naturrecht, sondern eine „psychologische“ Studie des Abbé Gamaches mit dem Titel *Système du cœur.*[105] John S. Spink hat diesen Traktat vor wenigen Jahren „wiederentdeckt“ und auf seine Bedeutung in der Geschichte von „sensibilité“ hingewiesen. Wenn dieses verhältnismäßig unbekannte Buch an den Anfang gestellt werden soll, so deshalb, weil sich in ihm der Übergang vom 17. Jahrhundert zur Verwendung von „sensibilité“ im 18. Jahrhundert besonders deutlich zeigen läßt.[106] Das *Système du cœur* gliedert sich in drei *Discours* mit

[104] Spink, “From Hippolyte est sensible...”, S. 191.

[105] Der Abbé Gamaches (1672–1756) war u.a. durch seine astronomischen Arbeiten bekannt geworden, denen er die Aufnahme in die Académie des Sciences (1735) verdankte. Das *Système du cœur* (1704) wurde im Jahre 1708 ein zweites Mal aufgelegt. Zitiert wird nach der Ausgabe 1704, Seitenzahlen jeweils in Klammern.

[106] Über Kontinuität und Wandel zwischen 17. und 18. Jahrhundert habe ich ausführlich in dem oben zitierten Artikel “The Changing Meaning of Sensibilité: 1654 till 1704” gehandelt, in: *Studies in 18th Century Culture 15,* 1985. S. 77–96, die folgenden Seiten zu Gamaches sind von dort übernommen.

den Titeln: „De l'amour en général", „De l'amour et de l'amitié" und „De l'Amour propre". Die für uns interessantesten Äußerungen zur „sensibilité" stehen im 2. Discours: „De l'amour et de l'amitié". „Sensibilité" wird bei Gamaches als eine besondere Art der Liebe erklärt:

> Je restrains icy la signification de ce terme (Amour, F.B.); je ne m'en sers plus que pour marquer ce tribut de sensibilité, que la beauté semble exiger de nous. Tout le monde éprouve assez quelle est cette sorte de sensibilité dont je parle (...). (S. 66)

Der Assoziationskontext, innerhalb dessen „sensibilité" zunächst definiert wird, ist also genau derjenige, den wir als im 17. Jahrhundert vorherrschend bestimmt hatten.

Im zweiten Teil des 2. Discours führt Gamaches seine Überlegungen zu „sensibilité" fort und fügt weitere Elemente zur Definition hinzu:

> La sensibilité est le fondement de toutes les dispositions de l'âme qu'il nous est avantageux de trouver dans les autres et qui peuvent nous disposer à les aimer; en effet, sans elle on ne peut au plus avoir que les simples dehors des qualitez de cœur, c'est-à-dire, de celles qui sont utiles aux interests de la société. Il faut être sensible pour être véritablement généreux, complaisant, doux, traitable, officieux; ni les soins, ni les déferences, ni les assiduitez, ni les bons offices ne peuvent gagner le cœur, dès qu'on les soupçonne d'avoir quelque autre principe que la sensibilité. (S. 180)

Hier seien zunächst zwei Aspekte hervorgehoben, die an bereits zum 17. Jahrhundert Gesagtes anknüpfen: „sensibilité" ist Eigenschaft der liebenswerten Personen, weil - und dies ist der zweite Punkt - sie die Echtheit und Aufrichtigkeit der Gefühle garantiert. Den empfindsamen Menschen ist jede Verstellung fremd.

Auch die andere wichtige Assoziation, die für das 17. Jahrhundert genannt wurde, ist Teil von Gamaches' „sensibilité"-Definition: diejenige des Mitleids. Ausdrücklich heißt es auf S. 197:

> (...) car la compassion fait une partie considérable de cette sensibilité dont nous avons besoin pour les interests d'autruy.

Und schließlich gehört auch die anti-stoische Polemik zu Gamaches' „sensibilité"-Konzeption. Trotz der offensichtlichen Parallelen zur Bedeutung des 17. Jahrhunderts ist aus den bisherigen Zitaten des *Système du cœur* deutlich geworden, wo die entscheidende, wichtige Neuerung zu sehen ist: was bei Mlle de Scudéry Eigenschaft einiger weniger „aristokratischer" Seelen war, - dieselbe Konzeption findet sich bei Mme de Lambert und Prévost - wird bei Gamaches anthropologische Grundannahme und somit für die Problematik der gesamten menschlichen Soziabilität relevant.

„Amour“ und „Amitié“ bezeichnen bei Gamaches zwar zunächst die Beziehung zwischen den Geschlechtern, werden dann aber als Prinzip menschlicher Beziehungen überhaupt in ihrer Bedeutung erweitert. Dieser Bedeutungserweiterung unterliegt notgedrungen auch „sensibilité“, die so zum Garanten für menschliches Zusammenleben wird:

> C'est elle comme on le voit, qui fait le lien le plus ferme de la société, qui nous en facilite les devoirs; sans elle nous ne pourrions jamais estre sûrs de les remplir, et si la raison n'empruntoit son secours, ce seroit inutilement qu'elle voudroit se mêler de nous conduire. (S. 194)

Dieser gesellschaftspolitische Aspekt wurde im oben zitierten Textstück (180) bereits angedeutet, wenn es heißt:

> (...) les qualitez du cœur, c'est-à-dire, de celles qui sont utiles aux interests de la société.

Genau in dieser Nützlichkeit liegt der hohe moralische Wert der „sensibilité“.[107]

> (...) c'est pourquoi il faut convenir, que de ce côté-là notre sensibilité est toujours véritablement estimable, puis qu'elle nous met et qu'elle nous affermit dans les dispositions où nous devons estre pour les interests de la société. (206)

Im dritten Discours schließlich versucht Gamaches zu zeigen, daß trotz seiner Theorie der natürlichen „sensibilité“, die Altruismus und Soziabilität garantiert, an der Vorstellung festzuhalten sei, derzufolge der „amour-propre“ alleinige Antriebskraft des Menschen ist.

Die Übertragung des Begriffs „sensibilité“, wie er schon im 17. Jahrhundert definiert worden war (als „compassion“), in den Bereich der anthropologischen Soziabilität des Menschen bedeutet eine entscheidende Erweiterung seiner Bedeutung. „Compassion“ und „charité“ sind für dieses „sensibilité“-Verständnis nicht, der christlichen Lehre gemäß, die durch Selbstüberwindung zu erreichenden Pflichten des Menschen, sondern vielmehr seiner

[107] Auf S. 194 heißt es hierzu weiter: „... pour cela il est necessaire que nous ayons de la sensibilité, et nous retombons encore dans le principe des avantages et de l'utilité de cette première qualité du cœur.“

Natur entsprechend und damit für den Menschen selbst glücksverheißend, kein Widerspruch zu seinem „amour-propre".[108]

Was Gamaches ausgehend von seiner Liebespsychologie entwickelt, wird für viele Autoren des 18. Jahrhudnerts Bestandteil ihrer Überlegungen zur Soziabilität und zum Naturrecht: der Mensch besitzt einen Sinn, eben jene „sensibilité", die ihn das Leiden anderer Menschen spüren läßt und ihn dem Mitmenschen gegenüber prinzipiell wohlwollend einstellt. Diese „sensibilité" ist der natürliche „Kitt" jeder Gesellschaft, und, wie wir im nächsten Kapitel zeigen werden, zudem Grundlage moralischen Handelns.

In chronologischer Reihenfolge wäre Dubos mit seinen 1719 zuerst erschienenen, für die Entwicklung der Ästhetik äußerst wichtigen *Réflexions sur la Poésie et la Peinture* zu nennen, der eigentlich nur am Rande seiner Erörterungen auf die gesellschaftsstiftende „sensibilité" zu sprechen kommt:

> La nature a voulu mettre en lui (le cœur, F. B.) cette sensibilité si prompte et si soudaine, comme le premier fondement de la société. (...) La nature a donc pris le parti de nous construire de manière que l'agitation de tout ce qui nous approche eût un puissant empire sur nous, afin que ceux qui ont besoin de notre indulgence ou de notre secours, puissent nous ébranler avec facilité. Ainsi leur émotion seule nous touche subitement; et ils obtiennent de nous, en nous attendrissant, ce qu'ils n'obtiendroient jamais par la voie du raisonnement et de la conviction.[109]

> Les cris d'un homme qui ne tient à nous que par l'humanité, nous font voler à son secours par un mouvement machinal qui précède toute délibération.[110]

Deutlicher als bei Gamaches und späteren Autoren wird hier die unwillkürliche Wirkung der spontanen „sensibilité" betont; die maschinelle Wirkungsweise garantiert nicht nur die Handlung überhaupt, sondern auch die unbedingte Aufrichtigkeit bzw. Unmöglichkeit der Verstellung.

Furetières *Dict. Univ.* (1727) widmet dieser Art „sensibilité", wie sie Dubos beschreibt, einen eigenen Eintrag:

> C'est une chose louable que la sensibilité du cœur aux misères d'autrui.

[108] Im Kontrast hierzu Malebranches Äußerung zur Soziabilität, die zwar zu ähnlichen Ergebnissen führt, aber eben christlich argumentiert: „Mais parce que l'amour propre pouvait peu à peu éteindre la charité, et rompre ainsi le nœud de la société civile; il a été à propos pour la conserver, que Dieu unît encore les hommes par des liens naturels; qui subsistassent au défaut de la charité et qui intéressassent l'amour propre." Zitat nach Tocanne, 172f.

[109] Reprint der Ausg. von 1755, Genève 1970, S. 39–40.

[110] Ebenda S. 40.

Voltaire äußert sich in seinem 1734 entstandenen *Traité de métaphysique* unter offensichtlichem Einfluß der englischen Theoretiker des „moral sense" - zu denken wäre an Shaftesbury oder Hutcheson - zur Soziabilität des Menschen:

> L'homme n'est pas comme les autres animaux qui n'ont que l'instinct de l'amour-propre et celui de l'accouplement; non seulement il a cet amour-propre nécessaire pour sa conservation, mais il a aussi pour son espèce une bienveillance naturelle qui ne se remarque point dans les bêtes.
> (...) que l'homme le plus sauvage voie un joli enfant près d'être dévoré par quelque animal, il sentira malgré lui une inquiétude, une anxiété que la pitié fait naître, et un désir d'aller à son secours.[111]

Voltaires Gebrauch des Begriffes „sensibilité" zeigt, daß für ihn die Idee der Soziabilität unmittelbar mit dem Wort verbunden ist. Im *Dict. Philosophique* heißt es zum „sens commun":

> „Sensus communis" signifiait chez les Romains non seulement sens commun, mais humanité, sensibilité...[112]

Und im Art. „Amitié" spielt der Gedanke des soziablen Menschen in der Verwendung von „sensible" erneut eine Rolle:

> L'amitié: C'est un contrat tacite entre deux personnes sensibles et vertueuses. Je dis *sensible*; car un moine, un solitaire peut n'être point méchant, et vivre sans connaître l'amitié.[113]

Der Nutzen des Gefühls wird in vielen Abhandlungen der ersten Hälfte des Jahrhunderts betont. Der Nutzen für die Allgemeinheit trifft sich mit dem Genuß des Einzelnen, dem die Ausübung seiner Sensibilität unmittelbare Zufriedenheit bedeutet. Roger Mercier hat in seinem Buch über *La réhabilitation de la nature humaine* (1700–1750) einige Quellen zu diesem Thema zusammengestellt. Eine nur soll hier zitiert werden: Pecquets *Parallèle du cœur, de l'esprit et du bon sens* (Paris 1740), über das Mercier folgendes sagt:

111 Voltaire, *Mélanges,* éd. J. van den Heuvel, Paris 1961, S. 193.
Ähnlich in *Eléments de la philosophie de Newton,* 1ère partie, chap. 5. In späteren Schriften kommt Voltaire immer wieder, oft in Polemik gegen Rousseau, auf diese Grundüberzeugung zurück, z.B. in *Entretiens d'un sauvage et d'un bachelier* (1761), in *Mélanges,* S. 429ff.

112 Art. „Sens commun", Moland T. XX, S. 417.

113 Art. „Amitié", Moland XVII, S. 171. Ähnlich auch im Art. „Conscience". Ausführlicher zu Voltaire Kap. I, 3.3. und 4.

> C'est (...) au sentiment que Pecquet donne la préférence sur l'esprit, vantant l'agrément du sentiment pour celui qui l'éprouve, et ses avantages pour „la solidité et la sûreté de la société."[114]

Zu ergänzen wäre noch Montenault, der, ähnlich wie Voltaire, „sensibilité" mit Freundschaft in Verbindung bringt, wenn er schreibt:

> La sensibilité du cœur, et de l'esprit, est le bien le plus prétieux et le plus véritable, dont l'homme jouisse. C'est par elle qu'il est soulagé du sentiment de sa misère; qu'il goûte le plaisir de la vie, les douceurs de l'amitié, et le charme de la société.[115]

Morelly, einer der einflußreichsten Theoretiker des Naturrechts um die Mitte des 18. Jahrhunderts, geht in der Ineinssetzung von „amour-propre" und altruistischer Sensibilität noch einen Schritt weiter. „Sensibilité" ist für ihn Prinzip des Egoismus: der Mensch bezieht kraft dieser hier zunächst rein physisch-passiv verstandenen Eigenschaft alles auf sich selbst. Ein nächster Schritt begründet dann, auf eben dieser „sensibilité", die soziale Harmonie: Der Abschnitt „Principal motif de toute action humaine, et principe de toute harmonie sociale" beginnt folgendermaßen:

> Il est incontestable que le motif ou la fin de toute action humaine, est le désir d'être heureux; il n'est pas moins certain que ce désir est l'effet d'une propriété essentielle d'un Etre destiné à connoître qu'il existe, et à veiller lui-même à sa propre conservation; en un mot, ce désir est un effet de notre sensibilité. Or, il faut que pour nous mettre promptement et efficacement en devoir d'obéir à ses loix, cette sensibilité nous fasse d'abord sans délibération, sans examen, rapporter tout à nous-même, et imaginer que tout est fait pour nous.[116]

Dieselbe „sensibilité" ist Ursprung der von Morelly über alle anderen gestellten Tugenden: la bienfaisance, „le premier sentiment de *bienfaisance,* pour

[114] Zit. nach Roger Mercier: *La réhabilitation de la nature humaine* 1700–1750, Villemomble, 1960, S. 382.

[115] Montenault, *Essai* a.a.O., S. 337.
Montesquieu, dessen *Esprit des Loix* ebenfalls 1748 erscheint, ist zu sehr Historiograph und Empiriker, als daß er sich ausführlich mit dem spekulativen Naturrecht beschäftigen würde. Sein Kap. I,2 „Des loix de la nature" ist kaum 2 Seiten lang und enthält eine Verurteilung der Hobbeschen Theorie sowie ein Bekenntnis zur natürlichen Soziabilität. Siehe auch den *Essai touchant les loix naturelles et la distinction du juste et de l'injuste,* der als Teil des 1725 vor der Académie de Bordeaux verlesenen *Traité des devoirs,* der nicht überliefert ist, anzusehen ist. *Œuvres complètes* éd. Masson, Paris 1950.

[116] Morelly, *Code de la nature,* 1755, éd. Chinard, Paris 1950, 262f.

ainsi dire, *innée*: cette voix intérieure de la Nature".[117] Die Tatsache, daß „sensibilité" für Morelly wie für viele Autoren der zweiten Hälfte des Jahrhunderts, eine rein physisch verstandene Eigenschaft ist, soll hier zunächst vernachlässigt werden.[118] Morelly hält, und hierauf kommt es uns in erster Linie an, an der Vorstellung fest, Soziabilität gründe auf „sensibilité", auch wenn diese hier als individuumsbegründende Kraft angesehen wird.

Rousseaus Stellung zu der uns beschäftigenden Frage ist sehr interessant. In den *Dialogues* sieht er sich gezwungen, zum Begriff der „sensibilité" Stellung zu nehmen, da ihm die Verwendung desselben ungenau und voller Widersprüche scheint:

> (...) tâchons de commencer par bien entendre ce mot de *sensibilité*, auquel, faute de notions exactes, on applique à chaque instant des idées si vagues et souvent si contradictoires.[119]

Im folgenden gibt er eine genaue Aufschlüsselung der verschiedenen Bedeutungsinhalte von „sensibilité". Rousseau trennt, wie in der 2. Hälfte des Jahrhunderts üblich, zwischen physischer und moralischer „sensibilité". Für Selbsterhaltung *und* Arterhaltung ist, ähnlich wie bei Morelly, die physische Empfindungsfähigkeit zuständig:

> Il y a une sensibilité physique et organique, qui, purement passive, paroit n'avoir pour fin que la conservation de notre corps et celle de notre espèce.[120]

Die „sensibilité physique" hat der Mensch mit den Tieren gemeinsam. Interessant ist in unserem Zusammenhang, daß Rousseau die physische Unfähigkeit, andere Menschen leiden zu sehen, auf die „sensibilité physique" zurückführt, von dieser aber *nicht* die Soziabilität des Menschen ableitet, wie es andere Autoren getan hatten.[121]

117 Ebenda, S. 255.

118 Zu diesem Wandel in der Definition siehe B. II.

119 *Rousseau juge de Jean-Jacques. Dialogues.* Ed. Gagnebin et Raymond, *Œuvres complètes* (Pléiade), T. 1, S. 657ff, Paris 1959. Hier S. 805.

120 Ebenda.

121 Neben den genannten Quellen siehe auch Holbach: *Le bon sens ou idées naturelles opposées aux idées surnaturelles,* Londres 1772, éd. Jean Deprun, Paris, 1971, S. 189–190:
„La loi qui oblige l'homme à ne pas nuire à lui-même, est fondée sur la nature d'un être sensible qui, de quelque façon qu'il soit venu dans ce monde, ou quel que puisse être son sort dans un monde à venir, est forcé, par son essence actuelle, de chercher le bien-être et de fuir le mal, d'aimer le plaisir et de craindre la douleur. La

Erst die allein menschliche „sensibilité active et morale“ bedeutet *seelische* Zuwendung zum Mitmenschen:

> Il y a une autre sensibilité que j'apelle active et morale qui n'est autre chose que la faculté d'attacher nos affections à des êtres qui nous sont étrangers.[122]

Die Trennung in seelische und physische Sensibilität, wie sie Rousseau vornimmt, findet sich auch in einem 1777 erschienenen Traktat *De la sensibilité par rapport aux Drames, aux Romans et à l'Education* von Mistelet.[123] Der Autor trennt, ganz im Sinne Rousseaus, die „sensations“ (sensibilité physique) von den moralisch einzig relevanten „sentiments“. Auch für ihn ist es die „sensibilité de l'âme“

> qui nous identifie avec nos semblables, et nous rend propres pour ainsi dire, leurs plaisirs et leurs peines. (S. 258)

Die Wörterbücher sind, das ist ein ganz normales Phänomen, in der Übernahme dieser Position gegenüber der zeitgenössischen Diskussion im Rückstand. Aber schließlich vertreten auch sie die Auffassung, daß „sensibilité“ der Ursprung natürlicher Soziabilität sei. In Felices *Encyclopédie* erscheint ein sehr langer Artikel zur „sensibilité“, aus dem hier nur eine kurze Passage, die für unseren Zusammenhang wichtig ist, zitiert wird:

loi qui oblige l'homme à ne pas nuire aux autres et à leur faire du bien, est fondée sur la nature des êtres sensibles vivants en société, qui sont, par leur essence, forcés de mépriser ceux qui ne leur font aucun bien, et de détester ceux qui s'opposent à leur félicité.“ Auch *Système de la nature* 1770, I, S. 127.
Helvétius: *De l'homme, de ses Facultés intellectuelles et de son Education,* (1772), London 1783, I, S. 102: „La sensibilité physique est la cause unique de nos Actions, de nos Pensées, de nos Passions, et de notre Sociabilité.“
Bonnet: *Palingénésie* (1769), II, S. 124: „Cette qualité de l'âme, que nous nommons la sensibilité est un des plus puissans ressorts de l'être social, c'est elle qui rend à la société universelle les services les plus prompts, les plus sûrs.“
Selbst christliche Autoren schließen sich dieser Haltung in der zweiten Hälfte des Jahrhunderts an: „Ainsi par le moyen de la sensibilité, le malheureux a un empire naturel sur les autres hommes. On voit ces effets de la sensibilité dans tous les hommes.“ Abbé Pluquet: *De la sociabilité* Paris 1767, I, S. 110.

122 *Rousseau juge de Jean-Jacques. Dialogues,* S. 805. Ausführlicher zu Rousseau und seinem Gebrauch des Begriffes „sensibilité“ in Teil B II, Kap. 3.

123 Mistelet: *De la sensibilité...* Amsterdam 1777. Neuabdruck der Originalausgabe in *LIAS* 2/1984, présenté par F. Baasner, S. 253–275.

Examinons ces faits et nous verrons en effet que l'éducation, les calamités, les préjugés, la superstition, l'ignorance ont éteint ce sentiment dans le cœur des hommes qu'on nous cite en exemple. Nous verrons que leur insensibilité, leur cruauté même, n'est point l'ouvrage de la nature, et qu'on ne les a rendus méchants et inhumains qu'en détruisant les principes d'humanité qu'ils avaient reçus en naissant, en rompant entr'eux et les hommes qu'ils faisaient souffrir, tous les liens par lesquels la nature les avait unis, en effaçant, pour ainsi dire, tous les traits de ressemblance destinés à produire dans ces hommes la sensibilité compatissante et bienfaisante.[124]

Abhandlungen über die Beschaffenheit natürlicher Gesellschaften sind insofern notwendig spekulativ, als sie die natürliche Gesellschaft nur aus einigen mehr oder weniger apriorisch postulierten Grundsätzen menschlichen Seins ableiten können. Den bisher zitierten Aussagen zum Verhältnis von „sensibilité" und Soziabilität ist also ihr theoretischer Charakter gemeinsam. Interessant wäre zu wissen, wie solche Gesellschaften, die auf Empfindsamkeit und natürlicher Moral basieren, in concreto aussehen. Diese eminent politische Frage, die im Zweifelsfalle immer Kritik an den jeweils bestehenden Verhältnissen voraussetzt, wurde in einigen Werken der ersten Hälfte des Jahrhunderts beantwortet. Die Antworten mußten quasi - das liegt in der Natur der Sache - utopischen Charakter haben. So sind die beiden Werke, die wir hier wegen ihres heutigen Bekanntheitsgrades und wegen ihres (zumindest im zweiten Fall) immensen Erfolges im 18. Jahrhundert selbst ausgewählt haben, wiederholt als Utopien bezeichnet worden: *L'île des esclaves* von Marivaux (1725) und *Les aventures de Télémaque* von Fénelon (1699). Wenn Marivaux' Theaterstück trotz seines späteren Erscheinungsdatums vor Fénelons noch im 17. Jahrhundert erschienenen Roman besprochen wird, so hat dies inhaltliche Gründe: Marivaux ist der „sensibilité"-Diskussion seiner Zeit näher als Fénelon, der nicht nur „sensibilité" als Begriff in seinem Roman vermeidet, sondern dessen Intentionen bei der Abfassung des Romans gewiß nicht „empfindsame" waren. *Télémaque* leitet zudem in der Skizzierung einer christlich fundierten, aber weltlich orientierten Morallehre zum darauffolgenden Kapitel „Humanité, Bienfaisance, Sensibilité" über.

[124] De Felice: *Encyclopédie,* Yverdon 1770-1780, Art. „sensibilité"; dieser Text wird auch zitiert bei Wilson a.a.O., S. 39f, und Sauder a.a.O., S. 94f.

2.2. *L'île des esclaves: eine empfindsame Utopie*

La nature ne connaît pas les nobles.[125]

Während im vorhergehenden Kapitel Marivaux' Liebeskomödien im Mittelpunkt des Interesses standen, wenden wir uns nun einer kleinen Gruppe von sogenannten „sozialkritischen" Komödien zu, die Arland, der Herausgeber von Marivaux' Theater[126], unter der Rubrik „Comédies morales - sociales ou philosophiques" aufführt.[127] Alle drei, *L'île des esclaves, L'île de la raison* und *La colonie,* sind auf einer Insel lokalisiert, ein beliebter Ort für utopische Entwürfe. *L'île des esclaves,* die in unserem Zusammenhang zweifelsohne interessanteste Komödie, ist recht häufig interpretiert worden.[128] Die Stellung Marivaux' und seiner Inseldramen in der Geschichte der Empfindsamkeit betonen vor allem Peter Bürger und Werner Wolf.[129] Diesen beiden Interpretationen können wir uns in den meisten Punkten anschließen. „Sensibilité" als „compassion" wird von Marivaux nicht nur in der Sklaveninsel dargestellt. In der vierten Lieferung des *Spectateur Français* vom 28.2.1722 heißt es zum Mitleid:

> Qu'il est triste de voir souffrir quelqu'un quand on n'est point en état de la secourir et qu'on a reçu de la nature une âme sensible qui pénêtre toute l'affliction des malheureux, qui l'approfondit involontairement, pour qui c'est comme une necessité de la comprendre et de ne rien perdre de la douleur qui en peut rejaïllir sur elle-même.[130]

Und in *La seconde surprise de l'amour* (1727) wird erneut der moralische Wert des Leidens und Mitleidens betont, wobei die von der Marquise bedauerte

[125] Marivaux: *Journaux et Œuvres diverses,* éd. Gilot/Deloffre, Paris, 1969, S. 527.

[126] Marivaux: *Théâtre complet,* éd. par M. Arland, Paris 1955. Nach dieser Ausgabe wird im folgenden zitiert.

[127] S. XIf.

[128] In neuerer Zeit: Wolfgang Asholt: „Zum Verhältnis von Liebeskomödien und Problemstücken bei Marivaux" in: *Lendemains* 21/1981; Jean Paul Schneider: „L'île des esclaves de Marivaux, ou la 'balance égale'", in: *Etudes sur le 18e siècle II* (Strasbourg), Textes et documents, Série V, S. 5-56.

[129] Peter Bürger: „Herr und Knecht bei Marivaux" in: *Studien zur französischen Frühaufklärung",* Ffm 1972, S. 133-150; Werner Wolf a.a.O., Kap. 4, S. 159-190. Wolf scheint Bürgers Interpretation nicht zu kennen.

[130] Marivaux: *Journaux et œuvres diverses,* éd. Gilot/Deloffre, Paris 1969, S. 129. Siehe auch 20e feuille, S. 229.

Seltenheit dieses Gefühls wohl darauf zurückzuführen ist, daß es sich eben hier um die weit weniger erfreuliche Realität und nicht um den als ideal entworfenen Zustand einer Utopie handelt.

> La Marquise: „Non, Chevalier, ne vous gênez point; votre douleur fait votre éloge, je la regarde comme une vertu; j'aime à voir un cœur estimable, car cela est si rare, hélas! Il n'y a plus de mœurs, plus de sentiment dans le monde; moi, qui vous parle, on trouve étonnant que je pleure depuis six mois; vous passerez aussi pour un homme extraordinaire, il n'y aura que moi qui vous plaindrai véritablement, et vous êtes le seul qui rendra justice à mes pleurs; vous me ressemblez, vous êtes né sensible, je le vois bien.[131]

Der Inseldekor als Ort moralisch guten Handelns ist weder in Marivaux' Werk einmalig noch in seiner Zeit sonderlich originell: 1700 etwa war ein Roman von Claude Gilbert mit dem Titel *Histoire de Calejava ou de l'isle des hommes raisonnables*[132] erschienen, in dem eine Inselgesellschaft nach natürlichen moralischen Grundsätzen aufgebaut wird. Ganz im Sinne der oben skizzierten Harmonisierung von Selbstliebe und Altruismus sorgt jeder einzelne sowohl für sein eigenes Glück als auch für dasjenige seiner Mitbürger.[133] Marivaux selbst hatte in seinem ersten Roman *Les aventures de* ^xxx^ *ou les effets surprenants de la sympathie*[134] auf einer entlegenen Insel eine Utopie entworfen, die in gewissen Punkten mit *L'île des esclaves* verwandt ist. Emander, ein als „moralisch gut" charakterisierter Mensch, gerät auf der Insel unter vollkommen unzivilisierte Wilde, die sich aber unter seiner Anleitung als gelehrig und gutmütig erweisen:

> C'est ainsi que j'instruisais ces sauvages, et que de jour en jour je réveillais dans leurs cœurs ces sentiments de justice et de religion que tous les hommes apportent en naissant.[135]

131 Marivaux: *Théâtre* a.a.O., S. 562.

132 Dijon 1700.

133 „Dégagé de toute sorte de joug, l'amour-propre ne recherche que son plaisir; un homme qui raisonne juste voit bien qu'il ne le peut trouver qu'en le procurant aux autres, et qu'il ne saurait être heureux si dans son bonheur les autres ne trouvent le leur; il faut donc pour être heureux rendre les autres heureux aussi." S. 85, zit. nach Tocanne a.a.O., S. 231.

134 Marivaux: *Œuvres de jeunesse,* éd. Deloffre, Paris 1972, 1-307.

135 Ebenda, S. 287-288.

In der Sklaveninsel nun steht das Problem der natürlichen Moral und Soziabilität im Mittelpunkt. Mitleidige Empfindsamkeit ist insofern zentral, als die Freilegung der natürlichen Werte durch Mitleidsgefühle eingeleitet wird.

Zwei Adelige, Iphicrate und Euphrosine, geraten mit ihren jeweiligen, hier als Sklaven bezeichneten Dienern Arlequin und Cléanthis auf eine in räumlicher und zeitlicher Ferne angesiedelte Insel. Dieser Dekor dient der Durchführung eines vom auf der Insel seit vielen Jahren ansässigen Trivelin geleiteten „Rollenspiels" mit dem Ziel der moralischen Besserung *aller* beteiligten Personen. Die Sklaveninsel verdankt ihren Namen der Tatsache, daß ehemalige Sklaven, die sich vom Joch ihrer Herren selbst befreit hatten, dort eine Republik errichtet haben, deren Gesetze es vorsehen, alle Herren, die in die Hände der Einwohner gelangen, umzubringen oder ihrerseits zu Sklaven zu machen. Arlequin kann sich ob dieser Umstände und Unruhe Iphicrates einer gewissen Heiterkeit nicht erwehren; die neue Situation erlaubt ihm, die Position eines lachenden Zuschauers zu beziehen. Er gönnt seinem „ehemaligen" Herrn die zu erwartende Behandlung nicht aus Rachegelüsten - und dies ist wichtig -, sondern aus der Überzeugung, daß das bevorstehende Leiden Iphicrate die Erkenntnis seines eigenen, ungerechten Verhaltens erlaube und daß eine „Besserung" die Folge wäre:

> Je l'ai été (ton esclave, F. B.), je le confesse à ta honte; mais va, je te le pardonne; les hommes ne valent rien. (...) Eh bien! Iphicrate, tu vas trouver plus fort que toi; on va te faire esclave à ton tour; on te dira aussi que cela est juste, et nous verrons ce que tu penseras de cette justice-là. Quand tu auras souffert, tu seras plus raisonnable; tu sauras mieux ce qu'il est permis de faire souffrir aux autres. Tout en irait mieux dans le monde si ceux qui te ressemblent recevaient la même leçon que toi.[136]

Es ist also von Anfang an klar, daß es bei dem im Stück durchzuführenden Experiment *nicht* um die Umwälzung der gegebenen sozialen Hierarchie geht[137], sondern um den Versuch, eine *moralische* Besserung zu erzielen. Bürger faßt es folgendermaßen zusammen:

> Bereits hier wird deutlich, daß Marivaux weder die Umkehrung noch die Aufhebung des bestehenden Herrschaftsverhältnisses intendiert, sondern einmal nach einer neuen, menschlichen Legitimation dieses Verhältnisses, zum anderen nach einer realen Verbesserung der Beziehungen zwischen Herr und Diener sucht.[138]

[136] Marivaux, *Théâtre* a.a.O., S. 427.
[137] Wieso Asholt (a.a.O., S. 47) hier von „radikaler" oder „fundamentaler Kritik am Herrenstatus" spricht, ist nicht ganz einsichtig.
[138] Bürger a.a.O., S. 136. Auch Wolf: 4.1.2. „Moralische Erziehung als Programm".

Zunächst ordnet Trivelin einen Rollentausch an, der den Tausch der Kleidung und des Namens sowie die Übergabe der Insignien der Macht - hier des Schwertes - einschließt. Die gleiche Behandlung erfährt das zweite Paar, Euphrosine und Cléanthis. Arlequin frohlockt bei diesen amüsanten Aussichten, so daß ihn Trivelin ermahnen muß:

> Souvenez-vous en prenant son nom, mon cher ami, qu'on vous le donne bien moins pour réjouir votre vanité que pour le corriger de son orgueil.[139]

Anschließend hält Trivelin eine programmatische Rede, worin er zunächst erläutert, daß die Bewohner der Insel 20 Jahre lang alle Herren umbrachten und die Sklaven befreiten („la vengeance avait dicté cette loi"), bis ihnen die Vernunft gebot, sanftere Gesetze zu schaffen:

> Nous ne nous vengeons plus de vous, nous vous corrigeons; ce n'est plus votre vie que nous poursuivons, c'est la barbarie de vos cœurs que nous voulons détruire; nous vous jetons dans l'esclavage pour vous rendre sensibles aux maux qu'on y éprouve; nous vous humilions, afin que, nous trouvant superbes, vous vous reprochiez de l'avoir été. (...) Vous êtes moins nos esclaves que nos malades, et nous ne prenons que trois ans pour vous rendre sains, c'est-à-dire, humains, raisonnables et généreux.[140]

Hier zeigt sich, wie die von Arlequin in Sz. 1 prophezeite „souffrance" zu verstehen ist: die Erfahrung am eigenen Körper soll die Herren lehren, „sensible" zu werden, sich also dann auch vorstellen zu können, was ihr Verhalten im anderen Menschen bewirken kann. Die sinnliche Erfahrung geht der intellektuellen Einsicht voraus.[141] In Szene 3 erfolgt nun unter Aufsicht Trivelins die „Erziehung", vorgeführt am Frauenpaar Euphrosine - Cléanthis. Dabei wird Euphrosine gezwungen sich anzuhören, wie ihre Dienerin auf Bitten Trivelins ein Porträt ihrer Herrin entwirft: eine durchaus konventionelle Karikatur einer „coquette", auf die nicht näher eingegangen werden muß. Interessanter ist die Art und Weise, wie sich Trivelin hierbei verhält: viermal mahnt er Cléanthis zur Mäßigung, dreimal drückt er Euphrosine gegenüber sein Bedauern über die Notwendigkeit der Behandlung aus, er spricht ihr Mut zu und verspricht ihr ein baldiges Ende der Pein:

[139] Marivaux, *Théâtre* a.a.O., S. 429.

[140] Ebenda, S. 430.

[141] In den *Lettres Persanes* (1721) heißt es zu Beginn von Brief 11, also am Anfang der Troglodytes-Episode, ganz ähnlich (wenn auch in anderem Zusammenhang): „Il y a certaines vérités qu'il ne suffit pas de persuader, mais qu'il faut encore faire sentir. Telles sont les vérités de morale."

Cela finira plus tôt que vous ne pensez.[142]

Die erzieherische Absicht ist eine doppelte: nicht nur Euphrosine soll zur Menschlichkeit erzogen werden, auch Cléanthis muß „gebessert" werden, auch wenn ihr dies nicht ausdrücklich gesagt wird.[143] Bürger weist zurecht darauf hin[144], daß zunächst die Phase des „ressentiment" (dies entspricht der Phase der „vengeance", welche die Bürger der Insel selbst durchgemacht haben) überwunden werden muß, bevor die Diener sich menschlich zeigen können. Trivelin kommentiert wohlwollend die schamhafte Reaktion Euphrosines auf die Schilderung Cléanthis:

> Je vous félicite du petit embarras que cela vous donne; vous sentez, c'est bon signe, et j'en augure bien pour l'avenir.[145]

Arlequin bleibt erstaunlicherweise auch in der neuen Situation im wesentlichen der alte; das einzige, was ihm erwähnenswert scheint, ist sein noch größerer Durst. Trivelin zeigt sich positiv überrascht und Arlequin erklärt ihm:

> A.: Oh! quand je suis gai, je suis de bonne humeur.
> T.: Fort bien. Je suis charmé de vous voir satisfait d'Arlequin (d.h. Iphicrate). Vous n'aviez pas beaucoup à vous plaindre de lui dans son pays apparamment?
> A.: Eh! là-bas? Je lui voulais souvent un mal de diable; car il était quelquefois insupportable; mais à cette heure que je suis heureux, tout est payé; je lui ai donné quittance.[146]

Arlequin scheint „ressentiment" oder gar „vengeance" fremd zu sein. Dieser wichtige Unterschied zu Cléanthis liegt in seinem Charakter begründet: als Mensch mit deutlichen, einfachen Bedürfnissen ist er auch einfach zufriedenzustellen („je suis heureux"); sein natürliches Verhalten läßt ihn in seinem eigenen Glück alles vergangene Leid und somit auch Rachegefühle vergessen. Trivelin bescheinigt Arlequin dann auch:

> Je vois bien que vous n'êtes point méchant.[147]

142 Marivaux, *Théâtre,* a.a.O., S. 433.
143 Dasselbe stellt Bürger a.a.O., S. 138 fest.
144 Ebenda, S. 137f.
145 Marivaux, *Théâtre,* a.a..O., S. 433.
146 Ebenda, S. 438.
147 Ebenda, S. 439.

So ist es nicht verwunderlich, daß in Sz. 8 die Wende zur Besserung aller Beteiligten in der Person Arlequins ihren Anfang nimmt. Doch auch Iphicrate muß noch (fast möchte man sagen: der Form halber) dem gleichen Verfahren wie Euphrosine unterzogen werden: Arlequin beschreibt seinen Herrn in einer zwölfzeiligen Kurzcharakteristik als typischen „petit-maître", auch Iphicrates Zustimmung erfolgt im Handumdrehen.

Arlequin und Cléanthis kosten auf eigene Faust ihre Macht weiter aus, sie imitieren die lächerlichen Umgangsformen ihrer Herren und inszenieren eine Liebeswerbung nach hochherrschaftlichem Muster. Diese Szene ist einerseits, als eine der lustigen des Stücks, ein Zugeständnis an die Gattung, andererseits die Fortführung der Erziehung, denn Iphicrate und Euphrosine sind erneut Zeugen der Karikatur[148], also gezwungen, sich selbst spiegelbildlich zu betrachten. Arlequin besteht darauf, Euphrosine seine Liebe zu erklären und diese sieht in seiner Liebeserklärung „le comble de mon infortune."[149]

Nachdem sie anfangs Arlequin mit „vous" anredet, geht sie nach seinem Antrag, von dem man nicht recht weiß, bis zu welchem Grade er gespielt und wie weit er ernst gemeint ist[150], zu dem – einem Diener gegenüber üblichen – „tu" über.

> Je ne suis digne que de pitié, mon enfant.[151]

resümiert sie ihre Situation und appelliert dann an Arlequins gutes Herz:

> Arlequin, il me semble que tu n'as pas le cœur mauvais.[152]

Hier wirkt sich nun aus, was Trivelin schon in Sz. 5 (nicht ohne Hintergedanken) festgestellt hatte.

Euphrosine findet genau die richtigen Worte, um den auf sein eigenes Glück und seinen eigenen Spaß bedachten Arlequin zu besänftigen:

[148] Bürger spricht von „unfreiwilliger Karikatur" (a.a.O., S. 138), dabei sind sich doch Arlequin und Cléanthis über ihr Handeln vollkommen bewußt, was schon dadurch deutlich wird, daß Arlequin wiederholt aus seiner Rolle tritt und sein eigenes Spiel kommentiert.

[149] Marivaux, *Théâtre,* a.a.O., S. 445.

[150] Jean Paul Schneider betont in seiner Interpretation das Element der Liebe; er schätzt Arlequin als ernsthaft in E. verliebt ein.

[151] Marivaux, *Théâtre,* a.a.O., S. 445.

[152] Ebenda, S. 446.

> J'ai besoin de la compassion de tout le monde, de la tienne même, Arlequin; (...) Tu est devenu libre et heureux, cela doit-il te rendre méchant? Je n'ai pas la force de t'en dire davantage: je ne t'ai jamais fait de mal; n'ajoute rien à celui que je souffre.[153]

Euphrosine fordert Mitleid von der einzigen Person, die zum momentanen Zeitpunkt Mitleid empfinden kann. Arlequin, als von Natur aus guter Mensch, hat von dem Moment an, wo er glücklich ist, keinerlei Interesse am Leiden anderer.

So ist der Erfolg der Rede Euphrosines durchschlagend:

> Arlequin, abattu, les bras abaissés, et comme immobile: J'ai perdu la parole.[154]

Die folgende Szene zeigt, wie tief Arlequin getroffen ist. Im Gespräch mit seinem Herrn versucht er noch eine Weile, seine Rolle als Mächtiger aufrecht zu erhalten (er duzt Iphicrate fast bis zum Ende der Szene), bald aber kann er sich gegenüber dem Vorwurf seines Herrn, Arlequin liebe ihn nicht mehr, der Tränen nicht erwehren. Trotz seiner Rührung ist Arlequin geistesgegenwärtig genug[155], seinem Herrn als Antwort auf dessen Vorwürfe sein eigenes ungerechtes Verhalten vorzuhalten. Nicht aus rationalen Gründen und nicht weil sein Herr sich gebessert hätte, tritt Arlequin freiwillig wieder in den Dienerstand ein, sondern einzig und allein aufgrund seines „guten Herzens“, das es ihm verbietet, auf Kosten anderer glücklich zu sein:

> Tu veux que je partage ton affliction, et jamais tu n'as partagé la mienne. Eh bien! va, je dois avoir le cœur meilleur que toi; car il y a plus longtemps que je souffre, et que je sais ce que c'est que de la peine. (...) Je ne te ressemble pas, moi; je n'aurais point le courage d'être heureux à tes dépens.[156]

Erst diese großzügige Geste Arlequins läßt Iphicrate in Arlequin seinesgleichen erkennen, er sieht in ihm einen moralisch ebenbürtigen Menschen.

> Va, mon cher enfant, oublie que tu fus mon esclave, et je me ressouviendrai toujours que je ne méritais pas d'être ton maître.[157]

153 Ebenda.
154 Ebenda.
155 Dies übersieht Asholt, wenn er (a.a.O., S. 49) schreibt: „Diese Aphasie charakterisiert seinen erneuten Dienerstand, d.h. den Verlust der zuvor gegebenen Möglichkeit, rational zu argumentieren und zu reagieren.“ Und weiter unten: „Und auch in dieser Szene argumentiert Arlequin schließlich nicht mehr.“
156 Marivaux, *Théâtre,* a.a.O., S. 448.
157 Ebenda.

Arlequin geht wieder zum respektvollen „vous“ über, spricht Iphicrate mit „mon cher maître“ an und tauscht mit ihm erneut die Kleider; die Wiederherstellung der *sozialen* Rangordnung ist perfekt.

Arlequin versöhnt schließlich Cléanthis und Euphrosine miteinander, da er sieht, daß die erste sich endgültig ihre „rancune“ von der Seele geredet hat und daß letztere nun bereit ist, ihr Handeln tatsächlich zu bereuen. Daß die soziale Stellung der einzelnen Personen, damit auch der zeitweilig durchgeführte Rollentausch nur zweitrangig ist, und daß es in erster Linie um den moralischen Wert des Menschen losgelöst von seiner konkreten historischen Situation geht (nicht umsonst ist der Rahmen ja ein utopischer), wird in einem der letzten Sätze Trivelins deutlich:

> La différence des conditions n'est qu'une épreuve que les Dieux font sur nous.[158]

Die Wiederherstellung der sozialen Hierarchie, die Wolf richtig als Bejahung der Ständeordnung interpretiert, darf nicht über den grundsätzlichen Charakter der neu entstandenen Gesellschaft hinwegtäuschen; auch wenn äußerlich alles beim Alten geblieben sein mag, die *Grundlage* der Gesellschaft ist eine völlig neue. Hierarchie und auch Dienerstand sind akzeptierbar, wenn der Grundsatz der natürlichen Gleichheit akzeptiert wird. Diese natürliche Gleichheit findet ihren Ausdruck in den moralischen, für alle Menschen verpflichtenden Werten, die immer wieder positiv hervorgehoben werden: „bon cœur, vertu, humanité“.

Der „sensibilité“ kommt hierbei eine initiatorische Funktion zu: die Erfahrung am eigenen Leib erst erlaubt es den Herren, die grundsätzliche Gleichheit zwischen sich und ihren Dienern zu erkennen. Gegenseitige Zuneigung und Vermeidung von Leid sind das erste Fundament menschlichen Zusammenseins, „sensibilité“ damit verantwortlich für spontane Gesellschaftsbildung.

> Erziehung zu *raison* und *humanité* bedeutet eine Kultivierung der 'barbarisch' harten Herzen. Grundvoraussetzung hierfür ist jedoch „être sensible aux maux“, die Fähigkeit, Mitleid zu empfinden.[159]

[158] Ebenda, S. 451.

[159] Wolf, a.a.O., S. 166.

Nicht zufällig ist es Arlequin[160], der die Wende zum Guten tatsächlich ermöglicht und einleitet. Von Anfang an als einfacher, leicht zufriedenzustellender Mensch eingeführt, illustriert er ein Prinzip, das in einigen der oben zitierten Abhandlungen zur Soziabilität dargelegt wurde und das bei Buffier in seinem *Traité de la société civile* so ausgedrückt wird:

> Je veux être heureux; mais je vis avec des hommes qui, comme moi, veulent être heureux chacun de leur côté: cherchons le moyen de procurer mon bonheur, en procurant le leur, ou du moins sans y jamais nuire. Tel est le fondement de toute la sagesse humaine, la source de toutes les vertus purement naturelles, et le principe général de toute la Morale et de toute la société civile.[161]

Diese Schlüsselrolle Arlequins sieht von den genannten Interpreten nur Deloffre:

> Pour que l'esclave redevienne un homme, il faudra qu'il redécouvre, après sa personne, après sa responsabilité, la sensibilité qui s'était flétrie en lui et dont Marivaux fait, avant Rousseau, le principe vivant de l'action morale.[162]

Auffällig am Tugendkanon, der als verbindlich dargestellt wird, ist die Verbindung von aufklärerischen und empfindsamen Elementen. Wolf zielt in seiner Interpretation auf dieses Verhältnis ab:

> *Humanité* kann zum Synonym für vernünftiges Handeln, *raison* umgekehrt zum Synonym für moralisches Handeln werden. Beide Begriffe stehen damit zeichenhaft für die enge Verwandtschaft der beiden großen Strömungen des 18. Jahrhunderts, Aufklärung und Empfindsamkeit. (...) *Raison* ist in der *Ile des esclaves* kein ästhetisch und ständisch bestimmtes Handeln zum Wohl des eigenen *amour-propre* und der Exklusivität eines Standes, sondern bezeichnet eine dominant moralische, überständische 'Vernünftigkeit' zum Nutzen der gesamten Gesellschaft. In diesem Sinn ist auch der Titel der zweiten Inselkomödie, der *Ile de la raison,* zu deuten.[163]

160 Siehe hierzu auch den Arlequin aus „La double inconstance", (1723!), auch dieser ein einfacher, auf leiblichen Genuß fixierter Mensch, der, als es ihm beim Prinzen einmal gut geht, sich nicht eines Gefühls des Mitleids erwehren kann, als er den Prinzen traurig sieht (obwohl dieser ihm seine Braut wegnehmen will). Arlequin: „Que j'ai de souci! le voilà désolé." Le Prince: „Je te sais bon gré de la sensibilité où je te voie." (III,5). Hier wird also das Mitleid selbst als „sensibilité" bezeichnet.

161 Buffier: *Traité de la Société civile,* Paris 1726. Zitiert bei Ehrard a.a.O., S. 339 und Mauzi a.a.O., S. 595.

162 *Théâtre* Bd. 1, éd. Deloffre, Paris 1968, S. 509.

163 Wolf, a.a.O. S. 165.

In der Tat: die Vernunftinsel beleuchtet aus einer anderen Perspektive soziale Probleme, wie sie ganz ähnlich auch in der Sklaveninsel behandelt wurden.

Eine Gruppe von Menschen findet sich als Zwerge auf einer Insel wieder, die von „Riesen“ bewohnt ist. Diese handeln nur nach der „Raison“, und Blaise, der Bauer (wiederum wie Arlequin der einfachste der Beteiligten, also derjenige, der der Natur am nächsten ist), entdeckt bald, daß man sich bloß vernünftig zu verhalten, d.h. sich selbst seiner eigenen „folies“ anzuklagen hat, um wieder normale Körpergröße zu erreichen. Zu dieser „raison“ gehört aber auch Mitleid mit seinen Mitmenschen, denn als sich Blaise, kaum wieder gewachsen, über das Elend der anderen lustig machen will, schrumpft er sofort wieder (I,14). Blaise und Frontignac haben es in II,1 dann verstanden:

> Frontignac: (...) chez quiconqué a dé la raison, lé prochain affligé n'a qué fairé dé récommandation.
> Blaise: Ça est admirable! Comme on deviant honnêtes gens avec cette raison!
> Frontignac: Jé mé sens uné douceur, une suabité dans l'âme.
> Blaise: Et la mienne est si bian reposée![164]

Bezeichnenderweise gelingt es gerade dem Philosophen unter den Zwergen nicht, durch vernünftiges Verhalten seine Körpergröße wiederzugewinnen.[165] „Raison“ bedeutet für Marivaux also nicht Schulweisheit, streng wissenschaftliche Vernunft, sondern eher den einem jeden, auch den einfachsten Menschen gegebenen „bon sens“.

2.3. Les aventures de Télémaque

> Télémaque, le plus beau roman du monde.[166]

Als 1736 Marivaux' *Télémaque travesti* gegen dessen Willen veröffentlicht wurde[167], war Fénelons erstmals 1699 – übrigens auch gegen seinen Willen –

[164] Marivaux, *Théâtre,* a.a.O., S. 514.

[165] Zur Karikatur der Philosphie und ihrer „raison“ bei Marivaux vgl. *La seconde surprise de l'amour,* I, 14, und II,8. Wie stark sich das Verständnis des „philosophe“ im Laufe des Jahrhunderts ändert, läßt sich an späteren Zeugnissen ablesen. Siehe auch I. O. Wade: *The philosophe in the French drama of the 18th century,* Princeton 1926.

[166] Art. „Roman“ der *Encyclopédie,* von Jaucourt verfaßt.

[167] Chérel vertritt die Ansicht, daß Marivaux' Parodie nicht gegen Fénelon selbst gerichtet war, zudem kaum literarischen Erfolg hatte. Albert Chérel: *Fénelon au XVIIIe siècle en France (1715–1820). Son prestige. Son influence,* Paris 1917, Hier S. 293.

veröffentlichter Roman mehrfach aufgelegt[168] und zum skandalumwobenen und äußerst erfolgreichen Buch geworden. Sicherlich haben Marivaux und Fénelon, der mondäne Autor verspielter Liebeskomödien und teilweise anzüglicher Romane und der Hauptvertrter des Quietismus, auf den ersten Blick wenig gemeinsam.

Fénelons Roman aber, und das soll uns hier in erster Linie interessieren, wurde zu einem der erfolgreichsten Bücher des 18. Jahrhunderts überhaupt, avancierte zum „plus beau roman du monde“ im Art. „Roman“ der *Encyclopédie.* Daß in diesem Rezeptions- und Interpretationsprozeß Mißverständnisse, ja Fehlinterpretationen eine Rolle spielen, ist bekannt und kann wohl kaum bestritten werden. Anders als Volker Kapp[169] in seiner ausführlichen Studie zu Fénelon, die eine Interpretation des Werkes aus seiner Zeit und aus Fénelons religiösen Überzeugungen anstrebt, geht es uns gerade nur um den Rezeptionsprozeß im 18. Jahrhundert, der von Albert Chérel aufgearbeitet wurde. Welche Elemente des Buches sind sinnvollerweise mit der sich ausprägenden Empfindsamkeit in Verbindung zu setzen, welche Aspekte der christlichen politischen Utopie konnten von der politischen und moralischen Diskussion der späteren Jahrzehnte beansprucht werden, kann „sensibilité“ in *Télémaque* als gesellschaftsbegründende Kraft bezeichnet werden - auf diese Fragen ist im folgenden zu antworten.

Mornet und Monglond, die Empfindsamkeitsforscher vom Anfang des Jahrhunderts, stellen Fénelon in die Reihe jener Autoren, die der „sensibilité“ zunehmend Bedeutung beimessen:

> Dans Télémaque, la sensibilité est exaltée comme la source des vertus.[170]

Schon der *Grand Dictionnaire Universel* von Larousse, der sogenannte *Larousse du XIXe siècle,* stellt bei der Behandlung Fénelons dessen „sensibilité“ in den Vordergrund:

> Le jeune Fénelon, en qui l'amour-propre le plus délicat s'alliait à la sensibilité du cœur...
> Comme écrivain, Fénelon est caractérisé par les mêmes qualités qui le distinguent comme homme: la grâce exquise, la sensibilité, l'élévation, la douceur...[171]

[168] Bis 1812 soll es laut Fleischers *Bibliographie Française* 140 französische Ausgaben gegeben haben.

[169] Volker Kapp: *Télémaque de Fénelon. La signification d'une œuvre littéraire à la fin du siècle classique,* Tübingen/Paris 1982.

[170] Monglond: *Le préromantisme* a.a..O., T. 2, S. 314.

[171] Art. „Fénelon“.

Die Rezeption des 18. Jahrhunderts selber betont sowohl diese Qualitäten seiner Person und seiner Werke, als auch deren aufklärerischen, politischen Charakter: Louis XIV hatte den *Télémaque* sofort nach Erscheinen verbieten lassen, da er sich in der Figur des Herrschers von Salente, Idoménée, kritisiert fühlte. Beide Elemente, das empfindsame genauso wie das aufklärerische, spielen bei der Begeisterung fast aller namhaften Autoren des 18. Jahrhunderts eine Rolle.[172]

In den *Mémoires et aventures d'un homme de qualité* läßt Prévost einen seiner Helden *Télémaque* zu seinen Lieblingsbüchern zählen[173], Vauvenargues lobt die „bonté“, „sincérité“ und „ingénuité“ Fénelons[174], Friedrich der Große setzt im *Anti-Machiavel* Fénelons Herrschertyp als positiven Gegenpol zum machiavellistischen Tyrann[175], Marmontel lehnt sich in seinem erfolgreichen *Bélisaire* in weiten Teilen an *Télémaque* an[176], Rousseau lobt Fénelons „cœur sensible“[177] - dies sind nur einige Beispiele dieser Rezeption, die aus Fénelons Roman sowohl einen Vorläufer politisch demokratischen, antiabsolutistischen Denkens als auch einen Vertreter empfindsamer, moralischer Werte macht. Besonders deutlich wird dieser Prozeß in den verschiedenen *Eloges,* die 1771 an der Académie zu Ehren Fénelons gehalten wurden. La Harpe, der den Wettbewerb gewann, schreibt über Fénelon:

> On ne connaît que trop cette pitié stérile et barbare qui plaint les malheureux qu'elle immole. Ce n'était pas celle de FENELON. Une sensibilité profonde et éclairée, qui, lorsqu'il s'agit de morale, devient une raison sublime, l'élevait alors au dessus de son siècle.[178]

Alles scheint uns zu berechtigen, Fénelon zum Wegbereiter der empfindsamen Gesellschafts- und Morallehre zu machen. Nun hatten wir weiter oben schon festgestellt, daß Fénelon selber den Begriff „sensibilité“ nicht im moralisch-positiven Sinn verwendet. Tatsächlich fällt auch in *Télémaque* der Begriff

172 Im *Larousse du XIXe* spielt auch der aufklärerische Aspekt eine große Rolle: „Entré fort avant dans le mouvement précurseur qui devait aboutir à la fermentation philosophique du XVIIIe siècle et à la Révolution ...“

173 *Mémoires,* (éd. Sgard I), S. 63, 71, 77ff.

174 Chérel, a.a.O., S. 327.

175 Ebenda, S. 303.

176 Ebenda, S. 375. Siehe unten zu *Bélisaire* Kap. B II, 4.3.

177 Ebenda, S. 395.

178 Jean François de La Harpe: *Œuvres,* 6 vols, Paris 1778, III, S. 49. Auch die anderen Lobredner betonen Fénelons Tugenden, seine Zuneigung zu den Mitmenschen und seine aufgeklärte Morallehre. Siehe Chérel a.a.O., S. 401ff.

kein einziges Mal. Andere, „sensibilité" verwandte Termini aber spielen bei der Erziehung Télémaques zum idealen Herrscher und bei der Beschreibung einer idealen, auf christlichen Tugenden beruhenden Gesellschaft eine zentrale Rolle, Termini wie „tendresse", „bonté", „humanité" sowie Mitleid, alles Werte, die wir als dem Schlüsselbegriff „sensibilité" nahestehende charakterisieren können. Télémaques Reise und seine Bekanntschaft mit verschiedenen Herrschaftstypen dienen seiner Ausbildung zum vollkommenen Herrscher, der er später in Ithaca werden soll. Sein Reich soll nicht auf Schmeichelei und Angst, sondern auf Menschlichkeit und Offenheit gründen. Anders als bei Marivaux verläuft der Erziehungsprozeß nicht nach dem zyklischen Schema - Aufhebung der sozialen Hierarchie, Erziehung, Wiederherstellung der Hierarchie - sondern als allmähliches Fortschreiten zur Perfektion. Mentor, übrigens niemand anders als Minerva, übernimmt die Rolle des Wegbereiters und Erziehers, hierin vergleichbar mit Trivelin aus der Sklaveninsel.

Vom Ende des Romans zurückblickend ist die Wandlung Télémaques bemerkenswert:

> Je suis bien aise de vous voir si changé. Vous étiez né dur et hautain; votre cœur ne se laissait toucher que de vos commodités et de vos intérêsts; mais vous êtes enfin devenu homme, et vous commencez, par l'expérience de vos maux, à compatir à ceux des autres. Sans cette compassion, on n'a ni bonté, ni vertu, ni capacité pour gouverner les hommes.[179]

Und in fast demselben Wortlaut wiederholt Mentor wenig später:

> Voilà à quoi servent les malheurs de la vie; ils rendent les princes modérés et sensibles aux peines des autres.[180]

Die Parallele zu Marivaux ist offensichtlich: *eigenes* Leid soll diejenige Menschlichkeit wecken, die zur weisen Herrschaft, als Adeliger oder als König, unerläßlich ist. Schon im zweiten Buch war Télémaque von einer Götterstimme, die aus einer Höhle zu ihm sprach, prophezeit worden:

> Tu reverras Ithaque, et ta gloire montera jusqu'aux astres. Quand tu seras le maîtres des autres hommes, souviens-toi que tu as été faible, pauvre et souffrant comme eux ...[181]

[179] Fénelon: *Les aventures de Télémaque,* éd. par J. L. Goré, Paris 1968, S. 478.

[180] Ebenda, S. 494. Auch S. 443: „(...) il est humain, il est bon, il est ami fidèle et tendre; il est compatissant, libéral, bienfaisant."

[181] Fénelon, *Les aventures de Télémaque,* a.a.O. S. 88. „Sensible à la compassion" fällt auch noch auf den Seiten 255 und 447, „sensible à mes maux" auf S. 130.

Friedliches Zusammenleben der Menschen, wie es unter dem weisen Herrscher Sésostris[182], in noch höherem Maße aber in jener arkadischen Bétique möglich ist, setzt sensibles Mitleid, das der Ursprung aller sozialen Tugenden ist, voraus. Als Télémaque dann nach vielfältigen amourösen und kriegerischen Abenteuern die sittliche Reife erlangt, die Mentor ihm zu vermitteln sich vorgenommen hatte, kennt das Lob der ihn Umgebenden keine Grenzen. Gelobt werden gerade jene Eigenschaften, die auch empfindsamen Denkern am Herzen liegen:

> Est-ce donc là - disait-on - ce jeune Grec si fier, si hautain, si dédaigneux, si intraitable! Le voilà devenu doux, humain, tendre. Sans doute Minerve (...) lui a fait le plus précieux don que les dieux puissent faire aux hommes, en lui donnant, avec sa sagesse, un cœur sensible à l'amitié.[183]

Genauso hatte sich Odysseus in der Abschiedsrede an seinen damals noch sehr jungen Sohn seine Entwicklung gewünscht, er hatte den Erziehern besonders ans Herz gelegt, „de le rendre juste, bienfaisant, sincère".[184] Und dieselben Eigenschaften besitzt Idoménée, nachdem ihn Mentor in die wahre Kunst des Regierens eingewiesen hat.[185] Ein entscheidender Unterschied aber tritt zwischen Fénelon und seinen empfindsamen Interpreten späterer Jahre zutage, ein Unterschied auch zu Marivaux: er betrifft das Verhältnis von Tugend und Liebe. Mlle de Scudéry, Mme de Lambert, Marivaux und andere haben sicherlich nicht eine libertinistische ausschweifende Liebesauffassung vertreten, die Vernunftgebundenheit der tugendhaften Liebe ist ihren Liebestheorien gemeinsam. Und doch würden die heftigen Ausfälle Fénelons gegen Venus und ihren Sohn Amor, wie sie die Bücher IV–VI des Romans *Télémaque* füllen, dem verspielt-optimistischen Geist der sogenannten Rokokozeit nicht entsprechen. Der religiöse Hintergrund verbietet es Fénelon, mehr als eine *expressis verbis* als „amour raisonnable"[186] charakterisierte, den Hafen der Ehe ansteuernde Liebe Télémaques zu Antiope zu billigen, und dies auch erst nach vielerlei Selbstprüfungen und Versicherungen Télémaques. Deutlicher als spätere Autoren, die in „sensibilité" selbst schon die

[182] Sésostris wird Télémaque als positives Beispiel eines weisen Fürsten vorgehalten (S. 86).

[183] Ebenda, S. 371.

[184] Ebenda, S. 104.

[185] Ebenda, S. 274.

[186] Ebenda, S. 470.

Garantie für tugendhaftes Handeln sehen sollten, stellt Fénelon die Vernunft als kontrollierende Gewalt über den Bereich des Gefühls:

> (...) la raison était en lui au-dessus du sentiment, et ce n'était plus le même Télémaque qu'une passion tyrannique avait autrefois captivé dans l'île de Calypso.[187]

Die inhaltlichen Elemente des Romans, die man, wie wir gesehen haben, zurecht in Beziehung zur Empfindsamkeit gesetzt hat, sind in einen christlich metaphysischen Denkzusammenhang eingebettet, der bei Marivaux' Behandlung einer ganz ähnlichen Thematik in den Hintergrund tritt, wenn nicht sogar völlig entfällt.[188] „Bonté", „Humanité", „Vertu" und „Amitié" sind für Fénelon alles nur Teilaspekte jener reinen Liebe zu Gott, die zu erreichen allein Streben aller Menschen sein muß.

> Sie (die amour-pur-Lehre, F. B.) wirkt übergreifend und verwirklicht sich hier als konstitutives Element der Fürstenerziehung in vielfältiger Form als Gottes-, Tugend- und Menschenliebe und bedeutet in ihrer letzten Ausprägung die Loslösung von allen äußeren Fesseln des Egoismus und des Eigeninteresses.[189]

Dieser grundlegende Unterschied zu den Vertretern der Empfindsamkeit muß im Blick bleiben, auch wenn die terminologische Übereinstimmung der hoch bewerteten moralischen Tugenden auf Identität der jeweiligen Moralkonzeption schließen läßt. Chérel spricht, etwas zögernd, von einem großen und weit verbreiteten Einfluß *Télémaques* auf die Moraldiskussion der Zeit:

> Remarquons en outre que la sensibilité a une place assez large dans le roman de Fénelon; les larmes y coulent en abondance (...). Et c'était là sans doute une raison de l'estime où Prévost tenait *Télémaque.* L'humanité y est louée, et même opposée au fanatisme religieux (...). C'étaient là, semble-t-il, des con-

[187] Ebenda, S. 475.

[188] Lediglich am Ende der *Ile des esclaves,* als Trivelin auf den Probecharakter der verschiedenen sozialen Schichten hinweist (la différence des conditions n'est qu'une épreuve que les Dieux font sur nous), wird ein christlicher Hintergrund erkennbar. Marivaux' moralisches Denken aber kann nicht im eigentlichen Sinne als christlich bezeichnet werden, und wenn, dann als Propagierung säkularisierter christlicher Moralwerte.

[189] Susanne Hahn: „Von der Prinzenerziehung zur Menschenerziehung. Fénelons Télémaque und seine Rezeption im 18. Jahrhundert", in: *Die Schiefertafel* 4/1981, 5–20, S. 9.

> cordances entre l'esprit de *Télémaque* et l'état moral du XVIIIe siècle. (...) Ainsi donc l'influence morale proprement dite de *Télémaque* doit être très diffuse.[190]

Dieser Einschätzung kann man sich unter Berücksichtigung der oben formulierten Einschränkungen sicherlich anschließen. Mit Fénelon sind wir vom Thema „sensibilité" und Soziabilität unmerklich in das unmittelbar damit verbundene Themengebiet, das nur der Übersichtlichkeit halber hier so deutlich abgetrennt wurde, hinübergelangt: in das Themengebiet „sensibilité" und Morallehre. Um die Frage des Zusammenhangs zwischen der natürlichen „sensibilité", die als gesellschaftsstiftende Kraft eingestuft wird, und den Gesetzen und Werten einer auf „sensibilité" gründenden Moral geht es im folgenden Kapitel.

3. „Sensibilité" und Moral

> La sensibilité est la mère de l'humanité, de la genérosité...
>
> *Encyclopédie,* „Sensibilité (morale)"

Die Bemühung um eine neubegründete Moral, die den Platz der zunehmend ins Kreuzfeuer der historischen und aufklärerischen Kritik geratenen christlichen Morallehre auszufüllen in der Lage wäre, beherrscht die Moraldiskussion des 18. Jahrhunderts. Sowohl die kirchliche Lehre als auch der aus der absolutistischen Glanzzeit tradierte Typ des „honnête homme" mußten neuen philosophischen und sozialen Bedingungen angepaßt werden, sollten sie nicht durch radikale Kritik vollständig beseitigt werden. Hauptgegenstand der Diskussion war, wie schon dargelegt, das neu entdeckte, sich sowohl auf antike als auf christliche Vorläufer stützende Naturrecht. Das auffällige Vertrauen in die Ungefährlichkeit sensibler Liebe und die soziable Veranlagung des Menschen, wie es in den beiden voraufgegangenen Kapiteln dargestellt wurde, findet seinen Grund in der Annahme einer universell gültigen, natürlichen Moral, deren Regeln allen Menschen zugänglich sind, sofern sie sich nur ihrer angeborenen - rationalen wie nicht rationalen - Fähigkeiten bedienen. Diese komplexe und verschiedene Tendenzen in sich vereinende Diskussion um Moral und Natur kann hier nicht im einzelnen verfolgt werden.[191]

[190] Chérel, a.a.O., S. 312.

[191] Mit den entsprechenden Kapiteln bei Hazard und Cassirer, vor allem aber mit Crockers *Nature and Culture* liegen Arbeiten vor, die das Problem umfassend aufgearbeitet haben.

Wir fragen lediglich nach der Bedeutung und Funktion von „sensibilité" in diesem Diskussionszusammenhang, nach den Faktoren einer Entwicklung, die „sensibilité" zur höchsten Tugend werden läßt. Ehrard, Mauzi und andere haben die Hauptbestandteile der sich herausbildenden „morale du sentiment" zusammengestellt. Übereinstimmend konstatieren sie ein manchmal beunruhigend naives Vertrauen auf die natürliche Bestimmung des Menschen als tugendhaftes Wesen:

> Une conception euphorique de la vie morale se dégage ainsi, au début du XVIIIe siècle, des réflexions les plus conformistes. On ne renonce pas à voir dans la raison la source de la moralité, mais on ne croit plus guère qu'il s'agisse d'une victoire à remporter sur la „nature". L'équivoque du mot, souvent dénoncé mais jamais totalement élucidée, traduit ce refus complaisant des déchirements intimes. La nature, c'est à la fois la raison et l'affectivité. Entre l'esprit et le cœur il ne peut donc survenir de véritable conflits: tout au plus des malentendus.[192]

Tugend wird eine spontane Regung, ein Nachgeben des Menschen gegenüber seiner Natur; die *vertu* der früheren Jahrhunderte, die innere Kämpfe, Abnegation des eigenen Triebs beinhaltete, hat in dieser für die Empfindsamkeit charakteristischen Sicht keinen Platz mehr.

> L'idéal qui s'élabore ainsi progressivement est celui d'un homme à la fin sensible et vertueux, et dont le degré de vertu se mesure pour ainsi dire à la force de sa sensibilité.[193]

„Sensibilité" ist in diesem Zusammenhang durch ihre unbedingte Spontaneität, durch ihre Opposition zum kalkulierenden Verhalten als Schlüsselbegriff besonders wertvoll – das Naturgesetz, die Grundsätze natürlicher Moral äußern sich in der unverdächtigen „sensibilité":

> Finally, sensibility was popular because it came to be regarded as one of the laws of nature.[194]

„Sensibilité" ist somit Quelle des moralischen Verhaltens und, in dem oben schon besprochenen Sinn des Mitleids selbst ein moralischer Wert. Nicht die

[192] Ehrard, a.a.O., S. 346.
[193] Mercier, a.a.O., S. 383.
[194] Wilson, a.a.O., S. 39. Ähnlich Mauzi, S. 146: „Les deux termes (nature und vertu, F. B.) tendent ainsi à se rapprocher l'un de l'autre; toute distance finit même par s'abolir, et la *loi naturelle* est confondue avec la simple émotivité des cœurs sensibles."

Leidenschaften übernehmen die Rolle der Vernunft als Leiterin des moralischen Lebens, sondern eine „sensibilité“, die *sowohl* natürliche Kraft *als auch* Garantie für Ordnung und Maß zu sein scheint.

> On se borne à demander que la raison les (les passions, F. B.) guide sans chercher à les détruire, et l'on veut croire qu'elles se laisseront docilement „éclairer“ et conduire. La morale du sentiment soutient cette illusion. Par sa spontanéité irréfléchie le „sentiment“ participe de la nature passionnelle, mais comme il est amour de l'ordre il va dans le même sens que la „droite raison“. Tout au long du demi-siècle cette ambiguité favorise une apologie prudente des passions.[195]

Hintergrund für diese Entwicklung ist die Naturrechtsdiskussion, und im engeren Sinne die in England mit Shaftesbury einsetzende Theorie des sogenannten „moral sense“. Dieser Zusammenhang, sowie die damit verbundene, in der Forschung immer wieder vertretene „England-These“, derzufolge England die neue, sentimentale Moral zuerst entwickelt haben soll, während Frankreich (wie Deutschland) seinerseits aus englischen Quellen schöpfte, soll im ersten Teil dieses Kapitels besprochen werden, bevor der Zusammenhang zwischen „sensibilité“ und den beiden Schwestertugenden „bienfaisance“ und „humanité“ dargestellt wird. Voltaires Theater wird uns danach als literarische Umsetzung der aufklärerischen, auf „sensibilité“ fußenden Morallehre beschäftigen.

3.1. Tugendsame „sensibilité“ und „moral sense“

> B: Qu'est-ce que la loi naturelle?
> A: L'instinct qui nous fait sentir la justice.
>
> Voltaire, *Dialogues philosophiques*[196]

Gerhard Sauder nennt als eine der Voraussetzungen der deutschen Empfindsamkeit die Moral-Sense Theorie.[197] Sicherlich haben Shaftesburys Werk und

[195] Ehrard, a.a.O., S. 375. Siehe auch Mercier, S. 88: „De l'examen auquel les moralistes se livrent ainsi à propos de tous les sentiments et de toutes les actions, il résulte donc que seuls, l'excès, le dérèglement, sont condamnables, parce qu'allant justement contre les intentions de la nature, et qu'au contraire celle-ci, est la règle de la vertu et du bonheur en même temps.“

[196] Voltaire, *Dialogues philosophiques, L'ABC,* 1768, zit. nach Hazard, *Pensée,* I. S. 227.

[197] Kap. 3.4., S. 73–85. Zur England-These siehe oben, S. 68.

seine Verbreitung in Europa dazu beigetragen, daß die Überzeugung von der natürlichen, nicht durch Erfahrung erlernten Fähigkeiten des Menschen, moralische Urteile zu treffen, Teil des Credos aufklärerischer und empfindsamer Morallehre werden konnte. Der konkrete Einfluß aber scheint bei genauerer Betrachtung eher gering, zumindest was die Entstehung der französischen Empfindsamkeit angeht.

Shaftesbury ist nicht der Begründer der Lehre von der natürlichen Kraft des Menschen, Gut und Böse zu unterscheiden. Die scholastische Seelenlehre postuliert eine gewisse „lumière naturelle" des Menschen, die moralische Entscheidungen ermöglicht. Diese traditionelle Sicht klingt bei Bayle nach:

> Bien que le péché ait fort obscurci la raison humaine, Dieu n'a pourtant point voulu permettre que sa lumière fut éteinte tout-à-fait. Il y a une certaine loi de la nature, que les hommes entendent tous sans règles et sans préceptes, et qui met de la différence entre le bien et le mal. Il y a donc par rapport aux mœurs quelques principes dont la lumière naturelle suffit pour connoître la vérité.[198]

Crane hat in einem oft zitierten und sehr einflußreichen Aufsatz auf „Vorläufer" Shaftesburys und auf seine Verbindung mit den Cambridge Platonists hingewiesen.[199] Greenes 1977 erschienene Antwort auf diesen Artikel[200] stellt völlig richtig fest, daß die Anglikaner in dieser Frage keineswegs so weit vom kirchlichen Dogma entfernt waren, wie es Crane suggerierte. Der große Unterschied zwischen der religiösen Lehre der a priori offenbarten, natürlichen Erkenntnis von Gut und Böse (der auch die liberalen Anglikaner noch angehören) und Shaftesburys Theorie des „moral sense" ist die Tatsache, daß Shaftesbury den „moral sense" tatsächlich als natürlichen Sinn, als Bedingung

[198] Zit. nach E. Labrousse, *Pierre Bayle.* 1963, II, S. 258. Siehe für die traditionelle Sicht auch die Art. „nature" im *Dict. de l'Ac.*: „Cette lumière qui est née avec l'homme et qui le rend capable de discerner le bien d'avec le mal", und Furetière, *Dict. Univ.:* „Une connaissance qui est née avec nous de ce qui est bon ou mauvais, de ce qui nous sert ou nous nuit".

[199] R. S. Crane: „Suggestions toward a Genealogy of the 'Man of feeling', in: *Journal of English Literary History,* Vol. 1, Dec. 1934, S. 205–230.

[200] Greene, Donald: "Latitudinarianism and sensibility. The Genealogy of the 'Man of feeling' reconsidered", in: *Mod. Philology* 75/1977, S. 159–183.

für empirische Erkenntnis definiert, und nicht, wie es von einem Schüler Lockes auch nicht zu erwarten war, als eingeborene Idee.[201]

Weder Shaftesburys 1711 gesammelt erschienene *Characteristics of Men, Manners, Opinions, Times* noch Hutchesons 1725 veröffentlichte *Inquiry into the Origin of Our Ideas of Beauty and Virtue* wurden in Frankreich vor der Mitte des Jahrhunderts in nennenswertem Maße rezipiert. Sauder mag mit seiner Behauptung, die Moral-Sense Theorie habe in Deutschland große Verbreitung gefunden, recht haben, zumal da sich in Deutschland die Empfindsamkeit wesentlich später auszuprägen beginnt als in Frankreich. Abgesehen von wenigen Rezensionen in meist protestantischen Fachzeitschriften[202] bleibt Shaftesbury selbst dem französischen Publikum bis zu Diderots Übersetzung des *Essai sur le mérite et la vertu* (1745) weitgehend unbekannt.[203]

Einige frühe Quellen, in denen ein Einfluß der englischen Philosophen zumindest wahrscheinlich ist, können zusammengestellt werden. Crocker[204] beginnt seine Aufzählung mit der 1736 erschienenen Textsammlung von Thémiseul de Saint-Hyacinthe, die verschiedene Abhandlungen epikureisch

[201] Crocker, a.a..O., S. 77: "In the atmosphere of British empiricism the metaphysical essence becomes an actual part of nature, an empirical, affective experience rather than an a priori revelation“. Barkhausen hat in seiner Arbeit zur engl. Empfindsamkeit energisch darauf hingewiesen, daß Shaftesbury kein Irrationalist ist, sondern daß seine Moral-Sense Theorie einen rational kontrollierten Affekt postuliert. „Der *moral sense,* in dessen Namen der spätere Sentimentalismus den guten Wilden zum Engländer macht, ist bei Shaftesbury kein autogenes oder autonomes sinnliches Vermögen, sondern Vernunft in ihrer sinnlichen Erscheinung.“ (S. 223).

[202] Jamieson, *Marivaux: A study in sensibility* nennt für 1709 je einen Artikel in *Le journal des savants* und in *La bibliothèque choisie.* Es folgen einige Artikel bis 1720, danach wird es um Shaftesbury ruhig. Nicht viel anders ergeht es denjenigen anglikanischen Geistlichen, die Crane als Vorläufer Shaftesburys nennt. In den Fachzeitschriften der Zeit werden theologische Fragen zwar angeregt diskutiert, die vermeintliche Vorreiterrolle in Sachen „moral sense“ aber ist nicht Gegenstand der Rezeption in Frankreich und Holland. So scheidet auch hier eine wesentliche Beeinflussung der französischen Diskussion durch englische Quellen aus.

[203] So äußern sich übereinstimmend Crocker und Bonno: *La culture et la civilisation britannique devant l'opinion française de la paix d'Utrecht aux lettres philosophiques.* in: *Transactions of the American Philosophical Society,* N. S. Vol. 38.1, 1948. Über Shaftesbury S. 78, über Hutcheson S. 99. Crocker S. 80: „When we turn to France and the Continent, we find the echoes of the moral sense theory to be weak and lusterless. It attracted not a single first-rate mind, not even one capable of a sustained, systematic development.“

[204] Crocker, a.a.O., S. 80ff.

inspirierter Autoren enthält. Zeitlich früher könnte vielleicht Voltaire mit seinem *Traité de métaphysique* (1734) genannt werden, in dem er dem Menschen einen „Tugendinstinkt" zuerkennt, eine „bienveillance naturelle qui ne se remarque point dans les bêtes".[205]
Eine ausdrückliche Erwähnung Shaftesburys oder Hutchesons aber findet sich bei Voltaire nicht. Anders bei Burlamaqui, der in seinen 1748 erschienenen und breit rezipierten *Principes du droit naturel* Hutcheson als Gewährsmann anführt.[206]

Bezeichnend für die wenig enthusiastische Rezeption der Moral-Sense Theorie in Frankreich ist der Artikel *sens moral* der *Encyclopédie* (Verfasser ist, wie so oft, der Chevalier de Jaucourt). Eingangs wird Hutcheson zitiert:

> Nom donné par le savant Hutcheson à cette faculté de notre âme, qui discerne promptement en certains cas le bien et le mal moral par une sorte de sensation et par goût, indépendamment du raisonnement et de la réflexion.

Es folgt eine kurze Erläuterung der natürlichen moralischen Werte „humanité", „bienveillance" und „bénéficence", die in der Tradition der Naturrechtslehre als Resultat der göttlichen Vorsehung dargestellt werden. Damit findet die Beschäftigung mit dem Moral-Sense in der *Encyclopädie* ein Ende. Diderot selbst, der sich in späteren Jahren über die Anhänger des „sens moral" mokierte[207], ist in seinen frühen dramatischen Werken durchaus dieser Lehre zugetan. Im *Fils naturel* überredet Constance Dorval, auf seinen Beschluß, sich aus der Welt in die Einsamkeit des Klosters zurückzuziehen, zu verzichten. Sie zeichnet ein optimistisches Zukunftsbild und gründet ihre Zuversicht gerade auf eine Art moralischen Sinn im Menschen:

> Mais auriez-vous cette crainte, si vous pensiez que l'effet de la vertu sur notre âme n'est ni moins necessaire, ni moins puissant que celui de la beauté sur nos sens. Qu'il est dans le cœur de l'homme un goût de l'ordre, plus ancien qu'aucun sentiment réfléchi.[208]

Dies alles ändert nichts an der Tatsache, daß die französische Entwicklung einer natürlichen, auf „sensibilité" basierenden Moral von den Theoretikern

205 Voltaire, *Mélanges,* éd. van den Heuvel, Paris 1961, S. 193; siehe auch das *Poème sur la loi naturelle,* ebenda, S. 275ff.

206 Weitere wichtige Autoren der zweiten Hälfte des Jahrhunderts, die Crocker nennt: Robinet: *De la nature* (1766); Delisle de Sales: *De la philosophie de la nature* (1770).

207 Siehe *Salon de 1767,* wo Diderot einmal ausdrücklich die Moral-Sense-Theorie ablehnt (éd. Seznec/Adhémar, S. 70).

208 *Œuvres complètes* (éd. Proust/Dieckmann/Varloot) Bd. X, S. 64.

des Moral-Sense in der frühen Phase der französischen Empfindsamkeit keine wesentlichen Impulse erhalten hat, zumal da „sensibilité“ kein Terminus der Moral-Sense Lehre ist. Anders ist dies mit den zu Shaftesburys Zeiten in England entstandenen moralischen Wochenschriften *The Spectator, The Guardian* und *The Tatler.* Sie alle sind Verbreitungsorgane einer Morallehre, die in ihren wesentlichen Zügen als empfindsam bezeichnet werden kann. In deutlicher Parallele zu Shaftesbury werden *Humanity, Good Nature* und *Benevolence* als Tugenden der neuen Moral gefordert und gepriesen. Das folgende Zitat aus Shaftesburys *Inquiry* könnte als Motto für das Menschenbild der moralischen Wochenschriften bezeichnet werden:

> A Creature void of natural Affection, and wholly destitute of a communicative or social Principle feels but small enjoyment in Life, and finds little satisfaction in the mere sensual Pleasures which remain with him, after the Loss of social Enjoyment; and all that can be called *Humanity* or *Good-Nature.*[209]

Die moralischen Wochenschriften werden in Frankreich sehr schnell übersetzt und finden in Marivaux und Prévost ihre berühmtesten Nachahmer auf französischem Boden.[210] Das Interesse an den Wochenschriften gründet auf ihrem moralischen Anspruch:

> Le traducteur du *Spectator* se propose surtout de répandre un ouvrage qui fait une grande place à l'enseignement moral; une raison analogue incite Armand de la Chapelle à traduire le *Tatler* et le *Guardian.*[211]

Marivaux' verschiedene journalistische Unternehmungen, die Michel Gilot in seiner Thèse so ausführlich beschrieben hat, inspirieren sich alle an den englischen Vorbildern: sein *Spectateur,* der *Indigent Philosophe* und *Le Cabinet du philosophe.* Seine journalistischen Arbeiten, aus denen wir in anderem Zusammenhang schon mehrmals zitiert haben, sind großenteils der Reflexion über empfindsame Morallehre gewidmet; hier entwickelt Marivaux seine Gedanken, die in seinen Theaterstücken zum Ausdruck kommen. Seine Definition der „sensibilité“, die als Ursprung natürlicher Moral verstanden

209 *An Inquiry Concerning Virtue or Merit,* in: *Characteristicks,* London 1711, II. S. 81.

210 Übersetzungen: *Spectator: Le spectateur ou le Socrate moderne,* 1714–18 (Amsterdam); 1716–1726 (Paris). *Tatler: Le babillard, ou le nouvelliste philosophe,* 2. vols Amsterdam 1719–1736. *The Guardian: Le mentor moderne,* 3 vols La Haye 1723. Zur Verbreitung der Wochenschriften siehe Fritz Rau: *Zur Verbreitung und Nachahmung des 'Tatler' und 'Spectator',* Heidelberg, 1980.

211 Bonno, a.a.O., S. 15.

wird, liegt seinem essayistisch-journalistischen Werk genauso zugrunde wie seinem fiktionalen Œuvre:

> 'La voix de la nature' ne retentit plus à l'oreille de Marivaux comme le cri de l'égoïsme et de la corruption, mais comme l'appel d'une sensibilité généreuse, prompte à s'émouvoir du malheur d'autrui.[212]

Prévost, der selbst einige Zeit in England gelebt hatte, ist wie sein Vorgänger Marivaux Imitator der englischen Zeitschriften und gleichzeitig Verbreiter der neuen Morallehre. Im IV. Band seines *Le Pour et le Contre* (1734) heißt es in Nr. 55 (S. 226) über die Engländer und deren moralisches Verhalten:

> J'ai été surpris de voir que ce Peuple, où l'on établit en dogme que l'homme se trouve à sa naissance *comme une Table rase,* est de tous les pays du monde celui qui se conduit le plus généralement par les premières impressions de la nature.

Die aufklärerische und moralische Praxis der Engländer scheint Prévost – wie übrigens auch Voltaire – mehr interessiert zu haben als die Spekulation über den moralischen Sinn. Auf dem Wege der Vermittlung über die moralischen Wochenschriften ist demzufolge die durch Shaftesbury und andere entwickelte Morallehre, deren Axiom die Annahme eines „moral-sense" ist, in Frankreich verbreitet und rezipiert worden.[213] Nicht die Theorie, sondern die praktische Anwendung in den Werten „benevolence", „good-nature" und „humanity" fügte sich offensichtlich in die französische Entwicklung ein.

Was den Begriff „sensibilité" selbst in diesem Rezeptionsvorgang angeht, so ist eindeutig festzuhalten, daß „sensibility" kein Ausdruck der Moral-Sense Theoretiker ist. Überhaupt ist „sensibility" in England später als in Frankreich belegt. Abgesehen von einzelnen Belegen aus den Jahren 1711 und 1713[214] wird von Spink und Erämetsä übereinstimmend folgender Erstbeleg aus dem Jahre 1735 herangezogen:

[212] Ehrard, a.a.O., S. 357.

[213] Zur Verbreitung in Deutschland siehe Rau, a.a.O.. Zur Empfindsamkeit der deutschen moralischen Wochenschriften siehe W. Martens: *Die Botschaft der Tugend,* Stuttgart 1968.

[214] Der erste Beleg, den ich finden konnte, stammt aus dem *Spectator* 1711, Nr. 231: "Modesty is not only an Ornament, but also a Guard to Virtue. It is a kind of quick and delicate *Feeling* in the Soul, which makes her think and withdraw herself from every thing that has Danger in it. It is such an exquisite Sensibility, as warns her to thun the First Appearance of every thing which is hurtful." R. W. Babcock: "Bene-

> ... when stronger *impress'd* on the *Mind,* it (Humanity, Good-Nature) assumes a *higher* and nobler character, and is not-sastisfy'd with good-nature'd Actions alone, but *feels* the *Misery* of others with *inward Pain.* It is then deservedly named *Sensibility,* and is considerably increased in its intrinsick Worth ... A mind then, b a s e d with this *natural Sensibility,* is more disposed to feel those tender Sensations of Love.[215]

„Sensibilité" war in Frankreich zum positiven, sich spontan äußernden moralischen Wert geworden, bevor der Begriff in dieser Bedeutung nach England gelangte.[216] Die „England-These" muß, zumindest was die Begriffsgeschichte selbst und den Einfluß der Moral-Sense Theorie auf die Entwicklung in Frankreich angeht, wenn nicht für hinfällig erklärt, so doch entschieden eingeschränkt werden. Der Begriff „sensibilité" steht sehr wohl in Verbindung mit der Überzeugung, der Mensch könne ohne Reflexion ein moralisches Urteil fällen und dementsprechend handeln - nur ist für diese Überzeugung die englische Theorie weniger als die in Frankreich sehr rege geführte Naturrechtsdiskussion ausschlaggebend. Duclos etwa, der zu den wichtigsten Verteidigern der „sensibilité" gehört, definiert „sensibilité" zwar als Quelle moralischer Erkenntnis, verwahrt sich aber gegen die Annahme, diese sei eine angeborene Eigenschaft.[217]

3.2. „Sensibilité", „Bienfaisance", „Humanité"

> L'esprit seul peut et doit faire l'homme de probité; la sensibilité prépare l'homme vertueux.
>
> Duclos, *Considérations sur les mœurs de ce siècle*

volence, sensibility and sentiment in some 18th century periodicals", in: *Mod. Lang. Notes,* LXII, 1947, S. 394–397, nennt *The Guardian* 1713, No. 19. Spink zitiert einen früheren Beleg aus dem Jahre 1698, wo "sensibility" aber eine andere, sehr viel allgemeinere Bedeutung hat. Spink: „Sentiment, sensible, sensibilité ...", S. 38.

215 *The Prompter* 1735, No. 63.

216 Spink a. a. O., S. 33: „La terminologie qui est propre à la morale du sentiment a été courante en France avant de l'être en Angleterre."

217 Duclos: *Considérations sur les mœurs de ce siècle,* Lausanne 1970, S. 232.

Von der Mitte des 17. Jahrhunderts ab konnten wir eine stete Aufwertung der Seeleneigenschaft „sensibilité“ beobachten. Mme de Lambert formuliert deutlich, was bei Gamaches weniger explizit bereits vertreten wurde: „vous ne pouvez avoir ni humanité ni générosité sans sensibilité“. Die fortschreitende positive Bewertung von Sensibilität findet ihren Höhepunkt in der Gleichsetzung mit der Summe aller sozialen Tugenden. Wie in den voraufgehenden Kapiteln gezeigt werden konnte, steht die hohe moralische Bewertung in Zusammenhang mit den Bereichen tugendsamer Liebe („tendresse“) und zunächst durchaus christlich inspirierter Nächstenliebe („compassion“), die Grundlage menschlicher Gesellschaft wird. „Sensibilité“ ist damit Teil der aufklärerischen, humanistischen Moral, die Tugend nicht länger christlich als Überwindung, sondern als Ausdruck der *natürlichen* Bestimmung des Menschen versteht. Wie die Vernunft darf auch die natürliche Moral nicht durch Vorurteile, durch falsche Erziehung oder fanatische Verblendung in ihrer Wirkung behindert werden. Zu erkämpfendes Ideal ist ein Zustand, in dem die natürlichen Kräfte sich zum Wohle aller, des Einzelnen und der Gemeinschaft, entfalten können. „Humanité“, „bienfaisance“ und „tolérance“ sind laut Hazard die Kardinaltugenden dieser natürlichen Morallehre.[218]

„Sensibilité“ gehört sowohl als initiatorische Kraft - denken wir an die Sklaveninsel - als auch als Tugend zu diesem Moralkanon. Sie erhält in diesem Kontext einen Bedeutungsaspekt, der zu ihrer Aufwertung in der Aufklärungszeit unerläßlich war, und dessen späterer Verlust die Abwertung des Begriffes in der zweiten Hälfte des Jahrhunderts miteinleitete: „sensiblité“ ist eine *aktive* Kraft, nicht nur physisch-psychische Reizbarkeit. Duclos hebt dies besonders hervor:

> L'esprit seul peut et doit faire l'homme de probité; la sensibilité prépare l'homme vertueux. (...) La conviction n'est souvent que passive, la persuasion est active, et il n'y a de ressort que ce qui fait agir. (...) la vertu, supérieure à la probité, exige qu'on fasse le bien, et y détermine.[219]

Der aktive Aspekt war in früheren Äußerungen zumindest latent vorhanden. Gamaches zählte die „générosité“ zu den Eigenschaften, die ohne Sensibilität nicht zu erreichen sind.[220] Noch deutlicher formuliert es der Abbé Desfourneaux:

[218] Hazard, *Pensée*, I, S. 231–33.

[219] Duclos: *Considérations sur les mœurs de ce siècle*, a.a.O., S. 235ff.

[220] *Système*, S. 180: „il faut estre sensible pour estre véritablement généreux, complaisant, doux, traitable, officieux.“

> La sensibilité est un état à l'indolence (...) par elle on pratique ce que beaucoup de gens voient seulement par la spéculation (...) par elle on est bienfaisant, philosophe aimable et honnête homme.[221]

Duclos legt besonderen Wert auf die aktive Seite der Sensibilität, ja er geht soweit, vor einer rein passiven „sensibilité", die als Schwäche definiert wird, zu warnen:

> Il y a une espèce de sensibilité vague qui n'est qu'une faiblesse d'organes, plus digne de compassion que de reconnaissance.[222]

Nur solange „sensibilité" eine aktive Eigenschaft bleibt, kann sie die hohen moralischen Erwartungen, die an sie gestellt werden, auch erfüllen. Schon von 1759 an ist eine Tendenz zu beobachten, die „sensibilité" im Gegensatz zu „tendresse" abgrenzt und dabei erstere als passiv und schwach, letztere aber als aktiv und stark definiert. Auf diese interessante Entwicklung werden wir in B II noch ausführlicher zu sprechen kommen. In der 1. Hälfte des Jahrhunderts dagegen wird die Aktivität der sensiblen Seele entdeckt und gefeiert. „Générosité", die noch aristokratisch anmutende Tugend, wird im zweiten Drittel des Jahrhunderts durch „bienfaisance" ersetzt. Der außerordentliche Erfolg dieses säkularisierten „charité"-Begriffs zeigt, wie stark die Aufklärung an praktischer Moral interessiert war. Tugend ist für die Aufklärer nicht Erfüllen von normhaften, verbindlichen Regeln, sondern engagiertes Handeln:

> La vertu change de nature, lorsqu'elle s'allie à la sociabilité. De repos, elle devient action; de plénitude, elle se fait effusion. (...) Elle se confond avec la bienfaisance.[223]

„Bienfaisance" ist erst im 18. Jahrhundert zu einem verbreiteten Begriff geworden, wogegen das Adjektiv „bienfaisant" schon wesentlich früher belegt ist. Wenn auch Voltaires Äußerung, der Abbé de St. Pierre sei der „Erfinder" des Wortes „bienfaisance"[224] nicht völlig zutrifft[225], kann das Jahr 1725 doch

221 Desfourneaux: *Essai d'une philosophie naturelle,* Paris 1724, S. 67–68. Zit. nach Spink, „Sentiment, sensible, sensibilité ... " a.a.O., S. 44. Siehe auch Lambert, die oben bereits zitiert wurde; *Encyclopédie,* Art. *Sensibilité morale; Trévoux* 1771: „La sensibilité du cœur aux misères d'autrui est la source des vertus sociales."

222 Duclos, a.a.O., S. 348.

223 Mauzi, a.a.O., S. 603.

224 Das entsprechende Zitat weiter unten, S. 140.

225 Spink, "From Hippolyte ... " erwähnt einen Beleg aus dem Jahre 1714, zitiert ihn leider aber nicht.

als das Datum in der Geschichte des Begriffs genannt werden, das seine große Verbreitung einleitete. Voltaires begeisterte Aufnahme des Wortes, das ihm zum Synonym für Tugend schlechthin wurde (Qu'est-ce que la vertu? Bienfaisance envers le prochain[226]), zeigt das starke Interesse des aufklärerischen Zeitalters an einer neuen, die christliche ersetzende Begrifflichkeit in Moralfragen. „Charité" als erste Christenpflicht wird durch die ideologisch nicht beladene, nüchterne „bienfaisance" ersetzt.[227] Es hatte zwar schon früher den Ausdruck „bénéficence" gegeben, der auch als Übersetzung des lateinischen „beneficentia" fungierte, bezeichnenderweise aber war der große Erfolg der späteren Neuprägung vorbehalten. Gegenüber „charité" ist „bienfaisance" zudem ein ökonomisch modernes Prinzip, das nicht individuellen, sondern allgemeinen Wohlstand zu fördern in der Lage sein soll.[228] Diderot schließt sich dem moralischen Konsens über „bienfaisance" an:

> Il n'y a ni vice ni vertu, rien dont il faille recompenser ou chatier. Qu'est-ce qui distingue donc les hommes? La bienfaisance et la malfaisance.[229]

„Bienfaisance" ist Ausdruck der altruistischen Veranlagung des Menschen. Sie ist, genau wie „sensibilité" und „bienveillance", natürliche Kraft bzw. deren unmittelbares Resultat. Diese Überzeugung findet in Morellys *Code de la nature* besonders deutlichen Ausdruck. Wie weiter oben bereits erwähnt, wird „bienfaisance" bei Morelly zum eingeborenen Gefühl, zur „voix intérieure de la nature."[230]

Die große Verbreitung der Tugend „bienfaisance" kann hier nicht im einzelnen dargestellt werden.[231] Festzuhalten ist, daß „bienfaisance", genau wie

226 Art. „vertu" des *Dict. Philosophique.*

227 Wie eng „bienfaisance" mit christlichem Gedankengut verbunden ist, ja sogar aus diesem hervorgeht, zeigt Pomeau: *La religion de Voltaire,* Paris 1956: „Et de cette charité chrétienne Voltaire fait sortir dans la fin du Discours une morale de la bienfaisance." (140).

228 Siehe hierzu Ehrard, a.a.O., S. 533. Der Abbé de St. Pierre war auch als Ökonom tätig und begründet „bienfaisance" als gezieltes, politisch-ökonomisches Prinzip.

229 *Correspondance,* Bd. I, éd., Roth, Paris 1955, S. 214. Brief vom 29.6.1756 an Landois.

230 Morelly, a.a.O., S. 255. Nach Morelly gibt es zahlreiche Belege, z.B. Holbach: *La morale universelle,* Paris 1776; Collet: *Traité des devoirs des gens du monde,* 1763; Lacroix: *Traité de morale,* 1767; section 2 de la prem. partie. Zu „bienfaisance" siehe auch Mornet: *Les origines intellectuelles de la Révolution française,* Paris 1947.

231 Ansätze einer Geschichte von „bienfaisance" bei Crocker: *Nature and Culture,* IV, 5; Ridgway: *Voltaire and Sensibility,* Montreal/London 1973, Introduction; Spink: "From Hippolyte est sensible..." passim.

„sensibilité", zum festen Bestandteil der neuen, natürlichen Moral avancierte. Dies impliziert die Banalisierung des Konzepts, die Modeerscheinung „bienfaisance" und die damit einhergehenden rein verbalen Bekenntnisse zu einer Tugend, deren Prestige ursprünglich gerade auf Taten und nicht auf Worten beruhte. Diese bedauerliche Diskrepanz zwischen Anspruch und Wirklichkeit kommt in einem Artikel aus dem *Journal des Savants* (1777) zum Ausdruck:

> On juge les hommes et les sociétés beaucoup mieux par les faits que par les discours, surtout dans un siècle où le mot *Bienfaisance* est souvent dans la bouche de la multitude et non dans le cœur.[232]

Ridgway, der in seinem Buch *Voltaire and Sensibility* die Bedeutung von „sensibilité" schlicht mit „bienfaisance" gleichsetzt und damit nur *einen* wenn auch zentralen Aspekt des Begriffs trifft, führt kuriose Belege für die unvorstellbare Verbreitung der Moral der „bienfaisance" an. 1778 etwa erscheint eine Sammlung von Biographien und Anekdoten mit dem schönen Titel *Bienfaisance Française,* die den Zeitraum 1715 bis 1774 abdeckt. Die Selbstgefälligkeit, mit der gute Taten an die Öffentlichkeit gebracht werden, gipfelt in einem empfindsamen Patriotismus. Anläßlich der Calas-Affaire heißt es in der *Bienfaisance Française*:

> Toute l'Europe a retenti de cette affaire; les larmes ont coulé de toutes parts, tous les cœurs se sont émus, et j'ai vu les Français vaincre par leur sensibilité toutes les autres nations de l'Europe.[233]

Diese spätere Entwicklung darf nicht vergessen machen, daß „bienfaisance" eine Entdeckung der Aufklärer ist, die christliches Gedankengut ihrer eigenen Philosophie und Morallehre anverwandeln. Nicht zufällig wurde die Lehre der „bienfaisance" von Kirchenvertretern angegriffen, und zwar deshalb, weil „bienfaisance" nicht als Überwindung des Egoismus, sondern als Ausdruck der natürlichen Veranlagung des Menschen definiert wurde. Damit war „bienfaisance" zwar altruistisch, aber insofern auch hedonistisch, als die Ausübung der natürlichen Bestimmung Glück und Erfüllung bedeutet.[234]

[232] *Journal des Savants,* édition de Amsterdam, 1777, XI, S. 249.

[233] Zit. nach Ridgway, S. 57. *Bienf. Fr.* II, S. 364f. Eine „Langzeitwirkung" dieser Bienfaisance-Morallehre könnte darin gesehen werden, daß im ersten Drittel des 19. Jahrhunderts jedes Arrondissement in Paris ein „Bureau de la Bienfaisance" unterhielt.

[234] Siehe das Kap. 5 zum Zusammenhang zwischen Altruismus und Hedonismus.

„Bienfaisance“, wie sie im Denken der Aufklärer definiert wird, beansprucht Universalität. Liebe und Freundschaft mögen die verständlichsten Antriebskräfte zu altruistischem Tun sein; es gibt jedoch eine höhere Instanz, welche die Allgemeingültigkeit der Moral garantiert: „L'Humanité“.

Wie Fritz Schalk in seinem weit ausholenden Aufsatz „Humanitas im Romanischen“[235] überzeugend darlegt, ist „humanité“ im Französischen seit dem 16. Jahrhundert ein moralischer Wert, der mit „justice, équité, douceur, bénignité“[236] verwandt ist. Vermittelt über die italienische Renaissance lebt die antike Humanität als Ideal der Menschlichkeit fort. Seit Charrons *Sagesse* wird „humanité“ als „la plus propre et convenable vertu de l'homme“[237] angesehen. Die religiöse Literatur des 17. Jahrhunderts kennt ebenfalls diesen Typ von „humanité“ und setzt sie meist in Verbindung mit der traditionellen Caritas. Massillon macht die Menschlichkeit zur Aufgabe jedes Christen, besonders aber der Reichen. Christus ist Vorbild durch seine „humanité“:

> Grande leçon d'humanité envers les peuples que Jésus Christ donne aujourd'hui aux Princes et aux Grands. (...) Il voit une multitude errante, et affamée aux pieds de la montagne, et ses entrailles se troublent; et sa pitié se réveille; et il ne peut refuser aux besoins de ces infortunés non seulement son secours, mais encore sa compassion et sa tendresse.[238]

Im 18. Jahrhundert wird „humanité“ aus dem orthodoxen Kontext der Kirche gelöst und von den Philosophen vereinnahmt. Menschlich zu sein heißt Toleranz zu üben, die Gemeinsamkeit der Menschheit über die Zugehörigkeit zu verschiedenen Sekten oder Nationen zu stellen.

> Je schärfer die Trennung von der Orthodoxie sich vollzieht, einen umso schärferen Ausdruck erhält auch das Wort „humanité“, das anfängt eine Parole zu werden, die in den Kreis eines aufklärerischen Programms zurückweist.[239]

Paul Vernière konstatiert in seinem Artikel „L'idée d'humanité au XVIIIe siècle“[240] dieselbe Entwicklung. „Humanité“ ist eine Verpflichtung des Menschen, die sich aus der natürlichen Gleichheit aller ergibt. Das Naturgesetz und dessen praktische Folge „humanité“ begründen so universellen

[235] *Exempla romanischer Wortgeschichte,* a.a.O.
[236] Ebenda, S. 271.
[237] Ebenda, S. 273.
[238] Massillon: *Œuvres,* 1769-1780, Tome 6, S. 131.
[239] Schalk: *Exempla,* a.a.O., S. 283.
[240] In: *Studium Generale,* 15/1962, Heft, 3, S. 171-179.

Anspruch.[241] Voltaire betont die Allgemeinverbindlichkeit der aufklärerischen Menschlichkeit:

> On trouvera dans presque tous mes écrits cette humanité qui doit être le premier caractère d'un être pensant.[242]

„Humanité" wird zur Tugend schlechthin, und bildet so mit „bienfaisance" und „sensibilité" den Kanon der empfindsamen Moral.[243]

> C'est un sentiment de bienveillance pour tous les hommes, qui ne s'enflamme guere que dans une âme grande et sensible. Ce noble et sublime enthousiasme se tourmente des peines des autres et du besoin de les soulager; il voudroit parcourir l'univers pour abolir l'esclavage, la superstition, le vice et le malheur (...). J'ai vû cette vertu, source de tant d'autres, dans beaucoup de têtes et dans fort peu de cœurs.[244]

Die bittere Einsicht des Verfassers dieses Artikels (Abbé Mallet) lenkt unseren Blick auf eines der prinzipiellen Probleme der aufklärerisch-empfindsamen Moral. Ihr universeller Anspruch und die Rückführung auf die noch nicht einmal von der Kirche zu bestreitenden Naturgesetze machen ihre Stärke aus. Gleichzeitig wird aber deutlich, daß die Verwirklichung auf einem anderen Blatt als die Forderung steht. Nicht alle Menschen sind „sensibles, humains, bienfaisants", auch wenn man davon überzeugt ist, daß sie es ihrer Natur nach sein müßten. Aus diesem Dilemma ergeben sich widersprüchliche Äußerungen, die einerseits die Menschlichkeit als anthropologische Bestimmung postulieren und andererseits, wie hier im *Encyclopédie*-Artikel, nur wenige „große und sensible" Seelen die Tugend auch praktizieren sehen. „Noblesse d'âme", die alte und auch in unserem Zusammenhang oft angetroffene Vorstellung der hochgeborenen Seelen, und Gleichheit vor der Natur sind offensichtlich schwer zu vereinen.

241 Für das englische Pendant "human, humanity" siehe die knappen aber exzellenten Ausführungen bei Brissenden, *Virtue in Distress,* S. 32ff.

242 *Disc. Prél.* zu *Alzire,* Moland T. III, S. 379.

243 Etwa Vauvenargues: „L'humanité est la première des vertus", Maxime 441. Zahlreiche weitere Beispiele bei Schalk und Vernière. Im *Journal de Lecture* 1778, S. 147 über den „Prix de la justice et de l'Humanité": „Il ne faut pas entendre ici par humanité *humanum genum* (...) car on ne donne pas un prix au genre humain, à la nature humaine, mais à l'âme la plus humaine, la plus sensible, qui aura joint le plus de justice à cette vertu."

244 Art. *Humanité* in der *Encyclopédie.*

Einige Autoren bleiben daher der traditionellen Sicht treu, so etwa Desfourneaux, der seine oben erwähnte hohe Einschätzung der „sensibilité" nur auf eine kleine Gruppe moralisch hochstehender Personen bezieht. Die modernere Sicht sieht in sozialen Zwängen und falscher Erziehung die Ursache für die abgrundtiefe Differenz zwischen Ideal und Wirklichkeit. Dies wird in folgendem Zitat Diderots deutlich, der sich offensichtlich wirksam gegen die Folgen des Luxus zur Wehr zu setzen wußte:

> Ma porte s'ouvre toujours au besoin qui s'adresse à moi; il me trouve la même affabilité. Je l'écoute, je le conseille, je le secours, je le plains... C'est le même ton de franchise; c'est la même sensibilité. Mon luxe est de fraiche date et le poison n'a point encore agi.[245]

So ist die empfindsame Moral vorwiegend bei armen, der korrupten Gesellschaft fernstehenden Personen anzutreffen, eher als bei den Mitgliedern der hohen Gesellschaft.

> Si c'est le bien, la naissance, l'avantage de se connaître qui rendent si injuste, je bénis le ciel de ne rien posséder (...). L'humanité, la sensibilité de cœur sont le partage du pauvre, de l'honnête pauvre.[246]

Der Mythos des guten Wilden bzw. des guten Bauern erklärt sich aus dem Wunsch, der Idealvorstellung eine konkrete Form zu geben. *Arlequin,* erinnern wir uns der *Ile des esclaves,* leitet die Besinnung auf die Natur ein, nicht ein Mitglied der Zivilisation.[247] Die Kritik an den korrumpierenden Auswirkungen der Zivilisation werden, auch vor Rousseau, somit deutlich. *Zilia,* die südamerikanische Heldin der *Lettres péruviennes* von Mme de Grafigny, sieht diesen Einfluß der Kultur auf die natürlichen Veranlagungen der Franzosen (d.h. der zivilisierten Welt), wenn sie ihrem Geliebten Aza schreibt:

> Ne crois pas pour cela, mon cher Aza, qu'en général les Français soient nés méchans; je serais plus injuste qu'eux, si je te laissais dans l'erreur. Naturellement sensibles, touchés de la vertu, je n'en ai point vu qui écoutât, sans attendrissement, le récit que l'on m'oblige souvent à faire de la droiture de nos cœurs, de la candeur de nos sentimens et de la simplicité de nos mœurs; s'ils

245 Brief an Sophie Volland vom 8.8.1762.

246 Madame Riccoboni: *Suite de Marianne* (1750), in *Vie de Marianne* éd. Deloffre ²1963, S. 625.

247 Siehe auch Roger Mercier, a.a.O., S. 201: „C'est donc dans la littérature de l'instinct et du sentiment, et non chez les observateurs directs des peuples exotiques, qu'il faut voir la véritable source de la légende du bon sauvage."

vivaient parmi nous, ils deviendraient vertueux: l'exemple et la coutume sont les tyrans de leur conduite.[248]

Wer an dem aufklärerischen Programm fortschreitender Vermenschlichung und Moralisierung der politischen und sozialen Welt im 18. Jahrhundert Interesse hatte, betonte die immerhin bestehende Möglichkeit, durch entsprechende Reformen in Politik und Erziehung eine Annäherung an das Ideal zu erreichen - wer dieses Interesse nicht hatte, konnte sich leicht - und zurecht - über die Differenz zwischen Ideal und Wirklichkeit mokieren:

> Les hommes (...) si vous les écoutez vous ne les entendrez parler que d'*humanité*, de *bienfaisance*; cent fois par jour ils vous diront confidemment qu'ils ont une ame d'une *sensibilité incroyable*. La Morale a maintenant ses hipocrites comme en avoit autrefois la Religion.[249]

Trotz dieser scharfen Kritik bleiben „humanité", „bienfaisance" und „sensibilité" zusammengehörige positive Moralwerte, die sich in ihrem hohen moralischen Wert auch noch im 19. Jahrhundert nachweisen lassen.

In dem 1817 erschienenen *Dictionnaire universel des synonymes de la langue française*, der die Synonymen-Wörterbücher von Girard, Beauzée, Roubaud, d'Alembert und Diderot (womit wohl, Diderot betreffend, die *Encyclopédie* gemeint ist) in sich vereint, heißt es im anonymen Artikel 172 (Bd. I, S. 153) unter anderem wie folgt:

> Bonté, Humanité, Sensibilité: Ces trois qualités sont semblables en ce qu'elles tendent toutes trois au même but, le bonheur des autres; elles diffèrent essentiellement entre elle par leur manière d'agir, et par le principe qui les fait agir. La *bonté* est un caractère; l'*humanité*, une vertu; la *sensibilité*, une qualité d'âme.[250]

248 *Lettres d'une péruvienne*, Paris 1752 (erstmals erschienen 1747). L. Schrader hat diesen Aspekt in seiner Interpretation der *Lettres péruviennes* hervorgehoben, in: *Studien zur französischen Aufklärung, Gedenkschrift für Fritz Schalk*, éd. W. Hempel, Frankfurt 1982, S. 313-335.

249 Sauvigny im *Persifleur* 1771. Zit. Nach Gunnar von Proschwitz: *Introduction à l'étude du vocabulaire de Beaumarchais*. Diss. 1956. S. 37. Dort auch folgendes Beispiel aus Palissot: *Les philosophes* II, 5: Cydalise (eine „philosophische" Frau) beteuert „Je ne m'attendris plus que sur l'humanité". Daraufhin Damis:
Je ne scais, mais enfin dussé-je vous déplaire,
Ce mot d'*humanité* ne m'en impose guère,
Et par tant de fripons je l'entens répéter,
Que je les crois d'accord pour le faire adopter.

250 In Art. 171 war *bonté* definiert worden: „Elle est *bienfaisance* dans l'exercice et la pratique".

3.3. *Voltaires Theater – ein empfindsam-aufklärerisches Moralprogramm*

> O superstition! tes rigueurs inflexibles/ privent d'humanité les cœurs les plus sensibles.
>
> Voltaire, *Mahomet* I,2.

Voltaires Name mag in einer Arbeit über „sensibilité" überraschen, galt er doch in der Forschung lange Zeit als der Hauptvertreter jener „âmes sèches", gegen welche die Empfindsamekit reagiert haben soll. Spätestens seit Ridgways Untersuchung *Voltaire and Sensibility*[251] ist dieses Bild Voltaires gründlich korrigiert worden. Voltaire war keineswegs ein Außenseiter in der Entwicklung der Empfindsamkeit in der ersten Hälfte des Jahrhunderts – weite Teile seines Werkes, einige seiner frühen *Discours* nicht weniger als sein Theater, zeugen von einer intensiven Beschäftigung mit zentralen Ideen der „sensibilité"-Bewegung. In seinem ersten Kapitel *The man of feeling* zeigt Ridgway überzeugend, daß Voltaire sich nicht nur selber Zeit seines Lebens als „sensible" bezeichnet hatte[252], sondern auch von seinen Zeitgenossen als „homme sensible" angesehen wurde.[253]

„Sensibilité", „bienfaisance" und „humanité" nehmen in Voltaires moralischem Vokabular einen zentralen Platz ein. Voltaire ist es mit zu verdanken, daß die Neuprägung „bienfaisance" des Abbé de St. Pierre so weite Verbreitung gefunden hat:

> Certain législateur, dont la plume féconde
> Fit tant de vains projets pour le bien de ce monde,
> Et qui depuis trente ans écrit pour des ingrats,
> Vient de créer un mot qui manque à Vaugelas:
> Ce mot est bienfaisance: il me plaît, il rassemble,
> Si le cœur en est cru, bien des vertus ensemble.[254]

[251] Montreal/London 1973.

[252] „Je suis né extrêmement sensible. Je le suis à soixante et seize ans comme à vingt cinq." *Correspondance,* Nr. D 1662.

[253] „Voltaire avait le correctif de son implacable vengeance dans une sensibilité naturelle, que la moindre prévenance suffisait pour intéresser; (...). Peu d'hommes, dans le cours de leur vie ont fait autant de bien que Voltaire." *Lettres de Mme de Grafigny,* éd. Asse, Paris 1879, S. 364.

[254] *Discours en vers sur l'homme,* (1738), 7. discours: *Sur la vraie nature* in: *Mélanges,* éd. van den Heuvel, a.a.O., S. 238f.

Voltaire schätzt diese Form laizistischer Nächstenliebe so hoch ein, daß er sie kurzerhand mit Tugend identifiziert. „Humanité“ und „sensibilité“ gehören für ihn eng zusammen. Im Art. „sensus communis“ des *Dictionnaire philosophique* heißt es:

> 'Sensus communis' signifiait chez les Romains non seulement sens commun, mais humanité, sensibilité. Comme nous ne valons pas les Romains, ce mot ne dit chez nous que la moitié de ce qu'il disait chez eux.[255]

Der natürlichen Moral Geltung zu verschaffen, sie über jahrhundertealte Vorurteile triumphieren zu lassen, hat sich Voltaire zur lebenslangen Aufgabe gemacht.

> J'ai passé ma vie à chercher, à publier cette vérité que j'aime. (...)...j'ai suivi mon penchant. Celui d'un philosophe n'est pas de plaindre les malheureux, c'est de les servir.[256]

Sein umfangreiches Theaterwerk steht im Zeichen aufklärerischen Denkens, trotz der starken ästhetischen Bindung an die bewunderten klassischen Vorbilder des 17. Jahrhunderts. Einige Stücke sollen hier exemplarisch herangezogen werden, um zu zeigen, wie eng Voltaire der Empfindsamkeitslehre und den moralischen Werten, die zu ihr gehören, verbunden war.

Ein Großteil von Voltaires Berühmtheit zu Lebzeiten war auf sein dramatisches Werk gegründet. Der Erfolg läßt sich an Auflagenzahlen, Publikumsrekorden und Aufführungsstatistiken ablesen: 4 Auflagen von *Zaïre* innerhalb von 2 Jahren, 3 von *Alzire* innerhalb eines Jahres.[257]

Zaïre zog 27.000 Zuschauer an[258], *L'enfant prodigue* wurde mit 157 Aufführungen zwischen 1761 und 1800 eines der meistgespielten Stücke der 2. Hälfte des Jahrhunderts überhaupt.[259] Voltaires Liebe zum Theater zeigt sich, neben seiner lebenslangen Aktivität als Schauspieler, Regisseur, Theaterinitiator und -kritiker, in der umfangreichen Produktion, die sich von dem 1718 uraufgeführten *Oedipe*[260] bis zu *Agathocle* (1777) erstreckt.

255 Moland, XX, S. 417.

256 Zit. nach *Histoire des littératures* III, éd. Queneau, (Pléiade), S. 706.

257 P. M. Conlon: "Voltaire's literary career from 1728 to 1750", in: *Studies on Voltaire,* Vol. XIV, 1961, S. 82f.

258 Conlon a.a.O., S. 103 und John Lough: *Paris theatre audiences in the 17th and 18th centuries,* London 1957, S. 178.

259 Ridgway, a.a.O., S. 210.

260 Bereits in seiner Schulzeit hatte Voltaire eine heute verlorengegangene Tragödie verfaßt: *Amulius et Numitor;* siehe hierzu R. S. Ridgway: „La propagande philosophique dans les tragédies de Voltaire“, in: *Studies on Voltaire,* Vol. XV, Genève 1961, S. 15.

In seinen wenigen theoretischen Äußerungen zum Theater macht Voltaire wiederholt deutlich, daß ihm an einer Vermischung der traditionellen, klassischen Gattungen Komödie und Tragödie nicht gelegen ist. Im Vorwort zum *Enfant prodigue* vertritt er noch eine differenziertere Sicht und kommt zu dem Schluß, daß eine Entscheidung über Berechtigung oder Unsinn der Vermischung verschiedener Gattungselemente von Fall zu Fall zu treffen ist. Doch in späteren Äußerungen lassen sich mehr und mehr abwertende Töne gegenüber der „comédie larmoyante" vernehmen. Diese Entwicklung kann an der sich zum Negativen entwickelnden Beurteilung der Werke Nivelles abgelesen werden. Lobt er ihn noch im Mai 1736 in einem Brief an ihn selbst als einen der wenigen Autoren Frankreichs, die Verse zu verfassen in der Lage seien[261], so verurteilt er im Vorwort zu *Nanine* (1749) die Gattungsvermischung.

> Der beherrschende Moment in Voltaires Theorie - so im Vorwort zu *L'enfant prodigue* (1736) - ist zunächst ein sehr freier Zug. (...) Aber nach dem Erscheinen von Nivelle de la Chaussées *Mélanide* (1741) - einer reinen comédie larmoyante - vollzieht sich deutlich eine Akzentverschiebung von der Freiheit auf die stärkere Bindung an die Überlieferung. Der klassizistische Zug, der Voltaire innewohnt, wird in den später entwickelten Theorien (...) sichtbar.[262]

Schon den Zeitgenossen galt Voltaire als Tragödienautor, der zwar zu Recht in einem Atemzug mit den beiden Großen des 17. Jahrhunderts, Corneille und Racine, genannt wurde, der aber auch entscheidende neue Impulse in die Gattung eingeführt hatte. Marmontel bescheinigt ihm gerade in der Frage der „sensibilité" Originalität:

> C'est lui qui le premier a répandu dans la *tragédie* cet intérêt si doux de la touchante humanité; c'est lui qui, sur la scène, a fait un sentiment religieux de la bienfaisance universelle; c'est lui qui a mis dans les sujets modernes toutes les tendresses du sang; et quel pathétique il en a tiré.[263]

261 *Correspondance,* a.a.O., Nr. D 1070; D 1450.

262 Fritz Schalk: „Zur französischen Komödie der Aufklärung" in: *Festschrift für H. Dieckmann,* München 1967, S. 247-259; hier 256. Zur Verurteilung der Gattungsvermischung siehe auch den Artikel „Art dramatique" im *Dictionnaire philosophique.*

263 Art. „Tragédie" im Supplément der *Encyclopédie,* Amsterdam 1777, Tome IV. Für Marmontels Verständnis der Tragödie ist „sensibilité" zentral: „La sensibilité humaine est le principe d'où part la tragédie."

Diesen Zusammenhang zwischen klassischer Tragödie und optimistischer, aufklärerischer Moral- und Geschichtsphilosophie hat Roland Galle[264] zum Anlaß genommen, die spezifische Struktur der Voltaireschen Tragödien genauer zu analysieren. Mit dem Rückgriff auf die Hegelsche Tragödienkonzeption gelingt es Galle zu zeigen, daß in Voltaires Tragödien individuelle Tragik des notwendig scheiternden Helden und kollektive Verheißung einer geordneten und gerechten Geschichte nicht vereint werden, wie es Hegels Konzept vorsieht. Vielmehr schreckt Voltaire vor Situationen zurück, die den Helden ohne Ausweg *notwendig* auf seine Vernichtung zugehen lassen. Hingegen verlangt sein aufklärerisches Menschen- und Weltbild, daß tragische Situationen als vermeidbar, als Irrtum und Folge menschlicher „préjugés" dargestellt werden. Daher trägt die tragische Lösung des Konflikts oft Züge des Versöhnlichen, des Harmonisierenden. Dies ist, so Galle, der große Unterschied zur Tragik-Konzeption des deutschen Idealismus. Die Lösung soll nicht eine Verheißung sein, sondern lediglich die Perspektive auf Veränderung einschließen:

> Neben der gegebenen Konfrontation, die mit Notwendigkeit zur Vernichtung der Individuen führt, schließt die hier vorgestellte Tragödienkonzeption unabdingbar aber auch die Perspektive ein, daß ihre Niederlage aufgehoben werde in einem späteren Sieg.[265]

Galles Analyse wird durch das Verhältnis von dramatischen Strukturen und natürlicher Moral nur bestätigt; dies gilt für Inhalt und Struktur der Komödien nicht weniger als für die Tragödien. Die Stimme der natürlichen Güte, der natürlichen Vernunft und Moral muß sich gegen Ungerechtigkeit und Fanatismus Geltung verschaffen, sonst würde der didaktische Effekt, die erhoffte Wirkung des positiven Beispiels verschenkt. Voltaire wählt allerdings je nach Gattung und auch je nach Einzelfall verschiedene Lösungen der dramatischen Konflikte, mit denen wir uns nun befassen wollen.[266]

„Bienfaisance" als die Pflicht des modernen Kaufmanns wird in *L'écossaise*[267] (1760) dramatischer Gegenstand.

264 „Die Replik des deutschen Idealismus auf die Aporie der Voltaireschen Tragödien." in: *Voltaire und Deutschland,* éd. Brockmeier/Desné/Voss, Stuttgart 1979, S. 439–453.

265 Ebenda, S. 446.

266 Mit Absicht haben wir Stücke gewählt, die Galle nicht oder nur en passant behandelt, für andere Beispiele siehe seinen Aufsatz.

267 Zur Geschichte dieses Stücks siehe Lilian Willens: "Voltaire's comic theatre: composition, conflict and critics." in: *Studies on Voltaire,* vol. 136, Genève 1975, S. 67ff.

Ein reicher Händler, der gerade mit viel Gewinn aus Jamaica zurückgekehrt ist, wird zufällig im Café, in das er zum Zeitungslesen gekommen war, in eine tragische Geschichte verwickelt. Lindane, eine der Hauptfiguren des Stücks, wird ihm von Fabrice, dem Wirt, als „charmante femme" beschrieben:

> Oh! elle est bien plus qu'honnête; elle est belle, pauvre et vertueuse; entre nous, elle est dans la dernière misère, et elle est fière à l'excès.[268]

Unter Mißachtung jeder sozialen Konvention und der Proteste Lindanes dringt Freeport bei ihr ein, um dort seine Schokolade zu genießen – „pour s'amuser", wie er es ausdrückt. Die komischen Elemente sind nicht zu übersehen, aber lächerlich kann Freeport auf keinen Fall genannt werden. Sein Verhalten soll wohl jenes „sourire de l'âme, préférable au rire de la bouche"[269] auslösen, von dem im Vorwort des Stücks die Rede ist. Nachdem er einige Augenblicke wortkarg hinter seiner Zeitung verborgen in den Gemächern Lindanes zugebracht hat, spricht er diese unverblümt und ohne galanten Dekor auf ihre schwere finanzielle Lage an. Lindane streitet alles ab, woraufhin ihr Freeport „trop de fierté" vorhält – dieser Vorwurf taucht leitmotivisch in allen fünf Akten wieder auf. War sein Verhalten bislang ungewohnt und deswegen komisch, so setzt er nun erst recht sein Gegenüber (und die Zuschauer) in Erstaunen:

> J'ai fait un voyage á la Jamaïque, qui m'a valu 5000 guinées; je me suis fait une loi (et ce doit être celle de tout bon chrétien) de donner toujours le dixième de ce que je gagne; c'est une dette que ma fortune doit payer à l'état malheureux où vous êtes (...). Voilà ma dette de 500 guinées payée. Point de remerciements, point de reconnaissance; gardez l'argent et le secret.[270]

Damit ist für ihn die Sache erledigt.

Die Bitte um „le secret" erklärt sich als das Bestreben, sich bei Bekanntwerden seiner Tat nicht dem Vorwurf auszusetzen, er habe nur mit der Absicht gehandelt, wegen seiner Güte gelobt zu werden. Dazu kommt im Falle Freeports die Tatsache, daß er, entgegen aller gegenteiligen Beteuerungen, in Lindane verliebt ist, und nicht in den Verdacht kommen möchte, wegen seiner Liebe so zu handeln.

268 Moland, a.a.O., T. V, S. 390ff. Hier S. 440.
269 Ebenda, S. 411.
270 Ebenda, S. 442–443. Laya macht aus dem letzten Satzteil eine Intrige, die er seinem Stück *L'ami des lois* (1793) zugrunde legt. Forlis, der ebenfalls seine guten Taten geheimhalten will, gerät hier sogar in den Verdacht zu konspirieren.

Gerade dieses Nebeneinander von selbstverständlicher, helfender Tat und hilfloser, stummer Verliebtheit macht Freeport zu einer tragikomischen Gestalt, welche die Sympathie des Zuschauers auf ihrer Seite hat. Fabrice, der Besitzer des Cafés, hebt die Hilfsbereitschaft und Effektivität Freeports hervor:

> Il n'est pas complimenteur, mais il oblige en moins de temps que les autres ne font que des protestations de services.[271]

Nicht zufällig ist Freeport Kaufmann, der in seiner Eigenschaft als „Kapitalist" Träger des wirtschaftlichen Fortschritts ist; nicht zufällig schreibt Voltaire gerade ihm altruistische Eigenschaften zu, auch wenn dies aus heutiger Sicht paradox erscheinen mag.[272] Für Voltaire jedenfalls gehören diese beiden Elemente zusammen:

> Je ne sais pourtant lequel est le plus utile à un état, ou un seigneur bien poudré qui sait précisément à quelle heure le roi se lève ... ou un négociant qui enrichit son pays, donne de son cabinet des ordres à Surate et au Caire, et contribue au bonheur du monde.[273]

Freeport ist auf der französischen Bühne ein neuer Charakter, der die aufgeklärt nüchterne Vernunft des „homme bienfaisant" darstellt. Weniger glücklich als diese Komödie endet – verständlicherweise – eine der bekanntesten Tragödien Voltaires, in der es um die Macht der „sympathie", der empfindsamen Werte, der natürlichen Religion gegenüber Aberglauben und Fanatismus geht: *Mahomet, ou le fanatisme* (1741).[274] Wie der Titel andeutet, geht es um die Auswüchse und tragischen Folgen einer fanatischen Religion, die ihre Anhänger in marionettenhafte geistige Abhängigkeit bringt.

> Mahomet n'est pas le rôle intéressant[275]

[271] Moland, a.a.O., T. V, S. 456.

[272] Auch Jean Ehrard a.a.O. äußert ein gewisses Befremden: „Un homme utile à la société ne peut manquer d'être raisonnable et vertueux: par une sorte de transfert on en vient donc à créditer ses intentions du résultat indirect de ses ambitions égoïstes. Objectivement bienfaisant, le négociant doit être sensible et généreux. Ce glissement de pensée doit peut-être beaucoup à la réalité historique: nous ne pouvons nous empêcher d'y voir une mystification." (S. 387).

[273] Lettre X, Moland, a.a.O., T. XXII, S. 111.

[274] Zur Entstehungs- und Aufführungsgeschichte von *Mahomet* siehe Ridgway (1961) a.a.O., S. 115–136. Hier benutzte Ausgabe: Moland a.a.O., T. IV, S. 93ff.

[275] *Correspondance* a.a.O., Nr. D 2200.

sagt Voltaire selbst in einem Brief an Mlle Quinault, und wir wollen uns diesem Urteil anschließen, zumal da sich in unserem Zusammenhang das Hauptaugenmerk tatsächlich nicht auf Mahomet, sondern auf seine Opfer Séide und Palmire richtet.

Die Figurenkonstellation ist denkbar einfach: auf der einen Seite Zopire, der Statthalter von Mekka, der als Vertreter einer von Voltaire als positiv dargestellten Religion und Philosophie zu verstehen ist:

> Zopire est un déiste et un sentimental. C'est un père tendre et sensible, qui se laisse guider par „la nature" autant que par la raison.[276]

Seine moralischen Werte sind „l'équité, la bienfaisance et la raison".[277] Ihm gegenüber steht der Unmensch Mahomet, dem Zopire auf seinem Weg zur totalen politischen und religiösen Macht im Wege steht. Mahomet vertritt „l'intérêt, le cynisme, la superstition et la cruauté".[278] Zwischen diesen beiden Personen steht Séide, zwischen diesen beiden Philosophien entsteht der Konflikt, den Séide in seinem Innern austragen muß. Von Mahomet und dessen Helfershelfer Omar angestachelt, soll Séide Zopire ermorden. Séide weiß nicht, daß sein Opfer sein Vater ist, fühlt aber trotz allen Verführungsgeschicks Mahomets eine instinktive Zuneigung zu ihm, Mitleid mit dem unglücklichen Zopire. Er berichtet seiner Geliebten Palmire, die in Wirklichkeit seine Schwester ist, von seinem Zögern:

> Sur l'ennemi de Dieu je portais le trépas:
> Un autre dieu, peut-être, a retenu mon bras.
> Du moins lorsque j'ai vu ce malheureux Zopire,
> De la religion j'ai senti moins l'empire.
> Vainement mon devoir au meurtre m'appelait;
> A mon cœur éperdu l'humanité parlait.
> Mais avec quel courroux, avec quelle tendresse,
> Mahomet de mes sens accuse la faiblesse!
> Avec quelle grandeur, et quelle autorité,
> Sa voix vient d'endurcir ma sensibilité!
> Que la religion est terrible et puissante![279]

Diese Passage enthält den tragischen Konflikt Séides und damit des gesamten Stücks, deutet aber auch die Lösung bereits an. Trotz der von außen auf ihn

[276] Ridgway (1961) a.a.O., S. 127.
[277] Ebenda.
[278] Ebenda.
[279] Moland, a.a.O., T. IV, S. 146.

einwirkenden Macht, die ihn zu einem fanatischen Sklaven der Religion macht, wirkt in ihm ein anderer „Gott“, ein natürlicher Gott, der den ihm innewohnenden, unterdrückten menschlichen Werten Gehör verschafft. Die Zweifel, die ihm angesichts des gütigen Zopire an seiner Religion wiederholt gekommen waren[280], die unbekannte Kraft, die ihn zu Zopire hingezogen hatte, mündet hier in einen, wenn auch kurzfristigen, Sieg der natürlichen Tugenden, der natürlichen Religion. Die Tatsache, daß Séide gerade mit seinem ihm unbekannten Vater diese Erfahrungen macht, zeigt, wie eng Voltaire hier den Zusammenhang zwischen „Nature“, „Humanité“ und „Sensibilité“ darstellt: Elternliebe, Zuneigung zum Mitmenschen, Mitleid und natürliche Religion gehen ineinander über.

Doch Séide sagt selbst, daß der Sieg der empfindsamen Werte ein vorübergehender ist. Mahomet weiß zu gut, wie er Séides Widerstand brechen kann: Palmire ist der Preis für den Mord an Zopire. Ridgway sieht im Ausgang des Stücks eine „leçon pessimiste“[281]. Ganz so absolut kann dies nicht richtig sein, wenn man sich vor Augen führt, daß die Macht Mahomets keineswegs ausreicht, um jede Regung von Menschlichkeit zu unterdrücken. Zopires Ausruf

> O superstition! tes rigueurs inflexibles
> privent d'humanité les cœurs les plus sensibles.[282]

ist zwar richtig, wird aber im Laufe des Stücks relativiert. Noch der sterbende Zopire bringt die Herzen Séides und Palmires auf seine Seite. Stirbt Séide von Mahomet vergiftet, so entzieht sich Palmire durch Selbstmord seiner Liebe, deren Erfüllung eines der Motive Mahomets für den Mord an Séide war. Mahomets abschließender Monolog zeigt deutlich, daß die aus dem Stück zu ziehende Lehre eine doppelte ist. Mahomets Sieg auf Erden - daß weiterhin die Menschen seinen Verführungskünsten erliegen werden, daran läßt Voltaire keinen Zweifel - und damit der Sieg von religiöser Verführung und Leichtgläubigkeit täuscht nur notdürftig über Mahomets Einsicht und Bekehrung hinweg:

> Mes forfaits dans mon cœur ont donc mis mon supplice!
> Dieu que j'ai fait servir au malheur des humains,
> Adorable instrument de mes affreux dessins,

[280] Am deutlichsten in III, 1, a.a..O., S. 131f.
[281] Ridgway (1961) a.a.O., S. 130.
[282] I, 2; a.a.O., S. 111.

Toi que j'ai blasphémé, mais que je crains encore,
Je me sens condamné, quand l'univers m'adore.
Je brave en vain les traits dont je me sens frapper.
J'ai trompé les mortels et ne puis me tromper.
Père, enfants malheureux, immolés à ma rage,
Vengez la terre et vous, et le ciel que j'outrage.[283]

Diese abrupte Bekehrung mag absurd scheinen (oder als taktisches Manöver Voltaires gesehen werden, um der Zensur zu entgehen): sie ist nicht wahrscheinlicher oder unwahrscheinlicher als die Bekehrung von Gengis-Kan in der letzten Szene von *L'orphelin de la Chine* (1755), oder als die Erleuchtung Gusmans auf dem Totenbett. Auch in *Alzire* (1736) geht es um die Frage der natürlichen Religion, die hier als wahres Christentum in der Person Alvarez' auftritt. Gleich in der ersten Szene hält Alvarez seinem Sohn Gusman eine Rede, in der er ihm seine religiösen und politischen Überzeugungen darlegt: wie sich später zeigen wird, ist Gusman wenig beeindruckt davon. Nur in einem Moment sieht Alvarez einen Hoffnungsschimmer, als kurz die „natürlichen" Tugenden Gusmans durchscheinen:

Eh bien! vous gémissez: je sens qu'à ce récit
votre cœur, malgré vous, s'émeut et s'adoucit.
L'humanité vous parle, ainsi que votre père.[284]

„Malgré vous": das einzige Hindernis, das Gusman überwinden muß, um zu seinem „wahren" Ich zu finden, ist nicht wie bei Séide eine äußere, ihn manipulierende Kraft, sondern er selbst. Als Gusman, von Zamore tödlich getroffen, ein Einsehen hat, ist es wie in Mahomet - diesmal für ihn selbst - zu spät. Umso überraschender kommt die Erleuchtung, und der Leser (zumindest der heutige) ist versucht, mit Alzire auszurufen:

Quel changement, grand Dieu! quel étonnant langage![285]

Akzeptiert man aber die Voltairesche Prämisse, daß allen Menschen „humanité" und „sensibilité" eigen sind, diese bloß aus verschiedenen Gründen nicht wirksam werden, so überraschen die plötzlichen Wendungen zum Guten kaum mehr. *Alzire* endet zwar einerseits tragisch, da Gusman von Zamore getötet wird, andererseits aber ist das Ende ein „dénouement heureux", da das Gute im Menschen triumphiert und zudem noch das Lie-

[283] Ebenda, S. 162.
[284] Moland, a.a.O., T. III, S. 388.
[285] Ebenda, S. 435.

bespaar zusammenfindet. Mit dem Triumph der Tugend „sensibilité" geht notwendig eine Vermischung der Gattungen, eine Entwicklung zum „Drame" einher.

4. „Sensibilité" und Aufklärung

> À mesure que l'esprit acquiert plus de lumières, le cœur acquiert plus de sensibilité.
>
> *Encyclopédie,* Art. „foible"

Das zentrale Postulat der im Einleitungskapitel dargestellten „préromantisme"-These besteht in der Annahme, Gefühlsäußerungen jeder Art, die mit „sensibilité" resümierend bezeichnet werden, seien die Reaktion gegen eine voraufgehende Epoche kalter, unmenschlicher Vernunftbegeisterung. Mittlerweile dürfte hinlänglich klar geworden sein, daß „sensibilité" nicht nur kein Gegenteil von Aufklärungsphilosophie, sondern ein wichtiger Bestandteil derselben ist. Der Verknüpfungspunkt zwischen der Entwicklung des Begriffs „sensibilité" und der Aufklärungsbewegung ist in der zunehmenden Moralisierung des Begriffs zu sehen, die zur Identifikation von „sensibilité" und sozialer Tugend geführt hat. Was die nüchterne Vernunft nicht weniger als eine natürliche Religion fordert, kam mit den natürlichen Regungen der Sensibilität in Übereinstimmung.[286]

Die moralischen Werte der Aufklärungsphilosophie, die im voraufgehenden Kapitel dargestellt wurden, werden von den Zeitgenossen als Errungenschaft ihrer Zeit, ihrer „philosophischen" Erneuerung der Gesellschaft angesehen - der Fortschritt der Köpfe entspricht dem Fortschritt der Herzen.

> Il est des vertus qui sont l'ouvrage seul des lumières. Le mot d'humanité était absolument inconnu dans les temps d'ignorance. C'est une vertu des peuples instruits qui ne peut naître que dans les âmes dont la sensibilité naturelle s'est épurée par la réflexion.[287]

[286] "Thus the dictates of reason went hand in hand with the generous impulses encouraged by sensibility, to enforce on the consciousness of all one's moral obligations to one's fellows." Wilson, a.a.O., S. 38.

[287] Paul Suard: *Discours de réception à l'Académie,* 1774, zit. nach Vernière, a.a.O., S. 178.

Diesen Fortschritt auch in moralischen Dingen zu erreichen gehört zum Programm jedes Aufklärers, eines Voltaire wie eines Diderot. Selbst in demjenigen geschichtsphilosophischen Werk der Spätaufklärung, das mit dem Fortschrittsdenken der Aufklärung in enger Verbindung steht, in Condorcets *Esquisse d'un tableau des progrès de l'esprit humain,* wird „sensibilité" als zu realisierende Kraft im Menschen definiert, die erst in der Zukunft zu ihrer vollen Entfaltung kommen könne:

> Cette conscience de sa dignité qui appartient à l'homme libre, une éducation fondée sur une connaissance approfondie de notre constitution morale, ne doivent-elles pas rendre communs à presque tous les hommes, ces principes d'une justice vigoureuse et pure, ces mouvements habituels d'une bienveillance active, éclairée, d'une sensibilité délicate et généreuse, dont la nature a placé le germe dans tous les cœurs, et qui n'attendent, pour s'y developper, que la douce influence des lumières et de la liberté?[288]

Der Glaube an die Beeinflußbarkeit der Menschen, der in einer starken Didaktisierung der Literatur seinen Niederschlag findet[289], setzt „sensibilité" als Quelle moralischer Erkenntnis voraus. Der neue Typ des „philosophe", der mit dem Philosophen früherer Jahrhunderte nur noch den Namen gemeinsam hat, kommt mit seinem Selbstverständnis keineswegs in Konflikte, wenn er sich „philosophe sensible" nennt. Dieser Typus des aufklärerischen Menschen, der als Konsequenz der oben schon für das ausgehende 17. Jahrhundert skizzierten Annäherung von „esprit" und „cœur" angesehen werden könnte, soll im folgenden ersten Abschnitt dargestellt werden.[290]

Aus der bisherigen Darstellung der Geschichte des Begriffs „sensibilité" wurde ein Bereich ausgeklammert, der in der Verwendung des Begriffs in der ersten Jahrhunderthälfte eine untergeordnete Rolle spielt: der Bereich der erkenntnistheoretischen Relevanz der „sensibilité". „Sensibilité" wird in diesem Kontext weit weniger verwendet als das Substantiv „sentiment", dessen stark rationale Komponente noch aus dem 17. Jahrhundert stammt, das aber

[288] *Esquisse..*, éd. M. u F. Hincker, Paris 1966.

[289] Siehe hierzu Kap. 7.1.

[290] Mauzi formuliert diesen Tatbestand mit einem kritischen Unterton bezüglich der Naivität einiger Prämissen des „homme de sentiment". „L' 'homme de sentiment' n'est nullement l'antagoniste, mais plutôt la dégradation – fruit d'une confusion et d'une idéalisation naïve – de l'homme des Philosophes. C'est à la „loi naturelle" mal comprise et confondue avec l'homme tout entier qu'il faut remonter pour l'expliquer." a.a.O., S. 615.

im 18. Jahrhundert eine Vielfalt verschiedener Bedeutungen in sich vereint, die es auseinanderzuhalten gilt. Der Abschnitt über „sentiment“, der einen Vorgriff auf das Kapitel B II,1 über die philosophische Definition des Begriffs in der zweiten Hälfte des Jahrhunderts darstellt, unterstützt den bisherigen Befund, daß „raison“ und „sentiment“, wie sie das Jahrhundert verstand, keine Gegensätze, sondern komplementäre Formen der Erkenntnis sind. Der Antagonismus zwischen heller Vernunft und dunkler „sensibilité“ jedenfalls ist in der alten Form nicht aufrecht zu erhalten. In seiner Rezension zu Trahards Werk hatte Hugo Friedrich wohl als erster die Grundannahme der „préromantisme“-Forschung, die einer Zweiteilung des Jahrhunderts in Gefühl und Vernunft, in Frage gestellt.

> Kritisch wird man bei seiner strengen Scheidung von Aufklärung und Empfindsamkeit nur fragen: sind das wirklich so getrennte Welten? Wirkt nicht hinter ihren Unterschieden ein gemeinsamer Denktypus, ausgedrückt im gemeinsamen Urstands-, Gleichheits- und Tugendgedanken, oder in all den Versuchen, einerseits die ‘Vermögen’ des Herzens zu definieren, so wie man andererseits die ‘Vermögen’ der Vernunft zu definieren unternahm?[291]

4.1. Der „philosophe sensible“

> La philosophie, débarrassée des sophismes métaphysiques et vains, n’est plus enfin que ce qu’elle dût toujours être: la sensibilité réglée par la Raison.[292]

Die französische Aufklärung hat in der Partei der „philosophes“, die sich vor allem im Zusammenhang mit der umkämpften Herausgabe der *Encyclopédie* formiert hatte, ihre Verkörperung gefunden. „Le philosophe“, so wie ihn das 18. Jahrhundert definierte, steht mit seiner Person, mit seinen Idealen für die Ziele der Aufklärung. Im 17. Jahrhundert war ein Philosoph im Gegensatz zum „honnête homme“ eine lächerliche Figur, die mit ihrer Gelehrsamkeit

[291] Hugo Friedrich: „Der Epochebegriff im Lichte der französischen Préromantisme-Forschung“, in: *Neue Jahrbücher für Wissenschaft* 10/1934, S. 124–140.

[292] Zit. nach Mornet: *Les origines intellectuelles de la Révolution française,* Paris 1933, S. 311. Es handelt sich um einen Auszug einer Rede, die 1783 vor der „chambre de lecture de Saint-Gilles-sur-Vic“ gehalten wurde.

und Pedanterie nicht den Ansprüchen der mondänen Welt genügen konnte. Noch lange herrscht dieser alte Typus des „philosophe“ in den Komödien der Zeit vor. Selbst Marivaux greift in seinem dramatischen Werk immer wieder die versteinerte, weltfremde Vernunft der Philosophen an. In *L'île de la Raison* ist es, wie schon erwähnt, ausgerechnet der Philosoph, dem es nicht gelingt, durch vernünftiges Handeln seine gewohnte Körpergröße wiederzugewinnen.[293] I. O. Wade, der dem Wandel des Bildes vom „philosophe“ auf der französischen Bühne im 18. Jahrhundert nachgegangen ist, konstatiert für die erste Hälfte des Jahrhunderts eine nur zögernde Loslösung vom alten Klischee des weltfremden, lächerlichen Philosophen.[294]

Als ein Wendepunkt in dieser Auffassung könnte Destouches' *Philosophe marié* (1727) angesehen werden. Im IV. Akt wird dort eine neue Konzeption, die später die allein gültige des Jahrhunderts werden sollte, definiert:

> Loin qu'en systèmes vains son esprit s'alambique,
> Etre vrai, juste, bon, c'est son système unique.
> Humble dans le bonheur, grand dans l'adversité,
> Dans la seule vertu trouvant la volupté,
> Faisant d'un doux loisir ses plus chères délices,
> Plaignant les vicieux et détestant les vices:
> Voilà le philosophe.[295]

Die Abwertung des Systemgeistes[296], die gleichzeitige Hinwendung zur moralischen Tat und die Bindung des Begriffs „philosophe“ an „vertu“ sind charakteristisch. Der neue Typ des Philosophen vereint in sich all jene Tugenden, die sich aus dem Naturrecht, aus den Gesetzen der reinen Menschlichkeit ergeben:

> Quelle qu'en soit l'origine, l'humanité postulait un nouveau idéal, un nouveau modèle humain. Ce fut le philosophe.[297]

[293] Zur Karikatur der Philosophie und ihrer „raison“ bei Marivaux vgl. *La seconde surprise de l'Amour* I, 14 und II,8. Auch Prévost verwendet in *Cleveland* die Philosophie noch als dem praktischen Leben nicht zuträgliche, abstrakte Wissenschaft.
[294] I. O. Wade: *The „philosophe“ in the French Drama of the 18th Century,* Princeton 1926, Reprint New York 1965. Wade berücksichtigt Destouches leider nicht.
[295] IV,3.
[296] Hierzu Herbert Dieckmann: *Le philosophe. Texts and Interpretations,* Saint-Louis 1948, S. 68: "One of the necessary conditions of being a philosopher is precisely not to have a philosophic system."
[297] Vernière, a.a.O., S. 175.

Der aufklärerische Philosoph lebt in der Gesellschaft, für die sein Werk bestimmt ist und auf die seine Philosophie sich bezieht. Nicht spekulative Erörterungen unlösbarer Probleme sind die Hauptbeschäftigung, sondern pragmatische Überlegungen, die moralische Handlungen zum Ziel haben. In dem ansonsten für unser Thema wenig ergiebigen Art. „philosophe" der *Encyclopédie* wird der soziable Charakter des Philosophen betont:

> Le *philosophe* est donc un honnête homme qui agit en tout par raison, et qui joint à un esprit de réflexion et de justesse les mœurs et les qualités sociables.[298]

Wenn man diese Neudefinition des Philosophen im Auge behält, ist es leichter zu verstehen, wieso die Figur des „philosophe sensible" den Zeitgenossen keineswegs als *contradictio in adiecto* vorkommen mußte. Der soziable, der Tugend zugewandte Philosoph zählte zu seinen Fähigkeiten nicht nur den eigenständigen Gebrauch seiner kritischen Vernunft, sondern auch die Eigenschaft der aufklärerischen Empfindsamkeit. Wie im vorhergehenden Kapitel anläßlich von Voltaires Theater einsichtig wurde, bedeutet der Kampf um freie Äußerung der natürlichen „humanité" und „sensibilité" gleichzeitig Kampf der kritischen Vernunft gegen die Vorurteile des Fanatismus.[299]

„Être raisonnable *et* sensible" - dies setzt sich der neue Typus des Philosophen zum Ziel. Der enge Zusammenhang von rein rationalen und spontanen Kräften im Menschen, den wir in der zunehmenden Annäherung der einstigen Antagonisten „esprit" - „cœur" schon ansatzweise beobachten konnten, wird wiederholt ins Thema gehoben.

> La raison et le sentiment se conseillent et se suppléent tour à tour. Quiconque ne consulte qu'un des deux et renonce à l'autre, se prive inconsidérablement d'une partie des secours qui nous ont été accordés pour nous conduire.[300]

Deutlicher als viele seiner Zeitgenossen sieht Vauvenargues diesen notwendigen Zusammenhang. Immer wieder kommt er auf die Tatsache zurück, daß Denken ohne Fühlen genauso fragmentarisch bleiben muß wie Fühlen ohne Denken.

298 Zur Entstehungsgeschichte und Bedeutung des Artikels „philosophe" siehe das in Anm. 296 zitierte Buch von H. Dieckmann.

299 Chamfort drückt es knapp aphoristisch aus: „Qu'est-ce qu'un Philosophe? C'est un homme qui oppose la Nature à la Loi, la raison à l'usage, sa conscience à l'opinion, et son jugement à l'erreur." Max. 53. *Maximes, Pensées, caractères et anecdotes,* éd. Jean Dagen, Paris 1968.

300 Vauvenargues: *Œuvres complètes* éd. H. Bonnier, Paris 1968. Maxime 150.

Zur gleichen Zeit, also in den späten 40er Jahren, bringt Gresset in seiner Komödie *Le méchant* (1747) das neue Ideal des zum „philosophe" avancierten „honnête homme" auf eine Formel:

> Un commerce de suite avec les mêmes gens,
> L'union des plaisirs, des goûts, des sentiments,
> Une société peu nombreuse, et qui s'aime,
> Où vous pensez tout haut, où vous êtes vous-même,
> Sans lendemain, sans crainte, et sans malignité,
> Dans le sein de la paix et de la sûreté:
> Voilà le seul bonheur honorable et paisible
> D'un esprit raisonnable, et d'un cœur né sensible.[301]

Dieses bescheidene Bild vereinigt die Ideale der Offenheit („sincérité"), der Soziabilität und der emotional-rationalen Ausgeglichenheit. Diderot kennt in seinen frühen Werken, vor allem in den Dramen, ebenfalls die Koppelung „raisonnable et sensible".[302] Vernunft und Empfindsamkeit widersprechen sich nicht[303], ja selbst die „passions", ein Ausdruck, der zunehmend nur für starke, zügellose Leidenschaften verwendet wird, sind nicht mehr Zeichen der menschlichen Korruption, sondern Antrieb des Menschen. Was sie zur Zügelung, zur Begrenzung in den Rahmen der moralischen Werte allerdings benötigen, ist die erhellende Vernunft und die Wirkung der angeborenen „sensibilité". Diese ihrerseits garantiert Harmonie.

> Le mot de *passion* change de signification au cours du siècle, passant du sens classique à son sens moderne. (...) Les „passions" revêtent peu à peu leur sens actuel et désignent surtout des sentiments violents et exclusif, qui obsèdent l'âme et l'attachant à un seul objet. C'est ainsi qu'on opposera les „passions", principe de tourments et de division interne, au *sentiment,* qui réalise, dans une douce euphorie, l'unité de la conscience.[304]

Mistelet skizziert in seinem Traktat das Idealbild des philosophischen Ministers, der die Geschicke der modernen, aufgeklärten Gesellschaft zum Glücke aller lenken könnte. „Sensibilité" und „raison" wirken zusammen:

> L'alliage de la Raison et de la Sensibilité fait l'homme de génie, l'homme vertueux: elles se prêtent l'une à l'autre un secours mutuel; elles adoucissent et

301 *Le méchant,* in *Théâtre au XVIIIe siècle* éd. Truchet, T. I, IV, 4. vv. 1823ff.
302 Rosalie etwa ist, bevor Dorval den Frieden des Hauses zerstört, eine „jeune amante raisonnable et sensible" (*Fils naturel*).
303 Weitere Beispiele für den Ausdruck „philosophe sensible" bei Mauzi, S. 258f.
304 Mauzi a.a.O., S. 437.

fortifient en même temps le cœur où elles se sont établies. La Raison est rarement où manque la sensibilité.[305]

„Le ministre philosophe" ist derjenige, „qui réunit la sensibilité à la raison".[306] Eine desillusionierte, aber humorvolle Erklärung für die Lebenshaltung des sensiblen Philosophen gibt Grimm in seiner *Correspondance littéraire,* wenn er die Regierungszeit Ludwigs XV. charakterisiert:

> Le désordre des affaires publiques nous rendit tristes; on aima mieux pleurer que rire. (...) L'impuissance d'être gais nous fit prendre le parti d'être sensibles et philosophes.[307]

Ridgway skizziert in seinem Buch Voltaire als den „philosophe sensible" par excellence. Wie oben kurz ausgeführt wurde, ist Voltaire in den Augen seiner Zeitgenossen von Empfindsamkeit geprägt, seine Handlungen zeugen hiervon nicht weniger als seine Schriften. Der persönliche Einsatz Voltaires in der Calas-Affäre wird ihm als „acte de bienfaisance" ausgelegt und d'Alemberts *Eloge de Voltaire* vor der *Académie* (1779) ist eine Würdigung des „philosophe sensible".[308]

Vauvenargues ist in diesen Punkten seinem verehrten Vorbild Voltaire sehr ähnlich. So sehr er auf die Kräfte der Vernunft zur Erkenntnis und zum praktischen Leben vertraut, so skeptisch ist er gegenüber jener Vernunft, die den Boden der menschlichen Natur verlassen hat.

> La raison nous trompe plus souvent que la nature.[309]

Und die Natur des Menschen umfaßt Affekte, Leidenschaften und Gefühle nicht weniger als Reflexion. Für das menschliche Leben ist reflexives Denken nicht ausreichend:

> Personne n'est sujet à plus de fautes que ceux qui n'agissent que par réflexion.[310]

305 *De la sensibilité...* a.a.O, S. 258.

306 Ebenda, S. 259. Ganz ähnlich bei Baculard d'Arnaud: *L'abus de la sensibilité* (1787): „C'est la sensibilité éclairée qui met l'homme au-dessus des autres créatures". Zit. nach Angus Martin: *Anthologie du conte en France de 1750 à 1799,* Paris 1981. Auch Bonnet: *Palingénésie* II, 1769, S. 122: „Cette sensibilité délicate et raisonnée qui caractérise l'homme moral." Genauso I, 168. Siehe weitere Beispiele bei Mauzi S. 258ff.

307 *Correspondance littéraire* III, S. 342.

308 Hierzu ausführlicher Ridgway, Kap. 1 und 2.

309 Vauvenargues, a.a.O., Max. 123.

310 Ebenda, Max. 131.

Vertrauen auf die natürlichen Kräfte des Menschen bedeutet Vertrauen gerade auf seine Spontaneität, auf nicht reflektiertes Handeln:

> Le sentiment ne nous est pas suspect de fausseté.[311]

Gefühle können keine Produkte der mit „préjugé" behafteten Kultur sein, sie sind Zeichen desjenigen, was die Aufklärer im Menschen freilegen wollen: die natürliche Veranlagung, die ihn mit allen seinen Fähigkeiten, mit Kopf wie mit Herz, zu einem glücklichen Leben auf der Erde bestimmt.

4.2. „Sensibilité" und „sentiment" als Quellen der Erkenntnis

> Sentir fait penser. On en convient assez aisément; on convient moins que penser fasse sentir, mais cela n'est guère moins vrai.
>
> Chamfort, *Maximes et pensées*[312]

Das Zeitalter der Aufklärung ist das Zeitalter der Vernunft. Kaum ein Begriff, der so häufig in Texten des 18. Jahrhunderts zu finden ist wie „raison", oder auch jene „lumières", die dem Jahrhundert seinen Namen gegeben haben.[313] Descartes' Rationalismus wird durch den englischen Empirismus abgelöst, und spätestens seit der Mitte des Jahrhunderts ist der Leitsatz der *Tabula rasa* zum Axiom aufklärerischer Erkenntnistheorie geworden.

Die sensualistischen Philosophen genauso wie die Materialisten erheben in ihren Werken ab der Jahrhundertmitte die „sensibilité physique" zur wichtigsten Eigenschaft des Menschen, da ohne diese sowohl Erkenntnis als Denken überhaupt unmöglich seien. Eine alte Bedeutung des Begriffs „sensibilité" kommt so zu neuen Ehren, das moralische Element tritt in den Hintergrund. Nicht zufällig hat uns die physische Sensibilität als Quelle aller Sinneseindrücke und damit, im sensualistischen Sinne, aller Erkenntnis bisher nicht

311 Ebenda, Max. 367.

312 Chamfort: *Maximes, pensées*... a.a.O., Nr. 377.

313 Zur Metaphorik von „Aufklärung" bzw. „lumières" siehe Fritz Schalk, „Zur Semantik von 'Aufklärung' in Frankreich", in *Festschrift W. v. Wartburg zum 80. Geburtstag,* Tübingen 1968, S. 251–266; Roland Mortier, „'Lumière' et 'lumières', histoire d'une image et d'une idée," in: R. M. *Clartés et ombres du siècle des lumières,* Genève 1969, S. 13–59.

beschäftigt. Locke benutzt „sensibility“ nicht, genauso wenig wie seine frühen Verbreiter und Anhänger in Frankreich, etwa Voltaire in seinen *Lettres philosophiques.* Erst in der zweiten Hälfte des Jahrhunderts führt die Neudefinition der physischen Sensibilität zu einer neuen Gewichteverteilung im Bedeutungsspektrum des Begriffs. Wir werden ausführlich in B II,1 darauf zurückkommen.

Trotzdem müssen auch bei der Behandlung des Verhältnisses von „sensibilité“ und der frühen Aufklärung einige Aspekte im Zusammenhang von „raison“ und „sentiment“/„sensibilité“ erörtert werden, die mit dem Erkenntniswert von Vernunft und „sentiment“ zu tun haben.

Der Begriff der Vernunft selber in der französischen Aufklärung ist keineswegs erschöpfend untersucht. Immer noch maßgeblich sind Cassirers Ausführungen zu diesem Thema:

> All die verschiedenen Energien des Geistes bleiben (...) in einem gemeinsamen Kraftmittelpunkt beschlossen. (...) Wenn das achtzehnte Jahrhundert diese Kraft *bezeichnen,* wenn es ihr Wesen in einem Wort einfangen will: so greift es hierfür nach dem Namen der „Vernunft“. (...) Aber es wäre verfehlt und voreilig, wenn auch der Geschichtsschreiber des 18. Jahrhunderts sich mit dieser Charakteristik begnügen wollte und wenn er glaubte, an ihr einen sicheren Ausgangs- und Haltepunkt gefunden zu haben.[314]

Ein entscheidender Wandel, den der Begriff „Vernunft“ im Laufe des Jahrhunderts erfährt, ist die Abwendung von einer abstrakt systematischen Vernunft, die Lockes Erkenntnistheorie in sich aufgenommen hatte.[315] Gleichzeitig wandelt sich auch die Funktion der Vernunft. War sie bisher Garantie für die - göttliche - Ordnung der Dinge, so wird sie nun zum Potential der menschlichen Emanzipation und Befreiung. Beide Aspekte werden in Ferrater-Moras *Diccionario de filosofía* auf einen Nenner gebracht:

[314] Ernst Cassirer: *Die Philosophie der Aufklärung,* Tübingen 1932, hier S. 5. Dieckmann hat Cassirers Darstellung in einigen Punkten kritisiert (“An interpretation of the 18th century”, in *Studien zur europäischen Aufklärung* München 1974, S. 218–233), dann auch eigene Forschungen über die Vernunft-Problematik des 18. Jahrhunderts veröffentlicht: „Reflexionen über den Begriff *raison* in der Aufklärung und bei Pierre Bayle“, in *Studien* a.a.O., S. 312–326. Trotzdem bleibt eine Gesamtuntersuchung des Vernunftbegriffs in der französischen Aufklärung Desiderat.

[315] Cassirer, a.a.O., S. 132: „Lockes Autorität ist in allen Fragen der Psychologie und Erkenntnislehre, in der ersten Hälfte des Jahrhunderts, so gut wie unbestritten.“

> La razón del siglo XVIII es a la vez una actitud epistemológica que integra la experiencia y una norma para la acción moral y social.[316]

Während dem zweiten Teilaspekt dieser Definition die moralische Aufwertung von „sensibilité“ entspricht, korrespondiert die physische Sensibilität dem empiristischen Vernunftbegriff. „Sensibilité physique“ wird, wie gesagt, in diesem Kontext vor den Werken Condillacs sehr selten verwendet. Häufiger ist der Ausdruck für das Empfundene selber, „sentiment“.

Seit dem 17. Jahrhundert bezeichnet „sentiment“ verschiedene Dinge. Geläufigste Definition in den Wörterbüchern der Zeit ist „avis, opinion“, eine Bedeutung, die auch in den Dictionnaires des 18. Jahrhunderts beibehalten wird. Nur zögernd weitet sich das Bedeutungsspektrum von „sentiment“ im 18. Jahrhundert aus. Ein völlig neuer Bereich wurde oben in Kap. I angedeutet, nämlich derjenige seelischen Empfindens, für den das deutsche „Gefühl“ steht.[317] Hier nun interessiert uns eher der rationale Aspekt des „sentiment“, seine Bedeutung als Erkenntisquelle.

Das lateinische Etymon von „sentiment“, „sensus“, enthält schon die Doppeldeutigkeit, die noch im 18. Jahrhundert die Problematik des Wortes ausmacht: es bezeichnet einerseits den Verstand, der den Menschen zum Urteil befähigt, andererseits den Sinn, mit dem der Eindruck, der dem Urteil zugrunde liegt, wahrgenommen wird.[318] Im 17. Jahrhundert wird deshalb häufig zwischen „sentiment=avis, opinion“ und den „sentiments de l'âme“ unterschieden. Dumonceaux hat in seiner Studie zu *Langue et sensibilité au 17e siècle* auf den Unterschied zwischen „sentiment“ und „avis, opinion“ hingewiesen. „Sentiment“ bezeichnet ihm zufolge eine *persönliche* Meinung, die zwar bekämpft, aber nicht widerlegt werden könne.[319] Diese Differenzierung ändert nichts an der Tatsache, daß „sentiment“ als eine bestimmte Form der Erkenntnis definiert wird.

Pascal weist dem Herzen und der ihm zugeordneten Erkenntnisform „sentiment“ große Bedeutung zu. Die entscheidenden, prinzipiellen Erkenntnisse werden zunächst intensiv mit dem Gefühl erfaßt, dann erst rational nachvollzogen und bestätigt.

316 Art. „racionalismo“.

317 Zum ästhetischen „Gefühl“ im 18. Jahrhundert siehe den Art. „sentiment“ bei Knabe a.a.O. und Cowarts Aufsatz zur Musiktheorie, a.a.O.

318 Zur Geschichte des Wortes „sentiment“ siehe, neben dem entsprechenden Art. des FEW, Brissenden: *Virtue in Distress* a.a.O., S. 15ff; Spink, „sentiment, sensible, sensibilité“ a.a.O., passim; Kruchen, „sensus“ passim.

319 Dumonceaux, a.a.O., S. 439–441.

> Le cœur a ses raisons, que la raison ne connaît pas.[320]
> Nous connaissons la vérité, non seulement par la raison, mais encore par le cœur; c'est de cette dernière sorte que nous connaissons les premiers principes. (...) Les principes se sentent, les propositions se concluent.[321]

Auch Descartes kannte den Terminus „sentiment" in erkenntnistheoretischer Hinsicht und verstand darunter eine unklare Idee, eine „pensée confuse" im Gegensatz zur klaren Idee. Dieses Konzept der vor-reflexiven Stufe des Bewußtseins in „sentiment" hat vor allem in Malebranches Schriften Verbreitung gefunden. Der besondere Status des „sentiment" als Kraft der Erkenntnis ergibt sich aus der Tatsache, daß „sentiment" einerseits nicht reflexiv, damit nicht verfälscht ist und doch Bewußtsein des Erkennens selbst einschließt. Diesen Sachverhalt hat Spink in einem neueren Aufsatz analysiert. Dort heißt es:

> The old word *réflexion* implied a clear self-awareness; Malebranche's 'pensée confuse', or 'conscience' or 'sentiment' is an awareness that is less clear, but is nevertheless a sort of awareness. Clear self-awareness is apt to be destructive of sincerity and spontaneity, whereas the *pensée confuse* what is *sentiment* is not.[322]

Da „sentiment" unmittelbare Erkenntnis und nicht durch die reflektierende Vernunft vermittelt ist, kann ihrem Urteil mehr vertraut werden als der Reflexion:

> Les sentiments de notre âme ne sont jamais douteux, jamais incertains, ils sont toujours clairs et évidents; les connaissances de notre âme ne sont jamais évidentes, jamais certaines; elles sont toujours vagues, toujours douteuses.[323]

Marivaux' Gebrauch des Wortes „sentiment" verdeutlicht diese Stellung zwischen Instinkt und klarem Bewußtsein. Seine Definiton muß im zusammenhängenden Text zitiert werden:

320 *L'Œuvre de Pascal,* éd. par Jacques Chevalier, Paris (Pléiade) 1936, S. 963 (*Pensée* 477).

321 Ebenda, *Pensée* 479.

322 J. S. Spink: „Marivaux: The 'mechanism of the passions' and the 'metaphysic of sentiment'", in *Modern Language Review* 73/1978, S. 278–290, hier 282.

323 *Correspondance littérature,* 1. oct. 1753. Siehe auch folgende Definition bei Chansierges: *Système de l'esprit,* Paris 1723, wo drei Arten von Wahrheit unterschieden werden (vrai d'entendement, vrai d'imagination, vrai de sentiment): „Heureux celui qui sait sentir; plus heureux encore celui qui sait suivre les pensées qui naissent naturellement du sentiment qui nous touche." (S. 339).

Ce mélange touchant de bontés et de plaintes, cette douleur attendrissante qu'elle me témoignait quand je faisais mal, me suivait partout; c'était une scène que je ne pouvais me résoudre à voir recommencer (...) Ces sortes de choses paraîtront peut-être des délicatesses qui demandent de l'esprit; non, avec tout l'esprit possible, souvent on ne les a point; je le répète, il ne faut pour cela qu'un peu de sentiment, et qu'est-ce que ce sentiment? c'est un instinct qui nous conduit et qui nous fait agir sans réflexion, en nous présentant quelque chose qui nous touche, qui n'est pas développé dans de certaines gens, et qui l'est dans d'autres; ceux en qui cela se développe sont de bons cœurs qui disent bien ce qu'ils sentent; ceux en qui cela ne se développe pas le disent mal et n'en sont pas moins. Cependant, c'est toujours esprit de part et d'autre que cet instinct-là, seulement plus ou moins confus dans celui-ci que dans celui-là; mais c'est une sorte d'esprit dont on peut manquer, quoiqu'on en ait beaucoup d'ailleurs, et qu'on peut avoir aussi sans être spirituel en d'autres matières; et c'est là toute l'explication que j'en puis donner.[324]

Solch ein nicht reflektierter aber bewußter Zustand ist also ein „sentiment". Das Gefühl wahrt sich so seinen Anspruch auf Aufrichtigkeit, die sich aus seiner Spontaneität ergibt - erinnern wir uns der zentralen Rolle von „sincérité" im moralischen Aufwertungsprozeß der Empfindsamkeit. Gerade die nicht reflexive Beschaffenheit ist die Stärke von „sensibilité" bzw. „sentiment". Und doch ist Bewußtsein, „conscience", nicht ausgeschlossen; Beleg hierfür ist die Tatsache, daß empfindsame Personen sich ihrer „sensibilité" bewußt sein können, diese sogar benennen und analysieren.[325]

Dieses Verständnis von „sentiment" setzt sich auch bei den Philosophen durch. Im *Discours préliminaire* zur *Encyclopédie* unterscheidet d'Alembert zwei Bereiche, in denen „sentiment" relevant geworden ist: Moral und Ästhetik. Interessanterweise setzt er das moralische Gefühl mit dem Gewissen gleich:

324 *Le Spectateur Français,* in: *Journaux et Œuvres diverses,* Paris 1969, S. 255f.

325 Dies löst auch den Widerspruch, den viele „préromantisme"-Forscher konstatiert und bemängelt haben: Monglond, Lanson u.a. äußern sich verwundert über die ihrer Meinung nach „scheinbare" „sensibilité" und die gleichzeitige Manie der Selbstanalyse. Von einem romantischen Gefühlsbegriff ausgehend, muß dies tatsächlich als Widerspruch erscheinen. Lanson gründet seine negative Einschätzung der „sensibilité" auf genau diesen Widerspruch: „On appelle de ce nom (sensibilité, F. B.) au 18e siècle la réflexion de l'intelligence sur les émotions, réelles ou possibles, de la sensibilité: c'est moins le sentiment que la conscience et surtout la notion du sentiment. Une âme sensible est celle qui comprend les occasions où elle doit sentir, et qui produit avec le plus de vivacité possible toutes les actions extérieures qui répondent à ces occasions de sentir." Lanson, *Hist. de la litt. fr.,* II, 1932, S. 52.

> Le sentiment est de deux sortes. L'un destiné aux vérités de morale, s'appelle conscience; c'est une suite de la loi naturelle et de l'idée que nous avons du bien et du mal; et on pourrait le nommer évidence du cœur, parce que tout different qu'il est de l'évidence de l'esprit attachée aux vérités spéculatives, il nous subjugue avec le même empire.[326]

In einem späteren Text unterscheidet Diderot, schon unter dem Einfluß der neuen Physiologie, die in seinem Werk zu einer Neubewertung des Begriffs „sensibilité" führt[327], zwischen „sentir" und „être sensible":

> C'est qu'être sensible est une chose, et sentir est une autre. L'une est une affaire d'âme, l'autre une affaire de jugement.[328]

Vor diesem Hintergrund erklären sich auch einige Verwendungen von „sensibilité", die leicht als widersprüchlich erscheinen könnten. Duclos, der im Zusammenhang mit der moralischen Aufwertung der Sensibilität schon mehrmals zitiert wurde, schließt nämlich seine Ausführungen mit einer kuriosen Definition der wahren „sensibilité", die von einer schwächeren Form abgegrenzt wird:

> Il y a une espèce de sensibilité vague qui n'est qu'une faiblesse d'organes, plus digne de compassion que de reconnaissance. (...) La vraie sensibilité serait celle qui naîtrait de nos jugements, et qui ne les formerait pas.[329]

Dieser kurze Überblick, der natürlich keine Behandlung der Erkenntnisproblematik in der französischen Aufklärung anstrebt, dürfte dennoch klargemacht haben, daß auch auf dem Gebiet der menschlichen Erkenntnis „sensibilité" lediglich Voraussetzung und Ergänzung der Vernunft sind, keineswegs aber ihre Widersacher:

> At no time in the century of Sensibility was feeling separated from thinking as it is apt to be in modern discussions on the subject.[330]

[326] D'Alembert, *Discours préliminaire de l'Encyclopédie,* Paris 1965, S. 57.

[327] Siehe ausführlicher zu Diderot Kap. B II, 2.

[328] *Paradoxe sur le comédien* (1769), in: *Œuvres complètes,* Assézat/Tourneux, Bd. 8, S. 415.

[329] Duclos, *Considérations,* a.a.O., S. 348. Siehe auch *Les Confessions du comte de* +++ (1741), wo es S. 287 heißt: „Il y a, si j'ose dire, une sagacité du cœur qui est la mesure de notre sensibilité".

[330] Spink, "From Hippolyte est sensible", a.a.O., S. 192.

Die besondere Stellung von „sensibilité“ und „sentiment“ als zwar bewußte, aber nicht reflektierte Empfindung[331] birgt allerdings auch jenes Problem, das mit zur Um- und Abwertung der moralischen Empfindsamkeit beigetragen hat: auch nicht-reflexives Bewußtsein, so mußte man jedenfalls bald befürchten, macht Verstellung und Heuchelei möglich, genau jenes Verhalten also, das „sensibilité“ zu Anfang in Abgrenzung zur höfischen Dissimulation ausschließen sollte.

Die große Verbreitung der sensualistischen Philosophie, die trotz Lockes früher Bekanntheit erst mit Condillacs Werk in Frankreich einsetzt, sowie die neue Medizin und Physiologie, die „sensibilité“ als Eigenschaft der organischen Materie definiert, tragen um die Mitte des Jahrhunderts ebenfalls dazu bei, daß die Gültigkeit der „sensibilité“ und des „sentiment“ als spontane, seelische Eigenschaften infrage gestellt werden.

„Sensibilité physique“ und „sensation“ werden dann den Platz des „sentiment“ in der Erkenntnistheorie übernehmen.

5. Glück und Leiden der „âme sensible“

Ah! qu'on est heureux d'avoir une âme sensible!
Mme Riccoboni, *Fanni Butlerd,* 1757.

Hélas! qu'on est malheureux d'avoir un cœur sensible!
Baculard d'Arnaud, *Les époux malheureux,* 1745.

Das 18. Jahrhundert ist bekanntlich von einem bemerkenswerten Optimismus bezüglich der Möglichkeiten menschlichen Glücks geprägt. Das Recht auf Streben nach Glück ging nicht nur in die Menschenrechtserklärungen des ausgehenden Jahrhunderts ein, sondern alle Denker und Philosophen befaßten sich in unzähligen Traktaten mit der Problematik menschlichen Glücks, das in einer fortgeschrittenen und fortschrittlichen Zeit in greifbare Nähe

331 Auch modernere Psychologie billigt „sensibilité“ eine Zwischenstellung zu, Burloud: *Psychologie de la sensibilité,* Paris 1954, S. 5: „Un phénomène de sensibilité – je dirais provisoirement un sentiment, en donnant à ce mot son sens le plus large – est un état de conscience spontanée dans lequel il y a immédiation du sujet et de l'objet. Parmi les couches psychologiques qui, dans une coupe transversale de l'âme, composent mon état mental actuel, le sentiment s'insère entre l'inconscient et la conscience que Lachelier appelait intellectuelle, entre la pure présence et la représentation. (...) Ce n'est pas sans raison que l'on a rapproché sous le même nom de *sensibilité* la sensation et le sentiment.“

gerückt schien.[332] Das neu entstandene Menschenbild der „âme sensible" macht diesbezüglich keine Ausnahme. Prévost dachte über das unglückliche Schicksal seiner empfindsamen Helden nach, andere preisen die „sensibilité" als Voraussetzung menschlichen Glücks überhaupt. Wie wäre der Glückszustand einer „âme sensible" zu beschreiben, welche Voraussetzungen müssen zur Erreichung der Glückseligkeit erfüllt sein? Wie erklären sich solch kontroverse Äußerungen wie die beiden als Motto zitierten Sätze? Diesen Fragen soll im folgenden nachgegangen werden.

Während die christliche Lehre traditionellen Zuschnitts die irdische Existenz ohnehin lediglich als Jammertal, als Weg der Opfer und Entsagungen hin zum wahren, ewigen Leben deutet, waren sich die antiken Ethiken, gleich ob stoisch oder epikureisch, in der Überzeugung einig, daß Glückseligkeit nur in einem Zustand seelischer Ausgeglichenheit, in einem Zustand der Ruhe bestehen kann - in dieser Frage kann von den bekannten Unterschieden zwischen Stoa und Epikureismus abgesehen werden.

Eine solche Ausgeglichenheit strebt auch die empfindsame Seele an, ja ihre Haupteigenschaft „sensibilité" steht selbst schon für den Ausgleich von Herz und Kopf, von „esprit" und „cœur". Dieses Ideal beschreibt Gresset in *Le méchant* (1747) in der oben schon zitierten Passage, die hier noch einmal angeführt sei:

> Un commerce de suite avec les mêmes gens
> L'union des plaisirs, des goûts, des sentiments,
> Une société peu nombreuse, et qui s'aime,
> Où vous pensez tout haut, où vous êtes vous-mêmes,
> Sans lendemain, sans crainte, et sans malignité,
> Dans le sein de la paix et de la sûreté:
> Voilà le seul bonheur honorable et paisible
> D'un esprit raisonnable, et d'un coeur né sensible.[333]

332 "One fact stands out. There was almost unanimous agreement that human nature must not and could not be violated in its basic demand for happiness." Crocker, *Nature and Culture,* S. 498. Zur wahrlich enzyklopädischen Darstellung des Glücks-Problems im französischen 18. Jahrhundert siehe das schon oft zitierte Buch Mauzis über *L'idée du bonheur dans la littérature française au XVIIIe siècle.*

333 IV, 4. Dieselbe Form ausgeglichenen, auf eine ruhige „sensibilité" gründenden Glücks beschreibt auch Helvétius in *De l'esprit* (1758) (*Œuvres complètes* Paris 1784, T. IV, S. 120): „Les gens sensés sont en général plus heureux que les hommes livrés à des passions fortes: cependant l'indifférence des premiers les rend moins heureux que l'homme doux, et qui né sensible, a par l'âge et les réflexions affoiblie en lui cette sensibilité. Il lui reste un cœur, et ce cœur s'ouvre encore aux foiblesses des autres; sa sensibilité se ranime avec eux; il jouit enfin des plaisirs d'être sensible, sans en être moins heureux."

Dieses in der Tat harmonisch und ruhig anmutende Bild ist ein Ideal des empfindsamen Menschen. Situationen, wie sie Gresset hier beschreibt, finden sich häufig in Szenen der zeitgenössischen Romane und Theaterstücke. Die Beteiligten pflegen in solchen Fällen seltenen Glücks der eigenen Empfindsamkeit als Stifterin des Glückszustandes pathetisch zu gedenken:

> Mes enfants, dit mon père au milieu des pleurs, oui, voilà le jour le plus beau, le plus doux de ma vie! Oh! que la sensibilité nous fait goûter de plaisir![334]

Montenault äußert sich in seinem *Essai sur les passions* ganz ähnlich:

> La sensibilité du cœur, et de l'esprit, est le bien le plus précieux et le plus véritable, dont l'homme jouisse. C'est par elle qu'il est soulagé du sentiment de sa misère, qu'il goûte le plaisir de la vie, les douceurs de l'amitié et les charmes de la société.[335]

Die Liste isolierter Äußerungen über Glückszustände, die der „sensibilité" zugeschrieben werden, könnte recht lange fortgesetzt werden.[336] Besonders malerisch schildert Diderot in einem Brief an Sophie Volland vom 2.10.1761 seine Vorstellung vom idealen Glück:

334 Baculard d'Arnaud: *Œuvres,* Paris 1783, 12 tomes. *Les époux malheureux,* T. 9 und 10. Die erste Ausgabe 1745 enthielt die Teile I–IV, 1783 erschienen die Teile V und VI. Das Zitat (Bd. X, S. 237) stammt vom Ende des Romans, das die Aussöhnung zwischen Vater und Sohn besiegelt. Die Ausgabe 1745 hatte kein „dénouement heureux".

335 A.a.O., Bd. I, S. 337.

336 Einige Beispiele:
Bousquet, *Le 18e siècle romantique,* zitiert: „Ah! qu'il est vrai pour les cœurs sensibles, qu'il y a une volupté bien supérieure à toutes celles qu'ils (les sens) peuvent faire éprouver." (Crébillon, *Les heureux orphelins,* 1754); „Ah! le beau présent que nous fait le ciel lorsqu'il nous donne un cœur sensible! C'est le principe de toutes les vertus." (Marmontel, *Les mariages sammites,* in *Oe. C.* 1787, T. III, S. 246).
Mme Riccoboni: „Aimable sensibilité! présent cher et flatteur!" *Lettres à Mylady Catesby* XV, 1759.
Bibiéna: *Le triomphe du sentiment,* s.o., S. 73.
Gérard: *Conte Valmont* I, T. 3, 1775: „Il règle sa sensibilité, il modère ses désirs, il tempère ce qu'ils ont de trop ardent; et jouissant de lui-même au sein de la règle et du bonheur, dans son assujettissement et sa contrainte, il trouve la paix et la liberté."
Julie de Lespinasse trennt interessanterweise eine glückbringende aktive „sensibilité" von einer leidvollen passiven „sensibilité", siehe Mehnert, a.a.O., S. 37.
Weitere Beispiele bei Mornet: *Le romantisme au XVIIIe siècle,* Kap. „Les délices du sentiment".

Un repos délicieux, une lecture douce, une promenade dans un lieu frais et solitaire, une conversation où l'on ouvre son cœur où l'on se livre à toute sa sensibilité, une émotion forte qui amène des larmes sur le bord des paupières, qui fait palpiter le cœur (...) le voilà, le vrai bonheur, je n'en connaîtrai jamais d'autre.

Und doch ist die Erreichung eines solchen glücklichen Zustandes eher Ziel als Realität. So wie „sensibilité" im wesentlichen eine natürliche, aber nicht immer realisierte oder realisierbare Eigenschaft ist, bleibt auch das Glück der empfindsamen Seele utopisch. Die starke Differenz zwischen der Beteuerung, „sensibilité" bedeute Glück einerseits, und der Versicherung, „sensibilité" sei ein „fatal présent du ciel" andererseits, erklärt sich durch die Differenz von prinzipieller Unglücklichkeit der sensiblen Seele in der (noch nicht) perfekten Gesellschaft und momentaner Erfüllung des Ideals, meist im Kreis der Familie oder Freunde.

Zum Glück der empfindsamen Seele gehört die Ausübung der eigenen „sensibilité", d.h. sozialer Tugenden, die den hohen moralischen Wert der „sensibilité" ausmachen.

On est heureux partout où l'on fait le bien.[337]

bringt Diderot diese Überzeugung auf eine Formel.

Saint Lambert differenziert und trennt zwischen dem Gefühl des Mitleids selbst (das an sich schmerzhaft ist) und der sich anschließenden Hoffnung, durch eigenes Handeln das Leid mindern zu können:

Dialogue cinquième:
- Nous avons à parler des passions vertueuses.
- Et qui sont par elles-mêmes des sentimens agréables; mais je voudrais auparavant que nous disions un mot d'un sentiment naturel, qu'on peut appeler un de nos penchans plutôt qu'une passion.
- Quel est ce sentiment?
- La pitié.
- Quels sont ses effets?
- De nous rendre sensible aux peines des autres et de nous porter à les secourir.
- Mais n'est-ce pas un sentiment pénible?
- Oui, quand elle n'est pas adoucie par l'espérance ou le bonheur de soulager le malheureux.[338]

337 Diderot, 25.7.1762 an S. Volland.

338 Saint-Lambert: *Œuvres complètes,* 5 Tomes, An IX, T. 2: *Le catéchisme universel,* S. 39.

Diese ein wenig simpel anmutende Gleichsetzung von Tugendausübung und Glück für den Einzelnen war im 18. Jahrhundert sehr verbreitet.[339] Zurecht meldet Voltaire diesbezüglich Bedenken an:

> Un homme vertueux avec la pierre et la goutte, sans appui, sans amis, privé du nécessaire, persécuté, enchaîné par un tyran voluptueux qui se porte bien, est très-malheureux.[340]

Der aktiven Seite der „sensibilité", welche die Ausübung sozialer Tugenden darstellt, steht die passive Seite gegenüber. Und dies bedeutet in einer Welt, die den Gesetzen der Natur und des Herzens genauso wenig gehorcht wie den Gesetzen der Vernunft, notwendig Verletzlichkeit und Leiden.

Dies räumt auch Montenault ein, der „sensibilité" sonst zum Hauptmotor menschlichen Glücks macht.

> Elle (la sensibilité, F. B.) est le mobile de la joye, de la tristesse, du discernement, et du choix.[341]

Der Verlust des Gleichgewichts von Kopf und Herz bedingt, das hatten wir gesehen, das Unglück der Prévostschen Helden mit.[342] Schon Ninon de Lenclos hatte geklagt:

> C'est un cruel présent du ciel que l'excès de sensibilité, et les choses de tendresse font plus souffrir qu'elles ne portent finalement de joie.[343]

Und fast identisch bei Mme de Lambert:

> Les caractères sensibles ont plus à souffrir: le cœur ne s'use pas comme les sens.[344]

339 Wie verbreitet dieser Versuch, Eigen-Interesse und gesellschaftliches Interesse in der Gleichsetzung Tugend = Glück zu vereinen, im 18. Jahrhundert war, zeigt Crocker in seinem Kap. 5 "Virtue and happiness", a.a.O., S. 265–295. Speziell zu Diderot S. 286.

340 Art. „Souverain Bien" des *Dict. Philosophique.*

341 A.a.O., S. 338.

342 Siehe oben, I.1.3.

343 Zit. nach Jamieson, a.a.O., S. 39; aus der *Correspondance authentique,* S. 57.

344 Mme de Lambert, *Œuvres,* a.a.O., S. 151.
Weitere Beispiele: Marmontel: „Ah! qu'on est malheureux d'être sensible!" (1755), in *Oe. C.* 1787, I, *Alcibiade* S. 63.
Zahlreiche Textstellen bei Mornet, *Le romantisme*... a.a.O., Kap. „Le fatal présent du ciel".

Der sicherlich bekannteste und auch in der Sekundärliteratur am häufigsten zitierte Vertreter unglücklicher „âmes sensibles“ ist Saint-Preux aus der *Nouvelle Héloïse,* der sein und Julies Schicksal mit den unzählige Male nachgedichteten Worten beklagt:

> O Julie, que c'est un fatal présent du ciel qu'une âme sensible! Celui qui l'a reçu doit s'attendre à n'avoir que peine et douleur sur la terre.[345]

Das Unglück empfindsamer Seelen ist allerdings nicht auf ihre Sensibilität selbst, sondern auf die Bedingungen, die sie vorfindet, zurückzuführen. Chamfort schließt sogar aus, daß ein sensibler Mensch in der Gesellschaft leben könne, die seinen Prinzipien völlig konträr ist:

> Tout homme qui vit beaucoup dans le monde me persuade qu'il est peu sensible; car je ne vois presque rien qui puisse y intéresser le cœur, ou plutôt rien qui ne l'endurcisse: ne fût-ce que le spectacle de l'insensibilité, de la frivolité et de la vanité qui y règnent.[346]

Die Suche aller empfindsamen Seelen nach Einsamkeit oder nach Gleichgesinnten erklärt sich aus genau diesem Konflikt zwischen Regeln der Gesellschaft und den Bedürfnissen des sensiblen Menschen. Zur Austragung der Konflikte nicht bereit oder nicht fähig, flieht die empfindsame Seele in die Geborgenheit der Natur oder in die Arme von verwandten Herzen.[347] Nur in einem idealen Gesellschaftszustand könnten die Bedingungen, die zur Auflösung des Gleichgewichts von Herz und Kopf, von Natur und Kultur und damit zum Unglück des sensiblen Menschen führen, verändert werden. Der Naturzustand müßte wieder hergestellt werden:

> Au stade naturel, la raison et le cœur restaient accordés, ou plutôt indifférenciés. L'homme de la nature n'avait à faire aucune *réflexion* sur lui-même. La raison lui aurait été bien inutile. Son immédiate innocence lui suffisait. Dans un ordre social *idéal,* le divorce n'existerait pas davantage, la vie affective s'y trouvant rationalisée. Tous les penchants seraient sous le contrôle d'une vertu qui, n'étant pas sentie comme une contrainte, ne susciterait aucun désir antagoniste et donnerait le ton à l'âme tout entière. Elle serait si parfaite qu'elle deviendrait, en somme, *naturelle.*[348]

345 J. J. Rousseau, *Œuvres,* (Pléiade), a.a.O., T. 1, S. 89.
346 Chamfort, a.a.O., Max. 209.
347 Dieses Motiv ist sehr häufig anzutreffen; nur ein Beispiel aus Sénac de Meilhan, *Les deux cousins* (1790), S. 109: „Les cœurs sensibles sont solitaires au milieu du tumulte des indifférents. Il semblait que ces deux amants s'étaient rencontrés dans un désert“.
348 Mauzi, a.a.O., S. 137.

Vorher aber muß empfindsame Tugend leiden. Brissenden hat in seinem Buch über *Virtue in Distress* dasjenige Thema als Titel gewählt, das die meisten Romane und Theaterstücke der Zeit füllt: die unschuldig verfolgte Tugend. Das nicht verschuldete Leiden des/der tugendhaften Helden ist Anklage gegen eine Welt, die solche offensichtlichen Ungerechtigkeiten zuläßt, und ist gleichzeitig Selbstermutigung und -bespiegelung der empfindsamen Opposition. Die Selbstversicherung, eigentlich stärker zu sein als die zynische, libertinistische Welt, findet in den lustvollen Tränen Ausdruck. Die Passivität der sensiblen Seele, die ihr Leid mit herbeiführt, ist gleichzeitig ihre Stärke, ist Anklage des herzlosen Sieges über ihre Tugend. Dieses Paradoxon mag auch dazu beitragen, die wohl auffälligste Eigenart der spezifisch „sensiblen“ Glücksvorstellungen und -empfindungen zu erklären: die offensichtliche Lust am Leiden. Unzählige Male beteuern die literarischen Helden, zwar unter den Folgen ihrer Sensibilität zu leiden, dieses Leiden aber gleichzeitig als höchstes Glück zu empfinden.

> Vous êtes sensible, Monsieur! Vous êtes donc bien malheureux! – Oui, ma sensibilité m'a déjà causé une multitude de peines: mais ces peines mêmes me sont chères; les larmes qu'elles m'ont fait répandre ont des douceurs pour mon âme.[349]

Cleveland hängt an seinem Schmerz wie an einer Geliebten:

> Chère et délicieuse tristesse (...) le cœur d'un malheureux est idolâtre de sa tristesse (...) je continue d'écrire pour nourrir ma tristesse et pour en inspirer à tous les cœurs sensibles.[350]

Beredtes Beispiel für das gesamte Panorama sensiblen Leidens und Glücks ist der überaus erfolgreiche Erstlingsroman Baculard d'Arnauds, der 1745 zuerst erschien und bis 1783, als er erweitert neu aufgelegt wurde, Dutzende von

[349] Baculard d'Arnaud: *Les épreuves du sentiment* (zit. nach Mornet, S. 130). Weitere Beispiele: Mme de Tencin: „Quand le cœur est véritablement touché, il sent du plaisir à tout ce qui lui prouve à lui-même sa propre sensibilité.“ (*Conte de Comminges* 1735, in *Œuvres de Mme de la Fayette, de Tencin et de Fontaines*, 1820, T. 3, S. 39.); Marmontel: „J'avoue que la sensibilité coûte cher quelquefois. Mais c'est une si bonne chose qu'on se saurait trop la payer.“ (*Oe. C.*, I, *Alcibiade,* S. 63).

[350] Prévost, *Cleveland,* éd. Sgard, II, S. 359.
Siehe auch Prince de Ligne: *Lettre à la marquise de Loigny,* 1787, S. 41: „Mais que ces larmes sont douces! C'est un attendrissement général: c'est un épanchement de sensibilité, sans en pouvoir fixer l'objet.“

Ausgaben erreicht hatte.[351] Der „Ich"-Erzähler berichtet in einer Art Monolog einem fiktiven Briefpartner, der nur am Anfang und ganz am Ende ausdrücklich angesprochen wird, von seiner Liebesgeschichte. Er selbst, ein Adeliger aus bester Familie, verliebt sich in Agathe, eine Schauspielerin, die aus einer ursprünglich ebenfalls hochstehenden Familie stammt. Sie erwidert seine Liebe, sie schwören sich ewige Treue, die sie sich auch tatsächlich halten. Wie nicht anders zu erwarten, wehrt sich der Vater gegen diese „mésalliance" und drängt seinen Sohn zu einer vorteilhaften Ehe. Als dieser immer wieder ablehnt, wird er enterbt, aus der Familie verstoßen und juristisch verfolgt. Der Roman ist, ausgehend von dieser Grundkonstellation, ein steter Kampf der empfindsamen Werte „nature", „sensibilité", „sentiment", „vertu", die sich natürlich auf Seiten des Sohnes befinden, gegen die vom Vater und boshaften Ratgebern vertretenen Gesetze der „société", der „opinion", etc. In den 1745 veröffentlichten 4 Teilen findet die Geschichte keinen glücklichen Abschluß; die beiden Eheleute leben in Armut und bleiben, trotz vorübergehender Hoffnung und dem Anschein von Versöhnung, aus der Familie ausgeschlossen. Erst die beiden letzten Teile von 1783 bieten dem ungeduldigen Leser die tränenreiche Versöhnung, die von Anfang an Ziel und Bestreben des unter dem Groll seines Vaters leidenden Sohnes war.

Warum der sensible Held „unglücklich" ist, dürfte einsichtig sein. Der Roman beginnt mit der Beteuerung des erfahrenen Leids, aber auch mit dem Hinweis auf die Milderung der Leiden durch die Mitteilung derselben:

> Les infortunés goûtent une espece de plaisir à répandre leurs douleurs; il y a une sorte de volupté attachée aux larmes qu'on verse dans un sein compatissant.[352]

Die Leiden selber, und dies ist für einen heutigen Leser schwer nachzuvollziehen, werden zur Quelle neuer Freuden, die nur von sensiblen Seelen empfunden werden können. Es handelt sich wohl weniger um eine Form von kollekti-

351 In neuerer Zeit hat Baculard die Kritik wieder interessiert. Siehe vor allem Lecercle, Jean-Louis: „Baculard, ou l'embonpoint du sentiment", in: *Approches des Lumières.* Festschrift für Jean Fabre, Paris 1974, S. 295ff.
Jean Sgard: „La langue particulière du cœur, *Les époux malheureux* de Baculard d'Arnaud", in: *Beiträge zur Roman. Philologie XVI,* 1977, Heft 1, S. 39–44.
Roland Mortier: „Des larmes de la sensibilité aux larmes du sentiment", in *Das weinende Saeculum,* Heidelberg 1983, S. 31–37.

352 Baculard d'Arnaud, *Œuvres,* a.a.O., IX, S. 4.

vem Masochismus als um das Bestreben, sich im Leiden der eigenen Würde und Existenz bewußt zu werden. Die Sicherheit, von Agathe geliebt zu werden, versetzt den Erzähler trotz der sich aus gerade dieser Tatsache ergebenden Probleme in einen Freudentaumel:

> Je tombe aux genoux d'Agathe; je couvre ses belles mains de baisers et de pleurs; quelles voluptés! il est donc des peines qui ont leurs charmes, leurs transports, leurs délices! ah! sans doute c'est pour les âmes sensibles que la source des plaisir est inépuisable![353]

Die Hoffnung auf eine Änderung der Umstände durch die fast wunderhaft wirkenden Kräfte der Natur versüßt das Leid zusätzlich und gibt ihm vor allem eine Finalität. In keinem Moment der Erzählung gibt der Protagonist die Hoffnung auf, die „loix de l'opinion" zu brechen und seine Frau legitim in die Familie einführen zu können und damit auch seinen Reichtum und seinen Titel wiederzuerlangen.[354] Die neuentdeckte „volupté" im Leid ist ein – wenn auch vorübergehendes – Arrangement mit der Wirklichkeit, eine Kapitulation vor der momentanen Unausweichlichkeit des Schicksals. Am Horizont aber leuchtet die Hoffnung: „sensibilité" als Verheißung natürlicher Güte und Versöhnung ist so eng mit dem Glauben an menschlichen Fortschritt verbunden. Wie stark dieses Axiom empfindsamen Denkens trotz aller momentanen Verzweiflung verankert ist, wird in einem Abschnitt aus dem II. Buch deutlich:

> Ce même jour m'a appris que les hommes ne sont pas aussi dénaturés qu'ils paraissent l'être: le sentiment est assoupi dans leur âme: il ne faut seulement que l'y agiter pour le réveiller; il est vrai que cette secousse affaiblie et dissipée, ces êtres si difficiles à émouvoir retombent ordinairement dans leur léthargie, et la sensibilité est la vie véritable: c'est la sensibilité seule qui nous fait goûter le prix de l'existence, et les mouvements qu'elle procure à l'âme, produisent nécessairement les vertus et les bonnes actions.[355]

Solange diese wunderbare „sensibilité" nicht den eigentlich „guten", aber durch Vorurteil und falsche Ratgeber denaturierten Vater bekehrt, bleibt einem Helden, der die Arbeit eines Lohnabhängigen als höchste Erniedrigung empfindet, nur das Unglück und die Not – über die er sich im Selbstbewußtsein des Gerechten freuen kann.

353 Ebenda, S. 32ff.
354 Ebenda, S. 56: „Tous les préjugés s'effaceront, garde-moi ton cœur, ta foi, et, je te le promets, nous serons hereux."
355 Ebenda, S. 154f.

> C'est bien moi qu'on peut appeler la victime de la sensibilité; mais je m'applaudis de mes peines, quand je songe à leur objet; c'est pour l'amour, c'est pour l'amour que je souffre.[356]

Trost spenden zudem die wenigen gleich empfindenden Seelen, die sich wie in einer Wüste finden und aneinander klammern.[357] Das Verhältnis des sensiblen Leidenden zu seinem Unglück ist als sehr bewußt zu bezeichnen - es wird erduldet, aber gleichzeitig weiß der Leidende um seine Besonderheit, um seinen in Zukunft unweigerlich anstehenden Sieg über die Gesetze der zeitgenössischen Welt.

Dieser Zustand hoher Bewußtheit gegenüber dem eigenen Gefühl spiegelt sich in der für das 18. Jahrhundert spezifischen Form sensibler Tränen.[358]

Genau wie das „sentiment" eine Zwischenform von Bewußtheit einerseits, aber nicht durch Reflexion gebrochener Wahrnehmung andererseits ist, sind empfindsame Tränen zwar spontan (oder beanspruchen dies für sich), aber sich ihrer selbst doch bewußt. S. Bayne hat in ihrer Dissertation über *Tears and Weeping* eine Typologie des Weinens entworfen, die hier sinnvoll angewendet werden kann: Bayne nennt „intellectual tears" jene Tränen, die aufgrund von das Individuum überschreitenden Motiven vergossen werden. Sie führt zwei Beispiele an: ideelle Werte wie „probité, équité, philosophie", darüberhinaus Mitleid. Solche „intellektuelle Tränen" werden von den sensiblen Helden vergossen, die sich selbst als Vertreter jener genannten ideellen Werte, und die Werte in sich durch „préjugés" verfolgt sehen. Ein weiteres Kriterium sensibler Tränen ist, wie schon angedeutet, die Gebundenheit an

356 Ebenda, S. 171.

357 Ebenda, S. 184.

358 Auf dieses Thema kann hier ausführlich nicht eingegangen werden. Siehe zur Orientierung Bayne: *Tears and Weeping,* An Aspect of emotional climate reflected in 17th Century French Literature, Tübingen 1981.
Das weinende Saeculum, Heidelberg 1983; Pietro Colombi: „Autant de mouchoirs que de spectateurs. Sensibilità e lacrime nel teatro francese del Settecetto", in: *Atti dell'Accademia dell'Istituto di Bologna.* Classe di scienze morali. Rendiconti. 72/1977, 78, S. 237–79.
Eine sehr interessante Bemerkung zur Funktion der empfindsamen Tränen macht Le Tourneuer im Vorwort zu seiner Übersetzung der *Nuits* von Young (1783, I, *Discours préliminaire* S. XXXI): „Un ouvrage perpétuellement plaisant vous fatiguera bientôt, vous ennuyera. Ce n'est pas lui que vous choisirez pour vous consoler, si vous avez quelque sujet particulier de tristesse, ou si vous éprouvez le sentiment vague et confus qu'on nomme ennui, et dont le vrai remède est placé dans l'attendrissement de l'ame et dans les pleurs de la sensibilité."

eine gleichempfindende Gemeinschaft. Tränen sind Ausdruck von Seelenadel, dessen man sich durch das Weinen vor Menschen, die ebenfalls Tränen für Ausdruck von Tugend halten, versichert.

Ein zeitgenössischer englischer Text aus dem Jahre 1755 trennt sehr aufschlußreich zwischen wahren und falschen Tränen, wobei genau auf die Punkte der intellektuellen Bewußtheit und der sentimentalen Aufrichtigkeit hingewiesen wird:

> We may properly distinguish weeping into two general kinds, genuine and counterfeit; or into physical crying and moral weeping. Physical crying, while there are no real corresponding ideas in the mind, nor any genuine sentimental feeling of the heart to produce it; depends upon the mechanism of the body: but moral weeping proceeds from, and is always attended with such real sentiments of the mind, and feeling of the heart, as do honour to human nature; which false crying always debases.[359]

Ob das Leid der Empfindsamen in einem Bild glücklicher Verzückung, in einer Realisierung der idealen Empfindsamkeit sein Ende findet, ist vom Willen des Autors abhängig, Utopisches real werden zu lassen. Rousseau widersteht dieser Versuchung, Prévost ebenfalls. Baculard aber widerruft 1783 sein unglückliches „dénouement" von 1745, und läßt den einst denaturierten Vater die Stimme des Herzens wiedererlangen. Daher rühren die glücklichen Szenen am Ende des Buches, aus denen oben schon eine Stelle zitiert wurde. Das Leid hat ein Ende – die Verzückung über die Beseitigung aller Hindernisse läßt die frühere Freude am Leid vergessen. Ruhe kehrt in die über lange Seiten hin und hergerissenen Herzen ein. Das Spezifikum des hier nur knapp besprochenen Problems „Glück und Leid der âme sensible" aber ist sicher das neuentdeckte Verhältnis zum Unglück. Später im Jahrhundert, als „sensibilité" zunehmend rein physiologisch definiert wurde, aber auch schon in den *Epoux malheureux,* verliert die Empfindsamkeit den Anspruch, Menschen nur glücklich zu machen. Die sensible Seele gewinnt nunmehr ihre „volupté" aus dem Zustand der Bewegtheit selbst – ob im Guten oder im Bösen spielt dabei eine untergeordnete Rolle. Dies ist nur eine konsequente Fortsetzung der Selbstspiegelung im Leid. Nicht mehr der Inhalt des Gefühls ist ausschlaggebend, sondern die Existenz des Gefühls schlechthin:

[359] *Man.* A Paper For ennobling the Species. No. 43, 1755. Zit. nach Brissenden, a.a.O., S. 103.

> C'est là l'espece de tourment attaché aux âmes sensibles: il leur faut de ces passions décidées auxquelles leur avidité puisse toute entière se livrer, passions dont la jouissance, remplie à la vérité de douceurs inconnues des cœurs vulgaires, est toujours rachetée par les suites les plus cruelles.[360]

Und Loaisel de Tréogate einige Jahre später:

> O bizarre destinée d'un cœur sensible! rien ne lui est indifférent. Heureux ou malheureux, il est agité. Le plaisir et la peine n'ont point pour lui d'intervalle tranquille: il faut qu'il jouisse ou qu'il souffre... La sensibilité est un feu inné qui se développe avec les années, qui fait naître les passions, qui les alimente, les exalte, les enflamme, quelquefois les change en volcans et qui ne peut finir que par la destruction de l'individu qui est atteint de ce mal délicieux et funeste.[361]

„Sensibilité" als Schwäche, als Machtlosigkeit, als aussichtsloses Schwanken zwischen den Extremen: die Kritik konnte nicht lange auf sich warten lassen. Während wir in Teil II ausführlich auf die vielfältige Kritik an dieser späteren Form rein passiver Sensibilität eingehen werden, soll hier nur auf die Konsequenzen in der Frage des Glücks hingewiesen werden.

Diderot setzt sich am energischsten und gründlichsten mit den Konsequenzen einer physiologisch-materialistischen Erklärung der „sensibilité" auseinander. Im *Neveu de Rameau* etwa spricht „moi" von den Schwierigkeiten, die eine sensible Seele (zudem noch eine Frau) haben kann:

> Puisque la nature a été assez ingrate envers elle pour lui donner une organisation délicate, avec une âme sensible, l'exposer aux mêmes peines de la vie que si elle avait une organisation forte, et un cœur de bronze, je lui apprendrai, si je puis, à les supporter avec courage.[362]

Den deutlichsten Angriff aber auf die Vorstellung, „sensibilité" bedeute Glück, unternimmt Bordeu im Gespräch mit Mlle de Lespinasse (im *Rêve de d'Alembert*). Er schildert das Leben einer „âme sensible" als permanentes

[360] Baculard, *Les époux malheureux,* IX, 6.

[361] Loaisel de Tréogate: *Lucile et Milcour,* An II, S. 19f; Mornet S. 132, auch bei Tieghem, S. 162. Genau in diesem Sinne, nur wesentlich nüchterner, konstatiert Voltaire: „Tant qu'on est sensible, on a de la vie" (Corr. Besterman, D 18607, 1.11.1773); Helvétius: „Plus on est fortement remué, plus on est heureux" (Mornet, 128); Léonard: "L'homme sensible est l'esclave des éléments, des climats, des saisons, de la nature entière; tout l'affecte et l'ébranle." *Lettres de deux amants,* Londres 1784; zit. nach Mornet S. 131.

[362] *Œuvres complètes,* éd. A./T., Bd. 5, S. 414.

Schwanken zwischen den Extremen, zwischen Lachen und Weinen. Auf Bordeus abschätzige Feststellung, sie bleibe wohl immer ein Kind, gibt Mlle de Lespinasse klein bei. Der Arzt nimmt ihr aber jede Illusion, denn sie könne, so sagt er, sich von ihrem kindischen Verhalten nicht einmal mehr Glück erhoffen. Die Freuden, welche die Sensibilität ermöglicht, seien zu teuer erkauft:

> Mlle, cette qualité si prisée, qui ne conduit à rien de grand, ne s'exerce presque jamais fortement sans douleur, ou faiblement sans ennui; ou l'on bâille, ou l'on est ivre. Vous vous prêtez sans mesure à la douce sensation d'une musique délicieuse; vous vous laissez entraîner au charme d'une scène pathétique; votre diaphragme se serre, le plaisir est passé, et il ne vous reste qu'un étouffement qui dure toute la soirée.[363]

Mlle de Lespinasse verteidigt ihre Position, doch Bordeu fegt ihren Einwand, nur um den Preis des Leidens sei die Freude zu erlangen, beiseite.

> Je sais jouir aussi, je sais admirer, et je ne souffre jamais, si ce n'est de la colique.[364]

Eine „âme sensible“ dagegen könne noch nicht einmal zwischen einem schlechten und einem guten Theaterstück unterscheiden, sondern erliege hoffnungslos jedwedem Pathos (eine interessante Äußerung in der Feder Diderots!). Schließlich geht er sogar so weit, als mögliche Konsequenz einer zu schwachen Organisation den „dégoût de la vie“ und den daraus resultierenden Selbstmord ins Spiel zu bringen.

Von Ausgeglichenheit, von Harmonie zwischen Herz und Kopf ist nichts mehr zu spüren. War bei Marivaux, Montenault und anfangs auch noch bei Diderot der „sensible“ Mensch ein in Harmonie lebender, so geht genau dieses Gleichgewicht mit der physiologischen Erklärung der Sensibilität verloren: die „âme sensible“ schwankt haltlos zwischen den Extremen.

Von Natur aus zum Glück durch aktive Tugendausübung bestimmt, erreicht die empfindsame Seele diesen Zustand nur selten. In mehr oder weniger polemischer Abgrenzung gegenüber der korrupten, libertinistischen Gesellschaft zieht sie sich auf sich selbst und die wenigen verwandten Seelen zurück. Leiden an den Umständen der Realität gehört zu den Merkmalen eines Menschenideals, das gerade in diesem Leiden seine eigene Bestätigung findet. Die für heutiges Verständnis morbide Lust am Leid hat einen selbst-

[363] *Œuvres philosophiques,* a.a.O., S. 358.
[364] Ebenda, S. 359.

bemitleidenden, aber auch einen stark hedonistischenZug.[365] Die epikureische „volupté", die in Ruhe und Zurückhaltung gesehen wurde, wird neu als Bewegtheit der Seele interpretiert. Dabei spielt erneut die Abgrenzung von rein körperlich orientiertem Glücksstreben eine entscheidende Rolle. Stellvertretend für letzteres könnte aus der ersten Hälfte des Jahrhunderts La Mettrie genannt werden, der in heftiger Polemik gegen die stoische Vernunft-Lehre ein rein physisches, auf „sensibilité physique" basierendes Glück postuliert.[366] La Mettrie trifft den neuralgischen Punkt der gesamten aufklärerischen Moraltheorie, wenn er das Glücksproblem völlig von dem moralischen Bezug löst. Glücklich zu sein verlangt keineswegs *prinzipiell* auch tugendhaft zu sein.

> Tant il est vrai que la vertu et la probité sont choses étrangères à la Nature de notre Être, ornements et non fondements de la félicité.[367]

Die beiden Bereiche können zwar in manchen Gesellschaftsformationen zusammenkommen, von der Sache her aber sind sie völlig unabhängig voneinander. Damit war der Versuch, an die Stelle der christlichen Soll-Bestimmungen, die als Überwindung der menschlich-korrupten Natur konzipiert sind, eine Übereinstimmung von persönlichem Interesse und natürlicher Moral zu setzen und damit der Kirche die moralische Autorität streitig zu machen, gescheitert. Voltaire, Friedrich II., selbst Atheisten wie Holbach und viele andere Philosophen wandten sich empört gegen La Mettries Abhandlung, verschrien ihn als verrückt (sofern nicht ständig betrunken) und verwehrten sich dagegen, mit ihm in einem Atemzug als „philosophes" apostrophiert zu werden.

Die Trennung von Glück und Moral ist die theoretische Rechtfertigung libertinistischer Lebensphilosophie. Gegen diese stand das Ideal sensiblen Lebens, dessen Glücksgefühle durch lustvoll erduldetes Leid erkauft werden müssen.

[365] Auch die Tugendausübung ist hedonistisch motiviert. „Le plaisir de faire du bien" ist der egoistische Lohn altruistischen Tuns. Le Maître de Claville spricht sogar von der „sensualité à faire du bien", *Traité sur le vrai mérite de l'homme,* Ffm. 1742, I, 73. Siehe C. Rosso: „Le Maître de Claville et le débat sur l'honnête homme au XVIIIe siècle", in: *Französische Aufklärung,* Gedächtnisschrift für Fritz Schalk, hrsg. von Wido Hempel, Frankfurt 1983, S. 292–312.

[366] *Discours sur le bonheur.* Ed. crit. John Falvey, *Studies on Voltaire* 134/1975.

[367] A.a.O., S. 193.

6. *„Sensibilité" – eine bürgerliche Tugend?*

> Chaque état a ses petits-Maîtres, ses Coquettes, ses personnes raisonnables et sensibles.
>
> Mistelet, *De la Sensibilité*...

Wie in diesem ersten Teil unserer Untersuchung zu zeigen versucht wurde, bildet sich „sensibilité" als ein moralisch bewerteter Begriff heraus, der in engem Zusammenhang mit einem neuen Menschenideal steht. Die Autoren, die „sensibilité" in ihren Wertekanon aufnehmen, bilden, bei aller Verschiedenheit im Detail, eine relativ homogene Gruppe, eine Art empfindsamer Partei. Die Frage liegt nahe, ob diese Gruppe genauer definiert und eventuell einer sozial bestimmbaren Schicht zugeordnet werden kann.

Die Forschung über die verschiedenen Aspekte der Empfindsamkeit hat dies immer wieder versucht, wobei in der deutschen germanistischen und romanistischen Forschung diese sozialhistorische Frage mehr im Vordergrund stand als in der französischen.[368]

In der Germanistik ist die Zuordnung der Empfindsamkeit zum Bürgertum genauso vehement vertreten wie abgelehnt worden.[369] In der Romanistik ist dies zwar auch geschehen, aber die Frage der „Bürgerlichkeit" der Empfindsamkeit hat nie die Diskussion beherrscht. In neuester Zeit hat Werner Wolf in seiner bereits öfter zitierten Dissertation die Frage nach der bürgerlichen Empfindsamkeit neu gestellt und mit seiner „Ambivalenzthese" beantwortet, derzufolge „sensibilité" zwar ein *genuin* bürgerliches Phänomen ist, das vom Adel aber ebenfalls in polemischer Wendung gegen den Absolutismus akzeptiert werden konnte. Wolf unterscheidet bei der Besprechung der „Bürgerlichkeitsthese" drei Varianten, die folgendermaßen skizziert werden können:[370] 1) die gesamte Empfindsamkeit ist eine unmittelbare Spiegelung

[368] Gründe hierfür mögen im großen Einfluß von Kritikern wie Lucács, Hauser oder Szondi zu sehen sein.

[369] Siehe hierzu Sauders Forschungsbericht in *Empfindsamkeit* I, Kap. 2 und 3.1. Das Dilemma der Bürgerlichkeitsthese resümiert Karl Eibl in seinem Beitrag zum Sammelband *Aufklärung* (hrsg. von H. F. Wessels) Wiesbaden 1984. Siehe auch Sauder: „Bürgerliche Empfindsamkeit?" in: Vierhaus (ed): *Bürger und Bürgerlichkeit im Zeitalter der Aufklärung,* Wolfenbütteler Studien zur Aufklärung, Bd. VII, Heidelberg 1981.

[370] Zusammenfassend zitiert aus den Seiten 1–7 der Einleitung.

eines durch wirtschaftliche Prosperität gestärkten bürgerlichen Klassenbewußtseins; 2) empfindsame Literatur ist indirekte bürgerliche Agitation, die über den Umweg einer emanzipatorischen Moral sekundär in den Raum des Politischen vorstößt; 3) empfindsame Literatur ist ein fiktiver Evasionsraum des politisch frustrierten Bürgertums.

An dieser Stelle soll und kann nun diese Diskussion nicht erneut aufgerollt werden. Stattdessen sind die folgenden Seiten einige Beobachtungen zu der Frage aufgrund der bisher gewonnenen Ergebnisse unserer Begriffsgeschichte.

In der französischen Forschung des ausgehenden 19. Jahrhunderts wurde, man erinnere sich etwa an Hippolyte Taine, die Empfindsamkeit als letzte Mode des dekadenten Adels interpretiert, dessen Falschheit und verzweifelter Versuch, den offenkundigen Verfall zu vertuschen, in der „sensibilité" ein neues Opfer gefunden hatte. Die dort und in den anderen frühen Arbeiten aufgeführten Belege verbieten es von vornherein, Empfindsamkeit als *rein* bürgerliches Phänomen zu definieren. Monglond war der erste, der eine Beziehung zwischen Empfindsamkeit (bzw. „préromantisme") und einem allerdings nicht näher bestimmten Bürgertum herstellte. Auch A. M. Wilson vertritt in seinem wortgeschichtlichen Aufsatz die Meinung, es habe zwar eine

> approximation to bourgeois morality among the French upper classes

gegeben, „sensibilité" sei aber als bürgerliche Tugend entstanden.[371] In neuerer Zeit postulieren sowohl Mauzi[372] als auch Ehrard[373] eine enge Verwandtschaft zwischen „sensibilité"-Kult und Bürgertum. Lucette Pérol stellt in einer fünf Theaterstücke analysierenden Untersuchung die allmähliche Herausbildung eines positiven Bourgeois-Bildes in den Vordergrund, bei dem „sensibilité" eine entscheidende Rolle spielt.

> A mesure que l'image du bourgeois se dégage du mépris lié à la tradition comique du XVIIe siècle et qu'il s'affirme comme honorable en dépit puis à cause de ses rapports avec l'argent, l'inspiration morale et l'expression de la sensibilité s'introduisent sur le théâtre et y prennent une place grandissante.[374]

371 A.a.O., S. 37.
372 S. 269ff.
373 S. 793f: „la bonne conscience collective du demi-siècle à son foyer dans un groupe social bien défini."
374 Lucette Pérol: „L'image du bourgeois au théâtre entre 1709 et 1775", in: Ehrard (ed): *Etudes sur le 18e siècle,* Univ. de Clermont II, 1979, S. 121–134.

Ein bisher nur unvollständig gelöstes Problem dieser Arbeiten ist die Frage, wie ein Bürgertum im französischen 18. Jahrhundert als soziale Gruppe definiert werden kann. Das Selbstverständnis der Bürger als homogene soziale Gruppe kann nicht ohne weiteres angenommen werden.[375] In Frankreich - in unserem Falle sollte man ehrlicherweise von Paris sprechen - sind Adel und Bürgertum durch die zunehmende Durchlässigkeit der Schichten und Ämterbesetzungen nicht eindeutig zu definieren, zumal da die im 18. Jahrhundert entstehende intellektuelle Schicht von Schriftstellern und Philosophen sich sowohl aus dem Hochadel als aus den verschiedensten bürgerlichen Berufen rekrutiert.

> Finally, another group that is is difficult to place unequivocally either in the noble or non-noble class are the intellectuals. (...) The root of the difficulty is the fact that in the group of leading writers and thinkers of the 18th Century, the traditionally approved hereditary segregation of occupational functions between nobles and *roturiers* breaks down.[376]

Wolf ist in seiner Arbeit diesem Problem insofern geschickt aus dem Weg gegangen, als er „bürgerlich“ in Anlehnung an Sombart[377] als ideologische und nicht unbedingt soziale Zugehörigkeit interpretiert. Wolf definiert seinen Gebrauch von „bürgerlich“ wie folgt:

> Wenn wir in dieser Arbeit somit am Begriff des Bürgerlichen festhalten, so ist hier wie im Falle der Empfindsamkeit zwischen Genese und Geltung zu trennen. Eindeutig wird „bürgerlich“ im folgenden nur im genetischen Sinne, nämlich in Bezug auf den vorgestellten ideologisch definierten Sombartschen Typus des Bourgeois zu gebrauchen sein. Die relativ klare Identifizierbarkeit von genetisch Bürgerlichem impliziert dagegen noch nicht automatisch seine eindeutige Geltung für das Bürgertum des 18. Jahrhunderts, und dies aus zwei Gründen: Einmal wegen der erwähnten Heterogenität des dritten Standes, der keineswegs mehr mit den Sombartschen Florentiner Kaufleuten

[375] Sauder warnt in seinem Aufsatz „Bürgerliche Empfindsamkeit?“ vor dem Umgang mit dem Begriff des „Bürgerlichen“: „Zur Vorsicht mahnt der Hinweis von Historikern, daß der vielbeschworene „Aufstieg“ des Bürgertums in ‘quantitativer und qualitativer Hinsicht erst ansatzweise untersucht’ sei, beim bisher meist recht pauschalen Gebrauch der Begriffe „Bürger“, „Bürgerlichkeit“ und „Bürgertum“. Von einer „Klasse“ könne nicht die Rede sein; eine Einheit der nichtadeligen, nichtbäuerlichen und nichtunterständischen Kräfte sei nicht zu erkennen.“ (S. 151).

[376] E. G. Barber: *The Bourgeoisie in 18th Century France,* Princeton 1955, S. 17.

[377] Werner Sombart: *Der Bourgeois. Zur Geistesgeschichte des modernen Wirtschaftsmenschen,* München 1913.

> soziologisch kongruiert, zum anderen wegen der grundsätzlichen Möglichkeit, daß Normsysteme durch die historische Entwicklung in ihrer Geltung eine ausschließliche Fixierung auf ihre ursprüngliche gesellschaftliche Heimat verlieren können.[378]

Die Problematik dieses Vorgehens liegt auf der Hand: ein Typus des Bürgerlichen, der an Modellen des 15. und 16. Jahrhunderts entwickelt wurde, kann kaum auf die historischen Strukturen des 18. Jahrhunderts übertragen werden, ohne daß die sozialhistorische Aussagekraft stark eingeschränkt wird. Wir werden uns deshalb im folgenden auf eine Beschreibung der „Partei" der Empfindsamkeit mit den traditionellen, soziologischen Begriffen „bürgerlich" und „adelig" beschränken. Wolfs Ergebnisse bezüglich einer Vermischung bürgerlicher Gruppen mit adeligen Intellektuellen in der Empfindsamkeit werden im großen und ganzen bestätigt.

Ein Blick zurück auf die Entwicklung des 17. Jahrhunderts verdeutlicht unmittelbar, daß der soziale Kontext einer moralischen Bewertung von „sensibilité" in der Liebestheorie als adelig, aber anti-absolutistisch zu bezeichnen ist. Mlle de Scudéry beharrt auf dem traditionellen Seelenadel, dessen politisches Korrelat in der Fronde – wenn schließlich auch vergebens – eingefordert wurde. Diese anti-absolutistische Ausrichtung des empfindsamen Ideals wird bei einigen Vertretern des „honnêteté"-Ideals, vor allem bei späteren Theoretikern wie Méré, in abgeschwächter Form fortgesetzt. Im frühen 18. Jahrhundert ist Mme de Lambert (und ihre „Kollegin" Mme de Tencin) mit ihrem sozial heterogenen Salon ein Dreh- und Angelpunkt der Diskussion um „sensibilité". In *La vie de Marianne* beschreibt Marivaux den Salon der Mme Dorsin (d.h. Tencin) als sozial gemischt, während alle anderen Gesellschaften ein Nebeneinander der gesellschaftlichen Schichten darstellen, „tout réunis qu'ils sont, ils ne se mêlent point, jamais ils ne se confondent." Bei Mme Tencin dagegen:

> Oh! je vous assure qu'on était bien au-dessus de cette puérilité-là chez Mme Dorsin, elle avait le secret d'en guérir ceux qui la voyaient souvent. Il n'était point question de rangs ni d'états chez elle; personne ne s'y souvenait du plus ou du moins d'importance qu'il avait; c'étaient des hommes qui parlaient à des hommes, entre qui seulement les meilleurs raisons l'emportaient sur les plus faibles; rien que cela.[379]

[378] Wolf, a.a.O., S. 21.
[379] *Vie de Marianne,* S. 226.

Marivaux versucht in seinen Komödien selbst eine Vermittlung von traditionell adeligem Verhaltenskodex und empfindsamen Werten wie „sincérité". Wolf hat einige Stücke in diesem Sinne ausführlich interpretiert, so daß hier nicht näher darauf eingegangen werden muß. Von Anfang der moralischen Relevanz von „sensibilité" an ist diese also keineswegs ein gegen die ständische Gesellschaft gerichteter Wert - man denke an die Sklaveninsel Marivaux' und deren harmonisierenden Ausgang -, wohl aber eine Kritik an absolutem Macht- und Normanspruch.

Die Gruppe der Autoren, die sich mit „sensibilité" und den verwandten Werten befassen, ist ihrer sozialen Herkunft nach heterogen, was ihr Denken und Schreiben angeht allerdings bemerkenswert homogen. In dem Moment, wo „sensibilité" von der „philosophie" akzeptiert und in den aufklärerischen Denkzusammenhang integriert wird, deckt sich die Gruppe der empfindsamen Partei zu weiten Teilen mit der Partei der Philosophen, die ihrerseits von der sozialen Zusammensetzung her bekanntlich heterogen ist. Das fiktionale Personal in Romanen und Theaterstücken ist dementsprechend seinerseits heterogen: Adelige vertreten genauso „sensible" Werte wie Bürger. Die Universalität der postulierten, natürlichen Empfindsamkeit wird durch ihren Triumph bei Angehörigen verschiedener Stände neu bekräftigt.[380] Der Universalitätsanspruch ist andererseits das Fundament, auf dem die natürliche Gleichheit aller im Namen der „sensibilité" gedacht werden kann. Die Verwandtschaft sensibler Herzen sprengt soziale Standesgrenzen.

> Elles (les larmes, F. B.) mettent les 'âmes sensibles' sur un pied d'égalité qui transcende les distinctions de classe, d'éducation ou de profession.[381]

[380] Dies bestätigt eindringlich Voltaires Komödie *L'enfant prodigue:* Euphémon, der verlorene Sohn, ist von der aufopfernden Güte seines Dieners gerührt:
„Que la misère entraîne d'infamie!
Faut-il encore qu'un valet m'humilie?
Quelle accablante et terrible leçon!
Je sens encor, je sens qu'il a raison.
Il me console au moins à sa manière;
Il m'accompagne, et son ame grossière,
Sensible et tendre en sa rusticité,
N'a point pour moi perdu l'humanité;
Né mon égal (puisque enfin il est homme)
Il me soutient sous le poids qui m'assomme".
Moland, a.a.O., T. III, S. 475.

[381] Mortier, „Des larmes...", a.a.O., S. 34.

In diesem egalitaristischen Sinne hat die Lehre der Empfindsamkeit natürlich politische Implikationen und kann in einer späteren historischen Phase als Ideologie einer sich nun auch sozial definierenden Gruppe benutzt werden. Von der Sache selbst her aber sind die Gegner der sensiblen Partei nicht als Angehörige einer bestimmten sozialen Gruppe zu bestimmen.[382] Vielmehr handelt es sich um die Gruppe bzw. „Partei“ derer, die für die Fortdauer von „préjugés“, von Manipulationen und unnatürlicher Lebenspraxis verantwortlich sind: unbeugsame Väter, die den Gefühlen ihrer Kinder unverständig gegenüberstehen (so bei Baculard d'Arnaud, bei Diderot); politisch-religiöse Tyrannen (Voltaire, Fénelon); an Machtausübung allzu gewohnte Herren (Marivaux); Libertins (Prévost: *Mémoires d'un honnête homme*) etc. Die Gegnerschaft zwischen libertinistischer, höfischer Welt und empfindsamem Wertekanon kommt auch später im Jahrhundert deutlich zum Ausdruck. Denkt man an die *Liaisons dangereuses,* so ist auffällig, daß dem Libertin Valmont in der Figur der Présidente de Tourvel ausgerechnet eine Empfindsame gegenübersteht, die bezeichnenderweise einen - wenn auch postumen - Sieg davonträgt.[383]

Besonders offensichtlich ist diese Gegenüberstellung über soziale Standesgrenzen hinweg bei Mistelet. Als dieser die pädagogischen Vorzüge der empfindsamen Literatur darlegt, skizziert er die skandalösen Zustände in der Praxis der Pariser Jugenderziehung:

> Essayons de tracer ici une légère esquisse de la manière dont on éleve les filles à Paris; et voyons si cette manière, absolument contraire au sentiment, n'est pas la source d'une infinité de maux? Le ton général de la Société est celui de la galanterie ...[384]

Jene „Société“, die als tonangebend und vornehmlich moralisch verdorben dargestellt wird, besteht aus „femmes d'un certain rang“ (S. 270) und aus „jeunes Bourgeoises“ (S. 271). Denn, und diese verallgemeinernde Aussage hat für unsere Frage entscheidendes Gewicht:

> Chaque état a ses petits-Maîtres, ses Coquettes, ses personnes sensibles et raisonnables. (S. 271)

382 Siehe dagegen die verschiedenen Spielarten der Bürgerlichkeitsthese, die Empfindsamkeit als Schauplatz der wie auch immer vermittelten Auseinandersetzung zwischen Adel und Bürgertum interpretieren.

383 Zum Verhältnis „sensibilité“ und libertinistische Romane siehe weiter unten Kap. B. II, 6.

384 Abdruck in *LIAS* 2/1984, S. 270.

Die von Mistelet geforderte empfindsame, moralische Reform wendet sich an Mitglieder der „Société", an Adelige und Bürger gleichermaßen, genauso wie seine bittere Kritik über soziale Gruppenzugehörigkeiten hinwegsieht. Obwohl also, zumindest für Mistelet, ein recht klares Verständnis von einer sozialen Gruppe „Bourgeoisie" besteht, wird „sensibilité" dieser nicht in höherem Maße zugeordnet als den Personen „d'un certain rang".

Wollte man dennoch an der Bezeichnung „bürgerliche Empfindsamkeit" für Frankreich festhalten, müßten „bürgerlich" und „adelig" als soziologische Kategorien aufgegeben und stattdessen rein ideologisch definiert werden. Da dies wenig sinnvoll scheint, muß die Behauptung, „sensibilité" sei im 18. Jahrhundert ein vornehmlich oder gar ausschließlich von Bürgerlichen vereinnahmter Begriff, der „klassenkämpferische" Bedeutung habe, für korrekturbedürftig erklärt werden.

Trotzdem muß betont werden, daß sich im 18. Jahrhundert immer wieder Stimmen bemerkbar machen, die „sensibilité" als spezielles „bourgeois"-Phänomen bezeichnen. In dem erst nach Nivelles Tod 1756 aufgeführten Stück *Le retour imprévu* erscheint die Empfindsamkeit als Verhaltensmuster, das von einer nicht näher präzisierten „mode" (wohl derjenigen der „société") als bürgerlich verschrien wird. Hier handelt es sich um eine Verwendung von „bourgeois" im negativen Sinne, zu verstehen als Schimpfwort gegenüber all jenen, die die Etikette der „großen Welt" nicht genügend beherrschen:

> Comment, morbleu! la mode, ou plutôt la folie
> Entre un époux et sa moitié,
> Ne permet ces doux noms d'amour et d'amitié,
> Tous ces tons familiers, que dans la Bourgeoisie!
> Parbleu, soyons plutôt et demeurons Bourgeois.
> Puisque l'amour et la nature,
> Avec le sens commun, sont tombés en roture,
> J'abjure sans regret la noblesse et les loix
> Qui défendent au cœur l'usage de soi-même.
> Serviteur à la qualité,
> Si, sans se dégrader, on ne peut, quand on aime,
> Montrer sa sensibilité.[385]

Vor allem in der dramatischen Dichtung und in der damit verbundenen Diskussion um ein neues Identifikationstheater werden mittlere Bevölkerungsschichten und „sensibilité" korreliert. Der Abbé Desfontaines, einer der zahlreichen Gegner der neuen Gattung, die Nivelle eingeführt hatte, sieht sich

[385] *Œuvres,* T. 4, I, 1.

1737 nach der Aufführung der *Ecole des amis* gezwungen, seine Kritik einzuschränken und der Gattung eine Existenzberechtigung einzuräumen:

> Oui, ce genre de comédies sérieuses, sublimes même et pathétiques, qu'on pourrait nommer des tragédies bourgeoises, ne passe plus aujourd'hui que pour du haut comique.[386]

Die Stellung der neuen Gattung zwischen Tragödie und Komödie findet ihre Entsprechung im dramatischen Personal, das über dem „burlesken", aber unter dem „heroischen" Personeninventar angesiedelt ist.

Ebenfalls in Bezug auf Nivelle hebt Riccoboni 1737 den großen didaktischen Nutzen dieser Neuerung hervor:

> (...) le public s'apercevra dans peu, qu'il est bien plus aisé de parvenir à la correction des mœurs par des pièces de ce caractère, que par la Tragédie, dans cette dernière, on ne met sur la scene que des personnes qui nous paroissent organisées et penser autrement que le commun des homes. (...) Ce même public sentira que la vertu des Héros tragiques parce qu'elle agit sur des personnes trop élevées, ne fait aucun effet sur les cœurs et sur les esprits; mais qu'au contraire, quand nous la voyons briller dans des personnes qui ne sont au-dessus de nous que d'un seul degré, nous sentons combien il seroit aisé à tout le monde de se rendre la vertu propre et familière, si nous nous disposions à la suivre.[387]

Beaumarchais greift diesen Gedanken in seinem 1767 als Vorwort zu *Eugénie* veröffentlichten *Essai sur le genre dramatique sérieux* wieder auf:

> Plus l'homme qui pâtit est d'un état qui se rapproche du mien, et plus son malheur a de prise sur mon âme.[388]

Der Autor aber, in dessen dramentheoretischem Werk die Verbindung „Bourgeoisie"-„sensibilité" am ausführlichsten diskutiert wird, ist Louis Sébastien Mercier, dessen wichtigste theoretische Schrift *Du théâtre ou Nouvel Essai sur l'art dramatique* 1773 erschien.[389] Mercier schreibt dem Dramen-Autor eine eminent politische Rolle zu[390], als Lehrer der Öffentlichkeit hat er

[386] P. F. Desfontaines: *Observations sur les écrits modernes* (1735-43), Paris, Reprint Genève 1967, T. XI. S. 303.
[387] Luigi Riccoboni: *Lettre sur la comédie de l'école des amis,* in: Nivelle de la Chaussée: *Œuvres,* a.a.O., T. 5, S. 211-212.
[388] Beaumarchais: *Œuvres complètes* (Pléiade) éd. Allem/Courant, Paris 1964, S. 10.
[389] 1970 erschien bei Slatkine/Genève ein Reprint, nach dem hier zitiert wird.
[390] S. 92.

moralisches Gefühl und Verhalten zu erwecken. Die zu vermittelnde Moral beansprucht Universalität, ihr Keim liegt in *jedem* Menschen. Der intendierte Wirkungsmechanismus des Theaters basiert auf Sensibilität, die es dem Zuschauer überhaupt erst ermöglicht, die Handlung in sich aufzunehmen, auf seiner Rührungs- und Identifikationsfähigkeit:

> Qu'est-ce que l'Art Dramatique? C'est celui qui par excellence exerce toute notre sensibilité, met en action ces riches facultés que nous avons reçues de la nature, ouvre les trésors du cœur humain, féconde sa pitié, sa commisération.[391]

Dieser (allzu mechanisch anmutende) Rezeptionsvorgang erfolgt prinzipiell bei jedem Zuschauer. Und doch äußert sich Mercier differenzierend über sein „Zielpublikum". Zunächst im Sinne des „je mehr desto besser":

> Le Spectacle est un tableau; il s'agit de rendre ce tableau utile, c'est-à-dire de le mettre à la portée du plus grand nombre.[392]

Einer der Kritikpunkte, die Mercier gegen das klassische Theater vorbringt, ist gerade die Tatsache, daß die eine gewisse Bildung voraussetzende Stoffwahl für „la foule de ces hommes sensibles qui peuvent ignorer l'histoire grecque et mythologique" unverständlich sei. Das „Drame" dagegen, zumal wenn es Stoffe aus der Nationalgeschichte oder aus der unmittelbaren Gegenwart wählt, ist allgemeinverständlich. Aber jene Menge, von der die Rede war, läßt sich näher bestimmen. Als politisch Denkender zielt Mercier auf die Menschen in ihrer Eigenschaft als Bürger, als „citoyens", denn als solche handeln sie im Staat.

> Quelle sera donc la tragédie véritable? Ce sera celle qui sera entendue et saisie par tous les ordres de citoyens.[393]

Innerhalb der Bürgerschaft kommt dem „bourgeois" im engeren Sinne eine Vorrangstellung zu, da dieser die zentrale Stütze des Staates ist:

> La bourgeoisie, l'ordre sans contredit le plus respectable de l'État, ou pour mieux dire l'ordre qui fait l'État.[394]

391 S. 7.
392 *Du théâtre,* a.a.O., S. 1.
393 Ebenda, S. 39, ähnlich S. 94.
394 Ebenda, S. 88f.

Das ist bemerkenswert: nicht als politische *Forderung* des dritten Standes wird Empfindsamkeit verwendet - die politische Relevanz des dritten Standes, die bereits erreichte soziale und politische Stellung ist es vielmehr, die dem Bürger auch bezüglich der empfindsamen Moral eine besondere Funktion zuweisen. Nur weil der Bürger als der wichtigste Träger des Staates angesehen wird - *sans contredit* zudem -, stehen ihm „sensibilité" und Moral in besonderem Maße zu. Die Werte, die das Theater vermitteln will, werden auch im Politischen bereits durch die Bourgeoisie repräsentiert.

Wieweit Mercier von einem Volkstheater im weitesten Sinne entfernt ist, zeigt sich in seiner Trennung in drei Klassen, von denen nur die mittlere die der Poésie Dramatique adäquate ist:

> La Poésie Dramatique n'est point faite, peut-être, pour parler aux hommes supérieurs (...) elle n'est point faite non plus pour la populace grossière et ignorante (...) elle est faite plutôt pour parler à la classe mitoyenne, qui a des idées de l'utile, de l'honnête et de l'agréable.[395]

Was Mercier 1778 evident scheint, nämlich daß gewisse Werte einer auch politisch als wichtig eingestuften „classe mitoyenne" zugeordnet werden können, ist anderen Autoren, zumal früher im Jahrhundert, keineswegs selbstverständlich. Voltaire ordnet zwar „bienfaisance" in *L'écossaise* eindeutig dem aufgeklärten Händler zu, achtet aber in anderen Stücken nicht darauf, „sensibilité" moralisch ausschließlich auf das Bürgertum zu beziehen. Ihm kommt es gerade auf die Universalität der aufklärerischen Werte an, die in China für einen Genghis Kan (*L'orphelin de la Chine*) genauso gelten wie für einen Gusman in Südamerika (*Alzire*). Daß auch hierbei gerade durch die Universalität der neuen moralischen Werte auch soziale Schranken durchbrochen werden und eine Gleichheit vor der Natur postuliert wird, die den politischen Verhältnissen nicht entspricht, versteht sich von selbst.

Ein Herausgeberkommentar zu den oben schon besprochenen *Epoux malheureux*, die übrigens ihrerseits dem ländlichen Adel angehören, wirft ein ungewohntes aber nützliches Licht auf die Verwendung des Begriffs „bourgeois" im 18. Jahrhundert. Anläßlich eines Verweises auf La Mottes Tragödie *Inès de Castro* wird die wichtige Rolle dieser Tragödie betont:

> *Inès de Castro.* Oui, nous pensons comme le Journaliste: *Inès* est la Piece la plus touchante de notre Scene; les effets de la Pitié, un des grands ressorts tragi-

[395] *De la littérature et des littérateurs,* 1778, Reprint Genève 1970, S. 23 (9).

ques, sont portés dans cet Ouvrage à leur comble; et pourquoi produit-il cet intérêt si vif, si puissant? C'est que le sujet est, si l'on peut le dire, *bourgeois,* qu'il appartient à tous les cœurs, à toutes les familles, que c'est la vérité et la nature même.[396]

Zögernd wird „bourgeois“ mit „allgemein zugänglich“ gleichgesetzt: was allen Menschen erreichbar ist, damit sowohl den Adeligen als auch allen anderen sozialen Schichten, wird als bürgerlich bezeichnet. In diesem Sinne wäre „sensibilité“ allerdings eine „bürgerliche“ weil allgemein wirksame und zugängliche Tugend, deren Ausübung nicht an einen präzise soziologisch definierten Stand gebunden ist.

Diese hier nur vereinzelt belegte Verwendung von „bourgeois“ würde eine neue Perspektive in der Frage der Bürgerlichkeit der Empfindsamkeit eröffnen. Vorläufig aber kann nur festgehalten werden, daß die sich abzeichnende empfindsame Partei ihrer soziologischen Herkunft nach heterogen ist. Der universelle Anspruch der natürlichen Moral konnte politisch gegen tradierte Machtprivilegien ins Feld geführt und in diesem Sinne von der politisch aktiven Bourgeoisie für sich beansprucht werden. Die Front aber verlief in erster Linie zwischen Tradition, Arroganz, Libertinage, Intoleranz, „préjugé“, Autorität und „Kultur“ auf der einen Seite, und Humanität, Fortschritt, Toleranz, Moral und „Natur“ auf der anderen Seite. Diese hier sehr schematisch skizzierten Parteien korrelieren nur teilweise mit den soziologischen Gruppen - der politische Konflikt zwischen Adel und Bürgertum ist sicherlich nicht deckungsgleich mit dem Gegensatz „empfindsame“-„anti-empfindsame“ Partei.

7. „Sensibilité“ und die literarischen Formen

Dans quelque genre que l'on écrive, on doit avoir pour objet de contribuer, au moins en quelque chose, au bien public.

L. de Tréogate: *Dolbreuse,* préface III.

Die Menge und Bedeutung derjenigen Autoren, die sich im 18. Jahrhundert mit „sensibilité“, ihrer Definition und ihrem Wert auseinandergesetzt haben, legt die Vermutung nahe, daß sensible Personen nicht nur vereinzelt hier und

396 Baculard d'Arnaud: *Œuvres,* Bd. IX, 1783, S. VIII.

dort Eingang in den Personenbestand der fiktionalen Literatur gefunden haben, sondern daß ein auf Sensibilität gründendes Menschenbild bzw. -ideal entscheidend die Entwicklung der literarischen Gattungen und Formen mitgeprägt hat.

Dieser für den Literaturhistoriker natürlich besonders interessante Zusammenhang ist in der Forschung hergestellt und unter verschiedenen Aspekten untersucht worden. Vor allem gewisse Formen des Romans[397] und des Theaters[398] sind mit der neu entstandenen Empfindsamkeit in engen Zusammenhang gebracht worden. Unsere Aufgabe kann hier weder eine weit ausholende, historische Aufarbeitung der Entwicklung verschiedener Gattungen noch die Diskussion aller ästhetischen Implikationen von „sensibilité“ sein. Vielmehr soll an ausgewählten Texten gezeigt werden, welche formalen und inhaltlichen Eigenheiten der fiktiven Literatur des 18. Jahrhunderts auf die mit „sensibilité“ verbundenen Überzeugungen zurückzuführen sind.

Folgende Gesichtspunkte treten hierbei in den Vordergrund: es ist zu beobachten, daß „sensibilité“ als natürliche Veranlagung aller Menschen die Hoffnung entstehen läßt, durch angemessene Beeinflussung, durch Vermittlung der richtigen Erfahrungen auch verschlossene Herzen zur wahren Tugend zu bekehren.

Die daraus folgende Didaktisierung der Literatur ist ein Charakteristikum sowohl der Romane als auch der dramatischen Gattungen. Diesen Zusammenhang zwischen „sensibilité“ und Erziehung einerseits, Roman und Drama andererseits, stellt in seinem Traktat auch Mistelet her, dessen Titel gleichzeitig die drei Abschnitte dieses Kapitels benennt:

> De la Sensibilité par rapport aux Drames, aux Romans et à l’Éducation.

[397] Vivienne Mylne: „Sensibility and the novel“, in: John Cruickshank: *French Literature and its background,* III: *The 18th Century,* Oxford 1968, S. 45–61; George Saintsbury: *Essays on French novelists* (1891), Reprint 1974; darin: „A study of sensibility“, 112–164.

[398] Michel Lioure: *Le Drame,* Paris 1963 passim; Félix Gaiffe: *Le Drame en France au XVIIIe siècle,* Paris 1910, passim. Die Lyrik spielt in Bezug auf empfindsame Themen keine große Rolle. Dies mag mit ihrem Epigonentum zusammenhängen. Zur Lyrik des 18. Jahrhunderts siehe Walter Moser: „De la signification d’une poésie insignifiante“, in: *Studies on Volatire* 57/1967, S. 1031–1054 und Robert Finch: *The Sixth Sense. Individualism in French Poetry, 1686–1760,* Toronto 1966.

7.1. „Sensibilité" und Didaktisierung

> Les écrivains ne prétendent plus amuser: ils enseignent, ils dirigent, ils reprennent.
>
> G. Lanson: *Nivelle de la Chausée,* S. 189

Geht man davon aus, daß jedem Menschen eine moralische Sensibilität eigen ist, deren Bestimmung lediglich durch widrige, äußere Umstände an ihrer Erfüllung gehindert wird, so ist es naheliegend, daß Autoren in dem Maße, wie sie diese Umstände für korrigierbar und behebbar erachten, gerade an diese unbedingt vorhandene aber verschüttete „sensibilité" appellieren. Geht man weiterhin davon aus, daß Lockes Psychologie, vor allem nach Voltaires *Lettres Anglaises* so weite Verbreitung gefunden hatte, daß die Vorstellung von der *tabula rasa* und vom Lernen durch Erfahrung und Sinneseindrücke Allgemeingut aufklärerischen Denkens geworden war, dann ist auch verständlich, daß Beeinflussung nicht allein durch rationale Überzeugungskraft, sondern durch starke Sinneseindrücke erzielt werden sollte.[399]

Die „sensibilité" des Menschen kann durch Eindrücke von außen eher und vor allem unmittelbarer erreicht werden als seine intellektuellen Fähigkeiten. Schon Dubos (1719) sieht dieses Phänomen, wenn er über die Kunstbetrachtung schreibt:

> Quand on fait attention à la sensibilité naturelle du cœur humain, à sa disposition pour être ému facilement par tous les objets dont les peintres et les Poëtes font des imitations; on n'est pas surpris que les vers et les tableaux mêmes puissent l'agiter.[400]

„Imitation": dieses ästhetische Prinzip, das seit der Renaissance die Poetiken aller Literaturen durchzieht, erhält in Verbindung mit dem didaktischen, auf Sensibilität basierenden Prinzip eine neue Definition: war es bisher die Darstellung lachhaften, lächerlichen Verhaltens einerseits, großartigen, furchterregenden Handelns andererseits, die Komödie und Tragödie erfüllte, so prägt das Aufklärungszeitalter eine viel direktere Art der „imitatio". Der Zuschauer bzw. Leser muß sich im Dargestellten unmittelbar wiederfinden, und soll durch das positive Beispiel, nicht durch den abschreckenden Fall geschult werden.

399 Siehe zu diesem Zusammenhang ausführlich Roger Mercier, a. a. O., Kap. III, 1: „L'éducation".

400 *Réflexions,* I. partie, section IV, S. 39/40.

> C'est là le renversement du processus moralisateur: le nouveau théâtre agira par l'exemple, et par la contagion de la vertu.[401]

Dieser „Ansteckungsmechanismus" basiert auf der Identifikation seitens des Zuschauers/Lesers mit dem fiktiven Geschehen. Riccoboni hatte Nivelles Theater, in dem oben bereits zitierten Abschnitt, gerade deswegen gelobt, weil es die Identifikation erleichtere. Für den Roman gilt Analoges:

> Far more widespread, however, was the notion that the novel should aim at the moral edification of the reader. He should lay down the book, just as the play-goer should leave the theatre, a better and wiser man. (...) The novelist's business, therefore, if the reader is to be improved, is to win that reader's belief in the truth of the novel.[402]

Die Überzeugung, exemplarisch in der Fiktion so wahrheitsgetreu als möglich vorgeführte Tugend würde zur Imitation derselben bewegen, wurde zu einem wichtigen wirkungsästhetischen Axiom. Romance de Mesmon beschreibt diesen psychologischen Prozeß detailliert in seinem den Roman verteidigenden Traktat *De la Lecture des Romans* (1776):

> L'habitude de s'attendrir sur des malheurs imaginaires prépare le cœur à une véritable sensibilité; l'habitude de s'identifier avec l'homme de bien en action, nous accoutume enfin à trouver qu'alors nous remplissons notre place; nous nous mettons nous-même sur la scène, et nous nous pénétrons de la situation de nos Héros.[403]

Diese Überzeugung ist weit verbreitet:

> Rien ne captive plus fortement que l'exemple de la vertu, pas même l'exemple du vice.[404]

[401] Jacques Truchet (éd.): *Théâtre du XVIIIe siècle,* (Pléiade) Paris 1972, S. XXXVII.
[402] Vivienne Mylne: *The Eighteenth Century French Novel,* Cambridge ^{2}1981, S. 4.
[403] S. 23/24.
[404] Diderot, *Œuvres complètes,* X, S. 64 u. 122. Baculard d'Arnaud ganz ähnlich für den Roman: „Ne vaudrait-il pas mieux pour notre instruction qu'on nous fît lire des romans où la vertu serait offerte dans tous ses charmes, au lieu de ces histoires qui nous présentent presque toujours de prétendus héros fameux par leurs excès criminels... ?", *Nouvelles histoires,* pp. VI–VII. (zit. nach Mylne, S. 17); Aubert de la Chesnaye des Bois: *Lettres amusantes et critiques sur les romans...,* Paris 1743; „Les *Romans,* quand ils sont bien faits, et conformes aux règles, que le bon sens a dû prescrire, loin d'être l'école du libertinage, font voir la vertu couronnée, et le vice puni." (Horst Wagner: *Texte zur frz. Romantheorie des 18. Jahrhunderts,* Tübin-

Dies postuliert auch Diderot und baut seine Dramentheorie gerade auf die Eliminierung jeder Distanz zwischen Bühnengeschehen und Zuschauerraum auf. Es gilt, die Zuschauer in die Illusion zu versetzen, sie wohnten „wahrem" Geschehen bei und könnten sogar an der Handlung auf der Bühne selbst teilnehmen.

Schon 1748 heißt es in den *Bijoux indiscrets*:

> Je n'entends point les règles, continua la favorite, et moins encore les mots savants dans lesquels on les a conçues; mais je sais qu'il n'y a que le vrai qui plaise et qui touche. Je sais encore que la perfection d'un spectacle consiste dans l'imitation si exacte d'une action, que le spectateur, trompé sans interruption, s'imagine assister à l'action même.[405]

Die Grenze zwischen Bühne und Zuschauer soll ganz aufgehoben werden. So schildert der eine Gesprächspartner der *Entretiens sur le Fils naturel,* „moi", wie er der Aufführung im Salon beiwohnte:

> La représentation (...) avait été si vraie qu'oubliant en plusieurs endroits que j'étais spectateur, et spectateur ignoré, j'avais été sur le point de sortir de ma place, et d'ajouter un personnage réel à la scène.[406]

Die Diskussion des Stücks in den *Entretiens* dient ebenfalls dazu, die Illusion der Wahrheit aufrecht zu erhalten. Dorval, Protagonist und Autor des Stücks, hat so gut wie überhaupt nicht in die „wahren" Geschehnisse eingegriffen, sondern sie lediglich in Raum und Zeit zusammengezogen. Die Einwände seines Gegenübers, einige Details der Komödie seien im Theater unüblich, weist er mit dem doppelten Argument zurück, er könne einerseits nichts für diese Details, da sie eben der Wahrheit entsprächen, andererseits sei eben die Praxis des Theaters, die „wahre" Ereignisse nicht auf der Bühne dulden wolle, eine schlechte.[407]

Alle Reformen, die Dorval vorschlägt, können im Hinblick auf die zentrale Forderung nach Wahrheit und perfekter Illusion auf der Bühne verstanden werden: sei es der Wunsch nach „tableaux" anstelle der „coups de

gen 1974, S. 48. Am 30.5.1754 konstatiert Bougainville in seiner Rede vor der *Académie* über Nivelle: „Les gens du monde, Juges nés des ouvrages de cette espèce ont donné de justes applaudissements à des pièces bien écrites, dont l'objet est d'inspirer aux hommes le goût d'une morale bienfaisante, et de les convaincre, par le sentiment, que le devoir est le fondement du bonheur."

405 *Œuvres complètes,* a.a.O., T. III, S. 163.

406 *Œuvres complètes,* a.a.O., T. X, S. 83–84.

407 Ebenda, S. 93.

théâtre“[408], sei es die Forderung nach Einsatz von Pantomime und Gestik[409] oder die nach Darstellung der „grandes passions“[410], der „vraies voix de la passion“[411]. Auch die im 3. *Entretien* erfolgende Skizzierung der neuen Gattung „genre sérieux“ entspricht der Vorstellung, daß das Geschehen auf der Bühne wie das alltägliche Leben komische und tragische, heitere und traurige Elemente enthalten soll. Ein Gedanke, der uns schon bei der Beschäftigung mit Nivelle begegnet war, wird hier aufgegriffen und ausgeführt: Wirkung kann nur erzielt werden, wenn der soziale Unterschied zwischen dem Publikum und den Personen auf der Bühne nicht zu groß ist. Im *Discours sur l'art dramatique* werden die Gedanken der *Entretiens* wieder aufgenommen, systematisiert und erweitert, wobei der Akzent auf der Rechtfertigung einer neuen Gattung, des „genre sérieux“, liegt.

Alles zielt also darauf ab, dem Zuschauer die größtmöglichen Identifikationsmöglichkeiten zu bieten und die Grenzen zwischen Verhalten im Theater und Verhalten in der Wirklichkeit verschwimmen zu lassen.

Der Glaube an den didaktischen Erfolg der Literatur (bzw. Kunst) setzt den Glauben an eine der moralischen Lehre günstige Disposition des Publikums voraus. Diese Disposition wird durch die Sensibilität gewährleistet. In der Vorrede zum *Fils naturel* heißt es:

> Un ouvrage dramatique dont ces épreuves seraient le sujet, ferait impression sur tous ceux qui ont de la sensibilité, de la vertu, et quelque idée de la faiblesse humaine.[412]

Mitleid und durch Mitleid hervorgerufene Rührung sind der Ansatzpunkt empfindsamer Bekehrung. Selbst der „Böse“, zumal wenn er sich in der Menge des „parterre“ befindet, kann seine natürlichen Regungen nicht lange verbergen.

[408] Ebenda, S. 92.
[409] Ebenda, S. 101.
[410] Ebenda, S. 102–103.
[411] Ebenda, S. 103.
[412] Ebenda, S. 15. Sogar der Musik wird positive Wirkung auf die „sensibilité“ bescheinigt: „Il y a (...) à l'opéra un charme pour lequel les âmes sensibles quitteraient tous les biens du monde. L'opéra purge les mœurs tout aussi bien que les genres de poésie qu'on regarde comme les plus moraux. Nous serions meilleurs que nous ne sommes si nous étions bien sensibles à ses charmes, par elle se nourrit et s'entretient la sensibilité; par elle nous devenons humains, compatissants“. Rémond de St. Mard: *Défense de l'opéra* 1741, in: *Œuvres,* Paris 1749, V, S. 279.

Le parterre de la Comédie est le seul endroit où les larmes de l'homme vertueux et du méchant soient confondues. Là, le méchant s'irrite contre des injustices qu'il aurait commises, compatit à des maux qu'il aurait occasionnés, et s'indigne contre un homme de son propre caractère. Mais l'impression est reçue, elle demeure en nous, malgré nous; et le méchant sort de la loge moins disposé à faire le mal que s'il eût été gourmandé par un orateur sévère et dur.[413]

Diesen Gedanken greifen Beaumarchais und Mercier auf und entwickeln eine regelrechte Wirkungsästhetik, die in zweierlei Hinsicht auf „sensibilité" basiert: zunächst ist die „sensibilité physique", die in den später in unserer Arbeit zu besprechenden sensualistischen Werken der Jahrhundertmitte zu neuen Ehren gekommen war, Voraussetzung für die Wahrnehmung und Erkenntnis; darüberhinaus ist die „sensibilité de l'âme" als moralische Instanz für die tatsächliche Besserung des Zuschauers verantwortlich.

Beaumarchais geht es wie Diderot, den er als sein absolutes Vorbild preist[414], zunächst um die Verteidigung einer neuen Gattung. Kernpunkt und Ziel jeden Theaters ist auch für ihn die moralische Besserung und Belehrung des Publikums. Genau diese Aufgabe kann aber ein „Drame" besser erfüllen als eine Komödie oder eine Tragödie, da es dem tatsächlichen Leben näher ist, und die dargestellten Personen ein höheres Maß an Identifikation seitens des Zuschauers ermöglichen.

Dieser Vorstellung liegt, wie gesagt, die sehr naive Annahme zugrunde, der Zuschauer, der sich im Theater in einer bestimmten Situation rühren läßt, würde sich bei entsprechenden Vorkommnissen auch in der Realität genau gleich verhalten. Deswegen können die im Theater vergossenen Tränen Garantie sein für die Tugendhaftigkeit der Zuschauer und für das Gelingen der moralischen Absicht. Seine Gedanken, so präzisiert Beaumarchais, richten sich lediglich

à l'homme sensible, (...) à celui qui préfère l'utile et douce émotion où le Spectacle l'a jeté à la diversion des plaisanteries de la petite pièce, qui, la toile baissée, ne laissent rien dans le cœur.[415]

Beaumarchais beschreibt detailliert, wie er sich die Wirkung eines Dramas vorstellt. In Analogie zur Mittelstellung des „Drame" zwischen Komödie und Tragödie ist auch die Reaktion des Zuschauers eine gemischte.

413 *Œuvres complètes,* a.a.O., T. X, S. 118.

414 „Ecrivain de feu, Philosophe Poète à qui la Nature a prodigué la sensibilité, le génie et les lumières, célèbre Diderot...", Beaumarchais: *Œuvres complètes,* (Pléiade), éd. M. Allem et Paul-Courant, Paris 1964, S. 19.

415 *Œuvres complètes,* a.a.O., S. 12.

Souvent, au milieu d'une scène agréable, une émotion charmante fait tomber des yeux des larmes abondantes et faciles, qui se mèlent aux traces du sourire et peignent sur le visage l'attendrissement et la joie. Un conflit si touchant n'est-il pas le plus doux pour l'âme sensible qui l'éprouve?[416]

Nach der unwillkürlichen, von der „sensibilité" bedingten Reaktion soll eine Selbstbefragung erfolgen, in der sich jeder Einzelne zu prüfen hat, ob er nicht auch Schuld an Situationen hat, die denen, welche auf der Bühne dargestellt werden, ähneln (meist geht es um die verfolgte Tugend). Ist die Antwort positiv, so sieht Beaumarchais die didaktische Wirkung – d.h. eine künftige Besserung garantiert; ist sie negativ, so ist Selbstgefälligkeit erlaubt:

(...) je descendrai dans mon cœur avec plaisir, et là, si j'ai rempli tous mes devoirs envers la société, si je suis bon parent, maître équitable, ami bienfaisant, homme juste et citoyen utile, (...) je chérirai le Spectacle qui m'aura rappelé que je tire de l'exercice de la vertu la plus grande douceur.[417]

Sollte die Handlung gar keinen Anlaß geben, in sich zu gehen, so bleibt die löbliche Fähigkeit der „sensibilité", der Rührung:

(...) la moralité tournant toute au profit de ma sensibilité, je me saurai gré d'être capable de m'attendrir sur des maux qui ne peuvent me menacer ni m'atteindre.[418]

In Fortführung der von Diderot formulierten und von Beaumarchais aufgegriffenen Ideen entwickelt Mercier das Drama und die mit dieser Gattung verbundene didaktische Theorie weiter. Theater ist für Mercier deswegen ein privilegierter Ort, weil der Mensch dort der Tatsache bewußt wird, ein soziales Wesen zu sein. Die Gruppe hat, ähnlich wie in Diderots Theorie, auslösende Funktion für die Entwicklung des Mitleids:

C'est un bel art, que celui de développer les affections sociales, qui distinguent l'homme des autres êtres. Doué d'une âme sensible, sait-on jusqu'à quel point on pourrait le conduire par l'attrait inné du sentiment? En effet la compassion

416 Ebenda, S. 11.
417 Ebenda, S. 12.
418 Ebenda. Sheila Page Bayne hätte in ihrer Dissertation über *Tears and Weeping,* a.a.O., bei Beaumarchais und Mercier überzeugende Belege für die von ihr so genannten „sentimental tears" (d.h. Tränen, bei denen das Subjekt auf sich selbst schaut) finden können. Das selbstgefällige Eigenlob findet hier eine selten so deutlich ausgesprochene Rechtfertigung (siehe Bayne, S. 58–59).

> ne peut prendre naissance (...) que dans ces sociétés où les hommes peuvent se communiquer leurs sentimens... Le théâtre développe cet instinct, cette tendance naturelle que nous avons tous pour nos semblables.[419]

Sein Theaterkonzept ist das einer politischen Erziehungsanstalt, wie es im utopischen Roman *L'an 2440* heißt:

> On en a fait (du théâtre, F. B.) une école publique, de morale et de goût.[420]

Bei dem Wirkungsmechanismus, wie ihn Mercier sich vorstellt, kommt „sensibilité" eine zentrale Rolle zu. Zunächst ist sie als „sensibilité physique" die Voraussetzung dafür, daß die Eindrücke, die das Theater vermittelt, auch aufgenommen werden:

> L'effet du théâtre consiste en impressions, et non en enseignemens.[421]

Einmal von außen angestoßen, wirkt das „sentiment" Wunder:

> (...) il (le poète dramatique, F. B.) regne par le sentiment, le sentiment, cette force invincible et puissante, qui soumet les êtres les plus rebelles: c'est par des *sensations* (Hervorhebung von mir) exquises et répétées qu'il bat le cœur humain, il enleve au vice sa proie.[422]

Der Übergang von physischer zu moralischer Sensibilität ist fließend:

> Qu'est-ce que l'Art Dramatique? C'est celui qui par excellence exerce toute notre sensibilité, met en action ces riches facultés que nous avons reçues de la nature, ouvre les trésors du cœur humain, féconde sa pitié, sa commisération.[423]

Wäre es hier noch möglich, „sensibilité" rein physisch zu verstehen, so ist eine solche Interpretation an zahlreichen anderen Stellen ausgeschlossen:

> L'homme de la nature est bienfaisant; il est compatissant, puisqu'il est sensible.[424]

[419] *Du théâtre,* a.a.O., S. 135 (a) und S. 4 (b).
[420] *L'an 2440,* Paris An VII, I, S. 265. Es ist in diesem Zusammenhang von Interesse zu wissen, daß eine sehr große Anzahl von Theaterstücken im 18. Jahrhundert die Bezeichnung „école" im Titel führen; in Nivelles Werk etwa gibt es deren drei!
[421] *Du théâtre,* a.a.O., S. 10.
[422] Ebenda.
[423] Ebenda, S. 7.
[424] Ebenda, S. 236.

... éveillez-les (les facultés de l'homme, F.B.), il sera tendre, sensible, compatissant.[425]

Ist für Mercier „sensibilité" nicht synonym mit Tugend, so ist sie doch Voraussetzung und Garantie für diese.[426]

Genau wie für Beaumarchais sind für Mercier die vergossenen Tränen hinreichendes Merkmal für die Empfindsamkeit der Zuschauer und der Beweis für das Gelingen der moralischen Erziehung.

C'est ainsi que l'Écrivain Dramatique adoucit insensiblement nos mœurs et ne nous attriste que pour notre intérêt et notre plaisir; il nous arrache des larmes, mais de ces larmes délicieuses, qui sont le plus doux attribut et l'expression naturelle de notre sensibilité.[427]

Während im Bereich des Theaters die neue Untergattung „drame" durch Betonung ihres moralischen Nutzens überhaupt erst ihre theoretische und dann auch durch den Publikumserfolg bestätigte praktische Berechtigung erstreiten mußte, hatte sich der Roman als gesamte Gattung dem Vorwurf der „Lüge" und moralischen Verderblichkeit zu stellen.[428] Diesem ästhetischen wie moralischen Vorwurf versuchten viele Autoren dadurch zu begegnen, daß sie in ihren Werken größtmögliche Realität anstrebten, den Illusionscharakter bis zur Vollendung im Authentischen verwirklichen wollten. Georges May und Vivienne Mylne haben in ihren bekannten Darstellungen der Romangeschichte des 18. Jahrhunderts diesen Prozeß in seinen verschiedenen Aspekten beleuchtet.

My basic proposition, in the chapters that follow, is that the history of the novel, like that of painting, was for a considerable period linked with the notions of accurate representation and of creating an illusion of reality.[429]

Dem Bereich des Gefühls, des Innenlebens der Personen kommt dabei insofern eine besondere Rolle zu, als die Sprache des Gefühls unbedingt natürlich, nicht reflektiert und auch nicht durch sprachliche Tradition vorgeprägt ist. Immer wieder wird die Echtheit der „langue du sentiment" betont.

425 Ebenda, S. 7.

426 „La vertu qui découle de la sensibilité", ebenda, S. 8.

427 Ebenda, S. 12.

428 Siehe hierzu Georges May: *Le dilemme du roman au XVIIIe siècle,* Yale/Paris 1968. Ansonsten das Kapitel über die *Proscription des romans 1737/38.* Kurz und ergänzend Hans Mattauch: „Sur la proscription des romans en 1737–1738", in: *RHLF* 1968, S. 610–617.

429 Mylne, a.a.O., S. 2.

Une des choses qui rend le plus intéressans les Ouvrages dont je parle, est la noblesse, et la délicatesse du sentiment. C'est là qu'il faut surtout consulter ce que la nature inspire, observer une harmonie, et une conformité qui soutienne le goût et l'estime du Lecteur: C'est là qu'il ne sçauroit regner trop de raison, trop de naïveté dans la force et la majesté même: C'est là que l'art le plus ingénieux et le plus utile se cache, en glissant dans les caractères et dans les discours le sel, les graces, la solidité de l'instruction, les sentiments qui doivent servir de modèles, et cette délicatesse estimable, qui est si rare aujourd'hui...[430]

Schon 1736 kann der Marquis d'Argens einen zufriedenstellenden Wandel in der Art, Romane zu verfassen, konstatieren. Moral und didaktische Vermittlung derselben sind die neuen Errungenschaften des Jahrhunderts:

On a réduit depuis quelque temps les Romans et les Histoires Galantes au point de devenir utiles pour l'instruction du Cœur et de l'Esprit. On a fait succeder, à ces Combats de Lance, à ces Enchantemens merveilleux, à ces Princesses dix fois enlevées (...) le Naturel, et le Vraisemblable. (...) On a cherché à peindre d'après Nature; assuré, que le vraisemblable va toujours au cœur, et qu'il a des Droits souverains sur l'Esprit. On a entremêlé une Morale pure à une Fiction enjouée; et l'on a rendu les Romans plus utiles pour former les Mœurs, que beaucoup de mauvais Sermons dont le but est d'en condamner la Lecture![431]

Mesmon wird nicht müde, den positiven Effekt der Romanlektüre auf die Empfindsamkeit zu beschreiben, ja er definiert das Ziel der Romane überhaupt als „développer le principe de la sensibilité". Romane hätten somit eine Ersatzfunktion für Erfahrungen, wie sie in der Gesellschaft nicht gemacht werden können:

Ils rappellent le lecteur en lui-même et lui font trouver des vérités de sentiment qu'on ne soupçonne même pas dans la société. (S. 19).
La multitude des situations qui se trouvent dans les Romans, supplée au défaut de nos propres expériences. (S. 8).[432]

[430] Pierre-Nicolas Desmolets: „Lettre à Mme D. +++ sur les Romans", in: *Continuation des mémoires de littérature et d'histoire,* Paris 1726–31, T. V, 1728, S. 204f. Zit. nach Horst Wagner (ed): *Texte zur französischen Romantheorie des 18. Jahrhunderts,* Tübingen 1974, S. 10.

[431] Jean-Baptiste de Boyer d'Argens: *Le mentor cavalier, ou les Illustres infortunées de notre siècle,* Londres 1736, Avertissement. Zit. nach H. Wagner (ed): *Romantheorie,* a.a.O., S. 36.

[432] *De la lecture des Romans,* 1776.

Daß diese Identifikation beim Leser kein rein theoretisches Konstrukt ist, sondern in der tatsächlichen Erfahrung eine Entsprechung findet, belegt eine Passage aus Mme de Tencins *Malheurs de l'Amour* (1747):

> Je lisois des romans que je dévorois, un fonds de tendresse et de sensibilité que la nature a mis dans mon cœur, me donnoit alors des plaisirs sans mélange. Je m'intéressois à mes héros; leur malheur et leur bonheur étoient les miens. Si cette lecture me préparoit à aimer, il faut convenir aussi qu'elle me donnoit du goût pour la vertu: Je lui dois encore de m'avoir éclairée.[433]

Soll das sensible Erziehungsprogramm seine Wirkung erzielen, müssen nicht nur die Zuschauer/Leser jene fast wundersame „sensibilité" besitzen, sondern die Kunstwerke - und damit die Autoren - müssen zur Erweckung derselben geeignet sein. „Sensibilité" als Eigenschaft des Dichters wird dann auch immer wieder vorausgesetzt. Im *Mercure* fordert Yart in seinen „Observations générales sur le sentiment et l'intérêt qui doivent entrer dans nos tragédies":

> Ce n'est pas assez pour un poète tragique, de connaître les passions; il doit les sentir véritablement pour les bien exprimer. Je veux dire que son imagination doit se les peindre si vivement, que son cœur sente les mêmes transports que si elles étaient réelles. Âme de tous ses héros il doit prendre tour à tour leurs passions différentes, s'irriter, s'attendrir, s'alarmer pour bien représenter la colère, la tendresse, la terreur; il doit avoir au fond de son cœur tout ce qu'il fait dire à ses héros. Voilà l'heureux don du sentiment; il est plus nécessaires au poète tragique que l'esprit, parce que l'esprit, quelques efforts qu'il fasse, ne peut imiter la nature que faiblement, et que le sentiment, au contraire, est la nature même.[434]

Die Verwischung der Grenzen zwischen Realität und Fiktion ist also keineswegs auf den Rezeptionsvorgang beschränkt, sondern gilt in gleicher Weise für den Produktionsprozeß.

> Rien n'est beau que ce qui émane véritablement de l'âme, que ce qui est produit par une sensibilité naturelle et prompte.[435]

„Sentiment" und Natürlichkeit werden als unerläßliche Eigenschaften eines Romanautors eingestuft; keine Illusionserweckung ohne die Fähigkeit, in die

433 Mme de Tencin: *Les Malheurs de l'Amour,* 1747, T. 2, S. 129.

434 *Mercure de France,* déc. 1742, T. 1, S. 2643f. (Zit. nach R. Mercier, S. 391).

435 Mercier, *Du théâtre,* a.a.O. S. 218. Siehe zur „sensibilité" des Autors auch ebenda, S. 152, 221, etc.

Natur der Sache selbst einzudringen und die Dinge entsprechend darstellen zu können.

> Je voudrois pour cela que la composition de ces livres ne tombât qu'à d'honnêtes gens sensibles, et dont le cœur se peignît dans leurs écrits.[436]

So der 1770 erschienene *Dictionnaire de Littérature* von Sabatier de Castres. Auch Dorat fordert genaue Einfühlung in die Natur, ohne diese verschüttet der Autor die „imagination" des Lesers und zerstört dessen einfühlende Sensibilität:

> Pour arracher à la nature quelques-uns de ces secrets, il faut être nourri de méditations profondes, de receuillemens solitaires, de l'enthousiasme du bien.[437]

Und abschließend ein weiteres Beispiel von Choderlos de Laclos:

> Observer, sentir et peindre, sont les trois qualités nécessaires à tout Auteur de Romans. Qu'il ait donc à la fois de la finesse et de la profondeur, du tact et de la délicatesse, de la grâce et de la vérité; mais que surtout il possède cette sensibilité précieuse, sans laquelle il n'existe point de talent, et qui elle seule peut les remplacer tous.[438]

Hat das Theater neben der Sprache noch die dramatischen Mittel der Deklamation, der Gestik, der Mimik als Wirkungsmittel, zudem noch den offenbar als recht wichtig erachteten Effekt der Gruppenwirkung im Publikum, so ist der Roman ganz auf seine Sprache angewiesen. So wird hauptsächlich im Roman die Notwendigkeit eines neuen Stils, einer neuen Sprache erkannt und diskutiert. Aber auch im Theater fordert das „sentiment" eine seiner Wahrheit angemessene Sprache. Verzicht auf gereimtes Schreiben, Steigerung und Wirkung durch Exklamationen, unterbrochene Sätze, Auflockerung der stereotypen deklamatorischen Tradition etc. Im Roman wird eine völlig

436 Im Art. „Roman".

437 Claude Joseph Dorat: „Idées sur le roman", in: *Les Sacrifices de la Vicomtesse de Senanges et du Chevalier de Verseny,* Amsterdam 1771, S. 8.

438 Choderlos de Laclos: *Cécilia ou les mémoires d'une héritière* in: *Mercure de France,* 17.4.1784 (*Romantheorie,* S. 92). Siehe auch Gérard: *Comte Valmont* I, T. 1, 1775, Avertissement: „Ces lettres supposent dans celui qui les a écrites, un grand fonds de tendresse et de sensibilité".
Weitere Beispiele bei Robert Finch/Eugène Joliat (ed): *French Individualist poetry 1686–1760,* University of Toronto 1971, S. 13f.

neue Sprache gefordert: Baculard d'Arnaud etwa bringt immer wieder sein Bedauern über den Mangel an einer den neuen, empfindsamen Gegenständen angemessenen Sprache zum Ausdruck:

> Faut-il, je le répéterai, que ces âmes sensibles, distinguées d'une foule d'être qui existent à peine, n'aient pas un langage particulier? Si nous possédions cette langue, que mon cœur auroit à se répandre! qu'il auroit à découvrir de nouveaux sentimens, de nouveaux transports![439]

Fast wörtlich wiederholt Mlle de Lespinasse dieses Raisonnement:

> J'ai voulu vous dire le charme qu'avait pour moi votre présence; mais, mon ami, que les expressions sont faibles pour rendre ce que l'on sent fortement! L'esprit trouve des mots, l'âme aurait besoin de créer une langue nouvelle. Oui, certainement, j'ai plus de sensations qu'il n'y a de mots pour les rendre.[440]

Die Häufung von Ausrufezeichen, die unterbrochene Sätze suspendierenden Pünktchen, die Exklamationen, die zahlreichen Wiederholungen, all jene Formalia, die dem heutigen Leser als maßlos übertrieben erscheinen und gerade jene Präzision im Ausdruck vermissen lassen, die von den Autoren angestrebt wurde, sind zweifellos Ausdruck der Bemühung, die Realität des Gelebten und Erzählten unmittelbar spürbar zu machen. Auch diese „Übertreibungen" gehören zum moralischen Engagement des Schriftstellers, über dessen Verpflichtung weitgehend Übereinkunft herrschte:

> Nous (les gens de lettres. F.B.) sommes en quelque mesure les gardiens de ce feu sacré qu'éteint l'abus des passions et de la société; c'est à nous qu'est commis le soin d'entretenir dans le cœur humain cet attendrissement, principe et aliment de la morale, et la plus délicieuse peut-être de nos sensations.[441]

[439] *Epoux malheureux, Œuvres* IX, S. 231f. Jean Sgard hat in seinen Arbeiten zu Prévost und auch in seinem Aufsatz zu Baculard diese neue „Gefühlssprache" zu beschreiben versucht. Siehe auch seinen Aufsatz „La vie intérieure et les mots", in *Le Préromantisme. Hypothèque ou Hypothèse?,* a.a.O., S. 509–528.

[440] *Lettres d'une maîtresse,* zit. nach Walter Moser: De la signification d'une poésie insignifiante, in: *StV* 94/1972, S. 291.
Gérard: *Comte de Valmont* I, T. 1, 1775, Avertissement: „Malgré la sécheresse et l'érudition des matières, il a su faire passer dans son style le ton si rare et si nécessaire de la sensibilité".

[441] Baculard d'Arnaud: *Préface des épreuves du sentiment,* 1772, zit. nach van Tieghem, „Quelques aspects...", *Edda* 1927, S. 165.

Marivaux hat im Vorwort zu einem seiner frühen Romane diesen Prozeß der Mitleidserweckung durch Lektüre genau analysiert und dabei auch jene „sensation délicieuse" der Rührung plausibel erklärt. Identifikation sei zwar Voraussetzung der gerührten Rezeption, aber das Wissen um den fiktionalen Charakter des Kunstwerks erlaube erst den ganzen Genuß:

> La pitié qu'excite l'objet présent, les inquiétudes qu'il nous cause affligent l'âme, et font des impressions fâcheuses. Elle est attendrie: mais elle souffre réellement. Le sentiment est triste; au lieu que le simple récit, quelque affreux qu'il soit, s'il excite la pitié, ne porte dans l'âme qu'un intérêt compatissant sans douleur. On gémit avec ceux qui nous paraissent gémir: mais comme leurs maux ne sont que feints, l'âme émue se fait un plaisir de sa sensibilité, en se garantissant par la raison d'une tristesse véritable, qui ne doit la saisir qu'à la réalité des malheurs.[442]

Diese Analyse nimmt der moralischen Integrität des gerührten Lesers einiges. Sie ist aber gut geeignet, um das auffällige Nebeneinander von Spontaneität und Bewußtheit, von Naivität und Überlegtheit zu erklären.

7.2. „Sensibilité" und Strukturmerkmale im Theater des 18. Jahrhunderts

> La Poésie Dramatique (...) perfectionne notre raison et notre sensibilité.
>
> Mercier, *Du théâtre*

Didaktisches Engagement ist eines der Hauptmerkmale des Theaters in Frankreich während des 18. Jahrhunderts. Nimmt dieses, etwa im Werk Merciers, geradezu predigthafte Formen an[443], so beherrscht es doch auch früher im Jahrhundert die Bemühung, das Theater gegenüber den Vorwürfen der Kirche und der Obrigkeit zu rechtfertigen. Bereits zu Ende des 17. Jahrhunderts war die Diskussion um Verwerflichkeit oder moralischen Nutzen des Theaters angeregt geführt worden. Die strenge Position der Kirche, wonach jede Art von Theater, sei es Komödie oder Tragödie, zu verdammen sei, machte allmählich einer gemäßigteren Auffassung Platz. Aus den Reihen der Geistlichen selbst wurden Stimmen laut, die gewisse Komödien, wenn sie

[442] *Les aventures de* $^{+++}$ in *Œuvres de jeunesse* a.a.O., S. 7.

[443] W. D. Howarth: „The Playwright as Preacher. Didactism and Melodrama in the French Theatre of the Enlightenment", in: *Forum for modern language studies,* 14/1978, S. 97–115, stellt diesen Zusammenhang zur „Predigt" her.

nur die Laster brandmarken und die Tugend in glorreichem Licht erscheinen lassen, für unschädlich, ja für nützlich erachten.[444] Hintergrund für dieses erneute didaktische Interesse und Vertrauen auf die Belehrbarkeit des Menschen ist, wie oben dargestellt, die Überzeugung, Appelle hätten, sobald sie mit der nötigen Vehemenz vorgetragen werden, mittels der „sensibilité" die erhoffte Wirkung auf das moralische Gefühl des Zuschauers. Diese poetologisch relevante Annahme hat vielerlei Auswirkungen auf die Diskussion um neue Formen des Theaters gehabt, ja selbst der klassizistisch argumentierende Voltaire unterliegt als Tragödien- und Komödienautor den Gesetzen empfindsamen Denkens. Eine Typologie des mit „sensibilité" in Verbindung zu bringenden Schauspiels im 18. Jahrhundert wäre wünschenswert, kann hier aber allerhöchstens knapp skizziert werden.[445]

Einige auffällige Merkmale aber lassen sich zusammenstellen, wenn man auf die bisher besprochenen Autoren und ihr dramatisches Werk zurückschaut.

Marivaux' Sklaveninsel, genau wie die zwei Jahre später erschienene *Ile de la raison,* ist vom Aufbau her als Erziehungsprogramm angelegt. Komik, im Sinne Molières, ist nicht das prägende Moment dieses Experiments: dem zu bessernden *Maître* soll vielmehr sein eigenes Fehlverhalten anhand des Rollentausches vor Augen geführt werden. Korrektur des Fehlverhaltens und nicht Brandmarkung im Gelächter ist das Ziel Marivaux'. Die traditionell komischen Elemente, wie Arlequins Karikatur des *maître,* werden vom pädagogischen Leiter Trivelin entschärft und auf ihre Spiegelfunktion beschränkt. Nicht hämisches Lachen ist das Ziel, sondern Illustration. So ist das erste, sich immer wieder findende Element didaktisch-sentimentalen Schauspiels das gehäufte Vorkommen von „Demonstrationsszenen".[446] Im Falle der Sklaveninsel tritt in der Person Trivelins ein Kommentator hinzu, der als Außenstehender wiederholt erläuternd eingreift und den moralischen Sinn der gan-

[444] Siehe L. Bourquin: „La controverse sur la Comédie au 18e siècle et la Lettre à d'Alembert", in: *RHLF* 26/1919, S. 43–86, S. 555–576; 27/1920, S. 548–570; 28/1921, S. 549–574.

[445] Für Englands Theater und den Bezug zum Sentimentalismus siehe den Aufsatz von Lothar Hönnighausen, dem die folgenden Überlegungen viel verdanken: „Auswirkungen der *Sentiment*-Vorstellung im Schauspiel des 18. Jahrhunderts", in: *Anglia* 89/1971, S. 439–455. Siehe außerdem J. H. Smith: „Shadwell, the Ladies, and the Change in Comedy" in: *Mod. Phil.* 46/1948, S. 22–33; J. Barkhausen: *Die Vernunft des Sentimentalismus,* Tübingen 1983.

[446] Dieser Ausdruck wird von Hönnighausen, a.a.O., verwendet.

zen Unterhaltung klarstellt. Das demonstrierte Gleichheitsideal aller Menschen, das wie gesagt nicht als revolutionäre Kritik am Ständestaat mißverstanden werden darf, wird von Trivelin sentenzhaft belehrend am Ende zusammengefaßt: „La différence des conditions n'est qu'une épreuve que les Dieux font sur nous". Nivelles Komödien weisen, abgesehen von ihrer schon fast sprichwörtlichen Larmoyanz, entscheidende strukturelle Parallelen zu den marivauxschen empfindsamen Stücken auf. Abgesehen von den drei Komödien, die auf ihre didaktischen Ambitionen schon im Titel verweisen (*L'école des amis, l'école des mères, l'école de la jeunesse*), ist vor allem *Mélanide* als Demonstration einer Besserung bzw. Bekehrung zu verstehen.[447]

D'Arviane vertritt, wenn auch leicht überhitzt, die natürliche „sensibilité" in Liebesdingen, die ihn anscheinend in Konflikt mit den Gesetzen der guten Gesellschaft geraten läßt. Gegenspieler - und Nebenbuhler - ist der Marquis d'Orvigny, in Wahrheit sein Vater. Die Lösung dieses Konflikts wird nun nicht, wie es in der traditionellen Komödie üblich war, durch Ausspielung des Alten erzielt. Vielmehr stellt sich D'Arviane seinem Konkurrenten und appelliert an dessen *natürliches* Gefühl, an seine väterliche Liebe. Dieser Appell leitet dann die Wende ein, am Ende gibt es keinesfalls einen Besiegten, keinen Verlierer, keine lächerliche Figur. Der Marquis bezeichnet selbst sein vorheriges Verhalten als „trouble où tous mes sens se sont abandonnés". Lösung von Konflikten durch Appell und Harmonisierung derselben in einer alle zufriedenstellenden Lösung - dies ist ein weiteres Charakteristikum des empfindsamen Schauspiels.

Erscheint die Belehrung des Repräsentanten der „société" am Ende einer Komödie als ein Zugeständnis an die nicht tragische Gattung, so machen Parallelen in Tragödien der Zeit eindeutig klar, daß es bei diesen strukturellen Eigenheiten nicht (allein) um immanente Gesetze der Gattungen gehen kann.[448] Besonders aufschlußreich sind hier Voltaires Tragödien, auf deren untragischen Charakter wir oben schon einmal hingewiesen hatten. Wie sehr auch die Zeitgenossen den „Demonstrationscharakter" Voltairescher Tragödien empfunden haben, erhellt aus Marmontels Artikel „tragédie" im *Supplément* der *Encyclopédie*:

[447] D'Alembert lobt *Mélanide* als „pièce qu'on peut mettre au nombre des plus intéressantes du Théâtre-Français, et qui joint au mérite de la verité, de la sensibilité et de la vertu, celui des détails et du style." in: *Œuvres complètes* Paris 1821, Reprint 1967, T. 3, S. 390.

[448] Hönnighausen, S. 448: „In vielen Fällen unterscheiden sich die Gattungen nur durch den innerlichen zufälligen tödlichen oder glücklichen Ausgang und eine ebenso willkürlich festgelegte düstere oder hellere Atmosphäre."

C'est lui qui le premier a répandu dans la tragédie cet intérêt si doux de la touchante humanité...

Verweigerung einer Tragik im engeren Sinne und, wenn auch nicht immer eingelöste, so doch verheißene Beseitigung jener Hindernisse, die der Entfaltung natürlicher Moral im Wege stehen. Die abrupte Bekehrung von Personen, die vorher als abgrundtief böse und verdorben dargestellt werden, fällt bei dieser „Bekehrungsdemonstration" (etwa Genghis Kan im *Orphelin de la Chine*) besonders ins Auge.

Diderots beide Dramen sowie Beaumarchais' Stücke *Eugénie, Les deux amis* und *La mère coupable*[449] - um von unzähligen *minores* hier zu schweigen[450] - lassen sich ohne Mühe in das Raster der verschiedenen Spielarten von Demonstrationsstücken einordnen. Die Konflikte, die in empfindsamen Tragödien oder Komödien auftreten, können auf Antagonismen zurückgeführt werden, wie wir sie kurz schon bei der Frage der Bürgerlichkeit der Empfindsamkeit dargestellt haben. Natürlichkeit, Offenheit, Tugend etc. stehen im Gegensatz zu Vertretern einer „unnatürlichen" weil depravierten Ordnung.

Verschiedene Repräsentationsformen der „menschlichen Natur" werden in Opposition zu sich je wandelnden Gegeninstanzen gesetzt.[451]

Je nach Verbundenheit des Autors mit einer optimistischen Grundeinstellung werden diese Gegeninstanzen im Verlauf des Stückes beseitigt, oder sie triumphieren über die unschuldig verfolgte Tugend. Wird die Tugend aber

449 Zu Beaumarchais siehe die Interpretation bei Wolf, a.a.O., zu *Les deus amis* auch Gerhard Gerhardi: *Geld und Gesellschaft im Theater des Ancien Régime,* Heidelberg 1983, Kap. X.

450 Zu denken wäre an einige Stücke Destouches', an Collé (La partie de chasse de Henri IV, 1768), Sedaine (Le philosophe sans le savoir, 1769/Le déserteur, 1769), Mme de Genlis mit ihrem *Théâtre à l'usage des jeunes personnes,* 4 vols, Paris 1779-80; Baculard d'Arnaud (Les amants malheureux 1765, Euphémie 1768); Desmahis (Le triomphe du sentiment, in *Œuvres* 1778).
Aber auch ein Autor wie Crébillon père, dessen grausame Tragödien wenig rührselig und harmonisierend anmuten, läßt sanfte Töne erkennen, so etwa in *Rhadamiste et Zenobie* (1711). Zu Crébillon siehe die Dissertation von Hendrik Markgraf: *Das Schreckliche in den Tragödien Crébillons,* Gerbrunn 1982.

451 H. U. Gumbrecht: „Das französische Theater des 18. Jahrhunderts", in: *Sozialgeschichte der Aufklärung in Frankreich* 4, II, S. 66-88, hier S. 75.

belohnt, wie es ihr zusteht, so endet das Stück in einem der unzähligen „dénouements heureux", die meistens eine rückblickende Vergegenwärtigung der überstandenen Gefahr, ein gegenseitiges Versichern der Tugendhaftigkeit aller Beteiligten und eine oft tränenreiche Versöhnung ehemaliger Kontrahenten einschließt. Die Theaterstücke, deren abschließende Wendung zum Guten uns heute unvermittelt, beliebig und beschönigend-kitschig erscheinen muß, sind im 18. Jahrhundert Legion. Die exemplarisch demonstrierte Bekehrung des „Bösewichts" ist zu häufig anzutreffen, als daß wir hier völlig ohne Beispiel darüber hinweggehen könnten.

Von den vielen möglichen Beispielen sollen zwei Dramen Merciers präsentiert werden, da in ihnen der Zusammenhang zur bereits skizzierten Wirkungsstrategie qua „sensibilité" am deutlichsten sichtbar wird.

Marivaux motivierte den versöhnlichen Ausgang in *L'île des esclaves* durch das fröhliche Naturell Arlequins und ließ zudem die Bekehrung zum Guten in utopischer Ferne verlaufen; Nivelle baute von vorneherein keinen so ernsthaften Konflikt auf, daß ein „dénouement heureux" hätte überraschen müssen; Voltaire läßt in seinen Tragödien die Einsicht teils erst nach dem tragischen Ende erfolgen. Dorval im *Fils naturel* ist der weiblichen und rationalen Überredungskunst Constances zugänglich und zudem kein verderbter Charakter; durch das umsichtige Handeln Germeuils werden Konflikte im *Père de famille* nicht so auf die Spitze getrieben, daß eine Verzweiflungstat hätte die Folge sein müssen.

War in diesen Stücken der versöhnliche Ausgang - bzw. die Besinnung nach der Katastrophe - noch mehr oder weniger plausibel, so erscheint in manchen Dramen Merciers das abrupte Einlenken, die plötzliche Einsicht manch einer vorher als prinzipiell schlecht dargestellten Person als ein „tour de force". Ein solcher Fall, der hier im Hinblick auf die Rolle der „sensibilité" bei der Bekehrung untersucht werden soll, ist *Jenneval* aus dem Jahre 1769, Merciers erstes Theaterstück.

Es handelt sich um eine Adaptation von Lillos *London Merchant* (1731). Hat sich Mercier im großen und ganzen an das englische Vorbild gehalten, so ist es doch an keiner Stelle wörtlich übersetzt und weist vereinzelte, aber sehr wichtige Veränderungen auf. Die wichtigste ist sicher der Schluß: Barnwell, der Held des englischen Stücks, ermordet seinen Onkel und wird, von seiner Geliebten verraten, bald darauf gehenkt. Jenneval hingegen wird von unsichtbaren Mächten an der Ausführung der fürchterlichen Tat gehindert, erkennt sein Unrecht und entpuppt sich als im Grunde sehr tugendhaft. Dieses plötzliche Umschwenken, die blitzartige Bekehrung ist oft als Inkonsequenz in der Anlage des Charakters kritisiert worden. So schreibt Zollinger, der ohnehin

„Handlung, Charaktere, Sprache“ in den Dramen Merciers als „gleich verfehlt, widerwärtig, unnatürlich“[452] erachtet, über Jenneval:

> Im ganzen Stück zeigt er sich als ein Mensch ohne jeglichen moralischen Halt, aus dem nun plötzlich am Schlusse ein 'würdiger Jüngling' wird, der Seelengröße besitzt.[453]

Mercier selbst begründet die Beschönigung des „dénouement“ mit der Notwendigkeit, auf das zeitgenössische Publikum Rücksicht zu nehmen. Ein Mörder könne nicht mit den Tränen der Zuschauer rechnen:

> Nous compatissons aux foiblesses, aux infortunes, aux désordres mêmes des passions; mais nous n'avons point de larmes à donner à un meurtrier. Non, elle (la nation, F. B.) eût repoussé la tableau, parce qu'il n'est pas fait pour elle, et qu'elle ne suppose point un parricide au milieu des ames sensibles qui viennent s'attendrir et pleurer a son spectacle.[454]

Da den Zuschauern nur vorgespielt werden soll, was sie selbst unmittelbar betrifft, so scheidet ein Mord an einem Familienmitglied aus; Empfindsamkeit und unwiderrufliches Verbrechen schließen einander aus. So aufgesetzt, wie es dem heutigen Leser scheinen mag, war offenbar für Mercier und für die damaligen Rezipienten der glückliche Ausgang nicht. Es soll versucht werden zu zeigen, daß sich Jennevals Besinnung sogar folgerichtig aus seiner Charakterisierung und aus Merciers Dramenkonzeption ergibt.

Jenneval, Waise und Neffe eines reichen Onkels, der auf dem Lande lebt, ist zu Studienzwecken im Hause des hohen Beamten Dabelle angestellt. Dieser hat eine reizende Tochter, Lucile, die Jenneval liebt. Jenneval aber gerät einer raffinierten Courtisane in die Fänge, die um das Vermögen des Onkels weiß und mit Jenneval das Erbe einzustreichen gedenkt. Jenneval, Rosalies Reizen verfallen und von ihren reinen Absichten überzeugt, veruntreut eine große Summe Geld, um ihr ein Appartement einzurichten. Bonnemer, der Kassierer im Hause Dabelle, ist seinerseits vom guten Charakter Jennevals überzeugt und versucht, die Veruntreuung geheimzuhalten. Als Dabelle trotzdem davon erfährt, will auch er nicht an die Schuld Jennevals glauben:

452 Oskar Zollinger: *L. S. Mercier als Dramatiker und Dramaturg,* Diss. Strasbourg 1899, S. 10.

453 Ebenda.

454 *Théâtre complet,* T. I-IV, Amsterdam 1778–1784, Reprint 1970.

On l'aura séduit, mon cher Bonnemer, on l'aura séduit. Vous avez besoin de courage et de vigilance. Agissez, mais prudemment; taisez cette aventure. Un mot prononcé dans la première chaleur du ressentiment a fait quelquefois un tort irréparable; deux mille écus ne font rien; mais perdre un cœur sensible et bien né, voilà ce qu'il est important de prévenir.[456]

Die Hinzufügung „et bien né" verbindet in diesem Falle „sensible" mit der Vorstellung, ein sensibler Mensch sei, wird er nicht verführt, eigentlich der Tugend zugeneigt. Gleichzeitig aber ist die „sensibilité", da sie den Menschen der Liebe zugänglich macht, eine Gefahr in einer korrumpierten Gesellschaft:

Votre sensibilité a besoin d'un frein puissant qui la réprime. Si les passions nous égarent, la voix d'un ami peut nous remettre dans le sentier que notre aveuglement abandonnoit.[457]

Alle drängen Jenneval, zu seinem Fehler zu stehen und ihn wiedergutzumachen, indem er Rosalie verläßt. Er aber, immer noch naiv von Rosalies Güte und Liebe überzeugt, erzählt ihr sein Vergehen und seine Gewissensbisse. Rosalie versucht, ihn zu beruhigen und rügt – in bezug auf seine Reue – seine „excessive sensibilité". Da dieser Vorwurf von der Person kommt, die als einzige als durch und durch schlecht dargestellt wird, fällt er in den Augen der Zuschauer positiv auf Jenneval zurück. Der Leser kann mit Dabelle hoffen, als dieser den unerbittlichen Onkel, der seinen Neffen enterbt hat und droht, Rosalie ins Gefängnis zu bringen, zu einer friedlichen Lösung bewegen will:

Relâchez un peu de cette sévérité extrême. (...) Jenneval est sensible, et ce caractère précieux doit être ménagé.[458]

Angesichts der allenthalben wiederholten Beteuerung, Jenneval sei eigentlich ein tugendhafter, sensibler Mensch und lediglich auf Abwege geführt worden, kann die Besinnung Jennevals nicht mehr überraschen.

Als ihm klar wird, daß Rosalie und ihr Helfershelfer vorhaben, seinen Onkel zu ermorden, um die Erbschaft sicherzustellen, stürzt er davon und kommt seinem Onkel im richtigen Augenblick zu Hilfe. Dieser zeigt sich gerührt, als ihm klar wird, daß sein Neffe ihm das Leben gerettet hat. Jenneval kann ihm, vor der allgemeinen Versöhnung, vorwerfen:

[456] I, 3 in: *Théâtre complet,* a.a.O., S. 23f.
[457] I, 5, ebenda, S. 28.
[458] Ebenda, S. 77.

> J'ai combattu, j'ai triomphé, j'ai été plus tendre, plus humain, plus sensible que vous.[459]

So erweist sich Jennevals Sensibilität als tugendstiftende Kraft, die lediglich von „bösen" Menschen ausgenutzt, niemals aber endgültig verdorben werden kann.

Jenneval ist nicht das einzige Drama Merciers, das auf solche Art endet.[460] Ein weiteres dieser Stücke mit „dénouement sensible" soll hier noch kurz näher betrachtet werden, um den beschwörenden Aspekt der abschließenden Versöhnung zu illustrieren: *L'indigent* (1772), eines der erfolgreichen Stücke Merciers.

Die Schwarzweißmalerei zwischen reich und arm, zwischen Böse und Gut könnte nicht krasser sein: auf der einen Seite die bitterarmen aber tugendhaften Geschwister Joseph und Charlotte, die in einem ungeheizten Keller hausen und Mühe haben, monatlich die Miete zu erarbeiten; auf der anderen Seite der Libertin De Lys, der nicht nur in unerhörtem Luxus lebt, sondern es zudem auf Charlotte abgesehen hat. Joseph, der um die Verführungsprojekte De Lys' nicht weiß, nimmt von diesem eine größere Summe Geld entgegen, um seinen Vater, der unschuldig im Gefängnis sitzt, auszulösen. De Lys versucht, Charlotte zu bestechen, sie aber widersteht heroisch, und der Vater, der gekommen war, um sich für die großzügige Gabe zu bedanken, ist sofort bereit, wieder ins Gefängnis zurückzukehren und das Geld zu erstatten. In Wahrheit aber ist Rémi - so heißt der Vater - nur Vater von Joseph, nicht aber von Charlotte, die er als Pflegekind von einem Freund aufgenommen hatte. So können die beiden heiraten. Beim Notar stellt sich heraus, daß Charlottes Vater ein beachtliches Erbe hinterlassen hat, welches De Lys, der niemand anderes ist als ihr Bruder, alleine einzustreichen gedenkt. Der Notar, ein Muster an Ehrlichkeit, hatte lange nach der verschollenen Schwester gesucht und sorgt nun dafür, daß Charlotte nicht um ihr Erbteil betrogen wird. Damit wäre die Handlung eigentlich am Ende, die Intrige gelöst, die Bösen bestraft, das tugendhafte Paar verheiratet und aus jeder finanziellen Not erlöst. Doch hierauf scheint es Mercier nicht allein anzukommen. Die Sozialkritik wäre in ihrer Absolutheit stehengeblieben, De Lys wäre als „Böser" von der glücklichen Wendung ausgeschlossen worden. Wohl nur aus diesem Grunde, in der Absicht, die Versöhnung komplett zu machen und die radikale Kritik an

[459] Ebenda, S. 117.

[460] Ähnlich in *Le juge, Les tombeaux de Vérone, Olinde et Sophronie.*

den Reichen auf diese Art und Weise zurückzunehmen, fügt Mercier eine für die Handlung vollkommen überflüssige Schlußszene an: der Notar bekehrt De Lys zum Guten:

> Non, vous ne garderez pas cette ame avide et méprisable. (...) Toute sensibilité n'est pas éteinte dans votre ame. et vous serez ému. (...) Livrez-vous avec moi au doux plaisir d'embrasser ce vieillard dont les vertus ne peuvent que vous honorer (...) Ah! voyez les larmes de cette vertueuse famille qui coulent encore; elles attendent les vôtres. (Dans la chaleur du sentiment) Allons, du courage, jeune homme, du courage; sois homme, sois juste, prends un cœur, pleure et connois la nature; elle ne te trompera pas, et crois m'en, tu seras récompensé par elle.[461]

Und De Lys hat den „Mut", sich zu seiner Natur zu bekennen:

> Oui, j'ai un cœur, j'ai un cœur, ...je le sens (...) J'éprouve un sentiment qui m'étoit inconnu. Voilà le premier vrai plaisir de ma vie; je l'ai senti dans vos embrassemens.[462]

Letztlich ist nicht die Kritik an den sozialen Zuständen wesentlich[463], sondern die Erfahrung der eigenen „sensibilité", des eigenen Menschseins. Das beschwörende „sois des nôtres" soll die Gruppe der Tugendhaften nach innen und außen stabilisieren; jedem Außenstehenden muß sein Ausgeschlossensein möglichst deutlich gemacht werden. Indem De Lys schließlich aufgenommen wird, haben auch jene Zuschauer, die eher den Reichen als den Armen zugerechnet werden müssen - und es werden die meisten gewesen sein -, eine Identifikationsmöglichkeit. Im *Nouvel essai* rechtfertigt Mercier diesen Schritt:

> Le méchant lui-même est obligé de combattre pour vaincre la nature et la pitié. Et qui sçait si dans les arts il n'est point un moment de terreur et de vérité, qui amollirait ce cœur de pierre et le rendroit à sa sensibilité primitive?[464]

Gumbrecht sieht im „dénouement heureux" dieser Prägung ein Charakteristikum des „Drame" überhaupt, da es eine Begrenzung des geweckten Mitleids, ein Befrieden der geweckten Rührungsfähigkeit bedeutet:

461 *Théâtre complet,* a.a.O., S. 105.

462 Ebenda.

463 Zollinger (a.a.O., S. 50) irrt, wenn er das Stück als „ein sozialistisches Drama im modernen Sinne" bezeichnet.

464 *Du théâtre,* a.a.O., S. 135.

> Dramentheoretisch gesehen (...) bleibt ein solcher Umschlag so lange notwendig, wie dem Zuschauer eine Erfahrung seiner eigenen Mitleidensfähigkeit durch Abgrenzung des Mitleidens ermöglicht werden soll.[465]

Das ritualhafte, den Zuschauer mit einschließende Versöhnungsbild ist in zahlreichen Dramen Merciers zu einer stereotypen Regieanweisung erstarrt, an deren häufigem Auftreten aber der wiederholende, beschwörende Charakter der Versöhnung abgelesen werden kann:

> Ils s'embrassent réciproquement.[466]

Die immer wieder, u.a. von Gaiffe und Béclard monierte Schwäche in der psychologischen Anlage der Charaktere und der Handlung ist somit in Merciers Augen – und offensichtlich auch in den Augen des Publikums, denn einige seiner Stücke, gerade *Jenneval* und *L'Indigent,* hatten in der Provinz und später auch in Paris beträchtliche Erfolge[467] – nicht unbedingt eine Schwäche. Mercier ging es weniger um das Studium einzelner Charaktere als vielmehr um den Versuch, an exemplarisch verstandenen Fällen vorzuführen, was eine philosophische Überzeugung ausmachte: jeder Mensch hat von Natur aus die nötige Sensibilität, um die Tugend zu erkennen und nach ihr handeln zu können. Selbst beim hartherzigsten Menschen kann der Appell an diese nie ganz erloschene Disposition Wunder wirken.

> Mais, aux yeux des philosophes, la Raison et la Vérité ne sont pas moins puissantes que la Grâce; l'homme étant naturellement bon, le méchant n'est qu'un malheureux plongé dans l'erreur qui se transformera de lui-même dès qu'on lui aura montré qu'il se trompe.[468]

[465] Hans-Ulrich Gumbrecht: „Über das Versiegen süßer Tränen in der französischen Revolution – ein Aspekt aus der Funktionsgeschichte des 'genre sérieux'", in: *Lendemains* 11, 1978, S. 67–85, S. 72.

[466] So etwa in *Natalie* (S. 116); *Jean Hennuyer* (S. 205/206); *L'indigent* (S. 105); *La brouette du vinaigrier* (S. 267); *La destruction de la ligue* (S. 366/67); *Les tombeaux de Vérone* (S. 424).

[467] Gaiffe, a.a.O., S. 215, S. 201/202.

[468] Ebenda, S. 326.

7.3. „Sensibilité“ im Roman des 18. Jahrhunderts

> Parmi les lectures dont l'effet est de nourrir et de développer la sensibilité, je n'en vois pas qui puissent mieux que les Romans bien choisis, remplir cet objet.
>
> Romance de Mesmon: *De la lecture des Romans,* 1776.

Die Bemühung um die Erreichung größtmöglicher Illusion von Wirklichkeit kann als wichtigste Neuerung in der Romankunst des 18. Jahrhunderts bezeichnet werden.[469] Verschiedene Möglichkeiten boten sich als Lösung dieser Aufgabe: Crébillons Weg der vorbehaltlosen Schilderung der hohen Gesellschaft, der analytischen Demaskierung ihrer Doppelmoral war sicherlich eine uns heute sympathische. Problematisch war allerdings hierbei, daß sich so keine vorbildlichen Helden skizzieren ließen, die als „exemple de la vertu“ im oben beschriebenen Sinn hätten fungieren können. Eine weitere Variante des Bestrebens nach Authentizität ist die Mode der Briefromane[470] – es versteht sich von selbst, daß ohne große zeitliche Distanz zum Erlebnis verfaßte Briefe den Eindruck des unmittelbaren, intimen und zudem an einen persönlichen Adressaten gerichteten Berichts machen. Zahlreiche Romane, die sensible Personen und ihr Leiden und Lieben zum Thema haben, sind in Briefform abgefaßt: das berühmteste Beispiel ist die *Nouvelle Héloïse* von Rousseau, die schnell zum meistgelesenen Roman überhaupt wurde. Dieselbe Unmittelbarkeit des Ich-Berichts ist durch die Wahl der Memoirenform zu erreichen. Auch hier ist seit Ende des 17. Jahrhunderts ein starkes Interesse zu beobachten, das mit Prévosts Romanen einen Höhepunkt erreicht. Die Atmosphäre der vertraulichen Mitteilung des sich selbst rückblickend

[469] Siehe die ganz in diesem Sinne konzipierte Studie von Vivienne Mylne, a.a.O.

[470] Zum Briefroman siehe aus der sehr umfangreichen Sekundärliteratur Réal Ouellet: „La théorie du roman épistolaire en France au XVIIIe siècle“, *Studies on Voltaire* 89/1972, S. 1209–1227. 1758 äußert sich Marmontel im *Mercure de France* zu den Vorteilen des Briefromans: „L'avantage de ce genre est de mettre le récit en scène et de donner pour auditeurs à celui qui raconte des personnages intéressés. La narration en est plus vive et plus touchante, l'effusion des sentimens plus naturelle, le Lecteur plus attentif, plus impatient, plus ému, car il se met tour à tour à la place de l'Acteur qui parle et de celui que écoute; il oublie l'Auteur, il s'oublie luimême; il ne voit, il n'entend que les personnages qui sont en scène, ce qui fait le charme de l'illusion.“ (Zit. nach Ouellet, a.a.O., S. 1224).

betrachtenden Ichs an den Leser ist der sympathetischen Rezeption des empfindsamen Lesers genauso zuträglich wie die Suggestion der unbedingten Wahrheit des Berichteten. Mit der Autobiographie eng verbunden ist eine letzte Form, die „sensibilité" vielleicht noch notwendiger in sich einbezieht als die beiden anderen genannten Romanformen: der „Erziehungsroman". Seit Fénelons leicht predigthaftem *Télémaque* reißt die Welle derjenigen Romane nicht ab, welche die Entwicklung eines meist jungen Menschen zum empfindsamen Erwachsenen beschreiben - gleich ob dies in Form der Autobiographie vorgetragen wird oder in einer erzählten Biographie. In diesen Rahmen fallen auch jene sehr zahlreichen, heute weniger bekannten Romane, welche die Bekehrung eines „bösen" Menschen zu den natürlichen Tugenden zum Thema haben. Die Titel sind anschaulich und sprechen für sich: *La force de l'exemple* (Bibiéna, 1748), *Le triomphe du sentiment* (Ders., 1750), *Les confessions d'un fat* (Bastide, 1749) sowie als letztes, späteres Beispiel *Dolbreuse, ou l'homme ramené à la vertu par la raison et le sentiment* (Loaisel de Tréogate, 1777). Es handelt sich ausnahmslos um erfolgreiche Romane der Zeit, die vielleicht nicht zu Unrecht heute keine Leser mehr finden, die aber klarer als viele erzählerischen Meisterwerke strukturelle Merkmale erkennen lassen, die eindeutig auf die Empfindsamkeitslehre und die mit ihr verbundene Wirkungsästhetik rückzubeziehen sind.

Bevor auf diese bisher nicht besprochenen Werke näher eingegangen wird, soll ein kurzer Rückblick auf die uns bereits bekannten Romane der ersten Jahrhunderthälfte das Gesagte illustrieren. Neben Crébillon, der aus besagten Gründen nicht im engeren Sinne als empfindsamer Romancier bezeichnet werden kann, beherrschen Prévost und Marivaux die Entwicklung des Romans.[471] Beide Romanfragmente Marivaux' sind als Autobiographien angelegt und bieten somit einen hohen Grad an Authentizität. Ist der *Paysan Parvenu* eine humorvolle Schilderung der Initiation in die vielfältige Welt Pariser Liebeslebens und hierin Crébillons *Egarements* vergleichbar, so sind doch engere Bezüge zur empfindsamen Liebes- und Tugendlehre zu konstatieren als bei Crébillon. Marivaux stellt in seinem Roman eine sonst erst wieder in den 70er Jahren zu beobachtende Verbindung zwischen sensibler Liebe und libertinistischer Praxis her.[472] „Seriez-vous un peu sensible? C'est

[471] Die konstrastierende Gegenüberstellung von Crébillon, Prévost und Marivaux findet sich sehr früh bei Formey, *Conseil pour former une bibliothèque peu nombreuse, mais choisie,* 1756, Art. Romans; S. 55ff.

[472] Zum Verhältnis zwischen „sensibilité" und Libertinage siehe Kap. B II.6.; zu Marivaux speziell S. 377ff.

la marque d'un bon cœur" hatte Mme de Ferval Jacob wissen lassen, ohne deshalb ihre eher sensuellen Absichten meinen verbergen zu müssen. Dieser bei Jacob in raschem Wechsel erfolgende Übergang von einem Liebessystem zum anderen läßt erkennen, daß Marivaux bei aller Zuneigung zu der von ihm selbst entscheidend mit entwickelten „sensibilité"-Lehre eine gewisse Skepsis bezüglich ihrer gesellschaftlichen Umsetzung für angebracht hält. Hat die Form der Autobiographie beim *Paysan Parvenu* auch gattungsspezifische Gründe, die mit der Empfindsamkeit in keinem unmittelbaren Zusammenhang stehen[473], so ist Mariannes Geschichte in erster Linie auf die Entwicklung ihres Gefühlshaushalts konzentriert.[474] Bei ihr steht, deutlicher noch als bei Jacob, der erzieherische und erkenntnisfördernde Bereich des Gefühls im Vordergrund:

> Il n'y a que le sentiment qui puisse nous donner des nouvelles un peu sûres de nous[475]

sagt Marianne und stellt hiermit über ihre eigene Person das fest, was für die Erkenntniskraft des „sentiment" allgemein gilt. Erfahrungen und deren sinnliche sowie rationale Verarbeitung tragen zur Herausbildung eines Charakters, eines erwachsenen Menschen bei. Auch Jacob findet seinen wirkungsvollsten Lehrmeister im Bereich der Liebe - nicht Schläge und Betrug wie bei den traditionellen Schelmen, sondern die Welt der Frauen in ihrer vielfältigen Ausprägung bilden ihn zum selbständigen Mitglied der Gesellschaft. Beiden marivauxschen Helden ist ihre große Anpassungsfähigkeit und ihr Handlungsvermögen gemeinsam. Empfindsame Helden wären sie nur im Sinne der aktiven „sensibilité" zu nennen, Jacob ohnehin in geringerem Maße als Marianne. Im Unterschied zu Rousseaus Emile, dessen Sensibilität in Abgeschiedenheit und fern von der korrumpierten Gesellschaft mit den richtigen,

[473] Der *Paysan Parvenu* ist wiederholt in die Tradition des Schelmenromans gestellt worden, der traditionellerweise in Form von Autobiographien abgefaßt wird. Siehe hierzu Horst Baader: „Le Paysan Parvenu de Marivaux et la tradition du roman picaresque espagnol", in *Actes picaresques Européennes,* Montpellier 1976, S. 127–179.

[474] Siehe die oben schon erwähnte Interpretation bei R. K. Jamieson in *Marivaux. A Study in Sensibility,* New York 1941. Deloffre dagegen will *La vie de Marianne* nicht als „roman sensible" verstanden wissen. Siehe die Einleitung zu seiner Ausgabe (Paris 1963), S. 52f. Seine Definition eines „roman sensible" ist allerdings enger und scheint literarische Qualität auszuschließen.

[475] *La vie de Marianne,* éd. Deloffre, S. 22.

weil zur Tugend anleitenden Eindrücken geprägt werden soll, setzt Marivaux die „sensibilité" seiner Helden den weniger schonenden Stößen der Realität aus. Beide aber, weder Marianne noch Jacob, sind keine passiv leidenden sensiblen Helden, wie sie etwa Prévost kennt. Der utopisch-harmonisierende Ton der Sklaveninsel macht einem realistischen Blick Platz. Die „sensibilité" als Naturkraft wird nicht en bloc der Zivilisation entgegengestellt, sondern entwickelt sich im Kontakt mit der Gesellschaft, ein Verfahren, das Marivaux von vielen schematisch denkenden Romanciers der Empfindsamkeit vorteilhaft unterscheidet.

Ist Marivaux' Romankunst in diesen beiden Fragmenten eine Zwischenform von Gefühlsbiographie und Sittenporträt der Gesellschaft, so ist Prévosts Werk in höherem Maße dem beispielhaften, exemplarischen Konzept verpflichtet. Seine Autobiographien beanspruchen nicht nur Authentizität, die im Falle *Clevelands* durch die Einbindung in den historischen Rahmen noch verstärkt wird, sondern auch moralischen Nutzen im Sinne der „Ersatzerfahrung" beim Leser:

> Tous les préceptes de la morale n'étant que des principes vagues et généraux, il est très difficile d'en faire une application particulière au détail des mœurs et des actions. (...) Il n'y a que l'expérience, ou l'exemple, qui puisse déterminer raisonnablement le penchant du cœur. Or, l'expérience n'est point un avantage qu'il soit libre à tout le monde de se donner; elle dépend des situations différentes oú l'on se trouve placé par la fortune. Il ne reste donc que l'exemple qui puisse servir de règle à quantité de personnes dans l'exercice de la vertu.[476]

Die Aufrichtigkeit, mit der die Helden auch über die schlimmsten Verfehlungen ihrer Jugend und des vergangenen Lebens sprechen, ihre Bereitschaft zur Reue und die Hinwendung zum religiösen Leben verdeutlichen Prévosts Bemühung um einen moralisch nützlichen Roman. Im Unterschied zur Moralpredigt wird dem Leser in der Ich-Form die Erfahrung, die Verstrickung in Schuld und die Befreiung aus ihr unmittelbar, fast wie in einer intimen Beichte, nahegebracht. Nicht belehrende Vorschrift, sondern gelebter Nachvollzug ist die Rezeptionsform des Romans. Voraussetzung bleibt, wie gesagt, die Identifikation mit den Geschehnissen. Gefördert wird das Verständnis und die Identifikationsbereitschaft der Leser durch die unbedingte Offenheit („sincérité") des Ich-Erzählers, der wiederholt, vor allem in den *Mémoires d'un homme de qualité,* auf seine Scheu, intime und verwerfliche Dinge zu

[476] *Avis de l'auteur des Mémoires d'un homme de qualité,* éd. Sgard, S. 363f.

berichten, hinweist und diese nur wegen seines Vorhabens, vollständig sein Leben zu berichten, überwindet. Offenheit im Gegensatz zu Dissimulation war seit Mlle de Scudérys Zeiten als ein Hauptmerkmal sensibler Menschen in den Vordergrund gestellt worden. Der so entstehende Beicht-Charakter solcher autobiographischer Werke kann als typisch für die Bemühung empfindsamer Seelen betrachtet werden, „sincérité“ als obersten Wert ihrer Selbstachtung gelten zu lassen.

Prévosts Romanen in Thema und Ton sehr eng verwandt sind Mme de Tencins Romane, die von 1735 ab erschienen. Im *Conte de Comminge* (1735), einer fiktiven Autobiographie, ist es nur anfangs die Autorität des Vaters, die das Unglück der Liebenden hervorruft. Später können die dramatischen Ereignisse nur noch auf ein dunkles Schicksal und dessen Allmacht zurückgeführt werden. Ganz wie bei Prévost hat man öfter den Eindruck des „Unnötigen“, etwa wenn Ereignisse auf mangelnde Information der Liebespartner und deren ostentatives Schweigen gründen. Das Verderben der Helden scheint aus menschlicher Sicht unabdingbar und ist nicht mit gesellschaftlich widrigen, aber in historischer Perspektive zu behebenden Umständen zu erklären. Die Opposition zwischen den empfindsamen Seelen und der sie umgebenden feindlichen Welt ist total und erlaubt kaum eine Annäherung. *Les malheurs de l'amour* (1747) sind ähnlich sinister und von Mißverständnissen geprägt. Anders verhält es sich lediglich in *Le siège de Calais* (1739). Dort siegt das verzweifelte Engagement der liebenden Frau, die füreinander bestimmten Herzen kommen zusammen, alle Mißverständnisse werden aufgelöst. Vom Stil her bleibt Mme de Tencin, mehr noch als Prévost, eine klassische Romanautorin. Sie vermeidet Satzfragmentierungen, überflüssige Emphase und ist um das richtige Wort zur adäquaten Erfassung ihres Themas nie verlegen.

In ihrem pessimistischen Ton, in ihrer Skepsis bezüglich der menschlichen Fähigkeit, schuldlos seiner Natur folgend zu handeln, unterscheiden sich Prévosts und Mme de Tencins Romane grundlegend von denjenigen, die empfindsame Helden in Kontrast zu gesellschaftlichen oder persönlichen Widersachern oder Hindernissen darstellen – und nicht in Kontrast zu schicksalhaften Realitäten. Diesen letztgenannten Romanen, deren Hauptthema die verfolgte oder verirrte Tugend ist, eignet häufig ein utopisches Element, zumindest wenn die Vertreter der tugenhaften, natürlichen Ordnung den Sieg über ihre Kontrahenten davontragen. Brissenden erklärt die Entstehung und das häufige Auftreten des Themas „virtue in distress“ mit dem Wissen um die Differenz zwischen empfindsamer Überzeugung und der dominanten Wirklichkeit:

> The emergence of the theme of virtue in distress in the widest sense grew out of an awareness of the distance which separated moral idealism and the world of practical action. (...) There was an uncomfortable and increasingly embarassing gap between the benevolent moral theories of the enlightenment and the social reality in which they were supposed to operate.[477]

Und doch, das werden wir an einigen Beispielen noch verdeutlichen, wird die Auflösung dieses Widerspruchs in einem harmonisierenden Ende (ähnlich wie bei vielen Theaterstücken) als utopische Verheißung dargestellt. Mercier sieht dies in seinem *Bonnet de nuit* in unmittelbarem Zusammenhang mit der aufklärerischen Lehre:

> Il est encore une sorte de roman bien cher au philosophe; c'est celui qui offre en idée le plan de félicité publique et nationale: rêve consolateur, qui fait entrevoir obscurément que dans l'avenir les hommes pourront mettre en dépot commun les lumieres de leur raison et le courage de leur âme, pour contrebalancer les maux de la nature et les fautes de leurs aieux.[478]

Wesentlich früher schon verlangte Lenglet-Dufresnoy (1734) diesen „idealistischen" Aspekt im Roman, der im Gegensatz zur Geschichte durchaus die Aufgabe habe, die Wahrheit zu beschönigen:

> Laissons à l'histoire à traverser les hommes vertueux, à détrôner les bons principes, à faire prospérer les tyrans, à établir des scélérats sur la ruine des plus gens de bien; elle n'a que trop d'occasions de s'en acquitter. Mais le roman doit faire tout le contraire: la vertu y doit être honorée, la probité s'y doit faire estimer des princes, la sagesse y être récompensée.[479]

Brissendens Erklärung müßte also insofern ergänzt werden, als durchaus ein utopisches Ende – auch nach Darstellung unschuldig verfolgter Tugend – für einen Roman erlaubt, ja sogar in pädagogischer Hinsicht erwünscht war. Andererseits war das erduldete Leid sensibler Helden nicht nur wegen der gesellschaftlichen Realität plausibel, sondern wirkungsästhetisch erforderlich. „Vertu" muß leiden, um das Mitleid des Lesepublikums zu wecken. Der Weg zur Rührung, die Ziel des intendierten Rezeptionsprozesses ist, führt über

477 Brissenden, a.a.O., S. 77.

478 L. S. Mercier: *Mon bonnet de nuit* 1784, T. II, S. 331.

479 Lenglet-Dufresnoy: *De l'usage des romans,* Paris 1734, I, S. 210f. Georges May setzt den Zeitpunkt der Durchsetzung des Prinzips der belohnten Tugend im Roman zwischen 1730 und 1745 an; a.a.O., S. 119. Siehe auch die vergleichbaren Zitate in Abschnitt 7.1.

Mitleid. Die harmonisierende Erlösung am Ende solcher Werke setzte das – unverdiente – Leid der Tugend voraus. Wie sehr die Lösung der Spannung, die abschließende Belohnung der Verfolgten, mit denen der Leser sich ja identifizieren soll, auch im Interesse der Leser gelegen haben muß, wird an der Veröffentlichungsgeschichte von Baculards *Epoux malheureux* ersichtlich: 1745 erscheint eine Fassung, die sich an einem damals viel Aufsehen erregenden Prozeß inspiriert und somit das Image der geschichtlichen Wahrheit im Sinne der identifikationsstiftenden Illusion für sich beanspruchen kann. Jahrzehnte später, als der Roman längst zum Bestseller geworden war und stetig wieder aufgelegt werden mußte, erscheint, motiviert vielleicht auch vom Erfolg des Buches, eine Fortsetzung, die bezeichnenderweise eine Lösung des am Ende der ersten Fassung nur suspendierten Konflikts zwischen hartem Vater und sensiblem Sohn enthält. Die Erweichung des Vaters gelingt, er stellt sich nicht länger gegen seine „sensibilité", die Kräfte der Natur siegen und werden durch die Wiedereinsetzung des Sohnes in seine ihm zuvor aberkannten Rechte – es geht um ein bedeutendes Erbe sowie um einen nicht weniger wichtigen Titel – gesellschaftlich sanktioniert. Der Herausgeber der späteren Ausgabe von 1783 weist auf die Erleichterung hin, mit der die Leser das so lange sehnlich erhoffte glückliche Ende der Geschichte zur Kenntnis nehmen können.

> ... une douleur qui nous est d'autant plus chère, qu'on parvient en quelque sorte, avec les héros de l'histoire, à la satisfaction et au bonheur, ce qui manquoit aux éditions qu'on nous avoit données jusqu'ici. Il en est de la plupart des lecteurs comme d'une grande partie des voyageurs qui, après avoir goûté une espèce de plaisir, à braver les fureurs d'un élément dangereux, à s'être même exposés aux tempêtes, aux naufrages, aiment à regagner le port: et c'est alors que le ressouvenir du péril a des charmes.[480]

Dasselbe Schema verfolgen in verschiedenen Varianten, vereinzelt auch schon in der ersten Jahrhunderthälfte, einige Romane zweit- und drittrangiger Autoren, denen wir uns nun zuwenden wollen. In der ersten Hälfte des Jahrhunderts bleiben die meisten Romane, welche die Empfindsamkeit ihrer Helden betonen und in den Vordergrund stellen, dem Thema der sensiblen Liebe verpflichtet. *La force de l'exemple* (1748) von Galli da Bibbiena ist die Geschichte einer Frau der Hocharistokratie, die den Umgangsformen der Gesellschaft gegenüber standhielt und ihre Jungfernschaft nicht nur in die

[480] *Les époux malheureux, Œuvres* T. X, Paris 1803, S. XXI/XXII.

Ehe, sondern sogar bis in den Witwenstand rettete: die (erste) Hochzeit war für beide Seiten keine Liebesheirat, und ihr erster Mann wußte ihre Tugend zu respektieren. Erst in der Liebe zu ihrem zweiten Mann, dem sie in der Hochzeitsnacht ihre Lebensgeschichte erzählt, erfüllt sich ihr Herz, so wie für ihn das „sentiment", das er ihr gegenüber empfindet, alle körperlichen frivolen Genüsse vergessen läßt:

> Ce n'est que la vertu, qui nous fait goûter des plaisir satisfaisans: c'est en elle que nous trouvons la vraie jouissance des âmes. Au moment que la Marquise me donna sa main et qu'on eut prononcé les mots de notre union, je me sentis pénétré d'une joie plus ravissante que tout ce que j'avois éprouvé dans l'ardeur de mes égaremens. C'étoient mes sens, qui avoient été enyvrés pour lors, ce fut mon cœur, qui jouit dans cet instant. (...) La Marquise répondit à mes transports et me témoignoit la même sensibilité.[481]

Nach fast identischem Muster wird in *Le triomphe du sentiment* (1750) die in der Ehe erfüllte Liebe der Herzen gepriesen. Die auch hier an den Ehemann gerichtete Lebensgeschichte einer Frau ist gewissermaßen eingerahmt von einem am Anfang und am Ende der Erzählung abgedruckten Hymnus auf das „sentiment":

> Lumière divine, guide sûr et éclairé, doux lien des cœurs, sentiment, que n'ai-je connu plûtôt tes charmes![482]

Noch konventioneller in der fast preziös anmutenden Liebesthematik bleibt der Chevalier de Mouhy mit seinen ausführlichst geschilderten *Délices du sentiment* (1753). Ein exotischer Rahmen - das Land der Tataren - umspannt die abenteuerlichen Hindernisse, die Fortuna der Erfüllung gegenseitiger, zärtlicher Liebe von Halmésime und Leucipang in den Weg stellt. Das niemals ernsthaft infrage gestellte Glück der beiden wird durch eine prunkvolle Heirat besiegelt. Die Helden haben, so der Autor, „démontré par une heureuse et longue expérience que la félicité que procure la vertu est durable, et que ces plaisirs si purs qui en dérivent sont les *délices du sentiment*".[483] Auch hier wird Sinnlichkeit solange aus der menschlichen Natur ausgeklammert, wie sie nicht durch Herzensgemeinschaft und Eheschließung legalisiert ist.

Etwas weniger oberflächlich sind die *Confessions d'un fat* (1749) des Chevalier de Bastide, die Verlust wahrer Liebe und Tugend sowie deren Wiedergewinn in der Liebe zur Ehefrau schildern. Kritik an der libertinistischen

481 La Haye 1748, S. 41.
482 La Haye 1750, I, S. 5 und II, S. 320.
483 Paris 1753, 6 vols, VI, S. 387.

Lebensweise und Schilderung der Verfänglichkeit des „bon ton“ der hocharistokratischen Gesellschaft wechseln sich ab. Der Kontrast zwischen Natur (sentiment) und Kultur (libertinage) wird auf den Begriff gebracht. Der Verlust der glückbringenden zärtlichen Liebe erscheint als „dépravation“:

> Plein de ma nouvelle passion, je m'écriois quelquefois: charmes du sentiment, ah que j'étois insensé de croire qu'on dût vous préférer les agrémens faux et pénibles de la fatuité! tous les plaisirs que je vous immole valent-ils un sentiment du cœur?[484]

Wesentlich pikanter und zudem auch komplexer ist die Bekehrung des Libertins Floricourt in der gleichnamigen Geschichte Dorats.[485] Ausgangspunkt ist hier nämlich das Vorhaben, in die lange Reihe seiner erotischen Triumphe nun gewissermaßen als Krönung den Sieg über eine wahrhaft tugendsame Frau einzufügen:

> Il ne manque plus à ta gloire que d'avoir subjugué une honnête femme, reconnue pour telle ... là ... une femme à sentimens.
> Parbleu, reprit Floricourt, voilà qui est bien difficile! Apprends, Marquis, que les honnêtes femmes sont plus aisées à vaincre que les autres.[486]

Mme de Terville, das Opfer seines Vorhabens, läßt sich von seinem Wandel vom bekannten Libertin zum zarten Liebenden nur allzu schnell überzeugen, schneller als sich die Présidente de Tourvel von der Bekehrung Valmonts in den *Liaisons dangereuses* überzeugen läßt. Er verspricht ihr die Heirat und verführt sie. Sein Triumph scheint perfekt, er veröffentlicht seinen Sieg. Nächste Eroberung soll die kokette Rosis sein, die ihn ihrerseits an der Nase herumführt und im Netz ihrer Reize zappeln läßt. Floricourt ruiniert sich, hat Schulden und wird von seinen Gläubigern ins Gefängnis gebracht. Die gütige Mme de Terville befreit ihn aus der Haft, während seine libertinistischen Freunde ihn im Stich lassen. Er duelliert sich mit einem seiner Konkurrenten in der Jagd nach Rosis' Gunst und wird schwer verletzt. Nun erst, quasi auf dem Totenbett, wird ihm der Unterschied zwischen der Liebe Mme de Tervilles und der Koketterie Rosis' klar; er sieht die Welt mit den Augen des „sentiment“, der „sensibilité“. Mme de Terville verzeiht ihm und beide heiraten.

484 Paris 1749, T. II, S. 131. Bastide äußert sich auch in seinem *Dictionnaire des mœurs,* La Haye 1773, S. 116 über die sensible Liebe: „Sensibilité = Elle n'a besoin ni de parler, ni d'agir, ni de se plaindre, ni de remercier, dans quelque cas que ce soit. On devine son silence.“

485 Dorat: *Œuvres complètes,* Paris 1776, V, S. 319ff.: *Floricourt, histoire française.*

486 Ebenda, S. 319f.

Der exemplarische Charakter dieser Geschichte, deren Reiz in der starken Kontrastierung und dem in Mme de Terville und Floricourt personalisierten Konflikt zwischen Libertinage und „sentiment", der tatsächlich auf die *Liaisons* vorausdeutet, liegt, tritt in den abschließenden Worten des Textes hervor:

> Il avoit été un modèle de fatuité et d'extravagance; il devint l'exemple des amans délicats, et prouva qu'il n'y a point d'homme, quelqu'étourdi, quelque vicieux qu'il soit, qu'une femme aimable et sensible ne ramene, pourvu qu'il ait un cœur.[487]

Die Konflikte, die sensible Personen aufgrund ihrer zur gesellschaftlichen Norm konträren Empfindsamkeit erleben, werden in diesen Werken nur selten als Folge menschlicher Vorurteile dargestellt. Die Hindernisse erscheinen nicht als sozial konkretisiert und damit als (zumindest in historischer Perspektive) überwindbar, so wie es sich bei Voltaire und vielen anderen darstellte. Die Probleme werden vielmehr als existent gesetzt, und entweder als Quelle nicht endenden Leids oder als luststeigernde Verzögerung der Erfüllung der Liebe dargestellt. Diese soziale bzw. politische Abstinenz in der Schilderung der Empfindsamkeit kommt in den Schlußworten von Marianne Agnès Falques *Le triomphe de l'amitié* (1751) besonders deutlich zum Ausdruck:

> L'Amour reçut dans son Temple des sermens sincères; il récompensa des cœurs qu'il avoit tant éprouvés, et qui méritoient si bien ses plaisirs.[488]

Baculard d'Arnaud hingegen bleibt seinem aufklärerischen Engagement gegen die Vorurteile der Gesellschaft, das er in den *Epoux malheureux* unter Beweis gestellt hatte, auch in anderen Werken treu.[489] In der Erzählung *Anne Bell* etwa setzen sich die Liebenden, die adelige Lady Anne Bell und ihr bürgerlicher Geliebter, über die Vorurteile des Vaters hinweg und heiraten gegen seinen Willen. Es gilt nun, den Vater zu bewegen und die Stimme seines Herzens über die Härte des „préjugé" triumphieren zu lassen. Als dieser endlich zu seiner „Natur" zurückfindet und die mittlerweile völlig verarmte Tochter, die ihren Mann schon verloren und als einzige Bindung ans Leben nur noch

487 Ebenda, S. 354.

488 Londres 1751, II, S. 197. In dasselbe Schema passen die *Mémoires de Mylady B.* +++ (1760) von Mlle de la Guesnerie, die in ihrem Vorwort ankündigt, eine „histoire de sentimens et d'idées" zu erzählen.

489 Die andere, religiös-traditionelle Seite in Baculards „sensibilité"-Definition wird in anderem Zusammenhang besprochen. Siehe Kap. B II.5.2.

den gemeinsamen Sohn hat, zu sich zurückholen will, kommt seine Reue zu spät. Er findet seine Tochter tot auf, in ihren Armen den kleinen Jungen, den er mit sich als Erben seines unermeßlichen Reichtums auf sein Schloß nimmt. Behebbare Vorurteile sind es also, die hier das Leid der empfindsamen Personen bedingen.

> Comme si la nature avoit établi ces chimériques distinctions (sociales, F. B.), et que tous les hommes n'eussent pas les mêmes droits d'éprouver la sensibilité et de l'exciter![490]

Falsche Erziehung und das schlechte Beispiel entfernen vor allem die Mitglieder der hohen Gesellschaftsschichten von ihrer Natur.

> Le Lord Thaley entroit dans l'âge des passions; il étoit né avec une âme droite, et beaucoup de sensibilité; un rang élevé, de la fortune, une société de gens corrumpus, c'est-à-dire la société du grand monde, la facilité de céder à ses penchans, tous ces ennemis du sentiment et de la raison, étouffoient en lui la nature, qui, pour peu qu'on l'écoute, nous ramène toujours à la vérité et à la vertu.[491]

Ist das Übel erst einmal geschehen, so bleibt nichts anderes als die Hoffnung auf eine Rückkehr zum Wesen der Natur, zu den Werten der Empfindsamkeit. Gelingt diese, so verdienen die nun reuigen Opfer der einstigen Verführung unser Wohlwollen:

> Après la vertu, objet immuable de nos hommages, ce qui doit produire le plus cette considération personnelle (...) c'est le retour à cette même vertu dont si peu d'hommes sur la terre ne s'écartent point. Le repentir véritable, en exerçant notre sensibilité, rend, en quelque sorte, notre morale plus pure.[492]

Ein erfreulicher Lichtblick in dem langen Reigen solcher zwar für unser Thema interessanten, sonst aber recht faden Autoren, die uns bei der Behandlung des Kitsch-Problems noch einmal beschäftigen werden, bildet das Werk von Mme Riccoboni. Die Autorin, die sich berufen fühlte, eine *Suite de la vie de Marianne* zu verfassen, macht ihrem Vorbild Marivaux auch in ihren übrigen Werken einige Ehre.

Die 1757 erschienenen *Lettres de Miss Fanny Butlerd*[493] sind in einem klaren und doch sehr persönlichen Stil verfaßt. Keine unerhörten Abenteuer,

[490] *Les épreuves du sentiment,* Neuchâtel 1773, III, S. 8.
[491] Ebenda, I, S. 5 (*Fanny, Histoire anglaise*).
[492] Ebenda, S. 132 (*Clary, Histoire anglaise*).
[493] Benutzte Ausgabe: *Œuvres complètes,* Neuchâtel 1786.

wohl aber eine feine Analyse des weiblichen (und männlichen) Herzens während der Entstehung der Liebe, während ihrer Erfüllung und während ihres Verlusts. Früher noch als Rousseau läßt Mme Riccoboni ihre Helden von ihrem Geliebten unbedingte „sincérité“ im Liebesverhältnis schwören. Sie gibt sich ihm ohne Rücksicht auf die Wahrscheinlichkeit, ihn wegen sozialer Differenzen nie heiraten zu können, nach nur kurzem Zögern hin. Das seelisch-körperliche Glück scheint auch außerhalb der sozialen Konventionen perfekt. Der Mann, und dies ist die „feministische“ Seite in Mme Riccobonis Werk, vermag den Ambitionen und Verführungen, die ihm durch die Gesellschaft geboten werden, nicht zu widerstehen. Mit Respekt einflößendem Stolz stellt Fanny Butlerd ihren Geliebten, den sie weiterhin liebt, zur Rede. Nicht daß er eine andere Frau heiratet und ihr damit untreu wird, wirft sie ihm vor, sondern vor allem, daß er sie aus niederen ambitiösen Beweggründen verläßt, zugleich die gelobte „sincérité“ verrät. Die Frau, so ist Mme Riccobonis Lehre, ist ihrer einmal erfahrenen zärtlichen Liebe gegenüber treu, bezieht ihre moralische Existenz und ihr Selbstwertgefühl aus diesem Wert, der ihr auch außerhalb der gesellschaftlichen Norm eine würdige Existenz gibt.[494] Anders die Männer, die, auch wenn sie ihre Gefühle und damit die zärtlich geliebte Frau verraten, in die Gesellschaft unbeschadet zurückkehren und dort Ehre und Erfolg erreichen können.

> Aimable sensibilité! présent cher et flatteur! non, ce n'est pas vous qui nous rendez melheureux! notre inquiétude naturelle, nos caprices empoisonnent les dons du ciel.[495]

Auch in den *Lettres de Mylady Catesby* (1759) ist es die Untreue des Mannes, Mylord d'Ossery, die das Glück der erfüllten Liebe zerstört bzw. hinauszögert. Opfer seiner Sinne in einer obskuren, nächtlichen Situation, vergeht sich der Conte an der unschuldigen Schwester eines Studienfreundes, die er zu heiraten gezwungen ist. Mylady Catesby kennt seine Motive nicht und fühlt sich betrogen. Erst als die Frau Osserys vor Gram über ihre unerwiderte Liebe zu ihrem Mann stirbt, ist er für Mylady Catesby frei, die ihm, von den besonderen Umständen seines Fehltritts unterrichtet, gerne verzeiht.

[494] Zur Interpretation der *Fanny Butlerd* siehe den Aufsatz von Johannes Thomas: „Die Ambivalenz aufklärerischer Moral: Mme Riccobonis 'Lettres de Miss Fanni Butlerd'“, in: Baader/Fricke: *Die französische Autorin vom Mittelalter bis zur Gegenwart,* Wiesbaden 1979, S. 147–160.

[495] *Œuvres complètes,* I, *Lettres de Mylady Juliette Catesby,* S. 280.

Mme Riccoboni verlegt das Problem der gesellschaftlichen Vorurteile in das Individuum: die Erziehung und das schlechte Beispiel mögen zwar als mildernde Umstände in Rechnung gestellt werden, den Einzelnen aus der Verantwortung entlassen tun sie nicht. Ihre Romane und Erzählungen machen eindringlich klar, daß es von den beiden beteiligten Personen einer sensiblen, die sozialen Normen sprengenden Liebesgemeinschaft der weibliche Part schwerer hat, da die Gesellschaft Fehltritte einer Frau weniger zu entschuldigen gewillt ist als diejenigen eines Mannes. Den Frauen bleibt also kaum etwas anderes übrig, als ihre Gefühle offen zu bekennen und aus ihnen ihre Identität zu beziehen, selbst dann noch, wenn das Objekt ihrer Liebe in die Arme der „bonne société" zurückgekehrt ist. In diesem Punkt der Personalisierung des „sensibilité"-Problems in einzelnen, detailliert analysierten Individuen ähneln ihre Werke stellenweise der *Nouvelle Héloïse,* ohne deren Prüderie und religiöse Nebentöne zu teilen.

Das Erscheinungsdatum von Rousseaus *Nouvelle Héloïse* (1761) ist in der Entwicklung der empfindsamen Romanliteratur von großer Bedeutung. Dabei spielt für uns eine untergeordnete Rolle die Tatsache, daß viele - die meisten - Zeitgenossen die Komplexität der rousseauschen „sensibilité"-Definition offensichtlich nicht erkannt haben.[496] Unter den zahlreichen Imitatoren rousseauscher Empfindsamkeit[497] wollen wir stellvertretend Loaisel de Tréogate auswählen, dessen Romane seit Ende des 19. Jahrhunderts in vielen Arbeiten zum „préromantisme" wegen ihres „melancholisch-dunklen" Tons einen Ehrenplatz einnehmen.

Loaisels berühmtestes Werk ist *Dolbreuse ou l'Homme du siècle, ramené à la Vérité par le sentiment et par la Raison* (1777).[498] Sein erklärtes Ziel ist es, mit seinem Werk zur Besserung der Sitten beizutragen und, im engeren Sinne, der ehelichen Liebe wieder zu Ansehen zu verhelfen.

> Le but de l'ouvrage que nous publions, est de remettre en honneur parmi nous l'amour conjugal, dont le nom seul est presque devenu ridicule; de ramener les mères aux sentimens de la nature.[499]

[496] Siehe das Kapitel B II.2.3. zur Interpretation der *Nouvelle Héloïse* unter dem Gesichtspunkt der „sensibilité".

[497] Siehe zur Wirkung der *Nouvelle Héloïse* H. Coulet: *Histoire du roman jusqu'à la Révolution* a.a.O., S. 415ff; D. Mornet (Hrsg.): *La Nouvelle Héloïse,* Paris 1925, I, préface; P. M. Conlon: *Ouvrages français relatifs à J. J. Rousseau,* Genève 1981.

[498] Zit. nach der Ausgabe Paris, An II.

[499] Ebenda, I, S. IX.

Diese Aufgabe kann nur erreicht werden, wenn der Autor mit dem nötigen Einfühlungsvermögen begabt ist, welches die Herzen zu bewegen in der Lage ist:

> Pour exercer sur les esprits l'empire du talent et de la vérité, peut-être faut-il être doué de cette sensibilité active et féconde qui recherche et fait inspirer toutes les émotions, qui répand sur les objets qu'elle représente et sur les idées qu'elle veut faire adopter, toutes les grâces et toutes les beautés des tableaux les plus frais de la nature.[500]

Dolbreuse und Ermance, beide einzige Kinder alter, angesehener und adeliger Familien, wachsen zusammen auf und lieben sich von Jugend an mit reiner, tugendhafter Liebe. Ihre bevorzugte Lektüre wird die *Nouvelle Héloïse,* die ihnen die Welt der Liebe erschließt:

> Pour la première fois nous fûmes troublés, ravis, enivrés; pour la première fois nous bûmes à longs traits le philtre de l'amour; mais nos cœurs ne furent électrisés par le sentiment, que pour être aggrandis par la vertu.[501]

Als die Väter fast gleichzeitig sterben, heiraten die beiden und leben eine zeitlang die glückliche Erfüllung ihrer Liebe. Von Anfang an ist der Unterschied zu Rousseau evident: kein äußerliches gesellschaftliches Hindernis steht dem Glück der beiden im Wege, kein hartherziger Vater pocht auf die Gesetze der Heiratspolitik. Wenn Dolbreuse in der Folge den Reizen der Hauptstadt Paris verfällt, wenn ihn seine Ambition eine Karriere bei Hof suchen läßt, so ist dies einzig und allein ihm selbst zuzuschreiben. Das „sentiment", dem Dolbreuse und Ermance huldigen, ist nicht Maßstab einer Werteskala, die außerhalb der gesellschaftlichen Ordnung steht, sondern ist Garant genau dieser Ordnung:

> Le sentiment, j'en conviens, nous transporte souvent dans un monde illusoire que la raison n'apperçoit pas ou qu'elle dédaigne d'appercevoir. (...) mais le sentiment fait mille biens sur la terre. Il polit les hommes sans les corrompre, il embellit et resserre les liens dans l'ordre social, il adoucit, il épure ce penchant, le plus indomptable de tous nos penchans, qui trop souvent avoisine la férocité.[502]

Die Verirrungen Dolbreuses (er wird zum Libertin, ruiniert sich im Spiel und zerstört eine glückliche Ehe) erscheinen als selbstverschuldet, als Schwäche

500 Ebenda, S. VI/VII.
501 Ebenda, S. 30.
502 Ebenda, S. 102.

des Menschen gegenüber seinen Leidenschaften.[503] Folglich steht der Bekehrung und Wiedererlangung des erfüllten Glücks nur er selbst im Wege. Wegen seiner Spielschulden ins Gefängnis gebracht, erkennt er zum ersten Mal die ganze Tragweite seiner Frevel. Seine Frau befreit ihn aus der Gefangenschaft, vergibt ihm seine „Sünden“ und nimmt ihn mit sich zurück aufs Land. Dort aber entschließt sich Dolbreuse, seine Reue in einem Kloster zu absolvieren, um anschließend geläutert an die Seite seiner tugendhaften Frau zurückkehren zu können. Der religiöse Aspekt gewinnt die Überhand, die empfindsame Moral wird vom christlichen Denken vereinnahmt. Nicht die Natur, nicht die Überwindung gesellschaftlicher „préjugés“ führen Dolbreuse zurück zur Welt der ungestörten „sensibilité“, sondern göttliche Gnade. Die Empfindsamkeit steht nicht in provokativem Verhältnis zur Welt der Dissimulation, Hierarchie und Libertinage, sondern in einem Verhältnis der resignierten Duldung. Die menschliche Schwäche ist, dies ist die Lehre der Mönche, bei denen Dolbreuse weilt, zu bedauern; nur Gebete können den verwirrten Menschen helfen. So ist die Sensibilität nicht Ausdruck eines emanzipatorischen Naturbegriffs, sondern Quelle religiösen Lebens:

> C’est de l’enthousiasme du véritable amour, que naît cette sensibilité d’imagination qui fait les amis tendres et délicats, les hommes compatissans, les hommes religieux, et par conséquent les hommes justes.[504]

Loaisels Melancholie, die in anderen Werken[505] noch deutlicher zum Ausdruck kommt als in *Dolbreuse,* erklärt sich also als Resignation, als Verzweiflung angesichts der Schwäche und Verderbtheit des Menschen. Christlicher Trost scheint Loaisel genauso fremd wie geschichtsphilosophischer Optimismus. Vergleichbar mit Rousseaus „sensibilité“-Konzeption ist lediglich die Tatsache, daß auch für Loaisel die sinnliche Komponente der Sensibilität die „Verfehlung“ hervorruft, und daß die seelische „sensibilité“ Voraussetzung zur Wiedergewinnung der Tugend ist. Aber auch hier erweist sich Loaisel im Detail als schlechter Imitator Rousseaus: St. Preux und Julie vereinen ihre sinnliche und seelische Sensibilität in ein und derselben Person, sie verlassen *wegen* ihrer Liebe den Pfad der Tugend, der ihnen durch gesellschaftliche Vorurteile versperrt ist. Anders Dolbreuse: fast unmotiviert, tatsächlich aus Schwäche verfällt er dem leichten aber ruinösen Leben der libertinistischen

[503] Ebenda, II, S. 15.
[504] Ebenda, I, S. 102.
[505] Siehe etwa die *Soirées de Mélancholie,* Paris 1777, und die *Elégie aux âmes sensibles,* Paris 1780.

Pariser Gesellschaft. Auch das wirkungsästhetische Ziel des Romans, nämlich die Ehe wieder zu Ansehen zu bringen, verrät ein restauratives Empfindsamkeitskonzept. Ging es anderen Autoren um die neue Fundierung der gesellschaftlichen Institution „Ehe“ auf dem Boden der sensiblen Liebe und damit um eine Reformierung der gesellschaftlichen Praxis, so wendet sich Loaisel keineswegs gegen die Institution, sondern gegen all das, was deren Funktionsmechanismen stören könnte.

Mit Loaisel de Tréogate sind wir bei einem derjenigen Autoren angelangt, die „sensibilité“ und ihren hohen moralischen Wert in der zweiten Hälfte des Jahrhunderts zwar propagieren, ihren aufklärerisch-emanzipatorischen Gehalt aber verraten. Der Übergang zum rein modischen, herrschaftsstabilisierenden Kitsch ist fließend. An gegebenem Ort wird auf dieses Phänomen zurückzukommen sein. Halten wir an dieser Stelle noch einmal fest, daß das literarische Engagement seitens der Romanautoren wie auch seitens der Theoretiker des „drame“ auf der komplexen Theorie einer natürlichen Empfindsamkeit beruht (zumindest neben anderen Faktoren) und daß dieses Engagement in seiner Entstehung als Teil einer reformatorischen Aufklärungsbewegung ernstzunehmen ist.

8. Zwischenbilanz

> To the members of that age, sensibility appeared as the sum of the social virtues.
>
> A. M. Wilson, „Sensibility in France“, a.a.O. S. 35.

Der Weg von der Äußerung Bourdaloues, „la sensibilité n'est pas un crime en elle-même“ zur Erklärung Duclos', „la sensibilité prépare l'homme vertueux“, ist lang. Blickt man von der Mitte des Jahrhunderts, zu einem Zeitpunkt also, wo die Assoziation „sensibilité“-Tugend an der Tagesordnung zu sein scheint, zurück zum Ende des 17. Jahrhunderts, so wird klar, wie bemerkenswert die Um- und Aufwertung der Seelenqualität „sensibilité“ tatsächlich gewesen ist. Was bei Mlle de Scudéry und ihren Anhängern der 2. Hälfte des 17. Jahrhunderts im Zusammenhang einer platonisierenden Liebeslehre als Qualität erlesener, adeliger Seelen wohl zum ersten Mal eindeutig positiv bewertet wird, entwickelt sich in knapp einhundert Jahren zu einem viele Lebens-und Wissensbereiche berührenden Schlagwort, in dem sich verschiedene Bedeutungsaspekte zu einer oft unauflöslichen Einheit verbinden. Die wichtigsten

Elemente dieses neuen Schlüsselbegriffs resümierend zusammenzustellen und dabei die markantesten Veränderungen zu betonen, stellt sich diese Zwischenbilanz zur Aufgabe. Gleichzeitig entsteht damit der Rahmen, vor dem die weitere Entwicklung und Ausdifferenzierung des Begriffs, wie sie Thema von Teil II sein wird, gesehen werden muß.

Die schon im 17. Jahrhundert zu beobachtende positive moralische Bewertung der „sensibilité" ist auf ihre beiden wesentlichen Bedeutungsinhalte zurückzuführen. „Sensibilité de l'âme" meint die Empfänglichkeit für ein über physische Attraktion hinausgehendes Liebesgefühl, das mit „tendresse" näher bezeichnet werden kann, sowie die Fähigkeit zum Mitleid. Die seit dem Spätmittelalter belegte naturwissenschaftliche Definition der „sensibilité physique", wie sie seit der Mitte des 18. Jahrhunderts erneut von Interesse sein wird, tritt im ausgehenden 17. und in der ersten Hälfte des 18. Jahrhunderts völlig in den Hintergrund, auch wenn sich vereinzelte Belege nachweisen lassen. Die „sensibilité de l'âme", die zunächst im Zusammenhang der Liebeslehre definiert wird, ist keine physiologisch erklärte Eigenschaft, sondern wird gewissermaßen spekulativ als Seelenvermögen definiert. Im 17. Jahrhundert ist „sensibilité" weitgehend mit dem christlichen Moralkanon zu vereinbaren, zumal da die Verteidiger der „sensibilité" und Kirchenvertreter wie Massillon, Bourdaloue und Nicole in der „secte stoïque" einen gemeinsamen Gegner finden. Die religiös-christlichen Implikationen des Begriffs liegen vor allem in der Frage des altruistischen, der Caritas verwandten Moments von „sensibilité". Ein metaphysisch-spekulatives Element in der Definition der Seelen-„sensibilité" bleibt jedenfalls auch im 18. Jahrhundert unausgesprochen erhalten.[506]

Und doch ist die Herauslösung des Begriffs „sensibilité" aus dem verhältnismäßig engen Bezugsrahmen des 17. Jahrhunderts sowie seine spätere Eingliederung in Denkmodelle der Aufklärung zu konstatieren. In dieser Erweiterung, in diesen neuen Bezügen ist der entscheidende Einschnitt in der Geschichte des Begriffs zu sehen. Empfindsamkeit ist nicht mehr einigen wenigen, aristokratischen Seelen vorbehalten, sondern wird, im Zusammenhang mit der Naturrechtsdiskussion, zu einer Grunddisposition des Menschen schlechthin erklärt. Hier ist erstaunlich deutlich das zu beobachten, was

[506] Siehe zu diesem Aspekt Fritz Schalk: „Zur Semantik von 'Aufklärung' in Frankreich", in: *Festschrift W. v. Wartburg zum 80. Geburtstag,* Tübingen 1968, S. 251–266; sowie Mauzi, a.a.O., S. 614: „Il est difficile de ne pas reconnaître dans la loi naturelle un résidu métaphysique, le résultat d'un mélange entre l'innéisme classique et la foi chrétienne."

in Anlehnung an Stierle in der Einleitung als „Bedeutungsveränderung durch Übertragung auf einen anderen Diskurszusammenhang“ bezeichnet wurde. Die alte, mit „tendresse“ verbundene Bedeutung bleibt auch im 18. Jahrhundert wichtig – Mme de Lambert und Marivaux’ Theaterwerk verdeutlichen diese Kontinuität. Die zukunftweisende Neuerung aber überträgt „sensibilité“ auf einen Argumentationszusammenhang, der bald zum wichtigsten der Aufklärung überhaupt wurde. Die Frage nach der natürlichen Gesellschaftsbildung wurde mit dem aufklärerischen „Dogma“ der natürlichen Soziabilität und Moral beantwortet, für die „sensibilité“ essentiell ist. Ein Blick auf diejenigen Begriffe, die in Verbindung mit „sensibilité“ neu auftreten, verdeutlicht diese Entwicklung: nicht nur „tendresse“, sondern allgemeine anthropologische Werte wie „humanité“, „sociabilité“ treten immer öfter neben „sensibilité“.

Die Vereinnahmung der nun prinzipiell menschlichen Eigenschaft „sensibilité“, die nicht mehr nur Eigenschaft des idealen Liebhabers bzw. Freundes ist, durch aufklärerisches Denken bestimmt das weitere Schicksal des Begriffes.

Was allen Menschen gemeinsam ist, kann im Namen der natürlichen Vernunft und des „bon sens“ eingefordert werden. Die normativ-repressive Moral der christlichen Kirche wird durch das Postulat einer natürlichen Moral, von der ursprünglichen Güte des Menschen, durch die Infragestellung des Sündenfalls in ihren Grundfesten erschüttert. Die mögliche Befreiung des Menschen von all jenem, was der Erfüllung seiner natürlichen Bestimmung entgegensteht, läßt die Zukunft im Zeichen kulturellen und zivilisatorischen Fortschritts erscheinen. „Sensibilité“ als Veranlagung wird selbst ein utopischer Wert, der in vielen fiktionalen Werken als solcher Darstellung findet. Dieser „idealistische“ Aspekt, der der gesamten empfindsamen Moral eignet, kann schwerlich als heuchlerisch-dekadent herabgewürdigt werden, wie es in den Arbeiten des ausgehenden 19. Jahrhunderts wiederholt geschehen war.[507] Die großen, zentralen Schlagworte der aufklärerischen Moraldiskussion – „nature“, „vertu“, „humanité“ – sind alle als Ideale konzipiert und konnten ihre enorme gesellschaftlich-politische Brisanz gerade durch ihre Idealität entfalten. Wie „sensibilité“ verlieren diese Begriffe manchmal ihre

[507] Siehe v. Tieghem, *Edda* a. a. O., S. 164f/ „Ne nous moquons pas trop de cette sensibilité volontiers prêcheuse et de ses prétentions moralisantes: c’est elle qui a (...), d’accord avec la ‘philosophie’ et peut-être plus efficacement, fait du XVIIIe siècle, suivant la belle expression de Lavisse, ‘un siècle humain, succédant à un siècle dur’.“

präzise Bedeutung, werden zu Schlagworten, die ein komplexes System von Assoziationen und inhaltlichen Bezügen evozieren.

Die Verbindung des so entstandenen „sensibilité"-Begriffs mit dem Denken der Aufklärung ist deutlich geworden.[508] „Sensibilité" ist nicht ein Wert, welcher rationalem Geist als Wahrung affektiver Interessen entgegengehalten wird. „Sensibilité" ist vielmehr Teil eines begrifflichen Apparates, der zur Ergründung der menschlichen Fähigkeiten, seiner Veranlagung und seiner psychischen Funktionsweise entwickelt wurde. Diesbezüglich mag Lanson recht behalten, der von einer bemerkenswerten Neigung zur Abstraktion auch bei der Erforschung der individuellen Gefühlswelt sprach.[509]

„Sensibilité" erscheint als eine Fähigkeit des Menschen, auf gewisse Eindrücke unmittelbar und ohne Bemühung der reflexiven Kompetenz zu reagieren. Diese Unmittelbarkeit in der Reaktion und Handlung, die jede Verstellung – „dissimulation" – auszuschließen scheint, macht (schon seit Mlle de Scudéry) eine entscheidende Stärke dieser Seelenqualität aus. „Sincérité" ist garantiert – zumindest solange nicht Prestige damit zu erlangen ist, die Symptome empfindsamen Verhaltens, sprich Tränen, vorzutäuschen. Diese Umkehrprozesse sind in Teil II näher zu untersuchen. Zunächst aber, gerade wo die Empfindsamkeit eine noch selten vertretene Haltung gegenüber der Realität ist, solange noch Verstellung das Bild des Hofes und der société prägt, ist die Aufrichtigkeit das Attribut wahrer „sensibilité". Somit gehen natürliche Moral und „sensibilité" in ihrer polemischen Opposition zum vorherrschenden Verhaltenskodex eine Verbindung ein, die sich, zumindest anfänglich, mit der aufklärerischen Kritik an der Gesellschaft trifft.

Die in der kritischen Literatur immer wieder besprochene Aufwertung der menschlichen Leidenschaften[510] im Verlauf des 18. Jahrhunderts ist mit der Aufwertung von „sensibilité" keineswegs identisch. Bis zum ersten Drittel des Jahrhunderts bleibt in moralischen Fragen die Vernunft oberste Richt-

[508] Es ist an Wilsons Satz von 1931 zu erinnern, der wohl als erster diesen Zusammenhang so eindeutig formuliert hat: „The Eighteenth Century was two ages in one: more obviously, at least to text-book writers, the Age of Reason; but no less, the Age of Sensibility". A.a.O., S. 37.

[509] Siehe oben S. 18. Ähnlich äußert sich Sckommodau, a.a.O., S. 5: „Die Autoren des Zeitalters bedienen sich eines bestimmten, festen Systems von Begriffen, mit dessen Hilfe sie seelische Vorgänge erfassen. Sie sind sehr viel weniger impressionistisch, als vielmehr intellektualistisch eingestellt. Die psychologische Darstellungskunst beruht nicht so sehr auf steigernder, intensivierender Schilderung eines seelischen Zustands, sondern auf einem Spiel mit jenen Begriffen."

[510] Etwa Cassirer, a.a.O., S. 142ff.

schnur des Verhaltens, auch bei jenen Autoren, die Tugend auf „sensibilité“ zurückführen. „Sensibilité“ selbst ist nicht ein Sammelbegriff für alle nichtrationalen Leidenschaften des Menschen, sondern als halb-bewußter, vernunftkontrollierter Affekt zwischen „ratio“ und „passio“ angesiedelt. „Sentiment“ entwickelt sich als Begriff gerade *zwischen* den beiden Extremen. Im Vergleich zu „passion“ könnte „sensibilité“ als Versuch der Rationalisierung eines Teilbereichs menschlicher Affekte angesehen werden.

Im Zusammenhang mit der Empfindsamkeit, wie sie hier noch einmal mit ihren wichtigsten Charakteristika vorgestellt wurde, bildet sich ein Menschenideal heraus, das als historische Ablösung des „honnête homme“ erscheint. Unser Augenmerk hatte sich wiederholt auf diesen neuen Menschentyp gerichtet, so daß hier in knappen Zügen ein „idealtypisches“ Porträt entworfen werden soll.[511]

Der „homme sensible“, über dessen Geschlecht man keineswegs sagen kann, es sei immer weiblich, hat ein leicht von den Reizen der Liebe zu entzückendes Herz. Seine Liebe ist von keinerlei Taktik oder Verstellung gekennzeichnet, die Ehre der Geliebten ist ihm höchstes Gut. Treue und Aufrichtigkeit in der Liebesbeziehung sind fester Bestandteil auch *nach* der Erfüllung der Liebe in der Ehe. „L'homme sensible“ ist durch äußere Eindrücke stark beeinflußbar, ja dieser passive Aspekt seiner Sensibilität könnte als Schwäche gelten, die ihm aber gerade Beweis seiner guten Natur ist. Fremdes Leid läßt ihn nicht gleichgültig, die aktive Seite der „sensibilité“ drängt ihn zur helfenden Tat, die ihm sowohl Gebot des Christentums (à la Fénelon) als auch der Menschlichkeit ist. Als Dienstherr, Landesfürst oder gar König[512] ist er durch Aufmerksamkeit gegenüber seinen Untergebenen gekennzeichnet, deren Probleme ihn interessieren und für die er sorgt. Überhaupt ist der Empfindsame ein Mensch der Gesellschaft, nicht der Pariser „société“ mit den ihm verhaßten Verhaltensnormen, sondern einer ausgesuchten Gemeinschaft gleichdenkender Männer und Frauen, deren sanfter Umgang dem „homme sensible“ Glück bedeutet. Einsamkeit wird nur dann als Existenzform in Erwägung gezogen, wenn keine gleichgesinnten Menschen in der Nähe sind und wenn die Einsamkeit letzte Möglichkeit für die Rettung der eigenen Lebensform ist.

[511] Siehe für den englischen Bereich die interessante Typologie des “man of feeling” von Michael Gassenmeier: *Der Typus des “man of feeling”. Studien zum sentimentalen Roman des 18. Jahrhunderts in England.* Tübingen 1972.

[512] So in *La partie de chasse d'Henri IV.* von Collé.

Politisch und philosophisch gesehen ist der „homme sensible“ aufgeklärter Optimist. Seine Überzeugung basiert auf dem Glauben an die natürliche Güte des Menschen – für die ein Blick ins eigene Innere der beste Beweis zu sein scheint – und die natürliche Moral erscheint als Verheißung eines reformierten Staates. Die bestehende Gesellschaft stellt der empfindsame Mensch nicht prinzipiell in Frage, und doch sieht er in seiner Gegenwart zahlreiche Anlässe zu Kritik und Reformbestrebungen. Aus der Unzulänglichkeit und Reformbedürftigkeit der Gesellschaft entsteht das Leid des empfindsamen Menschen. Der „homme sensible“ hat sehr strenge und präzise Vorstellungen von Moral und Tugend. Daher rührt sein vehementes Mitleid mit unschuldig Verfolgten, mit tugendhaften Menschen, die Opfer von Libertinage und Laster werden. Seine Reizbarkeit, seine Empfänglichkeit für fremdes Leid bedingen seine starke emotionale Beteiligung an realem (oder fiktivem) Geschehen. Die Erlösung von erduldetem Leid, eigenem oder fremdem, sowie die Ausübung der als natürlich empfundenen Tugenden sind für den „homme sensible“ ein sinnliches Glücksgefühl. Sein Hedonismus beschränkt sich auf Handlungen und Haltungen, die stets im Rahmen der Moral bleiben.

Hohes Bewußtsein bezüglich seiner Empfindsamkeit zeichnet den Empfindsamen aus. Gerät er in Situationen, die ihm persönlich Leid verursachen, so ist sein Schmerz zwar einerseits wegen seiner Empfindlichkeit besonders ausgeprägt, andererseits aber gelindert durch das Wissen, das Leid erwachse aus einer moralisch löblichen Eigenschaft, eben der „sensibilité“. Die paradoxe Situation des lustvoll erduldeten Leids erklärt sich aus der geradezu existentiellen Bedeutung von „sensibilité“: die Bewahrung dieser Eigenschaft steht für den sensiblen Menschen noch über der Erlösung vom Leiden, sofern diese nur durch die Aufgabe der empfindsamen Überzeugung und Existenzform erreicht werden könnte.

Dies ist der Punkt, wo die Sensibilität für den „homme sensible“ eine neue Qualität erreicht. Sie ist nicht mehr nur höchster moralischer Wert, sondern „sensibilité“ wird diejenige Eigenschaft, kraft derer sich das Individuum seiner selbst als Individuum bewußt wird. Bei Prévost angedeutet, bei Marivaux in der *Vie de Marianne* vereinzelt angesprochen, erlangt dieser individuell-existentielle Aspekt bei Rousseau zentrale Bedeutung. Das „sentiment de l'existence“ wird über die Sensibilität vermittelt, sei es im Leid oder in den Momenten glücklicher Harmonie.

Diese Entwicklung wirft neue Probleme auf, für das Bild des „homme sensible“, wie es hier kurz zu skizzieren versucht wurde, nicht weniger als für eine Begriffsgeschichte. Wenn „sensibilité“ eine Eigenschaft ist, über die ein Mensch seiner eigenen Existenz und seiner Individualität bewußt wird, dann tritt damit ein Bedeutungsinhalt in den Vordergrund, demgegenüber die moralische, naturrechtliche Definition verblaßt. Nicht mehr das alle Menschen verbindende Element ist die Sensibilität, sondern das alle Menschen in ihrer Vereinzelung bzw. Einzigartigkeit überhaupt erst prägende. Nicht altruistisch ist „sensibilité" dann definiert, sondern in erster Linie Ich-bezogen. Dieser Tendenz, die Rousseau meines Erachtens besonders eindeutig verkörpert, wird in Teil II nachzugehen sein.

Der „homme sensible" aber im oben genannten Sinne existiert weiter. Sein Bild wird in einem solchen Maße durch Literatur und gesellschaftliche Mode verbreitet, daß es möglich wird, sich als empfindsamer Mensch auszugeben, um gesellschaftliche Anerkennung zu erlangen. Damit kommt der „homme sensible" an das Ende seiner Existenzmöglichkeit: was seine Stärke ausmachte, die unbedingte Ehrlichkeit und Unverfälschtheit seines Wesens, ist imitierbar gerade von denjenigen, gegen die er sich zu Beginn abgesetzt hatte. Der „homme sensible" hat seinen Tartuffe gefunden.

Ein so gearteter empfindsamer Menschentyp, wie er sich als Ergebnis unseres ersten Teils darstellt, gibt implizit Antwort auf einige Fragen, die eingangs bezüglich der Entstehungstheorien der Empfindsamkeit diskutiert wurden.

In der Zeit, in der sie als moralischer Begriff entsteht und mit hohem Prestige besetzt wird, ist „sensibilité" weder eine Modeerscheinung des dekadenten Adels noch ein rein weibliches Phänomen, und schon gar nicht eine Folge von Rousseaus Werk.[513] Die Goncourt haben mit ihrem Hinweis auf die anti-libertinistische Ausrichtung der Empfindsamkeit recht, auch wenn sie chronologisch nicht ganz korrekt nur die zweite Hälfte des Jahrhunderts der „sensibilité" zuordnen. Diderots physiologische Definition der „sensibilité", auf die wir später ausführlich zu sprechen kommen werden, wurde wiederholt verwendet bei der Erklärung des historischen Phänomens der Empfindsamkeit. Es ist klar geworden, daß eine solche, eher abwertende Definition erst Folge der um die Jahrhundertmitte einsetzenden naturwissenschaftlichen Diskussion sein kann und die Bedeutung von „sensibilité" in der ersten Jahrhunderthälfte nicht wesentlich tangiert.[514] Lansons eklektizistischer Katalog, der als Erklärung für die Entstehung von „sensibilité" genannt wurde, enthält Elemente, die auch uns als entscheidende Aspekte bei der

[513] So oder ähnlich äußern sich Taine, Michelet, Goncourt und Brunetière, S. o., S. 14ff.

[514] Siehe etwa die Definition bei Brunetière u. a.

Herausbildung von „sensibilité“ als moralischem Wert erschienen sind.[515] Neoplatonische Elemente sind es, die in Mlle de Scudérys Liebestheorie zur Postulierung einer nicht-sinnlichen Sensibilität führen, platonisch mutet auch die im 18. Jahrhundert mit „tendresse“ verbundene Liebeslehre sicherlich an.

Der Einfluß Englands, Lockes und der Moral-Sense-Theoretiker wird von Lanson zwar überschätzt, trotzdem ist der Hinweis auf diesen Zusammenhang sachlich richtig. Was Lanson abwertend als „Abstraktheit“ der Sensibilität bezeichnet, begegnete uns in der Definition von „sentiment“ als bewußte, aber nicht reflektierte Form der Erkenntnis.

Mystische Elemente, die Lanson schließlich auch noch in der Empfindsamkeit entdecken will, sind „sensibilité“ im engeren Sinne eigentlich fremd. Lansons bewußt gesetztes Paradox „mysticisme laïque“ aber trifft das bemerkenswerte, ja geradezu blinde Vertrauen, das in „sensibilité“ gesetzt wurde, die Zuversicht, mit der auf die Wirkung der „sensibilité“ gehofft wurde. Lanson versäumt bei seiner wie gesagt alles andere als absurden Aufzählung lediglich, die verschiedenen Aspekte in zeitlicher Abfolge zu sehen und in Verbindung mit den unterschiedlichen Argumentationszusammenhängen zu setzen.

Die zeitliche Abfolge ist in der Tat schwer festzulegen. Immer wieder sind Periodisierungen der Empfindsamkeit vorgenommen worden, denen wir aus der Perspektive desjenigen Begriffs, welcher der französischen Empfindsamkeit ihren Namen gegeben hat, eine weitere hinzufügen wollen.

Eine erste Vorentscheidung ist mit der Einteilung in die Teile I und II des Hauptteils bereits gefallen. Die Mitte des Jahrhunderts ist kein dogmatisches Datum, von dem ab alles in der Entwicklung von „sensibilité“ grundsätzlich anders würde. Und doch erscheint 1750 als eines der wichtigsten Daten in der Periodisierung der Empfindsamkeit sinnvoll, da die Gleichsetzung von „sensibilité“ und Tugend etwa im Werk Duclos’ (1751) ihre ausdrückliche und nicht nur vereinzelt zu belegende Formulierung findet. Um es mit dem Titel eines 1750 erschienenen Romans Bibbienas zu sagen: die Mitte des Jahrhunderts besiegelt den *Triomphe du sentiment.*

[515] Zur Erinnerung sei die Passage noch einmal angeführt: „Voilà par quelle combinaison, par quelle action réciproque le christianisme, le cartésianisme, la vieille galanterie française, la philosophie sensualiste, l’esprit d’analyse scientifique, le scepticisme religieux et la corruption des mœurs aboutirent, au commencement du XVIIIe siècle, à ce produit singulier auquel on applique dans un sens très spécial le nom de sensibilité, sorte de mysticisme laïque à l’usage de mathématiciens libertins.“

Anders in Deutschland: Sauder setzt den Höhepunkt der Empfindsamkeit erst in den 70er Jahren an, meint aber schon 1740–50 deutliche Tendenzen zu erkennen. Die Mitte des Jahrhunderts aber erscheint ihm nicht als der Zeitpunkt, wo die Gleichsetzung „Empfindsamkeit - Tugend" selbstverständlich gewesen wäre:

> (Es) ist zu schließen, daß die Synthese aus Zärtlichkeit, Empfindsamkeit und Tugend noch um die Jahrhundertmitte nicht selbstverständlich war.[516]

Für den französischen Prozeß der Empfindsamkeit, auf den wir uns hier beschränken wollen, war van Tieghem der erste, der die Mitte des Jahrhunderts als entscheidendes Datum ins Gespräch brachte[517], völlig richtig sah er das schon um 1750 einsetzende Nebeneinander von Kritik an und Verbreitung von „sensibilité".

Für die weitere Unterteilung der Etappen der Entfaltung von Empfindsamkeit stehen sich verschiedene Modelle kontrastiv gegenüber. Trahard unterteilt in drei Perioden:

> Tout au plus, peut-on distinguer trois périodes: une période d'initiation, (...) une période d'éclat, (...) une période de déviation.[518]

Diese drei Etappen entsprechen den Zeiträumen 1720–40, 1740–1770 und 1770–1789.

Eine ähnliche Dreiteilung vertreten auch Mornet[519] und Wilson: Mornet nennt 1715–1760, 1760–1789 und parallel hierzu 1770–89. Wilson gilt als Stichdatum für die erste Phase 1735 (Mme de Tencin), für die zweite 1761 (Rousseau) und für die dritte 1789.[520] Die Begriffsgeschichte zwingt uns, ein etwas anderes Modell vorzuschlagen: 1654 bis 1700 Aufwertung von „sensibilité" in Abgrenzung von der neo-stoischen Morallehre bei weitgehender

[516] Sauder a.a.O., S. 205. Siehe seinen sehr inhaltreichen Exkurs zur Periodisierung, der verschiedene Vorschläge diskutiert. Für England siehe Brissenden a.a.O., und Gassenmeier a.a.O. passim.

[517] In *Edda,* a.a.O. Taine, der die „Mode" der „sensibilité" um die Mitte des Jahrhunderts einsetzen läßt, bleibt hier wegen seiner Beschränkung auf die negative Modeerscheinung außer Betracht.

[518] I, 20.

[519] Daniel Mornet: *Le romantisme avant les romantiques,* siehe Sauders Zusammenfassung von Mornets Position, a.a.O.

[520] Wilson, a.a.O., S. 37.

Begrenzung auf den Bereich der Liebe.[521] Von 1704 ab ist die Ausweitung des Begriffs und seiner positiven Konnotationen in den Bereich der natürlichen Moral zu beobachten. Dieser Prozeß dauert bis 1750, hier einzelne Phasen zu unterscheiden ist sehr schwierig. Diese Periodisierung bezieht sich einzig und allein auf den Aufwertungsprozeß von „sensibilité", auf die Assoziationen des Begriffs in der Literatur der Zeit. Auf einem anderen Blatt steht die Frage nach den Etappen einer „empfindsamen" Literatur, sei es im Bereich des Romans oder des Theaters. Was in Traktaten zu einem Zeitpunkt schon theoretisch formuliert wird, muß nicht zum gleichen Zeitpunkt auch schon in die fiktionale Literatur eingegangen sein. Diese Zeitverschiebungen sind bei der Erstellung von Periodisierungen des viele Aspekte umfassenden Problems der Empfindsamkeit zu berücksichtigen. Unsere Vorschläge beziehen sich auf die nachweisbaren Definitionen und Konnotationen des Begriffs, gleich in welcher Art von Text. Seit 1750, dieses Problem wird uns gleich näher beschäftigen, tritt eine erneute Beschäftigung mit der „sensibilité physique" zur moralischen Definition der „sensibilité de l'âme" hinzu. Von 1750 an, deutlich seit 1760 vollziehen sich zwei parallele Prozesse: beeinflußt u.a. von der naturwissenschaftlichen Diskussion wird „sensibilité de l'âme" abgewertet, ihres hohen Prestiges beraubt, zumindest wird in „sensibilité active" und „passive", in echte und geheuchelte Empfindsamkeit getrennt. Dies ist die eine Seite der Entwicklung. Auf der anderen Seite, und dieser Prozeß wirkt bis in die Revolution hinein, wird die Gleichsetzung von „sensibilité" und Tugend zur Formel, in deren Namen alle Bereiche des Lebens und der Kunst neu definiert werden. Wegen dieser parallelen Entwicklung scheint es nicht sehr sinnvoll, einzelne Etappen auf dem Weg der Diskreditierung von „sensibilité" zu unterscheiden. Die Periode des „éclat", wie sie Trahard nennt, verläuft zur Periode der „déviation" parallel, nämlich in der zweiten Hälfte des Jahrhunderts. Schon in den 60er Jahren besteht ein Bewußtsein von der Modeerscheinung der „sensibilité"[522], obwohl Rousseaus *Nouvelle Héloïse* erst 1761 die Woge unzähliger sensibler Romane herbeiführt.[523]

[521] Bisher war als frühestes Datum von Lanson das Ende des 17. Jahrhunderts genannt worden (1691 mit einem Zitat der Présidente Ferrand), ein Datum, das auch Spink übernommen hatte.

[522] Siehe B II 5.1.

[523] Siehe die Statistik der veröffentlichten empfindsamen Romane in Kap. B II 4.1.

B II Kontinuität und Wandel

> Le sens nouveau quel qu'il soit, ne met pas fin à l'ancien. Ils existent tous les deux l'un à côté de l'autre.
>
> Michel Bréal: *Essai de sémantique.* 1897, [5]1921, S. 142.

> Il semble que depuis trois cents ans, la nature ait destiné le milieu de chaque siècle à être l'époque d'une révolution dans l'esprit humain.
>
> D'Alembert, *Essai sur les élémens de philosophie*

Die Mitte des Jahrhunderts als zeitliche Schwelle einer Zweiteilung unserer Begriffsgeschichte mag allzu konventionell, wenn nicht arbiträr erscheinen. In der Tat – man hätte auf eine solche Einteilung verzichten können. Wenn dennoch der Einschätzung d'Alemberts gefolgt und die Jahrhundertmitte als „epochemachend" eingestuft wurde, so geschah dies sowohl aus rein äußerlichen Gründen der Übersichtlichkeit, als auch aus inhaltlichen Gründen der Begriffsgeschichte selbst. Denn die Revolution in den Gedanken, die d'Alembert anspricht, betrifft auch das Bedeutungsfeld von „sensibilité". Die wissenschaftlich-philosophische Diskussion greift auf diesen Schlüsselbegriff in verschiedenen Zusammenhängen zurück, wobei die Bedeutung der „sensibilité physique" in den Vordergrund tritt. „Sensibilité" wird zentraler Begriff der gesamten sensualistischen Erkenntnistheorie und der (materialistischen) Anthropologie. Diese Impulse, die von nicht-literarischen bzw. künstlerischen Wissensgebieten für eine Neudefinition des Begriffs ausgehen, müssen nachgezeichnet werden, da mit ihnen ein tiefgreifender Wandel auch in der moralischen Einschätzung der „sensibilité de l'âme" einhergeht. Wie an Diderots Definition des Begriffs und am Wandel seines Verständnisses von „sensibilité" beobachtet werden kann, greift eine medizinisch-materielle Definition der menschlichen Empfindsamkeit die Fundamente des um die Mitte des Jahrhunderts auf dem Höhepunkt seines Prestiges stehenden moralischen

„sensibilité“-Begriffs an. Auf verschiedenen Ebenen ist eine wachsende Skepsis gegenüber dem optimistisch-utopischen Bild des tugendhaften, sensiblen Menschen zu verzeichnen: parodistische Werke greifen die nunmehr salonfähige Mode der Empfindsamkeit an. Libertins zielen auf die ideelle und physische Vernichtung ihrer empfindsamen, sie in ihrer Existenz bedrohenden Gegenspieler. Grammatiker bemühen sich um die semantische Ausdifferenzierung der Synonyme „tendresse“ und „sensibilité“; Neudefinitionen werden vorgeschlagen, um die „wahre“ von der „falschen“, die „aktive“ von der „passiven“ Sensibilität zu trennen. Nicht immer tragen diese Anstrengungen zu einer tiefergehenden Definition des Begriffs und zur Erfassung seiner Problematik bei. Rousseau ist derjenige Autor, der einerseits distanziert dem modischen Raubbau mit dem ihm wichtigen Begriff gegenübersteht, und der andererseits eine sehr eigenwillige Definition von „sensibilité“ zur Grundlage seiner Reflexion über den Begriff macht.

Doch neben diesem Wandel des Begriffs, neben diesen mehr oder weniger gelungenen Versuchen einer neuen Definition, existiert das Bild des „homme sensible“, der moralischen, seelischen Empfindsamkeit weiter. Was anfangs von den modern denkenden Philosophen als Ausdruck natürlicher Moral und Gleichheit der Menschen eingefordert wurde, degeneriert bald zum Allerweltsbegriff. Zunächst findet der Begriff mit seinen nunmehr selbstverständlichen Assoziationen weite Verbreitung: vulgarisierende Autoren, Wörterbuchartikel sind Medien dieses Verbreitungsprozesses. Dabei ist eine beachtliche Ungleichzeitigkeit zu beobachten: während die Wissenschaften den Begriff, wie er in der ersten Hälfte des Jahrhunderts geschaffen wurde, in seinen Grundfesten erschüttern, findet er überhaupt erst in einer Bedeutung Verbreitung, die für Denker der damaligen Avantgarde wie Diderot schon längst überholt ist. Vulgarisierung und Wandel erfolgen gleichzeitig. Diese parallel zueinander verlaufenden Prozesse können nur nacheinander geschildert werden, auch wenn sie historisch als Nebeneinander auftreten.

Je selbstverständlicher sich alle sozialen Schichten, der Hof genauso wie die Stadt mit ihren Salons, die Welt der Empfindsamkeit mit ihren Werten zu eigen machen, umso mehr verliert „sensibilité“ ihren aufklärerisch-provokativen Charakter. Jeder will „sensible“ sein und gibt sich als solcher aus. Einst ein oppositioneller Wert, wird „sensibilité“ als neueste Mode vom „Establishment“ vereinnahmt und damit entschärft. Auf dieses Phänomen, aber auch nur auf dieses, trifft Hippolyte Taines Einschätzung der Empfindsamkeit als letzte Form dekadenter Gesellschaft zu. „Sensibilité“ ist heuchelbar, sie wird mit gewissen Symptomen gleichgesetzt, die nun als gesellschaftlich akzeptiert und salonfähig gelten. Im Namen der „sensibilité“ finden die Verbrüderungsszenen zwischen den Ständen im Jahre 1789 statt, im Namen der „sensibilité“ wird seitens der Revolutionsführer an das Allgemeinwohl appelliert. Wie sehr „sensibilité“ als moralischer Begriff ausgehöhlt und zur reinen Ideologie degradiert war, zeigt sich gerade im Gebrauch der empfindsamen Terminologie durch die Jakobiner. Sie rechtfertigen Taten im Namen der Empfindsamkeit, die knapp 50 Jahre früher im Namen derselben „sensibilité“ verurteilt worden wären.

Als Begriff des 18. Jahrhunderts, als aufklärerisches Konzept erleidet „sensibilité“ in der Revolution Schiffbruch. Daher soll die Darstellung der Geschichte des Begriffs, seines Aufstiegs und seines Verfalls, mit der Revolution ihr Ende finden. Natürlich existieren das Wort und die Sache auch im 19. Jahrhundert weiter, ja noch Valéry beschäftigt sich eingehend mit „sensibilité“. Diese moderneren Prozesse in der weiteren Entwicklung des Sensibilitäts-Begriffs, die sicherlich eine eigene Untersuchung wert sind, können in ihren Einzelheiten nicht verfolgt werden. Die folgenden Kapitel setzen sich zum Ziel, die Kontinuität, die Aushöhlung des Begriffs genauso darzustellen wie die (positive) Seite der Neudefinition und der Kritik an der modischen Empfindsamkeit.

1. „Sensibilité physique“ in den Wissenschaften

> J’ai cru qu’on devait traiter la morale comme toutes les autres sciences, et faire une morale commune physique expérimentale.
>
> Helvétius: *De l’esprit*

Der erste bekannte französische Beleg für „sensibilité“ (1314) betrifft die Bedeutung „sensibilité physique“ in medizinischem Zusammenhang. Die Wörterbucheinträge des 17. Jahrhunderts - wie die des 18. Jahrhunderts - nennen jeweils an erster Stelle die Definition der „sensibilité physique“, d.h. die Fähigkeit der Sinne, Eindrücke von außen wahrzunehmen. Kontinuierlich wird „sensibilité“ also in medizinischen Werken zur Bezeichnung einer physischen Reizbarkeit der Nerven herangezogen. Von der Häufigkeit der Verwendung und von der Wichtigkeit der Bedeutung her tritt „sensibilité physique“ aber während des 17. und frühen 18. Jahrhunderts in den Hintergrund.[1] „Sen-

[1] Unterirdisch wirkt die epikureisch-gassendistische Tradition fort, die „sensibilité physique“ zur psychologischen Erklärung des Menschen benutzt. Siehe etwa Bou-

sibilité de l'âme" wurde nicht als Eigenschaft von Mensch *und* Tier (wie die „sensibilité physique" in Anlehnung an die „anima sensitiva" der Scholastik), sondern als spezifisch menschliche Seelenqualität neu definiert.

Von den 40er Jahren des 18. Jahrhunderts ab ist eine erneute, eingehende Beschäftigung mit der physischen Sensibilität zu verzeichnen. Dieser Prozeß, der sowohl von medizinischer als auch von erkenntnistheoretischer Seite entscheidende Impulse erhält, betrifft alle Wissenschaftsbereiche. Empirismus und, im philosophischen Bereich, Sensualismus setzen sich durch. Cassirer sieht in der Mitte des Jahrhunderts den entscheidenden Umschwung in der Ausrichtung aufklärerischen Forschens:

> Dem zählenden, dem ordnenden und rechnenden Geist, dem Geist des Rationalismus des 17. Jahrhunderts, tritt jetzt ein neues Streben gegenüber; ein Streben, sich der reinen Fülle der Wirklichkeit zu versichern, und sich ihr unbefangen hinzugeben, gleichviel, ob sich diese Fülle in klaren und deutlichen Begriffen bezeichnen, ob sie sich ausmessen und berechnen läßt (...)[2]

Der Mensch, seine intellektuellen Fähigkeiten genauso wie seine anatomische Beschaffenheit, werden neu definiert. Im Mittelpunkt dieser physiologischen Definition stand neben anderen Eigenschaften die physische Sensibilität. Sie wurde nicht mehr einfach als Rezeptionsfähigkeit der Sinne gesetzt, sondern es wurde nach ihren Funktionsmechanismen gefragt. Je mehr über die physiologische Bedingtheit des Menschen bekannt wurde, desto näher lag die Annahme, er unterscheide sich nicht prinzipiell, sondern nur graduell von den Tieren.

Diese sehr weitgehenden und die christliche Lehre gefährdenden Erkenntnisse sollen uns hier nicht um ihrer selbst willen interessieren. Aber es ist klar, daß eine Neudefinition der „sensibilité physique" auch eine Veränderung in der Beurteilung jener anderen „sensibilité" nach sich ziehen mußte.

> This redefinition of man as a social and moral being took place in the context of a redefinition of man as physical being.[3]

lainvillier: *Réfutation des erreurs de Spinoza,* Bruxelles 1731, S. 236ff, oder Batteux: *La morale d'Epicure,* Paris 1758, S. 149, 158, 325. „Sensibilité" ersetzt hier den Begriff „sentiment", der in früheren Übersetzungen benutzt wurde.

2 Ernst Cassirer: *Die Philosophie der Aufklärung,* a.a.O., S. 100.

3 Brissenden: *Virtue in Distress,* a.a.O., S. 39. Für die englische Tradition hat G. S. Rousseau auf die medizinischen Implikationen der „sensibility" hingewiesen: „Nerves, Spirits and Fibres: Towards Defining the Origin of Sensibility", in: *Studies in the 18th Century* III, éd. Brissenden, Canberra/Toronto 1976.

Was geschieht, wenn die „sensibilité de l'âme" als solche keinen Bestand hat, sondern auf die Sensibilität gewisser Organe zurückgeführt wird? Wie weit ist es mit der Tugend „sensibilité" noch her, wenn sie als unfreiwillige, determinierte Reaktion eines autonom funktionierenden Organismus durchschaut wird? Diese Konsequenzen für den moralischen Bereich sollen uns in erster Linie interessieren. Daher wird nur eine repräsentative Auswahl jener Autoren vorgestellt, die unter verschiedenen Fragestellungen der „sensibilité physique" einen zentralen Platz einräumen. In diesem Bereich Vollständigkeit anzustreben, wäre nicht nur unnötig, sondern auch völlig unmöglich, da im Gefolge Condillacs sensualistisches Gedankengut ungeheure Verbreitung erfährt. Des weiteren bleiben Arbeiten zur Naturgeschichte, zur Fauna und Flora wie Bonnets *Palingénésie* und Delisles *Philosophie de la Nature,* Bernardin de Saint-Pierres *Etudes de la nature* weitgehend unberücksichtigt, da im allgemeinen wenig Originelles zur physischen Sensibilität bei ihnen zu finden ist.

1.1. „Sensibilité physique" in der Philosophie

> Juger n'est jamais que sentir.
>
> Helvétius, *De l'esprit*

Der entscheidende Wendepunkt in der Philosophiegeschichte des 18. Jahrhunderts ist die Verabschiedung vom cartesianisch beeinflußten, rationalistischen Systemdenken und die gleichzeitige Hinwendung zum Empirismus englischer Prägung. In der Erkenntnistheorie vollzieht sich dieser Wechsel durch den steigenden Einfluß des Lockeschen Werkes. Wie oben schon kurz dargestellt wurde, ist Lockes Einfluß zu Beginn des Jahrhunderts trotz der sehr früh erfolgten Übersetzung (durch Coste) ins Französische verhältnismäßig gering. Voltaire trug mit den 1734 veröffentlichten *Lettres anglaises* zu Lockes Bekanntheit wesentlich bei. Der erste wirkliche Schüler Lockes auf französischem Boden aber ist Condillac, dessen frühestes grundlegendes Werk 1746 erschien: *De l'origine des connaissances humaines.*

Condillac stellt sich in seinem Werk die Aufgabe, die Bildung unserer Ideen aus den Sinneseindrücken herzuleiten und zu erklären. Zu Beginn seiner Untersuchung betont er ausdrücklich, Seele und Körper als zwei getrennte Wesen zu begreifen, ja er beschränkt seine Aussagen sogar auf den „sündigen" Zustand des Menschen, welcher durch eine zu große Abhängigkeit vom Körperlichen gekennzeichnet ist. Condillac tangiert mit seiner Fragestellung genausowenig das Problem des freien Willens – ein Punkt, der von den später schreibenden Materialisten nicht länger ausgeklammert wird und zu den provozierendsten Ergebnissen führt. Anders als Locke, der eine angeborene Fähigkeit zur Ideenverknüpfung trotz des Axioms von der „tabula rasa“ im Menschen annahm, führt Condillac systematisch alle Aspekte der Erkenntnis auf die Sinneseindrücke zurück. Als wesentliche Voraussetzung des reflexiven Verstandes definiert er die Zeichenbildung, d.h. die menschliche Sprache. Wie auch Locke interessieren ihn nicht die physisch-physiologischen Vorgänge der Reizübermittlung selber, er setzt vielmehr die „sensations“ als Faktum voraus. Nur diese, als Datenträger, sind Gegenstand der Untersuchung. Demzufolge verwendet Condillac den Ausdruck „sensibilité physique“ in diesem ersten Werk kein einziges Mal. Auch das zweite Hauptwerk, der *Traité des sensations* (1754) enthält keine Aussagen zur Eigenschaft „sensibilité“.[4] Condillac schaltet auch die Problematik der moralischen Existenz des Menschen, für die seine Erkenntnistheorie von Bedeutung sein könnte, völlig aus seiner Untersuchung aus. Sein Werk ist für die Frage der Sensibilität nur insofern von Bedeutung, als er die sensualistische Tradition in Frankreich begründet und viele seiner Nachfolger, die sich auf ihn berufen, für die Geschichte von „sensibilité“ wichtige Beiträge geleistet haben. Die sensualistische Erkenntnistheorie ist an der moralischen Aufwertung der „sensibilité de l'âme“ höchstens mittelbar beteiligt. Sie lenkt allerdings das Augenmerk auf die physiologischen Voraussetzungen unserer Erkenntnisse und auf die Beschaffenheit der beteiligten Organe. Ohne die sensualistische Frage nach dem sinnlichen Ursprung unserer Ideen wäre die Frage nach dem Funktionsmechanismus der „sensibilité physique“ nicht gestellt worden. Insofern ist Condillac, trotz aller anderslautenden Beteuerungen, Wegbereiter des Materialismus. Denn die verschiedenen Autoren, die man zu der – sehr heterogenen – Gruppe der Materialisten zusammenzufassen pflegt, bekennen sich allesamt zum sensualistischen Credo, ohne, wie Condillac, sich auf die erkenntnistheoretische Frage zu beschränken.

In chronologischer Reihenfolge ist La Mettries philosophisch-wissenschaftliches Werk an erster Stelle zu nennen, das nach seinem frühen Tod 1751 als *Œuvres complètes* veröffentlicht wurde. La Mettries medizinische Ausbildung – er war Schüler des damals wohl einflußreichsten Mediziners Boerhaave – prägt sein philosophisches Werk erheblich. 1747 erscheint die

[4] „Sensibilité“ wird nur einmal verwendet, gegenüber 9mal „Sentiment“, 361 „sens/sensation“.

Abhandlung *L'homme machine,* die aufgrund ihres völlig mechanistischen Menschenbildes einen Skandal auslöste. Die Seele wird als Materie definiert, Materie ihrerseits hat die Eigenschaft „étendue, force motrice, faculté de sentir".

> Mon âme montre constamment, non la pensée qui lui est accidentielle, quoi qu'en disent les Cartésiens, mais de l'activité et de la sensibilité.[5]

La Mettries *Discours sur le bonheur,* der zuerst 1748 erschien, ist die Absage an christlich vertretbare Moralvorstellungen. Das Gewissen und die Reue werden als Folge der Erziehung definiert. Überhaupt trennt La Mettrie, getreu der epikureischen Schule, die Bereiche von Moral und Glück vollständig. Die physiologische Konstitution des Menschen macht ihn zum Spielball der Materie, eine Seele bzw. ein freier Wille haben in La Mettries Menschenbild keinen Platz. Wie stark christlich die frühe Aufklärung in Frankreich beeinflußt blieb, zeigt sich in den heftigen Reaktionen Voltaires und anderer Aufklärer auf La Mettries provozierende Thesen. Die Negierung der „loi naturelle" als eingeborene Norm entzieht der aufklärerischen Morallehre die Grundlage. Voltaire grenzt sich ausdrücklich von solch falsch verstandener „philosophie" ab, und sein *Poème sur la loi naturelle* ist eine ausführliche Antwort auf La Mettrie.[6]

> Il y a une grande différence entre combattre les superstitions des hommes, et rompre les liens de la société et les chaînes de la vertu.[7]

Hier wird besonders deutlich, wie die frühe Aufklärung das moralische Problem, das nach Ablehnung der christlichen Morallehre bestehen blieb, lösen zu können glaubte: durch Rückgriff auf „natürliche" Anlagen, die quasi automatisch dasjenige erreichen sollten, was die katholische Kirche durch

[5] Julien Offray de La Mettrie: *Œuvres philosophiques,* 3 vols., Berlin 1775. *Traité de l'âme,* Vol. 1, S. 108.
Als Einführung in sein philosophisches Werk und in den zeitgenössischen Kontext ist Ann Thomson: *La Mettries Discours préliminaire,* Genève 1981 sehr gut geeignet. Thomson skizziert sowohl den medizinhistorischen Zusammenhang, in dem La Mettries Werk steht, als auch die Reaktionen der „philosophes" auf seine Schriften.

[6] Zur Debatte um La Mettrie in der Gruppe der „philosophes" siehe außer Thomson vor allem Falveys Einleitung zu seiner kritischen Ausgabe des *Discours sur le bonheur, St. on V.,* 134, 1975, S. 92ff.

[7] Voltaire, *Correspondance,* Besterman D 4779.

Vorschriften und Strafandrohung nur mit Mühe erlangte. Die Kritik an der Vorstellung einer natürlichen Moral trifft auch „sensibilité", wie sie in der ersten Hälfte des Jahrhunderts definiert worden war.

Helvétius setzt die Tradition derjenigen sensualistischen Philosophen fort, die nach der Bedeutung von physischer Sensibilität in erkenntnistheoretischer und moralischer Perspektive fragen. 1758 erscheint *De l'esprit,* eine Abhandlung über die intellektuellen und moralischen Gesetze des menschlichen Geistes. „Sensibilité" ist die alleinige Quelle aller Erkenntnis:

> Nous avons en nous deux facultés, ou, si je l'ose dire, deux puissance passives, dont l'existence est généralement reconnue. L'une est la faculté de recevoir les impressions différentes que font sur nous les objets extérieurs: on la nomme *sensibilité physique.* L'autre est la faculté de conserver l'impression que ces objets ont faite sur nous: on l'appelle *mémoire;* et la mémoire n'est autre chose qu'une sensation continuée, mais affoiblie.[8]

Anders als Condillac klammert Helvétius das Problem des freien Willens nicht aus. „Juger n'est jamais que sentir" (II,21): Urteilskraft wird auf die Empfindungsfähigkeit zurückgeführt. Helvétius gelangt konsequent zu einer deterministischen Sicht des Menschen, ja die freie Willensäußerung scheint ihm eine unsinnige Hypothese:

> Comment pourroit-on philosophiquement expliquer le problème de la liberté? Si, comme M. Locke l'a prouvé, nous sommes disciples des amis, des parens, des lectures, et enfin de tous les objets qui nous environnent, il faut que toutes nos pensées et nos volontés soient des effets immédiats, ou des suites nécessaires des impressions que nous avons reçues. On ne peut donc se former aucune idée de ce mot de *liberté,* appliqué à la volonté.[9]

Was den moralischen Bereich angeht, wird die physische Sensibilität im Sinne der Schmerzempfindlichkeit und der Empfänglichkeit für „plaisir" für alle menschlichen Handlungen grundlegend. „Intérêt" regiert die Welt. Tugend wird rein utilitaristisch als dasjenige definiert, was dem Gemeinwohl dient.

> Un homme est juste, lorsque toutes ses actions tendent au bien public.[10]

Die Entstehung aller Gesellschaft, und damit die Grundlage aller Moral, geht auf das Gesetz der „sensibilité physique" zurück. Folgender Passus ist für Helvétius' Morallehre programmatisch:

[8] Claude Adrien Helvétius: *Œuvres complètes,* Vols. 1-7, Paris 1784. II, S. 12.
[9] Ebenda, S. 53.
[10] Ebenda, S. 95.

> Une fois parvenu à cette vérité, je découvre facilement la source des vertus humaines: je vois que, sans la sensibilité à la douleur et au plaisir physique, les hommes, sans désirs, sans passions, également indifférens à tout, n'eussent point connu l'intérêt personnel; que sans intérêt personnel ils ne se fussent point rassemblés en société, n'eussent point fait entr'eux de conventions, qu'il n'y eût point eu d'intérêt général, par conséquent point d'actions justes ou injustes; et qu'ainsi la sensibilité et l'intérêt personnel ont été les auteurs de toute justice.[11]

Der Mensch ist demzufolge ein von außen sowie von seiner ihm angeborenen „sensibilité physique" determiniertes Wesen. Helvétius nennt - wohl etwas ironisch - Gott als den Urheber dieses von ihm analysierten Zustandes:

> Il semble qu'il (Dieu, F. B.) ait dit pareillement à l'homme: je te doue de la sensibilité; c'est par elle qu'aveugle instrument de mes volontés, incapable de connoître la profondeur de mes vues, tu dois, sans le savoir, remplir tous mes desseins.[12]

Diderot war bekanntlich mit einigen Äußerungen in Helvétius' Hauptwerk *De l'homme* nicht einverstanden, was ihn zur Formulierung seiner *Réfutation* veranlaßte. Aber auch *De l'esprit* forderte ihn zu einer Stellungnahme heraus, die trotz allgemein positiver Aufnahme einige Einwände enthält. Übergeht Diderot noch wohlwollend Helvétius' Auffassung, „jugement" und „sensations" seien beide auf die „sensibilité physique" zurückzuführen (eine Auffassung, die er in der *Réfutation* angreifen wird), so hält er sich bei Helvétius' moralischen Aussagen länger auf. Helvétius hatte die Existenz einer universellen, für alle Menschen verpflichtenden Moral geleugnet. Diderot stimmt zwar der Auffassung, Gerechtigkeit und Ungerechtigkeit erschienen in der Wirklichkeit in hundert verschiedenen Formen, im allgemeinen zu, will aber an der Vorstellung einer Universalmoral festhalten:

> Il me paraît n'avoir pas eu une idée exacte de ce qu'on entend par la probité relative à tout l'univers. Il en a fait un mot vide de sens: ce qui ne lui serait point arrivé, s'il eût considéré qu'en quelque lieu du monde que ce soit, celui qui donne à boire à l'homme qui a soif, et à manger à celui qui a faim est un homme de bien; et que la probité relative à l'univers n'est autre chose qu'un sentiment de bienfaisance qui embrasse l'espèce humaine en général.[13]

[11] Ebenda, III, S. 32.
[12] Ebenda, III, S. 81.
[13] Denis Diderot: *Œuvres complètes,* (Assézat/Tourneux), Bd. II, *Réflexions sur le livre de l'Esprit,* S. 270.

Diderots Kummer macht deutlich, daß die materialistische Anthropologie einige der Grundauffassungen der Aufklärer ins Wanken brachte. Noch deutlicher tritt dieser aufklärungsinterne Konflikt nach der Veröffentlichung des postum erschienenen Werkes *De l'homme* (1773) zutage. Ausdrücklich führt Helvétius die Urteilskraft auf die Empfindungsfähigkeit zurück:

> Il seroit donc inutile (...) d'admettre en nous une faculté de juger et de comparer distincte de la faculté de sentir.[14]

Der Motor der determinierten Maschine Mensch heißt „sensibilité physique".[15] Helvétius greift damit indirekt die Möglichkeit von altruistischem, aufrichtigem Verhalten an. Seine Kritik richtet sich sogar expressis verbis gegen diejenigen, die dem Gefühl und der Freundschaft altruistische Motivation unterschieben wollen.

> Malgré la prétendue force du sentiment et de l'amitié et de l'habitude, l'on change à Paris tous les jours de quartier, de connaissances et d'amis. Veut-on faire des dupes? L'on exagère la force du sentiment et de l'amitié; l'on traite la sociabilité d'amour ou de principe inné.[16]

Zielscheibe der Kritik sind hier erneut die Vertreter des Naturrechts (V, S. 241) und des eingeborenen „moral sense".

> Ce qu'on appelle dans l'homme la bonté ou le sens moral, est sa bienveillance pour les autres; et cette bienveillance est toujours en lui proportionnée à l'utilité dont ils lui sont. (...) Or, si l'amour de soi, comme je l'ai prouvé, (...) est en nous l'effet nécessaire de la faculté de sentir, notre amour pour les autres, quoi qu'en disent les Shaftesburistes, est donc pareillement l'effet de cette même faculté.
> (...) Les philosophes Anglois me répéteroient en vain que le beau moral est un sens qui, se développant avec le foetus de l'homme, le rend, dans un temps marqué, compatissant aux maux de ses semblables.[17]

Damit ist wohl die wichtigste Assoziation der „sensibilité de l'âme", diejenige des Mitleids, ins Schußfeld geraten. Eigennutz und *physische* Sensibilität – d.h. Angst vor Schmerz – sind Ursachen der Soziabilität und des spontanen

[14] Helvétius, a.a.O., Bd. V, S. 120.
[15] „L'homme est une machine qui, mise en mouvement par la sensibilité physique, doit faire tout ce qu'elle exécute." V, S. 148.
[16] Ebenda, V, S. 139.
[17] Ebenda, VI, S. 120ff.

Mitleidsgefühls. „Sensibilité de l'âme" wäre in diesem Sinne völlig passiv, eine unfreiwillige Konsequenz der Selbstliebe.

Die Eigenschaften, im Namen derer die frühe Aufklärung die Gleichheit aller Menschen, die Anerkennung der Menschenrechte und der Toleranz gefordert hatte, werden als der menschlichen Natur nicht wesentlich abgetan. Nur aus Utilitarismus dient der Mensch seinem Nächsten, nur aus Eigeninteresse ist er friedlich und liebevoll. Ja selbst die „humanité" ist dem Menschen nicht angeboren:

> Voilà l'homme. L'intérêt détermine sa haine ou son amour. L'humanité n'est point essentielle à sa nature.[18]

Nach Helvétius' Tod nimmt Diderot weniger Rücksicht als bei seiner Kritik an *De l'esprit*. Helvétius' Grundüberzeugung, alle menschlichen Handlungen seien auf die Motivation der physischen Sensibilität zurückzuführen, wird als völlig unzureichend abgelehnt. Sie reiche wohl aus, die animalischen Qualitäten des Menschen zu erklären, nicht aber die spezifisch menschlichen.[19] Als *Voraussetzung* jeder Handlung, ja jeder Existenz erkennt Diderot die „sensibilité physique" an, nicht aber als *Motiv* der moralischen Verhaltensweisen des Menschen.[20] Die rationale Instanz des Verstandes bleibt für Diderot als Urteilskraft von den einzelnen Sinneseindrücken unabhängig.[21]

Diderot geht in der physiologischen Herleitung der Differenzen zwischen den einzelnen Individuen entschieden weiter als Helvétius, der den Akzent ganz auf die prinzipielle Gleichheit aller Menschen gesetzt hatte. So wie die unterschiedliche Beschaffenheit des Hirns für Dummheit bzw. Klugheit des Menschen verantwortlich ist, ist die Empfindlichkeit des Zwerchfells für die moralische Weichheit oder Härte verantwortlich:

> Comment, vous n'entendez rien aux deux grands ressort de la machine, l'un qui constitue les hommes spirituels ou stupides, l'autre qui les sépare en deux

[18] Ebenda, VI, S. 167.

[19] „Ne me parlez pas davantage de sensibilité physique, qualité qui constitue l'animal et non l'homme". *Œuvres complètes* (A. T.) II, S. 336.

[20] „*Il dit:* Tout ce qui émane de l'homme se résout, en dernière analyse, à de la sensibilité physique. *Dites:* Comme condition, mais non comme motif". Ebenda, S. 357.

[21] „Il est entre ses sens une telle harmonie qu'aucun ne prédomine assez sur les autres pour donner la loi à son entendement; c'est son entendement au contraire, ou l'organe de sa raison qui est le plus fort. C'est un juge qui n'est ni corrompu ni subjugué par aucun des témoins; il conserve toute son autorité". Ebenda, S. 323.

> classes, celle des âmes tendres et celle des cœurs durs, et vous écrivez un traité de l'homme! (...) La tête fait les hommes sages: le diaphragme les hommes compatissants et moraux.[22]

Bekanntlich vertrat Diderot die Ansicht, das Zwerchfell sei in besonderer Weise mit jener „sensibilité physique" ausgestattet, die hier für die moralische Beschaffenheit des einzelnen Menschen verantwortlich gemacht wird. Im nächsten Kapitel werden wir uns ausführlicher mit Diderots „sensibilité"-Konzeption befassen. Seine Kritik an vielen Einzelheiten in Helvétius' Werk darf nicht darüber hinwegtäuschen, wie sehr er in vielen grundsätzlichen Fragen mit dem Autor von *De l'homme* einverstanden ist. In der *Réfutation* betont Diderot wiederholt, die Prämissen seien allesamt völlig richtig, so falsch die Schlußfolgerungen auch im Detail sein mögen. Diderot wehrt sich vor allem gegen die Ausschließlichkeit, mit der Helvétius die vielfältige Realität menschlichen Seins auf wenige recht simple Grundsätze zurückführen will. Meist reicht ihm zur Zustimmung die Ersetzung des Wörtchens „alle" durch „die meisten". Diderot spürt deutlicher als seine Zeitgenossen die Probleme, die sich aus der materiell-physiologischen Erklärung des Menschen für die Frage der Moral ergaben.

Als letzten Repräsentanten der sensualistischen Philosophen wollen wir den berüchtigsten und vielleicht auch bekanntesten Materialisten der Spätaufklärung nennen, den Baron d'Holbach. Sein 1770 erschienenes *Système de la nature* gilt als Bibel des atheistischen Materialismus.

Wie La Mettrie und Helvétius lehnt Holbach die Lehre vom dualistischen Wesen des Menschen ab. Sein Augenmerk richtet sich allein auf die menschliche „nature", worunter er die physische Beschaffenheit versteht, aus der alle Aspekte der menschlichen Wirklichkeit abgeleitet werden können. Die Ansicht, es gebe einen „homme physique", der körperlich, und einen „homme moral", der geistig sei, ist falsch:

> L'homme moral n'est que cet être physique considéré sous un certain point de vue, c'est-à-dire, relativement à quelques unes de ses façons d'agir, dues à son organisation particuliere.[23]

Der Wille des Menschen hängt dementsprechend von der körperlichen Organisation ab. Eine wesentliche Eigenschaft jener „organisation", auf die alle intellektuellen Fähigkeiten zurückzuführen sind, ist die Sensibilität. Alle

[22] Ebenda, II, S. 338.
[23] Holbach: *Système de la nature,* Londres 1770, 2 vols. I, S. 2.

Teile des Körpers, das Gehirn in besonderem Maße, sind mit Empfindungsfähigkeit ausgestattet. Holbach will dieses evidente Faktum der Reizbarkeit nicht weiter erklären; er schließt sich aber der Theorie einiger „philosophes“ an, der zufolge die Materie selbst mit „sensibilité“ versehen ist, die je nach Einzelfall ruht oder in Erscheinung tritt - diese Theorie vertritt auch Diderot in seinem *Rêve de d'Alembert:*

> Quelques philosophes pensent que la sensibilité est une qualité universelle de la matiere. Dans ce cas il seroit inutile de chercher d'où lui vient cette propriété que nous connoissons par ses effets.[24]

Ganz im Sinne der Diderotschen Kritik an Helvétius führt Holbach auch die Differenzen zwischen den einzelnen Menschen auf ihre physische Konstitution zurück, sogar die Gesellschaftsbildung wird als eine Folge der unterschiedlichen körperlichen Organisationen angesehen.

> Ainsi la diversité et l'inégalité des facultés tant corporelles que mentales, ou intellectuelles rendent l'homme nécessaire à l'homme, le rendent sociable, et lui prouvent évidemment la nécessité de la morale.[25]

Wie für Helvétius ist auch für Holbach die Eigenliebe der einzige Trieb zur Tugend. Gut und Böse sind rein gesellschaftliche Kategorien, deren Allgemeingültigkeit weder durch göttliches Gesetz noch durch einen eingeborenen moralischen Sinn gewährleistet wird.

> Les moralistes auroient dû, par la même raison, conclure que ce qu'ils nomment *sentiment moral, instinct moral,* idées innées de la vertu antérieures à toute expérience ou aux effets bons ou mauvais qui en résultent pour nous, sont des notions chimériques.[26]

Soweit die Grundzüge von Holbachs Morallehre. Interessant ist nun zu beobachten, daß Holbach bei der Beschreibung dieser gesellschaftlichen, nur auf Eigennutz gründenden Moral genau jene Begriffe und Werte weiter propagiert, die zum Kanon empfindsamen Denkens gehörten. So wird „sensibilité“ völlig selbstverständlich im Sinne der mitleidsvollen Zuwendung verwendet, „humanité“ und „bienfesance“ (sic) werden als höchste Tugend bewertet.[27] Er schränkt lediglich den „grundlosen“ Optimismus vieler

[24] Ebenda, Bd. I, S. 105.
[25] Ebenda, Bd. I, S. 121.
[26] Ebenda, Bd. I, S. 167.
[27] So etwa I, S. 127, II, S. 243, II, S. 343. Dieselben Werte stehen in der 1776 erschienenen *Morale universelle ou les devoirs de l'homme fondés sur la nature* an erster

Empfindsamer ein, demzufolge alle Menschen mit Empfindsamkeit und Mitleidsfähigkeit versehen wären:

> On voit que la compassion dépend de la sensibilité physique qui n'est jamais la même dans tous les hommes; on a donc eu tort de faire de la compassion la source de nos idées de morale et des sentimens que nous éprouvons pour nos semblables. Non seulement tous les hommes ne sont point sensibles, mais encore il y en a beaucoup en qui la sensibilité n'a point été développée. Tels sont les Princes; les grands, les riches etc.[28]

In seiner *Morale universelle* wird Holbach noch deutlicher, was seine moralischen Wunschvorstellungen angeht:

> Si l'humanité, la compassion, la sensibilité, sont des vertus nécessaires à la société, l'absence de ces dispositions doit être regardée comme odieuse et criminelle. Un homme qui n'aime personne, qui refuse ses secours à ses semblables, qui se montre insensible à leurs peines, qui se plait à les voir souffrir au lieu d'être touché de leurs misères, est un monstre indigne de vivre en société.[29]

Man kann sich nicht ganz des Eindrucks erwehren, Holbach widerspreche sich hier selbst: wenn die „sensibilité" (Mitleidsfähigkeit) von der physischen Sensibilität abhängt, und manche Menschen eben diese Eigenschaft nicht besitzen, dann kann ihnen das nicht zum Vorwurf gemacht werden, zumal da der Wille des Menschen von der physischen Konstitution abhängt. Man hat den Eindruck, Holbach komme es mehr auf die Polemik gegen die Kirche und das Christentum an, wenn er über die materielle Abhängigkeit des Menschen schreibt, und mehr auf die politische Polemik, wenn er den Mangel an Empfindsamkeit und Menschlichkeit bei vielen Reichen und Machthabern beklagt.

Stelle: Kap. III „De la sensibilité et des facultés intellectuelles", Kap. VII, 2. section: „De l'humanité"; Kap. 8, 2. section: „De la compassion ou de la pitié"; Kap. 9, 2. section: „De la bienfesance". (Benutzte Ausgabe: Paris, An IV, 3 vols.) Immer wieder wird dort „sensibilité" als unabdingbare Eigenschaft tugendhafter Menschen und Politiker genannt. Mehrmals wendet sich Holbach gegen die falschen Bemühungen der Stoiker, Regungen wie Mitleid unterdrücken zu wollen - eine erstaunliche Kontinuität in der antistoischen Komponente des Begriffs „sensibilité".

[28] *Système,* I, S. 128.

[29] *Morale universelle,* I, S. 163. Siehe auch S. 246, 276, II 29, 239f, III, S. 14, 44, 77.

Das Gedankengut der Sensualisten und Materialisten fand in den letzten Jahrzehnten des Jahrhunderts große Verbreitung und wurde von vielen Autoren weiter tradiert. Als wichtigste Gruppe sind die Ideologen zu nennen, deren Mitglieder alle eine enge Verbindung zwischen physischer Konstitution des Menschen und seinen moralischen Verhaltensweisen postulieren. Besonders interessant für unser Thema ist Canabis, dessen 1802 erschienene Abhandlung *Rapports du physique et du moral* alle Lebensäußerungen auf die „sensibilité physique" zurückführt. Cabanis war Arzt, der seine Erkenntnisse aus dem Studium des Nervensystems gewann. Daher wird sein Beitrag im folgenden Abschnitt ausführlicher dargestellt.

Das entscheidende Novum der sensualistischen Philosophie in der Frage der „sensibilité" ist die Reduktion der Sensibilität auf eine rein passive Eigenschaft. Die Materialisten negieren zudem die Existenz eines unabhängigen Willens, und nähern sich so einem Determinismus, der die „volonté" aus dem Moralbereich ausschließt. „Sensibilité" ist somit eine unwillkürliche, passive Reaktion auf äußere Reize, denen der „sensible" Mensch ausgeliefert ist. Die vorher höchste moralische Tugend wird zum Zeichen eines schwachen Organismus.

1.2. „Sensibilité physique" in der Medizin

> Si l'on consultait l'expérience au lieu du préjugé, la medecine fournirait à la morale la clef du cœur humain.
>
> Holbach: *Système* I, S. 123.

Der Zusammenhang zwischen philosophischer und medizinischer Auseinandersetzung mit der physischen Sensibilität ist deutlich, sowohl was die Aufeinanderfolge der verschiedenen Fragestellungen, als auch was die personelle Verknüpfung der beiden Bereiche angeht. In der Zeitspanne zwischen dem Erscheinen der *Origines des connaissances humaines* 1746 und dem *Système de la nature* 1770 vollzieht sich in der europäischen Medizin ein entscheidender Wandel. Boerhaaves physiologische Lehre, die im wesentlichen noch mechanistisch orientiert ist, wird durch eine Physiologie abgelöst, die in der Reizbarkeit der Nerven, in der „sensibilité physique" die zentrale Eigenschaft des lebenden Organismus entdeckt.[30]

[30] Zur Geschichte der medizinischen Theorien im 18. Jahrhundert siehe Jacques Roger: *Les sciences de la vie dans la pensée française du XVIIIe siècle,* Paris 1963;

Die mechanistische Medizin, die auf cartesianischem Gedankengut basierte, konnte in letzter Konsequenz zu einer materialistischen Philosophie wie derjenigen La Mettries führen. Descartes hatte die Funktionsmechanismen des Organismus nach rein physikalisch-mechanischen Gesetzen erklären wollen. Sein radikaler Dualismus, der den Tieren keine Seele, damit z.B. auch keine Schmerzempfindlichkeit zugestand, konnte sehr leicht in einen materialistischen Seelenbegriff umschlagen, wenn der Mensch in die physische Betrachtung der Tiere miteinbezogen wurde.[31]

Die materialistischen Philosophen waren dann auch im allgemeinen Anhänger der mechanistischen Medizin, abgesehen von Holbach, der wie gesagt der Vitalismus-Theorie aufgeschlossen gegenüberstand. Der Fortschritt in der experimentellen Medizin führte schon gegen Ende des 17. Jahrhunderts dazu, daß die Gültigkeit der ausschließlich mechanistischen Erklärung in Zweifel gezogen wurde.[32] Für die französische Entwicklung ist Georg-Ernst Stahls Werk wichtig, da die Schule von Montpellier, der Mediziner wie Bordeu oder Fouquet angehörten, von ihm stark beeinflußt wurde.

Seine animistische, metaphysisch anmutende Erklärung der vitalen Phänomene des Lebens war ein Ausweg aus dem mechanistischen Dilemma. Die für unser Thema wichtigste Gruppe von Ärzten und Philosophen ist die Schule von Montpellier. Von Stahl wird lediglich die Idee einer der belebten Materie selbst innewohnenden Kraft übernommen, ohne daß dessen metaphysische Spekulationen, die durch den Pietismus beeinflußt waren, akzeptiert wurden. Bordeu sowie die gesamte Schule von Montpellier waren Empiriker und wissenschaftstheoretisch Anhänger Lockes. Die Kraft, die dem Organismus ganz offensichtlich innewohnt, wie alle Experimente zeigen, wird „sensibilité physique“ genannt. Hauptträger dieser Eigenschaft sind die Nerven, und damit der gesamte Organismus, den Bordeu als mit Nerven durchzogen ansieht. Bordeus medizinisches Werk, das 1742 mit einer „thèse de baccalauréat“ über die Sensibilität begann, ist der Untersuchung der „sensibilité“

Sergio Moravia: „From ‘homme machine’ to ‘homme sensible’. Changing in 18th Century models of man’s image“, in: *Journal of the history of ideas,* 39, 1978, S. 45–60; K. E. Rothschuh (ed): *Von Boerhaave bis Berger. Die Entwicklung der kontinentalen Physiologie im 18. und 19. Jahrhundert,* Stuttgart 1964.

31 Zu diesem sehr interessanten Rezeptionsprozeß des cartesianischen Werkes siehe Aram Vartanian, „Quelques réflexions sur le concept d’âme dans la littérature clandestine“, in: Olivier Bloch (ed): *Le matérialisme au XVIIIe siècle et la littérature clandestine,* Paris 1982.

32 Zu den einzelnen Schritten dieser Entwicklung siehe die entsprechenden Kapitel bei Roger und Moravia.

und ihrer Konsequenz für die Körperfunktionen gewidmet.[33] Der Begriff der Seele löst sich für Bordeu völlig in der omnipräsenten Sensibilität der belebten Materie auf. Die Nervenfasern selbst sind Sitz der Seele. Der Schritt zu einer materialistischen Philosophie ist von hier aus nicht mehr weit.

Die „sensibilité" ist, obwohl sie eine prinzipielle Eigenschaft des ganzen Organismus ist, in verschiedenen Zentren konzentriert. Dies sind der Kopf (das Gehirn), das Herz und die Magengegend. Bordeu befaßt sich hauptsächlich mit dem ersten und dritten dieser sensiblen Zentren:

> Si elle (la fibre animale ou sensible, F. B.) a, pour ainsi dire, un point d'appui considérable dans la tête; si elle y est continuellement réveillée par les effets des fonctions de l'âme et par ceux des corps qui se présentent aux organes des sens, elle trouve des sujets d'activité dans bien d'autres parties, dans l'estomac et ses appartenances, sans cesse secouées par la respiration, par les effets de la digestion, par ceux des passions et par les effets corporels.[34]

Die einzelnen Zentren haben ihrerseits eine gewisse Reaktions- und Handlungsfähigkeit. Anders als für die Mechanisten sind nicht alle Aktionen bzw. Reaktionen dem Nervensystem im Gehirn unterworfen. Die physische Sensibilität ist kein passiver Datenübermittler an eine im Gehirn angesiedelte autonome Entscheidungsinstanz, sondern impliziert Reaktionsfähigkeit. Diese relative Autonomie einzelner Körperfunktionen - Sexualtrieb, Verdauungstrakt etc. - führte Diderot zu der Annahme, auch unmittelbare, spontane moralische Regungen könnten dem „diaphragme", nicht aber dem Kopf zugeordnet werden. Bordeu selber hat die Einflüsse der Physiologie auf die Psychologie, auf „l'homme moral", nicht weiter untersucht, wohl aber die Wissenschaftler der folgenden Generationen wie Marat und Cabanis.

Zur selben Zeit, in der Bordeu und seine Kollegen der Fakultät von Montpellier ihre Konzeption des sensiblen Organismus entwickeln, die bei den fortschrittlichen Philosophen wie Diderot und Holbach auf offene Ohren stieß, arbeitet Albrecht von Haller in Deutschland an ganz ähnlichen Problemen. Auch ein Anhänger der streng experimentellen Methode, seziert er

[33] Zu Bordeus Werk siehe außer den genannten Arbeiten Herbert Dieckmanns knappe und klare Darstellung in „Théphile Bordeu und Diderots 'Rêve de d'Alembert", in: *Romanische Forschungen* 1938, S. 55–122. Für Einzelheiten siehe die französische Ausgabe von Bordeus gesammelten Werken: *Œuvres complètes,* 1818, 2 vols.

[34] *Œuvres complètes,* II, S. 676.

Hunderte von Tieren, um die spezifische Reizbarkeit einzelner Körperteile nachzuweisen. Anders als Bordeu, der einer seiner wichtigsten wissenschaftlichen Widersacher war, unterscheidet er eine „Irritabilität" der Muskelfasern von der „Sensibilität" der Nerven. Nur die letzteren sind für Schmerzempfindungen verantwortlich.[35] Hallers strenge Trennung von Irritabilität und Sensibilität wurde von Bordeu und Kollegen zunächst abgelehnt, da sie die Irritabilität der Muskeln auf die allgemeine Sensibilität des Organismus meinten zurückführen zu können. Der Artikel „sensibilité (médecine)" der *Encyclopédie* ist der wenig überzeugende, weil eklektizistische Versuch der Widerlegung Hallers. Wenige Jahre später scheint sich die Lehre des Göttinger Gelehrten aber auch in Frankreich durchgesetzt zu haben – seine Werke wurden von Tissot Anfang der 50er Jahre ins Französische übersetzt. Für die 4 Supplement-Bände der Enzyklopädie wurde Haller um Mitarbeit gebeten. Tatsächlich verfaßte er die Artikel „irritabilité" und „sensibilité" im Supplement. Bordeu, hierin übrigens genau wie Haller, hatte als praktisch interessierter Arzt nicht nach den Konsequenzen seiner Vitalismus-Theorie für das philosophische Problem der moralischen Existenz des Menschen gefragt. Diderot ist bekanntlich einer derer, die alle Konsequenzen aus diesen neuen biologisch-medizinischen Erkenntnissen gezogen haben.[36] Bordeu beließ es bei der Behauptung eines Einflusses der körperlichen Funktionen auf den „homme moral".

> La connaissance de l'homme physique et moral nous paroît être le but auquel doivent tendre tous les efforts et toutes les études d'un médecin-philosophe.[37]

Die Konsequenzen, die für die „sensibilité de l'âme" und die mit ihr bisher in Verbindung gebrachten menschlichen Eigenschaften und Affekte bestehen, sind nicht identisch mit denjenigen, die aus der sensualistisch-materialistischen Philosophie resultieren. Ging es dort um einen völligen Determinismus, um eine Abhängigkeit von äußeren Eindrücken, um die Reduktion der „sensibilité" auf eine lediglich passive Eigenschaft, so geht es bei der Medizin um die Koppelung der „sensibilité" an bestimmte Nervenzentren. Sensibilität ist hier nicht rein passiv, sie umfaßt unwillkürliche Aktionen, die der rationa-

[35] Zu Hallers Theorie siehe die klare und allgemeinverständliche Darstellung von G. Rudolph: „Hallers Lehre von der Irritabilität und Sensibilität" in: Rothschuh (ed) a.a.O., S. 14–34.

[36] Siehe hierzu ausführlich das nächste Kapitel.

[37] *Œuvres complètes,* II, S. 828.

len Kontrolle nicht unterliegen. Hierin ist eine Parallele zur materialistischen Philosophie zu sehen: das „jugement" als autonome Instanz wird in seiner Bedeutung reduziert. Einige dieser Konsequenzen werden im Encyclopédie-Artikel „sensibilité" angesprochen.

Fouquet siedelt den physiologischen Ort der Leidenschaften im Magenbereich an (die Bezeichnungen „région épigastrique" und „diaphragme" für das nervliche Zentrum sind schwankend).

> Les opérations ne tiennent pas moins à la *sensibilité*. Le plaisir, le chagrin, toutes les passions semblent se peindre dans le centre remarquable formé dans la région épigastrique par la quantité de plexus nerveux. (XV, 42a)

Sympathiebekundungen, in ihrer stärksten Form Liebesgefühle, werden wenn auch recht pauschal mit einer „disposition des organes" erklärt. Auch das kuriose Faktum der intuitiven Erkenntnis eines verwandten Menschen, obwohl dieser verkleidet oder stark verändert auftritt, wird physiologisch als organische Erinnerung an einen abgetrennten Körperteil gedeutet – Vergleiche aus der Welt der Insekten und Reptilien müssen herhalten. Erinnern wir uns an einige von Voltaires Theaterstücken: in *Mahomet* etwa wird der mörderische Plan Mahomets durchkreuzt, als Séide in Zopire seinen Vater ahnt, wenn auch nicht erkennt. Auch dort war von „sensibilité" die Rede, aber von einer „sensibilité", die als Äußerung einer eingeborenen, natürlichen Moral interpretiert wurde. Es bleibt nach der physiologischen Erklärung nur noch die dem Willen und auch der moralischen Natur des Menschen entzogene Disposition der Organe. „Sensibilité" in diesem Sinne kann nicht mehr als Garant eines natürlichen, gegen Fanatismus und Vorurteile ins Feld geführten moralischen Kodex fungieren.

Ein dritter und letzter Punkt des ansonsten nicht sehr originellen Encyclopédie-Artikels betrifft die geschlechtsspezifische Sensibilität:

> Parmi les hommes, les enfans, et après eux les personnes du sexe, sont ceux qui sont le plus éminemment sensibles, ce qui est une suite de la souplesse, la fraîcheur et la ténuité des lames du tissu muqueux. (...) Quant aux femmes, leur constitution approche beaucoup, comme on sait, de celle des enfans; les passions sont chez elles extrêmement plus vives en général que chez les hommes. (XV, 46 b)

War es in der fiktionalen und sachlichen Literatur des frühen 18. Jahrhunderts keineswegs eindeutig, daß Frauen bevorzugt als sensible Wesen dargestellt wurden, erfährt jetzt das heute noch recht geläufige Bild des schwachen, weichen Geschlechts eine moderne biologische Rechtfertigung. Diderot ist in seinen Äußerungen zum Spezifischen des weiblichen Wesens stark von dieser Sicht beeinflußt.[38]

Marat, der seine Karriere mit medizinischen Werken begann, stellt in *L'Homme, ou des Principes et des Loix de l'Influence de l'Âme*... (Amsterdam 1775) die Beziehung zwischen körperlicher und seelischer Sensibilität her:

> Il y a un rapport constant entre la sensibilité des organes et celle de la substance pensante. (...) Le degré de sensibilité de chaque individu dépend de causes purement physiques.[39]

Einer derjenigen Philosophen und Ärzte, die moralische Konsequenzen aus den medizinischen Erkenntnissen gezogen haben, ist Cabanis, einer der „Idéologues". Der Titel seines Hauptwerks macht das Programm deutlich: *Rapports du physique et du moral* (1802). Cabanis bekennt sich als Schüler Condillacs einerseits, als aufmerksamer Leser Bordeus andererseits. Beide Traditionen, die an sich völlig verschiedene Erkenntnisinteressen hatten, finden bei Cabanis zu einer anthropologischen Lehre zusammen:

> Pour achever la réduction de la psychologie à la physiologie, il ne reste plus qu'à expliquer la personnalité elle-même par le concours des organes de la sensibilité. Le système nerveux peut en effet, selon Cabanis, se diviser en systèmes partiels, chaque centre pouvant être considéré comme une espèce de moi, l'individu n'ayant conscience que du moi situé dans le centre commun, c'est-à-dire le cerveau.[40]

Cabanis definiert „sensibilité physique" sowohl als Quelle aller unserer Ideen als auch, mit den Vitalisten, als Ursprung aller vitalen Funktionen des Organismus. Somit ist „sensibilité" für willentliche Handlungen, die vom Gehirn ausgehen, genauso verantwortlich wie für unwillentliche Taten oder Funktionen, die von den jeweiligen sensiblen Zentren der einzelnen Organe selbst

38 Zur Tradierung dieser Sicht des Weiblichen im 18. Jahrhundert siehe Paul Hoffmann: *La femme dans la pensée des Lumières,* Paris 1977; bis ins 19. Jahrhundert siehe Anne Marie Jaton: „Energétique et féminité. 1720–1820", in: *Romantisme* 46/1984, S. 15–26.
La Harpe etwa nimmt 1768 in seiner Schrift *Les talents des femmes* mit großer Selbstverständlichkeit die „sensibilité" unter die typisch weiblichen Eigenschaften auf. Siehe auch den Artikel „sensibilité" im *Grand Vocabulaire Français,* Bd. 26, Paris 1773, der sich wesentlich an Fouquets Artikel orientiert.

39 II, S. 124ff. Siehe auch Bd. I, 170 und 229.

40 Pierre-Jean-Georges Cabanis: *Œuvres philosophiques,* éd. Lehec/Cazeneuve, Paris 1956. Introduction Cazeneuve, S. XXIX.

ausgehen. „Sensibilité physique“ ist damit der Ursprung der Ideen und auch des Instinkts des Menschen. Cabanis schließt den zweiten Vortrag seiner Vorlesungsreihe über „les rapports du physique et du moral“ mit der Ausage, die Moral müsse auf die menschliche Gesellschaft, diese wiederum auf die durch die physiologische Organisation determinierten Bedürfnisse und Fähigkeiten des Einzelnen gegründet sein.

Somit werden die Erkenntnisse der Biologie und Medizin in einen aufklärerischen Optimismus integriert, der eine Gesellschaft, in der alle „citoyens“ ihren Fähigkeiten gemäß leben können, für möglich und realisierbar hält. Diderot war im *Rêve de d'Alembert* zu anderen, etwas weniger beruhigenden Schlüssen gekommen, die den internen Widersprüchen der Aufklärung eher Rechnung tragen.

1.3. Die Herausforderung

> Il y a une espèce de sensibilité vague qui n'est qu'une faiblesse d'organes (...) La vraie sensibilité serait celle qui naîtrait de nos jugements, et qui ne les formerait pas.
> Duclos: *Considérations sur les mœurs de ce siècle*

Sieht man die philosophie- und medizingeschichtliche Entwicklung, die um die Mitte des Jahrhunderts einsetzt, vor dem Hintergrund des in Teil B I dargestellten Konzepts der „sensibilité de l'âme“, so wird klar, daß die Begriffsgeschichte von „sensibilité“ nicht unbeeinflußt bleiben konnte.

Die neue Anthropologie stellt die überlieferten, teils noch sehr christlich beeinflußten Moralvorstellungen in Frage, und damit auch jene „sensibilité“, die als höchste soziale Tugend definiert wurde. An diesem sehr wichtigen Punkt der Begriffsgeschichte kann gut beobachtet werden, wie Bedeutungsinhalte, die in einem wissenschaftlichen Diskurs entwickelt werden, auch auf den moralischen Diskussionszusammenhang einwirken. Hauptangriffspunkt der neuen Lehre von der „sensibilité physique“ ist das Konzept einer natürlichen Moral. „Loi naturelle“ und „sensibilité de l'âme“ – diese enge Verknüpfung hatte in den ersten Jahrzehnten des Jahrhunderts zur hohen Bewertung der Empfindsamkeit geführt. Diese wohl wichtigste Grundlage des moralischen Wertes „sensibilité de l'âme“ entfällt, wenn die Möglichkeit eines eingeborenen Naturrechts, eines „moral sense“ bezweifelt oder gar widerlegt wird. „Sensibilité physique“ ist nicht Ausdruck der naturhaft gegebenen moralischen Integrität des Menschen, sondern ganz im Gegenteil seines Egozentrismus. Die menschliche Sensibilität, gleich ob sie als Ursprung der Ideen angesehen oder als Erkenntnisquelle von Schmerz und Freude definiert wird, ist eine *passive* Eigenschaft. Der Mensch ist durch äußere Eindrücke determiniert, seine „sensibilité" ist nicht den rationalen Kräften unterworfen. Was die Frühaufklärung offensichtlich etwas sorglos postuliert, nämlich die Harmonie zwischen Ratio und natürlichem Gefühl, erweist sich als zweifelhaft. Die Erkenntnis der Passivität von „sensibilité" führt zu dem Bemühen, eine *passive* von einer *aktiven* Sensibilität zu trennen, um zumindest letztere vor dem berechtigten Vorwurf, sie sei nur Reaktion und damit kein moralischer Wert bzw. Verdienst, in Schutz zu nehmen.[41]

Dieser Wechsel in der Einschätzung der moralischen Kräfte des Menschen entspricht der Entwicklung der Aufklärungsphilosophie insgesamt. Auch die neue „sensibilité"-Definition wird von Aufklärungsphilosophen entwickelt. Die Widersprüche bzw. die sich wandelnden Konzeptionen ändern also nichts an der Tatsache, daß „sensibilité" ein Begriff ist, der in seiner Entwicklung eng an diejenige der französischen Aufklärung gebunden ist.

Eine anders geartete Herausforderung an den moralischen Wert der Empfindsamkeit, die ganz ähnliche Konsequenzen hat wie die materialistische, erwächst aus der modernen Physiologie. Das Zwerchfell als privilegiertes Nervenzentrum wird als Sitz der Affekte definiert, die so der rationalen Kontrolle entzogen werden. „Sensibilité physique" ist hier nicht völlig passiv, sondern meint ein autonomes dezentrales Aktionsvermögen. Starke emotionale Reaktionen (wie Mitleid, Liebe etc.) sind somit Folge einer organischen Konstitution. Reizbarkeit des Zwerchfells wird als typisch weiblich, damit als physische Schwäche definiert. Auch wenn diese Theorie eine Art materieller Beweis für ein eingeborenes „Naturgesetz" zu sein scheint – die Allgemeinverbindlichkeit eines rational begründeten moralischen Gesetzes war nicht mehr gewährleistet. Moral von der Schwäche eines Organs abhängig zu machen, wollte keinem Vertreter der Empfindsamkeit sonderlich vorteilhaft erscheinen. Vor diesem Hintergrund wird Duclos' eigenartiger Satz verständlich, in dem er eine falsche (schwache) von einer wahren (auf „jugement" begründeten) „sensibilité" trennt. Die Sensibilität wird der rationalen Instanz „jugement" unterstellt, um ihr den Charakter des willlentlich Kontrollierbaren, und damit des moralisch Bewertbaren zu bewahren. Die Unterscheidung in wahre und falsche, in schwache und starke „sensibilité" ist die zweite diffe-

[41] Siehe weiter unten die semantischen Differenzierungsversuche, die ab 1751 zu beobachten sind.

renzierende Antwort auf die von der Biologie des Menschen ausgehende Herausforderung - diese Antwort ist bei Duclos (1751) zum ersten Mal belegt. Diderot hat diese immanenten Widersprüche des „sensibilité"-Begriffs am klarsten erkannt. Sein Werk, das naturwissenschaftlich genauso kompetent ist wie ästhetisch oder moraltheoretisch, ist in besonderem Maße geeignet, die Entwicklung der Begriffsgeschichte zwischen 1745 und 1770 mit ihren Problemen nachzuzeichnen. Der Wandel in der Beurteilung von „sensibilité" und im Gebrauch des Begriffs ist repräsentativ für den Umschwung in der Definition. Was hier knapp auf einen Nenner gebracht wurde, kann an Diderots Werk exemplifiziert werden.

2. „Sensibilité" im Werk Diderots

> In Diderots Werken hat der Begriff der Sensibilität verschiedene Bedeutungen und man muß ihn nach seiner jeweiligen Funktion in der Erkenntnistheorie, in der Biologie, in der Ethik und in der psychologischen Analyse genau bestimmen.
>
> Herbert Dieckmann, „Zur Interpretation Diderots", *RF* 1939, S. 53

Wenn das literarische und philosophische Werk eines Autors des 18. Jahrhunderts geeignet ist, die Vielfalt der Verwendungsmöglichkeiten von „sensibilité" zu illustrieren, dann ist es dasjenige Diderots. Auch wenn er keine Abhandlung zur Sensibilität, geschweige denn eine eindeutige Definition derselben verfaßt hat, erlaubt eine Beschäftigung mit seinen Schriften doch die Behauptung, sein Verständnis von „sensibilité" in den verschiedenen Wissensbereichen, in seinen Konstanten wie in seinem Wandel, sei für die Entwicklung des Begriffs im 18. Jahrhundert stellvertretend. Yvon Belaval nennt fünf Sachzusammenhänge, in denen „sensibilité" bei Diderot von Bedeutung ist.[42] Tatsächlich schwankt sein Verständnis von „sensibilité", je nachdem ob er sie als moralische Eigenschaft des Menschen, als Qualität des Künstlers oder als Ausdrucksform der lebenden Materie überhaupt betrachtet. Die verschiedenen Diskurse, zu denen Sensibilität gehört, sind allerdings nicht als unabhängig voneinander zu sehen. Zur sachlichen Differenzierung in der

[42] Yvon Belaval: *L'esthétique sans paradoxe de Diderot,* Paris 1950, S. 90-92.

„sensibilité“-Definition tritt ein nicht unerheblicher Wandel in der Einschätzung von „sensibilité“, der sich im Laufe der Jahre bemerkbar macht. Wie im vorhergehenden Kapitel angedeutet, sollen sowohl der Einfluß physiologisch-biologischer Erkenntnisse Diderots auf die moralisch-ästhetischen Fragestellungen, als auch der damit zusammenhängende moralische „Verfall“ des Wertes „sensibilité“ analysiert und dargestellt werden. Der Wandel in Diderots Einschätzung der Sensibilität ist einerseits auf die Konsequenzen der materialistischen Physiologie, andererseits auf seine Reaktion gegen die modische Verflachung der „sensibilité“-Lehre zurückzuführen.

2.1. „Sensibilité de l'âme“ als positiver Wert: der frühe Diderot

> Faire le bien, connaître la vrai, voilà ce qui distingue un homme d'un autre. Le reste n'est rien.
>
> 3.11.1759 an Sophie Volland

Als Diderot sein literarisches Werk beginnt, ist die empfindsame Theorie in voller Entstehung begriffen. Bei Beginn des *Encyclopédie*-Unternehmens sind bereits zahlreiche Texte erschienen, die ihn mit den zeitgenössischen Theorien der „sensibilité de l'âme“ vertraut machen konnten. Diderot selber debütierte mit einer Shaftesbury-Übersetzung, die diesen überhaupt erst einem größeren französischen Publikum bekannt machte. Sein *Essai sur le mérite et la vertu* reiht Diderot in die Vertreter einer Naturrechts- und Moral-Sense-Lehre ein, die zur Grundlage des optimistischen Vertrauens in die Naturkraft „sensibilité“ wurde. Auch wenn Diderot als Übersetzer nicht unbedingt mit dem Inhalt des Werkes einverstanden sein mußte: die 1746 erschienenen *Pensées philosophiques* bezeugen seine gedankliche Nähe zu Shaftesburys Werk. Shaftesbury definiert die Tugendausübung als höchstes Glück, als „volupté intellectuelle“. Dies so zu empfinden und soziale Tugend intellektuell und emotional anzustreben ist von Natur aus jedem Menschen gegeben:

> L'insensibilité pour le vice et pour la vertu suppose un désordre complet dans les affections naturelles.[43]

[43] *Essai sur le mérite et la vertu,* in: *Œuvres complètes,* éd. Assézat-Tourneux, Bd. I, S. 93.

Empfindsamkeit ist sowohl Garant der Erkenntnis von Gut und Böse[44], als auch Voraussetzung für persönliche Harmonie. Die Apologie der Leidenschaften ist an die Bedingung geknüpft, daß sie in einem gemäßigten Gleichgewicht gehalten werden.

> L'honnête homme peut connaître toute la vivacité des plaisirs sensuels: l'usage modéré qu'il en fait répond de la sensibilité de ses organes et de la délicatesse de son goût.[45]

Einige der *Pensées philosophiques,* die ansonsten ganz unter dem Thema des Deismus stehen, greifen solche „sensible" Grundüberzeugungen auf. Das Vertrauen auf die Möglichkeit, die Leidenschaften im Menschen in ein für ihn selbst glückverheißendes Gleichgewicht zu bringen, wird erneut bekräftigt:

> Ce serait donc un bonheur, me dira-t-on, d'avoir les passions fortes. Oui, sans doute, si toutes sont à l'unisson. Etablissez entre elles une juste harmonie, et n'en appréhendez point de désordres.[46]

Die Überzeugung, Glück und Tugendausübung seien ein und dieselbe Sache, die in der Empfindsamkeit ihren Ausdruck findet, hat Diderot lange vertreten. „On est heureux partout où l'on fait le bien".[47] In einem ausführlichen Abschnitt eines Briefes an Sophie Volland beschreibt er genau, was für ihn ein ausgeglichenes, gefühlvolles Glück bedeutet:

> Un repas délicieux; une lecture douce; une promenade dans un lieu frais et solitaire; une conversation où l'on ouvre son cœur, où l'on se livre à toute sa sensibilité; une émotion forte qui amène les larmes sur le bord des paupières, qui fait palpiter le cœur, qui coupe la voix, qui ravit d'extase, soit qu'elle naisse ou du récit d'une action généreuse, ou d'un sentiment de tendresse (...) le voilà, le vrai bonheur. Je n'en connaîtrai jamais d'autre.[48]

Kurioserweise werden als Auslöser der Rührung genau jene beiden Bereiche genannt, die wir mit „sensibilité" in enge Verbindung gebracht hatten: Lie-

44 „Si toutefois il lui (à la créature, F.B.) reste la moindre sensibilité pour les charmes de la vertu; si elle donne encore quelque signe de bonté, de commisération, de douceur ou de reconnaissance; il est, dis-je, évident que la vertu n'est pas morte en elle." Ebenda, S. 40. Und S. 62: „l'élégante sensibilité pour le beau, disposition si favorable à la vertu, nous conduira jusqu'à l'extase."

45 Ebenda, S. 80.

46 *Œuvres complètes,* Assézat-Tourneux, I, *Pensée* IV.

47 25.7.1762 an Sophie Volland. Zitiert nach der *Correspondance,* éd. G. Roth, 1955ff.

48 2.10.1761 an Sophie Volland.

besgefühle (tendresse) und altruistische Werke (générosité). Hierin bleibt Diderot also Erbe der frühen Definition der Empfindsamkeit.

Immer wieder verwendet Diderot dann auch „sensibilité" bzw. „âme sensible" im Zusammenhang mit altruistischem, moralischem Verhalten. Ganz ähnlich wie Voltaire plädiert er für eine empirische, gesellschaftlich verstandene Moral. „Vertu" sollte durch weniger ideologisch besetzte Begriffe ersetzt werden:

> Il n'y a ni vice ni vertu, rien dont il faille récompenser ou chatier. Qu'est-ce qui distingue donc les hommes? La bienfaisance et la malfaisance.[49]

In den 1772 veröffentlichten *Regrets sur ma vieille robe de chambre* beteuert Diderot, daß seine Mitleidsfähigkeit sich auch im Alter nicht geändert hat.

> Ma porte s'ouvre toujours au besoin qui s'adresse à moi; il me trouve la même affabilité. Je l'écoute, je le conseille, je le secours, je le plains ... C'est le même ton de franchise; c'est la même sensibilité. Mon luxe est de fraiche date et le poison n'a point encore agi.[50]

Besonders deutlichen Ausdruck finden die empfindsam-optimistischen Überzeugungen in den frühen dramatischen Schriften, sowohl in der Theorie als auch in den beiden Dramen selbst. Auf die Bedeutung der Sensibilität für Diderots, Merciers und Beaumarchais' Wirkungsästhetik, die auf eine Identifikation von Leben und Kunst im Moment der dramatischen Handlung kraft „sensibilité" abzielt, waren wir in I, 7.1. schon eingegangen.[51] Wir können uns hier somit auf die Theaterstücke selbst beschränken und ihre Personen/Charaktere mit der Empfindsamkeit in Verbindung bringen.

Zunächst ist festzustellen, daß diejenigen Personen, die mit dem Adjektiv „sensible" bezeichnet werden, durchweg tugendhafte Charaktere sind. Besonders häufig tritt „sensible" in Verbindung mit „honnête" zur Charakterisierung junger Mädchen auf. „La jeune fille honnête et sensible" scheint für Diderot ein feststehender Typ gewesen zu sein, denn nicht nur Sophie und Rosalie, die Protagonistinnen des *Père de famille* und des *Fils naturel,* fallen darunter, sondern auch zwei nicht weiter ausgearbeitete dramatische Figuren zweier Entwürfe Diderots: In *Le train du monde* gibt es „sa petite sœur (qui)

[49] 29.6.1756 an Landois.

[50] *Œuvres complètes,* AT IV, S. 5–12, hier 9. Siehe auch eine ganz ähnliche Stelle im Brief an Sophie Volland vom 8.8.1762.

[51] Siehe oben, S. 188ff.

sera faible, douce, sensible, tendre, honnête"[52], in *Madame de Linan ou l'honnête femme* heißt es: „Mme de Linan a une fille d'un caractère honnête et sensible, mais violent".[53] Das kontrastierende „mais" macht deutlich, was sich auch bei Rosalie und Sophie zeigt: die jungen empfindsamen Mädchen sind im Grunde passiv, sanft und ausgeglichen.

Bevor Dorval im *Fils naturel* den Frieden des Hauses stört, ist Rosalie eine „jeune amante raisonnable et sensible"[54], erst die verdammenswerte, weil die gesellschaftliche Ordnung störende Leidenschaft zu Dorval hat sie aus dem Zustand der inneren Ruhe gerissen. Dorval selbst gibt dem unruhigen Clairville in Form eines Bildes die Erklärung für Rosalies aufgewühlten Zustand (ohne allerdings den wahren Grund zu verraten):

> Elles (les femmes les mieux nées, F. B.) ont le sentiment si exquis, leur âme est si sensible; leurs organes sont si délicats, qu'un soupçon, un mot, une idée, suffit pour les alarmer. Mon ami, leur âme est semblable au cristal d'une onde pure et transparente où le spectacle tranquille de la nature s'est peint. Si une feuille en tombant vient à en agiter la surface, tous les objets sont vacillants.[55]

Es zeigt sich, wie oben angedeutet, daß in diesem Falle die Sensibilität eine rein passive Eigenschaft ist, die interessanterweise bereits eine physiologische Erklärung erfährt, wie sie später genauer ausgearbeitet und gegen die Mode der Empfindsamkeit gewendet werden sollte. Daß für Diderot „sensible" aber hier noch positiv konnotiert ist, beweist die Tatsache, daß Dorvals Überredungskünste bei Rosalie gerade deswegen Früchte tragen, weil

> Son cœur est fait pour sentir, son esprit pour penser, sa bouche pour prononcer tout ce qui est honnête.[56]

So ist ihre (physiologisch-seelische) „sensibilité" zwar Grund für ihre Unruhe und das drohende Unglück, gleichzeitig aber in der Verbindung mit der Vernunft die Garantie für die Rückkehr auf den rechten Weg. Auch Sophie, die Rosalie entsprechende Figur aus dem *Père de famille,* wird als „sensible" bezeichnet. Im *Discours dramatique* sagt Diderot über sie:

52 *Œuvres complètes,* éd. Dieckmann/Varloot/Proust, T. X., S. 467ff, datiert auf 1759.

53 Ebenda, S. 483ff, ebenfalls auf 1759 datiert.

54 Ebenda, S. 37; genauso äußert sich Clairville in V,2 („Alors, Rosalie, tendre, sensible fidèle..."), S. 71 und in V,3 (S. 73).

55 Ebenda, S. 27–28.

56 Ebenda, S. 76.

> Sa maîtresse (Sophie, F.B.) ne sera jamais assez aimable. J'en ai fait un enfant innocent, honnête et sensible.[57]

Ist auch die Häufung der weiblichen sensiblen Charaktere auffällig, so gibt es doch auch eine männliche Person, die in diesem Zusammenhang zu erwähnen ist: es handelt sich um Dorval, die Hauptfigur des *Fils naturel*. Er ist es, der die „épreuves de la vertu" erfährt und der Tugend schließlich zum Triumph verhilft. Hin- und hergerissen zwischen seiner Leidenschaft (der Liebe zu Rosalie) und seinen Pflichten als Freund Clairvilles, schwankt er lange Zeit, bevor er sich endgültig für die Überwindung seiner Liebe entscheidet. Anders als bei Nivelles *Mélanide* steht also hier Leidenschaft (zumindest vorübergehend, bis sie besiegt wird) gegen die gesellschaftliche Ordnung. Dorval ist sich vom ersten Akt an bewußt, daß er die Gesetze der „honnêteté" zu verletzen droht.[58] In II,5 führt er sich seine Situation vor Augen:

> Que fais-je encore dans une maison que je remplie de désordre? Où est l'honnêteté?[59]

Den entscheidenden Anstoß erhält Dorval aber von außen. Constance, die ihrerseits Dorval liebt und sich von ihm geliebt glaubt, überredet ihn in einer flammenden Rede, sie zu heiraten und sich nicht, wie er es ankündigt, aus der Welt zurückzuziehen. Mit ihrem von fast religiösem Pathos getragenen Plädoyer gelingt ihr zweierlei: erstens bringt sie Dorval endgültig auf den Weg der Tugend und zweitens erweckt sie seine Liebe für sie selbst, da Dorval in ihr all die Tugenden wiederentdeckt, die er an Rosalie so bewunderte. Ihre Überzeugungsstrategie ist rational und argumentativ. Dorvals Pessimismus gegenüber der korrupten Gesellschaft hält sie einen empirisch begründeten Optimismus entgegen:

> Mais les temps de barbarie sont passés. Le siècle s'est éclairé. La raison s'est épurée. Ses préceptes remplissent les ouvrages de la nation. Ceux où l'on inspire aux hommes la bienveillance générale, sont presque les seuls qui soient lus. Voilà les leçons dont nos théâtres retentissent, et dont ils ne peuvent retentir trop souvent. (...) Non, Dorval, un peuple qui vient s'attendrir tous les jours sur la vertu malheureuse, ne peut être ni méchant, ni farouche.[60]

[57] *Œuvres complètes,* a.a.O., T. X, S. 350. Auch Albin nennt sie „honnête et sensible", S. 227.
[58] Ebenda, S. 29.
[59] Ebenda, S. 37.
[60] Ebenda, S. 65.

Interessanterweise werden in dieser optimistischen und vom Glauben an den Fortschritt geprägten Schilderung der zeitgenössischen Gesellschaft zwei Elemente verbunden, die traditionellerweise gerne als gegensätzlich angesehen werden:

> La raison s'est épurée

und

> un peuple qui vient s'attendrir.[61]

Fortschritt der Vernunft und gesteigerte Fähigkeit zur Rührung gehören untrennbar zusammen.

Das Beispiel der Tugend kann deswegen so fruchtbar sein, weil in jedem Menschen ein eingeborener Sinn für die Ordnung (hier die moralische Ordnung) angenommen wird. Das Credo, welches Diderots Wirkungstheorie zugrunde liegt, wird in dieser Szene noch einmal von Constance ausgeführt:

> Mais auriez-vous cette crainte, si vous pensiez que l'effet de la vertu sur notre âme n'est ni moins nécessaire, ni moins puissant que celui de la beauté sur nos sens. Qu'il est dans le cœur de l'homme un goût de l'ordre, plus ancien qu'aucun sentiment réfléchi.[62]

Genau dieser eingeborene Sinn (man fühlt sich unweigerlich an die Moral-Sense-Theorie und an den Einfluß Shaftesburys erinnert, auch wenn Diderot später diese als seiner Meinung nach falsch ablehnt)[63] ist in Dorval tätig. Constance führt gewissermaßen auf der Bühne das vor, was das Geschehen auf der Bühne beim Zuschauer bewirken soll: die Bekehrung zur Tugend durch Beispiel und rationale Überzeugungskraft.[64] Dorvals Entschluß ist gefallen und er überredet seinerseits Rosalie, auf ihre unvernünftige Liebe zu verzichten und den Weg der Tugend einzuschlagen. Wie sich nach Ankunft des greisen Lysimond herausstellt, sind Dorval und Rosalie nur knapp dem Inzest entgangen. Das rückblickende Erschaudern ist – für den Zuschauer wie für die Personen – aus der Position der überstandenen Gefahr heraus doppelt süß. Lysimond, der von dem gerade noch verhinderten Grauen nichts erfährt, lobt seinen Sohn als „sensible et délicat", trifft damit zwar den triumphieren-

[61] Siehe analoge Gedanken in I,4.

[62] *Œuvres complètes,* a.a.O., T. X, S. 64.

[63] Siehe unten S. 278.

[64] Daß auch ihre Weiblichkeit eine gewisse Rolle spielt, sagt Diderot selbst, a.a.O., S. 69.

den Teil Dorvals, ignoriert aber den gewaltigen, die Ordnung gefährdenden Teil. Es ist bezeichnend, daß Dorval erst hier am Ende nach überstandener Gefahr als „sensible" bezeichnet wird, in dem Moment, wo der Assoziation „sensible" = „vertueux" nichts mehr im Wege steht. Dorval selbst schiebt das Vergangene resümierend mit den Worten beiseite:

> J'étais un insensé. Vous (Rosalie, F.B.) étiez un enfant.[65]

So erweist sich schließlich der Verzicht, als der die Wahl der Tugend und das Ablassen von der Leidenschaft zu Rosalie erscheint, als Scheinverzicht, ja als glückbringend. Ehrard wundert sich zu Recht:

> Curieux héroïsme qui veut bien s'élever jusqu'à une généreuse abnégation mais aime également à se persuader que celle-ci ne lui coûtera aucun sacrifice réel.[66]

Neben dem moralischen ist der ästhetische Bereich derjenige, in dem Sensibilität zur zentralen positiven Kategorie wird. Wie in der Frage eines neuen, stärkere Identifikation und damit stärkere didaktische Wirkung erlangenden Theaters ist die Sensibilität auch in anderen Bereichen von ästhetischer Relevanz. Nicht nur der Autor als Produzent des Textes muß über die nötige „sensibilité" verfügen, um das Leben in seiner Unmittelbarkeit im fiktiven Moment zu konzentrieren[67], sondern auch der Schauspieler, Musiker[68], Maler; kurz alle produzierenden und reproduzierenden Künstler. „Sensibilité" ist damit als besondere Disposition relevant: als Garantie für treffsichere Intuition des großen Künstlers. Zwischen Autor, Schauspieler und Publikum entsteht im Idealfall eine emotionale Einheit, die alle Grenzen zwischen Fiktion und Realität verschwimmen und damit die didaktische Absicht zum tragen kommen läßt. „Sensibilité" ist hierbei eine Eigenschaft, die jede

65 *Œuvres complètes,* a.a.O., T. X, S. 80.

66 Ehrard, a.a.O., S. 371.

67 Siehe oben, 7.1. und 7.2.

68 Siehe den Aufsatz von Georgia J. Cowart: „Sense and sensibility in Eighteenth-Century Musical Thought", in *Acta Musicologica* 1984, S. 251-266.
Ein Beispiel für die Bedeutung der Musik in der Entstehung von „sensibilité" soll aus dem *Paysan Parvenu* angeführt werden (Paris 1965, S. 249):
„Un coup d'archet me rendit à moi-même, ou, pour mieux dire saisit tous mes sens, et vint s'emparer de mon âme. Je m'aperçus alors, pour la première fois, que mon cœur était sensible. Oui, la musique me fit éprouver ces doux saisissements que la véritable sensibilité fait naître."

Distanzierung zum Gegenstand, wie sie die Reflexion herstellt, völlig unterbindet.

> Heureusement une actrice d'un jugement borné, d'une pénétration commune, mais d'une grande sensibilité, saisit sans peine une situation d'âme et trouve sans y penser, l'accent qui convient à plusieurs sentiments différents qui se fondent ensemble.[69]

Diese Sensibilität, die in diesem Kontext Voraussetzung für intuitive Erkenntnis wird, wirkt bei allen großen Künstlern (und nicht nur bei diesen):

> Les poètes, les acteurs, les musiciens, les peintres, les chanteurs du premier ordre, les grands danseurs, les amants tendres, les vrais dévots, toute cette troupe enthousiaste et passionnée sent vivement et réfléchit peu.[70]

Daß es bei diesem „sentir" weniger um Gefühl allgemein als vielmehr um einen besonderen „sechsten Sinn" geht, der unmittelbare und nicht reflektierte Einsichten erlaubt, wird deutlich, wenn man Dorvals anschließende Erläuterungen mit berücksichtigt:

> Ce n'est pas le précepte; c'est autre chose de plus immédiat, de plus intime, de plus obscur, et de plus certain, qui les guide et qui les éclaire.[71]

Dazu genau parallele Äußerungen finden sich im Art. „Génie"[72], der ebenfalls im Jahre 1757 in Band VII der *Encyclopédie* erscheint. Auch hier ist es eine besonders ausgeprägte, nicht moralisch, sondern physiologisch verstandene Sensibilität, die dem Genie die außergewöhnliche Aufnahmefähigkeit für von außen auf es einwirkender Eindrücke verleiht. Die so verstandene „sensibilité" ist conditio sine qua non jeder genialen Leistung, wobei das mög-

69 *Œuvres complètes,* éd. Dieckmann e.a., Bd. X, S. 104.

70 Ebenda.

71 Ebenda, S. 105. Als „goût" bezeichnet Le Tourneur, der französische Young-Übersetzer (*Les nuits,* Nouvelle éd. Paris 1783, Bd. 1, S. XIX) das auf „sensibilité" gründende ästhetische Urteilsvermögen:

> „Le vrai goût, c'est-à-dire, ce tact naturel qui sait sentir les vraies beautés, perfectionné par l'habitude de comparer, est peut-être aussi rare que le génie. Mais il en est un fort commun. C'est le goût de tous ceux qui n'ont ni imagination, ni sensibilité, ou qui n'en ont reçu qu'une mesure faible, qu'ils prennent encore soin d'affaiblir tous les jours."

72 Die Frage der Autorschaft ist hier nicht allzu relevant und soll nicht erneut aufgegriffen werden; verblüffend bleibt auf jeden Fall die Ähnlichkeit der ausgedrückten Gedanken mit Diderotschen Überlegungen.

liche grandiose Scheitern wie der grandiose Erfolg mit einkalkuliert sind. Diese Auffassung Diderots vom genialen Künstler ist fast immer als radikaler Widerspruch zum späteren, vor allem im *Paradoxe* entwickelten Typ des „kalten“ Genies verstanden worden. Ohne die augenscheinlichen Unterschiede leugnen zu wollen: es fällt doch auf, daß weniger Diderots Grundannahme einer besonderen Beobachtungsgabe, einer einmaligen Auffassungsgabe, als vielmehr die sie begleitenden Symptome revidiert werden. Auch der frühe Typ des Genies hat bereits eine besondere Gabe der „observation“:

> ... il a pourtant le goût de l'observation; mais il observe rapidement un grand espace, une multitude d'êtres.[73]

Diese Gabe wird in den frühen Texten mit dem Phänomen des exaltierten „Enthousiasme“[74] gepaart, später mit dem Ideal des kühl distanzierten, unbeteiligten und deswegen umso deutlicher schauenden Genies.[75] Wir werden später versuchen zu zeigen, daß einer der Gründe für diesen weniger den Kern als vielmehr die Accessoires des Diderotschen Geniebegriffs betreffenden Wandel in wachsender Skepsis gegenüber dem Begriff „sensibilité“ und seinen Implikationen liegen könnte. Ein Beispiel für solch einen Künstler, der seine Größe der einfühlenden Sensibilität verdankt, ist der Maler Greuze, auf den Diderot in seinen *Salons* wiederholt zu sprechen kommt. Im *Salon de 1763* äußert er sich anläßlich der Besprechung der „pitié filiale“ zu Greuzes genialem Künstlertum. Nach einer detaillierten Analyse der einzelnen Elemente des Bildes geht er zur Person des Malers allgemein über:

> Il serait bien surprenant que cet artiste n'excellât pas. Il a de l'esprit et de la sensibilité; il est enthousiaste de son art.[76]

In diesem Falle kommt zudem eine moralische Bewertung der ästhetisch genialen Leistung hinzu:

> D'abord le genre me plaît; c'est la peinture morale. Quoi donc! le pinceau n'a-t-il pas été assez et trop longtemps consacré à la débrauche et au vice? Ne

[73] Art. „Génie“, Band VII, S. 583.

[74] Zu „enthousiasme“ siehe: Werner Krauss: „Über frz. ‘enthousiasme’“, in: *Festschrift Harri Meier* 1971, S. 259–275.

[75] So etwa in dem auf 1772 datierten Fragment „Sur le génie“, in *Œuvres complètes* éd. Assézat-Tourneux, a.a.O., T. IV, S. 25ff.

[76] *Salon de 1763* in: *Salons,* Vol. 1: 1759/1761/1763/; éd. J. Seznec et J. Adhémar, Oxford ²1975. Hier S. 236.

> devons-nous pas être satisfaits de la voir concourir enfin avec la poésie dramatique à nous toucher, à nous instruire, à nous corriger et à nous inviter à la vertu? Courage mon ami Greuze, fais de la morale en peinture.[77]

Greuze ist also einer der Künstler, deren Sensibilität nicht nur zur ästhetischen, sondern auch zur moralischen Größe[78] beiträgt. Daß dies nicht immer so sein muß bzw. ohne weiteres gegeben ist, thematisiert Diderot im *Neveu de Rameau.*

Das zentrale Element dieser frühen ästhetischen Konzeption, in der „sensibilité“ eine wichtige Rolle spielt, ist die Identifikation aller am künstlerischen Prozeß beteiligten Personen im fiktiven Augenblick. Dies gilt für das Theater in erster Linie, für den Roman aber nicht minder. Man denke nur an Diderots Beschreibung seiner Reaktion bei Lektüre der Richardsonschen Romane[79], die genau auf jener Aufhebung aller Distanz beim Akt des Lesens beruht.[80] Daß damit ein optimistischer Glaube an den automatischen Regelmechanismus der „sensibilité“ gebunden ist, scheint klar. Bisher hatte Diderot seine biologischen und medizinischen Studien noch nicht soweit entwickelt[81], daß sie unmittelbare Auswirkungen auf seine Auffassung vom Menschen und seinen moralisch-ästhetischen Qualitäten gehabt hätten. Noch erscheint ihm die Sensibilität nicht als passive, ungeordnete Kraft, die eher als ein Armutszeugnis denn als eine gute Visitenkarte anzusehen ist. Erst in dem Moment, wo „sensibilité“ nicht mehr notwendig synonym mit „bonté“, „beauté“ und „grandeur“ gesehen wird, zerbricht das Grundgerüst der „sensibilité de l'âme“. Sicherlich haben verschiedene Faktoren zu Dide-

[77] Ebenda, S. 233.

[78] Interessanterweise wird in späteren Jahren auch dieser speziellen Teilbedeutung von „sensibilité“ ein eigener Dictionnaire-Eintrag gewidmet: „Sorte de délicatesse d'esprit et de jugement propre aux poëtes, aux littérateurs, aux artistes, en vertu de laquelle ils conçoivent, sentent, expriment plus vivement le beau et le bon.“ (Raymond: *Dictionnaire général de la langue française,* Paris ^{2}1835). Auch hier die Verbindung von „beau“ und „bon“; zudem fällt auf, daß „sensibilité“ hier dem „jugement“ zugehörig ist.

[79] *Eloge de Richardson* (1761).

[80] In einem kurzen, interessanten Aufsatz verwendet E. Messinger dieses ästhetische Konzept Diderots für die Analyse der *Religieuse,* die in der Nachfolge Richardsons interpretiert wird. „Sensibilité, Time and Character in Diderot“, in: *Eighteenth Century Life* 1974/75, Heft 3, S. 55–61.

[81] Schon in den 40er Jahren arbeitet Diderot an der Übersetzung eines englischen, medizinischen Wörterbuchs von James mit, in dem aber keine sehr modernen medizinischen Theorien vertreten werden.

rots späteren skeptischen Äußerungen zur Empfindsamkeit beigetragen; einige hier plausibel zu machen ist Ziel der beiden folgenden Abschnitte.

2.2. „Sensibilité physique" in Diderots wissenschaftlich-philosophischen Schriften

> La sensibilité, c'est une propriété universelle de la matière.
>
> 18.10.1765 an Duclos

Von Anfang seiner schriftstellerischen Karriere an sind Diderots Interessen literarischer und naturwissenschaftlich-philosophischer Art. Diese Mehrgleisigkeit bleibt Zeit seines Lebens erhalten und findet in der *Encyclopédie* genauso wie in seinen eigenen Werken Ausdruck. Das erste medizinische Werk ist eine Übersetzung (mit anderen Autoren) des *Dictionnaire universel de médecine* von James.[82]

Das erste eigenständige naturwissenschaftliche Werk Diderots sind die *Pensées sur l'interprétation de la nature* (1753/54). Vorher hatte er lediglich im ersten Band der *Encyclopédie* (Art. Animal) zur aktuellen Diskussion um Buffon und Maupertuis Stellung bezogen. Wie Buffon löst er die klaren Grenzen zwischen vegetabilischem und animalischem Naturbereich auf zugunsten eines stufenweisen Entwicklungsmodells. Anders als Buffon sieht er allerdings auch keine prinzipielle Grenze zwischen dem denkenden Menschen und dem nichtdenkenden Tier, zwischen belebter und unbelebter Materie. Trotz dieses Ansatzes zu einem transformationistischen Naturmodell entwickelt Diderot hier noch nicht die Hypothese der universellen Sensibilität. Auf einer ähnlichen Stufe bewegen sich die Reflexionen über *L'interprétation de la nature,* die in erster Linie eine Diskussion von Maupertuis' Thesen enthalten (*Essai sur la formation des corps organiques,* 1754 unter dem Pseudonym Baumann erschienen). Dieser hatte den Molekülen der Materie eine gewisse „sensibilité" zugeordnet, um ihre Bewegung und ihre Entwicklung

[82] (1744–47). Zur „sensibilité" findet sich bei James nichts Interessantes. Einziger Eintrag: „sensibilis: ce terme se dit de tout ce qui est capable de faire impression sur les sens". Zu Diderots biologisch-naturwissenschaftlichen Schriften siehe Rogers ausführliches Referat, auf das wir hier zurückgreifen können (a.a.O., Chap. III, S. 585ff).

zum organischen Leben zu erklären. Diderot resümiert Maupertuis' Gedanken in der *Pensée L,* indem er die Eigenschaften der organischen Moleküle mit dem scholastischen Terminus „âme sensitive" belegt. Anders als Maupertuis begrenzt Diderot hier interessanterweise die Eigenschaft der „sensibilité" auf die *organischen* Moleküle. Überhaupt schränkt er ein:

> Il fallait se contenter d'y (dans les molécules organiques, F. B.) supposer une sensibilité mille fois moindre que celle que le Tout-Puissant a accordé aux animaux les plus stupides et les plus voisins de la matière morte...[83]

1754 also ist Diderot noch einen wichtigen Schritt von seiner später vertretenen Lehre der universellen Sensibilität entfernt. Die Frage nach der Entstehung der belebten und unbelebten Natur, nach ihren Gesetzen ist allerdings gestellt und hat hier eine erste Antwort erhalten. Die grundlegenden Fragen werden dieselben bleiben, die Antworten sich mit der Zeit entwickeln.

Zwischen 1754 und 1765, als Diderot zum ersten Mal seine berühmte Hypothese der „sensibilité universelle" in einem Brief an Duclos formuliert, fallen hauptsächlich die Arbeit an der *Encyclopédie* und die theatertheoretischen Schriften, die, wie wir gesehen haben, noch ganz im Zeichen der natürlichen „sensibilité de l'âme" stehen. In einem Brief an Sophie Volland vom 15.10.1759 berichtet Diderot von einem Gespräch mit Holbach und dem Schotten Hoop. Dort entwickelt er die Theorie vom ewigen Leben der belebten Materie, die auch nach dem Tod des Individuums die ihr wesentlichen Eigenschaften behält, also nur die Form des Lebens verändert. In diesem Konzept fehlt nur noch die Vorstellung vom Übergang der unbelebten zur belebten Materie, von der inaktiven zur aktiven Sensibilität. In den Jahren zwischen 1754 und 1765 jedenfalls muß Diderot durch seine in Verbindung mit der *Encyclopédie* betriebenen naturwissenschaftlichen Arbeiten, durch seine längere Bekanntschaft mit Bordeu und Holbach, zu einer wesentlich radikaleren Lösung der Frage nach dem Urprinzip der Materie gelangt sein. Im *Rêve de d'Alembert,* dem dreiteiligen Dialog, entwickelt er ein umfassendes System der für alle Erscheinungen der Materie verantwortlichen „sensibilité universelle". An diesem Naturerklärungsmodell sollte sich eigentlich nichts Wesentliches mehr ändern. Die später erschienenen Texte wie die *Elements de physiologie* (1778), der Helvétius- und der Hemsterhuiskommentar ändern nichts an Diderots Grundüberzeugungen:

[83] *Œuvres complètes,* éd. Dieckmann/Varloot/Proust, Bd. IX, S. 83f.

> Le système est construit, et Diderot n'y reviendra pas, bien qu'il en connaisse le caractère hypothétique. Son véritable effort sera désormais d'intégrer l'homme à l'univers tel qu'il le conçoit, et les difficultés de cette entreprise ne le conduiront jamais à remettre en cause la seule philosophie qu'il puisse accepter.[84]

Der erste *Entretien entre Diderot et d'Alembert* debattiert die Frage des Ursprungs organischen Lebens sowie des Übergangs von der unbelebten zur belebten Materie. Als Ersatz für ein Gottesprinzip formuliert hier Diderot seine „Arbeitshypothese" von der universellen „sensibilité" der Materie. Er kann ihre Richtigkeit nicht beweisen - das gesteht er ein. Aber trotzdem arbeitet er weiterhin mit dieser Annahme, da sie sonst unlösbare Probleme zu erklären vermag.[85]

Die Grenzen zwischen den einzelnen Bereichen der Materie sind fließend: Minerale verwandeln sich in Pflanzen, Pflanzen in Tiere und Menschen. Prinzipiell besteht kein Unterschied, bzw. nur ein gradueller, zwischen dem Menschen und einem Marmorblock. Der Übergang von der „sensibilité inerte" zur „sensibilité active" ist ein normaler und oft zu beobachtender Vorgang.

Der biologische Transformismus Diderots soll uns hier nur insofern interessieren, als er Konsequenzen für seine Auffassung vom Menschen hat. Diderot und d'Alembert diskutieren in diesem ersten *Entretien* das Problem des menschlichen Denkens. D'Alembert hatte nach dem Ursprung des Denkens gefragt, Diderots Antwort hierauf basiert auf der Überzeugung, das Gehirn habe als wichtigste Eigenschaft das Gedächtnis („mémoire"), das zusammen mit den Sinneseindrücken für die Erkenntnis und für den Denkakt verantwortlich ist. Anders als Helvétius also führt Diderot die „mémoire" nicht einfach auf die physische Sensibilität der Sinnesorgane zurück, sondern läßt dem Gehirn die Eigenschaft des Erinnerns. Diese Überzeugung wird im 2. Teil, dem *Rêve de d'Alembert,* wieder aufgegriffen. Das fiktive Gespräch zwischen Mlle de Lespinasse und Bordeu, dem oben schon mit seinem medizinischen Werk vorgestellten Arzt aus Montpellier, wird anläßlich eines Traumprotokolls geführt, das Mlle de Lespinasse am Bett des kranken d'Alembert erstellt hat. D'Alembert denkt offensichtlich seine im *Entretien* geschilderte Unterhaltung mit Diderot im Schlaf weiter.

[84] Roger, a.a.O., S. 614.

[85] Zitiert wird nach der Ausgabe der *Œuvres philosophiques* von Paul Vernière, Paris 1964. Hier S. 276.

Bordeu führt die Gedanken d'Alemberts bzw. Mlle de Lespinasses aus ärztlicher Sicht aus. Dabei wendet sich das Interesse bald menschlichen Problemen zu, die aus der transformationistischen These der „sensibilité universelle“ erwachsen. Wie kommt die Einheit des Menschen zustande, wenn er doch aus einer Unmenge von ihrerseits selbständig lebenden Molekülen besteht? Die Antwort ist die materialistische Begründung eines „sentiment de l'existence“: das konstante Verhältnis der einzelnen durch das Nervensystem erfaßten Teile zum Zentrum des Nervensystems, dem Gehirn.[86] Das Selbstbewußtsein, die „conscience“, ist nicht, wie die „sensibilité“, eine Eigenschaft aller Körperteile. Sie ist allein im Gehirn angesiedelt und somit auch Ausdruck des „Ich“.[87] Das Verhältnis zwischen zentralem Nervensystem – Bordeu spricht von „l'origine du réseau“ – und einzelnen Teilbereichen des Körpers ist ausschlaggebend für die Beschaffenheit und Handlungsweise des Menschen. Eine deutliche Hierarchie zugunsten des Zentrums bedeutet Ordnung im Gesamtorganismus, alles andere Anarchie:

> B.: Dérangez l'origine du faisceau, vous changez l'animal; il semble qu-il soit là tout entier, tantôt dominant les ramifications, tantôt dominé par elles.
> L.: Et l'animal est sous le despotisme ou sous l'anarchie.
> B: Sous le despotisme, fort bien dit. L'origine du faisceau commande, et tout le reste obéit. L'animal est maître de soi, *mentis compos.*
> L.: Sous l'anarchie, où tous les filets du réseau sont soulevés contre leur chef, et où il n'y a plus d'autorité suprême.
> B: A merveille. Dans les grands accès de passion, dans le délire, dans les périls imminents, si le maître porte toutes les forces de ses sujets vers un point, l'animal le plus faible montre une force incroyable.
> L: Dans les vapeurs, sorte d'anarchie qui nous est si particulière.
> B: C'est l'image d'une administration faible, où chacun tire à soi l'autorité du maître.[88]

Große Leidenschaften also, das ist überraschend, können durchaus vom Gehirn zentral geregelt sein und erweisen sich dann als kraftvoll und bewundernswert. Anders die „vapeurs“, Modekrankheit der Zeit: die melancho-

[86] S. 330: „Que c'est le rapport constant, invariable de toutes les impressions à cette origine commune qui constitue l'unité de l'animal“.

[87] Genauso formuliert es Diderot in seinem Hemsterhuis-Kommentar: „... d'où naît la conscience? De la sensibilité et de la mémoire. C'est la mémoire qui lie les sensations et qui constitue le *soi.*“ Hemsterhuis: *Lettre sur l'homme et ses rapports avec le commentaire de Diderot,* éd. Georges May, Yale Univ. 1964, S. 159.

[88] S. 346f.

lische Passivität wird als Anarchie der Teile gewertet. Das Lob des Gehirns als Zentrum des Individuums, als Entscheidungsinstanz ist also weder anti-emotional, noch das Gegenteil. Implizit wird hier zwischen passiven, lähmenden und aktiven, motivierenden Leidenschaften getrennt. Diderot hebt die letzteren als Quelle menschlicher Leistungen über die ersteren. In den *Eléments de physiologie* ordnet Diderot die „passions" dem Kapitel über die „phénomènes du cerveau" zu. Einfaches Schmerzempfinden hingegen wird nicht als „passion" verstanden und somit dem „diaphragme" zugeordnet.[89] So ist menschliche Größe Folge eines starken zentralen Nervensystems. Diese Erkenntnis formuliert Bordeu zunächst zögernd. Als die Sprache auf Voltaire als größten Dichter des Jahrhunderts kommt, schweifen Bordeus Gedanken ab:

> B: Je rêve à la manière dont se font les grands hommes.
> L: Et comment se font-ils?
> B: Comment? La sensibilité...
> L: La sensibilité?
> B: Ou l'extrême mobilité de certains filets du réseau est la qualité dominante des êtres médiocres.
> L: Ah! docteur, quel blasphème.[90]

Mlle de Lespinasses empörte Reaktion zeigt, wie selbstverständlich die Assoziation „sensibilité"-Tugend/Größe in den 60er Jahren war, und sie zeigt auch, wie deutlich und bewußt Diderot die Konsequenzen seiner Gedanken empfunden hat. Bordeu beschreibt nun, was für ihn ein sensibler Mensch ist – diese Definition ist uns schon aus einigen historiographischen Arbeiten des ausgehenden 19. Jahrhunderts bekannt:

> Mais qu'est-ce qu'un être sensible? Un être abandonné à la discrétion du diaphragme. Un mot touchant a-t-il frappé l'oreille, un phénomène singulier a-t-il frappé l'œil, et voilà tout à coup le tumulte intérieur qui s'élève, tous les brins du faisceau qui s'agitent, le frisson qui se répand, l'horreur qui saisit, les larmes qui coulent, les soupirs qui suffoquent, la voix qui s'interrompt, l'origine du faisceau qui ne sait ce qu'il devient; plus de sang-froid, plus de raison, plus de jugement, plus de justice, plus de ressource.[91]

[89] *Eléments de physiologie* éd. Jean Mayer, Paris 1964, S. 267: „Ni la douleur corporelle, ni la douleur morale n'est point une passion." S. 37: „le plaisir et la peine sont deux mouvemens differens du diaphragme." Nichts ist also falscher als, wie Trahard, „passions" und „sensibilité" fortwährend zu vermischen.

[90] S. 356.

[91] S. 356f.

Die weitere Diskussion um jene „qualité si prisée“ ist sehr interessant, soll uns aber erst im folgenden Abschnitt ausführlicher beschäftigen.

Bordeus Überzeugung, die sich hier Diderot zu eigen macht, lenkt auf seine Erkenntnis der besonderen Reizbarkeit des „diaphragme“ (er meinte wohl den solar plexus und das sympathische Nervensystem). Somit sind zwei entscheidende Zentren im Menschen auszumachen: „la tête“ und „le diaphragme“. Diese Ansicht vertritt Diderot auch in seinen späteren Schriften, den *Elements de physiologie* etwa, aber auch in der *Réfutation d'Helvétius*. Wie Helvétius betrachtet Diderot den Menschen als determiniertes Wesen. Anders als der Philosoph aber sieht er die Determinierung genauso in der organischen Konstitution des Einzelnen wie in den Umwelteinflüssen. Zudem trennt Diderot zwischen dem „jugement“ des Gehirns und dem einzelnen Sinneseindruck. Nie ist der Mensch durch einen einzigen Sinneseindruck in seiner Entscheidung festgelegt - obwohl auch Diderot die Freiheit als unmotiviertes, nicht durch eine Ursache hervorgerufenes Handeln als absurd verwirft.

> La volonté est l'effet d'une cause qui la meut et la détermine.[92]

Diderots materialistische Anthropologie unterscheidet sich höchstens durch ihre außerordentliche Differenziertheit von derjenigen anderer Materialisten. Seine Lehre von der „universellen Sensibilität“, welche die Rolle eines Urprinzips in seinem Naturerklärungsmodell spielt, erlaubt ihm tatsächlich, die Kontinuität der Lebewesen, ihre Zusammenhänge zu erklären.

Auf den Menschen übertragen ergeben sich aus diesem Konzept Konsequenzen. Bordeu wird im *Rêve* stellvertretend für die moderne Medizin eingeführt und erläutert den Funktionsmechanismus des Menschen. Kein Dualismus wird entwickelt, wohl aber eine wichtige Trennung zweier Zentren im Menschen: ein Koordinationszentrum (das Gehirn), das für rationale Operationen und für Leidenschaften zuständig ist, und ein weitgehend autonomes, anarchisches Nervenzentrum, das „diaphragme“, das die Unmittelbarkeit von Reaktionen gewährleistet, das Individuum aber seiner eigenen Passivität, seiner bloßen Reaktionsfähigkeit unterwirft.

Wie dies nun die Einschätzung jener „sensibilité de l'âme“, die auch Diderot in frühen Jahren als moralischen Wert vertritt, beeinflußt, soll im Anschluß erörtert werden.

[92] *Eléments de physiologie,* a.a.O., S. 262.

2.3. Die Konsequenzen

> La sensibilité n'est guère la qualité d'un grand génie.
>
> *Paradoxe sur le comédien*

Bordeus Ausführungen im *Rêve* sind zunächst rein naturwissenschaftlich-philosophischer Art. Und doch kommen er und Mlle de Lespinasse auf die Konsequenzen einer solchen Anthropologie für das geläufige Moralverständnis zu sprechen. Oben wurde bereits angedeutet, daß auch die gepriesene Empfindsamkeit nicht ungeschoren davonkommt. Wir hatten zu Beginn dieses Kapitels festgestellt. daß für Diderot eine Verbindung zwischen „sensibilité" und genialer Größe besteht. Im Zusammenhang mit Bordeus Ausführungen kommt das Gespräch auf dieses Problem zurück. Nachdem Bordeu alle Willens- und Entscheidungskraft vom „origine du réseau" abhängig gemacht hat, ist für ihn selbstverständlich, daß ein großer Mensch nicht gleichzeitig von seinem Zwerchfell abhängig sein kann. An der Passage, die Bordeu als Definition des „homme sensible" anführt (s.o.), fällt zweierlei auf: erstens die Tatsache, daß durch Bordeus Aussage offensichtlich ein gesellschaftliches Tabu gebrochen wird (nur so erklärt sich die Reaktion Mlle de Lespinasses und Bordeus).[93] Dieses Tabu verbot anscheinend, einem „être sensible" andere als lobende und positive Attribute zu verleihen. Zweitens, daß Bordeu in der langen Liste der Eigenschaften eines sensiblen Menschen lediglich passive Symptome aufzählt, die alle darauf hinauslaufen, daß verantwortungsvolles und kohärentes Handeln solch einem Wesen verwehrt bleibt. Es geht, wie oben schon betont, nicht um eine Herabwürdigung der Leidenschaften an sich, die weiterhin als Antriebskraft des Menschen und damit als wertvoll angesehen werden, sondern um diejenigen Formen von Emotionalität, die dem „diaphragme" und damit keiner Kontrolle unterliegen. Beide Aspekte weisen darauf hin, daß die Mode der Empfindsamkeit, die 1761 mit dem Erscheinen der *Nouvelle Héloïse* neuen Schwung erhalten hatte, bereits beachtliche Ausmaße angenommen haben mußte. Gegen diese polemisiert Diderot. Im *Paradoxe sur le comédien* (1769) wendet er die allgemeinen Erkenntnisse über Größe und Schwäche des Menschen, die im *Rêve* formuliert wurden, auf das Beispiel des genialen Schauspielers an, nimmt also

[93] Im *Paradoxe sur le comédien* ist ein ähnliches Zögern zu verzeichnen: „Le dirai-je? Pourquoi non? La sensibilité n'est guere la qualité d'un grand génie." *Œuvres complètes,* A. T., T. 8, S. 368.

genau dieselbe Frage wieder auf, die in den *Entretiens* recht beiläufig behandelt worden war. Im *Paradoxe* baut er einen prinzipiellen Gegensatz auf zwischen denjenigen Menschen, die als ihrer „sensibilité" ausgelieferte die Bühne des „theatrum mundi" füllen, und jenen, die sich durch ihre Kälte, durch ihre Rationalität als Zuschauer verhalten und so ihre Beobachtungsgabe unbehindert anwenden können. Der Schauspieler nun muß diese kühle Beobachtungsgabe besitzen, um danach alles genauestens imitieren zu können:

> Moi, je lui veux beaucoup de jugement, il me faut dans cet homme un spectateur froid et tranquille; j'en exige, par conséquent, de la pénétration et nulle sensibilité, l'art de tout imiter, ou, ce qui revient au même, une égale aptitude à toutes sortes de caractères et de rôles.[94]

Mehrere Oppositionspaare führen den Unterschied zwischen dem „spectateur froid" und dem „être sensible" näher aus: „jugement" vs. „sensibilité"[95]; „réflexions" vs. „âme"[96]; „tête" vs. „cœur"[97]; „sentir" vs. „être sensible"[98]. Beim letzten Oppositionspaar wird deutlich, daß sich Diderot lediglich gegen gewisse Aspekte der Sensibilität wendet. Er präzisiert diesen Bedeutungsunterschied:

> C'est qu'être sensible est une chose, et sentir est une autre. L'une est une affaire d'âme, l'autre une affaire de jugement.[99]

Der „homme sensible" der ersten Kategorie wird im *Paradoxe* von Diderot oft abwertend mit „pleureur" gleichgesetzt.[100] Nun darf man aus all diesem nicht schließen, daß das Genie, so wie Diderot es sich ideal vorstellt, ein rein rationales Wesen ist. Dieckmann betont zu Recht diese Tatsache, wenn er schreibt:

94 Ebenda, S. 365.
95 Ebenda; man muß an Duclos' Satz von der „vraie sensibilité" denken!
96 Ebenda.
97 Ebenda, S. 368. „La sensibilité n'est jamais sans faiblesse d'organisation".
98 Ebenda, S. 415.
99 Ebenda.
100 Diderot schließt sich selbst von den Konsequenzen seiner kritischen Betrachtung der „sensibilité" nicht aus. Selbstironisch schreibt er an S. Volland (3.9.1774): „J'avais pensé que les fibres du cœur se racornissaient avec l'âge; il n'en est rien; je ne sais si ma sensibilité ne s'est pas augmentée: tout me touche, tout m'affecte; je serai le plus indigne *pleurnicheur* vieillard que vous ayez jamais connu."

> It is significant, at all events, that the factors constituting the genius are usually either faculties of feeling or in some way based upon feeling. And though Diderot, in his polemic against „sensibilité" turns also against feeling itself, the genius is by no means reduced to rational faculties such as judgment, or consistency, or „clarté".[101]

Einen deutlichen Beleg für diese Tatsache liefert die auf etwa 1772 datierte Notiz *Sur le génie*. Hierin heißt es:

> Il y a dans les hommes de génie, poètes, philosophes, peintres, orateurs, musiciens, je ne sais quelle qualité d'âme particulière, secrète, indéfinissable, sans laquelle on n'exécute rien de très-grand et de beau.[102]

Es folgt eine ganze Reihe von negativen Antworten auf die Frage, was denn diese geheimnisvolle Eigenschaft sei: „imagination, jugement, esprit, chaleur, vivacité, fougue, sensibilité, goût ...". Nur zu einer dieser Eigenschaften, die das Genie eben *nicht* ausmachen, äußert sich Diderot näher: zur „sensibilité". Und er versäumt nicht, auch hier kräftig zu polemisieren:

> J'en ai vu dont l'âme s'affectait promptement et profondément, qui ne pouvaient entendre un (...) trait pathétique sans verser des larmes, et qui balbutiaient comme des enfants, soit qu'il parlassent, soit qu'ils écrivissent.[103]

Diderot beschreibt die besondere Seelenqualität des Genies als eine bestimmte Art von intuitiver Beobachtungsgabe, die mit „observation" nur unzureichend gefaßt sei. Die Formulierungen unterscheiden sich nicht grundsätzlich von denen aus dem Art. *Genie*[104]. Angesichts dieses Befundes ist es legitim, den Übergang vom „Génie-sensible" zum „Génie-non sensible" weniger als eine grundsätzliche Umkehr in der Genie-Konzeption als vielmehr als eine Veränderung in der Beurteilung der „sensibilité" zu betrachten, die als eine Konsequenz der Beschäftigung mit physiologischen Theorien und als Reaktion auf die überhandnehmende Modeerscheinung der Empfindsamkeit angesehen werden kann.

[101] Herbert Dieckmann: „Diderot's conception of Genius", in: *Journal of the History of Ideas,* Vol. II, No. 2, April 1941, S. 151–182.

[102] *Œuvres complètes,* éd. Assézat-Tourneux, T. IV, S. 26–27.

[103] Ebenda, S. 26.

[104] „L'esprit observateur dont je parle s'exerce sans effort, sans contention; il ne regarde point, il voit, (...) il n'a aucun phénomène présent, mais ils l'ont tous affecté, et ce qui lui en reste c'est une espèce de sens que les autres n'ont pas." Ebenda, S. 27.

Die Tatsache, daß Sensibilität im Zusammenhang mit der Frage des Genies abgewertet wird, erlaubt nicht automatisch den Schluß, daß auch die Verbindung „sensibilité“ und „vertu“ aufgegeben wird, da Genialität und Tugend nicht *notwendig* zusammenhängen. Wie aus oben zitierter Beschreibung einer „âme sensible“ hervorgeht, ordnet Bordeu dieser nur passive Eigenschaften zu. Wenn sich Diderot hier über die rein äußerlichen Beweise der Empfindsamkeit mokiert, so nicht deswegen, weil er die ursprünglich mit „sensibilité“ verbundenen positiven moralischen Werte aufgegeben hätte, sondern weil er sich gegen die allzu einfache automatische Gleichsetzung Tränen - Tugend sträubte.

Bordeu spricht dem „être sensible“ sowohl Größe als auch jedwede Urteilsfähigkeit ab. Nicht allein im ästhetischen Bereich, sondern auch bezüglich der Frage von „wahr“ und „falsch“, „gut“ und „böse“ ist die „âme sensible“ unfähig zu urteilen; ihr fehlt eben jenes „jugement“, das Diderot fordert:

> Ce n’est donc pas à l’être sensible comme vous, c’est à l’être tranquille et froid comme moi qu’il appartient de dire: Cela est vrai, cela est bon, cela est beau.[105]

Daß sich Diderots Polemik vor allem gegen die in der Gesellschaft üblich gewordene Ausnutzung der Assoziation „sensibilité“ - „vertu“ richtet, soll durch zwei Textstellen belegt werden. Die erste stammt aus dem *Salon de 1767,* wo Diderot nach Beschreibung eines Bildes abschweift und sich fragt, warum man wohl bei dem Bericht erbaulicher Taten bewegt sei, und vor allem diese Bewegung nach außen zur Schau stelle. Er lehnt jeden Rekurs auf die Moral-Sense-Theorie ab[106]: „Tout est expérimental en nous“.[107] So wie das Kind lerne, daß die „singeries“ der Höflichkeit gute Bewertung erfahren, so lerne man auch, wie günstig die nach außen getragene Empfindsamkeit bewertet wird:

> Au récit d’une grande action, notre âme s’embarasse, notre cœur s’émeut, la voix nous manque, nos larmes coulent... On a mis en jeu notre sensibilité; c’est une si belle qualité! ... Nous aimons mieux encore réciter une belle action que la lire seul: les larmes qu’elle arrache de nos yeux, tombent sur les feuilles froides d’un livre; elles n’exhortent personne; elles ne nous recommandent à personne; il nous faut des témoins vivants.[108]

[105] *Rêve de d’Alembert*, in *Œuvres philosophiques*, a.a.O., S. 359.
[106] Siehe die frühere, widersprüchliche Äußerung, S. 263.
[107] *Salon de 1767,* éd. Seznec et Adhémar, a.a.O., S. 70.
[108] Ebenda.

Die zweite Stelle, die einen ganz ähnlichen Tenor hat, stammt aus *Jacques le fataliste.* Jacques, als ihm vorgeworfen wird, er sei ein Barbar und habe ein „cœur de bronze“, verteidigt sich:

> Non, Monsieur; j'ai de la sensibilité; mais je la réserve pour une meilleure occasion. Les dissipateurs de cette richesse en ont tant prodigué lorsqu'il en fallait être économe, qu'ils ne s'en trouvent plus quand il faudrait en être prodigue.[109]

In diesem kurzen Textausschnitt wird deutlich, daß Diderot nicht „sensibilité“ an sich verurteilt, sondern lediglich den modischen Raubbau, der mit der positiven Bewertung, deren sich der Begriff erfreut, getrieben wurde, mit seiner Polemik treffen will. Seine Haltung in der Frage der Moral ist dann auch schwankend. In der *Réfutation d'Helvétius* (1773–1775 verfaßt) versucht er sogar, in teilweiser Rücknahme der gewagten Position des *Rêve,* Moral auf die „sensibilité du diaphragme“ zu gründen:

> Mais outre la sensibilité physique commune à toutes les parties de l'animal, il en est une autre tout autrement énergique, commune à tous les animaux et propre à un organe particulier; soit qu'en effet cette dernière sensibilité ne soit originairement que la première, mais infiniment plus exquise dans cet endroit qu'ailleurs, soit que ce soit une qualité particulière, ce que je ne décide pas: c'est la sensibilité du diaphragme. C'est elle qui caractérise les âmes pusillanimes et les âmes fortes.[110]

Und schließlich der entscheidende Satz:

> La tête fait les hommes sages; le diaphragme les hommes compatissants et moraux.[111]

Trotz dieser teilweisen Rücknahme der im *Rêve* und anderswo formulierten Kritik an der „sensibilité“ – anders kann diese Stelle wohl schwerlich interpretiert werden – bleibt eines in der Frage der Moral durchgehend erhalten: die praktische Ausrichtung der Moral und die Überzeugung der universellen Gültigkeit elementarer Werte:

> ... en quelque lieu du monde que ce soit, celui qui donne à boire à l'homme qui a soif, et à manger à celui qui a faim, est un homme de bien.[112]

[109] *Œuvres complètes,* éd. Dieckmann/Varloot/Proust, Bd. XXIIII, S. 215.
[110] *Œuvres philosophiques,* a.a.O., S. 585–586.
[111] Ebenda, S. 586.
[112] *Réfutation d'Helvétius* in: *Œuvres complètes,* A. T., T. II, S. 270.

Neben menschlicher Größe, moralischer und ästhetischer Urteilsfähigkeit spricht Bordeu dem sensiblen Menschen noch eine anstrebenswerte Eigenschaft ab: die Fähigkeit zum Glück. Gehörte 1761 sanfte Rührung noch zum Idealbild diderotschen Glücksgefühls - wenige Jahre später erweist sich dies im Munde Bordeus als Illusion:

> B: Mademoiselle, cette qualité si prisée, qui ne conduit à rien de grand, ne s'exerce presque jamais fortement sans douleur, ou faiblement sans ennui.[113]

Schon im *Neveu de Rameau* spricht „moi" von den Schwierigkeiten, die eine „âme sensible" (zudem noch eine Frau) haben kann:

> Puisque la nature a été assez ingrate envers elle pour lui donner une organisation délicate, avec une âme sensible, et l'exposer aux mêmes peines de la vie que si elle avait une organisation forte, et un cœur de bronze, je lui apprendrai si je puis, à les supporter avec courage.[114]

Die „âme sensible" erweist sich also als unfähig, Leiden zu erdulden.Auch unter ganz praktischen Gesichtspunkten ist „sensibilité" (hier immer im genannten Sinn der „Schwäche") im Leben - wie auf der Theaterbühne - eher hinderlich:

> Il est mille circonstances pour une où la sensibilité est aussi nuisible dans la société que sur la scène.[115]

Nun sollte man die polemische Komponente des *Rêve* nie aus den Augen verlieren. So kann man die Behauptung, die „âme sensible" habe von ihrer Eigenschaft nichts Gutes zu erwarten, nicht für Diderots endgültige Meinung halten. Eher wohl neigt er, wie in der Frage „Tugend" und Sensibilität, zu einer ausgeglichenen, neutralen Sicht der Auswirkungen der „sensibilité". Im *Salon de 1767* mokiert sich Diderot - wie oben referiert - über die taktische Ausnutzung der gängigen Gleichsetzung „Tugend" - „sensibilité". Er schließt den Abschnitt mit einer Reihe rhetorischer Fragen, die bewußt nicht beantwortet werden:

113 *Œuvres philosophiques,* a.a.O., S. 358. S.o. I, 5; dort wurde dieser Abschnitt ausführlicher referiert.

114 *Œuvres complètes,* A. T., T. 5, S. 414.

115 A. T., T. 8, S. 386.

> Est-ce un bonheur? est-ce un malheur, que de sentir vivement? Y a-t-il plus de biens que de maux dans la vie? Sommes-nous plus malheureux par le mal, qu'heureux par le bien? Toutes questions qui ne diffèrent que dans les termes.[116]

In einem späten Brief an Sophie Volland äußert sich Diderot sogar enthusiastisch über die herrlichen Folgen der Sensibilität, die auch hier als Dominanz der „fils du réseau" bezeichnet wird. Tränen erscheinen als besonderes Glück, als „délices". Denken wir an die Darlegungen über Glück und Leid des sensiblen Menschen zurück, so finden wir hier manch ähnlichen Gedanken, der trotz einer radikal materialistischen Anthropologie erhalten bleibt:

> Heureux celui qui a reçu de la nature une âme sensible et mobile! Il porte en lui la source d'une multitude d'instans délicieux que les autres ignorent. Tous les hommes s'affligent, mais c'est lui seul qui sait se plaindre et pleurer ... C'est son cœur qui lie ses idées. Celui qui n'a que de l'espirt, que du génie ne l'entend pas. Il est un organe qui leur manque. La langue du cœur est mille fois plus variée que celle de l'esprit, et il est impossible de donner les règles de sa dialectique. Cela tient du délire et ce n'est pas le délire; cela tient du rêve et ce n'est pas le rêve. Mais comme dans le rêve ou le délire, ce sont les fils du réseau qui commandent le rêve ou le délire, ce sont les fils du réseau qui commandent à leur origine, le maître se résout à la condition d'interprète. ... Mon amie, ne cherchez pas de sens à ces dernières lignes, elles ne seront claires qu'après la lecture de deux dialogues dont je crois vous avoir parlé.[117]

Blickt man auf die Entwicklung in Diderots Gebrauch des Begriffs „sensibilité" zurück, so liegt die Annahme nahe, er trenne implizit in eine passiv-physische und eine aktive, moralische Sensibilität. Diese Vermutung wird durch den Eindruck gestärkt, daß Diderot deutlich polemische Spitzen gegen die modische Empfindsamkeit plaziert, die 1769 bereits unerfreuliche Blüten getrieben zu haben scheint.

Es ist noch in neuerer Zeit behauptet worden[118], daß diese implizite Trennung in einer semantischen Differenzierung zwischen „tendresse" = „sensibi-

[116] *Salon de 1767,* a.a.O., S. 70.

[117] Nicht datiertes Brieffragment an Sophie Volland. Dies ist nicht ein früher Brief, wie Messinger (a.a.O.) irrtümlich behauptet, sondern er muß kurz nach der Abfassung des *Rêve de d'Alembert,* auf den ja angespielt wird, entstanden sein, also noch 1769. *Lettres à Sophie Volland,* éd. Babilon 1930, II S. 280.

[118] Sauder, a.a.O., S. 88. Kurioserweise zitiert auch Wolf, *Ursprünge und Formen der Empfindsamkeit* als Motto seiner gesamten Arbeit einen Satz aus diesem Artikel, den er ebenfalls Diderot zuschreibt.

lité active" und „sensibilité" = „sensibilité passive" ihren Niederschlag gefunden habe. Die These ist verlockend, und so soll dieser Behauptung hier nachgegangen werden, auch wenn sich herausstellen wird, daß der zu ihrer Stützung herangezogene Beleg mit Diderot eigentlich nichts zu tun hat. Sauder zitiert in seinem ansonsten glänzenden Kapitel über Diderot und Rousseau einen Artikel „Sensibilité (Gramm.)" aus der *Encyclopédie,* genauer aus der sogenannten III. édition, Neuchâtel 1777, in dem besagte Trennung und Differenzierung auf nahezu 2 1/2 Spalten ausgeführt wird. Wahrscheinlich ist er hier bereits einer Ungenauigkeit Trahards aufgesessen, der in seiner Manier der Vermischung von Zitat und eigenem Text suggeriert, Diderot habe eine solche Trennung durchgeführt.[119] Auf jeden Fall behauptet Sauder, dieser Artikel stamme von Diderot. Nun ist dies, wie eine Überprüfung der entsprechenden Ausgabe ergibt, nicht zu belegen. Wie bei John Lough in seinem die einzelnen Ausgaben der *Encyclopédie* beschreibenden Aufsatz aus dem Jahre 1968 nachzulesen ist[120], haben die drei Schweizer Oktav-Ausgaben (wie die im Text identischen Quart-Ausgaben) zahlreiche Eingriffe und Zusätze seitens der Herausgeber erfahren. Zu diesen Zusätzen, die nach Auskunft des Herausgebers mit den Buchstaben „A. N." gekennzeichnet sind, gehört der Artikel „Sensibilité" (gramm.)[121] Keinerlei Hinweis auf eine mögliche Autorschaft Diderots. Liest man diesen Artikel, so fällt auf, daß er sich einerseits (explizit) erneut auf Duclos bezieht, andererseits aber lange Passagen *wörtlich* wohl aus einer der zahlreichen, im Text identischen von Beauzée besorgten Auflagen der *Synonymes français* des Abbé G. Girard kopiert[122], ohne allerdings die Quelle zu zitieren. Im Synonymwörterbuch Girards (in der Bearbeitung von Beauzée) wird als Quelle für diesen Artikel ein kurzer Aufsatz des Abbé Roubaud[123] aus dem *Mercure de France* 1759 angegeben, so daß der fälschlicherweise Diderot zugeschriebene Artikel, was den Zeitpunkt seiner Entstehung angeht, erheblich zurückdatiert werden muß: auf 1759. Ob der Artikel als Quelle den Originaltext von Roubaud oder aber das damals weit verbreitete Synonymwörterbuch Girards benutzt hat, kann nur vermutet wer-

119 Trahard, a.a.O., T. II, S. 81–82.

120 John Lough: *Essays on the Encyclopédie of Diderot and d'Alembert,* London 1968.

121 „Les lettres A. N. précedent les articles nouveaux qui ne se trouvaient ni dans le *Dictionnaire,* ni dans les *Supplémens.*" Neuchâtel 1777, Tome 1.

122 G. Girard: *Synonymes français,* augm. par Beauzée, La Haye 1769.

123 Pierre Joseph André Roubaud (1730–1791), politischer Schriftsteller und Grammatiker, lebt und stirbt unbekannt, nur seine *Nouveaux Synonymes Français* (1785) erleben einen gewissen Erfolg. Zu Roubauds Werk siehe Hans-Martin Gauger: *Die Anfänge der Synonymik,* Tübingen 1973.

den und ist zudem nicht ausschlaggebend. Worin besteht nun der Unterschied zwischen „tendresse“ und „sensibilité“?[124]

„Sensibilité“ ist passiv und nur auf den „intérêt personnel“ ausgerichtet, wogegen die „tendresse“ eine altruistische, praktische Hilfe einschließende Eigenschaft ist. Der Verfasser geht nicht so weit, „sensibilité“ zum Laster zu erklären, aber seine moralisch höhere Bewertung der „tendresse“ ist eindeutig:

> Le cœur *sensible* ne sera pas méchant, (car il ne pourroit frapper autrui sans se blesser lui-même): le cœur *tendre* est bon, puisque la *tendresse* est une *sensibilité* agissante. Je veux bien que le cœur *sensible* ne soit pas l'ennemi de l'humanité; mais je sens que le cœur *tendre* en est l'ami.[125]

Tränen, als Ausdruck der „sensibilité“, werden mißtrauisch betrachtet, wenn sie nicht von praktischer Tat begleitet sind:

> Je ne décide point si la *sensibilité* est un vice (...); il est certain au moins que c'est en général une qualité fort équivoque, et par conséquent qu'elle n'est pas toujours la marque d'un cœur bien fait.[126]

Im Artikel der *Encyclopédie* kommt ein neues, interessantes Detail hinzu:

> Les âmes tendres par excellence sont auprès du centre de la société; les âmes, qui ne sont que sensibles, en sont aussi éloignées que les âmes insociables sont éloignées d'elle.[127]

Man kann geradezu von einer Umkehrung sprechen: was Duclos und anderen gleichbedeutend mit Soziabilität war, ist hier Grund für den Ausschluß aus der Gesellschaft, wobei nicht diese (wie bei Rousseau), sondern die Empfindsamekit (wohlgemerkt: die passive) deswegen kritisiert wird.

Wir haben gesehen, wie nah diese Gedanken denen Diderots verwandt sind und wie plausibel die Zuordnung erscheint. Auch wenn sie falsch ist, zeigt die Ähnlichkeit der Gedanken doch, wie verbreitet eine direkte oder indirekte Auseinandersetzung mit der in materialistischem Zusammenhang definierte „sensibilité physique“ war.

Diderots Werk, wie auch das hier nur am Rande verfolgte Problem der Quellen des späteren *Encyclopédie*-Artikels, zeugen von der Aktualität des gesamten Fragenkomplexes um die Mitte des Jahrhunderts. Es fällt auf, daß

[124] Es wird hier aus Girard a.a.O. zitiert.
[125] Ebenda, No. 38.
[126] Ebenda.
[127] Tome XXX, S. 768.

„sensibilité“ als physiologische und moralische Eigenschaft des Menschen in einen wissenschaftlichen Versuch, den Menschen in seiner Totalität zu erklären, integriert wird. Sensibilität hat nichts Obskures, Transzendierendes an sich, sondern wird, wie alle anderen Eigenschaften auch, im Licht der Vernunft analysiert. Fast zur selben Zeit, wo die positive Bewertung der „sensibilité“ ihren Höhepunkt erreicht, erfolgt die - bis zur semantischen Differenzierung reichende - Trennung in „sensibilité passive“ und „sensibilité active“. Auch Diderot ist Zeuge für das wachsende Bedürfnis nach dieser Präzisierung, und man wird Mauzi recht geben - auch wenn Diderot selbst es niemals *so* formuliert hat - wenn er in bezug auf Diderots Werk fordert:

> Ici doit intervenir la distinction capitale entre la vraie et la fausse sensibilité.[128]

3. Jean Jacques Rousseau und die Problematik des sensiblen Individuums

> Il est parmi tous ces énergumènes de sensibilité, comme une belle femme sans rouge qui n'ayant que les couleurs de la nature paroit pâle au milieu des visages fardés.
>
> *Deuxième dialogue,* I, 810.

Im Vordergrund der bisherigen Entwicklung des Begriffs „sensibilité“ stand seine Verbindung mit den verschiedenen sozialen Tugenden einerseits, seine Konfrontation mit einer materialistischen Anthropologie andererseits. Im Zusammenhang mit dem moralischen Wert der Empfindsamkeit wurde hervorgehoben, daß „sensibilité“ als eingeborene, jedenfalls naturgegebene Garantie altruistischen Fühlens und Handelns angesehen wird. Diese Konzentrierung auf die altruistischen Aspekte, die Sensibilität in bezug auf menschliche Gemeinschaft definiert, ist von der Wichtigkeit der Definition und der Häufigkeit der Verwendung her sicherlich gerechtfertigt. Und dennoch darf die Tatsache, daß „sensibilité“ meist im Hinblick auf den anderen Menschen relevant ist, nicht darüber hinwegtäuschen, daß „sensibilité“ auch eine ganz andere, auf das jeweils fühlende Individuum selbst bezogene Funktion hat. „Sensibilité“ ist Quelle der Soziabilität, aber auch Ursprung des Identitätsgefühls des Individuums. Beide Aspekte gehören zusammen und sind nur in bezug aufeinander verständlich. Mit der Behandlung des Rousseauschen Werkes und seines Beitrags zur Entwicklung der Empfindsamkeit scheint der richtige Moment gekommen, diese zweite Komponente der psy-

[128] Mauzi, a.a.O., S. 444.

chologischen (nicht materiell-naturwissenschaftlichen) Bedeutung von „sensibilité" genauer zu erfassen. Rousseau ist es, der sowohl im *Emile* als auch in der *Nouvelle Héloïse* die Rolle der „sensibilité" bei der Herausbildung des Individuums und dessen Selbstgefühls definiert hat. Seine Beschäftigung mit dem Terminus „sensibilité", für dessen Prestige und Verbreitung lange Zeit in der Historiographie sein Name stand, ist durch Anknüpfung an bestehende Konnotationen einerseits, durch polemische Abgrenzung und bewußte Neudefinition andererseits gekennzeichnet. Die definitorischen Bemühungen Rousseaus gilt es zunächst festzuhalten und zur bisherigen Geschichte des Begriffs in Beziehung zu setzen.

Die Bedeutung der „sensibilité" und des „sentiment de l'existence" bei der Begründung einer neuen Konzeption des Individuums wird unter Bezugnahme auf bereits besprochene Autoren dargestellt, bei denen diese Problematik nur am Rande behandelt wurde. Anders als frühere Romanhelden, wie etwa diejenigen Prévosts, beziehen die Helden der *Nouvelle Héloïse* ihre Identität nicht allein aus ihrem traurigen Schicksal und ihrer unheilvollen Bestimmung zur unglücklichen Liebe. Julie und St. Preux wagen den Versuch einer selbstbestimmten Identitätssuche außerhalb gesellschaftlich festgelegter Normen, aber innerhalb eines traditionellen Tugendverständnisses. Wie sehr hierbei „sensibilité" der beiden beteiligten Personen Vorausetzung ist, gilt es im einzelnen nachzuzeichnen Die *Nouvelle Héloïse* hat anderen empfindsamen Romanen das hohe Problembewußtsein gegenüber der Seelenqualität „sensibilité" und den mit ihr verbundenen Idealtugenden voraus. Diese Sonderstellung der *Nouvelle Héloïse* macht, neben ihrem immensen Bekanntheitsgrad im 18. Jahrhundert und ihrem Einfluß auf die modische Verbreitung einer gewissen Empfindsamkeit, den literarhistorischen Wert dieses Romans im Zusammenhang mit einer Begriffsgeschichte von „sensibilité" aus.

3.1. Rousseaus Definition und Gebrauch von „sensibilité", „sensible" und „sentiment"

> Tâchons de commencer par bien entendre ce mot de *sensibilité,* auquel, faute de notions exactes, on applique à chaque instant des idées si vagues et souvent si contradictoires.
>
> *Rousseau juge de Jean-Jacques* 2. Dialogue.

In Rousseaus philosophischem, politischem und fiktionalem Werk, dessen Entstehung in die zweite Hälfte des Jahrhunderts fällt, spielen die uns interessierenden Begriffe bzw. Wörter eine entscheidende Rolle. Als Rousseau zu veröffentlichen beginnt, findet er ein weitgehend entwickeltes, „empfindsames“ Vokabular vor, in dem „sensibilité“ mit seinen verschiedenen Bedeutungsaspekten verankert ist. Darüberhinaus sieht er sich mit der um die Jahrhundertmitte an Bedeutung gewinnenden Lehre des Materialismus konfrontiert, die, wie oben dargestellt, die physische Sensibilität als passive Eigenschaft des Organismus definiert. Rousseaus Verwendung der Termini „sensibilité“ und „sensible“ zeugt zunächst von einer schlichten Übernahme der tradierten Bedeutungszusammenhänge. Darüberhinaus aber ist er um eine Neudefinition der für seine Menschenkonzeption zentralen Eigenschaft „sensibilité“ bemüht.[129]

In den ganz frühen Theaterstücken knüpft Rousseau an die moderne Entwicklung des a-tragischen, versöhnlichen Theaters à la Voltaire an. *Alzire, Zaïre* und andere der Voltaireschen „empfindsamen“ Werke begeisterten den jungen Rousseau.[130] *La découverte du nouveau monde* ist selbst sehr stark an *Alzire* orientiert. „Être sensible“ wird dort sowohl als Ausdruck des Liebesvokabulars, als auch in der Bedeutung „Mitleid empfinden“ verwendet.[131] Auch in späteren Werken bleiben die traditionellen Bedeutungen erhalten.[132]

129 Wortgeschichtliche Arbeiten über Rousseau werden durch Jean Sgards und Michel Gilots semantische Studien erheblich erleichtert. 1980 erschien als dritter Band einer Serie zu verschiedenen „Champs sémantiques“ im Werk Rousseaus *Le vocabulaire du sentiment dans l'œuvre de J.-J. Rousseau,* Genève/Paris. Die entsprechenden Abschnitte über „sensibilité“, „sensible“ und „sentiment“ erleichtern das Auffinden der relevanten Textstellen.

130 In einem Brief an Mme de Warens vom 13.9.1737 berichtet Rousseau von einer Aufführung von *Alzire,* der er beiwohnte: „On représenta *Alzire,* mal à la vérité, mais je ne laissai pas d'y être ému jusqu'à perdre la respiration; mes palpitations augmentèrent étonnamment, et je crains de m'en sentir quelque temps.“ Mme de Genlis bezeugt in ihren Mémoiren, daß Rousseau Voltaires Theater mit viel Sympathie gegenüberstand: „Il rendit une entière justice aux talents de M. de Voltaire; il disait même qu'il était impossible que l'auteur de *Zaïre* et de *Mérope* ne fut pas né avec une âme très-sensible; il ajoutait que l'orgueil et la flatterie l'avaient corrompu.“ (*Mémoires* I,99; zit. nach Ridgway, *Voltaire and Sensibility,* a.a.O., S. 254).

131 Zum Beispiel in II,2 und III,2 in *Œuvres complètes de Jean-Jacques Rousseau,* éd. Gagnebin/Raymond (Pléiade), Paris 1961, S. 831 und 836. Nach dieser Ausgabe wird im folgenden zitiert, sofern nicht anders angegeben.

132 Für das umfangreiche Belegmaterial sei auf Sgards *Vocabulaire du sentiment* verwiesen, der die wichtigsten Stellen anführt.

Sensibilität in einem moralisch positiven Sinne will Rousseau als aktive Kraft verstanden wissen, ganz so, wie sie in der ersten Hälfte des Jahrhunderts ursprünglich konzipiert wurde. In der Abhandlung über *L'imitation théâtrale* verurteilt er die seiner Ansicht nach vorherrschende Gewohnheit, Schwäche als Empfindsamkeit auszugeben und somit Sympathie bei den Zuschauern zu wecken:

> Cette habitude de soumettre à leurs passions les gens qu'on nous fait aimer altère et change tellement nos jugements sur les choses louables, que nous nous accoutumons à honorer la faiblesse d'âme sous le nom de sensibilité;, et à traiter d'hommes durs et sans sentiments ceux en qui la sévérité du devoir l'emporte, en toute occasion, sur les affections naturelles.[133]

Den ersten entscheidenden Schritt über die traditionellen Bedeutungen hinaus macht Rousseau (abgesehen von der fiktionalen Verarbeitung des Problems in der *Nouvelle Héloïse*) im *Emile,* wenn er dort über die Bedeutung der Sensibilität bei der Entwicklung des jungen Menschen spricht. Eine systematische Entsprechung haben die dort ausgeführten Gedanken zur „sensibilité" in einer Passage des *2. Dialogue,* wo Rousseau eine zusammenhängende Definition dieser Eigenschaft gibt. Diese soll aus Gründen der Klarheit hier zunächst referiert werden.

Rousseau sieht sich gezwungen, zum Begriff „sensibilité" selbst Stellung zu nehmen, und zwar mit der als Motto zitierten Begründung, die Verwendung desselben durch seine Zeitgenossen sei unpräzise und voller Widersprüche. Anschließend gibt er eine genaue Aufschlüsselung der verschiedenen Bedeutungsinhalte. Von der allgemeinsten Definition („La sensibilité est le principe de toute action", I,805) ausgehend, differenziert Rousseau:

> Il y a une sensibilité physique et organique, qui, purement passive, parait n'avoir pour fin que la conservation de notre corps et celle de notre espèce par les directions du plaisir et de la douleur.[134]

Interessant bei dieser sensualistisch anmutenden Definition ist, daß Rousseau die instinktive Unfähigkeit, seinesgleichen leiden zu sehen, der rein *physischen* Sensibilität zuordnet. Anders als Dubos und viele andere nach ihm will er aber aus dieser arterhaltenden Zuneigung nicht die natürliche Soziabilität des Menschen abgeleitet wissen, wie er im *Discours sur l'inégalité* öfters wiederholt.

[133] *Œuvres complètes de J. J. Rousseau,* Paris 1827, T. I, S. 461.
[134] I, 805.

Neben dieser körperlich-physischen Sensibilität gibt es eine zweite Art, die zur Seele gehört und radikal von der körperlichen getrennt ist - eine Abhängigkeit der zweiten von der ersten „sensibilité“ besteht nicht.

> Il y a une autre sensibilité que j'appelle active et morale qui n'est autre chose que la faculté d'attacher nos affections à des êtres qui nous sont étrangers.

Und ausdrücklich betont Rousseau, in Polemik gegen die Materialisten und ihre „sensibilité“-Definition, daß diese „sensibilité“ nicht durch „l'étude des nerfs“ erfaßt werden könne. Innerhalb der „sensibilité morale“ erfolgt nun eine erneute Trennung in positive und negative Affekte gegenüber den Mitmenschen. In Analogie zur Unterscheidung von „amour de soi“ und „amour propre“ wird die positive Sensibilität dem natürlichen, die negative dem depravierten Menschen zugeschrieben. Die eine bringt alle „passions amantes et douces“, die andere alle „passions haineuses et cruelles“ hervor. Die „sensibilité morale positive“ ist „une pure affaire de sentiment où la réflexion n'entre pour rien“, während die negative krankhafte Vergleichssucht mit den anderen Menschen, kalkulierendes Verhalten und Neidgefühle einschließt.

Rousseaus Definition ist eine der klarsten und vor allem umfassendsten, die wir bisher angetroffen haben. Anders als viele seiner Vorgänger sieht er deutlich, daß Empfindsamkeit nicht notwendig, quasi nach einem natürlichen Automatismus, zu tugenhaftem Verhalten führt. Die negativen Affekte miteinzubeziehen heißt, „sensibilité“ zwar als Voraussetzung zu moralischem Handeln anzuerkennen, die Frage der willentlichen Entscheidung für „Gut“ oder „Böse“ aber dem „jugement“ oder der „conscience“ zu überlassen. In Abgrenzung zu Helvétius' *De l'esprit* trennt Rousseau die Fähigkeiten der Sensibilität, der Erinnerung und des Urteilsvermögens voneinander. Das moralische Urteil ist immer eine aktive Handlung und keine durch „sensibilité“ vermittelte passive Reaktion, wie es die Materialisten verstanden wissen wollten.[135] Die knappe aber deutliche Definition aus dem *2. Dialogue* findet ihre Anwendung schon wesentlich früher im IV. Teil des *Emile,* vor allem in den Seiten vor der *Profession de foi du vicaire savoyard.*

Der IV. Teil des Erziehungstraktats ist der Zeit gewidmet, in der aus dem Kind ein reifer Jugendlicher wird, der Pubertät. Am Beginn dieser wichtigen Phase, die den Menschen aus einer totalen Ich-Bezogenheit heraus zu einer

[135] *Réfutation du livre de l'esprit*, in: *Œuvres complètes*, 1827, T. XII, S. 152: „Apercevoir les objets, c'est sentir; apercevoir les rapports c'est juger.“ S. 155: „Sensibilité, mémoire, jugement.“

moralischen Existenz führt, steht das erwachende Interesse am anderen Geschlecht. Dieser Zeitpunkt wird von Rousseau als entscheidend eingestuft. Das Erwachen der „passions", welches ein natürlicher Vorgang ist, den aufzuhalten falsch und unmöglich wäre, muß intensiv verfolgt und pädagogisch flankierend begleitet werden, um die Entstehung von Lastern zu verhindern. Solange das Kind nur sich selbst als Mittelpunkt der Welt betrachtet, sorgt seine „sensibilité physique" im oben definierten Sinne für seinen Selbsterhaltungstrieb.[136]

Im Naturzustand wäre der Moment der entstehenden Leidenschaften problemlos:

> Si vôtre élève était seul, vous n'auriez rien à faire; mais tout ce qui l'environne enflamme son imagination (...) Il faut que le sentiment enchaîne l'imagination,et que la raison fasse taire l'opinion des hommes.[137]

Weil die korrumpierende Umgebung den jungen Menschen negativ beeinflussen kann, muß durch beispielhaftes Verhalten und Instruktion dieser Entwicklung entgegengewirkt werden.

> La source de toutes les passions est la sensibilité, l'imagination détermine leur pente.[138]

Die Imagination entscheidet, ob sich die naturgegebene „sensibilité morale" zu einer negativen oder positiven Eigenschaft entwickelt. Allen Leidenschaften, die aus der „sensibilité" hervorgehen, ist der Bezug zu einem Außenstehenden gemeinsam. Im *Emile* werden Mitleid, Freundschaft und Liebesgefühl (das Rousseau hier wohl organisch-körperlich *und* seelisch versteht) als diejenigen Bewegungen angesehen, die als erste aus der „sensibilité morale" resultieren. Die Kontinuität, die in diesem Punkt bis ins 17. Jahrhundert zurückgeht, liegt auf der Hand.

> Un jeune homme élevé dans une hereuse simplicité est porté par les premiers mouvements de la nature vers les passions tendres et affectueuses; son cœur compatissant s'émeut sur les peines de ses semblables.[139]

136 IV, 501: „Tant que sa sensibilité reste bornée à son individu il n'y a rien de moral dans ses actions; ce n'est que quand elle commence à s'étendre hors de lui qu'il prend d'abord les sentimens et ensuite les notions du bien et du mal qui le constituent véritablement homme."

137 IV, 500.

138 IV, 501.

139 IV, 502. So erklärt sich auch, daß Rousseau immer wieder „sensibilité" und „être sensible" mit Bezug auf die Mitleidsfähigkeit verwendet.

Diese geistigen Ausgangsdispositionen müssen vom Erzieher ausgenutzt werden, um den Zögling in seiner natürlichen Entwicklung zu fördern:

> Voulez-vous donc exciter et nourrir dans le cœur d'un jeune homme les premiers mouvemens de la sensibilité naissante et tourner son caractère vers la bienfaisance et vers la bonté? N'allez point faire germer en lui l'orgueil, la vanité, l'envie par la trompeuse image du bonheur des hommes...[140]
> Pour exciter et nourrir cette sensibilité naissante, pour la guider ou la suivre dans sa pente naturelle, qu'avons-nous donc à faire, si ce n'est d'offrir au jeune homme des objets sur lesquels puisse agir la force expansive de son cœur (...) C'est à dire en d'autres termes d'exciter en lui la bonté, l'humanité, la commisération, la bienfaisance.[141]

„Humanité, Bienfaisance, Sensibilité" - deutlicher könnte der Bezug des Rousseauschen Idealbildes zu anderen Moraltheoretikern des frühen 18. Jahrhunderts nicht sein. Und doch wurden bisher schon einige wichtige Neuerungen deutlich: Hereinnahme der negativen Leidenschaften in die Folgen der „sensibilité morale"; Trennung des Sensibilitätsthemas von demjenigen des moralischen Urteilsvermögens.

Rousseau ging später in seiner Abgrenzung vom modischen Gebrauch des Begriffs „sensibilité" und von der simplen Gleichsetzung von Tugend und Sensibilität noch weiter. Im Anschluß an seine Definition im *2. Dialogue* analysiert Rousseau die moralische Empfindsamkeit seines fiktiven Dialogpartners Jean-Jacques:

> Quant à la sensibilité morale, je n'ai connu aucun homme qui en fut autant subjugué, mais c'est ici qu'il faut s'entendre car je n'ai trouvé en lui que celle qui agit positivement (...) je ne lui ai jamais vu de ces démonstrations affectées et convulsives, de ces singeries à la mode dont on nous fait des maladies de nerfs.[142]

Wesentlich häufiger als das Abstraktum „sensibilité" verwendet Rousseau das Adjektiv „sensible" und das Substantiv „sentiment", das Produkt der „sensibilité". Das Adjektiv deckt sich in seinem Bedeutungsspektrum weitgehend mit demjenigen des Substantivs „sensibilité".[143] „Sentiment" ist hingegen in

[140] IV, 504.
[141] IV, 506.
[142] I, 809f.
[143] Siehe Sgards kurzen Artikel im *Vocabulaire du sentiment* (S. 13): „Lié étroitement au mot ‚sensibilité', l'adjectif ‚sensible' en partage tous les sens, dans le double champ du physique et du moral; car il a autant de rapports avec la sensation qu'avec le sentiment."

Rousseaus Wortschatz nicht nur ein sehr bedeutender, sondern auch überaus komplexer Begriff. Wir können hier auf eine wenn auch beschränkte Beschäftigung mit diesem Begriff nicht verzichten, da Rousseau, wie schon angedeutet, die Frage der moralischen Urteile des Individuums von derjenigen seiner durch die Sensibilität entstandenen Leidenschaften trennt. „Sentiments" sind moralische Urteile - zumindest ist dies eine der verschiedenen Bedeutungen des Wortes bei Rousseau.[144] Das Problem der moralischen Werte und der Möglichkeiten des Einzelnen, diese zu erkennen und ihnen gemäß zu handeln, ist Gegenstand der *Profession de foi,* die nur wenige Seiten nach der Diskussion der Leidenschaften in Emiles Erziehung beginnt. Die Philosophie des Vicaire wird in Abgrenzung von allen philosophischen Schulen (S. Clarke bildet eine Ausnahme) in der Absicht entwickelt, nur evidente Erkenntnis zuzulassen,

> résolu d'admettre pour évidentes toutes celles (les vérités, F. B.) auxquelles dans la sincérité de mon cœur je ne pourrai refuser mon consentement.[145]

Die entscheidende Rolle intuitiver Erkenntnis, die noch *vor* logischer Folgerichtigkeit rangiert, ist somit festgelegt. Die erste Wahrheit, die vom Vikar als unwiderlegbar postuliert wird, ist dann auch eine „evidente" Erkenntnis:

> J'existe et j'ai des sens par lesquels je suis affecté. (...) Ai-je un sentiment propre de mon existence, ou ne la sens-je que par mes sensations? Voilà mon premier doute, qu'il m'est, quant à présent, impossible de résoudre.[146]

Diese Sätze führen uns bereits mitten in die Problematik des Existenzgefühls und der Rolle der Sensibilität in diesem Prozeß. Ohne vorgreifen zu wollen: auch wenn Rousseau hier eine sensualistisch anmutende Aussage trifft,

[144] Siehe ebenfalls Sgard, S. 7: Sgard unterscheidet vier Bedeutungen: „1) le sentiment désigne une ‚opinion', un ‚avis', un jugement; dans ce cas, l'énonciateur est le plus souvent impliqué (...); 2) il désigne le fait de sentir, d'éprouver des impressions, mais aussi ces impressions elles-mêmes (...); 3) en ‚morale des passions', c'est-à-dire en général dans le roman, il signifie ‚affection, amour, tendresse' (...); 4) enfin le mot tend à exprimer de plus en plus à l'époque classique toutes les ‚passions de l'âme', tous les ‚mouvements'; le complément ou le contexte précisent alors la nature du sentiment éprouvé sous la forme la plus générale (sentiment de douleur). Dans tous les cas, le ‚sentiment' implique une intuition, une évidence intérieure."

[145] I, 570.

[146] Ebenda.

trennt er doch seinem strengen Dualismus gemäß zwischen dem reinen Existenzgefühl der Seele, das nicht von den Sinnen abhängt, und dem Selbstbewußtsein, das durch Ausübung der physischen Sensibilität hervorgerufen wird.[147] „Sentir mon existence“ heißt also, eine intuitive, durch äußere Eindrücke höchstens hervorgerufene, nicht aber bedingte Erkenntnis seiner selbst zu besitzen. „Sentiment“ meint gerade diese Art von Erkenntnis, die nicht-reflexiv, aber auch nicht antirational ist. Der Terminus „sensation“ steht für den passiven Teil der sinnlichen Erkenntnis, für das innerliche Pendant des äußerlichen Reizes. In diesem Sinne ist „sensibilité“ eine passive Eigenschaft, das „jugement“ hingegen eine aktive. Eine gewisse Skepsis gegenüber dem „jugement“ hingegen eine aktive. Eine gewisse Skepsis gegenüber dem „jugement“ als reflexiver Urteilskraft ändert nichts an der Tatsache, daß erst das Urteil den aktiven Teil der Seele ausmacht. Der Wille schließlich bewirkt die verantwortliche Handlung. Wie entscheidend aber die Evidenz des inneren Gefühls sein kann, verdeutlicht die Erkenntnis Gottes: seine Wahrheit wird im Menschen selbst wahrgenommen, gefühlt („je le crois, ou plutôt je le sens“, IV,580). Demselben intuitiven Erkenntnismechanismus unterliegt die moralische Erkenntnis. Sie ist nicht mechanisches Ergebnis eines physischen Selbsterhaltungstriebes, sondern Folge einer der Seele eigenen Stimme, der „conscience“, welche die Funktion eines nicht-sinnlichen „sens moral“ innehat („je puis sentir ce que c'est qu'ordre, beauté, vertu“, IV,582):

> la conscience est la voix de l'âme.[148]

Die Tugend ist Objekt intuitiver Erkenntnis: „Tout ce que je sens être bien est bien, tout ce que je sens être mal est mal: le meilleur de tous les casuistes est la conscience.“ (IV,594) Jenes Gewissen, das ausdrücklich als eingeborenes Gesetz definiert wird[149], ist das Organ der „sentiments“, die uns hier interessieren:

> Les actes de la conscience ne sont pas des jugemens, mais des sentiments.[150]

In diesem Sinne erhält der Satz „Exister pour nous, c'est sentir; notre sensibilité est incontestablement antérieure à notre intelligence, et nous avons eu des sentiments avant des idées“ (IV,600) seine Bedeutung. Es geht hier nicht

[147] Dazu genauer im folgenden Abschnitt.
[148] IV, 594.
[149] IV, 598.
[150] IV, 599.

mehr, wie oben, um die Frage, ob die Existenz auch ohne Einfluß äußerer Eindrücke wahrgenommen werden kann - diese ist eindeutig mit „ja" beantwortet. Die Sensibilität als ich-bezogene, physische Kraft (im Sinne Rousseaus) einerseits, als moralische und soziale „sensibilité morale" andererseits, bestimmen das Existenzgefühl des Menschen. In diesem Kontext nimmt „sentiment" die engere Bedeutung aller zwischenmenschlichen, positiven Gefühle an: „amour, amitié, pitié etc.", alle jene Werte, die unter dem Begriff der „sensibilité morale positive" zusammengefaßt werden.

Gefühl in diesem anhand der *Profession de foi* beschriebenen Sinne prägt Rousseaus Menschenbild entscheidend mit. In Abgrenzung von den Materialisten trennt er in körperliche Sinneseindrücke und inneres Gefühl, die zwar, abgesehen von den eingeborenen „sentiments", in einem direkten Abhängigkeitsverhältnis zueinander stehen, trotzdem aber zwei völlig verschiedene Dinge sind. Die Gewöhnung an die Sinneseindrücke, die durch die Außenwelt hervorgerufen werden, mag die rein inneren „sentiments", die metaphysischen Erkenntnischarakter haben, zwar übertönen; die falsch eingesetzte Vernunft mit ihren durch die Gesellschaft stimulierten Fehlurteilen mag die innere Stimme des Gewissens zum Verstummen bringen - all dies ändert nichts an der evidenten Einsicht in das Vorhandensein präreflexiver „sentiments". Zu diesen präreflexiven Gefühlen gehört bei Rousseau das in der *V. Promenade* genauer erläuterte „sentiment de l'existence", das als gegenstandsloses Sein vor sich selbst zu verstehen ist. Neben diesem sehr spezifischen Existenzgefühl findet man bei Rousseau die Überzeugung, daß die Ausübung der menschlichen Gefühle die Erfahrung der eigenen Individualität erst möglich macht. „Sentiment de l'existence" und Individualitätsgefühl sind für Rousseau jedoch nicht identisch. Wie das Verhältnis von „existence" und „sensibilité/sentiment" im Einzelnen zu definieren ist, soll nun zu erläutern versucht werden.

3.2. „Sensibilité" und Individualität

> Ach, was ich weiß, kann jeder wissen - mein Herz habe ich allein.
>
> *Die Leiden des jungen Werthers,*
> 2. Buch, 9. Mai.

Rousseaus Definition des Existenzgefühls ist insofern sehr komplex, als sich erkenntnistheoretische, psychologische und affektive Elemente in diesem

Konzept vermischen. John S. Spink ist der Geschichte des Begriffs „sentiment de l'existence" nachgegangen und hat auf diese verschiedenen Aspekte hingewiesen.[151] Er unterscheidet eine idealistisch-inneistische Tradition seit Malebranche, für die das „sentiment du moi" eine eingeborene, von der Ausübung der Sinne völlig unabhängige, „obskure" Erkenntnis der eigenen Existenz ist, und eine empiristische Tradition seit Locke, für die das „sentiment de l'existence" nur in Funktion der durch die Sinne vermittelten „sensations" zu verstehen ist. Die Einzelheiten der erkenntnistheoretischen Problematik, die mit dieser Frage verbunden ist, brauchen uns hier nicht zu interessieren, zumal da sie Spink ausführlich darstellt.

Polemischer Bezugspunkt ist häufig Descartes, dessen „cogito ergo sum" oft fälschlich, wohl durch die französische Übersetzung „je pense donc je suis", als Reduktion auf den Akt des reflexiven Denkens verstanden wurde. Das „Je sens, donc je suis" des Marquis d'Argens[152] gehört, von sensualistischer Seite, nicht weniger in diesen Zusammenhang als Bernardin de St. Pierres ausdrückliche Kritik an Descartes:

> Je substitue donc à l'argument de Descartes celui-ci, qui me paraît et plus simple et plus général: *je sens; donc j'existe.* Il s'étend à toutes nos sensations physiques, qui nous avertissent bien plus fréquemment de notre existence que la pensée. Il a pour mobile une faculté inconnue de l'âme, que j'appelle le *sentiment,* auquel la pensée elle-même se rapporte; car l'évidence à laquelle nous cherchons à ramener toutes les opérations de notre raison, n'est elle-même qu'un simple sentiment.[153]

Interessanter für unseren Zusammenhang ist die psychologische Seite des Problems, da es hier in erster Linie um die Bedeutung des Existenzgefühls für die Konstitution des eigenen Ichs geht. Hierfür sind Rousseaus Äußerungen zum „sentiment de l'existence" zentral.

Die berühmteste und ausgereifteste Beschreibung des Rousseauschen Existenzgefühls findet sich zweifelsohne in der *V. Promenade* (entstanden

[151] John S. Spink: „Les avatars du sentiment de l'existence de Locke à Rousseau", in *Dix-huitième siècle* 10/1978, S. 269–298. Diesem Aufsatz verdanke ich viele wertvolle Anregungen. Weiterhin sei auf folgende Werke hingewiesen, die das Problem „sentiment de l'existence" im 18. Jahrhundert behandeln: Jean A. Perkins, *The Concept of the Self in the French Enlightenment,* Genève 1969; Robert Mauzi, *L'idée du bonheur* a.a.O., Chap. VIII; Gerhard Sauder, *Empfindsamkeit* a.a.O., Kap. 4.6.

[152] *La philosophie du bon sens,* Nlle éd. La Haye, 1746.

[153] Bernardin de St. Pierre: *Etudes de la nature,* Paris 1825, T. 3, S. 10.

1777). Der Zustand der völligen Hingabe an die sanften, kaum wahrnehmbaren Eindrücke der Außenwelt wird als bewußt, aber nicht reflektiert beschrieben, eben als „sentiment“:

> Là le bruit des vagues et l’agitation de l’eau fixant mes sens et chassant de mon ame toute autre agitation la plongoient dans une rêverie delicieuse où la nuit me surprenoit souvent sans que je m’en fusse apperceu. Le flux et reflux de cette eau, son bruit continu mais renflé par intervalles frappant sans relache mon oreille et mes yeux suppléoient aux mouvemens internes que la rêverie éteignoit en moi et suffisoient pour me faire sentir avec plaisir mon existence, sans prendre la peine de penser.[154]
> De quoi jouit-on dans une pareille situation? De rien d’extérieur à soi, de rien sinon de soi-même et de sa propre existence, tant que cet état dure on se suffit à soi-même comme Dieu. Le sentiment de l’existence depouillé de toute autre affection est par lui-même un sentiment précieux de contentement et de paix qui suffiroit seul pour rendre cette existence chère et douce.[155]

Obwohl also die Sinne im wachen Zustand sind und eine wenn auch gedämpfte Wahrnehmung erfolgt, definiert Rousseau das Existenzgefühl als rein Ich-bezogenen Zustand, ohne äußere Einflüsse. Diese sehr passive Definition des Existenzgefühls findet sich schon in früheren Texten. Im *2. Dialogue* wird ein ganz ähnlicher Zustand beschrieben, der zwar die Sinne beschäftigt hält, den äußeren Eindrücken aber keine Bedeutung beimißt und so ganz auf das „sentiment de l’existence“ fixiert bleibt.

> Le plus indifférent spectacle a sa douceur par le relâche qu’il nous procure, et pour peu que l’impression ne soit pas tout à fait nulle, le mouvement léger dont elle nous agite suffit pour nous préserver d’un engourdissement léthargique et nourrir en nous le plaisir d’exister sans donner de l’exercice à nos facultés.[156]

[154] Rousseau, *Œuvres complètes,* (Pléiade) I, 1045.
[155] Ebenda, 1047.
[156] I, 816; siehe ganz ähnlich im *Discours sur l’inégalité,* 2ème partie: „Son âme, que rien n’agite, se livre au seul sentiment de son existence actuelle, sans aucune idée de l’avenir“. I, 144. Roland Mortier hat in einem Aufsatz darauf hingewiesen, daß Diderot im Art. „délicieux“ der *Encyclopédie* schon etwas früher als Rousseau den Zustand des passiven Fühlens der eigenen Existenz ähnlich definiert hat („A propos du sentiment de l’existence chez Diderot et Rousseau“, *Diderot Studies* VI, S. 183ff.). Wir zitieren Auszüge aus Diderots Text:
„Le repos a aussi son *délice;* mais qu’est-ce qu’un repos *délicieux?* Celui-là seul en a connu le charme inexprimable, dont les organes étaient sensibles et délicats; qui avait reçu de la nature une âme tendre et un tempérament voluptueux; qui jouissait d’une santé parfaite; qui se trouvait à la fleur de son âge; qui n’avait l’esprit

In der *Profession de foi* waren wir bereits auf das problematische Verhältnis zwischen „sentiment inné" und „sensation" gestoßen. Dort wird das Gefühl als angeboren definiert, obwohl alle Erkenntnisse ohne die Eindrücke der Außenwelt nicht denkbar wären. Ein ähnliches Verhältnis läßt sich beim Existenzgefühl feststellen: Abwesenheit von äußeren Eindrücken als idealer Glückszustand bei gleichzeitigem Wissen um die Notwendigkeit der äußeren Anlässe zur Ausübung der Empfindsamkeit:

> Quoique cette sensibilité de cœur qui nous fait vraiment jouir de nous, soit l'ouvrage de la nature et peut-être le produit de l'organisation, elle a besoin de situations qui la développent.[157]

Und im *Emile* wird Aktivität noch direkter mit dem Existenzgefühl in Verbindung gebracht:

> Vivre, ce n'est pas respirer, c'est agir; c'est faire usage de nos organes, de nos sens, de nos facultés, de toutes les parties de nous-mêmes qui nous donnent le sentiment de notre existence.[158]

Für Rousseau besteht zwischen dem nur passiven, ganz auf das Selbst bezogenen Existenzgefühl und dem aktiven, auf die Außenwelt bezogenen Lebensgefühl wohl kein Widerspruch. Das eine spiegelt die natürliche Existenz des einsamen Menschen wider, das andere seine Einbindung in die Gesellschaft im Sinne einer „sensibilité morale". Bleiben die aus der „sensibilité" resultierenden Eigenschaften positiv, wird auch das Existenzgefühl nicht verdeckt. Lediglich die negative moralische Sensibilität, die mit dem „amour-propre" Einzug ins zivilisierte Leben hält, verdeckt den Menschen die eigentlichen Freuden ihrer Existenz. In der *Nouvelle Héloïse* wird das Individualitätsgefühl nicht im Grenzbereich des fast gefühllosen Seins dargestellt, sondern in Auseinandersetzung mit der widrigen Realität. Aus diesem Konflikt,

troublé d'aucun nuage, l'âme agitée d'aucune émotion trop vive; qui sortait d'une fatigue douce et légère, et qui éprouvait dans toutes les parties de son corps un plaisir si également répandu, qu'il ne se faisait distinguer dans aucun (...). Le temps avait cessé de couler pour lui, parce qu'il existait tout en lui-même; le sentiment de son bonheur ne s'affaiblissait qu'avec celui de son existence. Il passait par un mouvement imperceptible de la veille au sommeil; mais sur ce passage imperceptible, au milieu de la défaillance de toutes ses facultés, il veillait encore assez, sinon pour penser à quelque chose de distinct, du moins pour sentir toute la douceur de son existence." (a.a.O., S. 184).

[157] I, 104.

[158] IV, 253.

den wir weiter unten noch genauer analysieren werden, entsteht das eigentümliche Verhältnis von Julie und St. Preux zu ihrem traurigen Schicksal. Julie, so berichtet Wolmar, klammert sich an ihr Unglück, das ihr wie ein untrüglicher Beweis ihrer selbst ist:

> La sensibilité porte toujours dans l'ame un certain contentement de soi-même indépendant de la fortune et des évenemens. Que j'ai gémi! que j'ai versé de larmes! Hé bien, s'il faloit renaitre aux mêmes conditions, le mal que j'ai commis seroit le seul que je voudrois retrancher: celui que j'ai souffert me seroit agréable encore.[159]

Der Genuß am Leid, bzw. an dem durch Leiden verursachten intensiven Lebensgefühl, ist uns von zahlreichen Autoren der ersten Jahrhunderthälfte bereits bekannt. Anders als bei Rousseaus Definition des passiven Existenzgefühls steht die Intensität des Erlebens eindeutig im Vordergrund. Dieses „sensualistische" Verständnis ist in seinen psychologischen Implikationen näher zu bestimmen.

Locke hatte den Zustand der Seele als permanente Unruhe definiert, als einen Zustand der „inquiétude" (uneasiness), die auf steter Suche nach Bewegung ist. In diesem Sinne ist die sensualistische Psychologie der „âme sensible" zu verstehen: die Bewegung ist mit dem Lebensgefühl identisch, während die völlige Ruhe und Abwesenheit von Reizen, wie sie Rousseau im Existenzgefühl skizziert, als todesähnlich empfunden wird.

In der frühen Phase der Empfindsamkeitsaufwertung hatten wir ein antistoisches Element als zentral hervorgehoben. Dieses hält sich lange Zeit und ist auch im späten 18. Jahrhundert immer wieder anzutreffen; als ein Beispiel sei nur an Nivelles Verse aus *Mélanide* (1741) erinnert:

> Plus je sens vivement plus je sens que je suis.
> L'égalité d'humeur vient de l'indifférence;[160]

Der Übergang zum Individualitätsgefühl kraft Ausübung der Sensibilität ist schon hier deutlich. Zur anti-stoischen Tradition in der Begriffsgeschichte von „sensibilité" tritt später die sensualistische Konzeption des Menschen. Ausübung der „sensibilité" wird mit Lebensgefühl gleichgesetzt:

> C'est par elle (...) qu'il (l'homme, F.B.) goûte le plaisir de la vie.[161]

[159] II, 725f.
[160] vv. 232–233. Truchet (éd): *Théâtre du XVIIIe siècle,* I.
[161] Montenault, *Essai sur les passions,* a.a.O., T. I, 337.

Deutlicher noch wird der Bezug zur sensualistischen Philosophie im Artikel „l'homme moral" der Encyclopédie:

> Nous ne sommes assurés de notre existence que par les sensations. C'est la faculté de sentir qui nous rend présents à nous-mêmes.[162]

Das Existenzgefühl, bzw. dessen Intensität, wird quantitativ gemessen an der Menge und Stärke von äußeren Eindrücken („les cœurs sensibles ont plus d'existence que les autres, les maux et les biens se multiplient à leurs égards", Duclos, *Considérations* 1751, S. 235). Wie im Kapitel über Glück und Leiden der „âme sensible" gezeigt wurde, steht die Bewegtheit der Seele sogar über den Inhalten der Gefühle. Mme de Tencin betont hierbei den egozentrischen Aspekt dieses Glücksgefühls, wenn sie schreibt:

> Le cœur sent du plaisir à tout ce qui lui prouve à lui-même sa propre sensibilité.[163]

Eine gewisse Selbstgefälligkeit ist konstitutives Element des Glücksgefühls im erlittenen Schicksal. Die empfindsame Seele hält sich für etwas „Besonderes", vornehmlich für etwas „Besseres"·. Die traditionelle Konzeption des Seelenadels, wie wir sie im 17. Jahrhundert bei der Herausbildung des „sensibilité"-Begriffes kennengelernt haben, wird hier, allerdings mit einschneidenden Veränderungen, weiter entwickelt. Für Mlle de Scudéry bestand eine selbstverständliche Einbindung der „sensiblen" Menschen in eine sozial weitgehend homogene Gruppe, zudem in ein universell anerkanntes Wertesystem, dasjenige des Christentums. Dies ist nun nicht mehr der Fall. Das sensible Individuum, das sich in seiner Sensibilität überhaupt erst selbst konstituiert, erfährt sich als einsam. Seine soziable Veranlagung scheitert an den bestehenden, als entfremdend erfahrenen Umständen, die eher die Flucht in die Einsamkeit nahelegen als die Suche nach Gleichgesinnten. Prévosts Helden illustrieren dieses Gesetz auf eindringliche Weise. Ihr Rückzug aus der Welt in klösterliche Einsamkeit ist letzte Konsequenz ihrer Unfähigkeit, sich

162 Ähnlich äußern sich viele Autoren, z.B.: Delisle de Sales, *Philosophie du bonheur,* Paris 1796, I, 79: „Il est un dernier besoin qui pèse sur l'homme de la nature; c'est celui d'avoir un sentiment vif de son existence."; St. Lambert, *Œuvres* Paris 1823, I, 39f: „L'homme est heureux toutes les fois que le libre usage de ses organes, de ses facultés, lui donne un sentiment vif de son être." Weitere Zitate bei Sauder, a.a.O., Kap. 4.6. und Mauzi, a.a.O., Chap. VIII.

163 *Conte de Comminges,* in *Œuvres* a.a.O., T. I, 39. Außerdem sei auf die zahlreichen Belege in Kap. I, 5 verwiesen.

als sensible, durch ein besonderes Schicksal ausgezeichnete Seelen in der Gesellschaft zu behaupten. Trotz dieses Scheiterns, das mit unsäglichen, manchmal auch unnötigen Leidenserfahrungen verbunden ist, wahren die Prévostschen Helden mit einem gewissen Stolz ihre traurige Identität. „Le cœur d'un malheureux est idolâtre de sa tristesse".[164] Die Abgrenzung der empfindsamen Seelen gegenüber den normalen Sterblichen ist von fast arrogantem Bewußtsein der eigenen Besonderheit getragen.

> Le commun des hommes n'est sensible qu'à cinq ou six passions, dans le cercle desquelles leur vie se passe, et où toutes leurs agitations se réduisent. (...) Mais les personnes d'un caractère plus noble peuvent être remuées de mille façons différentes; il semble qu'elles aient plus de cinq sens, et qu'elles puissent recevoir des idées et des sensations qui passent les bornes ordinaires de la nature; et comme elles ont un sentiment de cette grandeur qui les élève au-dessus du vulgaire, il n'y a rien dont elles soient plus jalouses.[165]

„Sensibilité" im allgemeinen Sinn der Fähigkeit zu fühlender Wahrnehmung erlangt für die „âme sensible" à la Prévost, die als Typus der bewegten Seele im späteren 18. Jahrhundert häufig anzutreffen ist, existenzielle Tragweite. Es geht nicht mehr allein um den moralischen Wert der Empfindsamkeit, die dem Einzelnen Anerkennung in der Gesellschaft garantiert, sondern es geht um den Bereich des individuellen Seins schlechthin. Nicht die Teilhabe an der universellen, rational definierten Harmonie gibt dem Individuum seinen Platz im Universum, sondern sein Ausschluß aus der rational bestimmbaren Ordnung konstituiert es als „anders", als Opposition.

> Il a donné un sens nouveau aux mots de sensibilité, de vertu, d'amour. A des sentiments distincts et parfois opposés, il a substitué une âme 'sensible' et ce que Rousseau appellera une 'chaîne de sentiments'. A l'origine de la vie intérieure, il place une sorte de faculté sensitive qui fait de l'âme privilégiée la proie de toutes les émotions; c'est une gloire et une malédiction.[166]

In diesem sehr spezifischen Sinne kann man von einem Kontrast zwischen persönlicher „sensibilité" und dem universellen Anspruch der Aufklärungsphilosophie sprechen. Bei Prévost ist, darauf waren wir oben schon eingegangen, nur in Ansätzen von einer zukunftsorientierten Vision der zu bessernden Realität zu sprechen. Seine Grundhaltung ist pessimistisch, und somit blei-

[164] *Cleveland,* éd. Jean Sgard, S. 154.
[165] *Manon Lescaut,* éd. Jean Sgard, I, 391 f.
[166] Jean Sgard, *Prévost romancier,* a.a.O., S. 534.

ben seine sensiblen Helden in radikaler Opposition zur Realität, die auch in geschichtlicher Perspektive keine Aufhebung erfahren wird. Für andere Autoren, die genau wie Prévost die individuelle Besonderheit des sensiblen Menschen betonen, ist die Vereinsamung nur ein vorübergehender Zustand, der mehr über die Unzulänglichkeit der Welt als über die Verdammnis der Empfindsamen sagt. Mesmon etwa empfiehlt in seinem *Fragment sur la sensibilité* den „âmes sensibles", in der Natur ihr einsames Glück zu suchen, da ihnen gemäße Menschen in der Realität rar sind:

> Nous avons ici à défendre les hommes sensibles de deux reproches qu'on leur fait d'ordinaire, *la tristesse et le caractere sauvage.* Le premier de ces reproches est justifié par l'autre: l'homme sensible ne recherche les lieux solitaires que parce qu'il y jouit en paix de la mélancolie du sentiment. (...) L'homme sensible recherche moins les autres hommes parce qu'il en a moins besoin, et parce qu'il leur trouve moins d'analogie avec lui-même. S'il se rencontrait une société composée d'Yorick, d'Alvortly, de Primrose, de Clarisse, de Clémentine, je crois que ces personnages se réuniraient avec joie, mais comme la société est pleine de (...) Lovelace (...), l'homme sensible trouve des entraves à sa sociabilité.[167]

Während Mesmons Perspektive eine eindeutig religiöse ist - „La Religion (...) se rapporte essentiellement à la sensibilité" (S. 4) - und er die Gesellschaft aufgrund religiös-christlicher Werte kritisiert, weisen auch laizistisch denkende Moralisten auf den Konflikt zwischen dem sensiblen Menschen und der korrupten Gesellschaft hin. Rousseau ist natürlich auch hier der profilierteste Denker - die weitgehende Isolierung von St. Preux und Julie, die ideale und eben *außerhalb* der realen Gesellschaft angesiedelte Welt in Clarens sind Folge der Empfindsamkeitskonzeption, die Rousseau seinem Roman zugrundelegt und die beide Protagonisten bestimmt. Doch zu Rousseau später ausführlicher.

In vielen Punkten Rousseau ähnlich ist Chamfort, wenn es um die Haltung der sensiblen Menschen zur Gesellschaft geht.[168] Im Naturzustand wäre der Mensch durchaus soziabel, ja er ist für die Gesellschaft veranlagt:

[167] Romance de Mesmon, *De la lecture des romans. Fragment sur la sensibilité,* Paris 1776, S. 3ff.

[168] Zum Werk Chamforts siehe die ausführliche Interpretation von Renate List-Marzolff: *Sebastien-Roch Nicolas Chamfort. Ein Moralist im 18. Jahrhundert,* München 1966.

> La Nature, qui a formé les hommes pour la société, leur a donné tout le bon sens nécessaire pour former une société raisonnable.[169]

Die tatsächliche Gesellschaft aber wird von all jenen Eigenschaften geprägt, die schon im 17. Jahrhundert gegen die höfische Welt als Vorwurf erhoben wurden: „dissimulation“, „vice“, „orgueil“ etc.

> Innerhalb der Gesellschaft, wo schon jede Äußerung eines natürlichen Gefühls Staunen erregt, gehört der „homme sensible“ zu den seltenen Restbeständen natürlicher Menschlichkeit.[170]

Empfindsamkeit und Leben in der Gesellschaft schließen sich aus. Beharrt der empfindsame Mensch auf seiner authentischen Identität, entschließt er sich, „(d)'être *l'homme de son cœur,* de ses principes, de ses sentiments“[171], so bleibt ihm nur der Rückzug aus der Gesellschaft. Diese ist bis zur Erstarrung von „insensibilité“ geprägt, ermangelt jener empfindsamen Werte, die Existenz bzw. Leben ermöglicht. Humorvoll wendet sich Chamfort gegen den übertriebenen Stoizismus der nicht Empfindsamen:

> Quand on soutient que les gens les moins sensibles sont, à tout prendre, les plus heureux , je me rappelle le proverbe indien: „Il vaut mieux être assis que debout, être couché qu'assis; mais il vaut mieux être mort que tout cela.[172]

Sensible Authentizität kann in der aktuellen Gesellschaft nicht gelebt werden, allerhöchstens geheuchelte Empfindsamkeit. Wer es also in der „monde“ aushält, kann nicht eigentlich eine empfindsame Seele sein.

> Tout homme qui vit beaucoup dans le monde me persuade qu'il est peu sensible; car je ne vois presque rien qui puisse y intéresser le cœur, ou plutôt rien qui ne l'endurcisse: ne fût-ce que le spectacle de l'insensibilité, de la frivolité et de la vanité qui y règnent.[173]

Die gesellschaftskritische Haltung sensibler Personen findet sich bis ans Ende des Jahrhunderts. Sénac de Meilhans Erzählung *Les Deux Cousins* etwa baut auf dem Kontrast von „génie, sensibilité, franchise“ und den Gesetzen der Gesellschaft auf:

[169] Chamfort, *Maximes, pensées, caractères et anecdotes,* Paris 1968. Nr. 533.
[170] List-Marzolff, a.a.O., S. 72.
[171] Chamfort, a.a.O., Nr. 55.
[172] Ebenda, Nr. 155. Siehe auch Nr. 124.
[173] Ebenda, Nr. 209.

> Le don le plus funeste que l'homme puisse recevoir de Dieu est un grand génie; il offusque les autres et nous dégoûte d'eux. Vous avez une âme sensible, c'est un autre malheur... Connaître et sentir, voilà les plus nobles emplois des facultés humaines, et voilà les deux plus grandes sources de malheur.[174]

Integration in die Gesellschaft wäre für den Typ des empfindsamen Menschen, so wie er hier beschrieben wurde, der weitgehende Verlust der Authentizität und der eigenen Individualität. Eine ganz andere Lösung des Verhältnisses von Gesellschaft einerseits und einem Menschen, der durch seine Empfindsamkeit zur Erkenntnis seiner selbst kommt, andererseits, bietet Marivaux' *Vie de Marianne.* Als persönlich und sozial unbeschriebenes Blatt tritt sie in Berührung mit der hochadeligen, aber auch mit der bürgerlichen Welt in Paris. Ihr Werdegang ist als überraschend schnelle Integration in eine Welt zu bezeichnen, die ihrer Schönheit und ihrem natürlichen Charme erliegt, obwohl ihre unklare soziale Herkunft ein nur schwer zu überwindendes Hindernis zu sein scheint. Anders als viele ihrer empfindsamen Brüder und Schwestern ist Marianne nicht nur naiv-„sincère", sondern verbindet einen scharfen, luziden Intellekt mit einem „bon naturel". Von Anfang an ist authentisches, dem sensiblen Code entsprechendes Verhalten begleitet von reflexiver Erfassung ihrer Wirkung.[175] Marianne zielt auf Integration, und obwohl der Roman Fragment geblieben ist, weiß man, daß die rückblickend ihr Leben erzählende Protagonistin es immerhin bis zur Comtesse gebracht hat. Ihre Anpassungsfähigkeit geht nie bis zur Selbstverleugnung, vielmehr sind ihre Erlebnisse Voraussetzung für ihre Erkenntnisse über sich selbst. Wahre Selbsterkenntnis ist durch „sentiment" möglich:

> Je pense, pour moi, qu'il n'y a que le sentiment qui nous puisse donner des nouvelles un peu sûres de nous, et qu'il ne faut pas trop se fier à celles que notre esprit veut faire à sa guise, car je le crois un grand visionnaire.[176]

Die Ausnutzung der beachtlichen Wirkung, welche die schöne und naiv-sentimentale Marianne ausübt, ist zwar eindeutig taktisch und damit nicht typisch für empfindsame Figuren, ändert aber nichts daran, daß Marianne, die wie gesagt ohne persönliche Geschichte, ohne familiären Zusammenhang lebt, durch ihre Gefühle zu einer Identität kommt, die ihren Herzensadel

[174] Sénac de Meilhan, *Les deux cousins,* Paris 1790, S. 10f.

[175] Zu dieser Dialektik von Bewußtheit und Naivität siehe Deloffres Einleitung zu seiner Ausgabe 1963, LIff.

[176] Wir zitieren nach Deloffres Ausgabe, hier S. 22.

bestätigt.[177] Ihr Leben ist von „passions“ erfüllt, ja diese machen allein ihre Existenz aus. Die Sensibilität ist hier, und dies ist eine Parallele zu Prévost, existenziell:

> Notre vie, pour ainsi dire, nous est moins chère que nous, que nos passions. A voir quelquefois ce qui se passe dans notre instinct là-dessus, on dirait que, pour être, il n'est pas nécessaire de vivre; que ce n'est que par accident que nous vivons, mais que c'est naturellement que nous sommes.[178]

Die Entdeckung der eigenen Empfindsamkeit und der aus ihr resultierenden Gefühle ist für Marianne wie das Wiederfinden einer Identität, die sie selbst bisher ignorierte, wohl aber erahnte.

> La mienne (mon âme, F.B.) avait le sentiment bien subtil, je vous assure, surtout dans les choses de sa vocation, comme était le monde. Je ne connaissais personne à Paris, je n'en avais vu que les rues, mais dans ces rues il y avait des personnes de toutes espèces, il y avait des carrosses, et dans ces carrosses un monde qui m'était très nouveau, mais point étranger. Et sans doute, il y avait en moi un goût naturel qui n'attendait que ces objets-là pour s'y prendre, de sorte que, quand je les voyais, c'était comme si j'avais rencontré ce que je cherchais.[179]

Marivaux hat wohl deutlicher und auch humorvoller die Probleme gesehen, die mit dem neuen moralischen Wert der Seelen-„sensibilité“ und dessen Funktion in der Gesellschaft verbunden sind, deutlicher jedenfalls als seine Zeitgenossen. Die Gesetze der Verstellung, der „dissimulation“, des „orgueil“ und der „coquetterie“ bleiben als permanente Bedrohung des sensiblen Gegenideals präsent. Marivaux spielt, im *Paysan parvenu* nicht weniger als in der *Marianne,* mit diesem damals noch recht neuen ideologischen System. Die Unauflösbarkeit von Naivität und Berechnung in der Person Mariannes macht den Reiz des Romans aus. Marivaux sucht den Kompromiß mit der

[177] Erich Köhler, *Frühaufklärung* (Stuttgart 1983) hat auf die Dialektik von „sensibilité“ und Taktik hingewiesen (S. 88): „Wir kennen die ‚schöne Seele‘ schon, und wenn Marianne beseligt erfährt, daß sie eine solche hat, dann ist diese Entdeckung zu sehr von der Meinung abhängig, welche die vornehme Umwelt davon hat, als daß sie ideologiefrei von *dieser* Umwelt unabhängig für sich als absoluter Wert bestehen könnte. (...) Hier wird ein Durchbruch signalisiert, dessen Einfallstore die Exaltation des *sentiment* und dessen schnelle Wertentleerung durch eine parasitäre Gesellschaft sind.“

[178] S. 129.

[179] S. 33.

Realität, zumindest den im Detail analysierten Konflikt und nicht wie Prévost die Entsagung bzw. die totale Opposition durch Rückzug in die Einsamkeit.

Mit Blick auf die tatsächliche Entwicklung des Begriffs und seiner ideologischen Funktion in der spätaufklärerischen Gesellschaft muß Marivaux insofern rechtgegeben werden, als die Assimilierungskräfte der alten Ordnung stark genug waren, auch die Empfindsamkeit zu einer heuchlerischen Mode, zur subtilsten Form der „dissimulatio" zu degradieren. Die fatalistische, pessimistische Sicht Prévosts, die Vernichtung des sensiblen Individuums im Angesicht der Realität ist die tragische Variante desselben Problems. Die älter gewordene Marianne blickt mit manch einem ironischen Augenzwinkern auf ihre Jugend in Paris zurück. Diese für den heutigen Leser sehr angenehme Distanz zur eigenen Empfindsamkeit und Tugendhaftigkeit wäre sowohl Prévost als auch Rousseau völlig fremd gewesen. Rousseaus Briefroman, *La Nouvelle Héloïse,* ist eher im Sinne Prévosts eine tragische Erfahrung sensibler Seelen in der Welt. Inwiefern Rousseau völlig neue Aspekte in die Analyse und fiktionale Gestaltung des Problemkreises „sensibilité", Individualität und Gesellschaft einbringt und warum die *Nouvelle Héloïse* diesbezüglich zurecht der berühmteste aller französischen empfindsamen Romane ist, soll im folgenden erörtert werden.

3.3. La Nouvelle Héloïse - die Rolle der „sensibilité"

> O sentiment, sentiment! douce vie de l'ame! quel est le cœur de fer que tu n'as jamais touché? quel est l'infortuné mortel à qui tu n'arraches jamais de larmes?
>
> *Nouvelle Héloïse,* 5. partie, lettre VI.

In vielerlei Hinsicht kann der 1761 veröffentlichte Briefroman Rousseaus als fiktionale Verarbeitung seiner bis dahin erschienenen Werke angesehen werden.[180] Das Verhältnis von Stadt und Land, die Probleme der sozialen Hierar-

[180] Zur Ähnlichkeit von *Emile* und der *Nouvelle Héloïse* in Fragen der Moral äußert sich u.a. Pierre Burgelin: *La philosophie de l'existence de J. J. Rousseau,* Paris 1952, S. 361: „La morale sensitive, c'est l'*Emile* pour la théorie, *Julie* pour la pratique." Zur Form des Briefromans und dem Zusammenhang mit der Wirkungsästhetik siehe Kap. I, 7.3. In der „préface" nimmt Rousseau zum Identifikationsmechanismus beim Leser Stellung: „Si la force du sentiment ne nous frappe pas, sa vérité nous touche, et c'est ainsi que le cœur sait parler au cœur". (*OeC.* II, S. 15).

chie werden in langen Passagen erörtert. Für unseren Themenzusammenhang ist der Roman in seiner Gesamtheit außerordentlich wichtig, handelt es sich doch um die Geschichte zweier Menschen, die in jungen Jahren die Widersprüche zwischen natürlichem Gefühl und gesellschaftlichem Vorurteil, das ihre Vereinigung verbietet, auf tragische Weise kennenlernen. Der Übergang von der moralisch unschuldigen Jugend zum moralischen Alter, das Vergehen am Tugendgesetz und der anschließende Versuch, die aufgrund der gesellschaftlichen Umstände nicht zu vereinbarenden Prinzipien der Liebe und der Tugend dennoch zusammenzubringen, macht den Spannungsbogen des Romans aus. In diesem Prozeß kommt „sensibilité" eine vielschichtige, weil je nach psychologischer Situation verschiedene Rolle zu, die es im einzelnen nachzuvollziehen gilt.

Die beiden Protagonisten befinden sich zu Beginn des Romans in jenem Alter, das im *Emile* als Übergang von der rein ich-bezogenen „sensibilité physique" zur „sensibilité morale" bezeichnet wird. Als solche werden sie im Vorwort vorgestellt:

> Deux ou trois jeunes gens simples, mais sensibles, s'entretiennent entr'eux des intérêts de leurs cœurs. Ils ne songent point à briller aux yeux les uns des autres. Ils se connoissent et s'aiment trop mutuellement pour que l'amour-propre n'ait plus rien à faire entr'eux. Ils sont enfans, penseront-ils en hommes?[181]

Das Adjektiv „sensible" ist den beiden Liebenden (und Claire) von Anfang an zugeordnet und wird während des ganzen Verlaufs des Romans unzählige Male wiederholt.[182] Diese Charakterisierung Julies und St. Preux' als „sensibles" ist für den Verlauf des Romans zentral: der „Sündenfall" ist auf jene Sensibilität genauso zurückzuführen wie der allmähliche Wandlungsprozeß des Liebesverhältnisses. St. Preux warnt Julie schon bald vor der Gefahr, sein „cœur sensible" könne durch seine Sinne besiegt und Julie damit um ihre Ehre gebracht werden (49). Die Natürlichkeit dieser sinnlichen Regung wurde im *Emile* ausdrücklich unterstrichen. So ist Julies und St. Preux' von den Gesetzen der Gesellschaft nicht tolerierte Vereinigung auch nicht ein Widerspruch zu deren natürlicher Tugend, sondern erste Konsequenz der naturwidrigen Beschaffenheit des gesellschaftlichen Vorurteils – demzufolge

[181] *OeC.*, II, S. 16.

[182] So z.B. auf den Seiten 32, 36, 39, 42, 49, 50, 61, 62, 72, 73, 77, 89, 96, 97, 99, 101, 118, 122, 135, 148, 208, 213, 224, 262, 312, 322, 330, 339, 365, 366, 373, 421, 492, 523, 524, 527, 611, 629, 661, 664, 694, 723, 725, 733.

eine Adelige vom Range Julies niemals den „roturier“ St. Preux wird heiraten dürfen.[183]

Diese Konstellation ist dem Leser empfindsamer Werke bekannt: Saint-Albin liebt die arme, mittellose Sophie auf eine gesellschaftlich nicht sanktionierte Weise, genau wie die beiden Protagonisten der *Epoux malheureux* sich außerhalb der gesellschaftlichen Normen vereinen müssen. Die Konstellation also ist dieselbe, die Lösung aber eine völlig andere. Rousseau lehnt sowohl das ansonsten obligatorische „lieto fine“, bei dem die denaturierten Väter ihre natürliche Liebe zu den Kindern und die vermeintlich Armen ihre noble Herkunft wiederentdecken, als auch den Schritt in die Sittenlosigkeit (à la Baculard) ab. St. Preux' Vorschlag, gemeinsam zu fliehen und heimlich zu heiraten, aber auch Edouards großzügiger Plan der Übersiedlung nach England, finden bei Julie verständlicherweise Sympathie, aber keine Zustimmung. Ganz im Gegenteil: Julie wählt einen überraschenden Weg, den einzigen, den ihr die schier unmögliche Bewahrung bzw. Wiedererlangung ihrer Tugend gestattet. Anstatt sich ihrem Vater anzuvertrauen, den Weg hin zur Vergebung des einzigen Fehltritts zu suchen, nimmt sie ihre Liebe zu St. Preux an und öffnet diesem ihr Herz, erwartet gerade von jenem Menschen moralische Rettung, der sie verführt hat. Seine moralische Integrität soll ihre Liebe rechtfertigen, eine Liebe, die sie in ihrer Gesamtheit nicht als unmoralisch ansehen kann und will. Eine Aufgabe der Liebe und eine Rückkehr in die moralische Welt des Vaters käme einer Verleugnung der natürlichen Gefühle und einer Rechtfertigung der Vorurteile gleich. So aber können die beiden Liebenden den Gegenbeweis antreten:

> L'amour, cet amour fatal qui me perd te donne un nouveau prix; tu t'élèves quand je me dégrade; ton ame semble avoir profité de tout l'avilissement de la mienne. Sois donc désormais mon unique espoir, c'est à toi de justifier s'il se peut ma faute; couvre-la de l'honnêteté de tes sentimens; que ton mérite efface ma honte; rends excusable à force de vertus la perte de celles que tu me coûtes. Sois tout mon être, à présent que je ne suis plus rien.(103)

Dieser Schritt stellt zwischen den beiden Liebenden eine Intimität her, die über Liebesgefühle weit hinausgeht. Zwei sensible Herzen schwören sich ewiges Vertrauen, begründen damit eine neue, auf natürlichen Gefühlen basierende Welt, ohne allerdings die moralischen Werte der Gesellschaft zu verletzen oder zu verändern. Das Gelübde der ewigen „sincérité“, das Julie von St. Preux noch vor ihrer ersten Vereinigung verlangt (109f), soll eine

[183] Zu diesem Vorurteil siehe die Seiten 74, 89, 177, 193, 326 etc.

Gemeinschaft auch außerhalb der gesellschaftlichen Strukturen garantieren, d.h. die Intimität auch ohne Verehelichung bewahren.[184] Das völlig Neue dieser Seelengemeinschaft ist die Tatsache, daß eine Harmonisierung von gesellschaftlich erwarteter und natürlich empfundener Tugend erreicht werden soll. Julie kann auf ihre Liebe nicht verzichten, da diese ihr Leben ist, sie kann aber auch auf ihre Tugend, die mit der Liebe unvereinbar ist, nicht verzichten:

> Hélas, que me serviront désormais les précautions tardives? Est-il tems d'affermir ses pas au fond du précipice, et de prévenir les maux dont on se sent accablé? (...) Ce n'est plus ni de force ni de vertu qu'il est question, mais de fortune et de prudence, et il ne s'agit pas d'éteindre un amour qui doit durer autant que ma vie, mais de le rendre innocent ou de mourir coupable. (136f)

Das moralische Gesetz, das, man erinnere sich der *Profession de foi,* jedem Menschen mit seiner „conscience" gegeben ist, erlaubt nicht die Aufgabe von Tugend und Ehre. Auch St. Preux, weniger konsequent als Julie allerdings, tritt für moralische Standhaftigkeit ein:

> Je distingue dans ce qu'on appelle honneur, celui qui se tire de l'opinion publique, et celui qui dérive de l'estime de soi-même. Le premier consiste en vains préjugés plus mobile qu'une onde agitée; le second a sa base dans les vérités éternelles de la morale. (84)

Auch wenn „sensibilité" der Anfang allen Übels war[185], muß doch das Vertrauen in die Möglichkeit, das Unmögliche wahrzumachen und die reine, unschuldige Liebe wiederzuerlangen, im Zusammenhang mit der Seelenqualität „sensibilité" gesehen werden. Claire spricht Julie unmittelbar nach der „faute" Mut zu, indem sie Julies Tugendbestand aufzählt und diesen als Voraussetzung für ein moralisch integres Leben hervorhebt. Genauso bescheinigt Julie St. Preux öfters eine empfindsame Seele, die sie als gutes Omen der zukünftigen Entwicklung ansieht:

[184] Ausgehend von diesem Aufrichtigkeitsgelöbnis und von dem „aveu" als konstitutivem Element hat Roland Galle in einer sehr überzeugenden Studie die *Nouvelle Héloïse* interpretiert: *Geständnis und Subjektivität. Untersuchungen zum französischen Roman zwischen Klassik und Romantik,* München 1986.

[185] So äußert sich auch Jean Sgard im Abschnitt „sensibilité" seines *Vocabulaire du sentiment:* „Dans la *Nouvelle Héloïse,* la sensibilité est à la fois native et cultivée, physique et morale; elle trahit son origine naturelle par sa vivacité, sa force, ses excès, son caractère surabondant et inépuisable; elle est en même temps signe de générosité."

> Rentre au fond de ton ame; c'est là que tu retrouveras toujours la source de ce feu sacré qui nous embrasa tant de fois de l'amour des sublimes vertus; c'est là que tu verras ce simulacre éternel du vrai beau dont la contemplation nous anime d'un saint enthousiasme, et que nos passions souillent sans cesse sans pouvoir jamais l'effacer. (...) Je ne crains pas que les sens et les plaisirs grossiers te corrompent. Ils sont des pieges peu dangereux pour un cœur sensible... (223f)

Julies Bestrebung, Liebe und Tugend unter den gegebenen Umständen vereinen zu wollen, kann als Versuch gewertet werden, die „sensibilité morale positive" zu realisieren. Alle Handlungen, die entweder ihrem Geliebten oder ihren Eltern Leid zufügen könnten, will sie vermeiden - auch wenn dies aufgrund der gegebenen Konstellation nicht vollständig gelingen kann.

Für Rousseau war „sensibilité" niemals eine *automatische* Garantie für Tugend, wohl aber deren Voraussetzung. Moralische Entscheidungen werden niemandem abgenommen, zumindest in einem Zustand nicht, wo natürliche Gefühle durch äußere Gegebenheiten depraviert werden müssen. Anders als viele empfindsame Helden verharren Julie und St. Preux nicht in Passivität und Trauer in Erwartung besserer Umstände, sondern sie ergreifen die einzige ihnen verbleibende Initiative: sich trotz der Umstände zu lieben, ohne ihre Selbstachtung zu verlieren. Beide versichern sich gegenseitig ihrer ungewöhnlichen, durch reine Liebe geprägten Identität. Nur miteinander kann das hochgesteckte Ziel erreicht werden. Die neu zu erkämpfende Identität,die Julie und St. Preux Glück bringen soll, ist in der „sensibilité" und in der Tugend begründet.

> Eh! ne vaudroit-il pas mieux cesser d'être que d'exister sans rien sentir, et pourrois-tu te résoudre à traîner sur la terre l'insipide vie d'un homme ordinaire, après avoir goûté tous les transports qui peuvent ravir une ame humaine? (226)
>
> Reprenez donc courage, soyez homme et soyez encore vous-même. Si j'ai bien connu votre cœur, la maniere la plus cruelle pour vous de perdre Julie seroit d'être indigne de l'obtenir. (314)

Der überirdische Charakter des Liebesverhältnisses ist Garant für die Standhaftigkeit beider. Ihr Leid an den Umständen ist Beweis für die übergeordnete Instanz der natürlichen Moral, von der sie sich nie entfernt haben, obwohl sie schuldig geworden sind („coupable et non dépravée", so Julie über sich selbst, 344).

> Ainsi nous recommençons de vivre pour recommencer de souffrir, et le sentiment de notre existence n'est pour nous qu'un sentiment de douleur. (336)

Julies und St. Preux's Kampf um eine authentische Existenz, die ihrem Wesen gerecht wird, ohne sich moralisch strafbar zu machen, scheint von Erfolg gekrönt. Die Transformation des Liebesgefühls in Freundschaft scheint soweit geglückt, daß ein gemeinsames Leben unter einem Dache möglich ist. Die „sensibilité morale positive" wird in Clarens von Julie in den Rollen der Mutter, der Ehefrau und der Freundin eingelöst. Das Unmögliche scheint Realität geworden zu sein, Clarens die Verwirklichung des zweiten Naturzustandes. In einem der letzten Briefe von Julie an St. Preux stellt diese den Triumph der beiden über alle Versuchungen dar:

> Je m'honore de l'amitié qui nous joint comme d'un retour sans exemple. On étouffe de grandes passions; rarement on les épure. Oublier ce qui nous fut cher quand l'honneur le veut, c'est l'effort d'une ame honnête et commune; mais après avoir été ce que nous fumes être ce que nous sommes aujourd'hui, voilà le vrai triomphe de la vertu. (664)

Wolmar wird hier als derjenige gepriesen, der diesen Wandel durch seine unendliche Offenheit und Geduld herbeigeführt hat. Wenig später, als Julie auf dem Sterbebett freudig ihren Tod erwartet, erkennt Wolmar, daß ihm trotz aller Transparenz des Lebens in Clarens ein Bereich im Herzen Julies verschlossen geblieben ist. Sie händigt ihm einen Brief aus, einen Brief an St. Preux. Dieser Abschiedsbrief ist sehr unterschiedlich interpretiert worden. Aus unserer Perspektive erscheint er als logische Konsequenz der Romangeschehnisse und nur vordergründig als Peripetie.[186] Julie hat ihr Ziel erreicht, wenn man es als ihr Ziel ansieht, ihre Liebe zu bewahren und doch tugendhaft zu sterben.

> Je me suis longtems fait illusion. Cette illusion me fut salutaire; elle se détruit au moment que je n'en ai plus besoin. Vous m'avez crû guérie, et j'ai crû l'être. Rendons grace à celui qui fit durer cette erreur autant qu'elle étoit utile; qui sait si me voyant si près de l'abîme, la tête ne m'eut point tourné? Oui, j'eus beau vouloir étouffer le premier sentiment qui m'a fait vivre, il s'est concentré dans mon cœur. Il s'y réveille au moment qu'il n'est plus à craindre; il me soutient quand mes forces m'abandonnent; il me ranime quand je me meurs. Mon ami, je fais cet aveu sans honte; ce sentiment resté malgré moi fut involontaire, il n'a rien coûté à mon innocence; tout ce qui dépend de ma volonté fut pour mon devoir. Si le cœur qui n'en dépend pas fut pour vous, ce fut mon tourment et non pas mon crime. J'ai fait ce que j'ai dû faire; la vertu me reste sans tache, et l'amour m'est resté sans remord. (740f)

[186] Ähnlich sieht Galle den Abschiedsbrief als folgerichtigen Abschluß der Entwicklung an.

Ihr moralischer Wille hat sich nichts vorzuwerfen, und in diesem Sinne ist sie die perfekte Inkarnation des moralisch entscheidenden und handelnden Menschen, wie ihn Rousseau sich vorstellt. Wenn an der Schwelle zum Tod, bzw. bei Lektüre des Briefes sogar nach dem Tod, jene andere Schicht ihres Wesens hervorbricht, die ihre Identität ausgemacht hat, dann ist dies nur der Beweis für die Ernsthaftigkeit des Konflikts, den beide gelebt haben. Während des Lebens in der Gesellschaft war die erzwungene Harmonisierung von natürlichem Gefühl und gesellschaftlichem „devoir" (jene „illusion", von der die Rede ist) der einzige Weg für einen empfindsamen Menschen, seine Authentizität zu wahren. Im Angesicht des Todes kehrt Julie allein zur natürlichen Moral und zu ihrer natürlichen Liebe zurück, läßt gewissermaßen die Spuren der Zivilisation hinter sich. Eine Alternative, daran ändert auch dieses erneute und letzte Liebesgeständnis Julies nichts, zu dem gewählten Weg hätte es für Julie nicht gegeben. Selbst die erlittenen Schmerzen sind Beweis für die Richtigkeit der getroffenen Entscheidung:

> Que j'ai gémi! que j'ai versé de larmes! Hébien, s'il faloit renaître aux mêmes conditions, le mal que j'ai commis seroit le seul que je voudrois retrancher: celui que j'ai souffert me seroit agréable encore. (726)

Leid ist für die empfindsamen Seelen - das hatten wir schon öfters beobachten können - eine Konsequenz ihres eigenen Seins. Erst nach Aufhebung der äußeren Hindernisse, nach Wiederherstellung des Naturrechts, ist das Glück der „âmes sensibles" erreicht:

> La vertu qui nous sépara sur la terre, nous unira dans le séjour éternel. (743)[187]

„Sensibilité" ist also weder in der Person Julies noch in derjenigen St. Preux' eine keinen Wandlungen unterworfene, unproblematische Eigenschaft. Ursache des Leids nicht weniger als Voraussetzung für die Sublimierung des Liebesverhältnisses, muß „sensibilité morale" erst erkämpft werden. Als Disposition der Seele, die nur wenigen Menschen in hohem Maße gegeben ist, verlangt sie die Mitwirkung der „volonté", um nicht den Konflikten, die in der depravierten Gesellschaft entstehen, schutzlos ausgeliefert zu sein.

[187] Ganz ähnlich heißt es im *Emile* über die Belohnung der „bons" im Jenseits: „... je dis qu'ils seront heureux, parce que leur auteur, l'auteur de toute justice les ayants faits sensibles ne les a pas faits pour souffrir, et que n'ayant point abusé de leur liberté sur la terre ils n'ont pas trompé leur destination par leur faute; ils ont souffert pourtant dans cette vie, ils seront donc dédommagés dans une autre." (IV, 591).

Innerste Identität basiert auf dieser Eigenschaft, die zwar korrumpiert und überdeckt, nicht aber ausgelöscht werden kann. Die unbedingte „sincérité" (man denkt unwillkürlich an Mlle de Scudéry zurück) ist Voraussetzung für die Möglichkeit, neben dem gesellschaftlichen Tugendkanon eine individuelle, subjektive und nur von den beiden Liebenden selber getragene Welt der natürlichen Gefühle aufzubauen. Den Konflikt, in den die natürliche „sensibilité" den Menschen stürzt, hat Rousseau als unausweichlich stehenlassen. Keine einfache, leichte Lösung nach optimistischem Konzept, sondern die Aufgabe, durch Aktivität und Willensstärke die individuelle Lösung zu finden.[188] Julie ist keine schwache empfindsame Heldin, St. Preux ist etwas weniger konsequent. So ist auch das Leid der beiden nur selten larmoyant, obwohl viele Tränen fließen. Siegfried Jüttner hebt diesen Aspekt der Tränen in der *Nouvelle Héloïse* zurecht hervor:

> Tränen sind Ausdruck eines sehr prekären Gleichgewichts, eines nicht abschließbaren Stabilisierungsversuches des Individuums in der Gesellschaft. Aber Tränen der Schwäche sind sie darum nicht. Denn, wo sie den Anschein der Schwäche erwecken, werden sie gleich als unwürdige Verirrung der Seele gebrandmarkt. Nein, im Gegenteil! Tränen sind hier recht eigentlich Ausweis starker, edler Seelen, die ihre Selbstachtung aus ihrer Fähigkeit zum Verzicht und zur produktiven Sublimierung des eigenen Leidens ziehen. Mehr als von der natürlichen Güte des Herzens zeugen die Tränen der Rührung von seiner moralischen Kraft.[189]

Die *Nouvelle Héloïse* bedeutet, im Vergleich mit anderen empfindsamen Romanen, einen entscheidenden Fortschritt in der komplexen Gestaltung eines individuell-gesellschaftlichen Konflikts. Ganz bewußt, und mit deutlicher, zitathafter Anspielung auf seine Vorgänger, wählt Rousseau nicht die romanesk-dramatische Lösung der Entführung und auch nicht die der einfachen Rückkehr Julies in den Schoß der väterlichen Normen. Julie und St. Preux nehmen den Konflikt in ihre subjektive Identität hinein. Die daraus resultierende Tragik ist die des widersprüchlichen Menschen. Jean-Jacques wird von Rousseau im *2. Dialogue* auch als Mensch beschrieben, der aufgrund seiner Empfindsamkeit in schwere Konflikte geraten ist:

188 Auch zu Clarens als „Utopie" gibt es keine Alternative, auch wenn das Experiment als nur oberflächlich erfolgreich bezeichnet werden kann.

189 Siegfried Jüttner: „Weinende Herzen. Die Natur der Tränen in der *Nouvelle Héloïse* von Rousseau", in: *Das weinende Saeculum,* Heidelberg 1983, S. 49–60, hier S. 54.

> Enfin l'espèce de sensibilité que j'ai trouvée en lui peut rendre peu sages et très malheureux ceux qu'elle gouverne, mais elle n'en fait ni des cerveaux brulés ni des monstres: elle en fait seulement des hommes inconsequens et souvent en contradiction avec eux-mêmes... (I,811)

Die unbestreitbare Originalität der *Nouvelle Héloïse* dürfte von den Zeitgenossen nicht als solche erkannt worden sein. Oberflächliche Übereinstimmungen mit den früheren empfindsamen Werken, etwa eines Baculard d'Arnaud, die bekannten Motive der Tränen, des Verzichts, der verfolgten Unschuld und der natürlichen Güte scheinen die zeitgenössische Rezeption mitgeprägt zu haben. Auf jeden Fall hat Rousseau mit diesem Werk zur Verbreitung einer weniger authentischen Empfindsamkeit beigetragen, die bald nur noch in äußerlichen Symptomen und in der Selbstgefälligkeit der Betroffenen Ausdruck fand. Sénac de Meilhan beschreibt diesen Zustand in seinen *Portraits et caractères*:

> C'est à présent le règne des beaux sentiments débités avec une chaleur factice. On se plaît à parler de la nature dans un temps où l'art règne partout; on s'exstasie sur les beautés avec un enthousiasme battu à froid; on ne parle que de sensibilité, et il semble qu'il n'y a qu'à vivre en Suisse pour être sensible. C'est depuis le roman de *Julie* qu'on s'est ainsi froidement passionné.[190]

So erklärt sich auch Rousseaus Bemühung um eine klare, begrifflich eindeutige Definition, wie er sie in den *Dialogues* gegeben hat. Wie andere Autoren seiner Zeit weist er eine rein passive „sensibilité", die unter dem Deckmantel der natürlichen Moral Schwäche rechtfertigt, weit von sich. Ob sein Werk nicht doch zu eben dieser weitverbreiteten Modeerscheinung beigetragen hat, steht auf einem anderen Blatt.

4. Kontinuität und Verbreitung

> L'apogée de la sensibilité dans l'Europe occidentale peut être placé environ entre 1750 et 1790.
>
> P. v. Tieghem: „Quelques aspects de la sensibilité préromantique", S. 158.

Die sowohl bei Diderot als auch bei Rousseau trotz aller Verschiedenheiten zu beobachtende Bemühung, sich im Gebrauch des Begriffs „sensibilité"

190 Zit. nach Monglond, *Le préromantisme* a.a.O., T. II, S. 319.

durch möglichst klare Definitionen von der offensichtlich um sich greifenden Inflation des Konzepts abzugrenzen, belegt auf beeindruckende Weise, wie sehr „sensibilité" in der zweiten Hälfte des Jahrhunderts, vor allem seit den späten 60er Jahren, als assoziationsreiches Konzept Verbreitung gefunden hatte. Die Abgrenzung weniger Autoren setzt die Kontinuität in Gedanken und sprachlichen Gewohnheiten der Mehrzahl voraus. Bevor sich das aufklärerisch-empfindsame Denkgerüst durch gedankliche Aushöhlung und gesellschaftliche Verwässerung seines emanzipatorischen und durchaus ernstzunehmenden oppositionellen Anspruchs in Mißkredit brachte, ist zunächst seit der Mitte des Jahrhunderts eine Konsolidierung der erreichten begrifflichen Inhalte zu beobachten. So wie man die Jahrhundertmitte als Zeitpunkt des Triumphs der „philosophes" zu bezeichnen pflegt, kann auch für die Begriffsgeschichte von „sensibilité" 1750 als Datum des endgültigen Erfolgs gelten. Niemand, der über Psychologie, Sitten oder in Romanintrigen sich äußerte, konnte mehr an dem nun bedeutungsschweren und mit enormem moralischem Prestige versehenen Begriff vorbei.

In den Augen ausländischer Autoren ist Frankreich ganz dem Bereich des „sentiment" verfallen:

> The French only are proud of sentiments at this day, the English cannot bear them...[191]

Diese Äußerung stammt aus dem Jahre 1754. Gut 10 Jahre später konstatiert Sterne in einem Brief noch genau dasselbe. Seine Einschätzung aber bringt den leichten und entscheidenden Wandel zum Ausdruck: stolz sind wohl auch noch 1765 alle Franzosen auf ihre „sentiments", nur genaue Vorstellungen davon, was sie eigentlich darunter verstehen sollen, die haben sie nicht mehr:

> I myself must ever have some dulcinea in my head – it harmonises the soul ... but I carry on my affairs quite in the French way, sentimentally – „*l'amour* (say they) *n'est rien sans sentiment*". Now notwithstanding they make such a pother about the word, they have no precise idea annex'd to it.[192]

[191] Richardson: *The history of Sir Charles Grandison,* 1754, V, S. 354.

[192] 23.8.1765. *Letters of L. Sterne,* ed. Lewis P. Curtis, Oxford 1932, S. 256. Auch in *A Sentimental Journey* kommt Sterne mehrmals auf jene französische Form der Liebe, *amour de sentiment,* zu sprechen; z.B. S. 111, 153; dort wörtlich: „L'amour n'est *rien* sans sentiment". (Ausgabe von Gardener D. Stout, Jr., Los Angeles 1967).

Die in den 70er Jahren immer häufiger anzutreffenden kritischen Äußerungen über die nun heuchlerische Mode der „sensibilité“ zeigen, wie schnell sie sich in den Jahren nach 1750 als gesellschaftlicher Verhaltenskodex durchsetzte, dem sich nicht nur Bürger oder Aufgeklärte anschlossen, sondern auch die höfische Hocharistokratie, die kurz zuvor noch dem von der Sache her eigentlich völlig entgegengesetzten libertinistischen System gefrönt hatte – und dies wohl auch aller Empfindsamkeit zum Trotz weiterhin tat.

Die Verbreitung des Gebrauchs von „sensibilité“, bei weitgehend gleichbleibenden Konnotationen (im Sinne der in B I ausgeführten Inhalte), überschaubar resümierend darzustellen, ist mit erheblichen Schwierigkeiten verbunden. Die Diffusion, deren Eigenschaft ja gerade im einzeln nicht mehr faßbaren Durchdringungsprozeß aller Bereiche der geistigen Produktion zu sehen ist, kann nur an Beispielen aufgezeigt werden. Eine lange Aufzählung von Zitaten oder durch Empfindsamkeit geprägten Werken würde wohl, zumal da es sich oft um sonst völlig unbekannte Autoren handelt, nicht sehr informativ sein.[193] Deshalb sollen hier drei ausgewählte Fälle dargestellt werden: ein bibliographisch-statistischer; einer aus dem Bereich der langfristigen Flächenwirkung und schließlich der eines einzelnen, mit seinen Werken außerordentlich erfolgreichen Autors.

4.1. Empfindsame Romanliteratur nach 1750 (Eine Statistik)

> The tendencies of an age appear more distinctly in its writers of inferior rank than in those of commanding genius.
>
> Palmer: The English Works of G. Herbert, preface, 1905, S. XII.

Die Romanproduktion der zweiten Hälfte des 18. Jahrhunderts ist seit dem Erscheinen von Martin/Mylne/Frautschis monumentaler Bibliographie ein relativ übersichtliches Feld geworden.[194] Diese Bibliographie umfaßt nicht nur eine unglaubliche Menge von Titeln, die zwischen den Jahren 1750 und 1800 veröffentlicht wurden, sondern auch Neuauflagen bereits edierter

[193] Einige dieser empfindsamen Erfolgsautoren werden wir in Kap. 5 besprechen.

[194] Angus Martin/Vivienne G. Mylne/Richard Frautschi: *Bibliographie du genre romanesque français 1751–1800,* London/Paris 1977.

Werke sowie Übersetzungen aus anderen Sprachen. Darüberhinaus haben sich die Autoren der mühseligen und langwierigen Arbeit unterzogen, die erfaßten Werke soweit zu lesen, daß eine inhaltliche und formale Klassifizierung möglich wurde. Wir verfügen also nicht nur über ein ausgezeichnetes Nachschlagewerk, sondern auch über einen inhaltlichen Wegweiser durch das Dickicht der Tausende von Titeln. Eine der Rubriken, die unter dem Kriterium „attitude" aufgeführt werden, ist „sensibilité". Auch wenn die Zuordnungskriterien nicht eindeutig objektiviert werden können und somit, wie die Autoren selbst freimütig einräumen, die Zuordnung subjektiv bleibt, kann aus den so gewonnenen Daten immerhin eine grobe Vorstellung davon ermittelt werden, was unter dem Schlagwort „sensibilité" an Prosawerken anzutreffen war. Die Titel[195] der Werke selbst sind oft vielsagend genug und geben Aufschluß über das Prestige gewisser Begriffe oder Termini. 1768 etwa erscheint ein kleines Büchlein, dessen Protagonisten „Sensible" und „Constant" die Verkörperung des dann folgenden Untertitels sind: „ou le véritable amour". Bienfaisance, Humanité, Triomphe de l'amour: alle diese mit „sensi-

[195] Zur Illustrierung seien einige Titel aus der Bibliographie angeführt:
La princesse Sensible et le prince Typhon, 1743
Elixirs du sentiment, 1751
Le triomphe de l'amitié, 1751
Les délices du sentiment, 1753
L'humanité, 1765
Sidnei et Silli ou la bienfaisance et la reconnaissance, 1766
L'heureuse famille, 1766
Lettres d'un philosophe sensible, 1769
Les heureux malheureux, 1773
Le triomphe de la vertu, 1774
Zabhet ou les heureux effets de la bienfaisance, 1775
L'homme sensible (Übers. von Mackenzies Man of feeling) 1775
La comtesse d'Alibre ou le cri du sentiment, 1779
Délassemens de l'homme sensible, 1783
Le mari sentimental, 1783
Bienfaisance ou la bonne mère, 1788
Im lyrischen Bereich ist dieselbe Tendenz zu beobachten. Delille schreibt eine *Ode à la bienfaisance* (*Œuvres diverses,* Paris 1832, S. 124ff) und ein Teil seines berühmten Gedichtes *L'imagination* ist *L'homme sensible* betitelt. Ein frühes amerikanisches Theaterstück trägt gar den Titel *Sensibility. A Drama* (von Mrs. Pinchard), Boston 1798. Und Samuel Johnson (1738–1798) verfaßt eine poetische Epistel mit dem Titel *Sensibility.* Babcock (*MLN* LXII, 1947, S. 394–397) nennt in den englischen Zeitungen des 18. Jahrhunderts Dutzende von Gedichten über *Sensibility.*

bilité“ in Verbindung stehenden Termini finden sich in Titeln von Romanen oder Erzählungen, genauso aber von Theaterstücken und lyrischen Werken wieder. Einige Autoren, die damals sehr bekannt waren, heute allerdings eher vergessen sind, stehen mit ihren hohen Auflagenzahlen für den recht großen Absatzmarkt, sowohl in Frankreich als auch in Übersetzungen für das Ausland. Baculard d'Arnaud etwa, dessen Name mit dem Zeitalter der Empfindsamkeit eng verbunden ist, erreichte 128 Auflagen seiner zahlreichen Werke und galt, glaubt man einer älteren, sehr ausführlichen Arbeit zur *Popular Novel in England 1770–1800*[196], auch für die Engländer als wichtiger Vertreter der „sensibilité“-Schule. Sein Name fiel damals in einem Atemzug mit demjenigen Rousseaus, Marmontels und Mme Riccobonis. Diese immense Verbreitung gewisser populärer Autoren und die damit einhergehende Bekanntmachung empfindsamer Konzepte und Lebensmaximen ist nicht nur in Frankreich zu beobachten, sondern gilt genauso für England[197] und Deutschland[198]. Fréron bescheinigt 1773 sogar der deutschen Literatur, sie entspreche in erfreulichem Maße den Vorstellungen einer tugendhaften, moralisch integren Kunst:

> Les productions allemandes ont un caractère qui les distingue bien avantageusement: elles respirent presque toutes l'honnêteté, la candeur, la sensibilité, l'amour de la vertu.[199]

Versucht man diesen Verbreitungseffekt einmal numerisch auszudrücken, muß man mangels präziserer Daten über Publikumszahlen auf die Auflagenzahlen der infrage kommenden Werke zurückgreifen. Legt man die genannte Bibliographie mit ihrem Kriterium „sensibilité“ zugrunde, ergibt sich ein beeindruckendes Bild. Ein sehr großer Teil der gesamten Romanproduktion kann dem Bereich der Empfindsamkeit zugeordnet werden. Die erste Tabelle, die im folgenden abgebildet wird, zeigt die Anzahl der neu erschienenen „sensiblen“ Romane pro Jahr (1751–1789), die zweite schließt Neuauflagen früher erschienener Werke mit ein.

196 J. M. S. Tompkins: *The Popular Novel in England 1770–1800,* London 1932, S. 367.

197 Siehe Tompkins, passim.

198 Für die deutsche Entwicklung siehe G. Jäger: *Empfindsamkeit und Roman,* a.a.O., sowie Sauder: *Empfindsamkeit.*

199 Zit. nach P. v. Tieghem: *L'année littéraire comme intermédiaire en France des littératures étrangères,* Paris 1917, S. 46f.

Neu erschienene Romane und Erzählungen

6	6	6	1	3	2	3	5	2	5	2	3	5
1751	52	53	54	55	56	57	58	59	60	61	62	63
9	11	14	16	14	21	15	11	10	10	15	21	17
64	65	66	67	68	69	70	71	72	73	74	75	76
14	11	10	10	8	10	19	8	4	14	10	27	19
77	78	79	80	81	82	83	84	85	86	87	88	89

Erschienene Romane und Erzählungen (inkl. Neuauflagen)

10	9	10	7	12	12	9	11	10	10	26	15	14
1751	52	53	54	55	56	57	58	59	60	61	62	63
25	33	32	35	45	43	45	25	28	35	29	49	38
64	65	66	67	68	69	70	71	72	73	74	75	76
36	30	20	22	34	32	45	30	27	33	35	50	40
77	78	79	80	81	82	83	84	85	86	87	88	89

Bei aller Vorsicht, mit der man diese Daten aufgrund des ungenau definierten Zuordnungskriteriums „sensibilité“ deuten muß, kann man doch festhalten, daß zwischen 1761 und 1764 (also nach dem Erscheinen der *Nouvelle Héloïse*) ein deutlicher Anstieg der Auflagenzahlen zu erkennen ist. Betrachtet man allein die Neuerscheinungen, wäre dieser starke Sprung um 1764 anzusiedeln; die Neuauflagen älterer Werke erleben eine starke Hausse ab 1761, die ungebrochen bis 1789 und sogar darüberhinaus anhält.[200]

Diese rein quantitativen Aussagen über die Verbreitung des Konzepts „sensibilité“ können nur als Bestimmung einer breiten Tendenz gelten. Allein die Analyse des einzelnen Textes könnte Aufschluß darüber geben, welche Inhalte und romaneske Situation mit „sensibilité“ in Zusammmenhang gebracht werden. Um die äußerlich-quantitativen Daten durch inhaltliche zu ergänzen, werden im folgenden die verschiedenen Auflagen der *Encyclopédie* Diderots sowie die in seiner Nachfolge erschienen Enzyklopädien als Medium der Verbreitung im Mittelpunkt stehen.

200 Diese Daten decken sich weitgehend mit den Ergebnissen Jean Sgards und Michel Gilots aus deren quantitativen Wortschatzuntersuchungen: „Jusqu'en 1760, sensibilité reste rare (...), sa montée est évidente vers 1770“. („La vie intérieure et les mots“, a.a.O., S. 522).

4.2. Die Encyclopédie und ihre Nachfolger als Medium der Verbreitung

> On ne peut disconvenir que depuis le renouvellement des lettres parmi nous, on ne doive en partie aux Dictionnaires les lumières générales qui se sont répandues dans la société...
>
> Prospectus de l'Encyclopédie

Die 17 Bände der ab 1750 erschienenen *Encyclopédie* d'Alemberts und Diderots pflegen als Summe des Wissens ihrer Zeit betrachtet zu werden. Kein Thema, das nicht in einem oder mehreren Artikeln ausführlich behandelt würde, erst recht dann, wenn es um aktuelle Themen der Aufklärungsphilosophie geht.

„Sensibilité" mit ihren verschiedenen Aspekten findet in der Enzyklopädie in zahlreichen Artikeln Niederschlag. Die Artikel über den Begriff selber wurde bereits in anderem Zusammenhang teilweise zitiert. Hier soll unter Hinzuziehung anderer Artikel, die sich zu verschiedenen Aspekten der Sensibilität äußern, versucht werden, das Bild, das ein Zeitgenosse aus dem größten Nachschlagewerk seiner Zeit gewinnen konnte, noch einmal zu umreißen. Während sich die erste Ausgabe der *Encyclopédie* diesbezüglich weitgehend als Resümee der Diskussion der ersten Jahrhunderthälfte darstellt und somit eher traditionell-bewahrenden Charakter hat, sind in den späteren Ausgaben der *Encyclopédie* selbst, sowie in verschiedenen Nachfolgern entscheidende Veränderungen bzw. Ergänzungen zu verzeichnen. Diese Veränderungen in der Definition und Beschreibung von „sensibilité" zeugen von der Aktualität des Themas, von der Konstanz gewisser Assoziationen, aber auch von der Geschwindigkeit, mit der sich der Begriff weiterentwickelt und mit der er an Prestige verliert. Dieses Nebeneinander von Kontinuität und Wandel kann gewissermaßen stellvertretend an den Artikeln zur „sensibilité" abgelesen werden.

Neben dem medizinischen Artikel zur „sensibilité physique" von Fouquet, der im *Supplément* durch einen moderneren von Albrecht von Haller ersetzt wurde, steht unter dem Stichwort „sensibilité" ein kurzer Artikel zur „morale". Verfasser ist der Chevalier de Jaucourt. Der Text aber stammt aus Duclos' *Considérations sur les mœurs de ce siècle* (1751) und ist ein Lob der seelischen Empfindsamkeit, ihrer wunderbaren Eigenschaften. „La sensibilité d'âme (...) donne une sorte de sagacité sur les choses honnêtes". Tugend ist ohne sie nicht denkbar, sie ist Mutter der „humanité", der „générosité". Trotz seiner Kürze resümiert der Artikel, was an Positivem über „sensibilité" zu sagen war. Auch wenn das Veröffentlichungsdatum wegen der bekannten Schwierigkeiten in der Publikationsgeschichte der *Encyclopédie* 1765 lautet, spiegelt der Text Jaucourts, bzw. Duclos', den Stand der Definition um die Jahrhundertmitte angemessen wider.

Ergänzend zum Artikel „sensibilité" ist der kurze Abschnitt über „tendresse" und „tendre" zu lesen. Ebenfalls vom Chevalier de Jaucourt verfaßt, liefert er eine kurze Definition von „tendresse":

> *Tendresse* n'est d'usage qu'au figuré; et la délicatesse de ce siècle a renfermé ce mot dans l'amour et dans l'amitié.

Während diese Definition an Mlle de Scudéry und ihre Zärtlichkeitstheorie erinnert, wird das Adjektiv allgemeiner definiert:

> Lorsque *tendre* se dit des personnes, et qu'il n'a point de régime, il s'entend ordinairement de la compassion, et particulièrement de l'amour; il est naturellement *tendre* pour les miseres d'autrui. Il y a des personnes qui affectent d'être *tendres* et sensibles à la perte de gens qu'elles connoissent à peine, afin qu'on soit *tendre* pour elles...

„Tendre" und „sensible" werden hier noch als Synonyme verwendet, während später, wie wir sehen werden, eine Differenzierung zwischen beiden Termini zu beobachten ist.

Liebe, Freundschaft, Mitleid, Tugend - alle Elemente, die das hohe Prestige des Begriffs „sensibilité" und seiner Derivate ausmachen, sind in den Artikeln der *Encyclopédie* vertreten. Selbst die empfindsamen Tränen, die als Folge der „sensibilité" ausgegeben werden, gehören zum Bild der aufklärerischen Sensibilität:

> *Pleurs,* (Métaphys.) Les pleurs sont l'effet de toute violente émotion de l'ame, car on pleure d'admiration, de joie, de tristesse, etc. Les plus grands héros n'étoient point honteux chez les anciens de verser des larmes. (...) Comment les pleurs deshonoreroient-elles un grand homme, puisque la sensibilité dont elles procedent est une vertu?

So wie sie sich hier - noch - darstellt, ist „sensibilité" in unmittelbarer gedanklicher Nähe zur aufklärerischen Morallehre und Fortschrittsgläubigkeit zu sehen. Definiert als Weichheit ohne Schwäche, steht sie für die Entwicklung der Menschen zu mehr Selbstbestimmung und Menschlichkeit. Nicht zufällig wird der intellektuelle Fortschritt mit dem Fortschritt der Herzen im Artikel „foible" ausdrücklich korreliert:

> A mesure que l'esprit acquiert plus de lumieres, le cœur acquiert plus de sensibilité.

Nur wenige Jahre nach dem Erscheinen des letzten Bandes im Jahre 1765 wird ein vierbändiges Supplement vorbereitet, das 1776/77 erscheint. Selbst im Abstand von so kurzer Zeit sind interessante Erweiterungen und Differenzierungen in den gegebenen Definitionen zu beobachten. Der neu eingefügte Artikel „Sensibilité - musique" betont die ästhetische Relevanz der Sensibilität sowohl auf Seiten des Produzenten als auch auf Seiten des Rezipienten.[201] Dieselbe Tendenz vertritt Marmontel wesentlich ausführlicher in seinen Artikeln zur Literatur und Literaturtheorie, die wenig später separat als *Elemens de littérature* veröffentlicht wurden. Der Artikel „tragédie" mag stellvertretend für eine Tendenz stehen, die neue ästhetische Errungenschaften in ein tradiertes System zu integrieren versucht, ohne die Grundfesten desselben grundsätzlich infrage zu stellen.[202] Als „principe de la tragédie" bezeichnet Marmontel die Bewegtheit der Seele, die als solche schon Wohlgefallen hervorruft:

> Il (le plaisir, F. B.) naît de l'attrait naturel qui nous porte à exercer toutes nos facultés et du corps et de l'ame, c'est-à-dire nous éprouver vivans, intelligens, agissans et sensibles. C'est cet exercice modéré de la sensibilité naturelle qui rend les enfans si avides du merveilleux qui les effraie.

In sorgsamem Vergleich des klassischen (antiken) und des modernen tragischen Systems stellt er die Eigenheiten der modernen Tragödie heraus, die u.a. darin bestehen, die tragischen Konflikte aus einem metaphysischen Zusammenhang zu lösen und in den Menschen zu verlagern. Als fruchtbarste aller möglichen Konstellationen bezeichnet Marmontel „la passion combinée avec la bonté naturelle". In dieser Formulierung kommt die empfindsame Konzeption von Tragik zum Vorschein: Fatalität im Sinne von Unausweichlichkeit eines Schicksals wird ersetzt durch Reformierbarkeit und Möglichkeit der Rückkehr zur „bonté naturelle". So sollen jene Charaktere, die zur Erweckung von Mitleid bei den Zuschauern vorgesehen sind, stets einen „fonds de bonté qui nous attache" besitzen:

[201] Siehe zu diesem Aspekt B I, 7.1. Der Artikel ist übrigens von J. J. Rousseau.
[202] Zu Marmontels Position innerhalb der Ästhetikdiskussion im 18. Jahrhundert siehe Roland Mortier: *L'originalité. Une nouvelle catégorie esthétique au siècle des lumières,* Genève 1982, Kap. IX; und Anni Becq: „Les idées esthétiques de Marmontel", in *Marmontel. De l'Encyclopédie à la Contre-Révolution,* Clermont-Ferrand 1970, S. 147–174.

> Il faut donc bien discerner entre les inclinations habituelles et les affections accidentelles du cœur humain, celles qui se concilient avec la bonté d'âme, celles dont le personnage intéressant peut s'applaudir, celles qu'il peut se pardonner, celles qu'il doit désavouer et se reprocher à lui même: car c'est surtout à l'équité du juge intérieur que l'on reconnoit la bonté naturelle. Ainsi les qualités essentielles du caractere intéressant, sont la droiture, la sensibilité, la candeur, la noblesse, et mieux encore la grandeur d'ame.

Voltaire erscheint ihm als derjenige der modernen Autoren, der alle pathetischen Vorteile familiärer und freundschaftlicher Verbindungen erkannt und in der Tragödie gewinnbringend eingesetzt hat:

> C'est lui qui le premier a répandu dans la tragédie cet intérêt si doux de la touchante humanité; c'est lui qui, sur la scene, a fait un sentiment religieux de la bienfaisance universelle.

Marmontel vertritt in seinen Artikeln zwar nicht eine polemisch gegen die Parteigänger der „Anciens" gerichtete ästhetische Theorie, wohl aber eine moderne Tragödienkonzeption, die den neuen anthropologischen Überzeugungen der empfindsamen Aufklärung Rechnung trägt.

An einem der im Supplement hinzugefügten Artikel ist abzulesen, daß in den Jahren zwischen 1765 und 1777 bezüglich der Begriffsgeschichte von „sensibilité" neue Erkenntnisse gewonnen wurden. Der neu aufgenommene Artikel „tendresse" nämlich bringt einige neue Aspekte in der Differenzierung von „sensibilité" und „tendresse" zur Sprache. Er ist mit (0) signiert, dem Kürzel d'Alemberts, und stammt aus den erst 1800 separat veröffentlichten *Synonymes français.*[203] Der Text lohnt in voller Länge wiedergegeben zu werden:

> Tendresse, Sensibilité, (Gramm. Synon.) La *tendresse* a sa source dans le cœur, la *sensibilité* tient aux sens et à l'imagination. La *tendresse* se borne au sentiment qui fait aimer; la *sensibilité* a pour objet tout ce qui peut affecter l'ame en bien ou en mal; la *tendresse* est un sentiment profond et durable; la *sensibilité* n'est souvent qu'une impression passagere, quoique vive; la *tendresse* ne se manifeste pas toujours au-dehors; la *sensibilité* se déclare par des signes extérieurs; la *tendresse* est concentrée dans un seul objet; la *sensibilité* est plus générale; on peut être *sensible* aux bienfaits, aux injures, à la reconnaissance, à la compassion, aux louanges, à l'amitié même, sans avoir le cœur *tendre,* c'est-à-dire, capable d'un attachement vif et durable pour quelqu'un; au contraire on

[203] D'Alembert: *Œuvres complètes,* Reprint Genève 1967, Bd. IV, S. 272.

peut avoir le cœur *tendre,* sans être *sensible* à tout ce qui vient d'autre part que ce qu'on aime; on peut même aimer *tendrement,* sans manifester à ce qu'on aime beaucoup de *sensibilité* extérieure. Mais le plus aimable de tous les hommes, est celui qui est tout à la fois *tendre* et *sensible* pour ce qu'il aime. (0).

D'Alembert definiert „tendresse" als eine Sonderform der sehr viel allgemeineren „sensibilité". Sensualistische Elemente sind in seiner Definition nicht zu übersehen, auch wenn er in der Aufzählung der Dinge, denen gegenüber man „sensible" sein könnte, eher traditionell bleibt. Wichtig ist die Trennung von äußerlichen Symptomen bei „sensibilité" und innerlichen Folgen der „tendresse", da hierauf eine später zu beobachtende Wertdifferenzierung der beiden Seelenqualitäten beruht. D'Alembert unterscheidet zwar recht klar zwischen „tendresse" und „sensibilité", stellt aber anschließend den engen Zusammenhang zwischen beiden, den wir für das späte 17. und frühe 18. Jahrhundert konstatiert hatten, explizit noch einmal her. Beide Eigenschaften sind löblich und gereichen demjenigen, der sie besitzt, zur Ehre.

Einen entscheidenden Schritt weiter geht der neu hinzugefügte Artikel „sensibilité-grammaire" in der III. Auflage der *Encyclopédie,* der sowohl in den 8°-Ausgaben, als auch in den 4°-Ausgaben abgedruckt ist.[204] Die dritte Auflage übernimmt die zuvor schon bestehenden Artikel zur „sensibilité" und „tendresse" von Jaucourt, den Artikel zur Musik aus dem Supplement sowie d'Alemberts Artikel zur „tendresse".[205] Darüberhinaus aber, und in gewissem inhaltlichem Widerspruch dazu, erscheint ein mehr als zwei Spalten langer Artikel, der mit den Siglen A. N. versehen ist, dem Zeichen für neu hinzugefügte Artikel.[206] Wie anläßlich Diderots „sensibilité"-Konzeption schon kurz ausgeführt wurde, stammt dieser Artikel einerseits zu kleinen Teilen aus Duclos' *Considérations,* andererseits aus einem Artikel Roubauds im *Mercure* (1759), der entweder direkt von dort, oder auf dem Umweg über Girards *Synonymes français* (in der Bearbeitung von Beauzée, 1769) übernom-

204 Die drei 4°-Ausgaben (Genève-Neuchâtel 1777–1781) sind mit den beiden 8°-Ausgaben (Lausanne-Bern 1778–1782) textidentisch. Wir zitieren nach der Oktav-Ausgabe. In der Forschung hat die Neuaufnahme eines Artikels zur „sensibilité" ein wenig Verwirrung gestiftet, siehe oben S. 281f.

205 D'Alemberts Artikel wird ebenfalls abgedruckt in der thematisch und nicht alphabetisch geordneten *Encyclopédie méthodique ou par ordre de matières, par une société de gens le lettres…,* Paris/Liège 1786, Tome „Grammaire et Littérature" III.

206 „Les lettres A. N. précedent les articles nouveaux qui ne se trouvaient ni dans le *Dictionnaire,* ni dans les *Supplémens.*" Vorwort des 1. Bandes.

men wurde. Entscheidend ist, daß die Entstehung dieses Textes mit 1759 genau datiert werden kann. Interessanterweise findet nun die in diesem Artikel zum Ausdruck gebrachte Skepsis gegenüber einer rein passiven „sensibilité" durch die Aufnahme in die *Encyclopédie* weite Verbreitung. „Tendresse" wird dort als „sensibilité active" definiert und der rein passiven Sensibilität gegenübergestellt. Physische Schwäche (der Alten und Frauen) steht mit „sensibilité", Heißblütigkeit mit „tendresse" in Verbindung. „Sensibilité" ist Ich-bezogen, „tendresse" dagegen altruistisch. Auf die materiell-physiologische Erklärung der „sensibilité" reagiert Roubaud schon 1759, indem er die einst positiven Eigenschaften der „sensibilité active" auf den Begriff „tendresse" überträgt, die Werte als solche also rettet und den Begriff „sensibilité" der Kritik preisgibt. Er geht nicht so weit, Sensibilität zu einem Laster, zu einem Fehler zu erklären - aber dem „homme tendre" allein ist die Tugend vorbehalten. Da Roubaud ein klerikaler Autor ist, mag das schon im 17. Jahrhundert zu beobachtende Mißtrauen der Kirche gegenüber den sensualistischen Elementen der „sensibilité" eine zusätzliche Rolle in der skeptischen Betrachtung der Empfindsamkeit spielen. Roubaud verwahrt sich ausdrücklich gegen die Meinung der „Stoïciens", die Empfindsamkeit schlicht zum Laster erklären. Und doch schränkt er ein:

> Il est certain au moins, que c'est en général une qualité fort équivoque, et par conséquent qu'elle n'est pas toujours la marque d'un cœur bien fait.

Die Unterscheidung zwischen einer passiven und einer aktiven „sensibilité" findet also auch in der *Encyclopédie* in den späten 70er Jahren ihren Niederschlag. Gleichzeitig aber transportieren die aus den früheren Ausgaben übernommenen Artikel die traditionelle Meinung über die tugendhafte Empfindsamkeit weiter.

Als letztes Beispiel der Entwicklung des Begriffs „sensibilité" in den verschiedenen Bearbeitungen der *Encyclopédie* soll die 1770–1780 erschienene *Encyclopédie d'Yverdon* von F. B. de Félice behandelt werden.[207] Der Artikel zur „sensibilité" ist völlig neu redigiert und mit einem (R) als neueingefügter gekennzeichnet.[208] Neben diesem Artikel zur „sensibilité - Morale", den de

[207] J. Lough beschreibt in seinem Artikel zu den verschiedenen Ausgaben der *Encyclopédie* auch diese Bearbeitung. Wilson (1934) und Sauder (1974) zitieren de Félices Artikel ausführlich.

[208] „Les articles suivis par un (R) ou par un (N) sont nouveaux dans cette Encyclopédie, et nous appartiennent en entier."

Félice selbst verfaßt hat, übernimmt er den medizinischen Artikel von Haller aus dem Supplement. De Félices Artikel ist sehr ausführlich und von dem Versuch geprägt, die politischen Konsequenzen aus dem aufklärerischen Sensibilitätsbegriff zu ziehen. Ausgehend von der aus früheren Definitionen bekannten Überzeugung, die jedem Menschen innewohnende „sensibilité" verbiete es ihm, seinesgleichen leiden zu sehen, ohne zuhilfe zu eilen, handelt de Félice von der Bedeutung der „sensibilité" als geschichtlicher Kraft.

> La sensibilité est un bouclier du foible contre le puissant; par elle la nature soumet l'homme qui veut abuser de ses forces.

Da alle Menschen, die armen wie die reichen und mächtigen, jene Sensibilität besitzen („On voit ces effets de la sensibilité dans tous les hommes"), sind alle Entfremdungen von der natürlichen Moral als Krankheitszustand zu betrachten. Die falsche Erziehung und die Vorurteile können die Menschen nur vorübergehend ihrer natürlichen Bestimmung entwöhnen:

> Nous verrons que leur (des hommes cruels, F.B.) insensibilité, leur cruauté même n'est point l'ouvrage de la nature, et qu'on ne les a rendus méchans et inhumains qu'en détruisant les principes d'humanité qu'ils avaient reçus en naissant. (307 a)

De Félice vertritt eine uns von früheren Texten bekannte sehr naive Überzeugung, die an blinden Optimismus grenzt. Sein Artikel erinnert zwar hin und wieder an Rousseausche Thesen, worauf Sauder zurecht hinweist, eine Verwandtschaft zu Rousseaus „sensibilité"-Definition besteht hingegen nicht. Viel naiver als Rousseau vertraut de Félice auf die mechanische Wirkung des Appells an die versteckten Kräfte der natürlichen Moral. Nur zu ihrem eigenen Glück werden sich alle Menschen ihrer natürlichen Gleichheit erinnern, aus der individuelle und gemeinschaftliche Zufriedenheit resultiert:

> C'est principalement la ressemblance des hommes, le sentiment de leur égalité naturelle qui donne naissance à la bienfaisance et à l'humanité. Tout ce qui fait disparoitre cette ressemblance et cette égalité, affoiblit la sensibilité naturelle, et peut rendre l'homme inhumain. (307 a)

Die Bezüge zur späteren revolutionären Terminologie sind offensichtlich. Von revolutionärem Gedankengut zu sprechen, ist trotzdem verfrüht, geht es de Félice doch um die Harmonisierung der Menschen untereinander, der verschiedenen Teile im Einzelnen und schließlich der verschiedenen sozialen Klassen. Wissen um die natürliche Gleichheit in einer natürlichen, gütigen Moral ist keineswegs identisch mit Infragestellung der Existenz und Berechtigung sozialer Unterschiede.

Zusammenfassend fällt zunächst das Bemühen aller Herausgeber und Autoren auf, jeweils neue Aspekte der Sensibilität gebührend zu berücksichtigen. Jede Ausgabe verfaßt bzw. übernimmt neue Artikel zu diesem Thema, das offensichtlich große Aktualität besaß. Wer sich in den 80er Jahren des 18. Jahrhunderts über jene „sensibilité", von der so viel gesprochen wurde, genauer informieren wollte und deshalb nach einer der vielgelesenen Enzyklopädien griff, hatte demnach ein recht farbiges Bild vor sich. Einerseits wurde ihm „sensibilité" als höchste Tugend des aufgeklärten Bürgers gepriesen, ja Tugend schien ohne „sensibilité" unmöglich. Diese aus der ersten Jahrhunderthälfte herrührende Bedeutung wird auch in denjenigen Ausgaben weitertradiert, die kritischen Stimmen Raum geben. Denn andererseits wird vor „sensibilité" und ihren rein äußerlichen Erscheinungen gewarnt. Schwäche, Heuchelei, Einsamkeit, Passivität - so stellt sich „sensibilité" im Gegensatz zu „tendresse" dar, die nun alle positiven Attribute für sich in Anspruch nimmt, die „sensibilité" früher zugeordnet wurden. Die Enzyklopädien geben ein erstaunlich getreues Bild dessen wieder, was man über den Gebrauch von „sensibilité" in der zweiten Jahrhunderthälfte sagen konnte. Natürlich erfreut sich „sensibilité" weiterhin eines hohen Ansehens, auch wenn kritische Geister zurecht vor ihren verflachten Äußerungsformen warnen. Diese erst ab 1750 und später zu beobachtende Zurückhaltung mag, das hatten wir im Falle Diderots und Rousseaus bereits festgestellt, sowohl auf die materialistisch-physiologische Erklärung der Sensibilität als auch auf die modischen Erscheinungen in der Gesellschaft zurückgeführt werden.

4.3. Die Verbreitung durch die schöne Literatur – das Beispiel Marmontel

> Bélisaire a fait une sensation extrême... Ce livre est regardé partout comme un ouvrage immortel. Il a fait germer des idées dans toutes les têtes.
>
> Le comte de Creutz à Marmontel, 9.7.1767.

Die Anzahl derjenigen Autoren, die in der zweiten Hälfte des 18. Jahrhunderts in ihren dramatischen oder narrativen Werken zur Verbreitung der neu entwickelten sozialen Tugend „sensibilité" beitragen, ist sehr groß. Die zu Anfang dieses Kapitels wiedergegebene Statistik ist ein deutliches äußerliches Indiz für diese Entwicklung.

Der Typ des „homme sensible“ mit den ihm eigenen Attributen ist in vielerlei Varianten und Zusammenhängen anzutreffen. Es bildet sich ein Kodex von Verhaltensweisen, Sprachformen und charakterlichen Eigenheiten heraus, an denen „un homme à sentiment“, „une âme sensible“ unschwer zu erkennen sind. Dieses Inventar, das wir weiter oben in einem resümierenden Kapitel zu skizzieren versucht haben, wird im allgemeinen in Abgrenzung zum herrschenden Ton der hochadeligen Gesellschaft in Szene gesetzt. Libertinismus und Sensibilität sind entgegengesetzte Lebensprinzipien.[209]

Unter den Autoren narrativer Werke[210], die trotz ihrer Verschiedenheit alle zu der Gruppe empfindsamer Autoren gerechnet werden können, gibt es einige, die aufgrund der beachtlichen Auflagenzahlen ihrer Werke besonders ins Gewicht fallen. Hier wären vor allem Baculard d'Arnaud, Madame Riccoboni, Mouhy, Marmontel und andere zu nennen. Sie haben, abgesehen vom engen Bezug zur Empfindsamkeit, ihre literarische Zweitrangigkeit gemeinsam. Im 18. Jahrhundert geradezu stürmisch gefeiert und gelesen, sind sie heute weitgehend der Vergessenheit anheimgefallen. Für unsere Fragestellung ist gerade ihre große Verbreitung von besonderem Interesse, läßt sich doch an ihr die Attraktivität auch des sensiblen Wertesystems ablesen. Jeder dieser Autoren wäre eine genaue Analyse wert.[211] Wenn wir uns entschlossen haben, Marmontels narratives Werk hier bevorzugt zu behandeln, so deshalb, weil es aufschlußreiche Varianten in der Behandlung des „sensibilité“-Themas bietet und so die Vielschichtigkeit des Begriffs angemessen widerspiegelt. Zudem ist Marmontel gerade als empfindsamer Aufklärer des zweiten Gliedes geeignet, die Kontinuität auch in diesem Punkt zu illustrieren. Voltaire protegierte ihn, und mit anderen Aufklärern verkehrte er auf freundschaftlichem Fuße. Seine offiziellen Funktionen als „historiographe du roi“ und als „secrétaire perpétuel de l'Académie“ zeigen, wie die philosophische Partei, zumindest mit ihren gemäßigten Vertretern, ihre Ideen und Personen auch in wichtiger sozialer Stellung durchsetzen konnte.

Zwei Typen sensibler Moral und Personen können bei Marmontel unterschieden werden: ein öffentlich-politischer Typ und ein privater Typ. Repräsentant des ersten ist die Hauptfigur Bélisaire des gleichnamigen Romans. Der Untertitel des im 18. Jahrhundert umstrittenen Werkes, das es bis 1817

[209] Zu ihrem dialektischen Verhältnis s.u. Kap. 6.

[210] Auch die dramatischen Werke der Zeit, etwa die Dramen Merciers und die frühen Werke Beaumarchais', über die wir schon in B I.7. berichtet haben, tragen zur Verbreitung der empfindsamen Werte bei.

[211] Zu Baculard d'Arnaud siehe oben B I.5. und das folgende Kapitel 5.2.

auf 47 Ausgaben brachte[212], könnte lauten: Die Empfindsamkeit im Dienste der Staatsräson. Als der Roman 1767 erschien, erregte er einiges Aufsehen. Grimm berichtet von 2000 verkauften Exemplaren in den ersten beiden Wochen nach Erscheinen. Bachaumont[213], Fréron[214] und Grimm[215] widmen ihm lange Artikel, in denen sie sich allesamt eher zurückhaltend über die Qualität des Werkes äußern: zu trocken, zu wenig poetisch, zu predigthaft. Das Thema des Romans ist der Lebensabend des berühmten Feldherrn aus der Armee Justinians, der aufgrund von Konspirationsverdacht zu Unrecht geblendet und entehrt wird.[216] Dieser unglückliche alte Mann nun entwickelt eine kuriose Mischung aus stoischer Lebenshaltung und sensibler Staatsräson. Justinian, der ihm als einfacher Adeliger der Nachbarschaft verkleidet jeden Tag andächtig lauscht, erkennt sein Unrecht und nimmt ihn in Ehren wieder zu sich an den Hof. Die Handlung ist auf ein Minimum begrenzt, tatsächlich erinnern die thematisch strukturierten Vorträge des blinden Bélisaire an Predigten eines Politikers. Daß ausgerechnet das 15. Kapitel, in dem es um den wahren christlichen Glauben geht, Anlaß zu einem Zensurprozeß der Sorbonne wurde, ist angesichts des recht harmlosen Inhalts fast eine Ironie des Schicksals.[217]

In offensichtlicher Anlehnung an *Télémaque*[218] entwirft Marmontel ein Erziehungsprogramm für zukünftige oder noch lebende ungerechte Herrscher. Der junge Tibère folgt den Ausführungen des weisen Alten genauso

212 Hierbei wurden die Gesamtausgaben, die *Bélisaire* enthalten, mitgerechnet.

213 *Mémoires secrets* vom 13.2.1767.

214 *Année littéraire* 1768, I und VIII.

215 *Correspondance littéraire* 1767, mars, avril, juin, octobre, décembre.

216 Der Stoff erfährt nach Marmontels Roman weitere Bearbeitungen, allein in den Jahren 1768 und 1769 drei Theaterstücke: *Bélisaire ou les masques* (drame heroï-comique) von Mondolot; *Bélisaire* (comédie héroïque) von Mouslier de Moissy (1769) und *Bélisaire* (drame) von Ozicourt; später eine Tragödie von Delisle de Sales *Bélisaire ou le triomphe du patriotisme malheureux* (1781) und schließlich im Jahre 1808 einen Roman von Mme de Genlis. Zitiert wird nach der Ausgabe der *Œuvres complétes* Paris 1787, IV.

217 Der Verlauf des Zensurprozesses, an dem die Öffentlichkeit regen Anteil nahm, ist ein spannendes Kapitel des Kampfes zwischen Sorbonne und Aufklärern. Für unsere Fragestellung ist lediglich interessant, daß ein solcher Prozeß überhaupt durchgeführt wurde, und die Zensur schließlich zur größeren Bekanntheit des Werkes beitrug. Die einzelnen Etappen des Prozesses rekonstruiert John Renwick: „L'affaire de Bélisaire; une phrase de manuel", in *Marmontel* a.a.O., S. 249–269.

218 Fréron stellt die Parallele zu *Télémaque* ebenfalls her und hebt die ungleich größere literarische Qualität Fénelons hervor.

wie Justinian selber. Ziel ist die Reformierung des Absolutismus, seine Verbesserung und nicht etwa seine Abschaffung.[219]

Die ersten Kapitel zeigen den leidenden, einsamen Bélisaire auf dem Weg zu seiner Familie, die von seinem Schicksal noch nichts weiß. Ein mitleiderregender Greis, den das Volk, dem er begegnet, nicht weniger liebt als seine ehemaligen Feinde ihn verehren. Marmontel hat ihm einen Charakter gegeben, der von „modestie, bonté, affabilité, bienfaisance, simplicité" und einem „fonds d'humanité, qui étoit la base de ses vertus" (S. XIV–XV) bestimmt ist. Der Leser ist emotional für den Protagonisten eingenommen und der moralischen Botschaft gegenüber offen. Dem Privatmann Bélisaire, der seine Frau, die sich vor Kummer verzehrt, gleich nach seiner Heimkunft verliert, werden nur wenige Augenblicke geschenkt:

> Bélisaire laissa un libre cours à la douleur de sa fille, et lui-même, il s'abandonna à toute son affliction; mais après avoir payé à la nature le tribut d'une ame sensible, il se releva de son accablement avec la force d'un Héros. (S. 60)

Als Held entwickelt Bélisaire dann seine Gedanken über Staats- und Kriegsführung, über die Gefahren des Hoflebens und des Luxus, über die Möglichkeiten, auch entfernte Provinzen durch ein gerechtes System an das Reich zu binden. Scheint er selbst in heroischer Überwindung seine natürlichen Regungen - Schmerz und Rachegelüste - in eine übermenschliche Tugend verwandeln zu müssen - das Bild, das er dem Kaiser als ideale Herrschaftsform entwirft, ist dessen wahrer Natur angemessen, ja würde nicht Überwindung erfordern, sondern lediglich die z.Zt. bestehende Entfremdung des Hoflebens aufheben. Hierin ist die Utopie Bélisaires der Empfindsamkeit verpflichtet: die wahre Natur des Menschen, auch des Staatsmannes, ist Güte und Gerechtigkeit. Tugend ist eben kein Kampf gegen die eigene Veranlagung, sondern deren Folge. Jeder irregeführte und nur deshalb ungerechte Monarch kann bekehrt werden, zumal wenn er einen mitleiderregenden, aber stoisch unberührten Bélisaire zum Lehrer hat. Machiavellis Lehre von der Trennung in Moral und Politik als zwei wesensverschiedene Ordnungen scheint vergessen.

Die Freude am Regieren liegt nicht im Auskosten der Macht, sondern in der Ausübung der Gerechtigkeit, Güte und Gnade:

[219] Dies mag auch die enthusiastischen Reaktionen aufgeklärter Herrscher wie Katharinas II. und Prinz Gustavs von Schweden erklären, die das Werk sofort übersetzen ließen und fortan nach seinen Prinzipien zu regieren gelobten. Siehe Bd. IV der *Oe.C., Lettres relatives à Bélisaire.*

> Il est (le plaisir, F.B.), dit le vieillard, il est dans le sentiment pur et intime de la bonté, dans le plaisir de s'éprouver humain, sensible, généreux, digne enfin de l'amour des hommes et des regards de l'Eternel. (S. 97)

Die heuchlerischen Höflinge werden durch Freunde abgelöst:

> Il aura des amis; ils lui feront goûter le charme des ames sensibles. (S. 200)

Das höfische Prinzip wird durch die Empfindsamkeit auf dem Thron ersetzt. Güte und Tugend erweisen sich gleichzeitig auch als Stabilisierungsfaktoren des Herrschaftssystems:

> Et ne voyez-vous pas qu'elle (la vertu, F. B.) est le fondement de toute discipline? (S. 29)
> Qu'il (le prince, F. B.) essaie d'être envers eux (les malheureux, F. B.) juste, sensible, secourable; qu'il n'emploie à régner sous lui que des gens dignes de le seconder; qu'il veille en père sur ses enfans; je lui réponds qu'ils seront dociles. (S. 223)

So ist das, was Bélisaire hier, getreu dem empfindsamen Credo, als wahre Bestimmung des sensibel geborenen Menschen definiert, im gleichen Moment die Garantie für den Fortbestand des absolutistischen Systems. Solange die Gesetze des „bon sens" (S. 240) nicht gebrochen werden, solange Toleranz und Freiheit des Denkens herrschen (S. 245), solange der Prinz sich von Tugend und Gerechtigkeit leiten läßt, braucht er um seine Macht nicht zu fürchten. Diese Zähmung des oppositionell-fortschrittlichen Gehalts der sensiblen Menschensicht ist für Marmontel, aber auch für seine Zeit typisch. Marmontel ist stets um Kompromisse bemüht, Kompromisse der Versöhnung, der Annäherung. Diese harmonisierende Tendenz besteht auch innerhalb seines „sensibilité"-Konzepts: Rührung muß durch heroische Anstrengung ergänzt werden, so wie politisch-militärische Brutalität durch Güte und Vergebung ausgeglichen werden. Sein moralisches Ideal, verkörpert in Bélisaire, könnte man als „stoische Empfindsamkeit" oder als versöhnlichen Stoizismus bezeichnen. Auf jeden Fall tritt hier die anti-stoische Ausrichtung, die im 17. Jahrhundert entscheidend zur Herausbildung von „sensibilité" als moralischem Konzept beigetragen hatte, in den Hintergrund. Vielmehr geht es um die Rettung der Sensibilität gegenüber dem schon formulierten Vorwurf der Schwäche, der „Verweiblichung". Das Nebeneinander von stoischer Beherrschung der Leidenschaft, philosophischer Distanz und sensibler Hingabe an die eigene gefühlsmäßige Natur ist auch in einigen der *Contes moraux* zu beobachten, am allerdeutlichsten in *Alcibiade,* wo Sokrates höchstpersönlich den Wert der „sensibilité" betont:

> Ah! mon cher maître, s'écria Alcibiade revenant à lui-même, qu'on est malheureux d'être sensible! il faut avoir une ame de marbre dans le siècle où nous vivons. J'avoue, reprit Socrate, que la sensibilité coûte cher quelquefois; mais c'est une si bonne chose, qu'on ne saurait trop la payer.[220]

Überhaupt haben die *Contes* einiges mit dem Inhalt *Bélisaires* gemeinsam. Der entscheidende Unterschied ist, daß es in ihnen hauptsächlich um das private Verhältnis einzelner Menschen zueinander geht und nicht um Angelegenheiten des Staates. Überwiegendes Thema ist Liebe, ihre verschiedenen Formen, ihre ideale Konzeption und deren Konflikte mit den Gegebenheiten der menschlichen Realität. Die Form des *Conte moral* gilt als Marmontels Erfindung.[221] Trotz der manchmal beachtlichen Länge der Erzählungen, die sich hin und wieder auch in Länge und inhaltlicher Komplexität der Form des Romans nähern, dreht es sich meist um eine Hauptperson und deren Erziehung, um die Erkenntnis eines bestimmten Sachverhalts. So bekehrt *La femme comme il y en a peu*[222] ihren Gatten vom ausschweifenden Leben des Möchtegernadeligen zur nüchternen Lebensweise des reichen, aber bescheidenen Bürgers; in *Le bon mari* ist die Konstellation genau umgekehrt.[223] Versucht man die Themen der einzelnen Geschichten auf einen gemeinsamen Nenner zu bringen, so fällt auf, daß sich immer zwei gegensätzlichen Welten mit ihren verschiedenen Werten und Liebeskonzeptionen gegenüberstehen: die der Libertinage, der höfisch-hochadeligen Prunksucht mit „amour-propre“, „vanité“, „fatuité“ auf der einen Seite; die der „honnêtes gens“, meist Bürger oder geadelte Bürger mit „raison“, „bon sens“, „modestie“ und „sensibilité“ auf der anderen Seite.[224] Fragt man, welcher Welt Marmontel zuneigt, und welche in seinen Erzählungen den kürzeren zieht, so ist die Antwort nicht schwer: die Welt des Hofs und der Libertinage entfremdet die Menschen sich selbst, und nur durch geduldige Erziehung können vor allem junge Menschen dem Sog der „mode“ und dem „bon ton de la société“ entzogen werden. Hoffnung aber besteht allemal: *La mauvaise mère* (Bd. II) findet zu ihren natürlichen Muttergefühlen zurück; der *Misanthrope corrigé* (Bd. III) belehrt Molière eines besseren, wenn er den Aufforderungen seiner Freunde nachkommt:

220 In *Œuvres complètes,* Bd. I, S. 63.

221 Zur Gattung des *Conte moral* siehe Jean Sgard: „Marmontel et la forme du conte moral“ in *Marmontel* a.a.O., S. 229–237.

222 In *Œuvres complètes* Bd. III.

223 Ebenda.

224 Jean Sgard bringt es auf eine einfache Formel: „La structure de tous ces contes se réduit à une antithèse du bien et du mal, de la vertu recompensée et du vice puni.“

> Crois-moi, mon ami, poursuivit-il, sois homme, et vis avec les hommes: c'est l'intention de la nature: elle nous a donné des défauts à tous, afin qu'aucun ne soit dispensé d'être induldent pour les défauts des autres. (S. 328)

Der allgemeine Ton ist zweifelsohne optimistisch, sensible Menschen können ihre Natur nicht auf Dauer verleugnen, wenn die Appelle an ihr Innerstes nur stark genug sind. In *La bonne mère* wird die zu verheiratende Tochter Emilie von ihrer Mutter ins Theater geführt. Ihre beiden Freier, der mondäne Verglan und der empfindsame Belzors, wohnen der Aufführung von *Inès de Castro* und *Nanine* (zwei recht empfindsame Theaterstücke) ebenfalls bei. Ihre Reaktionen sind typisch und geben bei der Wahl des Bräutigams den Ausschlag: Verglan gebärdet sich als Theaterkenner und kommentiert trocken die einzelnen Aspekte des Stückes; Belzors hingegen zerfließt in Tränen des Mitleids.

Die Konfrontation dieser beiden Welten ist nicht neu und uns bereits wohl bekannt. Interessant ist allerdings die Art, wie Marmontel die zwischen ihnen bestehenden Konflikte im Einzelfall zu lösen beabsichtigt.

Ging es bei anderen empfindsamen Autoren, etwa Baculard d'Arnaud in den *Epoux malheureux,* um eine totale Konfrontation zwischen „sensibilité" und „préjugé", so ist Marmontel um eine Annäherung bemüht. „La vie n'est pas un roman"[225] scheint die Devise zu sein, nach der die Empfindsamkeit zwar weiterhin als Tugend und Glück gepriesen, gleichzeitig aber in den Zusammenhang der gesellschaftlichen Realität gestellt wird. Mehrere junge Helden und Heldinnen[226] sind auf der Suche nach der wahren Liebe, nach dem romanesken Typ empfindsamer Freundschaft. Niemals wird das „sensibilité"-Prinzip der Libertinage unterliegen, das glückliche Ende gehört für Marmontel offensichtlich zum *Conte moral.* Und trotzdem versucht er zu vermitteln. In *Tout ou rien* vertritt Ergaste die empfindsame Liebe („deux cœurs également sensibles, faits pour s'aimer également", I, S. 348). Im Verlauf des *Conte* schildert Marmontel ihn zwar sympathisch, aber mit amüsiertem Ton, der Leser hat somit Distanz zur empfindsamen Figur. Allein dies reicht schon, ungeachtet des abschließenden „dénouement heureux", aus, um Marmontel von vielen anderen sensiblen Autoren zu unterscheiden. Aber auch das Ideal der Empfindsamkeit selber muß sich Vorwürfe wegen seiner Weltfremdheit machen lassen:

[225] *Œuvres complètes* Bd. I, S. 137 *Le scrupule.*

[226] In *Alcibiade* I, Bélise in *Le scrupule* I, *Les quatre flacons* I, *Tout ou rien* I, *La bergère des Alpes* II etc.

> Eh quoi! parce qu'il n'est point dans la vie de plaisir sans mélange, faut-il se priver de tout, renoncer à tout? Non, Madame, il faut tirer parti de ce qu'on a de bon, se pardonner à soi-même et aux autres ce qui est moins bien, ou ce qui est mal.[227]

Ganz ähnlich findet Lucile in *L'heureux divorce* nach verzweifelter Suche des wahren Liebhabers plötzlich in ihrem Mann das kleinere Übel:

> J'ai trouvé mon mari insipide; et il vaut mieux que tout ce que j'ai vu.[228]

So bleibt das Glück der empfindsamen Seelen, die von den Vorurteilen befreit zu sich selbst finden, manchmal von einem Wermutstropfen getrübt. Die Desillusionierung treibt die Personen öfter in die Arme der Empfindsamkeit als die prinzipielle Überzeugung. In *La bergère des Alpes* bleibt sogar die reine Liebe des jungen Fonrose zu der bildhübschen, eigentlich adeligen Schäferin Adelaïde unerwidert - trotzdem willigt er in eine Ehe unter diesen Umständen ein. Dieser Schluß wäre für ein rein empfindsames Gemüt eine Zumutung, müßte es sich doch die Unzulänglichkeit des Ideals im Alltag eingestehen.[229]

Hin und wieder zu beobachtende Distanz zu den sensiblen Personen, kompromißhafte Auflösung der Konflikte, Anpassung an die Gewohnheiten der guten Gesellschaft - all dies sind Elemente, die davon zeugen, wie Marmontel die Hereinnahme sensibler Ideale (romanesker Ideen, wie er sagt) in die Lebenswirklichkeit vorantreibt. Die Attribute der Empfindsamkeit sind bekannt, sie werden nur noch fast wie im Zitat benannt. Nicht mehr die Definition und Beschreibung eines „homme sensible" stehen im Vordergrund, sondern seine Probleme in der Gesellschaft, die Gefahren, die er in ihr läuft, die Lösungen, die sich ihm in ihr bieten. Immer wieder gelingt es den neu vereinten Ehepaaren, ihr empfindsames Familienglück in der Gesellschaft zu leben, ohne dieser völlig den Rücken kehren zu müssen. An Marmontels *Contes* läßt sich beobachten, wie ein neu entstandenes Verhaltensmuster, das zunächst nur in Abgrenzung zur bestehenden Gesellschaft entwickelt wurde, in die Realität integriert werden kann, sei es, daß sich diese der Empfindsam-

227 *Le scrupule* I, S. 137.
228 *L'heureux divorce* III, S. 61.
229 Ähnliche Abstriche am abschließenden Glück müssen in *Laurette* gemacht werden: Luzy, ein Adeliger, und Laurette, ein auf dem Land lebendes junges Mädchen, dürfen sich heiraten: Laurettes Vater aber weigert sich, zu seinen Kindern nach Paris zu ziehen.

keit, oder die Empfindsamkeit der Gesellschaft anpaßt. Die ansatzweise vorhandene Distanz zum sensiblen Ideal unterscheidet Marmontel von anderen, ungleich trivialeren Autoren seiner Zeit, die uns im kommenden Kapitel beschäftigen.

5. *Mode und Trivialisierung der „sensibilité" – eine literarisch-gesellschaftliche Erscheinung*

> Arme, aber heilige Empfindsamkeit! womit wird nicht dein Name verwechselt?
>
> Jean Paul[230]

Hippolyte Taines *Origines de la France contemporaine* und seine dort geäußerte Meinung über die „sensibilité" des Ancien Régime, mit der wir den Überblick über die kritischen Äußerungen des 19. Jahrhunderts zur „sensibilité" eröffnet hatten, entbehren, wenn sie auf die erste Hälfte des Jahrhunderts bezogen werden, jeder Grundlage. Berücksichtigt man aber, daß Taine sich im wesentlichen auf Quellen des letzten Drittels des Jahrhunderts stützt, so werden seine Ergebnisse verständlicher. In der Tat: die letzten drei Jahrzehnte des 18. Jahrhunderts erleben die Integrierung des „sensibilité"-Begriffs und der mit ihm verbundenen Werte in den „bon ton" der höfischen Gesellschaft. Im Laufe unserer Untersuchung hatten wir mehrmals auf dieses Phänomen hingewiesen.

In der Entstehungsphase im späten 17. Jahrhundert wird „sensibilité" in Abgrenzung zur höfischen „dissimulatio" entwickelt und definiert. Dieser Kontrast, der den oppositionellen Gehalt des Begriffs wesentlich mitbestimmt, bleibt bis 1750 erhalten. Mme Riccoboni hatte in dem oben (S. 138) zitierten Text aus dem Jahre 1750 die Empfindsamkeit noch als „partage du pauvre, de l'honnête pauvre" bezeichnet. Und doch war die Möglichkeit, Empfindsamkeit zu heucheln, obowhl sie auf „sincérité" fußt, von Anfang an gegeben. Als bewußtes, wenn auch unreflektiertes Empfinden war „sentiment" nicht völlig irrational, unterlag also zumindest teilweise der Willenskraft.

> In the long run these two properties (spontaneity and awareness, F. B.) came into conflict with each other, seeing that self-consciousness is inimical to sincerity, but this development belongs to the end of the century.[231]

[230] Zit. nach P. v. Tieghem: „Quelques aspects...", a.a.O., S. 146.
[231] Spink: „From 'Hippolyte est sensible'..." a.a.O., S. 194.

Sobald also gesellschaftlich mit den typischen Verhaltensformen einer „âme sensible“ Ansehen und Vertrauen gewonnen werden konnten, sobald man sich als „homme sensible“ nicht mehr lächerlich machte, wurde „sensibilité“ für Heuchler interessant. Sicher vor Hypokrisie war „sensibilité“ nur solange, wie sie „proscrite dans la société“[232] blieb. Das Phänomen der Heuchelei ist ab 1770 zu beobachten und wird von zahlreichen Zeitgenossen konstatiert, auch von solchen, die der „sensibilité“ selber aufgeschlossen gegenüberstehen. Damit geht eine Verflachung der empfindsamen Literatur einher, die wir unter dem Stichwort „Kitsch“ näher zu bearbeiten versuchen. Das gesellschaftliche Phänomen der empfindsamen Mode und die literarischen Erscheinungen, die im Anschluß beschrieben werden, sind als voneinander abhängig zu verstehen.

5.1. Die Mode der Empfindsamkeit in der „société“

> La bonté, la sensibilité, la tendre humanité sont devenus la fantaisie universelle.
>
> Mme Riccoboni an Garrick, 1769.[233]

Sowohl Mlle de Scudéry als auch einige Jahrzehnte nach ihr der Abbé Gamaches setzten die natürliche Sensibilität mit unbedingter Aufrichtigkeit gleich. Der Naturbegriff ihrer optimistischen Anthropologie erlaubte es, auf die spontane Äußerung jener „sensibilité“ zu vertrauen, die, obwohl altruistisch, keineswegs mit dem „amour propre“ unvereinbar schien. Der Egoismus desjenigen, der durch seine Tugend und durch ihre Ausübung Glück erfährt, verträgt sich durchaus mit dem altruistischen Inhalt dieser Tugend. Dieses heikle Gleichgewicht, das sich vom christlichen Tugendbegriff, der als Überwindung und Opfer definiert wurde, immer weiter entfernte, konnte solange aufrecht erhalten werden, wie Empfindsamkeit keinen anderen Preis kannte als das Glück ihrer Ausübung selbst. Die Befriedigung war innerlich und wurde höchstens in der Gesellschaft verwandter Seelen geteilt. Die „âme sensible“ war - noch - gesellschaftlicher Außenseiter. Die Koinzidenz von Eigeninteresse und Altruismus macht einen zentralen Punkt der Aufklärungsethik aus.

[232] Siehe oben, S. 77.

[233] *The private Correspondance of David Garrick,* 1832, II, S. 561.

> Solchermaßen wurde im 18. Jahrhundert die Heuchelei - nicht der *amor sui* - 'zum schlimmsten aller Laster', die menschliche Existenz aber sollte in einer Transparenz zu stehen kommen, die einer Fülle von Tugend und Glück, der Wahrheit und der Eintracht Platz gab.[234]

Hintergrund für diese Haltung bleibt auch bei den Philosophen die Opposition gegenüber der Dissimulation, die als entfremdende Kultur nicht die Interessenten der menschlichen Natur wahren konnte. Es mutet wie eine Ironie des Schicksals an, daß der Erfolg des emanzipatorischen Konzepts „sensibilité" selbst zu seiner Aushöhlung beigetragen hat. Mit dem Erfolg der „philosophes", den man um die Jahrhundertmitte, spätestens aber mit dem vollständigen Erscheinen der *Encyclopédie* anzusetzen pflegt, geht der Erfolg des „sensibilité"-Begriffs einher. Was sich universell durchsetzte, wurde auch gesellschaftlich akzeptabel. Wir hatten in Duclos' Werk beobachten können, daß er es angesichts der offensichtlich praktizierten Empfindsamkeit schon 1751 für nötig hielt, vor einer passiven, schwachen „sensibilité" zu warnen. Gerade die äußerlichen Symptome wie Tränen, Ohnmachtsanfälle, Rührung, eine gewisse Sprache etc. waren leicht imitierbar und nötigten nicht zu praktischer Handlung bzw. zu einer Veränderung der Weltanschauung. Und doch ist zwischen der Duclosschen Trennung in „aktive" und „passive" Sensibilität und dem Vorwurf der Heuchelei zu unterscheiden.

Crébillon (fils) hatte schon in seinen *Egarements du cœur et de l'esprit* die geheuchelten Gefühle verurteilt. Diese bleiben allerdings auf den Bereich der Liebe beschränkt und betreffen nicht den ganzen Verhaltenskodex, der mit „sensibilité" in Verbindung steht und alle Lebensbereiche betrifft. Marivaux' Marianne ihrerseits vertritt eine ehrliche, aufrichtige Empfindsamkeit, verdeutlicht aber in der ihr eigenen Mischung von Koketterie und Naivität, wie nah die Bewußtheit der „sensibilité" der taktischen Ausnutzung derselben sein konnte, ohne deshalb den Vorwurf der Heuchelei zu verdienen. Ironisch äußert sich eine Person im *Paysan Parvenu* über die sinnlichen Implikationen der nach außen zur Schau gestellten Empfindsamkeit, den direkten Vorwurf der Heuchelei erhebt Marivaux aber auch hier nicht.[235] Wie nützlich die

[234] Tilo Schabert: *Natur und Revolution. Untersuchungen zum politischen Denken im Frankreich des 18. Jahrhunderts.* München 1969, S. 71.

[235] „Pensez-vous que je vous en estime moins, parce que vous êtes capable de ce qu'on appelle une faiblesse? Eh! tout ce que j'en conclus, au contraire, c'est que vous avez le cœur meilleur qu'une autre, Plus on a de sensibilité, plus on a l'âme généreuse, et par conséquent, estimable." (S. 215).

Äußerung „sensibler" Merkmale in der Bemühung um gesellschaftliches Ansehen sein konnte, hatte Diderot 1767 zum Ausdruck gebracht.[236] Das früheste mir bekannte Zeugnis, in dem der Vorwurf der in der Gesellschaft verbreiteten Manie, Empfindsamkeit zu heucheln, ausdrücklich erhoben wird, stammt aus dem Jahre 1769 und ist einem Brief Mme Riccobonis an den englischen Schauspieler Garrick entlehnt:

> La bonté, la sensibilité, la tendre humanité sont devenus la fantaisie universelle. On feroit volontiers des malheureux pour goûter la douceur de les plaindre.[237]

Weitere Zeugnisse aus den folgenden Jahren weisen in der Beschreibung des Phänomens Parallelen auf:

> C'est à présent (...) le règne des beaux sentiments débités avec une chaleur factice. On se plaît à parler de la nature dans un temps où l'art règne partout; on s'extasie sur les beautés avec un enthousiasme battu à froid; on ne parle que de sensibilité, et il semble qu'il n'y a qu'à vivre en Suisse pour être sensible.[238]

Im gleichen Stil auch Baculard d'Arnaud (der abgesehen davon selbst wesentlich zur Mode-Empfindsamkeit beigetragen hat):

> Le mot de sensibilité est une de ces expressions à la mode, qui reviennent continuellement dans les écrits, dans les conversations, et peut-être ne s'est-on jamais montré moins sensible.[239]

Im *Journal de lecture* (8/1777) wird immerhin noch die Möglichkeit eingeräumt, einen „echten" Empfindsamen von seinem heuchlerischen Widersacher zu unterscheiden:

> De toutes les prétentions, la plus commune aujourd'hui et la plus difficile à soutenir, c'est la prétention à la grande sensibilité, et même à l'enthousiasme. Les ames passionnées et les cœurs sensibles ont des moyens de se toucher et de se reconnoître que l'esprit ne peut appercevoir.

236 Siehe oben, S. 276.
237 *The private Correspondance* a.a.O., II, S. 561.
P. v. Tieghem datiert die empfindsame Mode in England auf 1775 („Quelques aspects...", S. 149). In Deutschland sind ganz analoge Phänomene in den späten 70er Jahren zu beobachten (Siehe Jäger: *Empfindsamkeit und Roman,* a.a.O., S. 34ff.).
238 Sénac de Meilhan: *Portraits et caractères,* 1813, S. 166f; zit. nach Monglond: *Le préromantisme* a.a.O., II, S. 319.
239 *Œuvres,* Paris 1803, T. I, S. III.

Nach der übereinstimmenden Auskunft vieler Zeitgenossen aber scheint es doch vielen Imitatoren der „sensibilité“ gelungen zu sein, dieselbe überzeugend darzustellen und sie somit auf die Dauer in Mißkredit zu bringen.[240] Am Ende des Jahrhunderts brachte L. C. Chéron de la Bruyère diesen neuen Typ des „hypocrite“ sogar auf die Bühne: *L'homme à sentimens ou le Tartuffe des mœurs* (gedr. 1801) versucht, mit moralisch erhobenem Zeigefinger in der Nachfolge Molières ein zeitgenössisches Laster zu treffen. Die Vorwürfe der „sensibilité factice“ halten sich bis ins frühe 19. Jahrhundert. Anläßlich der Besprechung eines Briefromans von Mme de Genlis erinnert sich ein Redakteur des *Journal des Débats* (19.2.1821) an die Modeerscheinung der Empfindsamkeit:

> La première lettre de ce roman est datée de l'année 1770 époque où commençoient à devenir de mode, et à être du bon ton cette affectation d'enthousiasme et cette hypocrisie de sensibilité pour lesquelles il fallut créer un nouveau mot, et qui furent appelées *exaltation.*

240 Ergänzend seien noch genannt: Sébastian Mercier: *Le nouveau Paris* 1797, T. II, S. 192, der über die „éternels comédiens de la sensibilité“ klagt; Chamfort, *Maximes, pensées*... a.a.O., Nr. 945: „M. de Tressan, autrefois amant de Mme de Genlis, et père de ses deux enfants, alla, dans sa vieillesse, les voir à Sillery, une de leurs terres. Ils l'accompagnèrent dans sa chambre à coucher et ouvrirent les rideaux de son lit, dans lequel ils avaient fait mettre le portrait de leur défunte mère. Il les embrassa, s'attendrit. Ils partagèrent sa sensibilité; et cela produisit une scène de sentiment la plus ridicule du monde.“
„La sensibilité, *l'extrême sensibilité* est l'universelle manie...“ Mme Riccoboni: *Lettres de Milord Rivers à Sir Charles Cardigan,* Paris 1777, I, S. 71.
„Les hommes (...) si vous les écoutez vous ne les entendrez parler que d'*humanité,* de *bienfaisance*; cent fois par jour ils vous diront confidemment qu'ils ont une ame d'une *sensibilité incroyable.* La Morale a maintenant ses hipocrites comme en avoit autrefois la Religion.“ Sauvigny, in *Le Persifleur* 1771. „Ce mot mis en commerce et à si haut prix est la sensibilité. On l'a armé depuis peu du magique pouvoir de transformer le vice en vertu.“ Dutoit-Mambrini: *La philosophie divine,* Paris 1793, S. 76. 1784 warnt Delangle, man solle „ne pas confondre la bienveillance universelle avec cette sensibilité banale, cet égoïsme philosophique qui, pour se despenser d'aimer son père, sa mère et ses enfants, aime en gros tout l'univers.“ (Delangle: *Voyages en Espagne,* T. I, S. 94 (note). zit. nach Gohin: *Transformation de la langue française dans la deuxième moitié du XVIIIe siècle,* Genève 1970 (Reprint).
Auch in der Sekundärliteratur hat man sich darauf geeinigt, daß vor der Revolution eine Mode der „sensibilité“ zu konstatieren ist: Wilson, Brissenden, Monglond äußern sich alle mehr oder weniger ausführlich zum „développement épidémique de la sensibilité“.

Spätestens seit der Thronbesteigung Ludwig XV. und Marie Antoinettes hält die „sensibilité"-Kultur auch Einzug am Hof. Mme d'Oberkirch berichtet in ihren Memoiren von einer kuriosen Frisurenmode, die im Jahre 1774 schon existierte und die einen Eindruck von der Lächerlichkeit der Modeerscheinungen gibt:

> Le deuil du roi arrêta un peu une nouvelle mode assez ridicule, qui remplaçait le *quesaco,* celle des *poufs au sentiment.* C'était une coiffure dans laquelle on introduisait les personnes ou les choses qu'on préférait. (...) C'était incroyable d'extravagance.[241]

Die neue Königin Marie-Antoinette wird in den Memoiren vieler Höflinge als Frau geschildert, die Wert auf familiäre Intimität legte, der das höfische Zeremoniell unangenehm war.

> La reine (...) voulait goûter plus qu'aucune autre reine qui avait occupé le trône de France, les douceurs de l'amitié et les charmes de la vie privée, ce qui, pour le dire en passant, ne convient ni aux rois, ni aux reines.[242]

Mme de Genlis, die am Hofe als Erzieherin eine zentrale Rolle spielte und selbst mit zur Verbreitung der modischen Empfindsamkeit in ihren didaktischen und fiktionalen Werken beigetragen hat, kommt in ihren Memoiren auch auf die Exzesse einer unechten „sensibilité" zu sprechen. Interessanterweise setzt sie den Siegeszug der „philosophes" in den adeligen und höfischen Kreisen mit der Entstehung der empfindsamen Mode in Verbindung, bestätigt also die These von den aufklärerischen Ursprüngen der „sensibilité", gleichzeitig auch die Verflachung des Konzepts im modischen Mißbrauch:

> J'avoue que plusieurs années avant la Révolution une grande dégénération se faisait remarquer dans le grand monde. Tandis que la philosophie moderne corrompoit les mœurs et dénouoit tous les liens de la société, elle mettoit à la mode *le langage de la sensibilité,* mais dans un langage emphatique, un galimatias ridicule, qu'il falloit avoir l'air de comprendre, et dont personne n'étoit la dupe; toutes les démonstrations qui ne prouvent rien, tous les discours affichoient *la sensibilité* la plus exaltée, presque toutes les actions sérieuses décéloient et prouvoient un profond égoïsme.[243]

241 Mme d'Oberkirch: *Mémoires,* Paris 1853, I, S. 56.

242 *Mémoires du comte de Tilly,* éd. F. Barrière, Paris 1981, S. 264.

243 Mme de Genlis: *Mémoires,* Paris 1825, T. VII, S. 192f. Die Rührungsfähigkeit erstreckt sich bis auf die Tierwelt. So etwa in Restif de la Bretonnes *Vie de mon père* 1778, S. 18: „Rapporterai-je qu'il versa des larmes en revoyant un excellent cheval devenu haridelle pendant son absence? Pourquoi non? pourquoi la sensiblité envers l'utile animal qui paie notre amitié par ses services et par une amitié réciproque serait-elle un ridicule?"

Nur einige Beispiele sollen das letzte Steckenpferd des Ancien Régime verdeutlichen.[244] Die Presse nimmt sich z.B. des Phänomens in der Form an, daß der *Mercure* seit 1776 regelmäßig Informationen über gute Taten veröffentlicht. Aber trotz aller eigennützigen Motivation muß anerkannt werden, daß auch sinnvolle Projekte sozialen Engagements realisiert wurden. Die Intendanten in den Provinzen etwa ließen es sich nicht nehmen, Krankenhäuser zu bauen und sich auf jede erdenkliche Weise dem Volk anzunähern.[245] Eine regelrechte sentimentale Historiographie betreibt Dagues de Clairfontaine mit seiner zwei dicke Bände füllenden *Bienfaisance Française,* die aus dem Zeitraum 1715–1774 eine Chronik der guten, zudem noch patriotischen Taten liefert. Eine besondere Rolle scheint beim Durchbruch der empfindsamen Werte in einer größeren, gesellschaftlichen Öffentlichkeit übrigens die Calas-Affäre gespielt zu haben. Dagues de Clairfontaine jedenfalls suggeriert dies in seinem Bericht über die Affäre, der auf einem 1767 erschienenen Werk von Blin de Sainmore basiert.[246] Dem „sentiment“, und natürlich Voltaire, wird dort das Verdienst zugeschrieben, die Folgen des grausamen Todes des Vaters für die übrigen Mitglieder der Familie erträglich gestaltet zu haben. Die Autoritäten selbst konnten sich der Tränen ob dieser „romanesken“ Atmosphäre nicht erwehren - Zweifel an ihrer Gerichtsbarkeit kamen ihr wohl nicht. Blin de Sainmore war im Namen der Nation auf die gefühlvolle Handhabung der Calas-Affäre stolz:

> J'ai vu les Français vaincre par leur sensibilité toutes les autres nations de l'Europe.[247]

Jede soziale emanzipatorische Bewegung, zumal wenn sie sich auf ideelle, gedankliche Werte stützt, geht in dem Moment ihres provokativen Gehalts verlustig, wo sie von der herrschenden Gesellschaftsschicht assimiliert wird. Was auf den ersten Blick wie ein Triumph aussieht, entpuppt sich als der Anfang des Niedergangs. Hinzu kommt im Falle der Empfindsamkeit die Tatsache, daß dieser Wert aufgrund seiner Inhalte für eine Assimilierung seitens

244 Ausführliche Berichte liefern Monglond: *Le préromantisme* II, S. 388–405; für Deutschland Sauder Kap. 4.2.5.

245 Siehe Ch. Aubertin: *De l'esprit public au XVIII,* Paris 1873, S. 484.

246 *Lettre à Jean Calas et à ses enfants précédée d'une épître de Mme* +++ *sur le sentiment,* Paris 1767.

247 In *Bienfaisance Française* II, S. 365. Das Zitat im längeren Zusammenhang w.o. S. 135.

der höfischen Kultur nicht ungeeignet war. Denn nicht revolutionär war „sensibilité“ konzipiert – man denke an Marivaux’ Sklaveninsel –, sondern reformatorisch. Das Harmonieideal, das bei vielen empfindsam-aufklärerischen Autoren als utopisches Ziel, als Endpunkt einer historischen Entwicklung gesehen wurde, stand anfangs gleichbedeutend neben der harten Kritik an den bestehenden Verhältnissen. Allzu leicht konnte die reale Notwendigkeit sozialer und politischer Reformen unter einer nach außen zur Schau gestellten Liebe zum Volk, durch vorgetäuschte „bienfaisance“ oder „humanité“ verdeckt werden. Wohltätigkeit schien der Beweis für die Güte der adeligen Herzen, die harmonische Utopie sollte so Realität werden. Der Erziehungsprozeß aber, der die Einsicht in natürliche Gleichheit vor der Natur, die Erfahrung von Unterdrückung und Ausbeutung am eigenen Leibe voraussetzte, wird nun wohlweislich ausgespart. Das Harmonieideal wurde entschärft und degenerierte zu einer falschen, nur vorübergehend beruhigenden Oberfläche, die existierende Konflikte nicht lösen, sondern nur kaschieren konnte.

5.2. Empfindsame Literatur als Kitsch

> Aujourd’hui, tous nos romanciers ont la prétention d’une philosophie sombre, larmoyante et sentimentale.
>
> Grimm: *Correspondance littéraire,*
> X, aout 1773

Die immense Verbreitung des Begriffs „sensibilité“ und die damit verbundene Modeerscheinung, die in allen sozialen Gruppen um sich griff, ließ auch die fiktionale Literatur nicht unberührt. In den letzten Abschnitten des Teils B I (Kap. 7) haben wir einige Auswirkungen des „sensibilité“-Konzepts auf das Selbstverständnis der Autoren und auf die Strukturen ihrer Werke analysiert. Die dort gemachten Ausführungen, etwa zu Merciers Theater oder Baculards und Loaisels Romanen, hatten uns schon an das Phänomen der Trivialisierung der Empfindsamkeit, an die Entstehung eines sentimentalen Kitsches herangeführt. Vor dem Hintergrund der sozialen Erscheinungen einer sensiblen Mode können Eigenheiten dieses Trivialisierungsprozesses genauer erfaßt werden. Das Phänomen des literarischen „Kitsches“ begrifflich genau zu fassen fällt besonders dann schwer, wenn es sich um die Ursprünge trivialer Literatur des 18. Jahrhunderts handelt. Alle Definitionen, die in der

Sekundärliteratur gegeben werden[248], sind sich in der Sentimentalität des Kitsches einig. Selten aber werden Charakteristika dieser Sentimentalität näher beschrieben. Wir werden uns, im Zusammenhang unserer Begriffsgeschichte, auf diesen inhaltlichen Aspekt des Kitsch-Problems beschränken.[249] Eine löbliche Ausnahme im Umgang mit dem Etikett „Sentimentalismus" ist J. Barkhausen, dem es in seiner Untersuchung der frühen englischen Empfindsamkeit auf die Ehrenrettung der sentimentalen Literatur ankommt. Er trennt demzufolge in einen „echten" Sentimentalismus, der für die „ursprüngliche, theoretisch ausgereifte Tendenz der Aufklärung" steht, und in eine dekadente Sentimentalität, die auf die „theoretische Begründung und (den) große(n) Anspruch ihrer Sozialutopie" verzichtet.[250] Diese Trennung läßt sich, trotz der in ihr enthaltenen Vereinfachung, weitgehend auf die französische Entwicklung und die Trennung in wahre und falsche „sensibilité", die schon von den Zeitgenossen konstatiert wurde, übertragen.

Für Barkhausen ist der wesentliche Inhalt der wahren, aufklärenden Empfindsamkeit die Konzeption einer sozialutopischen Harmonie. In der Geschichte der französischen Empfindsamkeit hatten wir ebenfalls feststellen können, daß „sensibilité" als ideales Konzept die Kritik an den bestehenden Verhaltensweisen sowie die utopische Verheißung einer neuen, konfliktfreien Gesellschaft einschließt. In der Freilegung des optimistischen Naturkonzepts ist „sensibilité" Teil der Aufklärung, sie wird integrativer Bestandteil emanzipatorischer Ethik. Diese unzweifelhaft positiven und ernstzunehmenden Inhalte des Begriffs verlieren seit den späten 60er Jahren ihre Brisanz und Schärfe. Dieser Übergang zu dem, was wir mangels eines anderen Wortes als Kitsch bezeichnen wollen, ist fließend und wegen der terminologischen Kontinuität im empfindsamen Vokabular schwer zu lokalisieren. Einige Indizien erlauben es jedoch, die Trennung in wahre und falsche „sensibilité", in aufklärerisch-empfindsame und restaurativ-empfindsame Literatur aufrecht zu erhalten.

Ein aufschlußreicher Gradmesser von Empfindsamkeit ist z.B. das Verhältnis zur erotischen Sinnlichkeit. Die platonisierenden bzw. christlich-

[248] Siehe Gerd Ueding: *Glanzvolles Elend. Versuch über Kitsch und Kolportage,* Frankfurt 1973; Jochen Schulte-Sasse: *Die Kritik an der Trivialliteratur seit der Aufklärung,* München 1971.

[249] Damit wird natürlich nur ein Teil des Themas „Kitsch" erfaßt. Die gesamte ästhetische Definition des Kitsches in Abgrenzung von Kunst, wie sie seit Ende des 18. Jahrhunderts in der deutschen Literaturkritik existiert, wird hier ausgeklammert.

[250] *Die Vernunft des Sentimentalismus,* Tübingen 1983, S. 16.

repressiven Inhalte der preziösen Liebestheorie waren in der Hand der Aufklärer bald in den Hintergrund getreten. Das Problem der „sensibilité" war keineswegs auf die Frage der erotischen Sitten reduziert, war nicht identisch mit dem christlichen Gebot der Enthaltsamkeit außerhalb der Ehe. Im Gegenteil: „sensibilité" als Naturkraft konnte sich über religiöse oder gesellschaftlich-konventionelle Schranken hinwegsetzen. Marivaux suchte eine Synthese von aufrichtigem Gefühl und natürlicher Sinnlichkeit, Mme Riccobonis Protagonistinnen waren bereit, sich im Namen ihrer Empfindsamkeit über religiöse Normen hinwegzusetzen und die körperliche Vereinigung mit dem Geliebten unabhängig von einer Eheschließung zu vollziehen. Dieser Schritt machte sie keineswegs zu einer „libertine", sondern postulierte die Rechte einer Natürlichkeit, welche die Diskrepanz zwischen gesellschaftlicher Etikette und gefühlsmäßigen Bedürfnissen deutlich machte. Und selbst Rousseau skizziert die Enthaltsamkeit seines Liebespaars erst dann, als die Natur kraft der sinnlichen „sensibilité" den praktischen Sieg über das Vorurteil davongetragen hat, ja er braucht die gesellschaftlich-religiöse Verfehlung, um die Problematik des Verhältnisses von Natur und Kultur anhand der Liebesthematik darzustellen. Dieser wenn nicht anti-religiöse, so doch von christlicher Norm unabhängige, säkulare Aspekt der Sensibilität, durch den die Relevanz des neuen Naturbegriffs deutlich wird, tritt nun in der trivialen Literatur in den Hintergrund, wird sogar ins Gegenteil verkehrt. Loaisel erklärt im Vorwort zu *Dolbreuse,* sein Ziel sei die Rettung der christlichen Ehe. Die sensiblen Liebenden heiraten, bevor ihre Sinnlichkeit geäußert werden darf. Mit der um sich greifenden Prüderie[251], die als Übererfüllung der christlichen Gesetze gesehen werden muß, geht der Verlust des reformistischen Anspruchs der empfindsamen Kultur einher. Sobald „sensibilité" als Naturkraft mit der Gesellschaft kollidiert, liegt die Konsequenz einer zu reformierenden Gesellschaft nahe. Erscheint „sensibilité" aber als eine unkörperliche Eigenschaft und die Sinnlichkeit als Schwäche in der Sensibilität eines Menschen, dann geht ein Zusammenhang verloren, der zum hohen Prestige des Begriffs zu Beginn des 18. Jahrhunderts beigetragen hatte: der Glaube an die natürliche Güte des Menschen, die weniger aus Selbstverschuldung als vielmehr aufgrund korrigierbarer Umstände korrumpiert wird. Nicht Reue,

[251] Schon seit der Mitte des Jahrhunderts läßt sich dieser prüde Ton beobachten; Bibiénas Romane, sowohl *La force de l'exemple* als auch *Le triomphe du sentiment,* fallen in diese Gruppe; siehe auch die anonymen *Lettres d'un jeune homme,* La Haye 1765.

sondern Anklage war der Gestus des aufklärerisch Empfindsamen. Dies ändert sich grundlegend, sobald das christliche Dogma der Erbsünde an die Stelle der Überzeugung von der natürlichen Güte tritt. *Le Comte de Valmont ou les égaremens de la raison* (1774) des Abbé Gérard behält das für empfindsame Literatur typische Schema der Rückkehr zur Tugend bei, stellt diese aber als reuevolle Abkehr von den Sünden des Unglaubens dar. Nicht die Natur garantiert das Glück des Menschen, sondern der Glaube.[252] So verschiebt sich auch das Feindbild: nicht der von der Kultur entfremdete Libertin ist der Gegenspieler des Empfindsamen, sondern der Ungläubige:

> Ils (les systèmes de l'incrédulité, F. B.) font sacrifier la justesse de l'esprit à la singularité (...) Ils dégradent le sentiment, ils déssèchent, ils flétrissent le cœur.[253]

Schon die ersten Spuren eines Liebesgefühls, auch wenn es im Zeichen der „sensibilité" steht, sind Beweis für die sinnliche Versündigung des Fleisches:

> Ils (les romans, F. B.) inspirent, à un jeune cœur, une sensibilité vague et incertaine; ils lui font éprouver des besoins factices, et que sûrement il n'avait pas.[254]

Eine andere Form der Verkehrung empfindsamer Ideale ist die melancholische Haltung der Protagonisten in Loaisels Werken. Jede Form von Flucht in die Einsamkeit, die nicht Suche der eigenen natürlichen Identität, sondern Ausweichen vor gesellschaftlichen Konflikten ist[255], jede Form rein resignativer Haltung gegenüber dem Leid anderer sind Anzeichen dessen, was man „sensiblen Kitsch" nennen kann.

Baculard d'Arnaud definiert im Vorwort zu seiner Sammlung *Epreuves du sentiment* die „sensibilité" als „germe précieux qu'a mis en nous la Sagesse Suprême".[256] Sein ganzes Vorwort ist ein Hymnus auf die Sensibilität und

252 Im ersten Band (S. 94) ist eine Illustration mit den Worten unterschrieben: „Si l'homme naquit raisonnable et sensible, la Religion naquit avec lui."
253 III, S. 130f.
254 I, S. 394f.
255 Solch eine Art Rückzug in die Einsamkeit wird von Mesmon: *De la lecture des Romans. Fragment sur la sensibilité,* 1776 empfohlen. Gewisse Parallelen zu Prévost und dem in seinem Werk zu beobachtenden Hang zum Klosterleben drängen sich auf. Im Unterschied zu den hier angesprochenen Werken haben es die Prévostschen Protagonisten mit Schicksalsmächten zu tun, denen sie nicht gewachsen sind.
256 *Œuvres,* Paris 1803, I, S. II.

man ist an viele frühere Äußerungen zahlreicher Autoren aus dem aufklärerischen Lager erinnert – dem Baculard anfangs selbst angehörte. Die Terminologie ist erhalten geblieben und wohl auch, das darf man Baculard unterstellen, das ernstgemeinte Engagement für das Wohl der Menschheit. Und doch ist da ein kleiner, signifikanter Unterschied: Die Begriffe „vertu“ und auch „sensibilité“ sind unter der alten Worthülle verändert.[257] Sie sind nicht mehr dynamisches Element einer säkularisierten, aufklärerischen Moral mit dem Ziel eines neuen, utopischen Staates, sondern sie sind macht- und ordnungsstabilisierende Faktoren. Nachdem Baculard die Allmacht der Sensibilität in dem Wirkungsmechanismus dramatischer und narrativer Fiktion gepriesen hat, erklärt er seine Wirkungsabsicht:

> Par ce moyen, peut-être, l'amour de l'ordre, et la saine morale rentreront-ils dans leurs ames, sans qu'ils s'en apperçoivent.[258]

Dieselbe Überzeugung hatte der Herausgeber schon im Vorwort zur Fortsetzung der *Epoux malheureux* zum Ausdruck gebracht:

> Tout ce qui entretient la sensibilité, étant, en quelque sorte nécessaire aux progrès et au soutien de l'harmonie sociale: du sentiment résulte nécessairement l'amour de l'ordre.[259]

Die Usurpation aufklärerischer Termini geht in den letzten Jahren des Ancien Régime sehr weit und betrifft keineswegs nur „sensibilité“. Loaisel, den wir nun schon als religiösen, traditionellen Geist kennengelernt haben, schreibt in seinem Werk *Lucile et Milcourt* eine Passage, die in anderem Kontext als Verteidigung der Vernunft und natürlichen Moral hätte gelten können:

257 Kurt Wais warnt vor der nur oberflächlichen Identität begrifflicher Inhalte im 18. Jahrhundert: „Besonders lockend ist für eine oberflächliche Betrachtung, Begriffe wie *passions, nature, cœur, sentiment,* wo immer sie vorkommen, blindlings und unterscheidungslos als bezeichnend für alle Präromantiker zusammenzufassen. Die genannten Begriffe aber bedeuten im Mund eines Philosophen und Realisten etwas absolut anderes als bei einem Antiphilosophen.“ *Das antiphilosophische Weltbild des franz. Sturm und Drang,* Berlin 1932, S. 15.

258 *Œuvres,* a.a.O, I, S. XIII.

259 Ebenda, X, S. XXIII. Genauso hatte sich Marmontel in *Bélisaire* geäußert, wo er die Güte und „sensibilité“ des Herrschers als Garantie für Ordnung und Machterhaltung bezeichnet. *Œuvres complètes* Paris 1787, IV, S. 223.

Quel est le coupable aux yeux de la Raison? C'est le vil esclave des préjugés, c'est l'être passif qui se courbe sous la chaîne destructive de l'opinion, et se plaît à s'en entourer; mais l'être sublime et fort qui sait s'affranchir de toutes ses entraves, qui ne suit qu'une loi: celle de son cœur épuré par la raison, qui ne connoît qu'un mépris, celui des erreurs et des terreurs humaines, qui ne connoît qu'un devoir, celui de fuir les esprits foibles, les persécuteurs et de renverser audacieusement tous les obstacles à la félicité que lui indique la nature: voilà, ma bien-aimée, voilà l'homme vertueux.[260]

Angesichts der offensichtlich terminologisch unkomplizierten Vereinnahmung empfindsamer Werte durch die christliche Weltanschauung mag man sich fragen, ob die Schuld nicht auch bei der mangelnden Klarheit und Eindeutigkeit der Konzepte zu suchen ist. Wir hatten in Teil A und B I immer wieder feststellen können, daß einzelne Bestandteile der empfindsamen Moral mit christlichem Denken vereinbar waren und als Säkularisierung alter christlicher Tugenden bezeichnet werden können (Bienfaisance - charité; sensibilité - compassion). Da eine materialistische Definition und Erklärung von „sensibilité", die eine Trennung von der christlichen Tradition implizierte, nicht ohne Infragestellung des moralischen Konzepts möglich war, wurde der aufklärerische Begriff „sensibilité" von zwei Seiten bedroht: Auflösung und Entwertung durch eine materialistische Anthropologie auf der einen, Rückführung in reaktionär-restauratives Denken auf der anderen Seite. Ein aufschlußreiches Beispiel der letzten Gruppe ist das Werk von Mme de Genlis, das in den Arbeiten zur Präromantik immer wieder als „empfindsam" bezeichnet wurde.

In *La religion considérée comme l'unique base du bonheur et de la véritable philosophie*[261] formuliert Mme de Genlis eine anti-aufklärerische Position, die sich aber eines Vokabulars bemächtigt, das in der Tradition der fortschritt-

[260] *Lucile et Milcourt,* Paris An II, S. 163.

[261] Orléans 1787. Siehe auch *L'emploi du temps,* Paris 1824, wo „sensibilité" als spezifisch religiös definiert wird. Die Bibel sei voller Beispiele für christliche „sensibilité"; zudem beruft sie sich interessanterweise auf Massillon, den wir als „sensibilité"-Vertreter des ausgehenden 17. Jahrhunderts behandelt haben. Schon Bernardin de St. Pierre hatte in der 12e Etude den Glauben auf „sensibilité" gegründet und damit den Zusammenhang zwischen „sensibilité" und einem säkularen Naturrecht aufgegeben. Ein weiteres interessantes Beispiel für die Verkehrung empfindsam-aufklärerischer Terminologie ist der Abbé Barruel, der mit seinen *Helviennes,* 1784, einen „sensiblen" Roman vorlegt und nur wenige Jahre später in seinen *Mémoires pour servir à l'histoire du jacobinisme* (1789–1799) eine antirevolutionäre Abrechnung mit den „philosophes" des 18. Jahrhunderts veröffentlichte.

lichen Empfindsamkeit steht. Um die furchterregenden, weil anti-religiösen Werke der Ungläubigen gebührend widerlegen zu können, mußte die Autorin diese zunächst lesen:

> J'ai lu toutes ces productions audacieuses; quelle entreprise pour un esprit exempt de préjugés et pour un cœur sensible![262]

Frei von Vorurteilen und im Besitz eines empfindsamen Herzens - das waren die Attribute des „homme sensible et raisonnable", wie er zum Idealbild der (frühen) Aufklärung geworden war. In dem Kapitel *Des vertus chrétiennes* erkennt Mme de Genlis die Existenz natürlicher Tugenden durchaus an, erachtet diese aber als der Unterstützung durch christliche Werte bedürftig:

> Un cœur sensible, un heureux naturel donnent cette qualité précieuse que nous appelons *bonté*; mais la raison et la réflexion peuvent seules produire *la vertu.* (...) La vertu s'acquiert, la bonté n'est qu'un don de la nature. (...) Elles (les vertus) reçoivent toutes de la Religion un novel éclat: qu'est-ce que l'humanité sans la Religion? Un sentiment naturel, il est vrai, mais qui ne se manifeste que dans des occasions qui s'offrent rarement (...) La bienfaisance mondaine, n'est jamais un sentiment habituel, encore moins une inclination dominante.[263]

Die hier am Beispiel Mme de Genlis' vorgestellte Vereinnahmung des empfindsamen Vokabulars durch traditionelle Moralvorstellungen beherrscht sowohl die gesellschaftliche Realität des ausgehenden Ancien Régime[264] als auch die literarische Produktion der Zeit. Die Philosophen der voraufgehenden Generation sehen dieses Phänomen mit Unbehagen:

> Il y a vingt ou trente ans qu'on ne voyait que des romans dans le goût du *Sopha,* de *Misapouf,* de *Tanzaï;* aujourd'hui, tous nos romanciers ont la prétention d'une philosophie sombre, larmoyante et sentimentale. Serions-nous devenus plus philosophiques ou sensibles? Non, mais plus faibles, plus vaporeux, plus tristes.[265]

262 Ebenda, S. I.

263 Ebenda, S. 270–273.

264 „Sensibilité" findet auch Eingang in theosophische Schriften. Dutoit-Mambrini, der 1793 unter dem Pseudonym Keleph Ben Nathan seine *Philosophie divine* veröffentlicht, unterscheidet eine „sensibilité" des Urzustandes, durch die der nichtentfremdete Mensch in Einheit mit Gott lebt, von einer irdischen „sensibilité", die durch die Sinne und die Einbildungskraft getrübt ist. Die Frau als sinnliches Wesen ist Symbol dieser irdisch-befleckten Form der „sensibilité".

265 *Correspondance littéraire* X, aout 1773, S. 279.

Das neue Genre, das sogar den ehrenvollen Beinamen „genre de la sensibilité“[266] bekam, war erfolgreich. Die Menge derjenigen Werke, die mit dem Etikett „sensibilité“ belegt werden können, zeigt dies deutlich.[267] Der Erfolg eines Theaterstücks war offensichtlich durch einige „traits de sensibilité“ sicherzustellen, wie d'Origny in den *Annales du Théâtre Italien* (1788) anläßlich der Aufführung von *Germance ou l'excès de délicatesse* (18.10.1785) ausführt:

> Cette pièce a réussi. La sage conduite de l'intrigue, de jolis détails, des situations intéressantes et des traits de sensibilité en ont sans doute établi le succès.[268]

Auch in dieser späten Phase der Geschichte von „sensibilité“ ist zu beobachten, was wir im Aufwertungsprozeß zu Beginn des Jahrhunderts feststellen konnten: Die Bedeutung des Begriffs läßt sich erst im jeweiligen Kontext zufriedenstellend bestimmen. Der Wechsel vom aufklärerischen zum antiphilosophischen, religiösen Diskurs, wie er in einigen Texten des späten 18. Jahrhunderts beobachtet werden kann, macht dies besonders krass deutlich. „Sensibilité“ verliert ihre angestammte Bedeutung, wenn sie für alle sozialen Schichten, auch für die höfische Welt, gleichermaßen akzeptabel und zudem von der zweiten Stütze des Ancien Régime, der Kirche, vereinnahmt wird. Diese Phänomene bleiben nicht ohne Konsequenzen für das Verhältnis der Zeitgenossen gegenüber dem Begriff „sensibilité“. Die Klage über geheuchelte Sensibilität ist nur eine dieser vielfältigen Kritikformen, die sowohl aus dem Lager der empfindsamen Autoren selbst, als auch aus dem ihrer angestammten Widersacher kamen. In den folgenden Kapiteln werden wir uns mit verschiedenen, ausdrücklichen oder indirekten Formen der kritischen Auseinandersetzung mit „sensibilité“ befassen.

266 Baculard d'Arnaud: *Œuvres* X, S. IV.

267 Siehe die oben aufgestellte Statistik, Kap. B II 4.1.

268 *Annales,* Paris 1788, Bd. III, S. 221. Davon offensichtlich unabhängig war die Praxis in der Gesellschaft. In seinem Roman *La vie de mon père* berichtet Restif de la Bretonne (1778) von einem Prozeß, in dem es um das Erbe eines armen Menschen geht, der von einem reichen Bourgeois um sein Erbe betrogen wird. Der Verteidiger vermag alle Beteiligten zu Tränen zu rühren: „cependant le pauvre perdit sa cause avec dépens.“ (S. 125).

6. Libertinage und „sensibilité“

> La sensibilité, fille de la Providence, et quelquefois du malheur, sœur de la commisération et mère de la bienfaisance, est, je crois, une des vertus, qui, pour l'éternelle propagation de notre espèce, nous fut accordée à nous autres hommes, afin que nous puissions être aimés, et à vous, nos douces compagnes, pour que vous eussiez à tout âge et en tout temps un sûr moyen de plaire.
>
> Louvet de Couvray: *Les amours du Chevalier de Faublas,* II, S. 141.

Die empfindsame Liebeskonzeption wird schon im 17. Jahrhundert in Abgrenzung zur vorherrschenden höfischen Moral entwickelt. Empfindsamkeit und Libertinage, wie sie im frühen 18. Jahrhundert der Régence - und später - gelebt wurde, schließen einander prinzipiell aus. Naivität steht gegen eiskalte Berechnung, platonisierende Liebesgefühle gegen körperliche „volupté“, intimer Umgang unter Gleichgesinnten gegen die allgemeinverbindliche Etikette, „sincérité“ gegen Doppelbödigkeit der Moral.

Bei unserer bisherigen Behandlung der Geschichte von „sensibilité“ ist die Opposition zur Libertinage immer wieder am Rande angesprochen worden. Crébillon (fils) etwa ist unausgesprochener Gegenspieler Marivaux' und Prévosts im Bereich des Liebesromans. Seine Konzeption von Gefühl und Liebe zwischen den Geschlechtern mag zwar der gesellschaftlichen Realität nahe sein, dem Ideal sensibler Liebe und Identität entspricht sie nicht.[269]

In einigen Fällen erscheint die Libertinage sogar als diejenige Lebensform, die am Leid der sensiblen Seelen entscheidend mitwirkt, wie wir am Beispiel von Marmontels *Contes moraux* festgestellt hatten.[270] Prévosts später Roman *Le monde moral* (1760) zeigt die Koexistenz beider Formen menschlichen Umgangs im Pariser Gesellschaftsleben. Mit der im vorhergehenden

[269] In den *Egarements* konstatiert Crébillon, daß „sentiments“ nicht gelebt werden, wohl aber Konversationsgegenstand der hohen Gesellschaft sind. Marivaux hatte dasselbe festgestellt, sich aber mit Bedauern darüber geäußert.

[270] Siehe oben, S. 329. Siehe auch La Mettries libertinistische Angriffe auf empfindsame Glücksvorstellungen (S. 176).

Kapitel beschriebenen Verflachung des empfindsamen Menschenbildes und der Verkitschung empfindsamer Literatur wächst die Agressivität, mit der libertinistische Romane die empfindsamen Werte angreifen.[271] Das Verhältnis zwischen Libertinage und Empfindsamkeit läßt sich für die Dauer des ganzen Jahrhunderts sicherlich zutreffend als Opposition bezeichnen. Und trotzdem ist es angebracht, zu differenzieren und die verschiedenen Formen des Nebeneinander, der Verknüpfungsversuche genauer zu analysieren. Schon in der Entwicklungsphase des „amour tendre et sensible" ist, etwa im Werk Marivaux', zu beobachten, daß die Grenzen zwischen berechnender „volupté" und naiver „tendresse" zwar klar gezogen, aber durchlässig sind. Marivaux empfand dieses Nebeneinander von Bewußtheit und Naivität wohl noch nicht als Konfliktfeld. Anders Louvet de Couvray, der in seinem kurz vor der Revolution erschienenen Roman *Les amours du Chevalier de Faublas* die Verstrickungen des jungen Faublas in die gegenläufigen Netze der Libertinage und der Empfindsamkeit schildert. Dieser späte Versuch, beide Formen der Liebe zu vereinbaren, mißlingt. Gar nicht erst bemüht um eine Annäherung der Standpunkte sind zahlreiche der libertinistischen Romane des späten 18. Jahrhunderts. Zielen Valmonts Bemühungen, genau wie diejenigen der Marquise de Merteuil, darauf ab, unschuldige Opfer auszusuchen und gerade diejenigen zu korrumpieren, die dem ihnen selbst fremden, dem empfindsamen Liebesideal anhängen, so gehen andere Autoren einen Schritt weiter in der Auseinandersetzung mit den sensiblen Werten. Sade und Nerciat parodieren in ihren libertinistisch-pornographischen Schriften das empfindsame Vokabular auf perverse Art und Weise, indem sie etwa den ursprünglich seelischen Eigenschaften eine physisch-sexuelle Bedeutung unterschieben. Diese Angriffe auf die Empfindsamkeit und ihre Werte sind ungleich radikaler als Choderlos de Laclos' *Liaisons* es sind, in denen die Présidente de Tourvel einen späten, aber nicht zu leugnenden Triumph davonträgt.

[271] In den libertinistischen Romanen wird „sensibilité" oft in polemischer Umdeutung gegen das empfindsame Verständnis verwendet und als erotisch-sinnliche Empfänglichkeit definiert. Siehe außer den weiter unten noch zitierten Beispielen Hans Sckommodau, *Der psychologische Wortschatz,* a. a. O., S. 41–42, der sich hauptsächlich auf Restif de la Bretonne bezieht.

6.1. Dialektik und Koexistenz

> C'est un vilain amant qu'un homme qui vous désire plus qu'il ne vous aime: non pas que l'amant le plus délicat ne désire à sa manière, mais du moins c'est que chez lui les sentiments du cœur se mêlent avec les sens; tout cela se fond ensemble, ce qui fait un amour tendre, et non pas vicieux, quoiqu'à la vérité capable du vice; car tous les jours, en fait d'amour, on fait très délicatement des choses fort grossières.
>
> Marivaux: *Vie de Marianne,* S. 41.

So eindeutig verschieden die Welt Versacs in den *Egarements du cœur et de l'esprit* von der des „philosophe anglais" Cleveland erscheint, so wenig ist auch zu übersehen, daß innerhalb der empfindsamen Romanliteratur nennenswerte Nuancen unterschieden werden müssen. Im Unterschied zu Prévost oder Mme de Tencin entwirft Marivaux in seinen beiden berühmten Romanen *Le paysan parvenu* und *La vie de Marianne* keine unglücklichen, in ihren Liebesbeziehungen recht prüde Protagonisten, die Spielball des konträren Schicksals wären. Sowohl Jacob als auch Marianne vertreten eine interessante Mischung aus kühler Zielstrebigkeit und unschuldiger Naivität. Erich Köhler hat dieses Nebeneinander als „Affinität von Sensibilité und Libertinage"[272] bezeichnet. Wie dieses Verhältnis bei Marivaux zu bestimmen ist, und wie es sich von späteren Mischformen unterscheidet, soll im folgenden erörtert werden. Jacob und Marianne sind als Personen konzipiert, die ohne Vorkenntnisse mit der Realität der Pariser Gesellschaft konfrontiert werden. Ihre jeweiligen Erfahrungen entwickeln in ihnen Verhaltensweisen, die einerseits ihrer zutiefst gutmütigen Natur, aber andererseits auch den Erfordernissen des gesellschaftlichen Umgangs entsprechen. Marianne verkörpert, wie wir schon feststellen konnten, ein kurioses Nebeneinander von Koketterie und Züchtigkeit, Jacob hingegen eine Mischung aus Zärtlichkeit und jugendlicher Sinnenlust. Weder Marianne noch Jacob sind bei ihrem taktischen Verhalten, das sie die natürlichen Vorteile, die sie in Form von physischer Attraktivität und einem großen „sens commun" besitzen, ausnützen läßt, auf den Nachteil eines anderen bedacht. Somit sind sie keinesfalls Vertreter einer

[272] *Frühaufklärung,* a.a.O., S 89.

zynischen Libertinage, die sich die Verführung unschuldiger Menschen zum Ziel macht, einer Libertinage à la Valmont.[273]

Was die beiden Romane damit von anderen empfindsamen Werken abhebt, ist weniger ihr Verhältnis zu dem, was man Libertinage nennt, als vielmehr die Tatsache, daß Jacobs „sensibilité d'âme" durch eine erfrischende Sinnlichkeit, Mariannes „sincérité" und „naïveté" durch eine gehörige Portion Koketterie in Grenzen gehalten bzw. ergänzt werden. Die Liebeskonzeption ist hier ebenfalls auf Vermittlung angelegt, die Prüderie späterer Jahrzehnte, die wir im vorigen Kapitel angesprochen hatten, ist noch fern. Mariannes als Motto zitierte Äußerung verrät eine ähnliche Haltung wie folgende Definition Jacobs:

> Il y a bien des amours où le cœur n'a point de part; il y en a plus de ceux-là que d'autres même, et dans le fond, c'est sur eux que roule la nature, et non pas sur nos délicatesses de sentiment qui ne lui servent rien. C'est nous le plus souvent qui nous rendons tendres, pour orner nos passions; mais c'est la nature qui nous rend amoureux; nous tenons d'elle l'utile que nous enjolivons de l'honnête; j'appelle ainsi le sentiment; on n'enjolive pourtant plus guère; la mode en est aussi passée dans ce temps où j'écris.[274]

Der Unterschied zu Crébillon ist also nicht in der Prüderie bzw. Sinnlichkeit zu sehen, sondern in der Art und Weise, wie mit der Sinnlichkeit, die beide Autoren als wichtig und für die Liebe essentiell empfinden, umgegangen wird.

> Both Crébillon *fils* and Marivaux recognize the prevalent sensuality of the times. But Marivaux, representing an older generation, prefers to present either a more idealized love, as in the theatre and *La vie de Marianne,* or a sensuality glossed with refinement, as in *Le Paysan parvenu.* (...) His ideal would seem to be a happy medium between sentimentalism and sensuality.[275]

Die Sinnlichkeit allein (oder die Zielgerichtetheit des Verhaltens bei Marianne) macht für Marivaux noch keinen Widerspruch zu „sensibilité" aus. Sinnliche Zärtlichkeit gestattet ungestörte Lebensfreude, die Realisierung der natürlichen Anlagen des Individuums. Konflikte entstehen aus ihr weder für

[273] In Anlehnung an Coulet: *Le roman jusqu'à la Révolution* (Paris 1963) trennen wir in „libertinage galant", wie sie von Crébillon vertreten wird, und in „libertinage cynique" eines Laclos oder Sade. Die Unterschiede kommen auch im Verhältnis zur Empfindsamkeit zum Ausdruck.

[274] *Le Paysan parvenu,* a.a.O., S. 211.

[275] Jamieson: *Marivaux. A Study in Sensibility,* a.a.O., S. 75.

den einzelnen Menschen noch für die Gesellschaft. Marivaux gelingt es so, mit seiner Konzeption einer zwar idealen, den Umständen gegenüber aber nicht blinden Liebestheorie und -praxis den Vorwürfen, die gegen eine allzu idealisierend-prüde Liebesdarstellung erhoben werden konnten, zuvorzukommen. Moralische und individuell-emanzipatorische Fortschrittlichkeit kommen bei ihm zusammen.

Dies ändert sich in späteren Jahrzehnten. Sobald die Empfindsamkeit, womöglich verbunden mit religiöser Traditionalität, auf ihren provokativ-aufklärerischen Gehalt verzichtet[276], fordert sie eine Kritik im Namen der wenn auch unerfreulichen Realität geradezu heraus. Uneigennützigkeit im Namen der Tugend, lustvoller Verzicht, Entsinnlichung der Liebe rufen parodistische Töne auf den Plan, die zur Herausbildung der krassen Gegensätzlichkeit von Libertinage (in ihrer sanften und in ihrer zynischen Variante) und „sensibilité" beitragen. Wie sich das Verhältnis von „sensibilité" und Sinnlichkeit am Ende des Jahrhunderts darstellt, erhellt aus einem der schönsten Romane der zweiten Jahrhunderthälfte: *Les amours du Chevalier de Faublas*[277]. Ähnlich wie die Marivauxschen Helden kommt der blutjunge Chevalier aus der Provinz in die Hauptstadt und erfährt dort seine Initiierung in die vielfältige Liebeswelt des Ancien Régime.[278] Im Gegensatz zu Jacob, mit dem er Attraktivität, Unbekümmertheit und Potenz gemeinsam hat, ist Faublas Mitglied der Hocharistokratie und somit in die adelige Welt und ihre Sitten von Beginn an eingeführt. Seine Liebesabenteuer, die hunderte von Seiten füllen, sind vom adeligen Ehrenkodex und den entsprechenden Verhaltensnormen geprägt – Faublas duelliert sich mehrmals.

Der junge Chevalier erfährt sehr schnell die verschiedenen Typen von Liebe, die sich ihm anbieten, und die er mit verschiedenen Frauen leben und realisieren zu können glaubt. Sophie erweckt in ihm ein „amour tendre", den

[276] Siehe das voraufgehende Kapitel zur Trivialisierung von „sensibilité".

[277] Die *Amours* bestehen aus drei Teilen: *Une année de la vie du Chevalier de Faublas* (1786); *Six semaines de la vie du Chevalier de Faublas* (1786); *La fin des Amours* (1789, juillet; Datum der Erstausgabe 1790). Benutzte Ausgabe: *Romanciers du XVIIIe siècle,* éd. Etiemble, Paris 1965, Bd. II.

[278] Eine sehr ausführliche Interpretation nebst einer knappen Rezeptionsgeschichte im späten 18. und frühen 19. Jahrhundert von D. Rieger (in *RF* 1970, S. 536–577) gehört zu den wenigen substantiellen Dingen, die über Louvet und sein Meisterwerk publiziert wurden. Unveröffentlicht blieb eine für unser Thema sicher sehr interessante französische Dissertation aus Montpellier (1974), die im Fernleihverkehr nicht zugänglich war: Frederik Viktor Benson: *Libertinage, sensibilité dans l'œuvre littéraire de Louvet,* (dact., 401 S.).

er als rousseauistisch bezeichnet.[279] Eine ganz andere, nämlich eine körperlich-libertinistische, erfährt er gleichzeitig mit der recht skrupellosen Marquise de B.^{xxx}, die ihn in die Geheimnisse der körperlichen Liebe einweiht und in ihm einen willigen Schüler findet. Anders als Jacob verbindet Faublas nicht Sinnlichkeit und „tendresse" in seiner Art zu lieben, sondern er schwankt zwischen zwei Systemen, die er als völlig unterschiedlich und unvereinbar von Anfang an erlebt und bezeichnet. Wichtig ist auch im Unterschied zu Crébillons Meilcourt, daß nicht die wahre Liebe auf den gefühllosen „amour-goût" folgt, sondern daß beide Formen gleichzeitig auftreten und in permanentem Wechsel nebeneinander bestehen. Immer wieder reflektiert Faublas rückblickend über dies Nebeneinander; sein Herz habe Sophie, seine Sinne aber der Marquise gehört.[280]

Die übrigen Personen des Romans werden der einen oder der anderen Seite zugeordnet: der Comte de Rosambert ist ein lebensfroher dekadenter Libertin, der nicht wesentlich hinter Valmont zurücksteht. Auch die Marquise ist anfänglich eindeutig der libertinistischen Seite zuzurechnen. „Sensibilité" vertreten Sophie, Faublas' Schwester Adelaïde und der langjährige Freund des alten Baron de Faublas, der polnische Exilant Du Portail. Dessen Liebesgeschichte mit Lodoïska, die ausführlich erzählt wird, steht für eine reine sensible Liebe, die zwar unglücklich endet, aber kohärent und tugendhaft war.[281] Faublas ist wie ein Spielball des Schicksals zwischen diesen beiden Polen: Dekadenz und Libertinage des ausgehenden Ancien Régime versus Tugend und Bescheidenheit der zwar gesellschaftlich weniger angesehenen, aber integren Empfindsamen. Der Reiz des Romans, dem man sich auch als moderner Leser noch gern hingibt, besteht in diesem permanenten Schwanken zwischen Fröhlichkeit und Pathos, Sinnlichkeit und Zärtlichkeit. Schon die zeitgenössischen Leser erfuhren dieses Nebeneinander als wohltuend nach den allzu weinerlichen, auf Leiden konzentrierten rein empfindsamen Romanen.

279 S. 428.

280 S. 442: „La Marquise régnait sur mes sens étonnés; mon cœur adorait Sophie."

281 Die Lodoïska-Episode ist ein eigenständiger Text, der im frühen 19. Jahrhundert als Opernstoff verwendet wurde. (Siehe Rieger, a.a.O., S. 539). Und doch ist seine Funktion im Roman nicht unerheblich: die Geschichte von Sophies Eltern ist wie ein Modell empfindsamen Verhaltens, wie es Faublas in dieser Reinheit nicht mehr zu leben vermag, und damit ein Bezugspunkt zur Einschätzung von Faublas' Liebesgeschichte.

> L'esprit et le cœur y sont affectés tour à tour; à une situation gaie succede toujours une situation pathétique ou seulement touchante; c'est avec une adresse infinie que le rire y est mêlé aux pleurs.[282]

Nun ist mit diesem Wechselbad von Sophie zur Marquise de B.^{xxx}, zur Comtesse de Lignolle, zu Justine oder Coralie und wie sie alle heißen, die Faublas mit seinen allzu jugendlichen Sinnen glücklich macht, nur der äußerliche Rahmen erfaßt. Interessant wird die Gegensätzlichkeit von Libertinage und Empfindsamkeit erst in den Konflikten, in die Faublas selber durch sie gerät. Zu Beginn ist Faublas allen Regungen seines Herzens und seiner Sinne gegenüber aufgeschlossen, er erfährt lediglich eine gewisse Konfusion: er verwechselt die Namen seiner empfindsamen Geliebten Sophie mit demjenigen Coralies, als er mit letzterer eine Nacht verbringt[283]; er hat zwei Rendez-vous verschiedener Beschaffenheit zum selben Zeitpunkt (er entscheidet sich für Sophie)[284]; er vermischt die beiden Liebesformen im Gespräch mit dem Comte de Rosambert ständig.[285] Dieser konfrontiert Faublas mit seinen Widersprüchen[286], aber er bleibt unentschlossen.[287]

Der erste Teil des Romans, *Une année,* endet mit der Hochzeit zwischen Faublas und Sophie alias Dorliska, der lange vermißten Tochter des empfindsamen Du Portail. Der Irrweg scheint beendet, die kleinen libertinistischen Extravaganzen vergessen und als Folge stürmischer Sinne entschuldigt. Und doch beginnen hier erst die Komplikationen, die das abschließende Unglück einleiten: Sophies Vater, der von Faublas' Leichtlebigkeit weiß und die Liebe zur Marquise de B.^{xxx} als Gefährdung des Eheglücks zwischen Faublas und seiner Tochter betrachtet, entführt Sophie sofort nach der Hochzeit. Ziel dieses Unterfangens ist es, solange zu warten, bis Faublas durch tugendhaftes Leben die Liebe seiner Tochter verdient. Ein Empfindsamer also erscheint hier als äußerliches Hindernis für die Erfüllung einer empfindsamen Liebe,

282 *Mercure de France* 2.7.1791, S. 65.
283 S. 605.
284 S. 618.
285 S. 737f.
286 S. 521.
287 S. 600f. Sogar Louvets Gebrauch des Begriffs „sensibilité“ zeigt, wie sehr er zwischen einer physisch-erotischen Definition und der traditionell seelischen schwankte. Vorherrschend bleibt die traditionelle Definition zur positiven Charakterisierung einzelner Personen (S. 521, 542, 549, 789, 941, 944, 945, 1097, 1188, 1212); eine sinnliche Komponente kommt hinzu, wenn es um die Liebe Faublas' geht (S. 903, 922).

da der Bräutigam durch seine Kontakte mit libertinistischen Praktiken moralisch gefährdet ist. Du Portail trifft seine Entscheidung in der Überzeugung, Faublas könne zwischen beiden Formen der Liebe unterscheiden und sich somit auch zwischen ihnen entscheiden. Daß dies nicht möglich ist, erfährt der Leser der Memoiren schnell: war es bisher die Entzündbarkeit der jungen Sinne, die Sophie immer wieder aus dem Geiste Faublas' verdrängt hatte, so werden seine Bindungen an andere Frauen während der langen Trennung von Sophie noch enger. Die Sinnlichkeit, die Faublas einzig und allein in seinen zahlreichen Abenteuern suchte, hätte nicht die zarte Zuneigung zu Sophie wirklich zerstören können. Auf die Dauer aber, und dies ist für den Fortgang der Geschichte wichtig, verwandelt sich die Liebe zur jungen Comtesse de Lignolle (die genauso verheiratet ist wie die Marquise) in echte Zuneigung, zumal da sich Eléonore als „bienfaisante“[288] und der Landbevölkerung gegenüber wohltätig erweist. Die körperlichen Reize werden somit durch geistig-seelische, interessanterweise typisch empfindsame ergänzt. Als Faublas zudem noch Vaterfreuden entgegensehen kann, wird ihm Eléonore genauso viel wert wie Sophie. Abwesenheit,so die Lehre Louvets, verändert das Verhältnis zweier Menschen zueinander, zumal wenn der eine nicht nur „sensible“, sondern auch „ardent“ ist. Mit Eléonore nun lebt Faublas eine Zeitlang jenes Glück, das er mit Sophie erreichen wollte. Aber nicht nur Eléonore wechselt die Fronten von der Libertinage zu wahrer Liebe, sondern auch die Marquise, von der schon im ersten Teil gesagt wurde, sie sei vielleicht nur von der Gesellschaft in die Libertinage gedrängt worden:

> Si elle fût née simple bourgeoise, au lieu d'être femme galante, elle eût été tout bonnement femme sensible.[289]

Sie arbeitet am Glück Faublas', befreit ihn aus dem Gefängnis, will ihn sogar mit Sophie zusammenführen, um ihn glücklich zu machen. Faublas beteuert ihr mehrmals, sie seinerseits wirklich zu lieben, und zwar „de façon tendre“:

> Vous, chevalier, je trouve pourtant bien singulier que vous ayez... de la tendresse, de l'amour même pour deux femmes... Dites pour trois, ma belle maman. – Non, s'écria-t-elle vivement, impossible cela, par exemple! Impossible. – Je vous assure...[290]

[288] S. 900f.

[289] S. 551f. Man bemerke die Verwendung von „bourgeois“ im Zusammenhang mit „sensibilité“.

[290] S. 1104. Genauso S. 970.

Die emotionale und sinnliche Zerrissenheit Faublas' wird allen Beteiligten zum Verhängnis: die Marquise wird dort von ihrem Mann erstochen, wo sie ihn zum lächerlichsten aller Ehemänner gemacht hatte, in demjenigen Bett nämlich, das eben noch Zeuge ihrer nie erloschenen Liebe zu Faublas geworden war. Eléonore und Sophie befinden sich nur wenige Stunden später, ohne voneinander zu wissen, im Hause Faublas'. Als Eléonore sich verlassen glaubt und in Sophie die Ehefrau ihres Geliebten erkennt, ertränkt sie sich und ihr ungeborenes Kind. Der Moment der eigentlich glückverheißenden Vereinigung von Faublas und Sophie wird ihm zur schwärzesten Stunde seines Lebens, er verfällt dem Wahnsinn, der krankhaften Melancholie. Nur sehr allmählich wird er wieder dem normalen Leben zugeführt. Sophie, die ihn ungebrochen mit wahrer, tiefer Zuneigung liebt, bleibt ihm zwar, aber ein Glück, wie es einem empfindsamen Herzen sonst vergönnt war, erlebt Faublas nicht.

Rieger hat dieses traurig-melancholische Ende als Entsprechung des sich auflösenden Ancien Régime gewertet, als notwendiges historisches Scheitern der Libertinage und der diese hauptsächlich tragenden sozialen Schicht. In unserer Perspektive kommen andere Momente zu dieser Interpretation hinzu. Die Konflikte, die Faublas in sich auszutragen versucht, und an denen sein Leben scheitert, sind von Anfang an in der Opposition der sensiblen und libertinistischen Welten angelegt. Louvet hat keine eindeutige Position für oder wider die fröhlich-harmlose Art der Libertinage bezogen, die Faublas verkörpert, schon gar nicht aus einem moralisierenden Blickwinkel. Libertinistische Liebe allein kann nicht glücklich machen, denn auch die rein libertinistisch handelnden Personen wie der Comte de Rosambert erfahren kein glückliches Ende. Genauso wenig aber vermag der empfindsame Wertekanon, wie ihn Du Portail vertritt, das glückliche Ende zu verheißen. Beide Systeme sind, so wie sie hier erscheinen, unzureichend. Das Scheitern Faublas' erwächst nicht nur aus dem äußeren Hindernis Du Portail, sondern aus der Unvereinbarkeit dessen, was Faublas in seinem Leben trotzdem zu vereinen bemüht ist. Jacob konnte dies gelingen, da die gefühlsmäßige Liebe bei Marivaux zwar gegen böswillige Libertinage, nicht aber gegen Sinnlichkeit abgesetzt war. Die Empfindsamkeit, wie sie bei Louvet erscheint, ist zu sittenstreng, um einem jungen Menschen vom Schlage Faublas' die Erfüllung seiner ganzen Person zu gestatten.[291] Der ganze Ton des Romans, der zwar galant-fröhlich, aber immer auch versöhnlich ist, hebt sich sowohl von den larmoyant-empfindsamen Romanen ab, die wir im voraufgehenden Kapitel

[291] S. 903.

betrachtet haben, als auch von denjenigen Romanen, die im engeren Sinne libertinistisch sind, und mit denen wir uns weiter unten befassen wollen. Dieser Mittelweg und die verständnisvolle Haltung beiden Liebes-und Moralsystemen gegenüber macht die *Amours* zu einem geistesgeschichtlich wertvollen und zudem ästhetisch komplexen Werk. Es dokumentiert die Unmöglichkeit, Libertin und Empfindsamer gleichzeitig zu sein, genauso aber die Unzulänglichkeit beider Formen menschlichen Handelns.

In seinem den Roman abschließenden Brief an den langjährigen Freund, den Vicomte de Valbrun, bringt es Faublas selbst auf eine griffige, resümierende Formel:

> Loin de me plaindre, enviez mon sort, et dites seulement que pour les hommes ardents et sensibles, abandonnés dans leur première jeunesse aux orages des passions, il n'y a plus jamais de parfait bonheur sur la terre.[292]

6.2. Umkehrung und Zerstörung

> Je ne vous accorde pas d'ailleurs que cette extrême sensibilité soit un bien; il me serait peut-être bien aisé de vous prouver le contraire; ce qu'il y a de certain, c'est que si cette émotion est un bonheur, au moins n'est-il pas celui de tout le monde; car je vous réponds que je ne l'ai jamais senti.
>
> Sade: *Aline et Valcour,* IV, S. 230.

Der tugendhaft-prüde Ton, den viele empfindsame Werke vor allem der zweiten Jahrhunderthälfte an sich haben und der mit der Entschärfung der einst emanzipatorischen Empfindsamkeit im Sinne einer resignativen Passivität einhergeht, erklärt ein Phänomen in der Literatur, das für fast alle libertinistischen (bis pornographischen) Werke prägend ist: Libertinage und Erotik werden im Kontrast zu sensiblen Werten und Personen entwickelt, ja der Libertin kann ohne auf die Tugend pochende, prüde Empfindsamkeit nicht auskommen, er benötigt sie geradezu als Lebenszweck. Es handelt sich hier nicht nur um das Motiv der verfolgten Unschuld[293], da die jungen und noch nicht ideo-

[292] S. 1222.

[293] Zum Motiv der verfolgten Unschuld siehe das Buch Hellmuth Petriconis: *Die verführte Unschuld. Bemerkungen über ein literarisches Thema,* Hamburg 1953.

logisch geformten Opfer nicht mit bereits geistig erwachsenen Empfindsamen zu vergleichen sind. Crébillon hatte sich in seinen Romanen ohne diesen spezifischen Bezug der Analyse der hocharistokratischen Gepflogenheiten widmen können. In den *Egarements* erscheint das „sentiment" zwar als Heuchelei, aber eine wirklich ehrlich empfindsame Person wird dort nicht „verführt" oder „bekehrt". Anders in den *Liaisons dangereuses* (1782), dem wohl berühmtesten unter den zynisch-libertinistischen Romanen. Valmont und die Marquise de Merteuil beziehen ihren Lebenszweck nur aus der Tatsache, daß es Menschen gibt, die ihre Prinzipien nicht teilen und somit eine Herausforderung, ja eine Provokation darstellen. Unser Augenmerk kann sich auf die Présidente de Tourvel, Valmonts hartnäckige und sogar schließlich siegreiche Gegenspielerin konzentrieren, da die junge Cécile Volanges zu unerfahren ist (eben eine der typischen Verkörperungen der verführten Unschuld), um mehr als ihre Naivität und Unschuld gegen Valmont ins Feld zu führen. Der zynische Libertin unterscheidet sich von seinem galanten Bruder, wie ihn Faublas repräsentiert, vor allem dadurch, daß er sein Wesen in dem Moment preisgibt, wo er mehr als sexuelle Anziehung für eine Frau empfindet (das gilt natürlich auch umgekehrt für libertinistische Frauen wie die Merteuil). Valmont wird von der Marquise wegen seiner Gefühle verspottet, ja er muß sich regelrecht verteidigen - Faublas hingegen liebt sogar mehrere Frauen mit einer echten „amour tendre et sensible".

Um die Présidente de Tourvel in die lange Liste seiner Eroberungen einreihen zu können, nimmt Valmont monatelange Anstrengungen in Kauf. Da sein Renommee auch bis zur Présidente durchgedrungen ist, muß er zunächst das negative Vorurteil, das sie ihm gegenüber verständlicherweise hat, zerstreuen. Die Präsidentin ist eine typische Empfindsame: sie liebt ihren Ehegatten, stellt die Tugend (sprich Treue) über alles, huldigt der „bienfaisance" und glaubt an das Gute im Menschen. Valmont etikettiert sie als „sensible prude"[294], und die Marquise warnt ihn vor den „femmes à sentiments" (S. 221), die man auch „sensibles" (S. 222) nenne.

Um sich diesem Hort der unbesiegbaren Tugend zu nähern, muß sich Valmont über einen langen Zeitraum hinweg verstellen. Er bedient sich sowohl des sprachlichen Kodes der empfindsamen Liebe als auch eines wohlkalkulierten Bestands an pseudo-spontanen Handlungen. Das Verhalten eines „homme sensible" war also in einem Maße schematisiert, daß es glaub-

[294] Benutzte Ausgabe: *Les liaisons dangereuses,* éd. Papadopoulos, Paris 1972. Hier S. 130; die übrigen Seitenzahlen in Klammern nach den Zitaten.

haft geheuchelt werden konnte. Valmont läßt sich z.B. von den Spionen der Présidente dabei beobachten, wie er einer armen Bauernfamilie des Nachbardorfes den Gerichtsvollzieher erspart, indem er die gegen sie erhobenen finanziellen Forderungen erfüllt. Dieser Beweis seines natürlichen und angeblich spontanen Mitleids, seiner „bienfaisance“, der ihm selbst so lächerlich wie das „dénouement“ eines Dramas erscheint (S. 75), rehabilitiert ihn in den Augen der Présidente erheblich. Sie glaubt ihn auf den Pfad der Tugend zurückführen zu können, während er genauso didaktisch denkend die Nichtigkeit ihres Tugendprinzips beweisen will. Mme de Tourvel glaubt an ihn, an seine „sensibilité“:

> O vous, dont l'âme toujours sensible, même au milieu de ses erreurs, est restée amie de la vertu, vous aurez égard à ma situation douloureuse, vous ne rejetterez pas ma prière! (S. 257)

Valmont will dieselbe „sensibilité“, die er im Charakter der Présidente erkannt hat, zur Erweckung der Liebe in ihrem Herzen nutzen:

> La vertu tigresse s'allie pourtant avec la douce sensibilité! (S. 322)

Bekanntlich triumphiert Valmont trotz aller flehentlichen Bitten der Présidente, er möge ihre Tugend nicht auf eine zu harte Probe stellen, gerade über jene wahrlich tigergleiche Tugend. Allerdings nur, um zu spät zu erkennen, wie sehr er seine Gegnerin trotz seiner anderslautenden Beteuerungen, die der Wahrung des Angesichts gegenüber der Marquise dienen sollten, bereits geliebt hatte. Die Présidente verliert den Verstand und stirbt kurz darauf in einem Kloster, Valmont kommt bei einem Duell, das ihm die Marquise eingebrockt hat, ums Leben. Zieht man die Bilanz des ungleichen Kampfes zwischen Libertinage und Empfindsamkeit, so ist der Zynismus Valmonts und Merteuils zwar in der Lage, unendliches Leid über die gegnerische Partei zu bringen, aber sie werden selber Opfer ihrer eigenen Strategie. Der Sieg über die Présidente ist nicht zu leugnen, aber ihr Triumph über Valmont ist ebenso sicher. Er kann sie zerstören, ohne sie zu bekehren; sie aber besiegt ihn, ohne ihn töten zu müssen. Das Unglück der sensiblen Seelen ist, wie so oft, gepaart mit ihrem ideellen Sieg.

Im Gegensatz zu den früheren Gegnern, etwa den harten Herzen der Väter, den „préjugés“ religiöser oder gesellschaftlicher Art, haben es die Empfindsamen nun mit Libertins zu tun, die nicht nur ihren Interessen und Werten verständnislos gegenüberstehen, sondern die es gerade darauf anlegen, die Empfindsamen wegen ihrer Tugend- und Liebeskonzeption zu zerstören. Nicht Schicksal, nicht Fanatismus, auch nicht unzähmbare Leidenschaft stehen dem glücklichen „dénouement“ entgegen, sondern eiskalter Wille, aufgeklärte Verhaltensstrategie, die zum Selbstzweck wird. Diese neue Variante der Opposition gegen die empfindsamen Werte konnte erst in dem Moment gesellschaftlich real und literarisch darstellbar werden, wo der empfindsame Wertekanon weit verbreitet und zu einer Herausforderung der hocharistokratischen Libertinage geworden war. Der ideologische Sieg der Empfindsamkeit provoziert die unerbittliche Feindschaft der Libertinage, die gleichzeitig auf die Schwächen in der „sensibilité“-Konzeption hinweist.

Laclos ist oft mit anderen libertinistischen Autoren wie Sade verglichen worden.[295] Gemeinsam ist diesen beiden, wie auch anderen pornographisch-libertinistisch schreibenden Autoren, die Gegenüberstellung von Libertinage und Empfindsamkeit als unversöhnliche Feinde. Laclos nun hat seine Personen von Anfang an auf die tragische, aber den ideellen Sieg der „sensibilité“ besiegelnde Lösung angelegt. Sade hingegen greift nicht nur die empfindsamen Werte in den dargestellten Romanfiguren an, um diese im Tod über den Libertin triumphieren zu lassen, sondern sein Werk enthält zahlreiche Passagen, die als regelrechte Umkehrung des empfindsam-aufklärerischen Wertekanons angesehen werden können. Seine Auseinandersetzung mit dem theoretischen Fundament der optimistischen Empfindsamkeit findet auf verschiedenen Ebenen statt. Zur Illustrierung seiner harten Kritik an den Überzeugungen der Sensiblen sollen zwei Werke herangezogen werden, die anonym erschienene *Philosophie dans le boudoir,* und eines der „œuvres avouées“, der sehr lange Briefroman *Aline et Valcour,* der, im selben Jahr wie die *Philosophie,* 1795 endgültig erschien.

Aline et Valcour[296] hat mit den zahllosen Briefromanen des 18. Jahrhunderts einiges gemeinsam, und man ist nicht erstaunt, hinter den Namen Aline und Valcour ein unglückliches, empfindsames Liebespaar zu entdecken. Ihre tragisch endende Geschichte füllt die eine Hälfte des Romans, die andere (die beiden mittleren Bände) besteht aus der eingeschobenen Geschichte von Léonore und Sainville, die voneinander getrennt die Welt durchreist haben. Léonore ist die ungleiche Schwester Alines, die mehr von der Skrupellosigkeit und moralischen Verderbtheit ihres Vaters, des alternden kriminellen Libertins Président de Blamont, mitbekommen hat als Aline. Die beiden Roman-

[295] Zur Entstehung der Legende von Laclos’ sittenlosem Leben siehe Erwin Koppen: *Laclos’ „Liaisons dangereuses“ in der Kritik 1782–1850,* Wiesbaden 1961.

[296] D. A. F. Marquis de Sade: *Aline et Valcour, ou le roman philosophique,* 4 vols, Paris 1963.

teile erschienen zwar als „organiquement indépendantes“[297], stehen aber doch in einem komplementären Verhältnis zueinander. Was die Geschichte von Aline und Valcour illustriert, nämlich daß wahre Liebe und Tugend keinen Bestand vor der Boshaftigkeit des Lasters haben, wird durch die Erlebnisse Léonores und Sainvilles in den Ländern ferner Erdteile philosophisch-anthropologisch untermauert. Die Begriffe von Tugend und Laster sind relativ, eine universelle Moral, die Folge einer deistischen Religion sein könnte, gibt es nicht. „Sensibilité“ ist eine der möglichen Verhaltensweisen, kann aber weder moralischen Wert noch exklusive Gültigkeit bzw. Natürlichkeit für sich beanspruchen. Anders als in seinen nicht eingestandenen Werken räumt Sade der Schilderung des sensiblen Glaubens und Handelns hier sehr viel Raum ein. Aline, Valcour, die Mutter Alines, der Freund Valcours Déterville - alle sind überzeugende und keineswegs völlig lächerliche Vertreter der Werte „sensibilité“, „humanité“ und „bienfaisance“.

Aline hat „une âme sensible“ (I, S. 11; IV, S. 160), Valcour nicht minder (IV, S. 289). Solange die Empfindsamen unter sich sind, erleben sie das durch die Unzulänglichkeit der Welt getrübte, aber süße Glück der Empfindsamen (I, S. 233ff). Das Problem entsteht lediglich durch die Existenz des Bösen in der Welt: nicht finanzielle Erwägungen sind es, die Blamont, wie er vorgibt, gegen Valcour als Bräutigam seiner Tochter einnehmen, sondern einzig und allein der Wunsch, sie seinem libertinistischen Bundesgenossen Dolbourg zur Frau zu geben und dann selbst mit ihr ein inzestuöses Verhältnis zu haben. Pure Bosheit, die Blamont als Lust empfindet und die damit in seinen Augen als Werk der Natur gerechtfertigt ist, wird der harmlosen Empfindsamkeit zum Verhängnis. Anders als die optimistischen Aufklärer glaubt Sade nicht daran, durch Appelle an die wahre Natur eine Besserung der Bösen herbeiführen zu können. Es ist wie eine Parodie der empfindsamen Romane, wenn Sade Mme de Blamont, Aline und die anderen sensiblen Personen versammelt, um ihrem Gegenspieler durch eine Szene größter Rührung seine perfiden Projekte auszutreiben (I, S. 187). Sade will offensichtlich die Nichtigkeit dieses Unterfangens illustrieren, das von der illusorischen Prämisse ausgeht, *jeder* Mensch empfinde von Natur aus dieselben moralischen Gesetze, ein Credo, das auch wir als konstitutiv für die Herausbildung des Begriffs „sensibilité“ bezeichnet haben. „Sensibilité“ steht in *Aline et Valcour* weiterhin als Begriff, in dem sich die Überzeugungen von der natürlichen Güte, des Glücks durch Tugendausübung und Altruismus resümieren, Valcour wird als Schüler Rousseaus eingeführt, so daß man sich wohl nicht irrt, wenn man hier eine syste-

[297] Gilbert Lely: *Sade. Etudes sur sa vie et sur son œuvre,* Paris 1967.

matische Bekämpfung Rousseauscher und damit empfindsamer Werte unterstellt. Was Blamont lebt und auch verbal vertritt, wird durch Léonores Reisebericht bestätigt: es gibt naturbelassene Völker auf Erden, die keinerlei „sensibilité" kennen:

> Entièrement privés de sensibilité, et peut-être en cela plus heureux que nous, ces sauvages n'imaginent pas qu'on puisse s'affliger de la mort d'un parent ou d'un ami. (II, S. 145)

Natürlich gibt es im unendlichen Panorama der natürlichen Phänomene auch das Gegenteil: sensible Wilde, die das empfindsame anthropologische Postulat zu bestätigen scheinen. Altruistisches Handeln kann eine gewisse „volupté" zur Folge haben, das gesteht Sade (hier Blamont) durchaus ein. Es ist lediglich nicht gestattet, daraus mehr als den egoistischen Wunsch nach „plaisir" abzuleiten. Blamont diskutiert diese Frage mit Déterville, nachdem er seine eigene Frau hat vergiften lassen und nun Aline endlich seinem Freund Dolbourg zuführen will. Déterville fleht ihn an, die Trauer Alines zu respektieren:

> Blamont: Mais si vous chérissez votre douleur, elle devient une volupté; et dans ce cas vous m'avouerez que la volupté qui console vaut beaucoup mieux que celle qui afflige.
>
> Déterv.: L'une est celle d'une âme de fer, l'autre est celle d'un cœur délicat et sensible.
>
> - Et d'où tenez-vous, monsieur, qu'il vaille mieux être organisé dans votre sens que dans le mien, si nous avons également tous deux des plaisirs?
> - Les miens sont ceux de la vertu, les vôtres mènent à tous les crimes.
> - Il faudrait savoir maintenant lequel (conventions sociales à part) donne plus de plaisir, du vice ou de la vertu?
>
> (IV, S. 231f)

„Sensibilité" erscheint nicht nur als naiv, wehrlos und allzu leichtgläubig, sondern wird zudem als Konsequenz einer gewissen physischen Konstitution definiert. Die Umdeutung der seelischen Empfindsamkeit in eine physiologische Veranlagung, die von Materialisten und Medizinern vertreten wurde, findet hier ihre Konsequenz, so wie Sades radikaler Individualismus Folge der Überzeugung ist, jeder Mensch handele nach den Gesetzen von „plaisir" und „douleur" – die Verbindlichkeit einer universellen Moral wurde nur durch die Überzeugung (die „chimère", wie Sade sagen würde) aufrecht erhalten, es gäbe jedem Menschen unmittelbar einsichtige Naturgesetze und zudem einen inneren Trieb, diesen zu folgen. So aber ist „sensibilité" zufällige Konsequenz einer körperlichen Veranlagung, die in Ausübung dieser Eigenschaft Glück d.h. „plaisir" empfindet:

N'en doutons point, l'origine de nos passions, et par conséquent la cause de tous nos travers, dépendent uniquement de notre constitution physique, et la différence entre l'honnête homme et le scélérat se démontrerait par l'anatomie, si cette science était ce qu'elle doit être; des organes plus ou moins délicats, des fibres plus ou moins sensibles... (II, S. 299)[298]

Obwohl Sade also die Vernichtung der empfindsamen Personen für völlig natürlich und unvermeidlich hält - Mme de Blamont wird vergiftet, Aline ersticht sich, um dem gehaßten Ehemann zu entgehen, Valcour stirbt kurz darauf vor Gram in einem Kloster -, widmet er der Darstellung sensibler Überzeugungen viele Seiten. Die Welt der optimistischen Aufklärung ist ihm wohl mehr als bloß negativer Bezugspunkt:

La plasticité de son (de Sade, F. B.) génie offre au lecteur émerveillé, non seulement une somme idéologique et passionnelle révélatrice de la personnalité multiple de l'auteur, mais aussi une vive peinture des sentiments et des usages en France avant 1789.[299]

Anders als bei Laclos liegt der Akzent nicht bei der Verführung des empfindsamen Menschen. Blamont will seine Tochter keineswegs zu einer Libertine machen. Sie ist ihm als Person völlig gleichgültig und nur als Objekt seiner inzestuösen Lust interessant, jedes didaktisch-korrumpierende Engagement fehlt. Genauso wenig läuft Blamont Gefahr, die Fronten zu wechseln, gerührt zu werden oder gar zu seinem Opfer echte Liebe zu empfinden. Ziel ist die grenzenlose Realisierung egoistischer Triebe und die daraus resultierende Vernichtung aller Hindernisse, die sich in Form von Tugend und Moral auftun. Sade hat sich die vorbehaltlose Schilderung *aller* Bereiche menschlichen Handelns zur Aufgabe gemacht, wie er in seiner *Idée sur les romans* darlegt:

C'est donc la nature qu'il faut saisir quand on travaille ce genre, c'est le cœur de l'homme, le plus singulier de ses ouvrages, et nullement la vertu, parce que la vertu, quelque belle, quelque nécessaire qu'elle soit, n'est pourtant qu'un des

[298] Genauso in IV, S. 149: „Tout cela dépend des organes, a répondu le président; ces différences morales sont entièrement soumises au physique..." Konsequenterweise erscheint dem Président jede Anwandlung von Mitleid oder Zuneigung als eine Schwäche, er glaubt „que la sensibilité n'était qu'une faiblesse dont il était facile de se guérir, en repoussant de soi avec violence tout ce qui voulait nous assaillir de trop près, et en remplaçant avec vitesse par une idée voluptueuse ou consolatrice les traits dont le chagrin voulait nous effleurer." (IV, S. 256).

[299] Lely, a.a.O., S. 249.

modes de ce cœur étonnant, dont la profonde étude est si nécessaire au romancier, et que le roman, miroir fidèle de ce cœur, doit nécessairement en tracer tous les plis.[300]

Die Realität erlaubt nicht die optimistische Reduktion der Welt auf eine ideale Tugend, die Gegenstand der empfindsamen Romane und Zielpunkt der Aufklärungsethik war. Die Schwäche der empfindsamen Prämissen, die von Anfang an und in zunehmendem Maße während der inhaltlichen Verflachung der „sensibilité“ zu beobachten sind, treten hier deutlich zutage.

Stirbt in *Aline et Valcour* die Empfindsamkeit mit denjenigen Personen, die sie verkörpern, so greift Sade in der *Philosophie dans le boudoir* die empfindsam-aufklärerischen Werte auf einer abstrakten Ebene an.[301] Thema des in Dialogform verfaßten Buches ist die Initiierung der 15-jährigen Eugénie de Mistival in die Geheimnisse libertinistischer Sexualpraktiken, die erklärt und zur besseren Illustrierung auch gleich ausgeführt werden. Die pornographisch detaillierten Schilderungen werden unterbrochen durch lange Ausführungen des libertinistischen Lehrmeisters Dolmancé, die uns hier wegen des Bezugs zur „sensibilité“ und den mit ihr verbundenen Werten interessieren. Dolmancé formuliert alle Angriffe auf Gott, die Moral und soziale Verhaltensweisen der Menschen, die für das Sadesche Denken typisch sind:

> L'athéisme et le blasphème, l'égoïsme, la cruauté, le vol et l'assassinat, l'adultère, l'inceste et la sodomie sont célébrés d'un bout à l'autre de *La Philosophie dans le boudoir,* véritable précis des doctrines de Sade.[302]

Ziel des Erziehungsprozesses ist die systematische Zerstörung aller Tugendprinzipien, die Eugénie womöglich durch die Erziehung im Elternhaus kennengelernt hat:

> Il est bien sûr que je n'épargnerai rien pour la pervertir, pour dégrader, pour culbuter dans elle tous les faux principes de morale dont on aurait pu déjà l'étourdir.[303]

Alle Vorstellungen von Tugend, Keuschheit, „bienfaisance“ werden als widernatürlich abgetan, da sie der freien Entwicklung des Menschen im Wege stehen. Im Mittelpunkt von Dolmancés Angriffen stehen einerseits die christ-

[300] *Idée sur le roman,* éd. Jean Glastier, Paris 1970.

[301] Brissenden: *Virtue in Distress,* Kap. II,5 interpretiert die *Philosophie dans le boudoir* ebenfalls als anti-empfindsames Werk.

[302] Lely, a.a.O., S. 255f.

[303] *La philosophie dans le boudoir,* éd. Y. Belaval, Paris 1976, S. 46.

liche Religion, daneben aber auch die säkularisierten Werte der deistischen, aufklärerischen Moral. „Bienfaisance" und „charité", die zur Sensibilität des empfindsamen Menschen gehören, sind für Sade nichts als verkleideter Eigennutz:

> La bienfaisance est bien plutôt un vice de l'orgueil qu'une véritable vertu de l'âme; c'est par ostentation qu'on soulage ses semblables, jamais dans la seule vue de faire une bonne action.[304]

Für Dolmancé sind das Unglück und die Armut anderer Menschen kein Grund, von seiner „sensibilité physique", die sich allein auf seine Genüsse konzentriert (man ist an Helvétius' Definition der „sensibilité physique" erinnert), etwas auf andere Lebewesen zu verschwenden.

> Que me font à moi les maux des autres! N'ai-je donc point assez des miens, sans aller m'affliger de ceux qui me sont étrangers! Que le foyer de cette sensibilité n'allume jamais que nos plaisirs! Soyons sensibles à tout ce qui les flatte, absolument inflexibles sur tout le reste.[305]

Ohnehin sind die Begriffe von Tugend und Laster von klimatischen Bedingungen und sozialen Konventionen abhängig, zudem von der individuellen Konstitution (Siehe S. 79, 131). In der Tradition der materialistischen Philosophen definiert Sade die Sensibilität lediglich als nervliche Reizbarkeit, die zudem noch in besonderem Maße die Sexualorgane auszeichnet (S. 61), Frauen übrigens mehr als Männer (auch dies eine Überzeugung, die von den Medizinern vertreten wurde, siehe Fouquets *Encyclopédie*-Artikel). Eugénie wird, eindeutig parodistisch gegen die empfindsamen, tugendhaften Mädchen gewendet, als äußerst „sensible" bezeichnet, allerdings nur wegen ihrer in der Tat bemerkenswerten sexuellen Reizbarkeit.

> Adorable créature, je n'ai jamais vu une sensibilité comme la tienne, jamais une tête si délicieuse![306]

[304] Ebenda, S. 76. Dieser Vorwurf der Eigennützigkeit von altruistischen Handlungen ist nicht ganz von der Hand zu weisen, sobald mit solch einer Handlung automatisch soziales Prestige zu gewinnen ist. Daher auch das häufig anzutreffende Motiv, daß ein sensibler und wohltätiger Mensch seine gute Tat geheimhalten möchte, um nicht in eben diesen Verdacht der Eigennützigkeit zu kommen. Zur Erinnerung: Freeport in Voltaires *Le café ou l'écossaise* tut genau dies; siehe auch Laya: *L'ami des lois* (1793), ein Stück, dessen Intrige auf der Geheimhaltung einer guten Tat basiert.

[305] Ebenda, S. 78.

[306] Ebenda, S. 134.

Wie in *Aline et Valcour* gesteht Sade auch hier, obwohl eher am Rande, die Existenz von Individuen zu, die aus den sogenannten Tugenden „humanité", „bienfaisance" und „fraternité" ein Glücksgefühl beziehen. Ihre physische Konstitution scheint sie offensichtlich dafür zu bestimmen; diese Werte universalisieren zu wollen ist hingegen schlechterdings absurd:

> Que l'humanité, la fraternité, la bienfaisance nous préscrivent d'après cela nos devoirs réciproques, et remplissons-les individuellement avec le simple degré d'énergie que nous a sur ce point donné la nature, sans blâmer et surtout sans punir ceux qui, plus froids ou plus atrabilaires n'éprouvent pas dans ces liens, néanmoins si touchants, toutes les douceurs que d'autres y rencontrent.[307]

Die Empfindsamkeit hat im Boudoir keinen überzeugenden Fürsprecher, sie ist quasi ex negativo als Bezugspunkt von Dolmancés Haßtiraden gegenwärtig. Nur einmal meldet sich der Chevalier de Mirvel zu Wort, als ihm die Äußerungen Dolmancés zu weit gehen. Er gesteht die Nichtigkeit der Religion ein, will aber an den natürlichen Gesetzen der Moral festhalten, die Kritik am Christentum mit dem Vertrauen auf ein Naturgesetz vereinbaren. Die Passage lohnt es, ausführlich zitiert zu werden:

> Eugénie, Eugénie, n'éteignez jamais dans votre âme la voix sacrée de la nature: c'est à la bienfaisance qu'elle vous conduira malgré vous, quand vous séparerez son organe du feu des passions qui l'absorbe. Laissons là les principes religieux, j'y consens; mais n'abandonnons pas les vertus que la sensibilité nous inspire; ce ne sera jamais qu'en les pratiquant que nous goûterons les jouissances de l'âme les plus douces et les plus délicieuses. Tous les égarements de votre esprit seront rachetés par une bonne œuvre.[308]

Dolmancé nun beteuert, das überrascht, diese Gedanken früher auch gekannt und empfunden zu haben. Allein seine Erfahrung in der Welt habe ihn zu einer anderen Haltung geführt. Diese Kritik an der Wirklichkeitsferne empfindsamen Lebens steht, wie wir sehen konnten, in ihrer Zeit nicht allein. Sade formuliert sie nur um vieles direkter und radikaler als seine Zeitgenossen:

[307] Ebenda, S. 207f. Der gemäßigte Ton erklärt sich aus der Tatsache, daß dieses Zitat einer Broschüre entstammt, die Dolmancé vorliest (*Français, encore un effort si vous voulez être républicains*). Der Inhalt entspricht Sades Überzeugungen, lediglich der Ton ist sachlicher als Dolmancés im Zustand sexueller Erregung vorgetragene Tiraden.

[308] Ebenda, S. 255.

Oui, chevalier, vous êtes jeune, vous le prouvez par vos discours; l'expérience vous manque; je vous attends quand elle vous aura mûri; alors, mon cher, vous ne parlerez plus si bien des hommes, parce que nous les aurez connus. Ce fut leur ingratitude qui sécha mon cœur, leur perfidie qui détruisit dans moi ces vertus funestes pour lesquelles j'etais peut-être né comme vous. (...) Encore une fois, Eugénie, que cette perfide sensibilité ne vous abuse pas; elle n'est, soyez-en bien sûre, que la faiblesse de l'âme; on ne pleure que parce qu l'on craint (...). Ah! croyez, Eugénie, croyez que les plaisirs qui naissent de l'apathie valent bien ceux que la sensibilité vous donne; celle-ci ne sait qu'atteindre dans un sens le cœur que l'autre chatouille et bouleverse de toutes parts.[309]

Die Vorstellung, „sensibilité" sei eine Schwäche, ist uns schon in Texten der 50er Jahre des 18. Jahrhunderts begegnet. Was Sade von den sanften Kritikern der Empfindsamkeit unterscheidet, ist sein konsequenter Angriff auf den Naturbegriff, den er von jeder moralischen Konnotation befreit. Damit zieht er nur die logische Schlußfolgerung aus einer physiologisch-deterministischen Menschensicht, wie sie während der Spätaufklärung entwickelt wurde. Gleichzeitig zeigt er, wo die Prämissen der optimistischen Aufklärung unpräzise gedacht waren und so zu ihrem Scheitern beitragen mußten. Die Zeit der „terreur" gab Sade auf erschreckende Weise recht in seiner desillusionierten Sicht menschlicher Beschaffenheit.

Im Unterschied zu Sade lassen andere libertinistisch-pornographische Schriften des ausgehenden Jahrhunderts philosophischen Tiefgang vermissen. Einzig gemeinsames Element ist der polemische Bezug zur Vorstellungswelt der empfindsamen Seelen. Andréa de Nerciat, ein im Vergleich mit Sade harmloser Pornograph, läßt seine Protagonisten in *Le diable au corps*[310] eine rein körperliche Liebe praktizieren, die nicht nur auf jede Regung des Herzens verzichtet, sondern den libertinistischen Maximen getreu keinen größeren Irrtum kennt als wahre, seelische Zuneigung.[311] Spott gegenüber Andersdenkenden wird beiläufig während der erotischen Szenen laut. Aufschlußreich ist zu erfahren, daß die Phase des „sentimentage" in Frankreich um 1777 angesiedelt wird.[312] Hier wird noch einmal deutlich, daß die libertinistische

309 Ebenda, S. 255ff.

310 Andréa de Nerciat: *Le diable au corps,* 3 vols, postum Paris 1803.

311 Tome 2, S. 1: „La Marquise, incapable d'avoir ce que les gens à sentiment nomment de *l'amour* (qu'elle fait profession de regarder comme la chose la plus ridicule, et surtout la plus dangereuse) ne laisse pas d'être sujette à des CAPRICES d'une vivacité particulière, qui leur donne, à bien peu de chose près, le caractère de cet amour, par elle si détesté."

312 Tome I, S. 87. Im *Avertissement* wird die Handlung im Jahre 1777 situiert (I, S. I), der Text selber wird auf das Jahr 1789 datiert.

Polemik gegen die „sensibilité"-Lehre zwei Seiten hat: Erstens geht es um die Verteidigung einer anders gearteten Verhaltensweise bzw. Lebenseinstellung unter Einschluß der philosophischen Widerlegung empfindsamer Prämissen im Falle Sades; zweitens um eine verständliche Replik auf die heuchlerische Modeerscheinung der „sensibilité" und „sentiments". In diesem zweiten Aspekt gehört die Libertinage zu den vielfältigen Formen der Kritik an einer verflachten Empfindsamkeit. Die Kritik war so breit gestreut und wohl auch so berechtigt, daß selbst Vertreter und Anhänger der „sensibilité" sich genötigt sahen, einen Rettungsversuch im Sinne der Trennung in wahre und falsche Empfindsamkeit zu unternehmen.

7. Kritik an „sensibilité"

> De très bonne heure en effet, tout ce vocabulaire du sentiment a été tourné en ridicule.
>
> P. V. Tieghem: „Quelques aspects...", S. 155.

Der beste Beweis dafür, daß sich der Begriff „sensibilité" inhaltlich und durch den allgemeinen Gebrauch allmählich von seiner Ausgangsbedeutung entfernt hat, ist die Tatsache, daß man zwischen wahrer und falscher „sensibilité" zu unterscheiden beginnt. Die Versuche, „sensibilité" als Konzept zu retten, erschöpfen sich nicht in den weiter oben erwähnten Vorwürfen der Heuchelei, sondern gehen bis zu semantischen Neudefinitionen, ja bis zur Schöpfung von Neologismen. Diese ernsthafte Kritik an gewissen Formen der Empfindsamkeit bleibt dem Erbe der richtig verstandenen „sensibilité" verhaftet. Anders manche Autoren, die in parodistischen Bearbeitungen empfindsamer Motive die Lächerlichkeit der sensiblen Mode darstellen. Trotz aller Boshaftigkeit, die guten Parodien eigen ist, geht es jedoch nicht wie in den libertinistischen Romanen um die prinzipielle Bekämpfung der Empfindsamkeit und ihres Menschenbildes, sondern um die Bloßstellung ihrer Schwächen und ihres „ridicule".

7.1. Semantische Differenzierungen

> Le sentimentalisme est aujourd'hui à la mode comme les cravates: on en a jusqu'aux oreilles.
>
> L. S. Mercier: *Néologie,* Paris 1801.

Um den Aufgaben einer Begriffsgeschichte, wie sie zu Beginn dieser Arbeit definiert wurden, gerecht zu werden, mußten wir dem Entwicklungsgang von „sensibilité" folgen und somit die verschiedensten Bereiche der wissenschaftlichen und fiktionalen Literatur betreten. An dieser Stelle soll nun rückblikkend und quasi resümierend die vereinzelt schon beobachtete Aufsplitterung des Wortes in verschiedene, differenzierte Inhalte dargestellt werden. Trotz einer großen Kontinuität in der Begriffsgeschichte sind gegen Ende des 18. Jahrhunderts etliche Neuprägungen des Wortfeldes „sentiment-sensibilité" zu beobachten, die als Reaktion auf die dekadente Empfindsamkeit zu verstehen sind.

Seit die drei wichtigsten Assoziationen von „sensibilité", nämlich „amour/tendresse", „compassion/sociabilité" und „vertu" Eingang in die Definitionen der Wörterbücher gefunden haben, gehören sie zum festen Bestand der üblichen Definitionen. Noch die Ausgabe von 1771 des *Dictionnaire de Trévoux* bleibt dieser Definition treu, ja erweitert die Eintragung noch in diesem Sinne, während die Ausgaben der früheren Jahre sich mit einer knappen Definition begnügten.[313] Wenn Wörterbücher bei der Aufnahme neuer Inhalte stets eine gewisse Verspätung zeigen, so gilt dies erst recht für die Tilgung eigentlich schon überholter oder zumindest fragwürdiger Inhalte. Anläßlich der Beschäftigung mit den verschiedenen Ausgaben der *Encyclopédie* hatten wir feststellen können, daß auch dort die Kontinuität trotz Aufnahme neuer Aspekte recht stark ist, obwohl die neu aufgenommenen Definitionen eigentlich mit den älteren in Widerspruch stehen. Entscheidende

[313] So auch in T. de Livoys *Dictionnaire de synonymes français,* Paris [3]1828: „Sensibilité: délicatesse, faculté de sentir, sentiment-bénignité, bon naturel, bonté, humanité, tendresse."
Auch der *Dictionnaire* der Ac. Française bleibt dieser Bedeutung treu, erst in der Ausgabe von 1802 erscheinen unwesentliche Ergänzungen. Der *Dict. de Trévoux* ergänzt 1771 folgende Sätze: „C'est cette disposition de l'ame qui fait les gens vertueux. La sensibilité du cœur aux miseres d'autrui, est la source des vertus sociales."

Neuerung ist hier die Unterscheidung in „tendresse = sensibilité active" und „sensibilité = passive", die auf den 1759 erschienenen Artikel des Abbé Roubaud im *Mercure* zurückgeht, ansatzweise aber auch schon 1751 bei Duclos zu finden ist. Diese Unterscheidung setzt sich, zumindest in den Wörterbüchern, im weiteren Verlauf des Jahrhunderts durch.[314] Die Trennung in „tendresse" und „sensibilité" umfaßt mehrere Elemente: Aktivität - Passivität; Männlichkeit - Weiblichkeit/Alter; compassion - bienfaisance. Der Abbé Roubaud, der diese Unterscheidung am ausführlichsten detailliert hat, scheint sich in seiner Neudefinition schon auf die medizinisch-naturwissenschaftliche Diskussion seiner Zeit zu beziehen, wenn er „sensibilité" auf die „sensations" reduziert, und der „tendresse" den Grad eines „état d'âme" zuerkennt:

> La *tendresse* est un foible; la *sensibilité,* une foiblesse: la première est un état de l'ame, et la seconde n'en est qu'une disposition.

„Sensibilité" ist eine rein Ich-bezogene Eigenschaft, während „tendresse" tatsächlich altruistisch ist:

> La *sensibilité* nous oblige à veiller autour de nous pour notre intérêt personnel; la *tendresse* nous engage à agir pour l'intérêt des autres.[315]

In ähnlichen Oppositionspaaren hatte sich d'Alembert in dem 1777 in das Supplement der *Encyclopédie* aufgenommenen Artikel „tendresse" geäußert, ohne sich der deutlichen Verurteilung der rein passiven Sensibilität seitens Roubauds anzuschließen. Ein nächster Schritt in der Differenzierung verschiedener Formen von „sensibilité" wird durch die Erkenntnis erreicht, daß es nicht nur aktive und passive Sensibilität, sondern auch geheuchelte und aufrichtige „sensibilité" zu unterscheiden gilt. Die Trennung in „tendresse" und „sensibilité" reichte nicht aus, um diesen Tatbestand sprachlich angemessen auszudrücken. Hierfür wurden verschiedene Ausdrücke vorgeschlagen.

314 Neben den in Kap. B II 4.2. schon genannten Enzyklopädien auch im *Dictionnaire critique de la langue française* (1787) des Abbé Féraud, der s. v. „tendre" die Unterscheidung Roubauds bzw. Girards übernimmt, s.v. „sensibilité" die Definition Duclos' wiedergibt. Siehe auch Roubauds eigene *Nouveaux synonymes françois* (1785), der den Artikel „sensible-tendre" aus dem *Mercure* in Bd. IV (S. 204) leicht abgewandelt übernimmt.

315 Hier wird genau jener doppelten Funktion von „sensibilité" Rechnung getragen, die den Menschen einerseits in seiner Ich-Bezogenheit, andererseits in seiner Soziabilität betrifft. Siehe oben, S. 293ff.

> Dès 1773, Carmontelle se moque des femmes *sentimentaires* qui affectent le sentiment, qui en peignent sans cesse les délices mais qui n'en sont pas pour cela plus conséquentes.[316]

Auf 1782 datiert das FEW, in Anlehnung an die Dissertation von Gunnar von Proschwitz[317], das Auftreten eines Neologismus, der gerade die Kritik an vorgetäuschter Empfindsamkeit zum Inhalt hat:

> *Sensiblerie*: sensibilité fausse et outrée, affectation de sensibilité.

Dieser neugeschaffene Begriff „sensiblerie" wurde beibehalten. Mercier etwa nimmt ihn in seine *Néologie* (1801) auf:

> Sensiblerie: Fausse sensibilité; elle n'est que trop à la mode. Les êtres privés de la vraie sensibilité abondent en sensiblerie.

1835 findet „sensiblerie" auch Aufnahme in den *Dictionnaire de l'Académie Française*.[318]

316 Zit. nach Monglond, a.a.O. Bd. III, S. 328. Siehe auch „sentimentaire" bei Laclos: *Liaisons dangereuses* a.a.O., S. 410. P. v. Tieghem nennt außerdem die seit 1795 erscheinenden *Mémoires littéraires, militaires et sentimentaires* des Prince de Ligne, obwohl hier „sentimentaire" kaum negativ konnotiert sein dürfte.

317 Gunnar von Proschwitz: *Introduction à l'étude du vocabulaire de Beaumarchais*, Stockholm 1956.

318 „Sensibilité fausse et outrée, affectation de sensibilité. Cette femme est ridicule par sa sensiblerie. Sa bonté prétendue n'est que sensiblerie. Ce drame est plein de sensiblerie. Ce roman n'est que jargon et sensiblerie. Il est familier."
In Deutschland wird in ganz ähnlichem Sinne zwischen Empfindsamkeit und Empfindelei unterschieden; der folgende Beleg ist von 1778: „Empfindeley und Empfindsamkeit! Wie weit auseinander und doch wie schnell verwechselt? – Die Erste erzwungen und geschwätzig, oder Folge der Organisation und vorüberblitzend! die zweite still und tief in sich eingeengt, aber thätig und anhaltend ohn' Aufbrausen! Mann und Weib, oder besser, Mode und Natur." Zit. nach Jäger a.a.O., S. 22.
Auch Immanuel Kant trennt in seiner Anthropologie zwischen Empfindsamkeit und Empfindelei. Interessanterweise betont er dabei die organische Abhängigkeit der Empfindelei, und auf der anderen Seite die Entscheidungsfähigkeit der Empfindsamkeit – eine Antwort auf die materialistisch-deterministische Definition der „sensibilité", wie sie in Kap. B II 1.1. dargestellt wurde: „Empfindsamkeit ... ist ein *Vermögen* und eine *Stärke*, den Zustand sowohl der Lust als Unlust zuzulassen, oder auch vom Gemüt abzuhalten, und hat also eine Wahl. Dagegen ist eine

Das bei Nerciat belegte „sentimentage“[319] ist sehr selten, gehört aber in dieselbe Gruppe der abwertenden Derivate von „sentiment“. Ein weiterer Neologismus des Französischen ist „sentimental“, das mit der Übersetzung von Sternes *A Sentimental Journey* (1769) bekannt wurde.[320] „Sentimental“ ist in Frankreich bald negativ konnotiert und bezeichnet die Affektiertheit, die Vortäuschung von „sensibilité“.

> Paris s'infecte insensiblement des femmes *sentimentales,* si l'on ose se servir de cette épithète ridicule et que le bel esprit sans goût met à la mode. Ce sont des femmes qui, croyant mêler la finesse d'esprit à de beaux sentimens, ne s'expriment plus qu'en amphigouris.[321]

Das von „sentimental“ abgeleitete Substantiv ist „sentimentalisme“, auch hier überwiegt die negative Bedeutung.

> Sentimentalisme: le sentimentalisme est aujourd'hui à la mode comme les cravates: on en a jusqu'aux oreilles.[322]

Senancour, der in seinen *Rêveries sur la nature primitive de l'homme* (1799) eine moderne, sensualistisch inspirierte Definition des „homme sensible“ gibt, verwahrt sich gegen die „sentimentale“ Mode und kreiert dabei einen Neologismus:

Empfindelei eine *Schwäche,* durch Teilnehmung an anderer ihrem Zustande, die gleichsam auf dem Organ des Empfindelnden nach Belieben spielen können, sich auch wider Willen affizieren zu lassen.“ *Anthropologie* (1798), in *Gesammelte Schriften,* hrsg. von der Kgl. Preußischen Akademie, Bd. VII, Berlin 1907, S. 235f.

319 S. o., S. 366.

320 Die ersten Belege im Englischen stammen aus den 40er Jahren. P. v. Tieghem nennt einen Beleg aus dem Jahre 1741, Renate Rieve: „sentiment, sentimental ...“ weitere aus den Jahren 1748 und 1749. Dieses letzte Datum übernimmt auch der *Oxford English Dictionnary.* Brissenden (S. 96ff) gibt eine knappe Wortgeschichte von Englisch „sentimental“.

321 *Correspondance littéraire secrète,* 16.2.1788, zit. nach Proschwitz a.a.O., S. 161, dort auch weitere Beispiele. Proschwitz nennt Belege aus den Jahren 1776, 1777, 1782, die alle negative Konnotationen enthalten.

322 Mercier: *Néologie,* Paris 1801.

Cette affectation sentimentale, que l'on appelle du *sentiment,* parce qu'en effet on la met partout à sa place, mais que l'on nommerait mieux *sentimanie* (...) L'homme sensible doit préférer à l'homme sentimental l'homme indifférent et farouche.[323]

Allen aufgeführten Kritiken an falscher oder geheuchelter Empfindsamkeit und den damit zusammenhängenden Vorschlägen zur sprachlichen Differenzierung ist gemeinsam, daß sie an der positiven, nunmehr bereits „traditionellen" Bedeutung des ursprünglichen Begriffs festhalten; ja ihre Kritiken sind gerade als Verteidigung der wahren „sensibilité" (auch wenn diese dann „tendresse" genannt wird) zu verstehen, deren Verwechslung mit jeder Art von Pseudo-Sensibilität vorgebeugt werden soll. Am positiven Gehalt der richtig verstandenen Empfindsamkeit wird nicht gerüttelt. Weniger respektvoll zeigen sich diejenigen Autoren, die sich in parodistischen Werken der „sensibilité" und ihrer lächerlichen Exzesse annehmen.

7.2. Parodistische Bearbeitungen

L'amant qui trouve tout possible,
Est l'amant que je rends heureux;
Moi, je lui veux *Des sens tous neufs;*
Et lorsque je me dis sensible,
Par là, j'entends que j'ai des sens
Agissans et réagissans.

Collé: *La sensibilité physique* (1768)

Hatten wir es im vorhergehenden Abschnitt mit rein sprachlichen, lexikalischen Phänomenen zu tun, so wollen wir uns nun wieder den literarischen Konsequenzen der empfindsamen Mode zuwenden. Je erfolgreicher ein bestimmtes literarisches Genre, desto mehr Parodien desselben – die Beliebtheit und der Erfolg eines literarischen Kodex lassen sich indirekt am Auftreten von parodistischen Bearbeitungen ablesen.

323 Senancour: *Rêveries,* éd. crit. Merlant, Paris 1939, S. 142 (2). Siehe auch *Rêveries,* S. 58/59 (1): „Cette sensibilité universelle est inconnue à l'homme sentimental qui, dans la foiblesse de ses facultés et la sphère étroite de ses conceptions, reste insensible à presque toutes les impressions d'une nature qui lui est comme inaccessible."

> Der Zeitpunkt, zu dem eine erhabene Gattung einen ihrer historischen Höhepunkte erreicht und bereits überschritten hat, ist gemeinhin derjenige, welcher die Parodie auf den Plan ruft. Epigonentum ist die gefügige, Parodie die aufbegehrende Endphase eines gattungsgeschichtlichen Entwicklungsvollzugs.[324]

Auch wenn es keine streng definierte „sentimentale" Gattung im engeren Sinne gegeben hat, so trifft diese Einschätzung sicherlich auf den empfindsamen Wertekanon und seine literarischen Begleiterscheinungen zu. Zudem war das 18. Jahrhundert an Parodien ohnehin sehr reich - der Streit zwischen „philosophes" und „anti-philosophes" wurde vorwiegend in satirischer oder parodistischer Form ausgetragen. Geht man davon aus, daß jede Parodie zur Erreichung des ihr eigenen komischen Effekts den ernsten Gegenstand, der ihr als Vorlage dient, inhaltlich oder formal verzerrt wiedergibt[325], muß man diejenigen Aspekte der sensiblen Werke, die zu solcher Verzerrung Anlaß geben können, zu bestimmen versuchen. Dabei sind zwei Hauptaspekte zu unterscheiden: 1. Angriffspunkt der Parodie ist die mit dem Begriff „sensibilité" verbundene ideale, a-sinnliche Liebeskonzeption; 2. Angriffspunkt sind die dem „sensibilité"-Konzept zugrunde liegenden moralisch-naturrechtlichen Überzeugungen. Bei dieser zweiten Variante sind verschiedene Tendenzen zu unterscheiden, auf die wir im einzelnen eingehen werden. Was die erste Form des Angriffs auf empfindsame Inhalte angeht, so haben wir einige Vertreter dieser Gruppe anläßlich der Behandlung libertinistischer Autoren schon kennengelernt. Auch wenn Sades Anspielungen auf die ernsthaft idealistische Definition von „sensibilité" und deren Ersetzung durch eine materialistisch-sexuelle in der *Philosophie dans le boudoir* komisch wirken mögen, kann man Sades Werk nicht in seiner Gesamtheit als Parodie bezeichnen. Seine Intention der philosophischen Widerlegung und der zu diesem Zweck angenommene Tonfall erlauben diese Zuordnung nicht. Anders ist es mit einem kleinen, für die „société" verfaßten Theaterstück Collés, dessen Titel vielversprechend ist: *La sensibilité physique. Chanson philosophique.*[326] Diese

[324] Wido Hempel: „Parodie, Travestie, Pastiche. Zur Geschichte von Wort und Sache", in *GRM* 1965, S. 150–176, hier S. 157.

[325] So etwa die Definition der *Enciclopedia dello spettacolo,* Bd. VII, Rom 1960, S. 1689: „*Parodia.* Composizione letteraria o musicale che distorce comicamente la forma e l'espressione di opere a contenuto serio, alterandone il significato; (...) La forma della parodia è pertanto caricaturale, giacché ottiene il suo effetto accentuando i modi, le espressioni e il contenuto dell' opera parodiata."

[326] Charles Collé: *Théâtre de société,* La Haye/Paris 1777. Ein Proverbe mit dem schönen Titel *La sensibilité des ivrognes* war leider nicht auffindbar.

Chanson ist als Szene zwischen Milédi de Bellaston und ihrem Liebhaber Milord Boston, der nach nur drei Tagen seinen Laufpaß bekommt, angelegt. Wie die meisten dieser kleinen Gelegenheitsstücke ist auch diese Chanson ausgesprochen obszön. Milédi begründet nämlich die Verabschiedung ihres Liebhabers mit seiner ungenügenden Leidenschaft:

Votre tendresse trop mignonne,
Ne produit pas les résultats
Dont mon sexe éclairé fait cas.[327]

Als Milord Boston empört fordert, man solle doch zumindest der Form halber eine Woche zusammenbleiben, erwidert Milédi erneut mit dem Hinweis auf seine Impotenz - uns kommt es hier auf den bewußt gegen die moralische Konnotation der Empfindsamkeit gerichteten Gebrauch von „sensibilité" im rein erotischen Sinne an:

Milord permet-il qu'on réponde,
Qu'en lui toujours on trouveroit
Un amant froid et mal-adroit! -
Ma *sensibilité profonde*
Veut, j'en conviens, *De grands moyens,*
Milord l'a réduite *à des riens.*[328]

Die eindeutige Doppeldeutigkeit, mit der hier traditionell empfindsame Termini verwendet werden, sind ein naheliegendes und auch einigermaßen amüsantes Verfahren der parodistischen Verzerrung.[329]

Vor sehr viel größere Probleme wird man bei der Behandlung der zweiten Gruppe von Parodien gestellt, die aus verschiedenen Gründen die philosophischen Grundlagen der empfindsamen Literatur zur Zielscheibe des Spotts machen. Sowohl die heutige Forschung als auch die Kritiker des 18. Jahrhunderts sind sich nämlich in der Definition, was eigentlich eine Parodie und nicht lediglich eine Imitation empfindsamer Werke sei, alles andere als einig.

327 Ebenda, S. 84.

328 Ebenda, S. 89.

329 Weniger prägnant sind die erotischen Parodien von Du Laurens auf Werke von J. J. Rousseau. Sein *Poeme héroï-comique en XVIII chants* mit dem Titel *Le balai* (Paris 1761) enthält nur einige Passagen zur *Nouvelle Héloïse* und Julies Prüderie. *Imirce ou la fille de la nature* (Londres 1765) kann hingegen als Parodie des gesamten *Emile* gelesen werden, wobei der erhabene Stil beibehalten, der Inhalt aber auf eine niedere Ebene herabgezogen wird. Zur *Emile*-Parodie kommen persönliche parodistische Angriffe auf Rousseau selber.

Dasselbe Theaterstück *L'humanité ou le tableau de l'indigence* (1761) wird von Roy, einem Herausgeber der Werke Diderots, zu dessen Dramen gerechnet[330], von modernen Historiographen des Dramas aber als Parodie eingeordnet.[331]

Bevor wir uns mit diesem in der Tat verunsichernden Problem näher befassen, sollen einige Beispiele eindeutig parodistischer Kritik an den philosophischen Grundlagen des „sensibilité"-Begriffs vorgestellt werden. Zielscheibe ist hierbei übereinstimmend die Vorstellung, die Erweckung der „natürlichen" Kräfte im Menschen würde seine moralische Besserung zur Folge haben. Palissot, dessen 1760 erschienenes Theaterstück *Les philosophes* mit dem Bild des auf allen Vieren herumkriechenden Rousseau Fortune machte, liefert uns das erste Beispiel. Cidalise beschreibt ihre „Erweckung" zur Philosophie:

> Mes yeux se sont ouverts, hélàs! trop tard peut-être!
> A ces hommes divins, je dois un nouvel être.
> Le hasard présidait à mes attachemens;
> J'étais aux petits soins avec tous mes parens,
> Et les degrés entr'eux réglaient les préférences.
> (...)
>
> Mon esprit, épuré par la philosophie,
> Vit l'univers en grand, l'adopta pour patrie;
> Et mettant à profit ma sensibilité,
> Je ne m'attendris plus que sur l'humanité.[332]

Hiernach folgt die nicht mehr parodistisch-komische, sondern ausdrückliche Kritik am Humanitätsgebaren der Philosophen, die wir weiter oben schon zitiert hatten.

Genau in dieselbe Kerbe schlägt Gilbert in seiner Satire *Le dixhuitième siècle,* die im engeren Sinne nicht als Parodie bezeichnet werden kann:

> Comme l'humanité règne dans tous les cœurs!
> Vous ne lisez donc pas le Mercure de France?
> Il cite, au moins, par mois, un trait de bienfaisance.
> (...)

[330] *Collection des Œuvres de Diderot,* Amsterdam 1773.

[331] Félix Gaiffe: *Le drame en France au XVIIIe siècle,* Paris 1910 und V. B. Grannis: *Dramatic Parody in 18th Century France,* New York 1931.

[332] Palissot: *Œuvres,* Paris 1788, Bd. II, Akt II,5.

Voilà donc, cher ami, cet âge si vanté,
Ce siècle heureux des mœurs et de l'humanité!
A peine des vertus l'apparence nous reste.
(...)

Là, souvent un sauvage, orateur apprêté,
Aussi bien qu'Arouet parle d'humanité.[333]

Ist bei diesen beiden Beispielen die Distanz zum verspotteten Gegenstand eindeutig erkennbar, so lassen viele Werke, die als Parodien bezeichnet worden sind, genau diese zum Wesen einer Parodie gehörende Distanz vermissen. Dieses Phänomen kann an einem für unser Thema besonders interessanten Theaterstück mit dem Titel *Le vidangeur sensible* (1777) illustriert werden.[334] Dem eigentlichen Drama ist eine *Dissertation sur le drame,* die ihrerseits eine Parodie auf die Theorie dieser Gattung sein soll, sowie ein *Avertissement de l'éditeur* vorangestellt. In diesem nun nennt der Herausgeber den Bezugspunkt, ohne den eine Parodie als solche nicht erkennbar wäre: die Dramen im allgemeinen und diejenigen von Mercier und Falbaire im besonderen. Interessanterweise wird sogar ausdrücklich betont, daß dieses Werk sowohl als Parodie als auch als ernsthaftes Drama gelesen werden könne, daß es demzufolge sowohl den „amateurs du drame" als auch den Gegnern der Gattung gefallen könne.[335] Scheint diese Aussage im Kontext zumindest auch ein Trick zu sein - um nicht zu sagen ein „Gag" -, um das Leserinteresse zu wecken, so weist sie doch auf das uns hier beschäftigende Problem hin. Worin besteht nun beim *Vidangeur sensible* die Distanz zum parodierten, ernsten Vorbild? Die Intrige bietet wenig Anhaltspunkte: Tugend und Laster stehen sich in den Personen des Vaters und des Sohnes gegenüber; der Vater hat es durch harte Arbeit zu beachtlichem Reichtum gebracht und will seinen Sohn gut, d.h. finanziell vorteilhaft verheiraten. Zutiefst von der prinzipiellen Gleichheit aller Menschen, ungeachtet welchen Standes, überzeugt, sieht er den einzigen Maßstab für den Wert eines Menschen in Tugend bzw. Laster. Als er entdeckt, daß sein Sohn das Leben eines sittenlosen Libertins führt und

[333] Gilbert: *Œuvres,* éd. Charles Nodier, Paris 1817, S. 28–37.

[334] Gaiffe und Grannis zitieren dieses Stück als Parodie empfindsamer Dramen, Monglond hingegen scheint es als völlig ernsthaftes Drama anzusehen (*Le préromantisme,* II, S. 343). Das Stück ist von Nougaret und Marchand verfaßt, aber ohne Autorenangabe erschienen.

[335] S. V–VI.

sich sogar wegen eines Mordes, der im Laufe einer Eifersuchtsgeschichte begangen wurde, zu verantworten hat, entschließt sich der Vater, den eigenen Sohn vor dessen Hinrichtung eigenhändig zu vergiften:

> Je préfère une vie malheureuse à une vie deshonorée.[336]

So abenteuerlich die Handlung auch zu sein scheint, sie unterscheidet sich nicht vom Inhalt anderer, durchaus ernstgemeinter[337] Dramen.[338] Auch die Lobreden des Vaters auf die „utilité" seiner Arbeit, auf Tugend und „honnêteté" sind keineswegs emphatischer oder pathetischer als etwa bei Mercier. Wenn der Vater beteuert:

> La bassesse du rang n'exclut ni le courage, ni la vertu. Quoique relégué dans la dernière classe de citoyens, on est homme; l'âme est toujours elle-même et n'attend des circonstances pour se développer.[339]

hätte ihm Mercier sicherlich begeistert beigepflichtet. Worin besteht dann aber der Unterschied zur parodierten Gattung, falls es sich tatsächlich um eine Parodie handelt? Man wird auf die bereits im Titel genannte Wahl des Protagonisten zurückkommen müssen, um parodistische Elemente nachzuweisen: „Vuidangeur sensible". In dieser Zusammenstellung werden zwei Elemente, die sehr verschiedenen Bereichen angehören, in Verbindung gebracht. „Le vuidangeur"[340], ein von der Art der Tätigkeit her sehr niederer Beruf, und „sensible", ein Adjektiv, welches den Zeitgenossen als Summe aller positiven Eigenschaften und Tugenden galt. Erst durch diesen offensichtlichen Kontrast zwischen dem auch im 18. Jahrhundert weitgehend tabuisierten Bereich des Skatologischen und dem höchsten moralischen Werte entsteht ein komischer Effekt. Wie aus der *Dissertation sur le drame* hervorgeht, soll die Parodie offensichtlich gerade die Überzeugung der Vertreter des Dramas treffen, *alle* Menschen seien „sensibles" und somit fähig, tugendhaft zu leben. Der parodistische Effekt erschöpft sich in diesen Falle in

[336] S. 76.

[337] Grannis, die sich in ihrer Studie zur Parodie im 18. Jahrhundert auch mit Dramen-Parodien befaßt, kommt zu dem wenig zufriedenstellenden Schluß: „In fact, many of the dramas were more absurd than the parodies could succeed in being." (S. 88).

[338] Man denke z.B. an *Le déserteur* von Mercier (1770), wo ebenfalls ein Vater seinen Sohn erschießen läßt, um nicht unehrenhaft leben zu müssen.

[339] S. 76.

[340] „Vuidangeur", 1676 zum ersten Mal belegt, ist derjenige, welcher des nachts in den Städten die Kloakegruben reinigt, zu Deutsch: „Abortleerer".

der konsequenten, ins Absurde reichenden Durchführung der Forderung Merciers (auf den ja das Avertissement als Vorbild hinweist), alle Citoyens als positive dramatische Figuren zu akzeptieren. Aber selbst in diesem Punkt ist der komische Effekt abhängig von der Haltung des Rezipienten gegenüber der Gattung „drame" und der damit zusammenhängenden Theorie. Ein begeisterter Anhänger kann die Figur des „vuidangeur" durchaus ernstnehmen, ist doch der Unterschied zwischen einem tugendhaften Essighändler[341] und einem wohlhabenden „vuidangeur sensible" so groß nicht. Für einen Gegner der Gattung allerdings, der bereits die ernsten Dramen für lächerlich erachtet, muß „le vuidangeur" in seiner Übertreibung eine willkommene Verspottung sein. So erweist sich der parodistische Effekt des Stücks als karikaturaler. Die Frage, ob die Karikatur in ihrer Übertreibung der charakteristischen Züge des Vorbilds als solche wahrgenommen oder lediglich als folgerichtige Konsequenz ernst genommen wird, hängt wie gesagt nicht zuletzt vom Rezipienten ab. Um ein anderes Beispiel zu nennen: In *La manie des Drames sombres* (1777) beurteilt ein Autor, Prousas, andere Menschen nach dem Grad an „sensibilité" und Tränen, die sie im Theater zeigen. Nach Grannis besteht hierin eines der wesentlichen parodistischen Elemente. Wie wir gesehen haben, wurde diese Bewertung in vollem Ernst von Mercier und anderen vorgenommen. Nicht weniger schwierig sind diejenigen Romane, die als Parodien empfindsamer Autoren (in erster Linie Rousseaus) eingestuft werden, von ihren ernsten Vorbildern zu unterscheiden. Servais Etienne[342], der sich dieser Frage in einem Kapitel seiner Arbeit über den Einfluß der *Nouvelle Héloïse* angenommen hat, betitelt das betreffende Kapitel bewußt doppeldeutig: Parodie oder Imitation. Tatsächlich sind die Intentionen der Autoren, deren Werke als Parodien infrage kämen, nur schwer zu erfassen. Thorel de Champigneules 1763 erschienener Roman trägt einen Titel, der an sich schon die Zuordnung zur Sparte „Parodie" nahelegt: *Le nouvel Abailard ou lettres d'un singe au docteur Abadolfs.* Ein Affe, der denken und schreiben kann, schreibt seinem Besitzer, dem Doktor Abadolfs, Briefe über die Probleme der Welt sowie über die Liebesgeschichte der Tochter des Arztes. Die Parallelen zur *Nouvelle Héloïse* sind mehr als vage: einziger komischer Effekt ist die Tatsache, daß ein Affe Sentenzen von sich gibt, die den Schriften der verschiedenen modernen Philosophen entlehnt sein könnten. Die deutlich anti-philoso-

341 Siehe Merciers Drama *La brouette du vinaigrier,* 1775.

342 Servais Etienne: *Le genre romanesque en France depuis l'apparition de la Nouvelle Héloïse jusqu'aux approches de la Révolution,* Bruxelles 1922.

phische Ausrichtung versucht die Gefahren für Tugend und Moral, die von der Naturrechtslehre der Aufklärer ausgeht, auf diesem Wege deutlich zu machen und zudem die Philosophen mit ihren „natürlichen“ Vorfahren zu identifizieren.[343] Eine hiervon etwas verschiedene Tendenz repräsentieren die anonym erschienenen *Lettres d'un citoyen de Genève* (1763).[344] Der Briefwechsel des jungen Cliford Thomas mit seinem ergrauten Onkel George ist eng an die *Nouvelle Héloïse* angelehnt; der Enthousiasmus des jungen Liebhabers, der sich zwischen zwei Frauen (von denen eine Julie heißt) hin und hergerissen fühlt, mit beiden ein Kind zeugt und beide heiraten will, wäre nicht von demjenigen anderer empfindsamer Autoren zu unterscheiden, wären da nicht die köstlich lakonischen Kommentare des nüchternen Onkels, der den Neffen als Phantasten behandelt und damit schließlich auch den denkbar größten Erfolg hat: er überredet Julie zum Verzicht auf seinen Neffen und verheiratet sich dafür selber mit ihr, während Cliford seine Lucile ehelichen kann. Hier stehen mehr die realitätsferne Emphase und die Unberechenbarkeit des „sensiblen“ Helden im Mittelpunkt der parodistischen Übertreibung als die philosophischen Grundlagen der Empfindsamkeit.

8. Von der Revolution bis zum frühen 19. Jahrhundert

> En présence des supplices les spectacles étaient remplis comme à l'ordinaire, on publiait des romans intitulés: *Nouveau voyage sentimental, l'Amitié dangereuse, Ursule et Sophie,* enfin toute la fadeur et toute la frivolité de la vie subsistaient à côte de ses plus sombres fureurs.
>
> Mme de Staël: *Considérations sur la Révolution française, Œuvres* 1820, XIII, 124.

Aller Kritik und Parodie zum Trotz bleibt „sensibilité“ ein Schlagwort, das in vielen wissenschaftlichen und gesellschaftlichen Bereichen seine Gültigkeit

343 Dieselbe Kritik formuliert A. F. Sticotti in seiner Tragödie *Le sauvage hors de condition* (1764). In der Préface stellt er fest (S. V): „Tous ceux qui ont eu le plus d'esprit à peindre les sentimens, n'ont pas toujours été ceux qui ont eu le plus de sensibilité dans le cœur.“ Die Personennamen des Stücks lohnen es, genannt zu werden: Pancrace = philosophe anthropophage; L'ombre de Julia = sa fille; Emilius = son fils; Helvetia = sénateur de Nuchatol.

344 Auch Conlon: *Ouvrages français relatifs à J. J. Rousseau,* 1981 bezeichnet dieses Werk als Parodie der *Nouvelle Héloïse.*

behält. Das naturwissenschaftliche Denken ist auch über die Jahrhundertgrenze hinweg dem sensualistischen Erbe verhaftet, „la sensibilité physique" ist der zentrale Begriff jeder sensualistischen Anthropologie.[345] Auch im moralischen Bereich können die Klagen über eine „sensibilité passive" oder „fausse" den anhaltenden Erfolg des Konzepts nicht verhindern.

Und dennoch treten mit der Revolution und während ihres Verlaufs neue Aspekte zur Begriffsgeschichte von „sensibilité" hinzu, die es gestatten, die Behandlung ihres Werdegangs und Verfalls als Schlagwort der Aufklärung mit dem Ende des Jahrhunderts abzuschließen. Einerseits ist seitens der Revolutionäre der Versuch zu beobachten, das aufklärerische Begriffssystem, zu dem „sensibilité" gehört, in politische Aktivität umzusetzen. Die Integrierung dieses abstrakten Konzepts in einem von politischen Sachzwängen geprägten Handlungszusammenhang hat die Veränderung seines Inhalts zur Folge und erweist seinen idealen Charakter. Politische Morde im Namen der „sensibilité" zu rechtfertigen, erschien vielen Zeitgenossen zurecht als Widerspruch.

Andererseits versuchen einige Autoren, unabhängig vom politischen Diskurs der Zeit, die Konsequenzen aus dem Verfall des Begriffs im ausgehenden Ancien Régime zu ziehen und denselben neu zu definieren. Hierbei sind zwei Tendenzen zu unterscheiden: eine restaurative Tendenz, die „sentiment" und „sensibilité" in religiösem und politisch anti-revolutionärem Kontext definiert und eine progressive Tendenz, die das Erbe der Aufklärungsphilosophie nicht verleugnet. Diese Neudefinitionen, die, was die progressive Seite angeht, im Werk Senancours besonders ausgeprägt sind, erlauben es, einen im gesamten 19. Jahrhundert dominierenden Bedeutungsinhalt von „sensibilité" zu bestimmen, der im 18. Jahrhundert eher am Rande bestand und neben der Moralisierung des Begriffs im Hintergrund blieb: die ästhetische Relevanz der Sensibilität für den individuellen Schaffensakt. Gleichzeitig erscheint die für das 18. Jahrhundert spezifische Definition des Begriffs umso deutlicher. Die moralische Bedeutung von „sensibilité" und ihre Einbettung in den Zusammenhang einer aufklärerischen Ethik, die universell

[345] Vor allem das Werk der Ideologen wahrt die Tradition des Sensualismus. Siehe z.B. Maine de Biran: *Influence de l'habitude sur la façon de penser,* Paris 1803; Destutt-Tracy: *Eléments d'Idéologie,* Paris 1801; Pierre J. G. Cabanis: *Rapports du physique et du moral de l'homme,* Paris 1808 (siehe oben Kap. B II 1.); Victor Cousin: *Fragmens philosophiques,* Paris 1826. Außerdem wird „sensibilité physique" im Werk der Zoologen wichtig: Lamarck: *Philosophie zoologique,* Paris 1809; G. Cuvier: *Anatomie comparée,* Paris 1805.

anthropologisch konzipiert war, verblaßt, wohl auch wegen der Erfahrungen der Revolution, gegenüber der „sensibilité" des Individuums, die ihm Quelle der Inspiration ist. Dieser ästhetische Aspekt hält sich, wie an Stichproben gezeigt werden kann, im Gegensatz zur moralischen Bedeutung bis zum ausgehenden 19. Jahrhundert.

8.1. „Sensibilité" in der Revolution: Das Scheitern einer Idee

> Je suis humain, je suis sensible,
> La haine fatigue mon cœur;
> Vois-je un traître, je suis terrible
> A son aspect, j'entre en fureur.
>
> *Les épreuves du républicain,* 1794.

Auch wenn die Vorstellung, die Philosophie des 18. Jahrhunderts sei eine direkte Vorbereitung der Revolution gewesen, durch die neuere Forschung differenziert worden ist, kann die Tatsache nicht übersehen werden, daß die Revolutionäre sich der gedanklichen und begrifflichen Systeme der Aufklärung bedienen und diese in politisches Handeln umzusetzen versuchen. Die politischen Implikationen des „sensibilité"-Begriffs liegen auf der Hand und werden immer wieder genannt. De Félice etwa hatte in seinem Encyclopédie-Artikel zur „sensibilité" das revolutionäre Dogma der Egalität auf die Sensibilität begründet. Einige der revolutionären Katechismen übernehmen die sensible Terminologie und scheinen eine logische Fortsetzung des empfindsamen Credos.[346]

J. M. Coupé, Abgeordneter des Département Oise in der Convention Nationale, veröffentlicht im Jahr III der Republik eine kleine Schrift über *La morale,* die sich auf „sensibilité" beruft:

> Sensibilité! ame véritable du monde! quels que soient tes rapports, ils sont ma manière d'être. (...) La morale est notre relation avec les êtres sensibles, surtout avec nos semblables et le sentiment du bien-être ou du mal commun.[347]

Überhaupt erscheint die Revolution zumindest in ihrer frühen Phase als allgemeiner Triumph der Empfindsamkeit:

[346] Siehe etwa den *Catéchisme* Saint-Lamberts, aus dem wir in B I 5. einen Auszug zitiert haben.
[347] S. 2 und S. 13.

> Notre révolution, à ses débuts, sera de même une immense et quasi universelle explosion de sensibilité. Pendant quelques mois, l'attendrissement général atteint au paroxysme.[348]

Auch Saint-Just sieht in der beginnenden Revolution eine wichtige Rolle der „sensibilité“:

> La misere et les rigueurs de l'année 1788 émurent la sensibilité, les calamités et les bienfaits unirent les cœurs, on osa se dire qu'on était malheureux, on se plaignit.[349]

Das Jahr 1789 sieht eine Flut von Almanachs, die bereits im Titel von der andauernden Modeerscheinung „sensibilité“ Zeugnis ablegen: *Le joujou des cœurs sensibles, Le Prototype des âmes sensibles, L'Apologie de la tendresse* und *Le jardin des âmes sensibles.*[350] Auf der Bühne bleibt „sensibilité“ sogar ausdrücklich als revolutionäre Kraft:

> Bon jeune homme, ce sont des cœurs comme le vôtre qui nous répondent du salut et de la gloire de la nation! Dans cet âge heureux où la sensibilité donne plus de vigueur à la raison, où l'âme est ouverte à toutes les leçons de la vertu, combien ne doit-on pas jouir d'une Révolution qui substitue au tableau de l'oppression, de l'erreur et du désordre, le spectacle de la liberté, de la vérité et de la vertu![351]

Und doch konnte die Übernahme des Begriffs „sensibilité“ aus einem moraltheoretischen Zusammenhang in den revolutionären Diskurs kaum ohne schwerwiegende Konflikte erfolgen. „Sensibilité“ war ein Postulat, das auf einer optimistischen Menschenkonzeption beruhte und hatte somit idealen Charakter. Das utopische Element einer universellen Harmonie, die auf einem wiederhergestellten Naturzustand gründen sollte, hatte zwar zur Propagierung der Gleichheit und Brüderlichkeit geführt, mußte aber in dem Moment radikal verändert werden, wo es gegen revolutionäre Praxis eingetauscht wurde. Wie auch der Begriff „vertu“ konnte das Abstraktum „sensibilité“ nur schwer in die politische Diskussion übernommen werden, ohne seinen Charakter zu verlieren. „On ne peut pas régner innocemment“ stellt

[348] Monglond a.a.O., II, S. 342. Siehe das ganze Kapitel (S. 341 ff) zur „sensibilité“ während der Revolutionszeit; ebenfalls Trahard: *La sensibilité révolutionnaire,* Paris 1935, Reprint 1967.

[349] Saint-Just: *Œuvres complètes,* Paris 1908, I, S. 253.

[350] Zit. nach Monglond a.a.O., II, S. 343.

[351] Zit. nach Welschinger: *Le théâtre de la Révolution,* Paris 1880, S. 357.

Saint-Just als Motto über seinen *Essai de constitution*[352] und bringt damit auf eine Formel, was der Empfindsamkeit im Argumentationsgang eines Revolutionären fehlte: die Fähigkeit zur einseitigen Parteinahme. Nicht zufällig werden unter Robespierre wieder die alten stoischen Werte der „impassibilité" und „insensibilité" groß geschrieben, ja dem Stoizismus selbst soll ein Feiertag gewidmet werden:

> La République française célébrera, aux jours de décadi, les fêtes dont l'énumération suit:
> (...)
> Au stoicisme.[353]

Der Tugendbegriff wird ebenfalls in dem Sinne abgeändert, daß die dem empfindsamen Konzept geläufige Vorstellung, „vertu" sei keineswegs Überwindung des Eigeninteresses, sondern dessen Erhöhung in der Nächstenliebe, durch die alte Vorstellung, Tugend sei ein Opfer, ersetzt wird.

> Le devoir de tout homme et de tout citoyen est donc de concourir, autant qu'il est en lui, au succès de cette sublime entreprise, en sacrifiant son intérêt particulier à l'intérêt général.[354]

Der Gebrauch des Begriffes „sensibilité" seitens der Revolutionäre dokumentiert diesen Wandel in der Moralkonzeption und die Schwierigkeit, ein ideales Konzept in einen konkreten Kontext zu integrieren. Der Glaube an die universelle Gleichheit und Güte der Menschen steht gegen die Notwendigkeit der Parteinahme für einige dieser Menschen gegen eine diesen „feindliche" Partei.

> Les cœurs sensibles! ils ne voient que l'infortune de quelques individus, victimes d'une émeute passagère; ils ne compatissent qu'au supplice mérité de quelques scélérats! (...) Nous prostituons la sensibilité et nous méconnaissons le sentiment, nous ne savons pas aimer, et nous sommes idolâtres.[355]

352 *Œuvres complètes* a.a.O., S. 433 (Bd. I).

353 Rapport du Comité de Salut public, du 18 Floréal, sur les fêtes nationales, suivi du décret du même jour (An II), Décret Art. VII.

354 Robespierre: *Œuvres* Paris 1842, I, S. 380 (Observations sur les causes morales de notre situation actuelle). Siehe auch Lachabeaussière: *Catéchisme français ou principe de morale républicaine à l'usage des écoles primaires,* An III, Question X: "Mais on n'est vertueux que par des sacrifices!".

355 Marat: *Appel à la nation,* 1790, in *Les pamphlets,* S. 155.

Für Robespierre bedeutet dieses Parteiergreifen für die „richtige“ Sache gegen jene „scélérats“, das mit grausamen Konsequenzen verbunden sein kann, ein Überwinden der von ihm durchaus eingestandenen „sensibilité naturelle“:

> La haine des tyrans et l'amour de l'humanité ont une source commune dans le cœur de l'homme juste qui aime son pays. Mais, citoyens, la dernière preuve de dévouement que les représentants du peuple doivent à la patrie, c'est d'immoler ces premiers mouvements de la sensibilité naturelle au salut d'un grand peuple et de l'humanité opprimée. Citoyens, la sensibilité qui sacrifie l'innocence au crime, est une sensibilité cruelle; la démence qui compose avec la tyrannie, est barbare.[356]

Die paradoxe Situation des empfindsamen Revolutionärs kommt deutlich in einer kleinen Chanson, die Teil des Theaterstückes *Les épreuves du républicain* (1794) ist, zum Ausdruck:

> Je suis humain, je suis sensible,
> La haine fatigue mon cœur;
> Vois-je un traître, je suis terrible
> A son aspect, j'entre en fureur.[357]

Ein revolutionärer Diskurs, der versuchte, „sensibilité“ für sich zu vereinnahmen, mußte den Zeitgenossen als Widerspruch zur revolutionären Praxis erscheinen.[358] Mme de Staël kommentiert diesen Zustand mit dem Blick des Außenstehenden; der Fortbestand der empfindsamen Ideologeme in der Öffentlichkeit kollidiert mit der Herrschaft der Terreur: „Toute la fadeur et toute la frivolité de la vie subsistaient à côté de ses plus sombres fureurs.“[359] Sénac de Meilhan, der während seines eigenen Exils den sehr interessanten Roman *L'émigré* verfaßt hat, beschreibt ebenfalls die Vorkommnisse der Revolution und bedient sich dabei interessanterweise des empfindsamen Vokabulars. Das Leid der Emigration erscheint in Parallele zum Leiden der unschuldigen „sensibilité“. Sénac diskutiert die Revolution nicht auf einer politischen Ebene, sondern als persönliches Schicksal einer Familie, die sich bei materiellen Verlusten und der Aufgabe ihrer Heimat auf ihre eigene

356 Robespierre: *Œuvres* a.a.O., Second discours de Robespierre sur le jugement de Louis Capet, III, S. 127.

357 Zit. nach Welschinger, a.a.O., S. 360.

358 Siehe hierzu neben Trahard und Monglond noch Brissenden, a.a.O., Kap. „Sensibility and Ideology“.

359 *Considérations sur la révolution française, Œuvres* Paris 1820, Bd. XIII, S. 124.

Empfindsamkeit zurückzieht. Eine der Personen im Roman formuliert die Enttäuschung über die vermeintlich doch so gute Natur aller Menschen, die viele Anhänger der „sensibilité"-Lehre während der Revolution empfunden haben müssen:

> Quelle affreuse époque pour l'humanité que celle où les avantages qui distinguent les hommes, sont devenus des principes de ruine, et marquent du sceau de la réprobation ceux qui les possèdent. Je me plaisais autrefois à croire des vertus et de la sensibilité au général des hommes, et à regarder le crime et la cruauté comme d'affreuses exceptions; mais une révolution est une fatale lumière qui découvre l'hideuse nudité de la majeure partie des hommes.[360]

Die Realisierung des nun historisch überholten Traums ist lediglich denjenigen Emigranten vorbehalten, die sich im Ausland der Gastfreundschaft einfacher italienischer Bauern erfreuen können:

> Au milieu de ces marques de sentiment et de générosité, nos idées quelquefois se portaient sur Paris, où le sang coulait à grans flots, où le peuple furieux traînait dans les rues des corps déchirés, promenait sur des piques des têtes dégoûtantes de sang. Je me demandais si c'étaient les mêmes êtres que ceux qui nous recevaient avec tant de bienveillance, qui nous montraient une si vive et si touchante sensibilité.[361]

Sénac hält am alten Ideal der Harmonisierung von „sensibilité" und „raison" im Menschen fest[362], obwohl die Ereignisse die politische Haltbarkeit und die inhaltliche Kohärenz des Gedankens infragestellen.

Noch im 19. Jahrhundert war das Bewußtsein von der Widersprüchlichkeit einer empfindsamen Ideologie in der Zeit der „Terreur" lebendig. Scribe beschreibt in seinem *Discours de Réception à l'Académie Française* (1836) rückblickend die literarische Produktion der grausamsten Revolutionszeit:

> Dans la Révolution, pendant ses plus horribles périodes, quand la tragédie, comme on l'a dit, courait les rues, que vous offrait le théâtre? Des scènes d'humanité et de bienfaisance, de la sensiblerie; les *femmes* et *l'Amour filial*; en janvier 1793 pendant le procès le Louis XVI, *la belle fermière,* comédie agricole et sentimentale!!![363]

360 *L'émigré* in: *Romanciers du XVIIIe siècle,* préface d'Etiemble, Paris 1965, Bd. II, S. 1571.

361 Ebenda, S. 1611.

362 Ebenda, S. 1676.

363 In *Œuvres complètes,* Paris 1840, Bd. I, S. 9. Siehe auch die Polemik des Literaturkritikers Geoffroy gegen die „sensibilité" und die „pleureurs" im Theater, in *Journal des Débats* 8 thermidor An X (27.7.1802).

Die Integrierung des Begriffs „sensibilité" in einem politischen Kontext mußte am Inhalt des Konzepts selber scheitern, das auf Harmonie und nicht auf Konfrontation angelegt war.

8.2. Der Übergang zum 19. Jahrhundert: Neue Tendenzen

> L'homme vraiment sensible (est) l'homme qui reçoit des sensations là où les autres ne trouvent que des perceptions indifférentes.
>
> Senancour: *Rêveries,* I, S. 59.

Ein Begriff, der in allen Bereichen des Denkens und Handelns eine solche Bedeutung gewonnen hat wie „sensibilité" im 18. Jahrhundert, verschwindet nicht von einem Tag auf den anderen aus dem Vokabular einer Sprache, auch wenn eine jahrzehntelange Kritik die Grundlagen, auf denen das Konzept entwickelt wurde, zum Wanken bringt. „Sensibilité" bleibt ein häufig benutzter Begriff auch nach der Revolution, die wir als Endpunkt unserer Geschichte mit einiger Berechtigung ansetzen konnten.[364] Und doch ist es interessant sich zu fragen, in welchem Kontext der Begriff, der gewissermaßen zur Disposition stand, von den Zeitgenossen weiterentwickelt wurde. Die folgenden Seiten sind als Skizze einer weiteren Geschichte des Begriffs zu verstehen, die gleichzeitig deutlich macht, daß gewisse Inhalte von „sensibilité" nur im 18. Jahrhundert ihre Gültigkeit hatten.

Das Erbe des 18. Jahrhunderts wurde, was den Begriff „sensibilité" angeht, in verschiedenen Richtungen weiterentwickelt. Eine dieser Richtungen muß als Fortsetzung des Versuchs gewertet werden, „sensibilité" in einen anti-philosophischen, religiösen Kontext zu integrieren, wie wir ihn bei Mme de Genlis beobachten konnten. Die beiden wichtigsten Vertreter dieser Ten-

[364] Noch im Jahre 1812 wird ein Werk von A. Delpas von der „Société des sciences, belles-lettres et arts de Bordeaux" preisgekrönt, weil er in Antwort auf die Preisfrage „Quels sont les moyens de faire concourir les théâtres à la perfection du goût et à l'amélioration des mœurs?" die traditionellen Laster bzw. „ridicules" der Tragödie und Komödie durch die Prinzipien „bienfaisance, vertu, sensibilité" ersetzt hatte. Auch Nodier vertritt in seinen frühen kritischen Schriften die „sensibilité" als soziales Prinzip: „Si les gens qui se croient appelés à raisonner apportoient dans le commerce de la vie un peu plus de sensibilité avec un peu moins d'amour-propre, tout le monde y gagneroit." *Journal des Débats* vom 11.7.1814.

denz sind Chateaubriand und Pierre-Simon Ballanche. Ballanche veröffentlicht 1801 seine Abhandlung *Du sentiment,* in der alle Bereiche der ästhetischen Kreation und der Gesellschaft auf „sensibilité“ zurückgeführt werden. „Sensibilité“ bleibt hier ein hoher moralischer Wert.[365] In ausdrücklicher Fortführung der *Etudes de la nature* von Bernardin de St. Pierre definiert Ballanche die „sensibilité“ religiös als eingeborenes moralisches Gesetz und als Quelle der Erkenntnis Gottes. Ballanche bricht nicht mit der „sensibilité“-Definition des 18. Jahrhunderts, sondern zitiert einige für seine Zwecke ausgewählte Autoren (Vauvenargues, Bernardin de St. Pierre etc.).[366] Neben dem moralischen Aspekt der „sensibilité“ stellt er ihre ästhetische Bedeutung in den Vordergrund; sein Buch sollte ursprünglich eine *Poétique du sentiment* werden. Aber auch hier bleibt er dem 18. Jahrhundert und dessen Klassizismus verhaftet.

Roland Mortier, der Ballanche eine kleine Studie gewidmet hat, resümiert seine geistige Haltung treffend:

> Ballanche représente moins le désir d'une contre-révolution que celui de nier la Révolution en l'absorbant dans un illuminisme pénétré de douceur.[367]

Die Verbindung von Moral, Religiosität und Ästhetik im Gebrauch des Begriffs „sensibilité“ charakterisiert neben Ballanche auch Chateaubriand, ohne daß dieser eine ausdrücklich als solche bezeichnete empfindsame Poetik entwirft. Die traditionelle Bedeutung von „sensibilité“, „compassion“, wird von Chateaubriand übernommen.[368] Daneben erscheint „sensibilité“ wiederholt in Verbindung mit „génie“. Im *Essai sur les révolutions* bezeichnet er die Sensibilität als „la marque la plus certaine du génie“.[369] Der entscheidende Unterschied zur Bedeutung des 18. Jahrhunderts ist, genauso wie bei Ballanche, der Bezug zur Religion.

[365] P. S. Ballanche: *Du sentiment considéré dans ses rapports avec la littérature et les arts,* Paris 1801. Siehe vor allem Kap. „De la sensibilité“, S. 78ff.

[366] Hierher scheint die Theorie vom zweigeteilten 18. Jahrhundert zu stammen, derzufolge die „sécheresse“ der Materialisten dem Gefühl der Vorromantiker vorausgeht. Ballanche trennt willkürlich in „sensible“ und „a-sensible“ Seelen des 18. Jahrhunderts. Siehe etwa S. 55, 57.

[367] Roland Mortier: „Le traité 'Du sentiment' de Pierre Simon Ballanche, un programme littéraire antiphilosophique et postrévolutionnaire“, in *Approches des Lumières,* Festschrift für Jean Fabre, Paris 1974, S. 319–332, hier S. 331.

[368] *Œuvres complètes,* Paris 1826, Bd. II, S. 145, 147; Bd. XI, S. 284 etc.

[369] *Œuvres complètes* a. a. O., I, S. 143. Auch S. 220: „M. Fox, plein de sensibilité et de génie…“

> La religion tire ses raisons de la sensibilité de l'âme, des plus doux attachements de la vie, de la piété filiale, de l'amour conjugal, de la tendresse maternelle.[370]

Kurioserweise erscheint das 18. Jahrhundert als dasjenige Zeitalter, das durch seinen philosophischen Entdeckerdrang die „wahre" Empfindsamkeit zerstört hat:

> En renversant la religion, on a détruit le seul remède qui pouvait rétablir la sensibilité dans les parties mortes du cœur.[371]

Die ästhetische Dekadenz des 18. Jahrhunderts, die Chateaubriand konstatiert, ist ebenfalls auf den Mangel an Religiosität und damit auch an „sensibilité" zurückzuführen:

> Nous ne saurons trop convaincre le siècle: sans religion, *point de sensibilité.*[372]

Sowohl Ballanche als auch Chateaubriand ersetzen in ihrem Bestreben um die Rechristianisierung der Gesellschaft die säkularisierte Ethik, in die „sensibilité" mittels ihrer Verbindung zum Naturrecht eingebettet war, durch die Rückkehr zur christlichen Morallehre.

Mme de Staël, deren Werk oft in einem Atemzug mit demjenigen Chateaubriands genannt wird, kann nicht ohne weiteres der restaurativ-antirevolutionären Gruppe zugerechnet werden. Sie ist Erbin einer Aufklärung, für die Perfektibilität und Vernunftglaube selbstverständlich sind, obwohl sie vor allem in ihrer Literaturkritik neue ästhetische Werte aufnahm, zu denen auch „sensibilité" gehört. Dieses Nebeneinander von Rationalitätsglaube und emotionaler Ästhetik erschien widersprüchlich:

[370] *Le génie du christianisme,* in *Œuvres complètes* Bd. XI, S. 309.

[371] *Œuvres complètes,* a.a.O., XI, S. 284. Siehe auch S. 116: „Cette curiosité (d'analyser son cœur) conduit peu à peu à douter des choses généreuses; elle déssèche la sensibilité, et tue pour ainsi dire l'âme."

[372] *Œuvres complètes,* a.a.O., XIII, S. 92. In *Atala* und *René* bleibt Chateaubriand im Gebrauch von „sensibilité" recht traditionell, abgesehen vom religiösen Bezug. Als Beispiel eine Textstelle aus *Atala:* „Les perpétuelles contradictions de l'amour et de la religion d'Atala, l'abandon de sa tendresse et la chasteté de ses mœurs, la fierté de son caractère et sa profonde sensibilité, l'élévation de son âme dans les grandes choses, sa susceptibilité dans les petites, tout en faisait pour moi un être incompréhensible". (*Atala. René.* Ed. Pierre Reboul, Paris 1964, S. 97).

> This emotionalist theory is combined, rather incongruously, with a belief in perfectibility, a frantic faith in progress which clashes oddly with her taste for melancholy and her admiration for Ossian.[373]

Genausowenig wie Ballanche oder Chateaubriand ist Mme de Staël in ihrem Gebrauch von „sensibilité“ sonderlich originell, von einer möglichen eindeutigen Definition ganz zu schweigen. Das moralische Element bleibt auch bei ihr bestehen:

> Il y a en nous une force morale qui tend toujours vers la vérité; en opposant l'une à l'autre toutes les facultés de l'homme, le sentiment, l'imagination, la raison, on établiroit au dedans de lui-même une division presque semblable à celle qui, en affoiblissant les empires, rend leur asservissement plus facile.[374]

Daneben aber wird „sensibilité“ im Mme de Staëls Literaturkritik eine wichtige Kategorie, die immer wieder zur Charakterisierung vor allem poetischer Qualitäten herangezogen wird. In einem frühen Brief spricht sie von „les impressions nécessaires à la poèsie, l'enthousiasme et la sensibilité.“[375] Auch hierin Erbin und Fortsetzerin des 18. Jahrhunderts (in der Tradition des frühen Diderot beispielsweise), erklärt sie „sensibilité“ zur Voraussetzung der ästhetischen Schöpfung:

> En effet, il faut une grande puissance d'imagination et de sensibilité pour s'identifier avec toutes les situations de la vie, et conserver ce naturel parfait, sans lequel il n'y a rien de grand, de beau, ni de durable.[376]

In ihrer Beschreibung und Analyse der deutschen Literatur bedient sich Mme de Staël immer wieder des Kriteriums „sensibilité“, ohne dieses allerdings näher zu bestimmen. Einerseits wird „sensibilité“ zur Charakterisierung von traditionell empfindsamen Inhalten benutzt, dann aber auch zur Bezeich-

[373] René Wellek: *A History of Modern Criticism. 1750–1950,* London 5 vols., 1955; hier II, S. 221.

[374] Mme de Staël: *Œuvres complètes,* Paris 1820–21. Hier Vorwort zu *Delphine,* Bd. V., S. XXI. Siehe auch *De l'Allemagne,* Paris 1818, Bd. III, S. 238: „La sensibilité, l'imagination, la raison, servent l'une à l'autre. Chacune de ces facultés ne seroit qu'une maladie, qu'une foiblesse au lieu d'une force, si elle n'étoit pas modifiée ou complétée par la totalité de notre être.“

[375] *Lettres de jeunesse,* éd. Jasinski, Paris 1962, I, S. 25.

[376] *Œuvres* a.a.O., V, *Delphine* S. II.

nung rein formalästhetischer Qualitäten.[377] Obwohl bei Mme de Staël nicht von einer deutlichen Trennung der Bereiche Moral und Ästhetik im Gebrauch des Begriffs „sensibilité" gesprochen werden kann, verselbständigt sich doch das rein ästhetische Kriterium „sensibilité" zusehends. Noch enger mit dem aufklärerischen Denken verbunden als das Werk seiner Zeitgenossen ist dasjenige Senancours, der sich in den *Rêveries* und in *Obermann* mehrmals zur Definition des „homme sensible" und der „sensibilité" äußert. In Fortsetzung der sensualistischen Tradition sieht er den Menschen vorwiegend durch seine physische Konstitution bestimmt. Sein Menschenbild ist in erster Linie sensualistisch:

> Pour expliquer deux effets, la sensibilité et la penseé, il n'étoit pas nécessaire d'imaginer deux principes distincts, deux ames unies au corps humain. Une seule rend raison de ce double produit, dans les divers rapports de son union avec la matière moins subtile, que nous nommons le corps.[378]

Wie weiter oben schon kurz ausgeführt wurde, wendet sich Senancour energisch gegen die schwache, weinerliche Form der Empfindsamkeit, die er als „sentimanie" abtut. Seine Definition basiert auf der Vorstellung einer starken „sensibilité":

> La sensibilité n'est pas seulement l'émotion tendre ou douloureuse, mais la faculté donnée à l'homme parfaitement organisé de recevoir des impressions profondes de tout ce qui peut agir sur des organes humains. L'homme vraiment sensible n'est pas celui qui s'attendrit, qui pleure; mais l'homme qui reçoit des sensations là où les autres ne trouvent que des perceptions indifférentes.[379]

Senancour findet so einen Ausweg aus der Krise, in die Empfindsamkeit wegen der sensualistisch-materialistischen Definition geraten war: die beson-

[377] Einige Beispiele aus *De l'Allemagne,* Paris 1818:
„Il y a plus de sensibilité dans la poésie anglaise et plus d'imagination dans la poésie allemande." (I, 205)
„Oberon... dans lequel il y a plus de sensibilité et de gaieté" (II, 20)
Über Klopstocks *Messias:* „Il faut beaucoup de génie (...) pour montrer avec tant de sensibilité l'humanité dans l'être divin, et avec tant de force la divinité dans l'être mortel." (II, 25)
„Goethe a plus d'imagination, Schiller plus de sensibilité" (II, 48).

[378] Senancour: *Rêveries sur la nature primitive de l'homme,* éd. Merlant, Paris 1910, I, S. 168.

[379] Ebenda, S. 58–59.

dere organische Beschaffenheit hebt den wahrlich empfindsamen Menschen aus der Menge der Indifferenten heraus. Allerdings geht dabei die Überzeugung verloren, jeder Mensch habe gleichermaßen jene „sensibilité" in sich, die zur Herausbildung einer harmonischen, aus gleichwertigen Individuen bestehenden Gesellschaft beitragen könne. „Sensibilité" ist individuell, nicht soziabel.

> On a communément une idée trop étroite de l'homme sensible. On en fait un personnage ridicule; j'en ai vu faire une femme, je veux dire une de ces femmes qui pleurent sur l'indisposition de leur oiseau. (...) J'imagine une certaine modération dans ce qui nous émeut, une combinaison subite des sentimens contraires, une habitude de supériorité sur l'affection même qui nous commande; une gravité de l'âme, et une profondeur de la pensée, une étendue qui appelle aussitôt en nous la perception secrète que la nature voulut opposer à la sensation visible; une sagesse du cœur dans sa perpétuelle agitation; un mélange enfin, une harmonie de toutes choses qui n'appartient qu'à l'homme d'une vaste sensibilité: dans sa force, il a pressenti tout ce qui est destiné à l'homme: dans sa modération, lui seul a connu la mélancolie du plaisir et les grâces de la douleur.[380]

Die organisch bedingte Begabung, größere Zusammenhänge in der Welt zu erkennen als die übrigen Menschen, macht die „sensibilité de l'homme supérieur"[381] aus.

> La sensibilité n'est donc pas, comme tant de critiques ont voulu le faire croire, une maladie, mais bien au contraire un *signe de santé*. Elle prend sa source, non dans une âme en proie au mal de vivre, mais dans des organes à la fois vigoureux et affinés.[382]

Im Unterschied zu den restaurativ-religiösen Autoren seiner Zeit wird Senancour Erbe einer Tradition des 18. Jahrhunderts, die „sensibilité" zur bestimmenden Kraft des sich selbst entdeckenden Individuums erklärte.[383] Im Unterschied zu Prévost oder auch Rousseau entwickelt Senancour keine resignativ-weinerliche Haltung aus dieser elitären Qualität „sensibilité", sondern die stolze Haltung eines Menschen, der sich seiner seelischen Überlegenheit bewußt ist. Die Sensibilität dieses Menschentyps erstreckt sich

[380] *Obermann,* éd. Michaut, Paris 1912–13, I, S. 65 (1).
[381] Ebenda, II, S. 84.
[382] Mauzi, *L'idée du bonheur...,* a.a.O., S. 653.
[383] Siehe oben, B II 3.2.

sowohl auf moralische als auch und vor allem auf ästhetische Erkenntnis von verborgenen Zusammenhängen.

Versucht man, die verschiedenen Entwicklungsstränge zusammenzufassen, so fällt zunächst die Kontinuität im Gebrauch des nunmehr selbstverständlichen Begriffs der französischen Sprache auf. Aber es wird auch deutlich, welche Zusammenhänge, die das Spezifikum des Schlüsselbegriffs „sensibilité" im 18. Jahrhundert ausmachten, zunehmend verloren gehen: Naturrecht/aufklärerische Ethik werden durch Religion ersetzt; das universelle Prinzip der „sensibilité" tritt vor dem des besonderen Individuums zurück. Außerdem ist fast allen behandelten Autoren ein Bezug zur ästhetischen Bedeutung von „sensibilité" gemeinsam. „Sensibilité" wurde zwar auch im 18. Jahrhundert in ästhetischem Zusammenhang definiert[384], aber dem moralischen Bereich stets untergeordnet. Dies scheint sich im Laufe des 19. Jahrhunderts zu ändern. Delilles Definition dieser anderen Sensibilität, die er seinem Gedicht *L'homme des champs* voranstellt, macht dies deutlich:

> D'ailleurs, il est deux espèces de sensibilité: l'une nous attendrit sur le malheur de nos égaux, puise son intérêt dans les rapports du sang, de l'amitié ou de l'amour, et peint les plaisirs ou les peines des grandes passions qui font ou le bonheur ou le malheur des hommes: voilà la seule sensibilité que veulent reconnoitre plusieurs écrivains. Il en est une beaucoup plus rare et non moins précieuse: c'est celle qui se répand, comme la vie, sur toutes les parties d'un ouvrage; qui doit rendre intéressantes les choses les plus étrangères à l'homme; qui nous intéresse au destin, au bonheur, à la mort d'un animal, et même d'une plante; aux lieux que l'on a habités, où l'on a été élevé, qui ont été témoins de nos peines ou de nos plaisirs, à l'aspect mélancolique des ruines.[385]

Delille steht hierin nicht allein. Rivarol hatte 1797 in seinem *Discours préliminaire du nouveau dictionnaire de la langue française* das Genie mit „sensibilité" erklärt.[386] Noch Mallarmé beruft sich fast ein Jahrhundert später auf die Inspirationsquelle „sensibilité":

> J'avais, à la faveur d'une grande sensibilité, compris la corrélation intime de la Poésie avec l'Univers.[387]

Wie sehr „sensibilité" im Laufe des 19. Jahrhunderts an Prestige verliert, macht man sich am eindringlichsten dadurch klar, daß Flaubert weder in sei-

384 Siehe oben, Kap. B I 7. und B II 2.

385 Jacques Delille: *Œuvres,* Paris 1824, T. VII, préface S. 15.

386 *Œuvres choisies,* Paris 1906, S. 109.

387 *Correspondance,* 1862–1871, Paris 1959, S. 259.

ner *Education sentimentale* (die sich vom Titel her doch angeboten hätte) noch in *Madame Bovary* das Wort „sensibilité" benutzt. Und als Stendhal in *De l'Amour* über die „sensibilité" spricht, ist jeder Bezug zur Moral verlorengegangen.[388] Selbst in einigen Wörterbüchern tritt die ästhetische Bedeutung neben die moralische, bis diese sogar zuweilen aus den Definitionen verschwindet. Im *Dictionnaire des Beaux Arts* wird „sentiment" als ästhetische Kategorie definiert:

> Sentiment: en parlant des ouvrages de l'art, ce mot peut s'employer dans un des sens qu'on lui donne dans le langage ordinaire, où il se prend pour l'effet de la sensibilité.[389]

Boiste stellt in seinem einflußreichen *Dictionnaire universel de la langue française* die ästhetische Bedeutung von „sensibilite" gleichwertig neben die überlieferten:

> Sensibilité: sensibilité physique, morale, interne, sociale, religieuse, esthétique.[390]

In dem sehr ausführlichen Artikel des sogenannten *Larousse du XIXe siècle,* der sich hauptsächlich der physischen Bedeutung von Sensibilität widmet, wird eine kurze Definition zur „sensibilité morale" gegeben: „Faculté d'éprouver des impressions de cette espèce." Es folgt eine recht lange Liste von Zitaten verschiedenster Autoren des 17. und 18. sowie des frühen 19. Jahrhunderts. Bemerkenswerterweise wird in keinem dieser als Beleg herangezogen Sätze „sensibilité" ausdrücklich als „vertu" bezeichnet. Nur A. Guyard wird mit dem Satz zitiert: „La sensibilité est le thermomètre de la bonté". Andererseits wird der ästhetischen „sensibilité" eine eigene Definition gewidmet: „Qu'est-ce que le génie d'un artiste, sinon l'exercice de la sensibilité la plus vive et la plus profonde?"[391]

Die offensichtliche Akzentverschiebung im Bedeutungsspektrum des Begriffes „sensibilité" ändert nichts an der Tatsache, daß er im 19. Jahrhundert nie wieder die Wichtigkeit eines Schlüsselbegriffs erlangt hat, die ihm das gesamte 18. Jahrhundert hindurch zu eigen war. Die einzige Neudefinition

388 Stendhal: *De l'Amour,* éd. Muller/Jourda, Paris 1926.

389 Augin-Louis Millin: *Dictionnaire des Beaux Arts,* 3 vols, Paris 1806.

390 Boiste: *Dictionnaire universel de la langue française,* ^{10}1841. Eher traditionell bleibt der *Nouveau Dictionnaire de la langue française* von Noël und Chapsal, Paris ^{4}1833.

391 *Larousse du XIXe siècle,* Paris 1875 ff, s.v. sensibilité.

des „homme sensible“, der eine gewisse Dauer sogar bis ins 20. Jahrhundert beschieden war, ist diejenige Senancours. Im Unterschied zum 18. Jahrhundert aber ist „sensibilité“ weder im 19. noch im 20. Jahrhundert in eine aufklärerische Anthropologie und Ethik eingebunden, die dem Konzept seine Bedeutung und Dynamik gaben. „Sensibilité“ erweist sich als ein Begriff des 18. Jahrhunderts, der die Entwicklung und Widersprüche des Aufklärungszeitalters in Frankreich in seinem Aufstieg zur höchsten sozialen Tugend sowie in seinem Verfall mitbestimmt und in ihren verschiedenen Phasen widerspiegelt.

Literaturverzeichnis

Quellen

1. Wörterbücher

Pomey, François: Le Dictionnaire royal des langues française et latine, augmenté de nouveau, Lyon 1676.

Tachart, Guy: Dictionarium novum latino-gallicum, Paris ^{2}1693.

Richelet, César Pierre: Dictionnaire François, Genève 1680. (Ausgaben von 1680, 1693, 1709, 1728)

Furetière, Antoine: Dictionnaire Universel de la langue française, La Haye/Rotterdam 1690 (2. éd. 1701)
Corrigé et augmenté par Henri Basnage de Beauval. Nouvelle édition revue, corrigée et considérablement augmentée par Jean Baptiste Brutel de la Rivière, Paris 1727.

Dictionnaire de l'Académie Française, Paris 1694. (Ausgaben von 1694, 1718, 1740, 1762, 1802, 1835)

Dictionnaire universel français et latin, vulgairement appelé Dictionnaire de Trévoux, Paris 1704. (Ausgaben 1721, 1752, 1771)

Encyclopédie ou Dictionnaire Raisonné des Sciences, des Arts et des Métiers, par une société de gens de lettres, mis en ordre et publié par M. Diderot et M. d'Alembert, Paris 1751–1780.

Supplément à l'Encyclopédie, 4 tomes, Amsterdam 1777.

Encyclopédie ... III. édition, Neuchâtel 1777–1781.

De Felice, F. Bartolomeo: Encyclopédie, Yverdon 1770–1780.

Encyclopédie méthodique ou par ordre de matière, par une société de gens de lettres, de savants et d'artistes, Paris/Liège 1786.

Livoy, Timothée Hureau: Dictionnaire des Synonimes françois, Paris 1767.

Girard, Gabriel: Synonymes français, nouvelle éd. augmentée par Beauzée, La Haye 1769.

Ders.: Dictionnaire universel des synonymes de la langue française (Girard, Beauzée, d'Alembert, Diderot, Roubaud), Paris 1817.

Roubaud, Abbé: Nouveaux synonymes français, Paris 1785.

Féraud, Abbé: Dictionnaire critique de la langue française, Paris 1787.

Millin, Aubin-Louis: Le dictionnaire des Beaux-Arts, Paris 1806.

Raymond, François: Dictionnaire général de la langue française, Paris ^{2}1835.

Noël, Jean-François-Michel/Chansal, Charles-Pierre: Nouveau Dictionnaire de la langue française, Paris ^{4}1833.

Boiste, Pierre Claude Victor: Dictionnaire universel de la langue française, Paris [10]1841.
Grand Dictionnaire Universel de Larousse, appelé Larousse du XIXe siècle, Paris 1875ff.
Hatzfeld, Adolphe et Darmesteter, Arsène: Dictionnaire général de la langue Française, Paris o.J.
Robert, Paul: Dictionnaire alphabétique et analogique de la langue française, Paris 1953–1964.
Lalande, André: Vocabulaire technique et critique de la philosophie, Paris [8]1960.
Littré, Emile: Dictionnaire de la langue française, Paris 1962.
Wartburg, Walther von: Französisches Etymologisches Wörterbuch, Band 11, Basel 1964.
Larousse: Grand Larousse de la langue française, Paris 1971–1978.
Ferrater-Mora, José: Diccionario de filosofía, Madrid [6]1980.

2. Autoren

Anon.: Amusements du cœur et de l'esprit, Paris 1738ff.
Anon.: Dialogues entre Messieurs Patru et d'Ablancourt sur les plaisirs, Paris 1701.
Anon.: Lettres d'un citoyen de Genève, Paris 1763.
Anon.: La nouvelle Héloïse. Romance, o.O. 1761.
Anon.: Réflexions de T. sur les égarements de sa jeunesse, Paris 1729.
Anon.: Les règles de la sagesse ou la manière de se conduire saintement dans la vie chrétienne, Paris 1685.
Anon.: Sensible et Constant ou le véritable amour, Paris 1768.
D'Alembert, Jean le Rond: Discours préliminaire de l'Encyclopédie, Paris 1965.
Ders.: Œuvres complètes, Paris 1821–22, Reprint Genève 1967.
Argens, Jean Baptiste de Boyer, marquis d': Lettres juives, Paris 1738.
Ders.: Nouveaux mémoires pour servir à l'histoire de l'esprit et du cœur, Paris 1744.
Ders.: Le mentor cavalier, ou les illustres infortunées de notre siècle, Londres 1736.
Arnaud, François Th. M. Baculard d': Œuvres, 12 tomes, Paris 1783.
Ders.: Les épreuves du sentiment, Paris 1803.
Aubert de la Chesnaye des Bois: Lettres amusantes et critiques sur les romans, Paris 1743.
Bauchaumont, Louis P. de: Mémoires secrets (1762–1787), Paris 1830.
Ballanche, Pierre Simon: Du sentiment considéré dans ses rapports avec la littérature et les arts, Paris 1801.
Balzac, J. L. Guez de: Œuvres, Paris 1665.
Barthélémy, Jean Jacques: Voyage du jeune Anacharsis en Grèce, Paris 1788.
Bastide, Jean François de: Dictionnaire des mœurs, La Haye 1773.
Ders.: Les confessions d'un fat, o.O.. 1749.
Batteux, Charles: La morale d'Epicure tirée de ses propres écrits, Paris 1758.
Ders.: Cours de Belles Lettres, nouv. éd. Paris 1763.

Beaumarchais, Pierre Augustin Caron de: Théâtre complet. Lettres de Beaumarchais, éd. M. Allem et P. Courant, Paris 1964.
Bernardin de Saint-Pierre: Etudes de la nature, Paris 1825.
Bernier, François: Abrégé de la philosophie de M. Gassendi, Lyon ^{2}1684.
Bérulle, Pierre de: Œuvres complètes. Faksimilereprint der Ausgabe von 1644, Montsoult 1959–60.
Bibiéna, Galli da: La force de l'exemple, La Haye 1748.
Ders.: Le triomphe du sentiment, La Haye 1750.
Blin de Sainmore: Lettre à Jean Calas et à ses enfants précédée d'une épître de Mme^{xxx} sur le sentiment, Paris 1767.
Boissy, Louis de: Les dehors trompeurs ou l'Homme du jour (1740) in Rép. gén. du théâtre français, Vol. 43, Paris 1813.
Bonnet, Charles: Collection complète des Œuvres, Neuchâtel 1783.
Ders.: La Palingénésie philosophique ou Idées sur l'état passé et sur l'état futur des êtres vivans, Genève 1769.
Bordeu, Théophile: Œuvres complètes, Paris 1818.
Bouhours, Dominique: La manière de bien penser dans les ouvrages d'esprit, Paris 1687.
Boulainvilliers, Henri de: Réfutation des erreurs de Spinoza, Bruxelles 1731.
Bourdaloue, Louis: Œuvres complètes, Paris 1890.
Brisebarre, Charles: L'Art de devenir heureux dans la société, Paris 1690.
Buffier, Claude: Traité de la société civile, Paris 1726.
Burlamaqui, Jean Jacques: Principes du droit naturel, Paris 1748.
Ders.: Elémens du droit naturel, Paris 1783.
Bussy-Rabutin, Roger de: Recueil de pièces en prose, Paris 1662.
Cabanis, Pierre Jean Georges: Œuvres philosophiques, éd. Lehec/Cazaneuve, Paris 1956.
Challe, Robert: Œuvres complètes. Les illustres françaises, Paris 1967.
Chamfort, Sébastien Roche Nicolas: Maximes, pensées, caractères et anecdotes, éd. J. Dagen, Paris 1968.
Chansierges: Système de l'esprit, Paris 1723.
Charpentier, Louis: Causes de la décadence du goût sur le théâtre, Paris 1768.
Charrière, Isabelle de: Caliste ou Lettres écrites de Lausanne, nouv. éd. Paris 1845.
Chateaubriand, François René, vicomte de: Œuvres complètes, Paris 1826.
Ders.: Atala. René. éd. P. Reboul, Paris 1964.
De Chaumont: Exposition des principes qu'on doit suivre dans l'ordonnance des théâtres modernes, Amsterdam/Paris 1769.
Chevreau, Urbain: Scanderberg, Paris 1644.
Cicero, Marcus Tullius: Les offices de Cicéron, trad. par Philippe Dubois Gorbaud, Paris 1691.
Dagues de Clairfontaine: Bienfaisance Française, Paris 1778.
Coëffeteau, Nicolas: Tableau des passions humaines, de leurs causes, et de leurs effets, Lyon 1620.

Collé, Charles: Dupuis et Desronais, Paris 1763.
Ders.: Théâtre de société, La Haye/Paris 1777.
Ders.: La partie de chasse d'Henri IV., Paris 1768.
Collet, Pierre: Traité des devoirs des gens du monde, Paris 1763.
Condillac, Etienne Bonnot de: Essai sur l'origine des connaissances humaines, Amsterdam 1746.
Ders.: Œuvres philosophiques, éd. G. le Roy, Paris 1947–51.
Condorcet, Marie Jean Antoine Nicolas Caritat: Esquisse d'un tableau historique des progrès de l'esprit humain, intr. par M. et F. Hincker, Paris 1966.
Corneille, Pierre: Théâtre complet, éd. par J. Scherer, Paris 1973.
Corneille, Thomas: L'amour à la mode, éd. C. Cosnier, Paris 1973.
Cousin, Victor: Fragmens philosophiques, Paris 1826.
Crébillon, Claude-Prosper-Jolyot de (fils): Lettres athéniennes, extraites du portefeuille d'Alcibiade, Londres/Paris 1771.
Ders.: La nuit et le moment, Paris 1755.
Ders.: Le hasard du coin du feu, Paris 1763.
Ders.: Ah! quel conte! Paris 1751.
Ders.: Lettres de la Marquise de M^{+++} au Comte de R^{+++}, Paris 1732.
Ders.: Les égarements du cœur et de l'esprit, Paris 1977.
Crébillon, Prosper Jolyot de (père): Electre, éd. J. Dunkley, Exeter 1980.
Cumberland, Richard: De legibus naturae disquisitio philosophica, London 1672.
Cureau de La Chambre, Marin: Les charactères des passions, Paris 1648–1662.
Cuvier, Georges: Anatomie comparée, Paris 1805.
Delille, Jacques: Œuvres diverses, Paris 1832.
Ders.: L'imagination, Paris 1832.
Ders.: L'homme des champs, préface (1800), in Œuvres, Paris 1824.
Delisle de Sales, Jean Baptiste Isoard, dit: De la philosophie de la nature, Amsterdam 1770.
Ders.: Philosophie du bonheur, Paris 1796.
Des Coutures, Jacques Parrain: La morale universelle contenant les éloges de la Morale, de l'Homme, de la Femme, et du Mariage, Paris 1687.
Ders.: La morale d'Epicure, Paris 1685.
Desfontaines, Pierre François: Observations sur les écrits modernes (1735–1743), Paris 1744, Reprint Genève 1967.
Ders.: Dictionnaire néologique à l'usage des gens du monde, Paris 1726.
Desfourneaux, Abbé: Essai d'une philosophie naturelle, Paris 1724.
Deshoulières, Antoinette du Ligier de la Garde: Œuvres, Paris 1753.
Desmahis, Joseph François E. C.: Le triomphe du sentiment, in: Œuvres, Paris 1778.
Desmolets, Pierre Nicolas: Lettre à Mme D^{+++} sur les Romans, in: Continuation des mémoires de littérature et d'histoire, Paris 1726–31.
Destouches, Philippe Néricault: Œuvres, La Haye 1754.
Destutt-Tracy, Antoine Louis Claude: Eléments d'Idéologie, Paris 1801.
Dictionnaire théâtral, ou 1230 vérités, Paris 1825.

Diderot, Denis: Œuvres complètes, éd. Assézat/Tourneux, Paris 1875–76.
Ders.: Œuvres complètes, éd. H. Dieckmann; J. Proust; J. Varloot, Paris 1978ff.
Ders.: Salons de 1759, 1761, 1763, éd. J. Seznec; J. Adhémar, Oxford 1957.
Ders.: Eléments de physiologie, éd. J. Mayer, Paris 1964.
Ders.: Commentaire de Hemsterhuis in: Hemsterhuis: Lettres sur l'homme et ses rapports avec le commentaire de Diderot, éd. G. May, Yale 1964.
Ders.: Übers. des Dictionnaire Universel de médecine de M. James, Paris 1748.
Ders.: Œuvres, éd. A. Billy, Paris 1951.
Ders.: Œuvres philosophiques, éd. P. Vernière, Paris 1964.
Ders.: Lettres à Sophie Volland, éd. A. Babelon, Paris 1930.
Ders.: Correspondance, éd. G. Roth, Paris 1955ff.
Diogenes Laertius: De la vie des philosophes. Trad. nouv. par M. Gilles Boileau, Paris 1668.
Dorat, Claude Joseph: Idées sur le roman. in: Les sacrifices de la Vicomtesse de Senanges et du Chev. de Verseny, Amsterdam 1771.
Ders.: La déclamation théâtrale, Paris 1771.
Ders.: Œuvres complètes, Paris 1776.
Dubos, Jean-Baptiste: Réflexions critiques sur la Poésie et la Peinture, Reprint Genève 1967.
Duclos, Charles Pinot: Les confessions du Comte de +++ suivi des Considérations sur les mœurs de ce siècle, éd. O. de Magny, Lausanne 1970.
Ders.: Mémoires pour servir à l'histoire des mœurs au 18e siècle, Paris 1751.
Dufresny, Charles Rivière: Œuvres, Paris 1747.
Dulaurens, Henri Joseph: Le balai, Paris 1761.
Ders.: Imirce ou la fille de la nature, Londres 1765.
Dutoit-Mambrini (Keleph Ben Nathan): La philosophie divine, Paris 1793.
Faret, Nicolas: L'honnête homme ou l'art de plaire à la cour, éd. M. Magendie, Paris 1925.
Fénelon, François de: Œuvres complètes, Paris 1810.
Ders.: Les aventures de Télémaque, éd. par J.-J. Goré, Paris 1968.
Formey, Jean Henri Samuel: Conseil pour former une bibliothèque peu nombreuse, mais choisie, Paris 1756.
Fréron, Elie Catherine: L'année littéraire, Paris 1754–1789.
Ferrand, la présidente de: Histoire des amours de Cléante et Bélise, Paris 1691.
Dies.: Lettres, Paris 1880.
François de Sales: Œuvres de Saint Fr. de Sales, éd. complète, Annecy 1893.
Froissart, Jean: Œuvres complètes, éd. A. Scherer, Bruxelles 1870ff.
Gamaches, Etienne Simon: La système du cœur, Paris 1704.
Genlis, Stéphanie-Félicité Ducrest de Saint-Aubin, Mme de: Mémoires, Paris 1825.
Dies.: La religion considérée comme l'unique base du bonheur et de la véritable philosophie, Orléans 1787.
Dies.: L'emploi du temps, Paris 1824.
Dies.: Théâtre à l'usage des jeunes personnes, Paris 1779–80.

Gérard, Philippe-Louis: Le comte de Valmont ou les égarements de la raison, Paris 1774.
Gérard, Armand de: La philosophie des gens de cour, Paris 1681.
Gilbert, Claude: Histoire de Calejava ou de l'isle des hommes raisonnables. Avec un parallèle de leur morale et du christianisme, Dijon 1700.
Goethe, Johann Wolfgang: Die Leiden des jungen Werthers, in: Berliner Ausgabe, Berlin 1965ff.
Gomberville, Marin le Roy de: Polexandre, Paris 1629–45.
Ders.: La doctrine des mœurs. Tirée de la philosophie des stoïques, Reprint Wiesbaden 1963.
Goussault, Abbé: Le portrait d'un honnête homme, Paris 1692.
Grafigny, Françoise d'Issembourg d'Happencourt, Mme de: Lettres d'une péruvienne, Paris 1747.
Dies.: Lettres, éd. E. Asse, Paris 1879.
Grimm, Friedrich Melchior, baron de: Correspondance littéraire, philosophique et critique, Paris 1813.
Guilleragues: Lettres portugaises, éd. F. Deloffre, Genève 1972.
Hamilton, Antoine: Mémoires du chevalier de Grammont, éd. M. Auger, Paris 1861.
Helvétius, Claude Adrien: De l'homme, de ses facultés intellectuelles et de son éducation, Londres 1773.
Ders.: De l'esprit, Paris 1758.
Ders.: Œuvres complètes, Paris 1784.
Hemsterhuis, François: Lettre sur l'homme et ses rapports, avec le commentaire inédit de Diderot, éd. G. May, Yale 1964.
Hobbes, Thomas: Leviathan, London 1651.
Holbach, Paul Henri Dietrich, baron d': La morale universelle ou les Devoirs de l'homme fondés sur sa nature, Amsterdam 1776.
Ders.: Système de la nature, London 1770.
Ders.: Le bon sens, London 1772, éd. J. Deprun, Paris 1971.
Johnson, Samuel: Sensibility, London 1773.
Journal de Lecture ou choix périodique de littérature et de Morale 1775–1779, Paris/Amsterdam.
Journal des Savants, éd. d'Amsterdam, 1665ff.
Kant, Immanuel: Anthropologie in pragmatischer Hinsicht, in: Gesammelte Schriften, hrsg. von der Kgl. Preußischen Akademie, Bd. VII, Berlin 1907.
La Bruyère, Jean de: Œuvres, J. Servois, Paris 1878.
La Bruyère, Louis Claude Chéron de: L'homme à sentimens ou le Tartuffe des mœurs, Paris An IX (1801), aufgef. 1789.
La Chaussée, Nivelle de: Œuvres complétes, Paris 1762.
La Chétardie, Chevalier Trotti de: Instructions pour un jeune seigneur, ou l'idée d'un galant homme, Lyon 1693.
Laclos, Choderlos de: Les liaisons dangereuses, éd. J. Papadopoulos, Paris 1972.
Lacroix: Traité de morale, Paris 1767.
La Guesnerie, Mlle de: Mémoires de Mylady B+++, Paris 1760.

La Fayette, Marie-Madeleine, Mme de: Romans et Contes I, Paris 1961.
Dies.: La princesse de Clèves et autres romans, Paris 1972.
La Harpe, Jean François de: Œuvres, Paris 1778.
Ders.: Lycée ou Cours de littérature ancienne et moderne, Paris 1798.
Lamarck, Jean B. P. A. de: Philosophie zoologique, Paris 1809.
Lambert, Anne-Thérèse de: Œuvres, Lausanne 1748.
La Mettrie, Julien Offray de: Œuvres philosophiques, Berlin 1775.
Ders.: Discours sur le bonheur, éd. crit. par J. Falvey, in: Studies on Voltaire 134/1975.
Ders.: Histoire naturelle de l'âme, Paris 1745.
La Rochefoucauld, François de: Réflexions ou Sentences et Maximes morales, suivi de Réflexions diverses et des Maximes de Mme de Sablé, éd. par J. Lafond, Paris 1976.
Latini, Brunetto: Li livres dou tresor, éd. crit. par F. J. Carmody, Berkeley/Los Angeles 1948.
Laya, Jean Louis: L'ami des loix, Paris 1793.
Le Brun, Pierre: Discours sur la comédie, Paris 1731.
Leclerc, Jean: Bibliothèque universelle et historique (1686), Amsterdam 1686–1693.
Le Maître de Claville, Charles François Nicolas: Traité sur le vrai mérite de l'homme, Frankfurt/Main 1742.
Le Moyne, Pierre: Les peintures morales, où les passions sont représentées par tableaux, par caractères et par questions nouvelles et curieuses, Paris 1669.
Lenglet du Fresnoy, Nicolas: L'Histoire justifiée contre les romans, Amsterdam 1735.
Ders.: De l'usage des romans, où l'on fait voir leur utilité et leur différens caractères, Amsterdam 1734.
Le Noble, Eustache: L'école du monde ou instruction d'un père à un fils touchant la manière dont il faut vivre dans le monde, Amsterdam ^{2}1709.
Léonard, Nicolas Germain: Lettres de deux amants, London 1784.
Lesage, Alain René: Turcaret (1709) in: Théâtre du XVIIIe siècle, éd. J Truchet, Paris 1968.
Ders.: Histoire de Gil Blas de Santillane, Paris 1973.
Ders.: Le diable boiteux, éd. R. Laufer, Paris 1970.
Ligne, Charles Joseph prince de: Lettres à la marquise de Loigny pendant l'année 1787, Paris 1886.
Loaisel de Tréogate, Joseph Marie: Dolbreuse ou l'homme du siècle ramené à la vérité par le sentiment et par la raison, Paris An. II.
Ders.: Soirées de mélancolie, Paris 1777.
Ders.: Lucile et Milcourt, ou le cri du sentiment, Paris An II.
Locke, John: Essai philosophique concernant l'entendement humain, trad. par Pierre Coste, Amsterdam 1700.
Louvet de Couvray, Jean Baptiste: Les amours du chevalier de Faublas in: Romanciers du XVIIIe siècle, éd. Etiemble, Paris 1965.
Lukrez: Les œuvres de Lucrèce, trad. nouv. par le sieur des Coutures, Paris 1685.
Maine de Biran, Marie François Pierre: Influence de l'habitude sur la façon de penser, Paris 1803.

Malebranche, Nicolas: De la recherche de la vérité, éd. Rodis-Lewis, Paris 1962.
Malherbe, François de: Œuvres, éd. Lalanne, Paris 1869.
Mallarmé, Stéphane: Correspondance 1862–1871, Paris 1959.
Marat, Jean Paul: Les pamphlets de Marat, avec une introduction et des notes par Ch. Vellay, Paris 1911.
Ders.: L'homme, ou des Principes et des Loix de l'influence de l'Ame sur le Corps, et du Corps sur l'Ame, Amsterdam 1775.
Marchand, Jean H./Nougaret, J. B.: Le vidangeur sensible, Paris 1777.
Marivaux, Pierre Carlet de Chamblain de: Théâtre complet, préface et notes par M. Arland, Paris 1955.
Ders.: Théâtre, T. 1, éd. F. Deloffre, Paris 1968.
Ders.: Œuvres de jeunesse, éd. F. Deloffre avec C. Rigault, Paris 1972.
Ders.: Le Paysan Parvenu, Paris 1965.
Ders.: Journaux et Œuvres diverses, éd. F. Deloffre, M. Gilot, Paris 1969.
Ders.: La vie de Marianne, éd. F. Deloffre, Paris [2]1963.
Marmontel, Jean François de: Œuvres complètes, Paris 1787.
Massillon, Jean Baptiste: Œuvres, Paris 1769–1780.
Maupertuis, Pierre Louis Moreau de: Les Œuvres de M., Dresden 1752.
Mercier, Louis Sébastien: Théâtre complet, Reprint Genève 1970.
Ders.: Du théâtre ou nouvel essai sur l'art dramatique, Reprint Genève 1970.
Ders.: De la littérature et des littérateurs, Reprint Genève 1970.
Ders.: Tableau de Paris, Reprint Genève 1979.
Ders.: Néologie, Paris 1801.
Ders.: Mon bonnet de nuit, Paris 1784.
Ders.: L'An 2440, Paris An VII.
Ders.: Dictionnaire d'un polygraphe. Textes de L. S. Mercier, éd. par G. Bollème, Paris 1978.
Méré, Antoine Gombauld chevalier de: Œuvres complètes, éd. Boudhors, Paris 1930.
Ders.: Lettres, Paris 1682.
Meslier, Jean: Œuvres complètes, éd. J. Deprun/R. Desné/A. Soboul, Paris 1970.
Mistelet: De la sensibilité par rapport aux drames, aux romans et à l'éducation présenté par F. Baasner, in: LIAS 2/1984, S. 253–275.
Ders.: De la sensibilité..., Amsterdam/Paris 1777.
Montenault, Charles Philippe: Essai sur les passions et sur leurs caractères, Paris 1748.
Montesquieu, Charles Louis de Secondat, baron de: Les lettres persanes, éd. R. Caillois, Paris 1949.
Ders.: Œuvres complètes, éd. Masson/Gébelin e. a. Paris 1950.
Ders.: Œuvres complètes, Tome I, éd. R. Caillois, Paris 1956.
Morelly: Code de la nature, éd. G. Chinard, Paris 1950.
Morvan de Bellegarde, J. B.: Réflexions sur l'élégance et la politesse du style, Trévoux [2]1697.
Ders.: Réflexions sur le ridicule, Paris 1696.

Mouhy, Charles de Fieux, chevalier de: La paysanne parvenue ou les Mémoires de Mme la Marquise de L. V., Amsterdam 1735.
Ders.: Les délices du sentiment, Paris 1753.
Nerciat, Andréa de: Le diable au corps, Paris 1980.
Nicole, Pierre: Essais de Morale, Paris 1714–1715.
Oberkirch, Henriette-Louise baronne d': Mémoires, Paris 1853.
Origny, Pierre Adam d': Annales du théâtre italien, Paris 1788.
Palissot, Charles: Œuvres complètes, Paris 1788.
Parfaict, Claude et François: Mémoires pour servir à l'histoire des spectacles de la Foire, Paris 1743.
Pascal, Blaise: Œuvres, éd. J. Chevalier, Paris 1936.
Pecquet, Antoine: Parallèle du cœur, de l'esprit et du bon sens, Paris 1740.
Perrault, Charles: Contes, éd. G. Rouger, Paris 1974.
Pesselier, Charles Etienne: Esope au Parnasse, Paris 1739.
Peytou: L'art de mener une vie heureuse, Paris 1696.
Pinchard, Mrs.: Sensibility. A Drama, Boston 1798.
Pluquet, François André Adrien: De la sociabilité, Paris 1767.
Plutarch: Les œuvres meslees, translatees de Grec en François par Amyot, Paris [2]1574.
Prétot, Philippe de: Nouveaux amusements du cœur et de l'esprit, Paris 1742ff.
Prévost, Antoine François d'Exiles: Œuvres, publiés sous la direction de J. Sgard, Grenoble 1977ff.
Ders.: Le monde moral, Amsterdam/Paris 1784.
Pufendorf, Samuel von: Du droit de la nature et des gens, trad. par J. Barbeyrac, Amsterdam 1706.
Ders.: Les devoirs de l'homme et du citoyen, tels qu'ils leur sont prescrits par la loi naturelle, trad. par J. Barbeyrac, Amsterdam 1707.
Puisieux, Madeleine d'Arsant Mme de: Les caractères, Paris 1741.
Racine, Jean: Œuvres complètes, éd. R. Picard, Paris 1964.
Ramsay, André Michel chevalier de: Les voyages de Cyrus, Paris 1727.
Régis, Pierre Sylvain: Système de philosophie, Paris 1690.
Rémond de Saint-Mard: Œuvres, Paris 1749.
Rémond le Grec: Dialogue sur la volupté, in: Nouveau Mercure, sept. 1719, S. 10ff.
Restif de la Bretonne, Nicolas Edme: La vie de mon père, éd. G. Rouger, Paris 1970.
Ders.: La paysanne pervertie, éd. B. Didier, Paris 1972.
Riccoboni, Marie-Jeanne Laboras de Mézières, Mme: Lettres de Mylord Rivers, à Sir Charles Cardigan, Paris 1777.
Dies.: Lettres de Mylady Catesby, in: Œuvres complètes, Paris 1786.
Dies.: Lettres de Miss Fanni Butlerd, ebenda.
Dies.: Œuvres complètes, Paris 1818 (Histoire de Miss Jenny, T. 1.)
Dies.: Suite de la vie de Marianne, in Marivaux: La vie de Marianne éd. F. Deloffre, Paris [2]1963.
Riccoboni, Luigi: Lettre sur la comédie de l'école des amis, in: Nivelle de La Chaussée: Œuvres, Bd. V.
Richardson, Samuel: The History of Sir Charles Grandisson, London 1754.

Rivarol, Antoine de: Œuvres choisies, Paris 1906.
Robespierre, Maximilien: Œuvres, éd. par Laponneraye, Paris 1842.
Robinet, Jean Baptiste René: De la nature, Amsterdam 1766.
Romance de Mesmon, Germain Hyacinthe de: De la lecture des romans, fragment sur la sensibilité, Paris 1776.
Romanciers du XVIII. siècle, éd. Etiemble, Paris 1965.
Rotrou, Jean de: Cosroès, éd. crit. par J. Scherer, Paris 1950.
Rousseau, Jean-Jacques: Œuvres complètes, éd. B. Gagnebin/M. Raymond, Paris 1959.
Ders.: Œuvres complètes, éd. V. D. de Musset-Pathay, Paris 1827.
Sacy, Louis de: Traité de l'amitié, La Haye 1703.
Sade, D. A. F. marquis de: Aline et Valcour ou le roman philosophique, Paris 1963.
Ders.: Idée sur les romans, éd. J. Glastier, Paris 1970.
Ders.: La philosophie dans le boudoir ou les Instituteurs immoraux, éd Y. Belaval, Paris 1976.
Saint-Evremont, Charles de: Œuvres meslées, Paris 1678.
Ders.: Œuvres en prose, Paris 1962–69.
Saint-Hyacinthe, Thémiseul de: Recueil de divers écrits, Paris 1736.
Saint-Just, Antoine Louis Léon de: Œuvres complètes, Paris 1908.
Saint-Lambert, Jean François marquis de: Œuvres, Paris 1823.
Ders.: Œuvres philosophiques, Paris An IX.
Scribe, Eugène: Œuvres complètes, Paris 1840.
Scudéry, Madeleine Mlle de: Clélie, Paris/Amsterdam 1660–61.
Dies.: Conversations sur divers sujets, Amsterdam 1682.
Dies.: Nouvelles conversations morales, Paris 1688.
Dies.: Conversations morales, Paris 1686.
Sedaine, Michel Jean: Théâtre, éd. L. Moland, Paris 1878.
Sénac de Meilhan, Gabriel: Considérations sur l'esprit et les mœurs, Paris 1787.
Ders.: L'émigré (1797), éd. M. du Cheyron, in: Romanciers du XVIII siècle, Bd. II, Paris 1965.
Ders.: Les deux cousins, Paris 1790.
Senancour, Etienne de: Rêveries sur la nature primitive de l'homme, éd. crit. par J. Merlant et G. Saintville, Paris 1910/1940.
Ders.: Obermann, éd. crit. G. Michaut, Paris 1912–13.
Sénault, père: De l'usage des passions, Paris 1641.
Shaftesbury, Anthony Cooper conte de: Characteristics of Men, Manners, Opinions, Times, London 1711.
Sorbière, Samuel Joseph: Elémens philosophiques du citoyen Hobbes, Paris 1651.
Staël, Anne-Louise-Germaine Necker, baronne de: Lettres de jeunesse, éd. R. Jasinski, Paris 1962.
Dies.: Œuvres complètes, Paris 1820–21.
Dies.: De l'Allemagne, Paris 1818.
Stendhal, Marie Henri Beyle, dit: De l'Amour, éd. Muller/Jourda, Paris 1926.

Sterne, Laurence: Letters of Laurence Sterne, éd. L. P. Curtis, Oxford 1932.
Ders.: A sentimental Journey through France and Italy by M. Yorick, ed. by G. D. Stout, Jr., Berkeley/Los Angeles 1967.
Tencin, Claude Alexandrine Guérin, marquise de: Œuvres de Mme de La Fayette, de Tencin et de Fontaines, Paris 1820.
Dies.: Mémoires du Comte de Comminges, Paris 1735.
Dies.: Les malheurs de l'Amour, Paris 1747.
Dies.: Le siège de Calais, Paris 1739.
Thomas von Aquin: Index Thomisticus, éd. R. Busa, Stuttgart 1976ff.
Tilly, Comte de: Mémoires, éd. F. Barrière, Paris 1861.
Toussaint, François Vincent: Les mœurs, Amsterdam 1748.
Truchet, Jacques: Théâtre du XVIIIe siècle, éd. J. T., Paris 1972.
Urfé, Honoré d': L'Astrée, éd. H. Vaganay, Genève Reprint 1966.
Ders.: Les epistres morales et amoureuses, Paris 1619, Reprint Genève 1973.
Vattel, E. de: Les droits des gens ou Principes de la loi naturelle, London 1758.
Vauvenargues,Luc de Clapiers, seigneur de: Œuvres complètes, préfaces et notes de H. Bonnier, Paris 1968.
Villedieu, Marie-Catherine-Hortense Desjardins, Mme de: Œuvres complètes, Paris 1720, Reprint Genève 1971.
Vincent: Les caractères de l'honneste homme et de l'homme chrétien, Paris 1690.
Vinet, Alexandre: Histoire de la littérature Française au XVIII. siècle, in: Œuvres, Lausanne 1911ff.
Voltaire: Œuvres complètes, éd. L. Moland, Paris 1877-85.
Ders.: Mélanges, préf. par E. Berl, éd. J. van den Heuvel, Paris 1961.
Ders.: Roman et contes, éd. R. Groos, Paris 1954.
Ders.: Les œuvres complètes de Voltaire, éd. T. Besterman, Correspondance Vol. 85-127, Toronto/Buffalo 1968-75.
Young, Edward: Les nuits, trad. par Le Tourneur, Paris 1783.
Yart, Antoine: Observations générales sur le sentiment et l'intérêt qui doivent entrer dans nos tragédies, in: Mercure de France, déc. 1742.

Abhandlungen

Adam, Antoine: Histoire de la littérature française au 17e siècle, Paris 1949-51.
Angers, Julien Aymard d': „Le stoïcisme dans le traité 'De l'usage des passions' de l'oratorien Sénault (1641)", in: Revue des Sciences religieuses 25/1951, S. 40-68.
Ders.: Du stoïcisme chrétien à l'homme chrétien, Paris 1952.
Ascoli, Georges: La Grande-Bretagne devant l'opinion française du XVIIe siècle, Paris 1930.
Asholt, Wolfgang: „Zum Verhältnis von Liebeskomödien und Problemstücken bei Marivaux: 'L'île des esclaves'", in: Lendemains 21/1981, S. 45-56.

Atkinson, Geoffroy: The sentimental revolution. French Writers of 1690–1740, Washington 1965.
Aubertin, Charles: De l'esprit public au XVIIIe siècle, Paris 1873.

Baader, Horst: „'Le paysan parvenu' de Marivaux et la tradition du roman picaresque espagnol", in: Actes Picaresque Européenne Montpellier 1976, S. 127–179.
Baasner, Frank: „The changing meaning of 'sensibilité': 1654 till 1704", in: Studies in Eighteenth Century Culture 15/1985, S. 77–96.
Babcock, R. W.: „Benevolence, sensibility and sentiment in some 18th century periodicals", in: Modern Language Notes LXII/ 1947, S. 394–397.
Barber, E. G.: The Bourgeoisie in 18th Century France, Princeton 1955.
Barkhausen, Jochen: Die Vernunft des Sentimentalismus. Untersuchungen zur Entstehung der Empfindsamkeit und empfindsamen Komödie in England, Tübingen 1983.
Barras, M.: The Stage Controversy in France from Corneille to Rousseau, New York 1933.
Barrière, Pierre: „La sensibilité en France", in: Bulletin du Centre d'ètude et discussion de littérature générale, Bordeaux 1956/1957, Fasc. VI.
Bayne, Sheila Page: Tears and Weeping. An Aspect of Emotional Climate Reflected in 17th Century French Literature, Tübingen/Paris 1981.
Béclard, Léon: Louis Sébastien Mercier. Sa vie, son œuvre, son temps (1740–1789), Paris 1903.
Becq, Annie: „Les idées esthétiques de Marmontel", in: Marmontel. De l'Encyclopédie à la Contre-Révolution, Clermont-Ferrand 1970, S. 147–174.
Belaval, Yvon: L'esthétique sans paradoxe de Diderot, Paris 1950.
Ders.: „Les protagonistes du Rêve de d'Alembert", in: Diderot Studies II/1961, S. 27–54.
Beljame, A.: Le public et les hommes de lettres au XVIIIe siècle, Paris 1897.
Bellesort, André: XVIIIe siècle et Romantisme, Paris 1941.
Bénichou, Paul: Les Morales du grand siècle, Paris 1948.
Benson, Frederik Victor: Libertinage, sensibilité dans l'œuvre littéraire de Louvet, masch. Diss. Montpellier 1974.
Bloch, Olivier: Le matérialisme au 18e siècle, Paris 1982.
Bonno, Gabriel: La culture et la civilisation britannique devant l'opinion française de la paix d'Utrecht aux lettres philosophiques, in: Transactions of the American Philosophical Society, N. S. Vol. 38, New York 1948.
Bourquin, L.: „La controverse sur la comédie au 18e siècle et la lettre à d'Alembert", in: Revue d'histoire littéraire de la France, 26/1919, S. 43–86 + 555–576; 27/ 1920, S. 548–570; 28/1921, S. 549–574.
Bousquet, Jacques: Le 18e siècle romantique, anthologie présentéee par J. B., Paris 1972.
Brady, Valentin: Love in the theatre of Marivaux, Genève 1970.
Branca, Vittore (Hrsg.): Sensibilità e razionalità nel Settecento. Atti di un corso della fondazione Cini, Florenz 1967.

Bréal, Michel: Essai de sémantique, Paris [5]1921.
Brenner, Clarence: The Théâtre Italien, its Repertory (1716–1793), Berkeley/Los Angeles 1961.
Brereton, Geoffroy: French Comic Drama from the 16th to the 18th Century, London 1977.
Brissenden, R. F.: Virtue in Distress. Studies in the Novel of Sentiment from Richardson to Sade, London 1974.
Brunetière, Ferdinand: Les époques du théâtre français (1636–1850), Paris [5]1901.
Ders.: Manuel de l'histoire de la littérature française, Paris 1899.
Ders.: Histoire de la littérature française classique. III: Le dix-huitième siècle, Paris [3]1919.
Brunot, Ferdinand: Histoire de la langue française des origines à 1800. Tome 6: Le XVIIIe siècle, Paris 1930.
Bürger, Peter: „Notiz über 'sentiment'", in: Studien zur französischen Frühaufklärung, Frankfurt/Main 1972, S. 95–98.
Ders.: „Herr und Knecht bei Marivaux", in: Studien a.a.O., S. 133–150.
Burgelin, Pierre: La philosophie de l'existence de J. J. Rousseau, Paris 1952.
Burloud, Albert: Psychologie de la sensibilité, Paris 1954.

Carlson, M.: Le théâtre de la Révolution française, Paris 1970.
Cassirer, Ernst: Die Philosophie der Aufklärung, Tübingen 1932.
Cherel, Albert: Fénelon au XVIIIe siècle en France, Paris 1917.
Chouillet, Jacques: La formation des idées esthétiques de Diderot, Paris 1973.
Ders.: „Des causes propres à l'homme", in: Approches des Lumières. Festschrift für Jean Fabre, Paris 1974, S. 53–62.
Colombi, Pietro: „Autant de mouchoirs que de Spectateurs. Sensibilità e lacrime nel teatro francese del Settecento", in: Atti dell'Accademia delle scienze dell'Istituto di Bologna, classe di scienze morali. Rendiconti, 72/1977–78, S. 237–279.
Conlon, P. M.: „Voltaire's literary career from 1728 to 1750", in: Studies on Voltaire XIV/1961.
Ders.: Ouvrages français relatifs à J. J. Rousseau (1751–1799). Bibliographie chronologique, Genève 1981.
Coulet, Henri: Le roman jusqu'à la révolution, Paris 1963.
Cowart, Georgia J.: „Sense and sensibility in 18th Century Musical Thought", in: Acta musicologica 1984, S. 251–266.
Crane, Ronald S.: „Suggestions toward a Genealogy of the 'Man of feeling'", in: Journal of English Literary History Vol. 1, Dec. 1934, S. 205–230.
Crocker, Lester G.: An age of crisis, Baltimore/London 1959.
Ders.: Nature and Culture. Ethical thought in the French Enlightenment, Baltimore 1963.
Ders.: „Voltaire's struggle for humanism", in: Studies on Voltaire IV/1957, S. 137–170.

Darnton, Robert: „Neue Aspekte zur Geschichte der Encyclopédie“, in: Sozialgeschichte der Aufklärung in Frankreich (hrsg. von Gumbrecht/Reichardt/Schleich), Bd. 4/II, S. 35-66.

Ders.: L'aventure de l'Encyclopédie. Un best-seller au siècle des Lumiéres, Paris 1982.

Deferrari, Roy: A lexicon of St. Thomas Aquinas, Baltimore 1948.

Desautels, A. R.: Les mémoires de Trévoux et le mouvement des idées au XVIIIe siècle (1701-1734), Rom 1956.

Deschanel, Emile: Le romantisme des classiques, Paris 1886-91.

Desné, Roland: Les matérialistes français de 1750 à 1800, Paris 1965.

Díaz, José-Luis: „Le préromantisme dans le texte: L'exemple de Lanson“, in: Le Préromantisme. Hypothèque ou hypothèse? Paris 1975, S. 25-38.

Dieckmann, Herbert: Le philosophe. Texts and Interpretations, Saint-Louis 1948.

Ders.: Studien zur europäischen Aufklärung, München 1974.

Ders.: „An interpretation of the 18th century“, in: Studien zur europäischen Aufklärung, S. 218ff.

Ders.: Diderot und die Aufklärung. Aufsätze zur europäischen Literatur des 18. Jahrhunderts, Stuttgart 1972.

Ders.: „Théophile Bordeu und Diderots Rêve de d'Alembert“, in: Romanische Forschungen 1938, S. 55-122.

Ders.: „Zur Interpretation Diderots“, in: Romanische Forschungen 1939, S. 47-82.

Ders.: „Diderot's conception of Genius“, in: Journal of the History of Ideas, Vol II, april 1941, S. 151-182.

Doranlo, Robert: La médecine au XVIIe siècle. Marin Cureau de la Chambre, médecin et philosophe, Paris 1939.

Du Cange: Glossarium Mediae et Infimae Latinitatis, Paris 1883-87.

Duchet, Michèle: Anthropologie et histoire au siècle des lumières, Paris 1977.

Dulong, Claude: L'amour auf XVIIe siècle, Paris 1969.

Dumonceaux, Pierre: Langue et sensibilité au 17e siècle. L'évolution du vocabulaire affectif, Genève 1975.

Dutoit, Marie: „De la sensibilité chez Mme Geoffrin“, in: Revue chrétienne I/1898, S. 49-72.

Ehrard, Jean: L'idée de nature dans la première moitié du 18e siècle, Paris 1963.

Eibl, Karl: „Bürgerliches Trauerspiel“, in: Wessels, H. F. (Hrsg.): Aufklärung. Ein literaturwissenschaftliches Studienbuch, Wiesbaden 1984, S. 66-87.

Enciclopedia dello spettacolo, fondata da Silvio d'Amico, Rom 1954ff.

Erämetsä, Erik: A Study of the word „sentimental“ and of Other Linguistic Characteristics of Eighteenth Century Sentimentalism in England, Helsinki 1951.

Etienne, Servais: Le genre romanesque en France depuis l'apparition de la Nouvelle Héloïse, Bruxelles 1922.

Fabre, Jean: Lumiéres et romantisme, Paris 1963.

Faguet, Emile: Le dix-huitième siècle. Etudes littéraires, Paris [16]1898.

Fayolle, Roger: „Quand? Où? Et pourqoi la notion de préromantisme est-elle apparue?“, in: Le Préromantisme, Paris 1975, S. 38-56.

Febvre, Lucien: „La sensibilité et l'histoire: Comment reconstituer la vie affective d'autrefois?“, in: Annales d'histoire sociale, IIIe année, 1941, S. 5–20.

Finch, Robert: The sixth sense. Individualism in French Poetry, 1686–1760, Toronto 1966.

Fleischer, Wilhelm: Dictionnaire de bibliographie française, Paris 1812.

Forcellini, A.: Lexicon totius Latinitatis, Patavii 1940.

Freeman, Bryant C./Batson, Alan: Concordance du théâtre et des poésies de Jean Racine, Ithaca/New York 1968.

Friedrich, Hugo: „Der Epochebegriff im Lichte der französischen préromantisme-Forschung“, in: Neue Jahrbücher für Wissenschaft und Jugendbildung, 10/1934, S. 124–140.

Ders.: Rez. von Trahard: Les maîtres de la sensibilité française, in: Romanische Forschungen 1939, S. 248–250.

Fromm, Hans: Bibliographie deutscher Übersetzungen aus dem Französischen 1700–1948, Frankfurt/Main 1972.

Gaiffe, Félix: Le drame en France au XVIIIe siècle, Paris 1910.

Galle, Roland: „Die Replik des deutschen Idealismus auf die Aporie der Voltaireschen Tragödien“, in: Voltaire und Deutschland. Hrsg. von P. Brockmeier/R. Desné/J. Voss, Stuttgart 1979, S. 439–453.

Ders.: Tragödie und Aufklärung. Zum Funktionswandel des Tragischen zwischen Racine und Büchner, Stuttgart 1976.

Ders.: „'Aveu' und Intimitätsbildung. Das Geständnis der Princesse de Clèves als Abschied von der höfischen Gesellschaft“, in: Poetica 12/1980, S. 182–204.

Ders.: Geständnis und Subjektivität. Untersuchungen zum französischen Roman zwischen Klassik und Romantik, München 1986.

Garapon, Robert: „Sensibilité et sensiblerie dans les Comédies de la seconde moitié du XVIIe siècle“, in: Cahiers de l'Association internationale des études françaises 11/1959, S. 67–76.

Gassenmeier, Michael: Der Typus des “man of feeling”. Studien zum sentimentalen Roman des 18. Jahrhunderts in England, Tübingen 1972.

Gauger, Hans Martin: Die Anfänge der Synonymik (Girard 1718 und Roubaud 1785), Tübingen 1973.

Gay, Peter: The Enlightenment. An Interpretation. The Rise of Human Paganism, New York 1965.

Ders.: The Party of Humanity. Essays in the French Enlightenment, New York 1964.

Gerhardi, Gerhard C.: Geld und Gesellschaft im Theater des Ancien Régime, Heidelberg 1983.

Gilot, Michel/Sgard, Jean: Le vocabulaire du sentiment dans l'œuvre de J. J. Rousseau, Genève/Paris 1980.

Ders.: Les journaux de Marivaux, Lille/Paris 1975.

Godefroy, Frédéric: Dictionnaire de l'ancienne langue française et de tous ses dialectes, Paris 1892.

Godenne, René: Les romans de Mlle de Scudéry, Genève 1983.

Gohin, Ferdinand: Transformation de la langue française dans la deuxième moitié du XVIIIe siècle, Genève Reprint 1970.
Goncourt, Edmond et Jules: La femme au XVIIIe siècle, Paris 1862.
Goyard-Fabre, Simone: La philosophie des Lumières en France, Paris 1972.
Grannis, Valleria Belt: Dramatic Parody in 18th Century France, New York 1931.
Greene, Donald: „Latitudinarianism and sensibility. The Genealogy of the 'man of feeling' reconsidered", in: Modern Philology, 75/1977, S. 159–183.
Groethuysen, Bernard: Origines de l'esprit bourgeois en France, Paris 1927.
Grubbs, Henry: D. Mitton bourgeois honnête homme, Reprint New York 1965.
Guedj, Aimé: „Les drames de Diderot", in: Diderot Studies XIV/1971, S. 15–95.
Guitton, Edouard: Jacques Delille et le poème de la nature en France de 1750–1820, Paris 1974.
Gumbrecht, Hans-Ulrich: „Über das Versiegen süßer Tränen in der französischen Revolution – ein Aspekt aus der Funktionsgeschichte des 'genre sérieux'", in: Lendemains 11/1978, S. 67–85.
Ders.: „Das französische Theater des 18. Jahrhunderts", in: Sozialgeschichte der Aufklärung in Frankreich, Bd. 4/II, S. 66–88.
Gusdorf, Georges: Naissance de la conscience romantique au siècle des lumières, Paris 1976.

Hahn, Susanne: „Von der Prinzenerziehung zur Menschenerziehung. Fénelons Télémaque und seine Rezeption im 18. Jahrhundert", in: Die Schiefertafel 4/1981, S. 5–20.
Hall, G. Gaston: „The concept of 'virtue' in La nouvelle Héloïse", in: Yale French Studies 28/1962, S. 20–33.
Hazard, Paul: La pensée européenne au 18e siècle. De Montesquieu à Lessing, Paris 1963.
Ders.: La crise de la conscience européenne. 1680–1715, Paris 1935.
Ders.: „Les origines philosohiques de l'homme de sentiment", in: Romanic Review XXVIII, oct. 1937, S. 318–341.
Hempel, Wido: „Parodie, Travestie und Pastiche. Zur Geschichte von Wort und Sache", in: Germ. Rom. Monatsschrift 15/1965, S. 150–176.
Hess, Gerhard: Gesellschaft – Literatur – Wissenschaft, München 1967.
Ders.: Pierre Gassend. Der französische Späthumanismus und das Problem von Wissen und Glauben, München 1939.
Histoire des Littératures III, éd. R. Queneau: Littérature française, connexes et marginales, Paris ²1978.
Hönnighausen, Lothar: „Auswirkungen der *Sentiment*-Vorstellung im Schauspiel des 18. Jahrhunderts", in: Anglia 89/1971, S. 439–455.
Hoffmann, Paul: La femme dans la pensée des lumières, Paris 1977.
Howarth, W. D.: „The playwright as a preacher. Didacticism and melodrama in the French theatre of the enlightenment", in: Forum for modern language studies 14/1978, S. 97–115.
Humphreys, A. R.: „The friend of mankind (1700–1760), an aspect of 18th century sensibility", Review English Studies XXIV/1948, S. 203–228.

Jäger, Georg: Empfindsamkeit und Roman. Wortgeschichte, Theorie und Kritik im 18. und frühen 19. Jahrhundert, Stuttgart/Köln/Berlin/Mainz 1969.

Jamieson, Ruth Kirby: Marivaux. A study in sensibility, New York 1941.

Jaton, Anne-Marie: „Energétique et féminité. 1720–1820“, in: Romantisme 46/1984, S. 15–26.

Jones, Shirley: „Examples of Sensibility in the late 17th Century Feminine Novel in France“, in: Modern Language Review LXI/1966, S. 199–208.

Jones, Silas P.: A list of French prose fiction from 1700 to 1750, New York 1939.

Jüttner, Siegfried: Grundtendenzen der Theaterkritik von F. M. Grimm (1753–1773), Wiesbaden 1969.

Ders.: „Weinende Herzen. Die Natur der Tränen in der Nouvelle Héloïse von Rousseau“, in: Das weinende Saeculum, Heidelberg 1983, S. 49–60.

Kapp, Volker: Télémaque de Fénelon. La signification d'une œuvre littéraire à la fin du siècle classique, Tübingen/Paris 1982.

Knabe, Peter Eckhard: Schlüsselbegriffe des kunsttheoretischen Denkens in Frankreich, Düsseldorf 1972.

Köhler, Erich: Vorlesungen zur Geschichte der französischen Literatur. Frühaufklärung; Aufklärung I, Aufklärung II, hrsg. von Dietmar Rieger/Henning Krauss, Stuttgart 1983–84.

Koppen, Erwin: Laclos' „Liaisons Dangereuses“ in der Kritik (1782–1850), Wiesbaden 1961.

Kory, Odile A.: Subjectivity and sensitivity in the novels of the Abbé Prévost, Paris 1972.

Koselleck, Reinhart (Hrsg): Historische Semantik und Begriffsgeschichte, Stuttgart 1978.

Ders.: „Begriffsgeschichte und Sozialgeschichte“, in: Historische Semantik, S. 19–36.

Krauss, Werner: „Macht und Ohnmacht der Wörterbücher“, in: W. K.: Studien und Aufsätze, Berlin 1959.

Ders.: „Über frz. 'enthousiasme'“, in: Festschrift für Harri Meier, 1971, S. 259–275.

Kruchen, Hildegard: „Sensus“, in: Europäische Schlüsselwörter. Hrsg. vom Sprachwissenschaftlichen Kolloquium/Bonn, Bd. II, Kurzmonographien, München 1964, S. 141–166.

Kruse, Margot: Die Maxime in der französischen Literatur. Studien zum Werk La Rochefoucaulds und seiner Nachfolger, Hamburg 1960.

Labrousse, Elisabeth: Inventaire critique de la correspondance de Pierre Bayle, Paris 1961.

Dies.: Pierre Bayle, La Haye 1964.

Lacroix, Paul: XVIIIe siècle. Lettres, Sciences et Arts en France (1700–1789), Paris 1878.

Lafond, Jean: „Augustinisme et épicurisme au XVIIe siècle“, in: XVIIe siècle 1982, S. 149–168.

Lanson, Gustave: „Origines et premières manifestations de l'esprit philosophiques dans la littérature française de 1675 à 1748", in: Revue des Cours et Conférences, Paris 1909.
Ders.: Histoire de la littérature française, Paris [5]1898.
Ders.: Nivelle de La Chaussée et la comédie larmoyante, thèse Paris 1887.
Launay, Léo et Michel: Index-Concordance du „Discours sur les sciences et les arts" et du „Discours sur l'origine de l'inégalité", Genève 1981.
Leake, Roy E.: Concordances des Essais de Montaigne, Genève 1981.
Lebègue, Raymond: „La sensibilité dans les lettres d'amour au 17e siècle", in: CAIEF 11/1959, S. 77–85.
Lecercle, Jean-Louis: „Baculard d'Arnaud ou l'embonpoint du sentiment", in: Approches des Lumières. Festschrift für Jean Fabre, Paris 1974, S. 295ff.
Leiner, Wolfgang: Index du vocabulaire du théâtre classique: Rotrou Cosroès, Paris 1960.
Lely, Gilbert: Sade. Etudes sur sa vie et sur son œuvre, Paris 1967.
Lenient, C.: La comédie en France au XVIIIe siècle, Paris 1888.
Lerch, Eugen: „Sinn, Sinne, Sinnlichkeit", in: Archiv für die gesamte Psychologie 103/1939, S. 446–495.
Ders.: „Passion und Gefühl", in: Archivum Romanicum 22/1938, S. 320–349.
Levi, Anthony: French Moralists. The theory of the passions 1585 to 1649, Oxford 1964.
Lioure, Michel: Le drame, Paris 1963.
List-Marzolff, Renate: Sebastien-Roch Nicolas Chamfort. Ein Moralist im 18. Jahrhundert, München 1966.
Lombard, A.: L'abbé Dubos. Un initiateur de la pensée moderne (1670–1742), Reprint Genève 1969.
Lough, John: Essays on the Encyclopédie of Diderot and d'Alembert, London 1968.
Ders.: Paris theatre audiences in the 17th and 18th centuries, London 1957.
Luhmann, Niklas: Liebe als Passion. Zur Codierung von Intimität, Frankfurt 1982.
Lunel, E.: Le théâtre et la Révolution, Paris 1910.

McCloy, Shelly Thomas: The Humanitarian Movement in 18th Century France, Lexington 1957.
Magendie, Maurice: La politesse mondaine et les théories de l'honnesteté en France, au XVIIe siècle, de 1600 à 1660, Paris 1925.
Ders.: Le roman français au XVIIe siècle. De l'Astrée au Grand Cyrus, Paris 1932.
Markgraf, Henrik: Das Schreckliche in den Tragödien Crébillons, Gerbrunn 1982.
Marmontel, Jean François (1723–1799). De l'Encyclopédie à la Contre-Révolution, éd. Jean Ehrard, Clermont-Ferrand 1970.
Martens, Wolfgang: Die Botschaft der Tugend, Stuttgart 1968.
Martin, Angus (Hrsg.): Anthologie du conte en France 1750–1799. Philosophes et cœurs sensibles, Paris 1981.
Martin/Mylne/Frautschi: Bibliographie du genre romanesque français, 1751–1800, London/Paris 1977.

Marty-Laveaux, Charles Joseph: Lexique de la langue de P. Corneille, avec une introduction grammaticale, Reprint Hildesheim 1971.

Mattauch, Hans: „Sur la proscription des romans en 1737–38“, in: Revue d'Histoire littéraire de la France 1968, S. 610–617.

Mauzi, Robert: L'idée du bonheur dans la littérature et la pensée française au XVIIIe siècle, Paris ^{2}1965.

May, Georges: Le dilemme du roman au XVIIIe siècle, Paris/New Haven 1963.

Mehnert, Friedrich: Schlüsselwörter des psychologischen Wortschatzes der 2. Hälfte des 18. Jahrhunderts, Diss. (masch.) Berlin 1956.

Meissner, Franz-Joseph: Wortgeschichtliche Untersuchungen im Umkreis von französisch „enthousiasme“ und „génie“, Genève 1979.

Mercier, Roger: „Sur le sensualisme de Rousseau. Sensation et sentiment dans la première partie des Confessions“, in: Revue des sciences humaines 41/1976, S. 19–33.

Ders.: La réhabilitation de la nature humaine, Paris 1960.

Mesnard, Jean: „Le classicisme français et l'expression de la sensibilité“, in: Popperwell (Hrsg.): Expression, Communication and Experience in Literature and Language, 1973, S. 28–37.

Messinger, Edward: „Sensibilité, time and character in Diderot“, in: Eighteenth Century Life 1/1974–75, S. 55–61.

Michelet, Jules: Histoire de France. Le dix-huitième siècle, éd. Claude Mettra, Lausanne 1966.

Migne, Jacques Paul: Patrologia Latina, Paris 1844ff.

Miloyévitch, V.: La théorie des passions du P. Sénault et la Morale chrétienne en France au XVIIe siècle, Paris 1934.

Moland, Louis: Théâtre de la Révolution, Paris 1877.

Monglond, André: Pélerinages romantiques, Paris 1968.

Ders.: Le préromantisme français, Paris 1965.

Moravia, Sergio: „From 'homme machine' to 'homme sensible'. Changing in 18th Century models of man's image“, in: Journal of the history of ideas 39/1978, S. 45–60.

Mornet, Daniel: Le romantisme en France au XVIIIe siècle, Paris 1912.

Ders.: La pensée française au 18e siècle, Paris 1926.

Ders.: Les origines intellectuelles de la Révolution française, Paris 1933.

Ders.: La Nouvelle Héloïse, éd. et préface, Paris 1925.

Ders.: Rez. von A. Monglond: Le préromantisme, in: RHLF 1929, S. 603–610.

Mortier, Roland: „A propos du sentiment de l'existence chez Diderot et Rousseau: Notes sur un article de l'Encyclopédie“, in: Diderot Studies VI/1964, S. 183–195.

Ders.: „'Lumière' et 'lumières', histoire d'une image et d'une idée“, in: Clartés et Ombres du siècle des Lumières, Genève 1969, S. 12–59.

Ders.: „Le traité 'Du sentiment' de P. S. Ballanche: un programme littéraire antiphilosophique et post-révolutionnaire“, in: Approches des Lumières. Festschrift für Jean Fabre, Paris 1974, S. 319–331.

Ders.: „Unité ou scission du siècle des lumières?“, in: Clartés et Ombres, S. 114–124.

Ders.: „Des larmes de la sensibilité aux larmes du sentiment“, in: Das Weinende Saeculum, Heidelberg 1983, S. 31–37.

Ders.: Le 'Tableau littéraire de la France au XVIIIe siècle'. Un épisode de la 'guerre philosophique' à l'Académie Française sous l'Empire, Bruxelles 1972.
Ders.: L'originalité. Une nouvelle catégorie esthétique au siècle des Lumières, Genèves 1982.
Moser, Walter: „De la signification d'une poésie insignifiante.", in: Studies on Voltaire 94/1972, S. 277-415.
Munro, James S.: „Moral and social occupations in early 18th century French comedy", in: Studies on Voltaire 57/1967, S. 1031-1054.
Mylne, Vivienne: The 18th century French Novel. Technique of illusion, Cambridge [2]1981.
Dies.: „Sensibility and the novel", in: French literature and its background. The 18th Century (éd. Cruickshank), Oxford/New York 1968, S. 45-61.

Neuschäfer, Hans-Jörg: „Die Evolution der Gesellschaftsstruktur im französischen Theater", in: Rom. For. 1970, S. 514-535.
Nietzsche, Friedrich: Werke, hrsg. von K. Schlechta, Frankfurt 1969.
Nokerman, Jean: „La sensibilité française et le préromantisme", in: Les lettres romanes II,3, 1948, S. 199-234.

Ouellet, Réal: „La théorie du roman épistolaire en France au XVIIIe siècle, in: Studies on Voltaire 89/1972, S. 1209-27.

Pelous, Jean Michel: Amour précieux - amour galant (1654-1675), Paris 1980.
Perkins, Jean A.: The concept of the self in the French enlightenment, Genève 1969.
Dies.: „Diderot and La Mettrie", in: Studies en Voltaire 10/1959, S. 49-100.
Pérol, Lucette: „L'image du bourgeois au théâtre entre 1709 et 1775", in: Ehrard (éd.): Etudes sur le 18e siècle, Clermont Ferrand 1979, S. 121-134.
Petriconi, Hellmuth: Die verführte Unschuld. Bemerkungen über ein literarisches Thema, Hamburg 1953.
Pomeau, René: La religion de Voltaire, Paris 1956.
Le Préromantisme. Hypothèque ou hypothèse? Colloque de Clermont Ferrand 29-30. juin 1972. Actes et Colloques No. 18, Paris 1975.
Proschwitz, Gunnar von: Introduction à l'étude du vocabulaire de Beaumarchais, Diss. Stockholm 1956.
Pust, Helga: „Common sense", in: Europäische Schlüsselwörter Bd. II, München 1964, S. 92-140.

Rapp, Siegrid: Das Werk des Enzyklopädisten L. de Jaucourt, Diss. Tübingen 1965.
Rau, Fritz: Zur Verbreitung und Nachahmung des „Tatler" und „Spectator", Heidelberg 1980.
Reesink, Hendrika Johanna: L'Angleterre et la littérature anglaise dans les trois plus anciens périodiques français de Hollande (1684-1709), Amsterdam (thèse) 1931.
Renwick, John: „L'affaire de Bélisaire: une phrase de manuel", in: Marmontel, éd. Ehrard, S. 249-269.

Ridgway, Ronald S.: Voltaire and Sensibility, Montreal/London 1973.
Ders.: „La propagande philosophique dans les tragédies de Voltaire, in: Studies on Voltaire 15/1961.
Rieger, Dietmar: „Les Amours du Chevalier de Faublas von Louvet de Couvray“, in: Rom. For. 1970, S. 536–577.
Rieve, Renate: „Sentiment - sentimental“, in: Europäische Schlüsselwörter, München 1964, S. 167–189.
Roberts, Warren: Morality and social class in 18th century French literature and painting, Toronto 1974.
Rodis-Lewis, Geneviève: Nicolas Malebranche, Paris 1963.
Roger, Jacques: Les sciences de la vie dans la pensée française du XVIIIe siècle, Paris 1963.
Rosso, Corrado: Virtù e critica della virtù nei moralisti francesi, Torino 1971.
Ders.: „Le Maître de Claville et le débat sur l'honnête homme au XVIIIe siècle“, in: Studien zur französischen Aufklärung. Gedenkschrift für Fritz Schalk, hrsg. von Wido Hempel, Frankfurt 1982, S. 292–312.
Roth, Oskar: Die Gesellschaft der Honnêtes Gens. Zur sozialethischen Grundlegung des honnêteté-Ideals bei La Rochefoucauld, Heidelberg 1981.
Rothschuh, K. E.: Von Boerhaave bis Berger. Die Entwicklung der kontinentalen Physiologie im 18. und 19. Jahrhundert, Stuttgart 1964.
Rousseau, G. S.: „Nerves, Spirits and Fibres: Toward Defining the Origins of Sensibility“, in: Studies in the 18th Century III, Canberra/Toronto 1976.
Rousset, Jean: Forme et signification, Paris 1962.
Rudolph, G.: „Hallers Lehre von der Irritabilität und Sensibilität, in: Rothschuh (Hrsg.): Von Boerhaave bis Berger..., S. 14–34.

Saintsbury, George: Essays on French Novelists, Reprint New York 1974.
Saisselin, R. G.: Taste in 18th century France: critical reflections on the origins of aesthetics, or an apology for amateurs, Syracuse 1965.
Sams, H. W.: „Anti-Stoicism in 17th and early 18th century England“, in: Studies in Philology XLI/1944, S. 65–78.
Sauder, Gerhard: „Bürgerliche Empfindsamkeit?“, in: Vierhaus (Hrsg.): Bürger und Bürgerlichkeit im Zeitalter der Aufklärung, Heidelberg 1981.
Ders.: Empfindsamkeit. Band 1: Voraussetzungen und Elemente, Stuttgart 1974.
Schabert, Tilo: Natur und Revolution. Untersuchungen zum politischen Denken im Frankreich des 18. Jahrhunderts, München 1969.
Schalk, Fritz: Studien zur französischen Aufklärung, Frankfurt ^{2}1966.
Ders.: Exempla romanischer Wortgeschichte, Frankfurt 1972.
Ders.: „Zur Semantik von 'Aufklärung' in Frankreich“, in: Festschrift für W. v. Wartburg zum 80. Geburtstag, Tübingen 1968, S. 251–266.
Ders.: „Zur französischen Komödie der Aufklärung“, in: Europäische Aufklärung. Festschrift für H. Dieckmann, München 1967, S. 247–259.
Scheffers, Henning: Höfische Konvention und die Aufklärung. Wandlungen des honnête-homme Ideals im 17. und 18. Jahrhundert, Bonn 1980.

Schneider, Jean-Paul: „L'île des esclaves de Marivaux, ou la 'balance égale'", in: Etudes sur le 18e siècle II, Textes et documents Série V, Strasbourg 1982, S. 5–56.
Schneiders, Werner: Naturrecht und Liebesethik: Zur Geschichte der praktischen Philosophie im Hinblick auf Christian Thomasius, Hildesheim 1971.
Schrader, Ludwig: „Die bonne sauvage als Französin. Probleme des Exotismus in den 'Lettres péruviennes' von Mme de Grafigny", in: Studien zur französischen Aufklärung. Gedenkschrift für Fritz Schalk, Frankfurt 1982, S. 313–335.
Schulte-Sasse, Jochen: Die Kritik an der Trivialliteratur seit der Aufklärung, München 1971.
Sckommodau, Hans: Der französische psychologische Wortschatz der 2. Hälfte des 18. Jahrhunderts, Diss. Leipzig 1933.
Senter, E. P. Mayberry: „Les cartes allégoriques romanesques du XVIIe siècle", in: Gazette des Beaux-Arts 199/1977, S. 133–144.
Sgard, Jean: Prévost romancier, Paris 1968.
Ders.: „Marmontel et la forme du conte moral", in: Marmontel, Clermont-Ferrand 1970, S. 229–237.
Ders.: „La langue particulière du cœur. Les époux malheureux de Baculard d'Arnaud", in: Beiträge zur Romanischen Philologie XVI/1977.
Ders. und Michel Gilot: „La vie intérieure et les mots", in: Le Préromantisme, Paris 1975, S. 509–528.
Dieselben: Le vocabulaire du sentiment dans l'œuvre de J. J. Rousseau, Genève/Paris 1980.
Smith, J. H.: „The concept 'sensibilité' and the Enlightenment", in: Journal of the Australasian Universities Language and Literature Association 27/1967, S. 5–17.
Ders.: „Shadwell, the Ladies and the Change in Comedy", in: Modern Philology 46/1948, S. 22–33.
Sombart, Werner: Der Bourgeois. Zur Geistesgeschichte des modernen Wirtschaftsmenschen, München 1913.
Spink, John S.: „Marivaux: The 'mechanism of the passions' and the 'metaphysic of sentiment'", in: Modern Language Review 73/1978, S. 278–290.
Ders.: „Sentiment, sensible, sensibilité: les mots, les idées d'après les 'moralistes' français et britanniques du début du 18e siècle, in: Zagadnienia Rodzajów Literackich, XX/1977, S. 33–46.
Ders.: „Les avatars du 'sentiment de l'existence' de Locke à Rousseau", in: Dix-Huitième Siècle 1978, S. 269–298.
Ders.: „From 'Hippolyte est sensible' to 'Le fatal présent du ciel': the position of 'bienfaisance'", in: Revue de littérature comparée 56/1982, S. 157–175.
Ders.: „Diderot et la réhabilitation de la pitié", in: A. M. Chouillet (éd.): Denis Diderot. Colloque International, Paris 1985, S. 51–60.
Stackelberg, Jürgen von: Themen der Aufklärung, München 1979.
Stierle, Karlheinz: „Historische Semantik und die Geschichtlichkeit der Bedeutung", in: R. Koselleck (Hrsg.): Historische Semantik, 1978, S. 154–192.
Szondi, Peter: Die Theorie des bürgerlichen Trauerspiels im 18. Jahrhundert, hrsg. von G. Mattenklott, Frankfurt [4]1979.

Taine, Hippolyte: Les origines de la France contemporaine, Paris [22]1899.
Thomas, Johannes: „Die Ambivalenz aufklärerischer Moral: Mme Riccobonis 'Lettres de Miss Fanni Butlered', in: R. Baader/D. Fricke (Hrsg.): Die französische Autorin, Wiesbaden 1979, S. 147-159.
Thomson, Ann: Materialism and society in the mideighteenth century: La Mettrie's 'Discours préliminaire', Genève 1981.
Tobler, Adolf/Lommatzsch, Erhard: Altfranzösisches Wörterbuch, Wiesbaden 1954ff.
Tocanne, B.: L'idée de nature en France dans la seconde moitié du XVIIe siècle, Paris 1978.
Tocqueville, Alexis de: L'Ancien Régime et la Révolution, Paris 1856.
Tompkins, J. M. S.: The popular novel in England 1770-1800, London 1969.
Trahard, Pierre: Les maîtres de la sensibilité française au XVIIIe siècle (1715-1789), Paris 1931ff.
Ders.: La sensibilité révolutionnaire, Paris 1936, Reprint Genève 1967.
Trilling, Lionel: Sincerity and authenticity, London 1972.

Ueding, Gerd: Glanzvolles Elend. Versuch über Kitsch und Kolportage, Frankfurt 1973.

Van Tieghem, Paul: L'ère romantique. Le romantisme dans la littérature européenne, Paris 1948.
Ders.: „La sensibilité et la passion dans le roman européen au XVIIIe siècle", Revue de littérature comparée 6/1926, S. 424-435.
Ders.: „Quelques aspects de la sensibilité préromantique dans le roman européen au XVIIIe siècle", in: Edda 27/1929, S. 146-175.
Ders.: Le préromantisme, Paris 1924/1930/1947.
Ders.: L'année littéraire comme intermédiaire en France des littératures étrangères, Paris 1917.
Vartanian, Aram: „Quelques réflexions sur le concept d'âme dans la littérature clandestine", in: Bloch (Hrsg.): Le matérialisme au 18e siècle, Paris 1982.
Vernière, Paul: „L'idée d'humanité au XVIIIe siècle", in: Studium Generale 15/1962, S. 172-179.
Ders.: „Diderot, du 'Paradoxe sur le comédien' au paradoxe de l'homme", in: Approches des Lumières. Festschrift für Jean Fabre, Paris 1974, S. 523-532.
Viatte, Auguste: Les sources occultes du romantisme. Illuminisme. Théosophie 1770-1820, Paris (thèse) 1928.
Vierhaus, Rudolf (Hrsg.): Bürger und Bürgerlichkeit im Zeitalter der Aufklärung, Heidelberg 1981.
Vovelle, Michel: „La sensibilité prérévolutionnaire", in: Hinrichs/Schmitt/Vierhaus (Hrsg.): Vom Ancien Régime zur französischen Revolution, Göttingen 1978.

Wade, Ira O.: The „philosophe" in the French drama of the 18th century, Princeton 1926, Reprint New York 1965.
Ders.: The intellectual origins of the French Enlightenment, Princeton 1971.

Wagner, Horst: Texte zur französischen Romantheorie des 18. Jahrhunderts, Tübingen 1974.
Wais, Kurt: Das antiphilosophische Weltbild des französischen Sturm und Drang, Berlin 1932.
Waldberg, Max von: Der empfindsame Roman in Frankreich, Straßburg 1906.
Das Weinende Saeculum. Colloquium der Arbeitsstelle 18. Jahrhundert, Heidelberg 1983.
Weisgerber, Leo: „Hauptgesichtspunkte inhaltbezogener Wortforschung in: Europäische Schlüsselwörter I, München 1963, S. 13–17.
Wellek, René: A history of modern criticism 1750–1950, London 1955.
Welschinger, H.: Le théâtre de la Révolution, Paris 1880, Reprint Genève 1968.
Wierlacher, Alois: „Das bürgerliche Drama", in: Neues Handbuch der Literaturwissenschaft Band 11 (hrsg. von W. Hinck), Frankfurt 1974, S. 137–160.
Willens, Lilian: „Voltaire's comic theatre: composition, conflict and critics", in: Studies on Voltaire 136/1975.
Willey, Basil: The 18th century background. Studies on the idea of Nature in the thought of the period, London 1953.
Wilson, Arthur M.: „Sensibility in France in the 18th Century. A Study in Word History", in: The French Quarterly 13/1931, S. 35–46.
Winter, Ursula: Der Materialismus bei Diderot, Genève/Paris 1972.
Wolf, Werner: Ursprünge und Formen der Empfindsamkeit im französischen Drama des 18. Jahrhunderts (Marivaux und Beaumarchais), Frankfurt/Bern/New York 1984.

Zollinger, Oskar: Louis-Sébastien Mercier als Dramatiker und Dramaturg, Diss. Straßburg 1899.

Index Nominum